중국고전 문론의 현대적 해석

중국 고전문론의 현대적 해석

초판 1쇄 인쇄 2017년 3월 24일
초판 1쇄 발행 2017년 3월 27일
지 은 이 통칭빙(童慶炳)
옮 긴 이 김승일·이경민 옮김
발 행 인 김승일
디 자 인 조경미
펴 낸 곳 경지출판사
출판등록 제2015-000026호

판매 및 공급처   도서출판 징검다리
주소 경기도 파주시 산남로 85-8
Tel : 031-957-3890~1 Fax : 031-957-3889 e-mail : zinggumdari@hanmail.net

ISBN 979-11-86819-47-0 - 03140

本書受到中華社會科學基金
(Chinese Fund for the Humanities and Social Sciences) 資助

중국 고전 문론의 현대적 해석

퉁칭빙(童慶炳) 지음 | 김승일 · 이경민 옮김

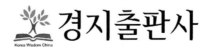
경지출판사

"당대 중국 인문 시리즈"
출판 설명

개혁 개방 이후 중국 사회의 격변은 학술 연구의 발전과 하나로 연결되어 있다. 당대 학술성과에 대해 정리하면서, 이미 출판된 학술 저서들에 대한 선별과 재출판 사업이 출판계의 피할 수 없는 책임이 되었다. 많은 저서들이 출판한지 너무 오래되어 학계에서 그 자취를 찾을 수가 없게 되었거나 또는 오늘날의 입장에서 볼 때 주제나 형식 또는 연구 방법론이 구시대적인 경우가 많다. 그러나 이러한 저서들은 학술 발전사에 있어서 없어서는 안 될 존재들이며, 어떤 것들은 시간적으로 오래되었지만 학계에서 좋은 평가를 받음으로써 점차 경전적 저술로 인정받고 있기도 하다. 이러한 저서들은 오늘날까지도 그 지혜의 빛을 발하고 있어서 재출판의 가치가 높다고 하겠다. 그러므로 가치 있는 학술 저서들을 큰 틀거리 속에서 하나의 학술 시리즈로 재출판하는 것은 선배들의 심혈이 깃들어있는 연구 성과를 다시 재현하는 것이기에 학술적 입장에서나 학자들에게 있어서도, 그리고 또 학생들에게 있어서도 모두 매우 의미 있는 일이라고 할 것이다.

모래 속에서 황금을 찾는 일은 말은 쉬울지 모르나 실제로는 매우 어려운 작업이다. 속담에 이르길 "글재주에는 천하제일이 없으며, 무술경합에서는 제2인자가 없다.[文無第一, 武無第二]"라고 하였다. 인문 과학의 학술 저서에는 절대적인 평가 기준이 없기 때문에 전문가들의 추천 의견과 인용 빈도 등의 요소를 종합적으로 검토해야 한다. 선정된 저서들이 모두 경전(経典)적 저술이고 선정되지 못한 저술들은 별 가치가 없는 것이라고 단정해서 말할 수는 없다. 왜냐하면, 목록 추천 자체가 사람에 따라서 보는 시각이 다르며, 더욱이 많은 사람들이 공인하는 일류 학술 저서라 하더라도 판권 문제 등으로 인해서 본 시리즈에 포함되지 못한 경우도 있기 때문이다.

"당대 중국 인문 시리즈"는 문학, 역사학, 철학 등의 세부 시리즈로 나뉜다. 각각의 시리즈에 선정된 저서의 수량은 동일하지 않지만, 체례에 있어서는 최대한 일치시키고자 했다. 선정 저서들이 모두 "옛 저서"들이기 때문에 저자의 연구 성과나 사상적 변화들을 온전하게 보여주기 위해서는 저술 이후 발표된 관련 논문 몇 편을 부록으로 싣거나 학술 연구 과정을 개술하는 "학술연구 자술서"를 덧붙여 독자들이 저자의 관련 연구 성과들을 이해하기 쉽도록 하였다. 일부 저자들은 수정된 원고 출판을 희망하기도 했는데, 이는 우리가 원하는 바이기도 했다.

　　"당대 중국 인문 시리즈"는 개방적 총서이기에 새로 출판되거나 판권을 얻은 대작들이 참여하기를 은근히 기대하였다. 학술 연구를 널리 알리는 일은 숭고하면서도 험난한 사업이다. 중국 인민대학 출판사는 학술 서적 출판을 꾸준히 진행해온 출판사로서 많은 업적들을 거두어 독자들의 인정과 찬사를 받고 있을 뿐만 아니라 저자들로부터도 인정과 신임을 받고 있다. 우리가 우리 자신들의 문화적 이념과 출판 사명을 지켜 나감으로써 중국의 학술 발전과 문명 계승에도 지속적인 공헌을 할 수 있을 것이다.

　　"당대 인문 시리즈"의 기획과 출판은 중국 사회과학원, 베이징대학, 칭화화대학, 중국인민대학, 베이징사범대학, 푸단대학, 난징대학 난카이대학 등 학술 연구기관의 많은 학자들의 뜨거운 지지와 도움 속에서 이루어졌기에 이에 감사를 드린다. 또한 마찬가지로 많은 독자들의 지지와 사랑을 받을 수 있기를 간절히 바라는 바이다.

중국인민대학 출판사

contents

제7장

‘지사적분(志思蓄憤)’— ‘정경융합(情景融合)’— ‘연사결채(聯辭結采)’
　　　　　　— 중국 고전문학의 서정론　　　_412

제8장

‘격물(格物)’— ‘성격(性格)’— ‘한필(閑筆)’
　　— 중국 고대 문학 서사론　　　_526

일러두기

1. 본 서에서 인용하고 있는 인용문 및 각주 등은 모두 번체자로 표기한다.
2. 본 서에 등장하는 현대의 저작물(논문 및 저서)는 간체자로 표기한다.
3. 본 서의 인명은 근대 이전의 인명은 한글 독음으로 표기하고, 근대 이후, 현
   당대의 인물은 중국어 원어 발음으로 표기한다.
4. 원서에서 (" ")로 표기한 인용문 또는 인용구는 그대로 (" ")로 표기하였으며,
   본문에 삽입 인용된 인용구나 단문의 경우, 번역된 경우, 한글 번역 뒤에 ([ ])
   안에 원문을 표기하고, 독음을 그대로 사용한 경우는 아무 표기 없이(글자 크기만
   작게)하여 나타낸다.
5. 본 서의 각주는 기본적으로 원서의 각주를 그대로 따르며, 필요한 경우에는 원문
   또는 각주에 "역자 주"로 표기하여 역자의 주석임을 표시한다.

서론

서론

중국 고대 문학이론은 오랜 중국 문화의 한 구성 요소로서, 시대의 발전과 연구의 심화에 따라 그 현대적 의미는 더욱 분명해지고 있다. 중국 고전 문론은 중화민족의 문화전통이라는 분명한 특징을 가지고 있으면서 동시에 문학의 보편적인 규칙들을 보여주고 있음은 의심의 여지가 없다. 바로 이 중국 고전 문론에 내재되어 있는 보편적인 규칙이 중국 문학 및 문예 이론과 세계의 문학 및 문예 이론과의 관계를 더욱 긴밀하게 연계시켜 준다.

청말 민국 초기에 중국의 학술 사상은 새로운 전환점을 맞이하게 되었으며, 중국 고전 문론 또한 새로운 전환기에 접어들었다. 양계초와 왕궈웨이를 시작으로, 문론의 발전은 고전적 형태에서 현대적 형태로 전환하게 되었다.

전자가 문학의 "공리주의[功利]"를 주장했다면, 반면 후자는 "초 공리주의[超功利]"를 주장하였다. 한 세기 동안의 많은 학자들의 노력으로 중국 고전 문론 연구는 이미 대성황을 이루게 되었다. 그러나 시대의 발전과 함께 세계의 문예 이론도 끊임없이 변화하고 있다. 특히 "비평의 세기"라고 일컬어졌던 20세기에 문예 이론의 변화 속도는 실로 놀라울 정도였다. 왕궈웨이가 쇼펜하우어나 니체의 "생철학"을 참고로 하여 중국 고전 문론 자료들을 뽑아 새로운 이론 체계로 융합시켰다고 한다면, 우리가 오늘날 마주해야 할 참고 자료들은 이미 20세기 서구에서 만들어진 러시아의 형식주의 비평이나 영미의 신비평, 프로이드의 정신분석 비평이나 .칼 융의 원형비평, 프랑스의 구조주의 비평, 데리다의 해체주의 비평, 그리고 최근 새롭게 일어나고 있는 문학 비평 등이며, 이미 우리 자신들이 100여 년의 시간 동안 형성해온 중국 문학이론의 현대적 형태이다. 이러한 참조 체계의 중대한 변화로 우리는 더욱 새롭고 현대적인 시각으로 중국의 고전 문론을 관조하고 고찰하고 연구해야만 한다. 현재 많은 학자들이 이러한 "전환" 작업들을 진행하고 있다. 우리는 거시적 시야와 개방적인 심리 상태, 엄밀한 태도로 중국 고전 문론에 대해 새로운 현대적 해석을 시도함으로써 이 의미 있는 연구 작업에 참여하고자 한다.

1. 본 과제의 사회 현실적 배경

"5.4"의 "반 전통주의"와 당대의 "전통주의"는 모두 평범하고 허위적이고 속되고 천박함에 대한 반대를 목적으로 하며, 모두 인간 정신의 현대화를 궁극적 취지로 한다. "5.4"의 "반 전통"은 서구의 과학과 민주를 위주로 고전 전통문화 속의 이미 생기를 잃어버린 채 마비되고 굳어있는 것들을 벗어던짐으로써 인간 정신의 현대화를 실현시키기 위한 것이었다. 오늘날 우리들의 문화적 전통에 대한 계승은 전통문화 가운데의 인문학적 윤리 정신으로 지금 유행하고 있는 배금주의나 물질숭배 사상, 그리고 극단적 개인주의 같은 것들을 벗어던지고자 하는 것이며, 그 목적 역시도 인간 정신의 현대화를 촉진시키고자 하는 것이다. 그러므로 인간 정신의 현대화를 실현함에 있어서 그것들(반 전통주의와 전통주의)은 모두 같은 것이라 할 수 있다.

중국 고전 문론은 이미 중국 "국학國學"의 중요한 부분으로 인정받고 있다. 어떻게 "오사" 신문화 운동의 격렬한 반 전통 운동을 겪고 나서, 그리고 개혁개방으로 인한 상업 물결의 세례를 받은 난 1990년대와 21세기 초에 이른바

"국학" 바람이 다시 불게 된 것일까? 이것은 우연인가? 일부 사람들이 말하는 것처럼 이것은 일부 지식인들의 "학술을 위한 학술"로, 사회적 소동을 회피하기 위한 어쩔 수 없는 행위에 불과한 것인가?

여기에서 우리는 "오사" 신문화 운동과 90년대 이후의 "국학 열풍[國學熱]" 사이의 관계에 대해 거론해 볼 필요가 있다고 생각한다.

90년대 이후 문화계에서는 중국 고대의 전통문명을 외치는 목소리들이 출현하기 시작했다. 선진의 제자학파(諸子學派), 한대의 유학(儒學), 위진 현학(玄學), 수당 시대에 전성기를 구가했던 불학(仏學), 송명 이학(理學), 청대 건륭 가경 연간의 소학(小學) 등이 모두 새롭게 연구되기 시작했다. 전통적 문학예술과 그 이론에 대한 연구 열기 또한 더 뜨거워졌다. 중국 전통문화에 대한 높은 평가는 역사 이래 전례를 찾아보기 힘들 정도였다. 당시나 송사, 원곡, 명 청의 소설이 대량으로 인쇄 출판되어 보급되었음은 말할 필요도 없다. 《당시 감상 사전唐詩鑑賞辭典》, 《송사 감상 사전宋詞鑑賞辭典》 등의 발행은 도서 출판 기록을 갱신하기도 했는데, 상하이사서출판사上海辭書出版社의 1985년 판 《당시감상사전》의 경우는 80여 만부나 발행되기도 했으며, 90년대로 들어서면서는 이미 백만 부를 훨씬 넘어섰다.

현재 많은 이른바 베스트셀러들도 이러한 책들과 비교하면 "부족함이 드러날" 정도다. "오사" 시기 비판을 받았던 "콩쟈디엔孔家店"의 주인 공자는 70여 년의 세월이 지난 후에 다시 위대한 사상가이자 위대한 교육자로, 고대 문명의 선구자이자 성인으로 다시 추앙받게 되었다. 중국 서점에서 1994년 출판한 280만자에 달하는 《공자 문화 대전孔子文化大典》은 "공자 탄신 2545년 기념"으로 제작된 것이다. 이 책의 《공자―영원한 인류의 위인孔子―永遠的人類偉人》이란 제목의 "서문을 대신하여[代序]"에서는 "위대한 이상주의자로서의 공자는 유가 철학의 창시자로, 유가 학설 체계를 창시하였다. 그의 학설과 사상은 중화민족의 정신의 중요한 부분이 되었다. 공자는 철학과 사회학, 윤리학, 교육학, 정치학 등 여러 인문과학 영역에서 독창성과 뛰어난 업적을 가지고 있으며, 그 방대한 사상은 중화민족의 수요에 부합하는 것으로, 당시의 중국적 상황에 적합한 것이었으며, 오랫동안 전해져 내려오는 시대정신을 형성하였다."라고 공자를 찬미하였다. 심지어는 "공자는 중화민족의 전방에 서서 '인습의 무거운 짐을 등에 지고서 암흑의 갑문을 어깨에 지고서' 중국이 새로운 미래로 나아갈 수 있게 해 주었다."라고 말하기도 한다. 의미심장한 것은 당시 공자 비판의 최선봉이었던 루쉰魯迅의 말을 빌려 공자를 찬미하고 있다는 것으로, 공자를 미화하는 그들의 "마음 씀씀이"가 가히 "안쓰럽기"까지 하다. 이른바 "신유학"은 발 없는 말이 천리를 가듯이 세상으로 전해져 학술적 유행이 되었다. 노자와 장자가 개창한 도가 철학은 또한 사람들의 구미에 적합하여 많은 학자들의 사랑을 받았다.

일순간 "국학"도 현학(顯學)으로 떠올랐다. 이와 함께 "오사" 시기에 혁명의 길을 열었던 "반 전통주의"에 대해서도 의문과 힐난이 쇄도하였다. 사람들에게 널리 알려진 린위성林毓生 교수의 《중국 의식의 위기中國意識的危機》에서는 "오사" 시기 천두슈陳獨秀, 후스胡適, 루쉰魯迅 등의 "반 전통주의"에 대해 집중적으로 비판하고 있다. 이 책에서는 "이 세 사람의 성격이나 정치적 사상적 경향의 차이는 그들의 반 전통주의의 특징에 영향을 주었다. 그럼에도 불구하고 그들은 기본적으로 동일한 하나의 결론을 도출하고 있다. 그것은 바로 중국의 과거에 대한 전반적인 부정을 기초로 한 사상 혁명과 문화 혁명이 바로 현대적 사회 개혁과 정치 개혁의 근본적인 전제라는 것이다. 그래서 '오사五四'의 반 전통주의가 격렬하게 주장했던 '중국의 전통은 마땅히 버려야 한다'라는 문제에 대해 심리학적, 정치적 또는 사회학적 개념으로 해석할 수가 없는 것이다."[1]라고 하였다.

이 책은 1980년대 중반에 중국어로 번역되어 소개되면서 중국 학계에서 큰 반향을 불러 일으켰다. 많은 학자들이 이 책의 관점으로 "오사" 시기의 "반 전통"에 대해 다양한 비판을 가하게 되면서, "오사"의 "반 전통" 정신이 마치 아무 쓸모없는 것인 양 치부되기도 했다. 물론 일부 사람들은 전통문화에 대한 고취와 "오사" 반

---

1) (미국) 린위성林毓生, 《중국 의식의 위기中國意識的危機》 (꾸이양貴陽, 꾸이저우貴州인민출판사, 1986.)

전통에 대한 부정을 이해하지 못하기도 했는데, 이러한 사람들은 낡은 서적 더미 속에서 살길을 도모하면서 현실생활에 대해서는 격리적 태도를 취하기도 하였다. 논쟁은 매우 격렬했다. 이러한 새로운 학술적 풍경은 어떻게 출현하게 된 것일까? 전통문화가 변한 것인가? 아니면 사람들의 관념이 변한 것일까?

중국 고대 전통문화의 "처지"를 살펴보면, 6,70년대의 푸대접을 겪은 후 80년대 개혁개방 이후에는 점차 사람들의 관심을 받기 시작했다. 90년대에 접어들면서 전통문화는 마치 또 새로운 "청춘"을 맞이한 듯하였다.

전통문화는 역시 전통문화이다. 전통은 변하지 않았으며, 변한 것은 오히려 현실이었다. 개혁개방 이후 시장경제의 초보적인 세례를 받은 후 현실 생활에 무시할 수 없는 사실이 하나 출현하게 되었는데, 그것은 바로 물질숭배 사상과 황금만능주의가 우리의 삶 속에서 하나의 "기치旗幟"가 되었다는 것이다. "물질"과 "돈"이 모두 나쁜 것은 아니지만, 심지어는 우리가 추구하는 것들이기는 하지만, 그러나 일단 "물질"과 돈"이 우리가 숭배하는 "주의主義"가 되어버린다면, 사회적으로 문제가 된다. 돈의 위력이 생활의 곳곳에 스며들게 되면, 우리들의 정신적 문화생활조차도 시장화의 힘에 저항할 수 없게 된다. 돈이라는 "악마"는 존재하지 않는 곳이 없다. 텔레비전을 켜면 당신이 원하든 원하지 않든, 온 세상을 뒤덮고 있는 각양각색의 상품 광고들을 접할 수밖에 없다.

신문이나 잡지를 읽을 때나 산책을 할 때에도, 또 컴퓨터를 켜거나 심지어 당신이 실연을 당했을 때도, 그래서 괴로워하며 눈물을 흘릴 때에도, 이 모든 순간에 당신은 이러한 것들에게서 벗어날 수 없다. 현실 생활의 많은 부분들이 저속하기 짝이 없게 변해버렸고, 사람들의 천박함과 저속함 역시도 유래를 찾아보기 어려운 정도에 이르렀다. 이처럼 조금만 생각이 있는 사람이라면 이처럼 저속함과 천박함 속에서 부대끼고자 하지 않았다.

그들은 자신들의 선조들이 이루어왔던 문명을 되돌아보면서, "인이란 다른 사람을 사랑하는 것이다.[仁者愛人]"라는 윤리적 경구(警句) 속에서, "자기가 하고자 하지 않는 일은 다른 사람에게도 시키지 마라.[己所不欲, 勿施於人]"라는 도덕적 경구 속에서, "소인배는 이익에 밝고[小人喩於利]", "군자는 의리에 밝다.[君子喩於義]"라는 가르침 속에서, "하늘과 땅이 낳은 것 중에 사람이 가장 귀하다.[天地之性, 人爲貴]"라고 하는 인문 사상 속에서, "사해 안은 모두가 형제이다.[四海之內皆兄弟]"라는 친화(親和)의 이념 속에서, "백성이 귀하고 임금은 가볍다.[民貴君經]"이라는 정치사상 속에서, "무위무불위[無爲無不爲]"의 변증법 사상 속에서, "천지만물이 서로 왕래한다."는 자연관 속에서, 그리고 풍風, 아雅, 송頌, 부賦, 비比, 흥興의 시적 지혜 속에서 우아하고도 순수한 뒷모습을 보게 되었으며, 자연에 순응하는 경지를 보게 되었다. 그들은 황급히 되돌아가면서도 뒷모습을 통해 정면을 보고자 시도했고, 드넓은 중국 고전 문화의 기상氣象과 정신과 시적 정취[詩情]과 운치韻致를 느끼고자 했다.

그리하여 우리는 공자의 처세의 도를 새로이 발견할 수 있었고 장자의 출세의 도를 재발견할 수 있었으며, 한학漢學의 소박함을, 현학玄學의 사변성을, 성당지음盛唐之音을, 송명 이학理學의 이치를 다시금 발견할 수 있었다. 고대의 전통에 대한 동경은 사람들이 현대 사회의 저속함에서 벗어나려는 노력이었다.

현대 중국인들은 새로운 역사적 조건 속에서 전통에 대한 "그리움"을 가지게 되었고, 이것은 "오사" 신문화 시기의 오랜 전통에 대한 비판과는 완전히 다른 것처럼 보였지만 실제로는 서로 상통하는 일면을 가지고 있었다. "오사" 시기 사람들은 중화의 유구한 문화의 타성(惰性)과 폐쇄성으로 인해 만들어진 저속함과 천박함의 일면을 보았던 것이다. 중국 현대의 위대한 사상가이자 문학가인 루쉰魯迅은 일생동안 전통 문화 속의 마비성과 저속함, 허위성, 낙후성, 폐쇄성, 그리고 교조주의와 필사적으로 투쟁하였던 인물이다.

그의 《광인일기狂人日記》와 그 속의 "매사에 연구를 해야만 비로소 분명해진다. 옛날 옛적에는 사람을 잡아먹었음을 나는 여전히 기억하고 있지만, 그러나 그다지 분명하게 알고 있지는 않았다. 내가 역사책들을 뒤져 찾아보니, 이 역사에는 연대가 없고, 삐뚤삐뚤한 줄마다 '인의도덕'이라는 몇 글자가 적혀 있는데, 나는 어쨌든 잠을 이룰 수가 없어서 밤새도록 자세히 살펴보고서야 비로소 글자들 사이에서 온 책 가득 씌어져 있는 '식인[吃人]'는 두 글자를 발견하게 되었다."[2] 라는 구절을 잊을 수가 없다. 루쉰의 옛 문화에 대한 비판은 확실히 매우 철저하고도 전면적이었다. 그는 당시 외국의 문물에 대해서 "가져오기[拿來主義]"의 입장을 취하면서 서구의 현대적 분명으로 중화의 고대 전통의 폐쇄성과 전제주의, 낙후성과 허위성, 저속함과 천박함 등에 대항함으로써 중국인이 생존할 수 있는 기회를 얻고자 했던 것이다.

이것은 바로 "오사五四"의 "반 전통주의"와 당대의 "전통주의"가 모두 천박함과 허위성, 저속함을 반대하는 것임, 모두가 사람들의 정신적 현대화를 목적으로 하는 것으로, "오사"의 "반 전통"이 서구의 과학과 민주로 중국 전통 문화 속의 생기를 잃어버린, 마비되고 굳어버린 것들에서 벗어남으로써 사람들 정신의 현대화를 실현시키고자 했던 것이며, 오늘날 우리들이 중화 문화를 계승하고자 하는 것은 전통문화 속의 인문적 윤리 정신으로 현재 유행하고 있는 황금만능주의나 물질만능주의, 소비주의 등에서 벗어나고자 하는 것으로, 그 목적은 마찬가지로 사람들 전신의 현대화를 자극하고자 하는 것이다. 그러므로 사람들 정신의 현대화를 실현해나가고자 한다는 측면에서 이 둘은 모두 상통하는 것이라고 할 수 있다.

이로써 우리는 중화의 고대 문화에는 두 가지 측면이 있음을 어렵잖게 생각해 볼 수 있다. 하나는 인간적이고 우아하고 지혜롭고 순박하고 자연스럽고 조화롭고 초탈적인 일면이고, 다른 하나는 잔인하고 우매하고 허위적이고 저속하고 폐쇄적이고 독단적이고 정체되어 있는 일면이 그것으로, 문화의 정수(精髓)와 찌꺼기가 병존해 있다는 말이다.

이것은 우리가 처해있는 역사적 문화적 환경을 올바르게 파악해야 한다는 말이다. "오사" 신문화 운동 시기는 전통문화의 잔인하고 우매하고 허위적이고 저속하고 폐쇄적이고 전제주의적이고 정체된 일면이 우리의 생존과 발전을

---

2) 《루쉰전집魯迅全集》 (베이징, 인민출판사, 1981) 1판 제 1권, 424~425 페이지.

방해했기 때문에 "반 전통주의"가 자연히 대세를 이루었던 것이었고, 오늘날에는 사회적 전환기의 황금만능주의와 물질만능주의, 소비주의 등이 우리들의 삶을 "오염"시키고 있기 때문에 사람들은 중화 전통문화의 인간적이고 우아하고 지혜롭고 순박하고 자연스럽고 조화롭고 초탈적인 일면을 추종하게 된 것으로, 이 또한 매우 자연스러운 현상이 아니겠는가!

언급하고 싶은 점은 중국 전통문화는 수천 년의 역사를 가지고 있으며, 국가와 민족 발전의 중요한 전환점에 직면할 때마다 이 전통을 "부담"으로 느끼던지 또는 "자원"으로 여기던지 간에, 사람들은 이 유구한 역사의 문화 전통과 마주하지 않을 수 없었다. 역사적 경험은 이미 거듭 이 점을 우리에게 말해주고 있다. 중요한 것은 전통이란 바로 우리들 곁에서 살아있다는 점이다.

우리는 "과거의 과거성을 이해해야 할 뿐만 아니라 또한 과거의 현재성도 이해해야만 한다." 우리들에게 있어서 전통 문화는 "동시적 존재"이며, "하나의 동시성을 구성하는 국면"(엘리엇의 말)인 것이다. 굴원과 도연명, 이백, 두보, 소식과 같은 위대한 시인들이 당대 시인들의 곁에 존재하고 있기 때문에 그들의 정신적 생명력은 과거의 것이 아니라는 말이다. 2천 여 년의 세월동안 타오르고 있는 시의 횃불을 어떻게 이어 받을 것이냐는 것은 오늘을 사는 우리들의 책임이다. 그러므로 "옛날[古]"과 "지금[今]"의 관계를 어떻게 처리하느냐 하는 것은 과거든 현재든 모두 있어도 되고 없어도 되는 그런 작은 일이 아닌 것이다.

이 이치와 마찬가지로, 본 과제의 확립은 "옛 일들을 곰곰이 생각하는" 그런 단순한 감정"이 아니라 시대가 우리에게 요구하고 있는 것이다.

어떤 사회이든지 그 사회의 사상적 통제 및 균형 시스템을 확립해 나가야 하며, 사상적 "양성적 상호 작용 환경"을 실현해 나가야만 비로소 안정과 발전을 유지해 나갈 수 있다. 그러므로 이 과제는 사회적 현실과 직접적인 "유용성"이 없기는 하지만, "쓸모없음의 쓰임[無用之用]", 즉 사회적 심리에 작용함으로써 사회적 분위기를 조성함으로써 사회 현실 속에 유행하고 있는 많은 "저속한" 습성들을 제약하고, 이로써 좋은 사회적 풍속을 양성해나가는데 조그마한 힘이라도 보탬이 될 수 있다는 말이다.

2. 본 과제 연구의 현황 및 분석

우리는 고전 문론에 대해 현대적 해석으로 해석하지 않을 수 없지만,
그러나 동시에 또한 역사적 진실을 추구해야만 하며, 고금 동서양의
공통성을 찾기 위해 노력하는 한편 민족적 특성을 견지해 나가지
않으면 안 된다. 이것이 우리가 처한 진퇴양난의 처지임을 알 수 있을
것이다.

"중국 고전 문론의 현대적 해석"이라는 이 과제는 중국 고전 문론의 "거시적
연구"에 속한다. 20세기의 중국 고전 문론 연구는 역사적 연구, 미시적 연구, 그리고
거시적 연구로 구분해 볼 수 있다. 이중에서 비교적 일찍 시작되었고 연구 성과
또한 비교적 많으며 영향력도 비교적 큰 것은 "역사적" 연구이다. 이 분야에서의
저서들도 많다. 천중판陳鐘凡의 《중국 문학 비평中國文學批評》(1927년 상하이
중화서국), 팡샤오웨方孝岳의 《중국 문학 비평사中國文學批評史》(1934년, 상하이
세계서국), 궈샤오위郭紹虞의 《중국 문학 비평사中國文學批評史》 상권(1934년,
상무인서관), 뤄건저羅根澤의 《중국 문학 비평사中國文學批評史》(1934년,
인문서점) 등이 비교적 이른 시기에 출판된 고전 문론의 역사적 연구 저서들이다.
1949년 이후 중국 고전 문론 연구 저서들이 많이 출간되었지만, 비교적 영향력이
큰 것들은 여전히 "비평사" 저서들이었다. 예를 들어 궈샤오위의 《중국 문학
비평사》 개정판과 류따제劉大杰 주편의 《중국 문학 비평사中國文學批評史》나
왕윈시王運熙와 꾸이성顧易生 주편의 3권 본 《중국 문학 비평사中國文學批評史》,
민저敏澤의 2권 본 《중국 문학이론 비평사中國文學理論批評史》, 차이중샹蔡仲翔
등 주편의 5권 본 《중국 문학이론사中國文學理論史》, 그리고 최근에 출판된

왕윈시, 꾸이성 주편의 8권 본《중국 문학비평 통사中國文學批評通史》등이 그것들이다. 이러한 저서들은 중국 문학이론 비평에 대한 연구에 큰 공헌을 하였다. 이러한 저서들은 문론의 사실성을 고증하였을 뿐만 아니라 역대의 많은 문론 자료들을 수집하여 중국 문론의 역사적 발전 과정을 정리하였으며, 또한 정도의 차이는 있으나 역대 문학이론의 관점에 대한 해석까지도 덧붙였다. 앞으로 이러한 패턴의 연구는 새로운 발전을 맞이하게 될 것이다. 그러나 이러한 패턴의 연구가 가지는 문제점도 분명하다. 즉, 일종의 "역사"로의 등장을 통해 어떻게 중국의 고전 문론을 전환시켜 "현대적 형태"의 문론의 유기적 구성 요소가 되게 할 것이냐는 점에 있어서 그 역할은 비교적 미미하다는 것이다. 물론 앞에서 언급한 "역사적" 연구와 함께 이른바 "미시적" 연구 또한 매우 활발하게 진행되었다.

이러한 경향은 고대의 단편 문론 논저나 개개의 문론가들, 또는 문론의 어느 특정 명제나 범주, 유파 등에 대한 연구와 어느 특정 역사 시기의 문론에 대한 연구 등에서 두드러지게 나타났다. 이러한 연구는 수량적으로도 적지 않으며, 또한 무엇보다도 민족적 특징을 드러내는데 매우 주의를 기울였다는 점이 특징이다. 그러나 중국 고전 문론 전체에 대한 연구와 정확한 파악과 이러한 총체적인 파악을 통해 세계적 의미의 보편적 규칙성을 가고 있었을 뿐만 아니라 이로써 중국의 현대문론 체계와 결합시켜 나감에 있어서는 오늘날의 우리가 활용하기에는 분명한 한계점을 가지고 있는 것이 사실이다.

1980년대 중 후반 이후 이러한 분야의 연구자들은 "역사적" 연구와 "미시적" 연구 이외에도 "거시적" 연구가 필요함을 인지하게 되었다. 중국 고전 문론 유산은 매우 풍부한데, 그것들은 또한 짙은 민족적 특색을 가지고 있을 뿐만 아니라 문학 문제의 보편적 규칙성을 보여줌에 있어서도 독특하면서도 깊이 있는 견해들을 가지고 있었다. 이러한 견해들이 현대적 해석과 전환을 거치게 된다면 서구의 문학이론과 상호보완적 적용을 함으로써 세계 문학의 발전에 크게 기여할 수 있을 것이다.

이런 점에서 어느 학자는 "우리는 고전 문론이 예술적 원리에 대한 개괄과 그 이론적 위력으로 당대의 문학이론에 포함될 수 있기를 희망한다.

그렇게 되기 위해서 우리는 반드시 개방적인 거시 연구를 의식적으로 진행해야 할 필요가 있다."[3]고 지적하기도 한다. 또 어느 학자는 중국 고전문학 연구에 대해 언급하면서, "중국 문학사 연구, 예를 들어 민족의 심리적 자질의 발굴이나 민족적 심미 경험에 대한 총화, 그리고 이러한 심리의 지배 하에서의 민족 문학 전통의 발전 규율성에 대한 탐구에는 전혀 눈을 돌리지 않고서 어떤 한 개인의 한 사건에 대한 고증이나 글자 하나 자구 한 구절의 분석에만 머문다면 그것은 시대가 우리에게 요구하는 것을 영원히 만족시켜줄 수 없을 것이다.

어쨌든 중국 고전문학 연구 분야에 있어서 우리는 거시적 세계와 마주하고 있으며, 우리에게는 거시적 연구가 절박하다."[4]라고 하기도 했다. 이 두 학자의 의견이 완전히 일치하는 것은 아니지만, 그들이 모두 "거시적" 연구를 주장했다는 점, 특히 "예술적 원리에 대한 탐구"와 "발전 규칙에 대한 토론"이라는 이 점에 있어서는 일치하고 있다.

즉 미시적인 한 사람의 한 사건에 대한 고증이나 해석도 필요한 것이지만, 더 중요한 것은 고전 문론의 민족적 특징을 밝힌다는 전제 하에서의 보편적 규칙성에 대한 탐구라는 말이다. 그래야만 세계적 의미의 보편적 규칙성을 총괄해 냄으로써 오늘날의 문예 이론 확립에 참여할 수 있으며, 또한 세계와의 대화와 소통이 가능할 수 있다는 말이다. 그래야만 서구의 현대적 문예 이론에 "강점"당해 있는 중국 문학 논단의 상황을 바꿀 수 있다는 말이다.

위에서 언급한 의식들에 대한 공통된 인식이 형성되어 가면서 중국 문론 계에는 "거시적" 연구 저서들이 하나 둘씩 출현하게 되었다.

이러한 저작들의 공통된 이론 가설은 《문심조룡文心雕龍》처럼 "체제가 방대하면서도 그 사유가 엄밀한[体大精思]" 일부 소수의 저작들 이외에 대부분의

---

3) 난판南帆, 〈중국 고전 문론의 거시적 연구我國古代文論的宏觀研究〉, 《상하이 문학上海文學》 1984(5).
4) 천보하이陳伯海, 〈거시적 세계와 거시적 연구宏觀的世界与宏觀的研究〉, 《문학유산文學遺産》, 1985(3).

고전 문론 저작들은 산발이고 경험적이고 즉흥적이고 직관적이고 가볍게 맛을 보고서 의미를 이해하는 식이다. 그러나 우리는 이러한 형태를 가볍게 보아서는 안 된다. 실제로 그 깊은 곳에는 잠재적인 체계성이 함축되어 있어서 문학의 공통적 규칙성을 잘 드러내 보여주고 있기 때문이다. 예를 들어, 천량윈陳良運의 《중국시학 체계中國詩學体系》(1992년, 중국사회과학출판사)는 책 전체를 "언지言志 편"과 "연정緣情 편》", "입상立象 편", "창경創境 편"과 "입신入神 편"으로 나누어 놓고 있는데, 저자는 중국 고전 문론의 체계가 "마음 속 뜻을 말하는 것에서 시작하니 내면을 표현하는 것을 중시함, '정감[情]'과 '이미지[象]'으로의 발전, '감성의 표현'의 중시 '경계境界'설의 출현, '신神'의 경지로 들어서는 단계로 보면서, 내면의 표현과 감성의 표현이 고차원적이고 높은 수준으로 발전되어 왔다."[5]고 보았다.

저자는 이러한 생각의 틀에 맞추어 세심하고 꼼꼼하게, 그리고 분명하게 짜 맞추어 중국 시학의 논리적 체계성을 펼쳐 보였다. 또 문예 심리학 분야에서는 타오동평陶東風은 자신의 저서《중국 심리미학 육론中國心理學六論》(1990년, 백화문예출판사)에서 "허정虛靜론", "공령空靈론", "언의言意론", "의경意境론", "심물心物론", "발분發憤론"을 실마리로 중국 고전 문론을 현대의 심미 심리학으로 해석하기도 하면서 높은 학술적 수준을 보여주었다. 지셴린季羨林 교수는 이 책을 "매우 독특한 견해를 가지고 있는 가치 있는 책"이라고 찬사를 보내면서, 특히 그 중에서도 "언의론言意論" 편은 "고금을 관통하고 동서를 아우르고 있다."[6]고 평가하기도 했다.

"고금을 관통하고, 동서를 아우른다"는 말은 이 저서의 학술적 가치를 판단하는 기준이다. 거시적 연구가 되기 위해서는 "흥·관·군 원(興觀群怨:감흥을

---

5) 천량윈陳良運, 《중국시학 체계中國詩學体系》(베이징, 중국사회과학출판사, 1992.), 28 페이지.

6) 지셴린季羨林, 〈문외한의 중외 문론 서설門外中外文論絮語〉, 첸중원錢中文 등 주편의 《중국 고전 문론의 현대적 전환中國古代文論的現代轉換》(시안西安, 산시 ■ 西사범대학 출판사, 1997.), 10 페이지 참고.

불러일으키고, 마음을 살피고, 다른 사람과 나누고, 위정자를 원망함-《논어 양화論語 陽貨》 편의 공자의 말)"을 단순히 "흥·관·군·원"으로 보아서는 안 되며, "이의역지(以意逆志: '나의 마음으로 작자의 뜻을 맞이한다.'는 맹자가 제자 함구몽의 시 해석 방법이 옳지 않음을 지적하면서 한 말)"를 말 그대로의 "이의역지"로 보아서는 안 되고, "신사神思"나 "의경意境"을 글자 그대로의 "신사"나 "의경"으로 이해해서는 안 된다. 중국 고전 문론을 고금과 동서라는 시 공간적 시각에 놓고 고찰하고 탐구하고 파악해 나가야 하며, 고금의 대화, 동서의 대화 속에서 결론을 도출해내야 하며, 그 속에서 새로운 학설들을 제기해내야 하는 것이다. 현재 중국 고전 문론 연구가 직면한 가장 큰 어려움이 바로 여기에 있는 것이다.

거시적 연구 속에서는 고금과 동서의 개념, 범주에 대해 단순하게 처리하거나 저속한 비유, 자의적으로 해석하는 등의 현상이 심각하게 남아 있다. 더 심각한 것은 서구의 문예 이론 용어로 중국 고대의 문론을 재단하는 것이다. 이러한 짧은 식견의 "거시적 연구"는 아무런 의미가 없는 것일 뿐만 아니라 민족적 전통을 부끄럽게 하는 것이며, 또한 현대의, 또는 서구의 문예 이론을 유린하는 것이다.

여기서 우리는 고전 문론을 현대적으로 해석해야 함과 동시에 역사적 진면목을 추구하지 않으면 안 된다. 고금과 동서의 공통성을 찾고자 노력하면서도 민족적 특성을 견지해 나가지 않으면 안 되는 것이다. 이러한 점에서 우리는 진퇴양난의 곤경에 처해있음을 잘 알 수 있다.

본 과제도 마찬가지의 진퇴양난의 궁지에 처해 있다. 우리는 새로운 사유방식을 찾아야만 하며, 새로운 학술적 전략을 모색해야만 현재 학계가 직면해 있는 이 "궁지"를 벗어날 수 있다.

3. 본 과제 연구의 학술적 전략

중국 고전 문론의 거시 연구가 처한 진퇴양난의 해법은 반드시 구체적 목표성을 가진 적절한 학술적 전략을 취하는 것이다. 우리의 전략은 즉 역사 우선 원칙, "주체 상호 간"의 대화 원칙, 논리 자급 원칙이라는 이 "세 가지 원칙"을 견지해 나가는 것이다.

우리는 중국 고전 문론의 거시 연구가 처한 진퇴양난의 궁지를 타파하기한 해법이 구체적 목표를 가진 적절한 학술적 전략을 취하는 것이라고 본다. 우리의 전략은 바로 역사 우선 원칙, "주체 상호 간"의 대화 원칙, 논리 자급의 원칙이라는 이 "세 가지 원칙"을 견지해 나가는 것으로 설명할 수 있다.

1) 역사 우선 원칙의 견지.

역사는 양면적 의미를 지니고 있다. 하나는 객관적으로 존재했던 과거 특정 시기의 생활상이다. 예를 들어, "삼국(三國)" 시기는 위나라 촉나라 오나라 간에 서로 뒤얽혀 싸우면서, 최후에는 촉나라와 오나라가 멸망함으로써 막을 내리게 된, 객관적으로 존재했던 역사 시기를 말한다. 둘째는 객관적으로 존재했던 삶에 대한 기록과 그에 대한 연구를 말하는 것으로, 예를 들어 《삼국지三國志》는 역사서는, 삼국 시기라는 특정 역사 시기의 기록과 그에 대한 연구서이며, 이러한 기록과 연구에는 작자의 주관적인 요소들도 포함되어 있기 때문에 완전히 객관적일 수는 없다는 것이다. 이러한 의미에서 첫 번째 의미의 "역사"는 완전하게 "복원"되거나 "재현"될 수가 없다. 왜냐하면, 사람들이 첫 번째 의미의 역사를 탐구할 때 반드시 두 번째 의미의 "역사"에 의존할 수밖에 없기 때문이다.

두 번째 의미의 역사가 기록자의 주관적 요소들이 들어가 있기 때문에 만약 이것이 첫 번째 의미의 역사와 완전히 동떨어져 있는 것이라고 한다면, 우리가 어떻게 완전히 객관적으로 역사의 진면목을 추구할 수 있겠는가? 《삼국지》는 단지 작자의 기록일 뿐이고 작자의 주관적 입장이 매우 분명하다면, 틀림없이 불공정한 부분이 있을 수밖에 없을 것이다.

그렇다면 우리가 어떻게 여기에서 완전히 객관적으로 진실 된 역사를 구할 수 있겠는가? 이러한 점에서 이른바 "역사의 진면목 회복"은 단지 사람들의 희망사항일 뿐임을 알 수 있다. 그러나 이런 원인으로 역사를 존중하지 않아도 되는 것일까? 그것은 아니다. 오히려 그와 반대로 우리가 고대의 사건을 이해하기 위해서는, 예를 들어 고대의 문론을 올바르게 이해하고자 한다면 반드시 원본의 역사적 환경 속에 들어가서 고찰하지 않으면 안 된다. 왜냐하면, 고전 문론은 당시의 사회적 상황과 동떨어져 고립적으로 발전되어 온 것이 아니기 때문이다.

비록 역사를 완벽하게 복원할 수 없다 하더라도 우리는 과학적인 고증과 정밀한 분석을 통해 최대한 그 역사에 가까이 접근해 가야만 한다. 고전 문론을 역사 문화적 담론 속에서 고찰해 나가야만 그 탄생 조건과 원인 등을 충분하게 이해하고, 그 의미를 밝힘으로써 서로 다른 역사 시기의 서로 다른 문론가들이 남긴 서로 다른 문론이 비로소 살아나게 되고 역사의 먼지 속에서 깨어나 살아있는 모습으로 우리들 앞에 그 모습을 드러낼 수 있는 것이다. 그래야만 사람들이 이해하는 사상이 될 수 있는 것이다. 이러한 이유를 바탕으로, 우리는 역사 우선의 원칙을 견지해 나가고자 한다.

2) "주체 상호 간" 대화의 원칙 견지

서구 문예 이론이 하나의 주체이고 중국 고전 문론이 또 다른 하나의 주체이다. 동서 두 주체가 서로 참조 체계를 이루면서 평등한 대화를 진행 해 나가야 한다. 서구의 문예 이론은 정치 경제적 측면의 우세에 힘입어 "유리한" 발언권을 차지함으로써 중국 문론에 대해 폄하하는 형세가 조성되어 왔다. 이러한 상황은 동서 간의 평등한 대화에는 도움이 되지 않는다. 그러므로 우리는 옛 선조들이 창조해 놓은 문화(그 속에는 역대의 문론도 포함된다.)에 대해 변별적 공감의 태도를 가지고 있어야 한다. 이러한 태도는 말끝마다 그리스나 서구를 거론하는 것보다 더 합리적일 것이다.

근본적인 점은 중국 고전 문론에는 진리의 요소가 포함되어 있으므로 우리가 그 진리를 존중하지 않을 이유가 없다는 것이다. 20세기 이후 학술 사상의 현대적 전환에 있어서 크나큰 공헌을 했던 거의 모든 대가들이 이러한 태도를 가지고 있었다. 예를 들어, 왕궈웨이王國維는 다음과 같이 말했다.

> 학문에는 새로운 것이나 낡은 것이 없으며, 동 서의 구별이 없으며,
> 유용함과 무용함의 구별이 없다.
> 學無新旧也, 無中西也, 無有用無用也.[7]

왕궈웨이는 동양과 서양 간의 학술 사상에 있어서 중국의 학술 사상과 중국 고대 학술 사상의 평등한 지위를 쟁취하기 위해 노력하였으며, 그 가운데 민족적 정감을 보여주었음은 분명하다. 장타이옌章太炎 또한 다음과 같이 말했다.

> 엿이나 메주나 술이나 타락은 각기 그 맛이 다르지만 모두 맛이
> 있다. 오늘날 중국은 함부로 서구를 멀리 해서는 안 되니, 이는
> 서구를 멀리 한다고 중국에 치우쳐서도 안 되는 것과 같다.
> 飴豉酒酪, 其味不同而皆可於口, 今中國不可以委心遠西,
> 猶遠西之不可委心中國也.[8]

---

7) 왕궈웨이王國維, 〈국학 총간 서문國學叢刊序〉, 《왕궈웨이 문집王國維文集》
   (베이징, 중국문사출판사, 1997.) 제 4권.
8) 장타이옌章太炎, 《원학原學》, 《국고논형國故論衡》 (상하이, 대공화일보관大共和日報館, 1912.),

이 말은 표면적으로 보기에는 어느 한쪽으로 치우쳐서는 안 된다는 말 같지만, 당시의 서구열풍의 분위기 속에서 장타이옌의 이 말은 사실상은 전통적 학술사상에 대한 불공평함을 호소한 것이다. 대가들은 또한 동양과 서양 사이에서 "상호 주체"의 원칙을 견지해 나가야 한다고 주장했다. 서구가 하나의 주체이고, 중국은 서구를 참조 체계로 삼아야 하며, 중국이 또 하나의 주체이고 서구는 중국을 참조 체계로 삼아야 한다는 것이다. 천인커陳寅恪는 이렇게 말했다.

고금의 학설을 대함에 있어서는 마땅히 이해를 통한 공감이
이루어진 후에야 붓을 들 수가 있다.
其對於古人之學說, 応具了解之同情, 方可下筆.[9]

이른바 "이해를 통한 공감"이란 바로 옛 사람들의 학설에 대해 우선은 이해를 해야 하고, 진정으로 이해를 하고 난 다음에 이 바탕 위에서 이루어지는 "공감"이 바로 실사구시적 긍정이며, 그래야 극단적인 민족주의로 치우치지 않는다는 말이다. 내가 보기기에 학문적 이치를 더 많이 보여주고 있는 사람은 허린賀麟이 아닌가 한다.

오래된 것들 속으로 들어가 새로운 것을 발견해 내는 것, 이것을
일러 '옛 것을 미루어 새로운 것을 창출해 낸다.[推陳出新]'이라고
한다. 반드시 오래된 것들 속의 새로운 것, 역사가 있고 연원이
있는 새로운 것이라야 비로소 진정한 새로운 것이다. 각양각색의
표면적인 것들, 세상을 기만하고 놀래키며, 기괴함을 다투는
새로움은 단지 일시적인 유행일 뿐, 진정한 새로움은 아니다.

---

9) 천인커陳寅恪, 〈펑요우란 중국 철학사 상권 심사 보고馮友蘭中國哲學史上册檢査報告〉, 《금명관총고이편金明館總稿二編》 (상하이, 상하이고적출판사, 1980.), 247 페이지.

旧的裏面曲發現新的，這叫做推陳出新．必定要旧中之新，
有歷史有淵源的新，纔是眞正的新．那種表面上五花八門，欺世駭俗，
競奇斗異的新，祇是一時的時髦，并不是眞正的新.[10]

　위의 말처럼, 학술적인 진보는 아무런 근거 없이 출현하는 것이 아니다. 그 어떤 새로운 학술적 창조든 간에 반드시 기존 연구의 기초 위에서 축적 과정과 출발 과정, 그리고 창조 과정을 거쳐서 탄생 될 수 있는 것이다.

　이러한 학술적 창조이어야 비로소 가치가 있는 것이다. 그럼으로, 선현들이 수천 년 동안 쌓아온 학술을 우리는 소중히 여겨야만 한다. "옛 것 속의 새로운 것"이야말로 뿌리가 있는 새로움이며, 진정한 새로움이라는 말이다. 어쨌든, 중화민족의 전통 문론은 "오래 된" 것이지만, 일단 그것을 살려내게 되면 그 심오함이 드러나게 될 것이고, 그렇게 되면, 주체적으로 대화에 참여할 수 있는 자격을 충분히 가지게 될 것이다.

　우리가 이렇게 말한다고 해서 대화의 다른 일방인 서구의 문예 이론을 배척하거나 배제해야 한다고 하는 것은 아니다. "학술에는 국경이 없으며", 진리는 어느 한 민족의 손에 의해 완성되는 것이 아니다. 진리는 서로 다른 민족 문화의 학술 대가들 모두에 의해 만들어져 나가는 것이다.

　맹목적인 본토주의는 결단코 취할 것이 못된다. 서구의 문예 이론은 서구 문화의 산물로써, 마찬가지로 유구한 역사적 연원을 가지고 있다. 특히, 문예 부흥 이후에는 유럽과 북미의 과학기술과 물질 경제의 비약적인 발전과 함께, 의식형태로서의 문학이론이 경제적 정치적 실력과 철학 사조의 교체에 힘입어 괄목할 만한 발전을 이루게 되면서, 가치 있는 새로운 학술들을 쏟아냈다. 특히, 20세기로 접어들어 서구에서는 "비평의 세기"가 출현하게 되었고, 문예 이론 비평도 이와 함께 끊임없이 일어나게 되었다.

---

10) 허린賀麟, 〈오륜 관념의 새로운 검토五倫觀念新檢討〉, 《문화와 인생文化与人生》 (베이징, 상무인서관, 1988.), 51 페이지.

이 점에 대해서는 이 책의 시작부분에서부터 다루고 있다. 우리는 물론 "서구 중심주의"를 찬성하는 것은 아니다. 그러나 서구 문예 이론 역시도 분석과 입론 (立論) 등에 있어서 많은 장점을 가지고 있음은 사실이다. 그리고 "타자"나 "제3자"로서 일종의 "거리두기"의 시선을 취함으로써 중국 문론의 장점과 약점을 더욱 분명하게 보여줄 수 있다. 더 중요한 점은 중국 고대 문론과 서구 문예 이론은 서로 다른 문화적 조건에서 탄생된 "이질적" 이론으로, 피차간에 "상호 보완"과 "상호 증명", 그리고 "상호 해석" 등과 같은 "상호 작용" 속에서 장 단점을 파악할 수 있다는 점이다. 이는 문학의 공통적 규칙성을 밝히는데 매우 유리하다. 동서 간의 "대화"는 "대립"을 대신할 가장 좋은 선택인 것이다. 천인커는 이에 대해 다음과 같이 말했다.

> 사상적으로 진정으로 하나의 체계를 이루어 창조적 성과를 거두기 위해서는 반드시 한편으로는 외래에서 유입된 학설을 받아들이면서 다른 한편으로는 자기 민족의 지위를 잊어서는 안 된다. 이 두 가지 서로 상반되면서도 상호 보완적인 태도가 바로 도교의 참된 정신이며, 신유가 사상이 걸었던 오래된 방법이고, 이천 여 년 중국 민족과 다른 민족 사상 간의 교류사가 보여주고 있는 내용이다.
>
> 其眞能于思想上自成系統, 有所創獲者, 必須一方面吸收輸入外來之學說, 一方面不忘本來民族之地位. 這二種相反而適相成之態度, 乃道教之眞精神, 新儒家之旧途徑. 而二千年吾民族与他民族思想解除史之昭示者也. [11]

이러한 태도는 매우 분명하고도 융통성이 있다.

---

11) 천인커陳寅恪, 〈펑요우란 중국 철학사 하권 심사 보고馮友蘭中國哲學史下册檢查報告〉, 《금명관총고이편金明館總稿二編》, 252 페이지.

대화에는 공통의 화제가 있어야 한다. 문학과 문론은 다행히 공통의 화제가 너무나도 풍부하다.

예를 들어, 문학은 인류의 정신적 고향의 하나이나, 서로 다른 민족의 문예 이론들은 이 정신적 고향을 어떻게 이해하고 있을까? 이 문제에 대해서는 상당히 다른 양상을 보이며 각각의 특징들을 가지고 있다고 하겠다. 이는 사실상 "문학의 본체" 문제에 대한 해답이기도 하다.

중국 문학은 최초에는 서정적 시각에서 문학을 이해하고 운용하였다. 그래서 고대의 중국 문인들의 문학에 대한 이해는 다음의 세 가지로 개괄해 볼 수 있다. 첫째는 인간의 물리—심리적 층차에서 문학은 "사물에 대한 감응[感物]"으로 일어나는 것으로, "감정[情]"은 선천적인 것으로, 감정이 사물과 만나게 되어 비로소 "감응"이 일어나게 된다고 보았던 것이다.

둘째는 심리—윤리적 층차에서, 문학이 "감정[情]"과 "(마음 속) 뜻[志]"의 토로라는 것이다. "시언지[詩言志]", "시연정[詩緣情]", "정감으로 사물을 바라본다.[以情觀物]", "정감이란 문장의 날실이다.[情者文之経]", "경물 언어가 바로 정감 언어이다.[景語卽情語]" 등의 주장은 줄곧 중국 문학 본체론의 기본 명제들이었다. 물리적—심리적 "감응"에서 심리적—윤리적 "정감"과 "마음 속의 뜻"의 토로로 나아감은 한 단계의 발전이라고 할 수 있다. 정과 지는 내면세계의 힘으로, 바로 문학의 대상이다. 시인의 자연 경물에 대한 묘사는 결론적으로는 마음 속의 정감을 써내는 활동인 것이다. 두보의 "오늘은 이슬도 희어진다는 백로, 저 달은 고향에서도 환히 비추고 있겠지.[露從今夜白, 月是故鄕明]"라는 구절은 겉으로 보기에는 풍경에 대한 묘사인 것 같으나 기실은 시인 두보가 고향을 그리워하는 정감 세계를 보여주고 있는 것이다.

"정감으로 사물을 바라본다.[以情觀物]"는 말이나 "풍경으로 정감을 묘사한다[以景寫情]"는 말은 중국 고전 시가의 기본적 양식으로, 그 원인은 바로 옛 사람들의 문학에 대한 이러한 이해에서 비롯된 것이다. 셋째, 자연의 도라는 층차에서 인간의 정감은 어디에서 일어나는 것일까? 중국의 오래된 "사물에 감응하여 마음속 뜻을 읊조린다[感物吟志]"라는 말 속에서 사람과 사물이 서로 감응한다고 했으니, 이것이 "천인합일天人合一"의 도를 실현하는 것이라는 것이다.

"천인합일"의 실현 속에서 사람과 자연의 소통은 초경험적 우주 철학의 원리를 보여준다. 두 번째 층차에서 세 번째 층차로의 나아감은 또 한 단계의 발전이다. 옛 사람들의 문학 "교화"론을 지나치게 과장해서는 안 되며, 문학 본원에서 바라본다면 우리 선조들이 많은 것들을 전해주고 있음을 알 수 있다. 위에서 언급한 이 세 가지 층차의 "발전"이 바로 중국 고전 문론의 "천인합일" 식 "문학 본원"론이다.

앞에서 언급한 중국 고대 문학 본체론에 대한 간단한 분석에서 우리는 여기에 이미 동서의 대화가 진행되고 있음을 쉽게 알 수 있을 것이다.

여기서 언급한 "물리학"이나 "심리학", "윤리학", "철학" 등의 용어와 그 활용, 그리고 층차별 분석, 서구의 "모방"설과의 비교 등이 바로 현대 서구의 학술적 시각과 방법론으로 중국 고전 문론을 설명하는 것이며, 바로 이 속에 "대화"의 요소가 포함되어 있는 것이다. 이 밖에도 문학의 창작 문제, 문학 텍스트의 문제, 문학 감상의 문제, 문학 서정의 문제, 문학 서사의 문제, 문학 이상의 문제 등등이 모두 동서 문예 이론 대화의 공통 화제들이다. 이 책에서는 이러한 세계 문예 이론의 공통 화제에 대해서 평등한 동서 간의 대화를 진행해 나가고자 한다.

3) 논리 자급자족 원칙의 견지

동서 문예 이론의 대화는 단순한 대화를 위한 대화가 아니라 분명한 목적의식을 가지고 있다. 동서 간의 대화와 대화식 비교는 모두 견강부회한 억지 비교식 대응이 아니다. 우리의 목적은 중국의 고전 문론에 서구식 장신구를 메달고자 하는 것이 아니며, 또한 서구의 문예 이론에 중국식 치파오旗袍를 입히려는 것이 아니다. 우리의 목적은 중국의 현대적 형태의 문예 이론을 확립하기 위한 것이다. 즉, 이러한 대화를 통해 고금을 관통하고 동서를 아우름으로써 중국 고전 문론에 새로운 청춘의 활력을 불어 넣고 현대적 전환을 완성하여 자연스럽게 현대 문예 이론의 체계 속으로 들어가도록 하기 위한 것이다.

그렇다면 어떻게 이러한 목표를 달성할 수 있을 것인가? 그것은 바로 동 서 간의 대화 과정 속에서 "논리의 자급"을 실현하는 것이다. 이른바 "자급"이라 함은 바로 우리가 논하는 문제들, 그것이 서구의 것으로 중국의 것을 해석하든지 아니면 중국의 것으로 서구의 것을 해석하든지 간에, 또는 동·서 간의 상호해석이든지 간에 모두 반드시 "학설의 논리성"을 갖추어야 한다는 것이다. 이른바 "논리"라고 하는 것은 형식적인 논리 뿐만 아니라 변증법적 논리까지도 포함하는 것이다.

즉, 중국 옛 선인들의 의미에 대한 정확한 이해와 그들의 고심(苦心)을 이해하는 데 치중하면서도 개별 글자들에 대한 해석에 지나치게 얽매이지 않아야 하며, 또한 서구의 문예 이론의 의미를 이해하면서도 전반적이고 깊이 있고 새로운 시각으로 이러한 문제들을 고찰해 나감을 말하는 것이다.

제1장

유교-도교-불교
─ 중국 고전 문론의 문화적 뿌리

제1장

유교-도교-불교
― 중국 고전 문론의 문화적 뿌리

중국 고전 문론은 중국 고대 전통문화의 일부분이다. 문화에 대한 정의는 다양하지만, 중국 고전 문론 연구에 있어서는 독일의 현대 철학자 에른스트 카시러(Ernst Cassirer, 1874~1945)의 기호론의 문화에 대한 정의가 가장 적절할 것 같다. 카시러는 기호학의 시각에서 문화란 인류의 기호적 사유와 기호 활동에 의해 창조된 산물이며, 그 의미의 총화라고 정의하였다. 인간이란 무엇인가? 인간의 본성은 무엇인가? 그것이 바로 문화라는 말이다. 과거 "인간은 정치적 동물"이라는 학설(아리스토텔레스)이나 "인간은 이성적 동물"이라는 학설(계몽주의)도 모두 일리가 있다. 카시러는 인류를 "정치적 동물" 혹은 "이성적 동물"이라고 하기 보다는 차라리 "문화적 동물"이라고 해야 한다고 주장했다. 왜냐하면 문화야 말로 인간과 동물을 구별시켜주기 때문이라는 것이다.

그렇다면 문화는 또 어떻게 창조되는 것인가? 문화는 바로 인간의 노동(work)에 의해 창조된다는 것이다. 카시러는 다음과 같이 말한다.

바로 이러한 노동이, 바로 이러한 인류의 활동 체계가 "인간성"의 원주율을 규정하고 확정하게 된다. 언어나 신화, 종교, 예술, 과학,

역사는 모두 이러한 원의 구성요소이고 각각의 섹터들인 것이다[1]

    카시러는 동물에게는 신호만 있지 기호는 없다고 보았다. 신호는 단지 주변
세계에 대한 단순한 반응에 불과할 뿐, 묘사나 추론을 할 수 없다. 그는 동물의
세계(예를 들어 유인원)는 기껏해야 감정 언어가 있을 뿐, 명제 언어가 없지만,
인간에게는 명제 언어가 있다고 설명했다.

    감정 언어는 직접적이고 단순한 감정만을 표현할 뿐이며, 사물에 대한 지시나
묘사가 불가능하다는 것이다. 그러나 명제 언어는 감정을 복잡하고 상세하게
설명할 수 있을 뿐만 아니라 지시하고 묘사하고 사유 등의 활동을 할 수 있다.
그렇기 때문에 동물과 인류의 외부 세계에 대한 반응은 서로 다르며, 동물은
직접적이고 신속하게 반응하는 반면, 인간은 대응적 반응을 보이게 되는데, 대응이
간접적이고 느린 것은 완만하고 복잡한 사고 과정에 의해 저지당하고 지연되기
때문이라는 것이다. 이 "대응"은 종종 명제 언어와 감정 언어의 구별점이 되기도
하며, 또한 인류 세계와 도물 세계의 진정한 경계선이 되기도 한다.

    인간은 기호를 가지고 있기 때문에 문화를 창조하게 된 것이다. 그의 공식을
보면, 인간 — 기호의 운용 — 문화(언어, 신화, 종교, 문학, 예술, 문예이론, 예술론,
과학 역사 등) 창조. 인간과 기호, 그리고 문화는 삼위일체라는 것이다. 기호적
사유, 기호 활동 등은 직접적이고 단순한 반응이 아니기 때문에 기호가 창조한
언어나 신화, 종교, 민속, 예술, 과학, 역사, 철학 등과 같은 문화 형태는 모두가 의미
체계가 된다는 것이다. 기호론의 문화 개념은 문화가 바로 인간의 "영혼" 깊은 곳에
잠재되어 있는 정신문화, 관념문화라는 것이다. 문론은 문화의 한 "섹터(sect)"로써,
문화 "섹터"의 다른 부분들과 서로 밀접하게 연관되어 있다. 문론과 철학, 문론과
역사, 문론과 종교, 문론과 예술은 공생적이고 상호 작용 관계에 있으며, 그렇기

---

1) (독) 에른스트 카시러, 《인간론[An Essay on Man]》 중국어판(상하이, 상하이역문출판사上海譯文
   出版社, 1985.) 87페이지.

때문에 우리는 중국 고전 문론의 관념과 그 변화를 이해하기 위해서는 반드시 당시의 문화 담론 속에 들어가서 파악해야만 비로소 중국 고전 문론의 형태와 심오함을 드러낼 수 있는 것이다.

중국 고전 문학의 원류는 매우 유구하고 유파 또한 매우 많다. 이른바 "정통"파나 "전아典雅"파, "풍자諷刺"파, "산수山水"파, "전원田園"파, "유선游仙"파 등등 너무나 다양하여 때로는 사람들의 눈이 어지러울 정도다. 그러나 문론 형태에 반영된 문화적 사상적 연원에서 살펴보면, 중국 문론은 크게 양대 전통과 삼대 사상으로 나누어 볼 수 있는데, 유가(儒家)의 문론 전통과 도가의 문론 전통, 그리고 이후에 도가와 융합된 불가의 문론 전통이 바로 그것이다. 선진 시기에 탄생한 유가와 도가의 문론 관념은 조금 차이가 있으면서도 상호 보완적인 일면도 가지고 있었다. 우리는 본 장에서 유가와 도가 문학 사상의 차이와 그 보완 관계를 주로 살펴보고, 또한 불교의 사상도 살펴보고자 한다. 이러한 작업은 우리에게 중국 고전 문론의 변천과 발전의 문화적 토대를 심도 있게 이해하는데 도움이 될 것이다.

유가와 도가의 문학 사상은 오랜 세월의 역사 발전 과정에서 많은 변화를 겪었지만, 여기에서는 주로 선지 시기의 자료를 중심으로 하면서 한대 이후의 일부 상황에 대해서도 참고적으로 언급할 것이다.

1. 유가의 문학 관념

유가의 문학 관념은 사회적 공리성을 위주로 하고 있으면서도 또한 예술성과 오락성이라는 "하위 관념[亞觀念]"도 강조하고 있다. 이러한 "하위 관념"은 도가의 심미론과 결합되어 중국 고전 문학의 휘황찬란한 성과를 이루었다. 그러므로 중국에서는 대대로 유가 사상을 주도적 사상으로 하면서도 작가나 시인들은 여전히 자신들의 예술적 재능을 발휘하여 위대하고 찬란한 문학 작품들을 창작할 수 있었던 것이다.

유가는 역사 발전 개념이다. 각각의 시대에는 그 시대만의 유가가 있었다.

매우 독창적이었던 선진의 유가, 짙은 정치적 색채를 띠고 있던 한대의 유가, 선불(禪佛) 사상을 융합했던 송대의 유가, 이들을 집대성 했던 청대의 유가, 그리고 민국 이후 서구 문화의 충격 속에서 형성된 "신유가"가 그러했다. 각 시대별 유가 사상은 모두 새로운 변화와 발전이 있었지만, 모두 유가 사상이었기 때문에 공통의 기본적 사상도 가지고 있었다. 유가의 문학 사상 또한 마찬가지였다. 유가의 문학 관념을 가장 잘 보여주고 있는 것은 선진 유가 경전인 《논어》의 한 구절이 아닌가 싶다.

공자가 말하길, 《시》 삼백 편을 한 마디로 표현하면, 생각에 사특함이 없는 것이다.
子曰: 《詩》三百, 一言以蔽之, 曰: 思無邪.[2]

공자의 《시경詩経》"에 대한 이 같은 평가는 표면적으로 보기에는 이해가 되지 않는다. 《시경》 30편은 그 사상적 내용에 있어서 모든 것을 포괄하고 있기 때문이다. 예를 들어, 주나라의 역사를 기록하고 있는 역사시(〈생민生民〉, 〈공류公劉〉, 〈면綿〉, 〈황의皇矣〉, 〈대명大明〉 등의 다섯 편)가 있는 가하면, 공덕을 칭송하는 송가(頌歌)도 있고, 제왕을 칭송하고 임금의 원위를 선전하거나 또는 천명을 노래하고 전공을 자랑하기도 하며, 연회를 노래하고 귀빈을 칭송하기도 하였다. 또 신랄한 풍자시도 있는데, 이러한 민요들은 가송과는 반대로 사회적 암흑과 정치적 타락을 묘사하면서 통치자의 사치와 음탕함, 백성들에 대한 수탈과

---

2) 류바오난劉宝楠 주, 《논어정의論語正義》, 《논어집성論語集成》(상하이, 상하이서점, 1986.) 제 1권, 21 페이지.

같은 추악한 행위들에 대해 울분을 토하는 작품도 있다. 또 사랑을 노래하는 연애시들은 남녀상열지사의 가사나 여자가 남자를 유학하는 시어, 때로는 행복한 사랑에 대산 표현, 혼인의 비극 등을 노래하였다. 이 밖에도 농사시(農事詩)와 부역시[征役詩], 애국시 등도 있다. 이렇게 풍부한 사상적 내용을 어떻게 생각에 사특함이 없다는 "사무사思無邪"라는 이 세 글자로 개괄 할 수 있다는 말인가? 그렇다면 공자가 틀렸다는 말인가? 그렇지는 않다. 공자는 "사무사"라는 이 세 글자로 자신의 시학 관념을 표현한 것이다.

이른바 "사무사"란 바로 "사상의 순수함과 단정함"을 말하는 것으로, 공자는 《시》 300 편이 어떤 내용을 담고 있든 간에 모두 다 사상적 순수하고 단정함이라고 하는 기준에 부합하기 때문에 사람들의 윤리 도덕적 수양의 본보기가 될 수 있었고, 이것이 바로 진정한 문학이라고 보았던 것이다. 《시경》의 첫 번째 작품인 〈관저關雎〉라는 작품을 보자.

> 꾸룩 꾸룩 물수리 강가 모래 톱에서 울고,
> 아리따운 아가씨는 군자의 좋은 배필이라.
> 關關雎鳩, 在河之洲. 窈窕淑女, 君子好逑.

저명한 이창즈李長之 교수는 이 단락을 "꾸룩 꾸룩 울고 있는 큰 물수리, 강가의 작은 모래톱에 멈춰 섰네. 아리따운 아가씨는 군자의 좋은 배필이로다."라고 매우 서정적으로 번역했다. 내용을 보면, 이 시는 연애시가 분명해 보인다. 그러나 후대에 유생들이 이 시를 "후비의 덕"을 묘사한 것이라고 했던 것은 아마도 공자가 인간의 윤리 도덕을 중시했던 것을 생각하고서 의도적으로 공자의 견해에 영합하게 되었던 것이다. 그러나 이 시의 실제 상황은 전혀 그렇지 않았다. 공자는 왜 《시》 삼백 편을 정리하면서 이렇게 많은 남녀의 사랑을 읊은 서정시를 남겨두었을까? 이 시는 뭔가를 빗대어 설명하고 있지 않다. 공자는 남녀의 사랑 또한 윤리 도덕의 중요한 구성 요소라고 보았으며, 남녀 간의 사랑은 또한 생활에서 필수적인 것이라고 보았던 것이다.

이른바, "식욕과 색욕은 모두 인간의 타고난 본성이다.[食色, 性也.]"라고 했으니, 시가 작품에서 이러한 사랑과 연애를 묘사하는 것은 매우 자연스러운 일인 것이다. 문제는 이러한 묘사에 "사특함이 없어야 하며[無邪]", 사상의 순정(純正)함에 부합되어야 하며, "정감에서 일어나 예의에서 멈춤[發乎情, 止乎礼義]"에 부합해야 한다는 것이다. 공자는 높은 의식 수준의 "사무사"라는 세 글자를 통해 매우 풍부한 사상적 내용을 담고 있는 《시경》을 평가했음을 알 수 있다. 이는 개별 작품에 대한 요구일 뿐만 아니라, 시 전체에 대한 요구이기도 하며, 또한 그의 윤리 도덕을 본위로 하는 시학 관념을 보여주는 것이기도 하다.

공자의 이러한 도덕 본위의 시학관은 서로 다른 음악을 대하는 태도에서도 잘 나타난다. 공자는 "소악(韶樂:순악舜樂이라고도 하며, 순 임금 당시의 음악을 말한다.)" 감상을 특히 좋아하였는데, 그는 "소악"을 "아름답기 그지없고, 또한 선함도 더할 나위가 없다.[盡美矣, 又盡善也.]"(《논어·팔일論語·八佾》 편)고 하였다. 공자는 또 "정성(鄭聲: 정나라의 음악)"을 매우 싫어하면서, "정나라의 음악 소리는 음탕하니, 금지시켜야 한다.[鄭聲淫, 要放鄭聲.]"라고 하였다.

공자는 왜 "소악"과 "정성"에 대해 완전히 다른 태도를 취했을까? "소악"은 고대의 우(虞) 나라를 가송하는 일종의 악무樂舞로써, "아악雅樂"이며, "정악正樂"으로, "예礼"에 부합했지만, "정성"은 "음탕한" 소리로, 공자는 "정성이 아악을 어지럽히는 것을 싫어했다" 공자에게 있어서 "소악"과 "정성"이 서로 공존할 수 없었던 것은 바로 "소악"은 "예"에 부합했지만, "정성"은 "예"에 어긋났기 때문이었던 것이다. 그렇다면 예란 무엇인가? 예란 바로 가정과 나라의 질서이다. 집에서 부모와 자식 간에, 부부 간에, 형제 간에, 어른과 어린 아이 사이에 차례가 있어야 하고, 지위의 높고 낮음이 있어야 한다는 것이다. 또 종묘와 사당에서도 군신 간에 의가 있어야 하고 귀하고 천함의 분별이 있어야 하니, 이것이 바로 "예", 다시 말해서 최고의 윤리 도덕이라는 것이다. 시와 음악은 무엇인가? 바로 이러한 윤리 도덕(이성)의 감성적 표현인 것이다.

공자를 대표로 하는 유가의 도덕 본위의 시학관은 철학 사상의 필연적 외연이었다. 공자가 살던 시대는 "예악이 붕괴된" 시대로, 사회 질서가 매우 어지러웠다. 이것이 바로 그 시대를 살아가던 지식인들이 직면해야 했던 상황이었던 것이다. 그들은 이러한 국면을 어떻게 해결하고자 했을까? 공자를 대표로 하는 유가는 당시의 사회 현상에 대응하는 철학을 만들어 냈다. 유가 학설은 사회조직 철학이며, 또한 현실 생활의 철학이라고도 할 수 있다. 그래서 인간의 사회적 책임과 의무를 강조하고 있는 것이다.

　　유가 경전에 비록 "하늘[天]"이나 "도[道]"와 같은 관념도 있기는 하지만, 도가의 "도"처럼 형이상학적 성질의 것이 아니며, 서구의 "하나님"이나 "이데아(idea)"와 같은 피안적(彼岸的) 성질의 것도 아니다. 인간의 윤리 도덕에 부합되는, 다시 말해서 "하늘의 도리[天道]"에 부합하는 것이다. 그렇기 때문에 우리는 심지어 윤리 도덕과 "천도"아 둘이 아니라고 말할 수 있는 것이다. 공자의 사회조직 철학은 임금에 대해서도, 백성에 대해서도 요구되는 것으로, 그 중에서도 임금에 대한 요구는 더 엄격하다. 이러한 철학은 그의 "가혹한 정치[苛政]"에 대한 반대와 "어짊이란 다른 사람을 사랑하는 것이다.[仁者愛人]"라는 사상적 기초 위에서 만들어진 것이다. 공자는 통치 계급의 근본적인 이익을 저해하지 않는 전제 하에서 백성들에 대한 착취와 억압을 일정 정도 경감시켜주어야 한다고 주장했다.

　　즉, "아껴서 쓰고 사람(백성)을 사랑하며, 백성을 부림에 그 (농사짓는) 때를 맞추어야 한다.[節用以愛人, 使民以時]"라고 하면서, "호랑이보다 무서운" "가혹한 정치"를 반대했던 것이다. 이러한 사상들은 시가 문제에도 반영되어 있는데, 바로 시가를 통하여 하층 백성들의 생활 상황을 표현하고 정치적 폐단을 고발함으로써 통치자들의 주의를 불러일으키며, 이로써 시로써 위정자에 대한 "원망"(정치에 대한 비판)을 표현할 수 있음을 긍정하였다. 이러한 사상은 맹자에 이르러 더욱 발전하게 되었으며, 점차 체계적인 "백성이 귀하고 사직은 그 다음이며, 임금이 가장 가볍다.[民爲貴, 社稷次之, 君爲輕]"라고 하는 민본사상을 형성해 나갔다.

　　유가의 시학 관념과 민본사상은 매우 밀접한 관계가 있다. 공자는 〈위정爲政〉

편에서 "《시》 300편을 한마디로 말하면, 생각에 사특함이 없는 것이다."라고 하는 관점을 제기하면서, 또한 "시로써 감흥하고 예로써 바로 서며, 악에서 완성한다.[興於詩, 立於礼, 成於樂]"라고 주장하였는데, 그 목적은 매우 분명해 보인다. 그것은 바로 우선《시》의 사특함이 없는, 순수하고 올바른 사상으로 통치자를 규범화하고자 하는 것이었다. 통치자 스스로가 자신의 사상을 순수하고 올바르게 하여 "예"(즉 인륜)에 부합하게 규범화해야만 비로소 피통치자들에게 인간으로서의 윤리적 도덕적 규범인 "예"를 지키라고 요구할 수 있으며, 그래야만 이상적 사회의 계통이 제대로 서게 되고 다스려질 수 있으며, 가정과 나라의 질서가 정연해지고 안정과 안녕을 구가할 수 있다는 것이다. 시가 활동은 "사특함이 없는" 사상 체계로써 사회적 체계와 통치에 있어서 매우 중요한 요소라는 것이다.

유가의 문화는 사회화된 문화이다. 도가나 서구 문화와 비교하여, 유가는 기본적으로 귀신(공자는 "귀신을 공경하되 멀리해야 한다[敬鬼神而遠之]"라고 했다.)에 대해 무관심한 태도를 보이면서, "천도天道와 현실의 윤리 도덕 사이에도 분명한 선을 긋지 않고 있다. 그렇기 때문에 유가문화는 기본적으로 본체론과 현상론(現象論)의 구분이 없는 것이다. 바꾸어 말하면, 중국에는 "하나님의 도시(City of God : 천국)"이 없으며, 보편성을 갖춘 교회(Universal Church)도 없다. 육조六朝와 수당隋唐 시기 불교와 도교, 이 두 종교의 사원들이 많았지만, 서구의 중세 교회의 권위나 기능과는 완전히 달랐다.

중국의 유가는 "도의 큰 근원이 하늘에서 나왔다.[道之大原出於天]"라고 믿었다. 이것이 바로 유가적 가치의 출발점인 것이다. "도"는 "인륜의 일상 생활화"를 전적으로 지지한다. 전자는 후자에 의미를 부여해준다. 선종(禪宗)에서도 역시 이렇게 말한다.

도를 깨우치기 전에는 매일 장작을 패고 물을 길었는데, 도를 깨우친 후에도 여전히 매일 장작을 패고 물을 긷는다고 말한다. 다른 점은 깨달은 후의 장작패기와 물 긷기는 의미가 있고 그러므로 가치가 있는 것이라는 점이다. 그렇다면 우리는 어떻게 이 초월적 가치의 세계에 들어갈 수 있을까? 이에 맹자는 이렇게 말한다. "그 마음을 다하면 그 본성을 알 수 있고, 그 본성을 알면 하늘을 알 수 있다.[盡其心者知其性, 知其性則知天]" 이것은 인간의 내재적 초월로 나아가는 길로, 이것은 서양인들이 외적 초월의 길로 나아건 것과는 완전히 대조를 이룬다. 공자의 "인을 행함은 자기로부터 시작한다[爲仁由己]"라는 말은 이미 이러한 내적 초월의 방향성을 보여주고 있다. 이후의 맹자는 각별히 "인, 의, 예, 지는 밖에서 나에게 더해진 것이 아니라, 내가 본디부터 가지고 있던 것이다.[仁義礼智, 非由外鑠我也, 我固有之也.]"라고 한 말은 이점을 더욱 구체적이고 명확하게 설명해 준다.[3] 유가의 이러한 문화 형태는 유가 시학관의 도구적인 도덕 규범화와 사회화를 규정짓고 있다. 이것은 또한 유가는 시가를 필요로 하였는데, 그 이유는 개인적으로는 심신의 수양과 지식의 증대, 그리고 재능을 단련시키기 위한 것이며, 사회적으로는 "당시의 정치 상황을 살피고[補察時政]" "세상의 민심을 유도[泄導人情]"하기 때문이었다.[4] 유가의 선비들은 "무릇 소리와 음악은 사람의 감정에 파고듦이 깊고, 사람을 감화시키는 속도가 빠르다.

그러므로 선왕이 형식을 신중히 하신 것이다. 음악이 조화롭고 평온하면 백성이 화락하되 음탕함으로 흐르지 아니하고, 음악이 엄숙하고 장중하면 백성들이 평등해져 사회가 어지럽지 아니하다.[夫聲樂之入人也深, 其化人也速. 故先王謹爲之文. 樂中平則民化而不流, 樂肅庄則民齊而不亂.]"[5] 라고 하였다. 그래서 "언지言志"를 주장하였으니, 그 목적이 바로 사회의 통치와 조직에 있었던 것이며, 백성들의 마음 속에 들어가 권선징악(勸善懲惡)의 교화를 위한 일종의 도구를 찾기 위한 것이었다. 유가의 시학 공식은 "시학 ― 민심 ― 통치"로, 이것이

---

3) 위잉스余英時, 〈가치체계에서 바라본 중국 문화의 현대적 의미從価值系統看中国文化的現代意義〉, 《중국 사상 의 현대적 해석中国思想的現代詮釈》(난징南京, 장수江蘇인민출판사, 1989.), 10 페이지.

4) (당) 백거이, 〈여원구서与元九書〉, 구쉐지에顧学頡 교감 및 주석, 《백거이집》(베이징, 중화서국, 1979.) 3 권, 960 페이지.

5) (전국) 순자 저, 왕셴첸王先謙 주, 《순자집해荀子集解》, 《제자집성諸子集成》(상하이, 상하이서점, 1986.) 2권 253 페이지.

바로 "언지"의 시가가 사람들의 선량한 마음을 만들어내며, 선량한 마음은 사회 풍속을 정화시켜준다는 것이다.

유가 시학 사상은 이후에 많은 변화가 있기는 했지만, 그러나 그 기본 관념은 변함이 없었다. 예를 들어, 풍風, 아雅, 송頌, 부賦, 비比, 흥興의 "육의六儀"나 "시언지詩言志"의 시학 강령, "찬미[美]", "원망[怨]", "풍자[諷]", "비판[刺]" 등의 예술적 수단은 유가 시학 관념을 구체적으로 보여주는 것들로, 후대의 유가들도 이러한 것을 고수해 나갔다. 당대 백거이白居易는 〈여원구서与元九書〉에서는 "문장은 시대에 부합되게 지어야 하고, 시가는 시사에 부합되게 지어야 한다.[文章合爲時而著, 詩歌合爲事而作.]"라고 강조하였다. 백거이는 시는 상소나 간언(諫言)의 부차적 수단에 불과하여 단순하게 "바람이나 눈을 조롱하고, 꽃이나 풀들을 희롱하는[嘲風雪, 弄花草]" 것이 아니라, 풍설이나 화초를 묘사함에 있어서도 "시의 육의[詩之六義]"에 부합되어야 하며, "언지"에 부합되어야 하고, 또 "예"와 "도"의 규범에 부합되어야 한다고 보았다.

풍설이나 화초 같은 사물들을 《(시) 삼백 편》에서 버릴 것이 있다는 말인가? 이는 그 쓰임이 어떠한지를 살펴봐야 하는 것이다. 예를 들어, "북풍의 처량함"이라고 하는 구절은 바람을 빌어 그 위협과 가혹함을 풍자한 것이며, "눈보라가 흩날린다"라는 구절은 겨울의 눈으로 정벌의 부역의 고단함을 근심하는 것이다. "산 앵두나무의 꽃"은 꽃의 감흥을 통해 형제의 정을 풍자한 것이고, "뜯으세, 뜯으세, 질경이 뜯으세."라는 구절은 향기로운 풀로써 자식이 있음을 즐거워하는 것이다. 이 모두가 이것(만물)에서 흥이 일어나 뜻이 저것으로 돌아가는 것이다. 이와 반대가 되면 어떻겠는가? 그런 즉, "남은 노을은 흩어져 비단을 이루고 깨끗한 강물은 맑기가 비단결 같다"는 구절이나 "지는 꽃잎은 먼저 이슬에 떨어지고, 낙엽은 바람에 먼저 떨어진다네." 등과 같은 구절은 아름답기는 아름다우나, 나는

무엇을 빗대어 말하는 것인지를 모르겠다. 그러므로 이것들은 내가
말하는 이른바 풍설을 조롱하고 화초를 희롱하는 것에 불과하니,
여기서는 육의가 완전히 사라져 버렸다.

風雪花草之物,《三百篇》中豈捨之乎! 顧所用何如耳.
設如"北風其涼", 仮風以刺威虐也;"雨雪霏霏", 因雪以愍征役也;
"棠棣之華", 感華以諷兄弟也;"采采芣苢", 美草以樂有子也.
皆興發於此而義歸於彼. 反是者可乎哉! 然則"余霞散成綺,
澄江淨如練", "離花先委露, 別葉乍辭風"之什, 麗則麗矣,
吾不知其所諷焉, 故僕所謂嘲風雪,弄花草而已, 於時六義盡去矣.[6]

　　백거이의 이 말에는 전형적인 유가의 시학관이 반영되어 있다. 그는 "시를 위한
시"의 관념이 유가의 시학관에서는 설자리가 없다고 분명하게 말하고 있다. 유가
문화는 적극적인 처세의 문화로, 그 문학 관념에 있어서도 역시 시학과 사회 및
정치와의 관계를 강조하고 있다. 바꾸어 말해, 유가는 시가의 외적인 규칙성 파악을
더욱 중시하고 있다는 것이다.

　　위에서 우리는 유가의 문학 사상이 사회와 정치와 연관되는 일면을 살펴보았다.
그러나 우리는 이 내용들을 지나치게 확대해석해서는 안 된다.

　　일부 학자들은 이러한 내용들을 지나치기 과장하여 결국에는 유가의 문학
사상이 "정치적 교화"에 불과하다고 하면서, 유가가 문학을 "문치文治"를 위한
하나의 도구라고 설명하기도 한다. 정말로 그러하다면, 필연적으로 하나의 의문이
생길 수밖에 없다. 즉, '중국의 오랜 봉건 사회에서 의식형태로써의 유가 사상은
줄곧 정통사상으로써 통치적 지위를 차지해 왔는데, 문학 사상도 자연히 유가를
위주로 해 왔고, 많은 문장 대가나 대 시인들의 사상 역시도 유가를 위주로 하고
있는데, 그렇다면 그들이 어떻게 이처럼 휘황찬란한 문학예술을 창작해 낼 수

---

6) (당) 백거이, 〈여원구서与元九書〉, 구쉐지에顧学頡 교감 및 주석, 《백거이집》 3권, 961페이지.

있었던 것일까?라는 것이다. 바꾸어 말해서 정통 유가의 경직된 문학 사상의 제한 속에서 어떻게 그렇게 우수하고 감동적인 문학 작품들이 탄생할 수 있었느냐는 것이다.

사실, 유가 문학 사상 속에는 또 다른 일면이 숨어 있는 것이다. 이 문제는 매우 복잡하다. 그러나 분석을 해 본다면 유가의 "인仁"을 핵심으로 하는 사상 체계에서 시의성(詩意性)을 띠고 있는 일면을 찾아 볼 수 있고, 유가의 인격적 이상 역시도 문학적 가치 취향으로 전환시켜볼 수 있으며, 이 밖에도 역대 문론가들이 끊임없이 제기했던 문학 사유와 문학적 수단으로서의 "부, 비, 흥" 등도 있다. 이러한 것들은 이후에 본서에서 거론할 것이기 때문에 지금은 논하지 않기로 한다. 여기서는 선진 시기 유가의 "문질빈빈文質彬彬:무늬와 바탕의 조화", "사달이이辭達而已:말의 뜻이 전달되면 그친다.", 그리고 "진선진미盡善盡美:선을 다하고 아름다움을 다함", "미선상락美善相樂:아름다움과 선의 통일" 등에 대해서만 간단하게 설명해 보고자 한다.

"문질빈빈"은 《논어 옹야論語 雍也》 편에 나와 있다.

> 본바탕이 겉 형식을 이기면 촌스럽고, 겉 형식이 본바탕을 이기면 사치스럽다. 바탕과 겉꾸밈이 어울려야만 비로소 군자답다고 할 수 있다.
> 質勝文則野, 文勝質則史. 文質彬彬, 然後君子.[7]

위의 내용에서 보듯이 이 말은 문론(文論)이 아니라, 공자의 "군자"에 대한 기준이다. 즉, 본바탕의 질박함과 겉꾸밈의 단아함을 모두 갖추어야 한다는 말이다. 공자의 사상적 핵심은 "인仁"과 "예礼"라고 할 수 있다. "자신을 이기고 예로 돌아감을 인이라고 한다.[克己復礼爲仁]"라고 했다.

---

7) 류바오난劉宝楠 주, 《논어정의論語正義》, 《논어집성論語集成》 제 1권, 125페이지.

"군자"에게 있어서, "인"은 그 본바탕[質]이고, "예"는 바로 겉의 형식적 꾸밈[文]으로, "문질빈빈"은 바로 내재적 "인"과 외재적 "예"가 하나로 어우러져 치우침이 없는 것을 말하는 것이다. 이로써, 여기에서 말하는 "문질빈빈"은 여전히 윤리학적인 문제로, 아직은 문예 이론의 층차로 나아가지 않았음을 알 수 있다. 《논어 안연論語 顏淵》 편에서도 "겉 형식과 본바탕"의 문제를 거론하고 있다.

> 극자성이 "군자는 본바탕에만 충실하면 되지, 어찌 겉 형식을 꾸며서 무엇하겠습니까?"라고 하자, 자공이 말하길, "참으로 애석합니다. 당신의 말씀이 군자답기는 하지만, 네 마리 말이 끄는 수레도 한번 내뱉은 말을 따라 잡을 수 없다고 했습니다. 겉 형식이 본바탕처럼 중요하고 본바탕도 겉 형식처럼 중요한 것입니다. 당신의 말씀은 호랑이나 표범의 가죽 털을 깎아 버리고서 개나 양의 가죽과 같다고 하는 격입니다."라고 말했다.
>
> 棘子成曰: "君子質而已矣, 何以文爲?" 子貢曰: "惜乎, 夫子之說君子也! 駟不及舌. 文猶質也, 質猶文也. 虎豹之鞟, 猶犬羊之鞟.[8]

위衛 나라의 대부가 자공에게 군자는 단지 소박한 본바탕에만 충실하면 되지 겉 형식의 화려함이 무슨 소용이 있느냐고 묻자, 자공이, '당신이 틀렸습니다. 군자는 본바탕과 겉 형식을 모두 겸비해야 합니다. 만약에 호랑이나 표범과 개나 양의 가죽에서 털을 모두 깎아버리면 그 가죽에 무슨 차이가 있겠습니까?'라고 말하고 있다. 《논어》에서의 "바탕과 형식"의 문제는 비록 윤리학적 문제이기는 하지만, 그 의미 속에는 문예 이론으로 전환될 수 있는 가능성들이 잠재해 있었다.

그래서 한나라 후기의의 양웅楊雄은 그 속에서 문예 이론의 문제를 들고 나오게

---

8) 앞의 책, 267페이지.

되었던 것이다. 양웅은 우선 바탕과 겉 형식의 문제에서 우주의 문제를 거론하였다. 그는 《태현·문수太玄·文首》 편에서 "음은 그 본바탕을 수렴하고 양은 그 겉 형식을 발산해내니, 바탕과 형식이 어우러져 만물이 빛을 발한다.[陰斂其質, 陽散其文. 文質班班, 万物燦然.]"라고 하였다. 양웅은 문질文質과 음양陰陽을 음-질, 양-문의 대응 관계로 보았던 것이다. 천지만물은 음양이 서로 어우러져 만들어지게 되고, 그렇기 때문에 문질이 서로 함께 갖추어 진다는 것이다. 〈현문玄文〉 편에서는 "하늘은 형식이고 땅은 바탕이니 그 자리가 바뀌지 않는다.[天文地質, 不易其位]"라고 하였다.

이러한 만물은 모두 문과 질이 서로 어우러져 있다는 설명은 "문질"의 문제를 문장과 문학으로 이끌어내는 조건을 만들어 주었다. 양웅은 〈현영玄瑩〉 편에서 문질 관계를 문론의 문제로 거론하고 있다.

> 그 일에 힘쓰고 그 수사에 힘쓰지 않으니, 그 변화는 많으나 그 문채는
> 다양하지가 않다. 간략하지 않으면 그 취지가 상세하지 않게 되고,
> 필요가 없으면, 그 대응이 넓지 않게 되고, 원만하지 않으면 그 일이
> 펼칠 수 없게 되고, 깊지 않으면 그 뜻이 나타나지 않게 된다. 이런
> 까닭에 문채로써 그 바탕을 드러내고, 수사로써 그 정감을 표현해
> 보이니, 그 수사를 살피면 그 마음이 바라는 것을 알 수 있다.
> 務其事而不務其辭, 多其変而不多其文也. 不約則其指不詳,
> 不要則其応不博, 不渾則其事不散, 不沈則其意不見. 是故文以見乎質,
> 辭以睹乎情, 觀其施辭, 則其心之所欲者見矣. [9]

여기에서 양웅은 처음으로 "문채와 바탕"의 문제를 글쓰기의 문제로 제기하였다.

---

9) (서한) 양웅楊雄 저, 사마광司馬光 집주, 리우샤오쥔劉韶軍 교감 《태현집주太玄集注》 (베이징, 중화서국, 1988.) 190페이지.

그의 논점은 "문으로써 질을 나타내 보이고, 수사로써 정을 드러내 보인다"는 것이다. "문채[文]"와 "수사[辭]", "바탕[質]"과 "정감[情]"이 서로 대응관계를 이룬다. 문과 질이 어우러짐은 바로 문장의 정감(내용)과 수사(형식)의 어우러짐이다. 다시 말해서, 문학 작품은 바탕이 되는 정감이 소박하면서도 수사 또한 뛰어나야 한다는 것이다. 이것은 당연히 공자의 "문질빈빈"에서 빌려온 것이긴 하지만, 그러나 이것은 유가 문론에 있어서 매우 중대한 발전이라고 할 수 있다. 더 나아가 유협劉勰은 《문심조룡 정채文心雕龍 情采》 편에서 다음과 같이 서술하였다.

> 성인의 글을 "문장"이라 총칭하니, 이는 글에 "아름다운 문채" 때문이 아니고 무엇이랴? 무릇 물의 속성이 허하기는 하나 잔물결이 일고, 나무의 몸체는 실하여 꽃이 피어나니, 이는 문채가 바탕에 의지하는 까닭이다. 호랑이와 표범에 무늬가 없다면 그 가죽은 개나 양의 것과 같을 것이다. 코뿔소에게도 가죽이 있기는 하나 붉은 칠을 해야 색채가 드러나니, 이는 바탕이 문채를 필요로 함이다.
> 聖賢書辭, 總稱文章, 非采而何? 夫水性虛而淪漪結, 木體實而花萼振, 文附質也. 虎豹無文, 則鞟同犬羊. 犀兕有皮, 而色資丹漆, 質待文也. [10]

그 의미는 성현의 저작은 모두 "문장"으로 불리는 이유가 바로 문채가 빼어나기 때문이라는 것이다. 물의 본성은 움직이는 것이기 때문에 물결이 생기게 되고, 나무는 튼실하기 때문에 꽃이 더 아름답게 피는 것이니, 문채는 성정의 본바탕에 의지함을 알 수 있다는 말이다.

호랑이나 표범에게 화려한 무늬가 없다면 그것은 개나 양의 가죽과 무엇이 다르겠는가? 코뿔소의 가죽으로 갑옷을 만들기 위해서는 붉은 색 칠을 해야만 하니, 이로써 성정의 본바탕은 또한 문채와의 조화가 필요하다는 것이다. 유협의

---

10) (남조) 유협劉勰 저, 판원란范文瀾 주, 《문심조룡文心雕竜》 (베이징, 인민문학출판사, 1958.) 537 페이지.

《문심조룡 정채文心雕龍 情采》 편은 이처럼 "문채와 바탕"의 문제에 대한 서술을 통해 문학 작품의 두 가지 요소, 즉 성정과 문채를 긍정하고 있다는 점에서 정[情]은 "바탕[質]"이고 채采는 "문채[文]"로, 정과 채가 결합되어 문과 질이 서로 어우러져 문학 창작은 비로소 극치에 이르게 되는 것이다.

"문질" 문제와 관련된 또 다른 문제는 공자의 "말은 그 의미가 전달되면 그친다.[辭達而已]"는 구절을 어떻게 이해할 것인가 하는 것이다. 일부 논자들은 공자의 '글을 쓸 때는 말의 뜻이 전달되면 그쳤다'는 구절에 대해, 공자가 말한 "사달"의 의미가 의 매끄러움만을 말하는 것이라고 오해하기도 하는데, 이는 잘못된 것이다. "사달"은 문자 상의 매끄러움뿐만 아니라 더 높은 수준을 요구하는 것이다. 일찍이 학자들(예를 들면 송대 학자 호인胡寅)은 "언어는 그 뜻을 전달하는 것만큼 귀한 것이 없고, 그 뜻을 전달하는 것만큼 어려운 것이 없다.[辭莫貴乎達, 辭莫難乎達]"라고 해석하였는데, 상당히 일리가 있는 말이다. "사달"에 대한 해석 중에서 가장 빼어난 해석은 바로 소식의 해석일 것이다. 소식은 《사민사 추관에게 보내는 편지与謝民師推官書》라는 글에서

> 대저 말이 그 의미가 전달되는 데 그친다는 것은 문채의 수식을 하지 않는다는 말로 오해되곤 하는데, 그것은 크게 잘못된 것이다. 사물의 오묘함을 구하는 것은 바람을 붙들고 그림자를 잡는 것처럼 사물을 마음 속에 분명하게 인식되도록 하는 것이니, 무릇 천만 명 중에 한 사람도 찾기가 어려운 것이다.
>
> 하물며 입과 손으로 사물을 분명하게 할 수 있는 사람이야 어떻겠는가? 이것을 일러 '사달'이라고 하는 것이다. 말이 뜻이 통함에 이르게 되면 문의 쓰임은 이루 헤아릴 수 없는 것이다.

---

11) (송) 소식 저, 콩판리孔凡礼 교감, 《소식문집蘇軾文集》 (베이징, 중화서국, 1986.) 1418페이지.

夫 言 止 於 達 意 ， 卽 疑 若 不 文 ， 是 大 不 然 ． 求 物 之 妙 ，
如 繫 風 捕 影 ， 能 使 是 物 了 然 於 心 者 ， 蓋 千 万 人 而 不 一 遇 也 ．
而 况 能 使 了 然 於 口 与 手 者 乎 ？ 是 之 謂 辭 達 ． 辭 至 於 能 達 ，
則 文 不 可 勝 用 矣 ． [11)

　소식의 이 말은 공자의 "사달"론에 대한 해석의 정수라고 할 수 있다. "사달"은
내용적으로는 "미치지 못해도[不及]" 안되고, "지나쳐[過]"도 안 되는 것으로, 내용과
형식이 가장 적절하게 어우러지는 것이다. 형식적으로는 말이 거칠거나 천박해서는
안 되지만, 그렇다고 지나치게 화려해도 안 되는, 가장 적절한 표현을 말하는
것이다. 이런 의미에서 볼 때, 이 같은 표현은 내용적으로나 형식적으로 모두 일종의
예술적 표현이라고 할 수 있다. 이처럼 유가에는 형식상의 표현을 중요시했기
때문에 "공자께서 말씀하시길, '마음 속에 뜻이 있으면 글로써 말을 충분하게
표현하고, 말로써 마음 속 뜻을 분명하게 드러내야 한다고 하신 것이다.

　말을 하지 않으면 마음 속 생각을 누가 알겠는가. 말을 함에 꾸미지 않으면 멀리
전해질 수가 없는 것이다.[仲尼曰: '志有之, 文以足言. 言以足志.' 不言 誰知其志 ?
言之無文, 行而不遠.]"[12) 라고 하는 것이다. 유학자들은 자신들의 언론(言論)이
널리 전해져야 할 필요가 있다고 여겼기 때문에 문장의 수식[文采]를 추구했던
것이다. 공자의 말씀하신 구절들에는 의미 깊은 문장들이 많다. 예를 들어, "배우고
때때로 익히면 이 또한 기쁘지 아니한가? 벗이 있어 먼 곳에서 찾아와주면 이 또한
기쁘지 아니한가! 다른 사람이 알아주지 않아도 성내지 않으면 가히 군자라 할 수
있지 않겠는가![學而時習之, 不亦說乎? 有朋自遠方來, 不亦樂乎? 人不知而不慍,
不亦君子乎?]"라는 구절이나 "공자께서 냇가에 계실 때, '가는 것이 저 물과
같구나! 밤낮을 쉬지 않구나.'라고 하셨다.[子在川上曰: 逝者如斯夫, 不舍晝夜.]",

---

12) 양보쥔楊伯峻, 《춘추좌전주春秋左伝注》 (베이징, 중화서국, 1981.), 1106 페이지.

그리고 "옛 것을 잊지 않고 새로운 것을 알면 가히 (다른 사람의) 스승이 될 수 있다.[溫故而知新, 可以爲師矣.]", "군자는 두루 사랑하며 편협하지 않으나, 소인배는 편협하여 두루 사랑하지 않는다.[君子周而不比, 小人比而不周]"라는 등의 구절들은 그 의미가 매우 심장하다. 이러한 구절들이 중국 역시 시인들에게 영감과 암시를 주기도 하면서 자양분을 제공하는 원천이 되었음은 어쩌면 당연한 것이었을 것이다.

이 외에도 미美와 선善의 관계에 있어서도 유가는 자신들의 "선(곧 사회적 도덕이나 윤리)"을 선양하는 동시에 "아름다움"도 널리 알렸다. 예술을 평가함에 있어서는 또한 이 두 가지 원소-선과 미를 갖추어야 한다고 보았다. 《논어 팔일論語八佾》편에서는 다음과 같이 말한다.

> 공자께서 (순임금 시대의 음악인) 소악에 대해 "아름다음을 다했으면서도 선함도 다했구나!"라고 하셨으며, 주나라 무왕 시대의 음악에 대해서는 "아름다움은 다했으나 선함은 다하지 못했구나!"라고 하셨다.
> 子謂《韶》"盡美矣, 又盡善也." 謂《武》"盡美矣, 未盡善也."[13]

《소韶》악과 《무武》악은 모두 악곡이다. 공자는 악곡을 "미"와 "선" 두 원소로 구분하고서, 소악은 선과 무를 다했지만, 무악은 아름다움은 다했으나 선함은 다하지 못했다고 평가했던 것이다. 주희는 《사서집주四書集註》의 주석에서 "미는 소리와 자태의 성대함이요, 선은 미의 실제 내용이다. 순임금의 덕은 본성에서 나온 것이며, 또한 읍하고 사양하여 천하를 얻은 것이다.

무왕의 덕은 본성으로 되돌아 간 것이며, 또한 정벌로써 세상을 얻은 것이다.

---

13) 리우바오난劉宝楠 주, 《논어정의論語正義》, 《제자집성諸子集成》 제 1책, 73 페이지.

그러므로 그 실재는 다를 수밖에 없는 것이다.[美者聲容之盛, 善者美之實也. 然舜之德, 性之也. 又以揖讓而有天下. 武王之德, 反之也. 又以征誅而得地下. 故其實有不同.]"라고 하였다. 주희의 《소소韶》악은 선을 다했지만, 《무武》악은 선을 다하지 못했다는 견해에 대해서는 이견이 존재하지만 여기서는 잠시 논하지 않겠다. 우리가 관심을 가져 볼 만한 것은 주희가 "미"는 사물의 "소리와 자태[聲容]"의 외적 표현이라고 보고, 선은 사물의 실질적 내용 자체라고 보았다는 점으로, 이것은 매우 큰 의미를 가지고 있다고 할 수 있다. 공자가 선과 미를 구분했기 때문에 이후의 많은 작가들이나 시인들은 예술적으로 무엇(미의 실재)을 묘사하고 어떻게(소리와 자태의 성대함) 묘사할 지에 대한 차이를 알고 있었다.

무엇을 묘사할 것인가 하는 것은 선의 문제이고, 어떻게 묘사할 것인가 하는 것은 미의 문제이다. 이러한 견해들이 너무 단순화된 것이기는 하지만, 문학예술이 미를 추구해야 한다는 것을 보여주고 있다. 이후에 순자는 《악기樂記》에서 한 단계 더 나아가서 "미선상악美善相樂"론을 제기하였는데, 이는 고대 로마의 호라티우스(Quintus Horatius Flaccus)가 제기했던 "에듀테인먼트(edutainment)"와 그 의미가 일치하는 것이다. 즉, 유가에서는 "시교(詩敎:시를 통한 교화)"와 "악교(樂敎:음악을 통한 교화)"를 주장하였고, 문학예술은 사회와 정치를 위한 수단으로 삼아야 하며, "글에 도를 표현해야 한다[文以載道]"고 주장하였지만, 문학예술적 측면에서 보면 직접적으로 "교화"를 표현하고 직접적으로 "도"를 드러내는 것이 아니라 "음악" 속에 깃들게 해야 한다는 것이다.

이로써 볼 때, 유가의 문학 관념은 사회적 공리성을 위주로 하고 있으면서도 예술성과 오락성이라는 "부차적 관념"도 강조하였음을 알 수 있다.

이러한 "부차적 관념"은 도가의 심미관과 결합하여 중국 고전문학의 찬란함을 일궈냈다. 그러므로 역대로 유가 사상이 주도적 역할을 하기는 했지만, 작가나 시인들은 여전히 자신의 예술적 재능을 발휘하여 위대하고 빛나는 문학 작품들을 창조해 낼 수 있었던 것이다.

2. 도가의 문학사상

유가의 사회철학과 대립하였던 도가의 철학은 자연철학이다.
도가의 "도"는 깨달을 수는 있어도 억지로 구할 수는 없는 것이기에,
가장 이상적인 사회는 "무위(無爲)로 다스려지는" 사회라고 보았다.
이러한 철학에 대응하여 도가의 문학 관념은 자연을 마주고서
자연을 본위로 삼았다. 그러므로 그들의 입장에서 가장 이상적인
문학작품은 "하늘(자연)으로 하늘(자연)에 합치되는[以天合天]"
자연에 대한 깨달음의 작품이라고 보았으며, 문학은 "자연을 본받아야
한다[法自然]"고 강조하였다. 또 문학은 "세상을 벗어난[出世]"
것이어야 하며, 그 어떤 목적성도 가지고 있지 않아야 한다고
강조하였다. 문학 자체의 내적 규율성이 관심의 대상이 되었다.

유가와는 달리 도가의 시학 사상의 핵심 관념은 시가와 사회의 관계를 강조하는
것이 아니라 시가와 자연의 관계를 강조하는 것이다. 도가 시학 사상을 설명하기
위해서는 우선 도가의 기본 철학 관념에 대한 설명이 필요할 것이다. 도가의 대표적
인물은 노자(老子)와 장자(莊子)이다. 노장철학의 기본 관념은 바로 "도道"라고 할
수 있다. 그렇다면 노장이 말하는 "도"란 무엇일까? 《노자》 제 43장을 살펴보자.

노는 하나를 낳고 하느는 둘을 낳고 둘은 셋을 낳으며, 셋은 만물을
낳는다.
道生一, 一生二, 二生三, 三生万物.[14]

---

14) (춘추) 이이李耳 저, (청) 위원魏源 편찬, 《노자본의老子本義》, 《제자집성諸子集成》(상하이, 상
하이서점, 1986.) 제 3책 35 페이지.

이는 세상의 만물이이 모두 "도"에서 생겨나며, "도"는 만물이 생겨나는 근원이라는 말이다. 그렇다면 이러한 "도"는 어떤 형태를 가지고 있을까? 이에 대해 노자는 다음과 같이 말한다.

무릇 도란 정도 있고 믿음도 있지만 하는 것이 없고 형태도 없으며, 전할 수는 있어도 받을 수는 없고 얻을 수는 있어도 볼 수는 없다. 스스로 근본이고 뿌리로, 하늘도 땅도 있지 아니하던 그 옛날부터 진실로 존재해 오고 있으며, 귀신과 상제를 신령스럽게 하고 하늘과 땅을 낳았다. 태극보다 먼저이면서도 높다고 하지 않고 육극보다 아래에 있으면서도 깊다고 하지 않으며 하늘과 땅보다 먼저 태어났으면서도 오래되었다고 하지 않고 상고시대보다 오래되었으면서도 늙었다 하지 않는다.

夫道, 有情有信, 無爲無形, 可伝而不可受, 可得而不可見, 自本自根, 未有天地, 自古以固存, 神鬼神帝, 生天生地, 在太極之先而不爲高, 在六極之下而不爲深, 先天地生而不爲久, 長于上古而不爲老.[15]

위의 내용은 《장자·대종사莊子·大宗師》 편에 나온다. 그 뜻은 "도"는 참된 것이며 증명할 수 있는 것이지만 스스로 아무런 작위도 일으키지 않으며 흔적도 형태도 없고, 이신전심을 전할 수는 있으나 말로 설명할 수 없고 마음으로 얻을 수는 있으나 눈으로 볼 수 없으며, 그 자체로 근본이 되며, 하늘과 땅이 만들어지기 전인 상고시대부터 존재해 오는 것이라고 말한다.

그래서 귀신이며 천지가 모두 여기에서 만들어졌다는 말이다. 그러므로 그것은 태극보다 위에 있지만 높다고 하지 않고, 육극보다 아래에 있으면서도 깊다고

---

15) (전국) 장주莊周 저, (청) 왕셴렌王先謙 주석, 《노자집해老子集解》, 《제자집성諸子集成》 제 3책 40 페이지.

하지 않고, 천지보다 먼저 존재했었지만 오래다고 하지 않으며 상고시대보다 더 장구하지만 늙었다고 하지 않는다는 것이다. "도"는 고금을 관통하여 언제 어디에서나 존재하고 있는 것이라는 말이다. 그것은 느낄 수는 있으나 말로 전할 수는 없다고 말한다. "도"는 바로 이러한 "그 형태를 볼 수 없고" "그 공을 볼 수 없는" "만물의 시초"인 것이다. 주의해야 할 점은 여기서 말하는 "먼저[先]"의 의미는 시간적 개념이 아니라 논리적 개념이라는 것이다.

즉 "도"가 먼저 있었다고 말하는 것이 아니며, 도가 만물을 만들어낸 후에 "도"는 바로 사라져버린다는 의미가 아니라는 점이다. "도"는 오늘날 우리가 말하는 "규율"에 해당하는 것으로 영구히 존재하는 것이다. 도가 학자들은 이러한 "도"의 관념에서 출발하여 세계의 운행이 모두 "도"의 지배 체계 속에서 이루어진다고 보았으며, 일체의 모든 것들이 그 자연스러움을 따라 무위(無爲)로 다스려진다고 보았다. 인위(억지)로 해서는 안 되며, 인위는 자연을 어기는 것이고 "도"를 어기는 것이기 때문에 마침내는 스스로 문제를 야기 시켜 일을 그르치게 된다는 것이다. 그래서 도가의 명언이 바로 "억지로 함도 없고 하지 않음도 없다[無爲, 無不爲]"는 말이다. 장자는 〈지락至樂〉 편에서 공자의 입을 빌어 "옛날에 바닷새 한 마리가 노나라 교외에 내려앉았는데, 노나라 제후가 바닷새를 맞이하여 종묘에서 주연을 베풀고 구소를 연주하고 태뢰의 음식을 바쳤다. 그러나 바닷새는 고기 한 점도 술 한잔도 마시지 않고 3일 만에 죽고 말았다.

이는 노나라 제후가 자신을 봉양하는 방법으로 새를 기른 것이지 새를 기르는 방법으로 새를 기른 것이 아니기 때문이었다. 무릇 새를 기르는 방법으로 새를 기르는 자는 숲속 깊은 곳에 둥지를 틀게 하고 넓은 들판에서 놀게 하며 강과 호수를 떠다니며 미꾸라지나 물고기를 잡아먹게 하고 무리를 지어 다니며 쉬면서 있는 그대로 만족해하며 살게 해야 하는 것이다.

물고기는 물이 있어야 살 수 있지만 사람이 물속에 들어가면 죽게 되니, 이는 사람과 물고기가 필요로 하는 것이 서로 다르기 때문이니, 그 좋아하고 싫어함도 반드시 드리기 때문이다. 그런 까닭에 성현들도 그 능력이 한결같지 않았으며, 그

업적 또한 달랐던 것이다. [昔者海鳥止于魯郊, 魯侯御而觴之于廟. 奏九韶以爲樂, 具太牢以爲膳. 鳥乃眩視憂悲, 不敢食一臠, 不敢飮一杯, 三日而死. 此以己養養鳥也, 非以鳥養養鳥也. 夫以鳥養養鳥者, 宜棲之深林, 游之壇陸, 浮之江湖, 食之鰍鰷, 隨行列而止. 委蛇而處, ……魚處水而生, 人處水而死, 彼必相與異, 其好惡故異也. 故先聖不一其能, 不同其事.]라고 했다. 노나라 제후는 자신 생각에 가장 극진하다는 방법으로 바닷새를 받들었으니, 그 마음 씀은 감동적이기도 하다. 그러나 바닷새는 죽고 말았다. 왜였을까? 그것은 바로 "인위(억지스러움)"의 결과였기 때문이었다. 자연의 이치에 순응하지 못했던 까닭이었던 것이다.

엄밀히 말하면 노자와 장자는 자신들의 책 속에서 문학예술에 대해서는 직접 거론하지는 않았으며, 심지어는 "성스러움이나 지혜를 버려라[絶聖棄智]"라고까지 했으니, 이는 오히려 문학예술을 반대한 것이라고도 말할 수 있다.

이상한 것은 그럼에도 그들의 사상은 후대의 문학예술 발전에 지대한 영향을 주었다는 것이다. 그 이유는 어디에 있는 것일까? 그것은 바로 그들의 저서들 속에는 일종의 자연을 본위로 하는 문학 관념이 간접적으로 녹아들어 있기 때문이었다. 그들은 만물이 자연의 "도"에 순응해아하며, 문학예술 또한 이러한 자연의 "도"를 체현해야 한다고 보았다. 노자는 "큰 소리는 그 소리를 제대로 들을 수 없고[大音稀聲]" "큰 모양은 형태를 볼 수가 없다[大象無形]"라는 견해를 제기하게 되었으며, 장자는 "천지에는 큰 아름다움이 있으나 말을 하지 않는다.[天地有大美而不言]", "사람과 더불어 어우러짐을 일러 '인락'이라고 하고, 하늘과 더불어 어우러짐을 '천락'이라고 한다.[与人和者, 謂之人樂, 与天和者, 謂之天樂]", "지극한 즐거움은 즐거움이 없는 것이다.[至樂無樂]" 등의 주장을 제기하였는데, 이러한 주장들은 그들의 문학예술에 대한 관념을 집중적으로 보여주는 것이라 하겠다.

"대음희성大音稀聲"은 소리가 없는 것이 아니라 "너무 큰 소리"여서 우리가 들을 수 없다는 말로, 가장 완벽한 음악은 "도" 그 자체이니, "도"는 일종의 형이상학적 존재로 우리들의 감각으로는 접근할 수 없다는 말이다. "대상무형大象無形"이나

"지락무락至樂無樂" 등도 마찬가지이다. 이른바 "세상에 큰 아름다움이 있으나 말을 하지 않는다."는 말 역시도 천지의 "도"는 가장 아름다운 것이지만, "사물의 시초"로서의 이 도는 "소리가 없는" 것이었으니, 우리는 역시 볼 수도 들을 수도 없다는 말이다. 우리가 느낄 수 있는 것은 단지 현상계에 불과하고, 진정한 시나 아름다움은 본체론에 속하는 것이라는 말이다.

우리는 단지 "자연을 본받아[法自然]"야만 자연의 이치를 깨달을 수 있고, 그래야 비로소 그 본체에 가까워지고 시와 아름다움의 경지에 도달할 수 있는 것이다. 노장의 자연 본위의 문학예술 관념은 후대의 문예가들에게 무한한 영감을 부여해 주었다. 예를 들어, 그들의 "천락天樂"이나 "자연에 대한 감응[応之自然]" 등의 사상은 후대 많은 시인들이 창작 과정에서 자연스러움을 숭상하면서 인위적인 수식을 배격하는 근거가 되었으며, "대음희성"이나 "대상무형", 그리고 "지락무락" 등의 사상으로 인해 후대의 문학 예술가들은 예술적 "허[虛]"와 "실[實]"의 관계 특히 중시하게 되었다. "득의망언得義忘言(뜻을 얻으면 말을 잊는다.)"이나 "언부진의言不盡意(말로서는 그 뜻을 다 표현할 수 없다.)" 등의 사상은 후대의 시인이나 예술가들이 언외지의言外之意(언어를 초월한 의미), 상외지상象外之象(형상을 초월한 형상), 현외지음弦外之音(악기의 현을 초월한 음악소리), 화외지의畵外之意(그림을 초월한 의미) 등의 함축적 예술 추구에 많은 영감을 불어넣어주었다. 어떤 의미에서는 도가의 문학 관념은 유가의 시학 관념보다 그 영향력이 컸다라고 할 수 있다. 그 이유는 유가는 주로 시가의 외부적 규율로 영향력을 발휘했던 것에 반해 도가는 시가의 내적 규율로 그 영향력을 발휘했기 때문이다.

앞에서 언급했듯이, 엄밀히 말해서 도가는 문학예술을 거부했다. 그런데도 어떻게 중국 문학과 문론의 발전에 그렇게 큰 영향력을 발휘할 수 있었던 것일까? 그 이유는 두 가지로 설명할 수 있다.

첫째, 장자가 추구했던 "도道"와 "도의 체득[体道]" 과정이 문학가나 예술가들이 보여주는 정신적 활동이 같다는 점이다. 즉, 직접적이고 공리성을 뛰어넘는 정신이나, 나를 잊는 정신, 신과 만나게 되는(영감을 얻는) 정신적 활동이 본질적으로 같은 것이기 때문이라는 말이다. 다른 점이 있다고 한다면, 그것은 시인이나 예술가는 이를 통해 시나 예술 작품을 우리에게 선사해준 반면, 장자는 이를 통해 예술화된 인생의 경지를 보여주었다는 점이다. 쉬푸관徐復觀은 "이 이론('도'를 말함)의 구조나 내용에서 보면 '도'와 예술은 아무런 상관도 없는 것이다.

그러나 그들의 사변적이고 형이상학적 내용이 아니라 수양을 통해 도달하게 되는 인생의 경지에서 보면 그들이 사용하고 있는 것은 바로 위대한 예술가의 수양 과정이며, 그들이 도달한 인생의 경지는 예술에 무심한 것 같으나 오히려 뜻밖에도 오늘날 말하는 예술적 정신으로 돌아가 있는 것이다.

다시 말하면, 장자가 관념적으로 자신이 말한 도를 묘사하고 있고, 또 우리들도 관념적으로 그것을 파악하게 될 때, 이 이치는 사변적적이고 형이상학적 성격이 되어버리지만, 장자가 그것을 인생의 경험으로 이야기 하고 있고, 또 위리도 인생의 경험으로 그것을 깨닫게 되면 그것은 철두철미한 예술 정신으로 다가오게 된다는 것이다."[16]라고 말했다. 확실히 그렇다. 우리가 장자의 "도의 체득" 과정을 관념적 과정이 아니라 인간의 구체적 노동 과정으로 파악한다면, 그 "도를 체현하는" 예술 정신이 분명하게 드러나게 되는 것이다. 사실, 장자 자신은 일부의 예를 통해서 자신의 "도의 체득" 과정을 구체화하였다.

예를 들면, 우리가 모두 잘 알고 있는 "포정의 소 잡기庖丁解牛" 이야기는 바로 이러한 점을 정확하게 설명해주고 있다.

> 포정이 문혜군을 위해 소를 잡는데, 손을 대고 어깨를 기울이고,
> 발로 짓누르고, 무릎을 구부려 쓱싹 쓱싹 칼을 움직이는 소리가 모두
> 음률에 맞았고, 상림(은나라 탕임금 때 악명)의 춤과 맞아떨어졌으며,

---

16) 쉬푸관徐復観, 《중국 예술의 정신中国芸術精神》(타이베이, 타이베이학생서국学生書局, 1974.) 50페이지.

요임금때의 음악인 경수에도 맞아떨어졌다. 문혜군은 (그것을 보고 감탄하며) 말하길, "아, 훌륭하구나. 기술이 어찌하면 이런 경지에 이를 수가 있느냐?" 라고 하였다.

포정은 칼을 내려놓으며 말했다. "제가 좋아하는 것이 도인데. 이는 손끝의 재주 따위보다야 우월합니다. 제가 처음 소를 잡을 때에는 소만 보여서 손을 댈 수 없었습니다. 그러나 3년이 지나자 이미 온전한 소의 모습은 보이지 않게 되었습니다. 요즘에 이르러서 신은 정신으로 소를 대할 뿐 눈으로 보지는 않습니다. 눈의 감각이 멈추니, 정신이 하고자하는 대로 움직이게 되었습니다. 하늘의 이치를 따라 소가죽과 고기, 살과 뼈 사이의 커다란 틈새와 빈 곳에 칼을 놀리고 움직여 소 몸이 생긴 그대로 따라갑니다. 그 기술의 미묘함은 아직 한 번도 칼질을 실수하여 살이나 뼈를 다친 일이 없습니다. 하물며 큰 뼈야 더 말할 게 있겠습니까? 솜씨 좋은 소 잡이가 1년 만에 칼을 바꾸는 것은 살을 가르기 때문입니다.

평범한 보통 소 잡이는 달마다 칼을 바꾸는데, 이는 무리하게 뼈를 가르기 때문입니다. 신의 칼은 19년이나 되어 수천 마리의 소를 잡았지만, 칼날은 방금 숫돌에 간 것과 같습니다. 저 뼈마디에는 틈새가 있고 칼날에는 두께가 없기 때문입니다. 두께 없는 칼로 틈새에 넣으니, 널찍하여 칼날을 움직이는 데도 여유가 있습니다. 그러니까 19년이 되었어도 칼날이 방금 숫돌에 간 것과 같은 까닭입니다. 하지만 근육과 뼈가 엉긴 곳에 이를 때마다 저는 그 일의 어려움을 알아채고 두려워하며 경계하며 천천히 손을 움직여서 칼의 움직임을 아주 미묘하게 합니다. 살이 뼈에서 털썩하고 떨어지는 소리가 마치 흙덩이가 땅에 떨어지는 것 같습니다. 그러면 칼을 든 채 일어나서 사방을 둘러보고는 머뭇거리다가 흐뭇해져 칼을 잘 닦아서 챙겨 넣습니다."

庖丁爲文惠君解牛, 手之所觸, 肩之所倚, 足之所履, 膝之所踦, 砉然向然, 奏刀騞然, 莫不中音. 合於《桑林》之舞, 乃中《経首》之會. 文惠君曰 :"嘻, 善哉! 技蓋至此乎？"

庖丁釋刀對曰 :"臣之所好者, 道也, 進乎技矣. 始臣之解牛之時, 所見無非牛者. 三年之後, 未嘗見全牛也. 方今之時, 臣以神遇而不以目視, 官知止而神欲行. 依乎天理, 批大郤, 導大窾, 因其固然, 技経肯綮之未嘗, 而況大軱乎! 良庖歲更刀, 割也. 族庖月更刀, 折也. 今臣之刀十九年矣, 所解數千牛矣, 而刀刃若新發於硎. 彼節者有間, 而刀刃者無厚. 以無厚入有間, 恢恢乎其於遊刃必有余地矣, 是以十九年而刀刃若新發於硎. 雖然, 每至於族, 吾見其難爲, 怵然爲戒, 視爲止, 行爲遲. 動刀甚微, 謋然已解, 如土委地. 提刀而立, 爲之四顧, 爲之躊躇滿志, 善刀而藏之. " 17)

이 이야기는 할 때마다 새롭다. 이 이이야기에 대해 우리는 몇 가지 단계로 이해해 볼 수 있다. 첫 번째 단계는 포정이 소를 잡는 일은 일상적인 노동이라는 점이다. 이 일은 숙련된 기술을 필요로 하는 직업이지만, 포정에게 있어서는 단순한 기술이 아니라 "도의 체득" 과정이었다. 그래서 그는 "신이 좋아하는 것은 도입니다."라고 말한 것이다. 두 번째 단계는 이 단순하지 않은 기술을 통한 도의 체득 과정에서 "소가 보이지 않게 되었다."라는 점이다.

그 뜻은 노동 과정에서 주체와 객체의 대립이 해소되었다는 의미로, 곧 마음과 사물의 경계가 없어졌다는 말이다. 사물에 마음이 스며들어 있고, 마음 속에 사물이 깃들어 있는, 물아일체의 경지인 것이다. 세 번째 단계는 이 과정에서 포정의 소

---

17) (전국) 장주莊周 저, 왕셴첸王先謙 주석, 《장자집해莊子集解》, 《제자집성諸子集成》 제 3책, 18~19 페이지.

잡이가 "정신으로 만나고 눈으로 보지 않는, 감각이 멈추니 정신이 하고자 하는 대로 움직이게 되었다"는 것이다. 이로써 사람의 손과 마음의 거리도 사라지게 되어, 기술적 수단은 마음에 있어서 이미 아무런 속박도 일으키지 않으며, 사람의 마음이 아무런 장애가 없는 자유 상태에 이르게 됨으로써 미증유의 정신적 해방을 얻게 되었다는 것이다.

네 번째는 이 과정이 일단락되고 나서 포정이 "칼을 들고서 사방을 둘러보고서 머뭇머뭇하다가 흐뭇해" 하는 단계이다. 이는 그가 정신적인 자유를 얻었을 뿐만 아니라 일종의 향수, 심미적 향수도 얻게 되었다는 말이다. 이 네 단계들은 구체적인 노동 과정이 일종의 정신적 창작("도에 대한 체득") 과정이자, 마음과 사물의 대립이 해소되는("온전한 소의 모습이 보이지 않게 되는") 과정이며, 정신적 자유를 얻게 되는("정신으로 만나고 눈으로 보지 않는") 과정이며, 또한 심미적 시의의 향유("머뭇머뭇 만족해하는") 과정임을 설명해주고 있다. 이러한 마음과 사물의 대립이 해소되고, 정신적 자유를 누리며 심미적 향유의 정신적 창조는 진정한 문학예술의 창조와 완전히 동일한 것이다.

둘째, 《장자》라는 책에서는 문학의 문제를 정면으로 다루고 있지는 않지만, 그 사상은 오히려 후대의 문학 및 문론과 매우 밀접한 관계를 맺게 되었다는 것이다. 이는 언뜻 보기에는 이상할지 모르지만, 사실 이상할 것이 하나도 없다. 원래 장자는 "도"를 장인의 "기예"와 동등하고 보고 있었다. 그는 도의 신비함을 체득하고 나서 비교적 구체적인 "기예"에 빗대어 이 추상적인 "도"를 설명했던 것이다. 그러므로 도에 대한 논의는 "예술"과 통해 있었으며, 그렇기 때문에 후대에 문론이 이 점에 바탕으로 하여 확대된 것이다. 장자의 책에는 예를 들어서 〈달생達生〉 편의 목수 경慶이 나무를 깎아 악기걸이를 만드는 이야기 같은 많은 우언(寓言)들이 들어 있다. 옛날에 경이란 이름의 목수가 악기걸이를 만드는데, 다 만들고 나자 사람들이 귀신같은 솜씨라고 칭찬했다.

이를 본 노나라 제후가 "당신은 어떤 기술로 만들었습니까?"라고 묻자, 경이 "신은 목수일 뿐인데 무슨 특별한 기술이 있겠습니까. 비록 그러하나 이런 것 한 가지는 있습니다. 신이 악기걸이를 만들 때에는 지금까지 체내의 기운을 소모한 적이 없어서 반드시 목욕재계하여 마음을 고요하게 하여, 3일간 재계를 하면 감히 상으로 받는 물건이나 작록 따위를 마음에 품지 않게 되고, 5일간 재계를 하면 자기 작품에 대한 세상의 명예 훼손이나 작품의 잘되고 못됨에 대한 생각을 마음에 품지 않게 되고, 7일간 재계를 하면 가만히 움직이지 않는 채로 내가 사지와 육체를 가지고 있다는 것조차 잊어버리고 맙니다.

이때가 되면 조정의 권세도 마음에 없게 되는지라 한 마음으로 기술만을 생각하게 되고 일체의 외부적 방해가 완전히 소멸됩니다. 그런 뒤에 산림 속으로 들어가서 나무의 자연스러운 성질과 모양이 가장 좋은 것을 관찰하고 마음에 드는 나무가 있으면, 곧 바로 악기걸이를 마음속에서 완성합니다. 그런 뒤에 그 나무에 손을 댑니다."라고 했다. 목수 경은 이 과정을 "자연스러운 본성으로 나무의 자연스러운 본성과 합치시키는 것[以天合天]"이라고 했다.

이른바 "본성으로 본성과 합치시킨다[以天合天]"는 말은 바로 "나"의 자연스러움으로 사물의 자연스러움과 합치시킨다는 말이다. 숙련된 목수의 일과 문학가의 창작 활동이 상통하는 것이다. 문학 창작 또한 "본성으로 본성과 합치시키는" 작업이 필요하다. 즉, 문학 창작은 주체로서의 본마음과 동심(童心 : 인간의 자연스러움)을 유지하면서 객체로서의 진실 된 삶의 상태(사물의 자연스러움)을 마주해야 하는 것이다. 주체와 객체가 서로 하나로 어우러질 때 문학 창작은 지극한 경지에 도달하게 되는 것이다. 이 밖에도 "곱사등이의 매미잡기[痀僂者承蜩]"와 같은 우언은 작가와 예술가들에게 많은 영감을 주었던 이야기들이다.

이상의 분석을 통해 우리는 유가의 철학은 사회철학으로, 그 이상은 사회를 "임금은 임금답고, 신하는 신하다우며, 어버이는 어버이답고, 자식은 자식다운[君君, 臣臣, 父父, 子子]", "예礼"에 부합하는 사회로 조직하고자 하는 것이었음을 알 수 있다.

이러한 유가 철학에 대응하여, 유가의 문하관념은 사회를 향한, 사회를 본위로 하는 것이었기 때문에 시가는 "생각에 사악함이 없음[思無邪]"이 필요했고, "정감에서 발하여 예의에서 멈춤[發乎情, 止乎礼義]"이 필요했던 것이며, 그래서 시가와 사회의 관계를 매우 중시하고, "인위적인" 통제를 강조했던 것이다.

그리하여 문학은 "입세入世"의 문학이었으며, 목적성이 특히 강조되었으며, 문학의 외적 규율은 관심의 중심이 되었던 것이다. 반면, 유가와 상대적으로 도가의 철학은 자연철학으로, 그 이상은 인간 세상사 만물이 모두 "도"에 부합하는 것이었다. "도"는 깨달음을 통해 얻을 수 있는 것으로 억지로 강요할 수 없는 것이며, 가장 이상적인 사회는 "무위로 다스리는" 사회라고 여겼다.

이러한 철학에 대응하여, 도가의 문학 관념은 자연과 마주하는, 자연을 본위로 하기 때문에 그들의 눈에 가장 좋은 문학 작품은 "본성으로 본성과 합치되는", 자연스러움을 깨닫는 작품이었기 때문에 문학은 "자연을 본받아야 한다"고 강조하면서 "인위"를 반대했던 것이다. 그리하여 문학은 "출세간[出世]"의 문학으로, 그 어떤 목적성도 가지고 있어서는 안 되기 때문에 시가 자체의 내적 규율이 관심의 중심이 되었던 것이다.

3. 불가의 문학 관념

불교의 "마음을 근본으로 삼는[以心爲本]" "심성론心性論"이 중국의 문론 속에 포함될 수 있었던 것은 결코 우연이 아니었다. 그 이유는 중국 노장의 도가 사상에서도 "마음"의 작용을 주장했기 때문이다. 도가의 많은 관념들, 예를 들어 "심재心齋", "좌망坐忘", "허정虛靜", "신우神遇", "소요유逍遙游" 등은 모두 "마음"과 관련된 학설들이다. 그러므로 중국 철학 및 문론사에서 도가와 불가의 이론은 "상호 확인"과 "상호 해석"적이며, 심지어는 하나로 융합되어 구분하기 어렵기도 하다.

　불교는 대략 한대에 중국으로 전해졌는데, 이는 중국 사상계에 있어서 일대 사건이었다. 불가에서는 문학의 욕망을 품고 있는 심미의식을 배척한다. 그러나 불교의 철학 사상은 중국의 도가 사상과 결합되면서 중국적 불교와 선종을 탄생시켰으며, 중국 고대 문론의 형태와 발전에도 매우 중요한 영향을 끼쳤다. 그러므로 우리가 여기에서 말하는 "불가의 문학 관념"은 그 영향적 측면을 말하는 것이다. 이에 대해 우리는 충분하게 인식할 필요가 있다.

　불가의 이론 틀 거리는 "생사윤회生死輪迴", "인과응보因果応報"라고 할 수 있다. 사람들은 모두 "업보[業]"를 짓게 된다. "업보"는 본래 외적 동작을 말하는 것이다. 그러나 범위를 더욱 확대해서 보게 되면 유정물(有情物:마음이 있는 생명체, 중생)이 언제 어디에서나 말하고 생각하고 행동하는 것은 모두가 "업보"인 것이다. 지금의 운명은 전생에 지은 "업"의 결과이며, 현생의 업는 또한 "내세(來世)"의 인과응보인 것이다. "업"에는 반드시 결과가 따르게 된다.

　현재에 지은 "업"은 반드시 내세에 응보가 있게 되고, 내세의 "업"은 그 다음 세상에 그 보답을 받게 된다는 것이다. 좋은 일을 하면 좋은 결과를 얻게 되고, 나쁜 일을 하면 나쁜 결과를 얻게 되는 것이다. 만약 탐욕이 생겨 악업을 짓게 되면 영원히 "무명無明"[18]에 빠져 영원히 "생사윤회"를 벗어날 수 없게 된다는 것이다. 만약에 수행을 통해 "깨달음"을 얻으면, "무명"에서 벗어나게 되고 "생사윤회"에서도 벗어나 "열반涅槃"에 이를 수 있다. 물론 사회적 실천으로는 이 허상적 이론을 증명할 수 없다. 그러나 이 "유심唯心"의 이론 틀 거리에서는 "마음"의 작용이

---

18) 역자 주 - 산스크리트어 아비드야(avidyā)의 의역으로 불교의 근본진리에 통달하지 못한 마음의 상 태, 진리를 깨치지 못해 지혜가 어두운 것을 말함. 불교에서는 경계를 대할 때마다 마음이 요란 해지 고, 어리석어지고, 그르게 되어 무명이 생기고 온갖 악업을 짓게 된다고 말한다. 무명은 바로 모든 번 뇌의 근원이 되고 사견(邪見), 망집(妄執), 미혹(迷惑)으로 고집멸도(苦集滅道) 사제(四諦) 의 근본 뜻을 통달하지 못한 어두운 마음이다. 십이인연의 첫 번째로 무명에 의하여 십이인연이 일 어나고 육도윤회 를 하게 되는 것이다.

두드러지게 나타나게 된다. 불교에서는 우주의 일체가 모두 다 마음의 표현이라고 말한다. "업" 역시도 마음의 움직임이나 적정의 결과라는 것이다. 불교와 선종 사상은 매우 복잡한데, 서로 다른 유파들 사이에는 많은 차이점들이 존재하지만, "심성론"은 불교와 이후 선종의 근본 관념이라고 할 수 있다.

마음과 사물의 관계에 있어서, 불교에서는 "마음을 근본으로 삼을 것"을 강조한다. 《대방광화엄경 십지품大方廣華嚴経 十地品》에서는 "삼계가 모두 허망하니 단지 마음이 지은 것일 뿐이다. 십이 인연은 모두 마음의 작용에 의한 것이다.[三界虛妄, 但是心作. 十二緣分, 是皆依心]", "마음은 화공과 같아 온갖 것들을 그려내니, 일체 세간 속에서 만들어내지 못할 것이 없구나.[心如工畫師, 畵種種互陰, 一切世間中, 無法而不造.]"라고 하였으며,《보살명난품菩薩明難品》에서는 "일체의 세간 법에서는 오직 마음으로 주인을 삼는다.[一切世間法, 唯以心爲主.]"라고 하였다. 요컨대, 불교에서는 이 모든 세상은 "마음"의 "한 생각[一念]"의 결과라고 여긴다.

중국화된 불교인 선종에서도 "명심견성明心見性"을 주장하면서, 마음을 거울에 비유하곤 한다. 《돈황사본남종돈교최대상승마하바라밀다경육조혜능대사어소주대범사시법단경敦煌寫本南宗頓教最大上乘摩訶般若波羅蜜多経六祖惠能大師於韶洲大梵寺施法壇経》에는 황매 오조 홍인 문하의 신수神秀 상좌의 "몸은 보리수요, 마음은 명경대와 같아, 시시때때로 닦고 털어 먼지 쌓이지 않게 해야 하나니.[身是菩提樹, 心如明鏡台. 時時勤拂拭, 莫使有塵埃.]"라는 게송이 수록되어 있다. 이는 신수 대사가 수행 속에서 깨달은 일종의 텅 비어 고요하고 밝은 마음을 말하는 것으로, 마찬가지로 마음을 거울에 비유하고 있다.

이 외에도 "바람이 움직이는 것도, 깃발이 움직이는 것도 아닌 마음이 움직이는 것이다.[不是風動, 也不是幡動, 而是心動.]"라고 했던 선종 육조 혜능의

---

19) 당나라 때 화가 장조張璪의 말. 당唐 장언원張彦遠 저, 진중즈秦仲子, 황먀오즈黃苗子 점교点校, 《역대명 화기歷代名画記》 (베이징, 인민미술출판사, 1983) 권10, 198 페이지

이야기에서도 "마음을 근본으로 삼는" 불교와 선종의 기본 관념을 분명하게 보여주고 있다. "마음을 근본으로 삼는" 관념은 현실적 공리에는 아무런 도움이 되지 않지만, 문학예술이라는 고차원적 정신 활동에 있어서는 매우 중요한 것이다. 그것은 노장 사상의 마음의 거울 비유나 허정의 경계 등과 결합하면서 중국 고대 문론과 화론(畵論)에 매우 큰 영향을 미쳤다.

중국의 고전 문론과 서구의 고전 문론의 차이점 중의 하나가 바로 "마음"의 여과, 소화, 이해 반사 작용에 대한 강조 여부라고 할 수 있다. 서구는 플라톤과 아리스토텔레스에서부터 시작하여 모방설을 주장하면서 외부의 사물에 대한 사실적인 모방을 강조하였다. 러시아의 유명한 학자인 체르니셉스키(Nikolay Gavrilovich Chernyshevsky)는 모방설이 2,000여 년 동안 서구의 문예 이론을 지배해 왔다고까지 했다. 그러나 중국의 고전 문론이나 화론에서는 "밖으로는 대자연을 스승으로 삼아 안으로는 마음의 깨달음을 얻음[外師造化, 中得心源]"[19]을 강조한다. 중국 고전 문론과 화론의 "강산지조(江山之助:아름다운 산수 자연의 풍경의 도움으로 뛰어난 작품을 창작하게 됨을 말함-역자 주)"의 학설은 여러 곳에서 찾아 볼 수 있다. 그러나 이 말은 시인이 "강산"의 "노예"가 되는 것을 말하는 것이 아니라 "강산"에 대한 객관적 묘사가 빼어는 작품을 만든다는 말이다. 그들은 자연이나 외재적 사물, 세계는 반드시 "마음"을 통한 관조와 파악, 반복적 탐색과 음미를 통하여 마침내 '마음 속에서 대나무가 완성되고', 이것이 마음 속 시의(詩意)가 생겨나고 난 후에야 비로소 붓을 든다는 말이다.

이와 관련된 설명들은 이루 다 헤아릴 수 없을 정도다. 그 중에서 반드시 짚고 넘어가야 할 것은 바로 이러한 문론이나 화론이 불교 선정의 "마음을 근본으로 하는" 관념과 밀접한 관련이 있다는 점이다. 심지어는 이러한 관념에 불선(佛禪)의 흔적이 깊이 아로새겨져 있다고까지 말하기도 한다. 여기서 우리는 육조(六朝) 시기의 화가

---

20) 남조 때 종병宗炳의 〈화산수서画山水序〉, 선쯔청沈子丞 편 《역대논화명저휘편歷代論画名著匯編》 (베이징, 문 물출판사, 1982.) 15 페이지.

종병宗炳과 문론가인 유협劉勰의 논술을 예로 들어보기로 한다.

종병은 독실한 불자였으며, "정신 불멸론"을 선전했던 대표적인 인물이기도 하다. 그는 삼국(三國) 시기 위진(魏晉) 교체기의 혼란한 시대에 살았던 인물로, 당시는 유가 사상의 영향력이 큭 약화되면서 예술적 풍격에 큰 변화가 일어났던 시대였으며, 그리하여 많은 산수시와 풍경화가 출현하기 시작했던 시대였다. 종병은 이러한 새로운 예술적 풍격을 주도했던 인물 중의 한 사람이었다.

그의 〈산수화서山水畵序〉는 매우 중요한 화론(畵論)으로, 종병은 여기에서 "마음을 근본으로 삼는" "창신暢神"설을 제기하였다. 종병은 산수화를 잘 그리기 위해서는 한편으로는 "몸을 산속에 두고서 눈으로 경치들을 두루 즐기며, 자연의 외형으로 그림 속 산의 모습을 그리고, 자연의 색으로 그림의 색을 그려낸다.[身所盤桓, 目所綢繚, 以形寫形, 以色貌色也.]" 다시 말해서 산수를 면밀히 관찰하고 산수와 친밀해져야 한다는 것이다. 다른 한편으로는 마음으로 산수 자연을 체득해 나간다. 즉 "눈으로 산수와 감응하면서 마음으로 느끼는[応目會心]", 혹은 "눈으로 동시에 감응하면서 또한 마음으로 함께 느낀다[目亦同応, 心亦俱會]"[20]는 것이다. 그 뜻은 눈이 닿는 곳에 마음도 따라 가게 된다는 말이다. "마음으로 느낌[會心]"은 양방향의 소통 과정으로, 산수 자연이 사람의 마음 속으로 들어오는 것이며, 또한 사람의 마음이 산수 자연 속으로 빨려 들어가는 것이다. 그리하여 마침내는 산수 자연과 인간의 마음이 만나게 되는 것이다.

현대적 용어로 설명하면 바로 인간 심령의 직관과 깨우침이 바로 산수 자연의 본성이며, 산수 자연의 본성 속에는 인간의 본성이 반영되어 있다는 말이다. 그리하여 "온갖 정취들이 신사와 융합되어짐[万趣融其神思]"으로써 "창신暢神"의 경지를 실현하게 된다는 것이다. 종병의 "창신"설의 핵심은 바로 "마음으로 느끼는[會心]" 것으로, 이는 확실히 불교의 "마음으로 근본을 삼음"의 영향을 받은 것이다.

유협은 종병보다 조금 후대의 인물로, 그의《문심조룡文心雕龍》은 중국 문론의 발전에서 가장 눈길을 끄는 저서이다. 유협의 관적은 산동으로, 세세손손 경구京口(지금의 강소성 진강) 지역에서 살아왔다. 소년 시절에는 집안이 가난하였지만, 항상 마음을 돈독히 하고 학문을 좋아하였으며, 결혼을 하지 않았다. 어려서부터 10여 년 동안 남조의 불교 중심지 중의 하나였던 정림사定林寺에서 승우僧佑와 함께 불경을 정리하였다. 만년에는 관직을 버리고 출가하지 했다. 유협이 불리(仏理)에 정통했었던 것은 확실하다.

그의《문심조룡》이 유가 사상을 중심으로 하고 있기는 하지만, 불리의 영향을 받은 것도 사실이다. 특히 그의 창작문제에 관련된 편장들에서 "마음"의 적극적인 작용을 강조하고 있는 것은 불교의 "마음을 근본으로 삼는" 사상과 매우 밀접한 관계가 있다. 예를 들어, 〈물색物色〉 편에서 유협은 창작의 중심과 사물과의 관계에 대해 논하면서, 마지막에는 "마음과 더불어 배회 한다.[与心而徘徊]"라고 했다.

> 그렇기 때문에 시인은 사물에 감응하여 끝없는 연상을 펼친다.
> 갖가지 형상 사이에서 배회하며, 보고 들은 것들을 깊게 읊조린다.
> 자연의 기상과 경물의 모습을 묘사하고 그리며 만물을 따라 뒤척이며,
> 채색을 하고 음률을 붙임에 마음과 더불어 배회한다.
> 是以詩人感物, 聯類不窮. 流連万象之際, 沉吟視聽之區. 寫氣図貌,
> 既隨物以宛轉. 屬采附聲, 亦与心而徘徊.[21]

그 의미는 시인(여기서는《시경詩経》의 작자를 말함)는 바깥 사물들에서 감응을 받아 머리 속에 갖가지 연상과 유추가 끊임없이 일어나게 되고, 만물의 형상 속에서 배회하면서 보고 들은 사물의 모습과 소리를 길게 읊조리며, 사물의 기상을 묘사하고 사물을 따라 움직이며 사물의 색깔과 소리를 묘사함에 "마음과 더불어

---

21) (남조) 유협 저, 판원란 주,《문심조룡 주》 693 페이지.

배회 한다"는 말이다. 유협의 사고는 매우 변증법적이다. "사물"의 운동 궤적을 고려했을 뿐만 아니라 "사물"이 마음의 정서를 따라 "느릿느릿 움직임"까지도 사색하였다.

그러나 우리가 앞, 뒤 문맥에서 예로 들었던 《시경》의 시구들을 분석해보면, "문장은 형태의 유사함을 귀히 여긴다.[文貴形似]"는 진나라와 송나라 이후의 비평에 대해, 그리고 뒷부분의 "눈으로 반복해서 살피고, 또한 마음으로 읊조린다.[目旣往還, 心亦吐納]"나 "선물하듯 정을 보내니, 화답하듯 흥이 일어난다.[情往似贈, 興來如荅]"는 일깨움에 대해 우리는 창작 과정에 "강산의 도움"은 필요불가결한 것이기는 하지만, 근본적인 문제는 그보다 시인의 "마음"으로 외부의 사물을 체험하고 어루만지고 반영하고 가공하고 승화시키는 것, 즉 "마음과 더불어 배회하는 것"으로, 마음을 떠난 시의(詩意)로는 창작이 성공할 수 없다는 결론을 얻을 수 있다. 여기서 우리는 유협이 불리에 대한 이해와 믿음으로 불교의 "마음을 근본으로 삼는다"는 이론을 수용했음은 분명하게 알 수 있다.

수隋 당唐 이후로 문학예술 영역에 파고든 불리의 내용은 더욱 많이 찾아볼 수 있다. "마음"을 위주로 마음과 사물이 만난다는 이론은 문론文論, 화론畫論, 서론書論, 악론樂論에서 크게 유행하였다. 예를 들어, "마음을 따르는 것이 최상이고 눈을 따르는 것은 하수이다.[從心者爲上, 從眼者爲下]"(《장회근논서張懷瑾論書》), "밖으로는 자연을 따르고 안으로는 마음의 근원을 얻는다.[外師造化, 中得心源]"(장조張璪의 《회경繪境》), "사물은 마음에 있는 것이지 귀나 눈에 있는 것이 아니다.[物在靈府, 不在耳目]"(당나라 때 부재符載의 그림에 대한 논의, 《당문수 관장원외화송석서唐文粹 觀張員外畫松石序》에 보임), "형상을 구함에 마음이 그 경계로 들어가고, 정신이 사물에 모여 마음을 따라 얻게 되니, 이를 일러 취사라고 한다.[搜求於象, 心入於境, 神會於物, 因心而得, 曰取思.]"(왕창령의 시론, 《당음계첨唐音癸籤》권2에 수록)는 말이나, "유심游心", "운심運心", "양심揚心", "생심生心", 그리고 "지심持心"과 같은 단어는 여러 문론 저서들 속에서 자주 출현하는 용어들이다.

명나라 때에 이르러, 왕양명王陽明은 "심학心學"을 강력히 주장하면서, "이 세상에는 마음 밖의 사물이란 하나도 없다.[天下無心外之物]"라고 했다. 그의 제자가 그를 위해 편찬한 선집《전습록伝習錄》에는 다음과 같은 기록이 실려 있다. "선생께서 남진을 유람하실 때, 한 친구가 바위 가운데서 자라고 있는 꽃나무를 가리키며 묻길, '(선생께서는) 천하에 마음 밖에 사물이 없다고 하셨는데, 깊은 산 속에 저절로 피었다 저절로 지는 이 꽃나무와 같은 것이 내 마음과 무슨 상관이 있습니까?'라고 하자, 선생께서 말씀하시길 '그대가 이 꽃을 보지 못했을 때 이 꽃과 그대의 마음은 함께 적막한 곳으로 돌아간다. 그대가 이 꽃을 보았을 때는 이 꽃의 색깔이 한 순간에 분명하게 드러난다. (따라서) 이 꽃은 그대의 마음 밖에 있지 않음을 알 수 있다'라고 하셨다.[先生游南鎭, 一友指巖中花樹間曰: '天下無心外之物, 如此花樹, 在深山中自開自落, 於我心亦何相關?' 先生曰: '爾未看此花時, 此花与汝心同歸於寂. 爾來看此花時, 則此花顔色一時明白起來. 便知此花, 不在你的心外.']" 이로써 우리는 이러한 이론이 모두 불교의 "심성"론과 매우 밀접한 관계가 있음을 잘 알 수 있다.

물론, 우리는 불교의 "마음을 근본을 삼는" "심성론"이 중국의 문론 속에 스며들게 된 것이 단순한 우연이 아니었음을 상기해야 한다. 이는 중국 노장의 도가에서도 "마음"의 작용을 주장했었기 때문이다. "심재心齋", "좌망坐忘", "허정虛靜", "신우神遇", "소요유逍遙遊" 등과 같은 도교의 관념들이 모두 "마음"과 관련된 주장들이다. 그러므로 중국 철학이나 문론사에서 도가와 불교의 이론은 "상호 확인"과 "상호 해석"적이며, 심지어는 하나로 융합되어 떼어낼 수 없는 것이다.

도가의 학설은 불리(仏理)를 빌어 더욱 분명하게 표현되어졌다고 할 수 있다. 그러므로 중국 고대 문론의 유・불・도 이 세 가지 사상 중에서 사실상은 유가와 도가가 중심을 이룬다고 할 수 있다.

4. 유가와 도가의 시가 기능론

유가의 문학 관념은 사회를 본위로 하는 외향적 관념이다. 그러므로 그들은 시가를 사회를 조직하는 도구로 여겼던 것이다. 그들의 시가 기능론은 자연스럽게 실용성을 목표로 하게 되었다. 도가의 문학 기능론은 심미적 자유라고 말할 수 있는, 직접적인 목적성을 주장하지 않는다는 점에서 유가의 실용주의적 시학 기능론과 큰 차이를 보인다.

유가와 도가의 문학 기능론에 대한 입장은 그들의 문학관의 차이와 밀접하게 관계되어 있다. 유가의 문학관은 사회를 본위로 하는 외향적인 것으로, 그들은 시가를 사회를 조직하는 도구로 보았다. 그들의 시가 기능론은 바로 실용성을 목표로 하고 있는 것이다. 시가의 기능은 실용성에 있다고 보는 것이 역대 유가의 주장이다. 공자의 "흥興, 관觀, 군群, 원怨"은 이러한 문학의 실용적 기능에 대한 견해를 집중적으로 보여주고 있다고 하겠다. 《논어·양화論語·陽貨》 편에서는 다음과 같이 말한다.

공자께서 말씀하시길, "그대들은 왜 《시경》을 공부하니 않는가? 시는 감흥을 불러일으키고, 사물을 살필 수 있게 하고, 사람들과 어울릴 수 있게 하고, 불의를 비판할 수 있게 한다. 가까이로는 부모를 섬기고, 멀리로는 임금을 섬길 수 있으며, 금수와 초목의 이름들을 두루 알게 해준다."라고 하셨다. 子曰: "小子何莫學夫《詩》? 詩, 可以興, 可以觀, 可以群, 可以怨. 邇之事父, 遠之事君, 多識於鳥獸草木之名."[22]

---

22) 류바오난劉宝楠 주, 《논어정의論語正義》, 《제자집성諸子集成》 제1책, 374페이지.

또 《논어 자로子路》 편에서도 이렇게 말한다.

공자께서 말씀하시길, "《시경》 3백수를 다 외우고도 정사를 맡아
통달하지 못하고, 사방에 사신으로 가서 홀로 응대하지 못한다면,
비록 많이 외우고 있다한들 무슨 소용이 있겠는가?
子曰: 詠《詩》三白, 授之以政, 不達. 使於四方, 不能專對. 雖多,
亦奚以爲?[23]

이 내용들은 공자가 시의 실용성에 대해 인식하고 있었음을 보여주는
사례들이다. 무엇을 흥興이라고 하는가? 바로 시로써 현실 생활을 묘사하기 때문에
감동을 불러일으킬 수 있으며, 사람들이 시를 읽고 난 후 현실 생활 속에서 새로운
영감들을 안겨준다는 것이다. 이것이 바로 이른바 "감흥을 불러 일으켜 마음 속
뜻을 펼쳐낸다.[感發意志]"(주희의 주석)는 것이다.

무엇을 관觀이라고 하는가? 시가 현실 생활을 묘사(반영)한다고 한다면,
시를 통해 "이익과 손해를 살피고[考見得失]"(주희의 주석), "풍속의 성하고
쇠함을 살펴[觀風俗之盛衰]"(정현鄭玄의 주석) 사람들이 사회적 현실을 정확하게
이해하고 인지할 수 있게 해 준다는 말이다. 무엇을 군群이라고 하는가? 시가
집단적 사회생활의 산물이라고 한다면, "사람들과 어울려 살면서 서로 소통하게 해
줌[群居相切磋]"(공안국孔安國의 주석)으로써 사람들을 교육시킬 수 있다는 말이다.
원怨은 무엇인가? 바로 "위정자의 정치를 비판한다[怨刺上政]"(공안국의 주석)는
말이다.

시가 현실 생활을 반영하고 있기 때문에 사람들의 다툼의 도구로, 한편으
로는 당시 통치자들의 정치를 비판하고, 다른 한편으로는 사회 개조의
역할을 하게 된다는 것이다. 유가의 시를 통한 교화詩敎에서는 "온유돈후溫
柔敦厚"(《예기 · 경해礼記 · 経解》편)를 중시하기 때문에 주희는 주석에서

---

23) 위의 책 285 페이지.

"원망하나 성내지 않는다[怨而不怒]"라고 말했던 것이다. "혼자서 응대함專對"은 무엇을 말하는 것인가? 바로 시신의 임무를 맡아 《시경》을 운용하여 외교적 교섭을 하고 임기응변을 발휘하여 혼자서 일을 임무를 처리하는 것을 말한다.

결론적으로 유가의 문학에 대한 실용적 기능론은 다음의 몇 가지로 정리해 볼 수 있다.

1) 교화 기능

문학예술의 교육적 감화를 통해 "예의礼義"에 부합하는 윤리도덕을 수립하는 것이다. 우선, "부로를 섬기고", "임금을 섬기고", 그런 후에 "예의"에 맞추어 인간관계의 질서를 바로잡아 가야 한다는 말이다. 공자가 말한 시가 "사람들끼리 어울려 살아갈 수 있게 해 준다"는 말은 시를 이용하여 사람들을 교화시킨다는 말이다. 《모시서毛詩序》에서는 "그런 까닭에 얻고 잃음을 바로잡고, 하늘과 땅을 움직이고 귀신을 감동시킬 수 있는 것은 시가만한 것이 없다.

선왕은 이로써 부부의 도리를 엮고, 효와 공경을 이루고, 인륜을 두텁게 하고, 교화를 아름답게 하고 풍속을 바꾸셨다.[故正得失, 動天地, 感鬼神, 莫近於詩. 先王以是経夫婦, 成孝敬, 厚人倫, 美教化, 移風俗.]"라고 하였다. 일반적으로 유가는 항상 교화적 기능을 첫 번째로 꼽아왔다. 그들이 보기에 사회를 다스림에 우선적으로 백성들이 말을 잘 들어야 한다고 보았던 것이다.

2) 풍자 기능

유가는 비판과 풍자를 주장하였다.
바로 "위정자의 정치를 풍자한다.[怨刺上政]"이 그것이다. 《시경》의 〈석서碩鼠〉,

〈벌단伐檀〉 등과 같은 작품들은 공자가 시를 정리하면서도 남겨놓은 작품으로, 시의 사회적 비판에 대한 공자의 관점을 잘 보여주는 것이라 하겠다. 공자가 편찬한 《춘추春秋》는 주나라 때 예교의 도덕적 준칙에 근거하여 "함축적이고도 핵심적인 말[微言]"로 제후들을 질책하는 내용으로, "난신과 도적들에게 겁을 주기 위한[使亂臣賊子懼]" 것이었다. 두보杜甫가 시를 썼던 목적 중의 하나는 "임금으로 하여금 요순 같은 성군이 되게 하고, 백성들을 교화하여 풍속을 순박하게 하는 것[致君堯舜上, 再使風俗淳]"이었다. 백거이白居易는 간언이나 상소 이외에 "사람들의 병폐를 구제하고 시대의 폐단을 보완할 수 는 것이 있으니, 직접 가리켜 말하기 어려운 것은 노래(시)로 읊조린다.[有可以救濟人病, 裨補時闕, 而難於指言者, 輒詠歌之]"라고 하면서, 그래서 "〈진중음〉"을 들으면 고관대작들이 서로 눈짓을 해가며 얼굴색이 변해갔다.[聞〈秦中吟〉, 則權豪貴者相目而変色矣.]"(〈여원구서与元九書〉)라고 했다. 풍경을 묘사하는 작품도 일반적으로 "풍자"적 내용을 덧붙일 수 있지만, 조심해야 할 것은 원망을 분노로 표현해서는 안 된다. 원망하되 성내지 않음은 바로 "예의"라는 규범을 벗어나서는 안 된다는 말이다.

3) "언지[言志]"의 기능

유가 시학의 강령은 "시언지詩言志"라고 할 수 있다. "언지" 기능 또한 유가에서 특별히 강조하는 것이다. 《상서·순전尚書·舜典》에서는 "시는 뜻을 읊은 것이요, 노래는 말을 길게 늘인 것이니, 소리는 가락을 따르고, 음률은 소리와 조화를 이룬다.[詩言志, 歌永言, 聲依永, 律和聲.]"라고 했다. 그 뜻은 시로써 사람들의 마음 속 뜻을 표현하고 노래는 말과 소리의 음률을 길게 늘인 것이며, 음률은 소리의 조화를 말하는 것이다. 순자도 〈유효편儒效編〉에서 "시가 말하는 것은 그 뜻이다.[詩言是其志]"라고 했다.

유가에서 말하는 "뜻[志]"이란 무엇을 말하는가? 역대로 의견이 분분하기는 하지만, 대체로 사람의 사상 감정을 말한다. 시란 사람의 사상 감정을 읊조리는 것이라는 말이다. 그러나 이 사상 감정은 반드시 "예"에 어긋남이 없는 것이어야 한다. 이처럼 "예"에 어긋나지 않는 사상 감정의 읊조림이어야 "가문[家]"과 "나라[國]"의 조직이나 기율에 도움이 된다는 것이다. 일부 논자는 중국 시학의 "시언지"를 서구의 낭만주의의 "자아표현"과 혼동하여 중국의 "시언지詩言志"가 서구의 표현론과 비교된다고 여기기도 하는데, 이는 완전히 오해로, 쉽게 동의할 수 없다. 그밖에도 공자가 말한 시는 "감흥을 불러일으키게 "할 수 있다는 말은 곧 사람들이 시를 읽고 난 후에 "감동을 불러일으킬 수" 있다는 말이며, 또한 시를 쓸 때, 작가의 "정감과 포부를 토로하게 됨"으로 이해할 수 있다. "언지"를 통해, "위로는 교화를 도울 수 있고, 아래로는 성정을 다스릴 수 있다[上可裨敎化, 下可理情性]"는 것이다.(백거이白居易)

4) 인식 기능

이른바 《시경》을 배움으로써 "새와 짐승과 풀과 나무의 이름을 많이 알게 되고[多識鳥獸草木之名]", "풍속의 성쇠를 살피고[觀風俗之盛衰]", "홀로 응대[專對]"할 수 있다는 말은 모두 시가 인식능력을 확대하고 향상시켜주는 역할을 함을 가리키는 것이다. 창작에 있어서 유가는 "사실적 기록"을 주장하였는데, 한대의 악부시樂府詩와 당대 백거이白居易의 신악부시新樂府詩, 그리고 두보杜甫의 "삼리三吏", "삼별三別" 등이 모두 사실을 기록한 것으로 현실을 사실 그대로 반영함으로써 강렬한 인식기능을 보여주고 있다.

그러나 여기서 반드시 짚고 넘어가야 할 것은 유가의 문학 기능론 중의 인식 작용은 서구 문학 기능론의 인식작용과는 다르다는 점이다.

서구에서는 지식론으로 문학을 이해하기 때문에 이른바 문학이 "이념"의 감성적 표현이라고 보는 관점이나 문학은 (현실에 대한) 모방이라고 보는 관점, 그리고 문학의 진실성, 문학의 전형성(典型性)등의 관점 등은 비록 그 의미는 조금씩 다를지 모르지만, 문학이 바로 지식이며 과학 이외의 또 다른 지식이라고 보는 점은 모두 동일하다고 할 수 있다. 서구에서 있었던 서양 사람들의 "시를 위한 변호"는 모두가 지식론의 입장에서의 시를 위한 변호, 즉 과학이 자연과학적 지식인 반면 문학은 인생의 교과서라고 보았던 것이다. 그러나 중국은 고금을 통틀어 이러한 "시를 위한 변호"가 필요 없었다. 왜냐하면 고대 중국인들은 문학이 인간의 지식을 증대시켜준다고 말 할 때도 "교화敎化"의 입장에서 언급하고 있었기 때문이다.

시를 읽음으로써 교양을 쌓게 되고, 이로써 사람은 고아한 인격을 갖추게 된다는 것이다. 교양을 쌓고 고아한 인격을 수양하는 최종 목표는 바로 "자신을 이기고 예로 돌아가기[克己復礼]"위한 것이었다. 즉 예의와 예절을 통해 사람들 사이의 관계를 조절하여 사회를 안정시키기 위한 것이었다.

유가의 시가 기능론은 실용적인 것으로 심미적 기능을 그다지 중시하지 않았다고 말할 수 있다.

유가의 문학 기능론과는 반대로 도가의 문학 기능론은 심미(審美)형이라고 할 수 있다. 심미가 무엇인가? 심미는 바로 "정감으로 사물을 바라보는[以情觀物]" 순간에 얻게 되는 인간의 정신적 자유와 해방을 말하는 것이다. 도가 철학에서는 자연을 매우 중시하는데, 사실 도가의 "제물齊物", "무대無待", "소요逍遙" 등의 철학적 원리는 모두 일종의 시인의 독특한 정신적 계시로, 현실 세계에 몸담고 있는 그들이 현실세계 너머의 심령의 세계를 탐색함으로써 탁 트이고 광활하면서도 소탈하고 낭만적인, 자유롭고 초월적인 문학 창작의 신천지를 개척해 나갈 수 있게 해 주는 것이다.

중국 시가사에서의 "은일隱逸"파나 "산림山林"파, "전원田園"파, "유선游仙"파 등은 모두 도가 사상에서 변화 발전된 유파들이다. 도가의 문학 기능론은 장자莊子가 말한 "유游" 자에 온전히 나타나 있다고 할 수 있다. "장자는 현대의 미학가들처럼 아름다움이나 예술을 추구하는 대상으로 보고서 사색하고 이해하고,

이를 통해 예술 정신이란 무엇인가를 밝히고자 하지는 않았다. 장자는 단지 대혼란의 시대를 살면서 인간으로써 견뎌야 했던 질곡이나 현실의 위급함 등과 같은 고통 속에서 자유와 해방을 얻고자 했을 뿐이었으며, 이것은 현실 세계 속에서 얻을 수 있는 것이 아니었으며, 또한 값싼 종교적 구상처럼 천상이나 내세에 의지하여 구할 수 있는 것이 아니었다. 이것은 단지 자신의 마음속에서만 구할 수 있는 것이었다.

마음의 작용과 상태가 바로 장자가 말하는 정신이었다. 자신의 정신 속에서만 자유와 해방을 얻을 수 있었던 것이다. 장자는 위에서 언급한 정신적 해방을 '노닐다[遊]'라는 한 마디로 표현하였다. 《장자》의 첫 번째 장(章)이 바로 〈소요유逍遙遊〉 편인데, 여기서 '유遊'자의 원래 의미는 아무런 구속 없이 바람에 펄럭이는 깃발의 술로, 이로부터 유희遊戲의 '유'자 의미가 파생되어 나왔으며, 이것이 바로 장자가 말하고 있는 '유遊'자의 기본 의미이다."[24] 유희(놀이)는 공리적 목적성이 없다. 그러므로 자유로운 마음일수록 시와 예술의 더욱 잘 감상할 수 있는 것이다. 중국 고대의 산수시나 화조도(花鳥図)에는 일반적으로 정치적 사회적 내용이 담겨있지 않다.

그 기능은 바로 정신적 자유를 추구하는 것이다. 중국 도가는 정신적 자유를 찬미했으며, 자연을 이상화함으로서 중국의 예술 대가들에게 깊은 영감을 심어 주었다. 그래서 중국의 예술 대가들이 모두 자연을 주제로 삼았던 것이다. 중국화의 걸작들은 대부분이 산수나 조류, 화훼, 수목, 대나무 등을 소재로 하고 있다. 한 폭의 산수화를 보면, 산기슭이나 강가에서 산을 감상하면서 하늘과 사람의 이치를 깨달은 한 사람을 볼 수 있다. 어쨌든 도가는 문예에 대해 실용성보다는 심미성을 더욱 중시하였다. 그리하여 문학이 자연을, 진솔함과 참신함을 추구해 나가도록 하였으며, 이로써 사람들에게 활달하면서도 광활하고 소탈하며, 낭만적인 정서를

---

24) 쉬푸관徐復観, 《중국 예술정신中国芸術精神》 62페이지

안겨주었다. 이백李白은 비교적 짙은 도가적 색채를 띠었던 시인으로, 그의 시는 일종의 모든 속박을 깨어버릴 듯 한 기세와 아무 것에도 구속되지 않는 낭만 정신으로 유명하다. 예를 들어, 그의 대표작인 《장진주將進酒》에서는 "그대 보지 못하였는가, 황하의 물 하늘에서 내려와 바다로 달려가 다시는 돌아오지 않음을 세상에 태어나 뜻 이루니 맘껏 즐기리라. 달빛 아래 금 술잔 헛되이 비게 하지 말지니. 하늘이 나를 낳으니 반드시 쓸모가 있으리니, 천금이 다하여도 다시 생겨나기 마련이라. 주인은 어찌하여 돈이 없다 말하는가, 마땅히 빨리 술 사 와 그대와 대작하리.[君不見黃河之水天上來, 奔流到海不復回. …人生得意須盡歡, 莫使金樽空對月. 天生我材必有用, 千金散盡還復來.… 主人何爲言少錢, 徑須沽取對君酌.]"이라고 노래하고 있다. 하나로 모든 것을 꿰뚫어보고, 아무런 거리낌이 없는, 통쾌하고도 소탈한 자유 정신이 그 속에 깃들어 있다. 도가의 문학적 기능론은 직접적인 목적성이 없은 심미적 자유라고 할 수 있으며, 이는 유가의 실용성을 중시하는 시학 기능론과는 매우 다른 점이기도 하다.

5. 유가, 도가, 불가 문학 사상의 상호 보완 작용

유가와 도가 시학 관념의 상호 보완성은 시가 창작에서 잘 나타나고 있는데, 이로써 여러 복잡한 상황들이 나타나게 되었다. 어떤 시인은 몸은 조정(朝廷)에 머물면서 마음은 오히려 산림 속에 가 있기도 했고, 또 어떤 시인은 산속에 몸을 기탁하고서도 마음은 조정에 가 있기도 했다. 어떤 사람은 나아가고 물러남이 달랐으니, 세상에 나아가서는 풍자적 작품을 쓴 반면, 물러나서는 산수시나 전원시를 창작하여 스스로 즐거움을 찾기도 했다. 그들은 항상 시 속에서 자기 자리를 찾아 균형을 유지하였다.

유가와 도가, 그리고 불가의 문학관은 확실히 대립적인 측면들을 가지고 있다. 사실, 유가 사상은 입세적(入世的)이고 현실적이고 적극적이고 사회적이었던 반면, 도가 사상은 출세적이고 초현실적이고 소극적이면서 개인적인 성향을 가지고 있었다. 유가에서는 윤리 도덕을 바로 세우는 것, 시교(詩敎)의 속박을 중시하였으며, 이로써 도덕론과 기능론을 시가 창작의 기본적인 길잡이로 삼았다. 도가에서는 본성의 유지, 무위(無爲)에 대한 동경을 중시하면서, 시는 마땅히 "오묘한 조화가 자연스러워야[妙造自然]" 하며, "마땅히 가야 할 곳으로 가고, 멈추지 않으면 안 되는 곳에서는 멈춰야 한다.[行於所当行, 止於不可不止]"고 여겼다. 유가의 문학 관념은 마땅히 제한해야한다고 보았던 반면, 도가의 시학 사상은 아무런 구속이 없어야 한다는 것이다. 이 양자는 서로 상반되면서도 상호 보완적으로 중국 문학 관념의 중요한 특색을 구성하고 있다.

유가와 도가, 불가의 문학 사상에는 또한 서로 같으면서 상호 보완적인 측면도 가지고 있다. 여기서는 다음의 두 가지를 거론해 보고자 한다.

1) "조화로움[和]"- 유가, 도가, 불가의 만남

유가는 사람과 사람의 관계 속에서 "조화로움을 귀하게 여긴다.[以和爲貴]" 도가는 인간과 자연의 관계에 있어서 "천지 만물과의 상호 교류[与天地万物相往來]"를 통해 자연과 "조화로운" 관계를 유지할 것을 주장한다. 그렇다면 왜 유가와 도가 모두가 "조화[和]"나 "어울리면서도 같지 않음[和而不同]"을 주장하는 것일까? 그 이유는 선진시기 유가와 도가가 탄생하게 된 사회 경제적 상황 및 시대적 배경과 밀접한 관계가 있다. 중국에는 매우 긴 해안선이 있기는 하지만, 몇 천 년에 걸친 역사 발전 과정에서 고대 중국인들은 황하 유역을 중요시 했으며, 농사는 그들의 중요한 생존 수단이었기 때문에 절대 다수의 인구들이 농업에 종사했다. 그렇기 때문에 농사의 풍작 여부가 바로 그들 생활의 좋고 나쁨으로 직결되었다. 토지에 대한 미련과 그 토지를 일구며 살아가는 사람들에 대한 관심, 어떻게 자연을 보호할 것인가, 어떻게 농민들을 잘 조직해 낼 것인가 하는 문제는 서로 다른 유파의 사상가들에도 핵심적인 공통의 관심사였다. 중국에서는 오랜 세월 동안 사람을 네 등급으로 구분하여 왔는데, 그것이 바로 사대부[士], 농민[農], 수공업자[工], 장사치[商]이다. 농민은 토지를 일구고 살아가는 사람들이며, 농민들을 말하며, 사대부는 그 땅의 소유하고 있는 지주들로, 그들은 생산자와 생산 수단의 소유주들이다. "무無"에서 "유有"를 창출해 내는 것은 가장 존중받을 만한 가치가 있는 일이었다. 그래서 고대 중국에선 중농 사상이 존재해 왔으며, 반면에 재화를 운송하고 판매하는 상인들에 대해서는 그다지 좋게 보지 않았다.(《여씨춘추 · 상농呂氏春秋 · 上農》편 참고) 선진 시기의 유가와 도가 창시자들도 중농(重農)이라는 측면에서는 일치하였다.

도가는 땅을, 자연을 애호하였는데, 땅과 자연은 농민들이 자립할 수 있는 근본이었기에 자연을 파괴하는 것은 바로 농민들에게 그 근본을 빼앗는 것이라고 여겼다. 도가의 이상은 "소국과민小國寡民"이었다.

즉, 여러 가지 도구들이 있지만 그것을 사용하지 않고 백성들로 하여금 생명을 중히 여기게 하며, 함부로 다른 곳으로 이사를 다지지 못하게 한다는 것이다.

또 배나 마차가 있지만 그것들을 탈 필요가 없고, 갑옷이나 병장기들이 있지만 그것들을 사용하지 않으며, 백성들로 하여금 매듭으로 기록하던 시대로 되돌아가 살도록 하며, 정치는 가장 완벽한 경지에 이르렀고, 백성들은 자급자족하면서 즐거워하고, 아름다운 의복을 입고서 미풍양속을 지키며 분수에 만족하면서 생업에 종사하게 하며, "이웃 나라가 서로 바라다 보이고 닭 울음소리 개 짓는 소리가 서로 들려도 백성들은 늙어서 죽을 때까지 서로 왕래하지 않는[隣國相望, 鷄犬之聲相聞, 民至老死, 不相往來]" 사회가 바로 소국과민의 이상사회이다. 이것이 바로 도가의 "아무것도 하지 않아도 다스려짐[無爲而治]"이다. 유가는 토지를 소유하고 있으면서 땅에 의지하여 노동하는 사람들을 옹호한다.

토지를 소유하고 있고 땅에 의지하여 노동하며 사는 사람들을 잘 조직하여야 한다고 보았다. 그들의 이상은 "부자유친, 군신유의, 부부유별, 장유유서, 붕우유신"의 사회이다. 이것이 바로 유가의 "오륜"이다. 또 하나의 공통점은 공자나 노자, 장자, 맹자가 모두 춘추 말기나 전국 시기에 살았던 인물들이라는 점이다.

당시에는 "예악의 붕괴"가 나타나고 주나라 왕실의 통치력이 이미 쇠퇴하여 각 제후국들이 서로 정벌 전쟁을 벌이면서 백성들이 고통에 시달리고 있던 시대로, 유가와 도가 모두 이러한 사회적 문제들을 해결하고 민심을 안정시킬 방법을 찾고자 했던 것이다. 그들의 이론은 모두 사회 현실에서 발생하는 문제에 대한 대응책이었던 것이다.

그들은 마침내 "조화"가 기본임을 찾아내게 되었다. 그러나 도가는 자연스러운 조화를, 유가는 인간 윤리의 조화를 중시했다. "조화"가 바로 유가와 도가의 교차점인 것이다. 어느 "조화"든지 간에 모두 농민들이 당시의 사회적 환경 속에서 가지고 있던 바램과 희망을 표현하고 있다고 할 수 있다. 문학관에 있어서 이 교차점은 부드러움에 대한 숭상으로 나타난다. 유가와 도가, 그리고 불가 모두 시가는 원망하나 분노하지 않아야[怨而不怒] 하며, 슬퍼하나 심신을 해쳐서는 안 된다[哀而不傷]고 주장한다. 유가의 "온유돈후溫柔敦厚"나 도가의 "청신淸新", "진취眞趣", "초탈超脫"은 사실상 모두 "부드러움[柔]"를 특징으로 하고 있는 것이다. 시는 서정적인 것으로, 자신의 내면에서부터 펼쳐져 나오는 정감을 표현하는 것이다. 온유돈후, 청신, 진취는 모두 내면에서부터 펼쳐져 나오는 정감을 말하는 것이다. 온화하고 부드러운 정감이 사람들에게 어떤 가치가 있는 것일까? 정감은 대체로 크게 세 종류로 나누어 볼 수 있는데, 뜨거움과 온화함, 그리고 냉정함이 그것이다. 너무 뜨거운 감정은 사람을 자극하는 작용을 하게 되고, 지나친 자극은 혼탁한 열정으로 변해버리기 쉽다.

혼탁한 열정이란 바로 무언가에 홀려 분명한 사리판단이 안되기 때문에 실수를 하게 되는 것을 말한다. 너무 냉정함은 삭막함으로 변하여 사람들이 가까이 할 수 없게 하거나 또는 얼음같이 차가운 낯설음으로 변해버릴 수 있다. 어쨌든 지나치게 열정적이거나 지나치게 냉정한 감정은 모두 탄력성이 결여되어 있다고 할 수 있다.

온유돈후나 청신, 진취는 탄력적이면서 흡인력을 가지고 있기 때문에 사람들에게
있어서는 정신적인 귀의처와 같다. 사람에게 이러한 귀의처가 없다면 살아가기
힘들 것이다.

　당대의 시인들 중에서 왕유는 도가적이고, 두보는 유가적이라고 할 수 있다.
그러나 이들 두 시인이 친근감을 주는 이유는 그들에게 공통점이 있기 때문이다.
왕유는 "조화"를 위주로 하여 인간과 자연의 친밀한 관계를 시로 묘사하였기에
사람들은 대자연의 아름다움을 느낄 수 있다. 예를 들어,

　　　텅 빈 산에 사람 보이지 않는데,
　　　어디선가 사람 소리만 들려온다.
　　　저녁 햇살 깊은 숲 속에 비쳐 들더니,
　　　다시 푸른 이끼 위에 비치네.
　　　空山不見人, 但聞人語響. 返景入深林, 復照青苔上.(〈녹채鹿柴〉)

　　　나뭇가지 끝엔 부용 꽃,
　　　깊은 산속에서 붉은 꽃망울을 터뜨렸네.
　　　냇가 오두막엔 사람 없어 적막한데,
　　　꽃이 홀로 피었다가 떨어지네.
　　　木末芙蓉花, 山中發紅萼. 澗戶寂無人, 紛紛開且落.(〈신이오辛夷塢:〉)

　　　사람 한가로운데 계화 꽃 떨어지고,
　　　밤 고요하니 봄 산이 텅 비었네.
　　　달 나오니 산새들 놀라,
　　　때때로 봄날 냇가에서 지저귀네.
　　　人閑桂花落, 夜靜春山空. 月出驚山鳥, 時鳴春澗中.(〈조명간鳥鳴澗〉)

　이러한 시들은 사람들에게 자연의 경치 속에 사람이 있고, 사람의 눈과 마음 속에

자연의 경치가 스며있는, 인간과 자연이 완전히 하나라 어우러져 있음을 보여준다. 인간과 자연의 친근함, 이것이 바로 "친화"의 최고 경지인 것이다. 정말로 '시 속에 그림이 있고, 그림 속에 시가 있다'고 할 만하다. 두보도 역시 "조화"를 위주로 하였는데, 그의 조하는 인간과 인간 사이의 친근함과 인정이었다. 이러한 것들은 두보의 자신과 가족이나 친구와의 관계를 묘사한 작품들이나 반전(反戰)을 노래한 작품들에서 잘 나타나 있다. 예를 들어 〈병거행兵車行〉이란 작품에서는

> 수레 소리 덜커덕 덜커덕, 말 울음 소리,
> 병사들은 허리에 활과 화살을 찼구나.
> 부모 처자식들 달려와 서로 배웅하니,
> 흙먼지에 함양의 다리도 보이지 않아라.
> 車轔轔, 馬蕭蕭, 行人弓箭各在腰. 爺娘妻子走相送, 塵埃不見咸陽橋.

전체 시의 앞 네 구절로, 전란 속에서 이별해야 하는 가족 간의 고통을 노래하고 있다. 비록 이별의 고통이긴 하지만, 이러한 고통의 이면에는 바로 인간과 이간 간의 "조화"가 녹아 있는 것이다. 〈모옥위추풍소파가茅屋爲秋風所破歌〉에서 "어떻게 넓고 큰 천만 칸 집 마련하여 온 세상 가난한 선비들 감싸 모두 기쁜 얼굴을 하게 할까[安得廣厦千万間, 大庇天下寒士俱歡顔.]"라고 노래했던 구절은 더 말할 필요도 없는 것이다. 두보는 인간과 인간 사이의 "친화"의 최고 경지를 보여주었다고 할 수 있다. 이로 보건데, 유가와 도가의 시학 사상은 서로 대립적이기도 하면서도 또한 서로 통하기도 하였다고 할 수 있다.

2) 유가와 도가 시학 상호 보완의 사회적 심리 원인

시학 사상에서 보여준 유가와 도가의 상호 보완은 현실 생활 속에서의 그 어떤 사회적 심리의 필요에 의한 것임을 알 수 있다.

중국 봉건 사회에서 시인을 포함한 선비들은 줄곧 조정과 재야의 두 부류로 나누어진다. 그러나 과거제도의 발전과 기타 이런 저런 원인들로 조정에 있든 재야에 있든 더 이상은 고정불변이 아니게 되었고, 재야와 조정 사이의 유동성이 증가하게 되었다. 모든 선비들은 언제든지 "궁할 땐 홀로 자신을 선하게 닦고, 잘 될 땐 나아가 천하를 다스린다[窮則獨善其身, 達則兼濟天下]"는 서로 다른 처지에 직면하게 되고, 그렇기 때문에 서로 다른 처세 태도나 가치관을 선택해야만 하기도 했다. 유가나 도가가 제공하는 사상 체계나 가치 지향은 사람들의 서로 다른 처지에서의 정신적 수요를 만족시켜줌으로써 사람들의 환경 변화에 따른 심리적 평형을 유지시켜주었던 것이다.

평요우란馮友蘭은 "유가는 '세상 안에서 노닌다[游方之內]'는 말 때문에 도가에 비해 훨씬 입세적으로 보인다. 도가는 '세상 밖에서 노닌다[游方之外]'는 말 때문에 유가에 비해서는 출세적으로 보인다. 이 두 가지 경향은 서로 대립적이면서도 상호 보완적이다. 양자는 일종의 힘의 균형을 보여주고 있는 것이다. 이로써 중국인들은 입세와 출세에 대해 좋은 균형 감각을 갖출 수 있었던 것이다."[25]라고 했다. 이는 옛날 중국인들의 중요한 사회 심리로, 중국 시학 관념에도 영향을 미쳤다. 즉, "시언지"라는 대 주제 속에 다양한 내용들을 포괄하고 있는데, "흥興, 관觀, 군群, 원怨"이나 "풍자[美刺]" 등과 같은 유가적 관념뿐만 아니라 "유游", "허정虛靜", "심재心齋", "완미玩味" 등과 같은 도가적 심미 관념도 포함되어 있는 것이다. 이러한 두 관념은 상호 대립적이면서도 상호 소통적인 것들이다.

유가와 도가 시학 관념의 상호 보완성은 시가 창작에 반영되면서 여러 복잡한 상황들이 연출되기도 하였다. 어떤 시인은 몸은 조정에 있으면서도 마음은 산속에

---

25) 평요우란馮友蘭, 《중국철학간사中国哲学簡史》 (베이징, 베이징대학출판사, 1985.) 29 페이지.

두고 있는가 하면 어떤 시인은 몸은 산 속에 있으면서도 마음은 항상 조정에 가 있기도 했다. 또 어떤 사람은 조정과 은거에 근거하여 조정에 나아가서는 풍자적 작품을, 물러나서는 산수시나 전원시 창작을 낙으로 삼기도 하였다. 그들은 항상 시 속에서 자신들의 자리를 찾음으로써 스스로 균형을 유지해 나갔다. 중국 시인들 중에서 자살한 시인이 매우 적다는 점은 서구와는 많이 다른 점이기도 하다.

제**2**장

"기氣" - "신神" - "운韻" - "경境" - "미味"
─ 중국 고전 문론의 민족 문화적 개성

"기氣" - "신神" - "운韻" - "경境" - "미味"
─ 중국 고전 문론의 민족 문화적 개성

앞 장에서 우리는 중국 문론의 양대 전통과 그것들 사이의 상호 보완 관계에 대해 중점적으로 살펴봄으로써 중국 고전 문론의 문화적 토대임을 알아보았다. 이번 장에서는 이 양대 문론 전통이 구성하고 있는 기본적인 범주를 살펴보고, 또한 이러한 독특한 범주를 통해 중국 문론이 서구 문학이론과 다른 민족 문화적 개성에 대해 논의해보고자 한다.

중국 고전 문론 연구에 있어서 줄곧 어떤 경향성이 존재해 왔는데, 바로 서구 문학이론의 범주와 개념으로 중국 고대 문론의 범주나 개념을 단순하게 "재단"해버리고 중국 문론을 서구 문예 이론의 지배담론 속에 편입해버리는 것이었다. 아마도 좋은 의도에서 중국 고전 문론이 아직 죽지 않고 살아 있으며, 여전히 현실적 의미를 가지고 있음을 보여주고자 하는 것이 목적이었을 수도 있다. 그러나 이런 단순화된 작태는 중국 고전 문론을 서구 문예 이론의 "방증"으로 만들어버리는, 즉 중국 고전 문론만의 생명력을 보여주지 못하고 또한 진정으로 중국 고전 문론의 심오한 특징을 드러낼 수 없게 만들어 버린다.

그렇기 때문에 중국 문론의 민족 문화적 개성이나 독특한 가치들을 충분히 보여줄 수 없게 해 버린다. 우리는 중국 문론의 기본적 범주에 대한 연구에서부터 시작하여 중국 문론의 민족 문화적 개성을 드러내고 나아가서는 중국 고전 문론이 어떤 세계적 의미를 가지고 있는지를, 그것들이 어떤 측면에서 세계 문예 이론을 풍부화 하는데 공헌하는지를 밝혀보고자 한다.

1. 중국 고전 문론의 기본 범주 : 기氣, 신神, 운韻, 경境, 미味

"기氣", "신神", "운韻", "경境", "미味", 이것들은 중국 문론의 기본 범주이자 중국인들의 심미적 이상이기도 하다. 동시에 또한 문학미의 극치이기도 하다. 이러한 문론의 범주들은 서구 문예 이론 속에서는 찾아볼 수 없는 것들이다. 그것들은 중국 문론의 민족 문화적 개성을 집중적으로 드러내 보여준다. 우리는 "언지言志"나 "연정緣情"이라는 이러한 논점들이 문학의 서정적 언지의 일반 속성들만을 말하고 있는 것이고, 문학의 일반적 속성에서 서구 문예 이론과 다른 민족 문화적 개성을 찾는 것은 불가능하다고 본다.

서구의 고전 문학이론에서 확립하고 있는 아름다움, 추함, 비극, 희극, 숭고함, 비열함, 표현, 재현 등의 범주와는 달리, 옛 중국인들은 중국어의 풍부한 어휘 속에서 "기氣", "신神", "운韻", "경境", "미味" 등으로의 단어를 자신들의 문론 범주로 삼아 문학의 우열優劣과 고하高下, 정교함과 거침[精粗], 문아함과 저속함[文野] 등을 판가름했다. 바꾸어 말하면, "기", "신", "운", "경", "미" 등은 바로 중국 문론의 기본적인 범주이자 시인이나 작가들이 추구했던 문학미의 극치였던 것이다.

일반적으로 문학 작품은 겉에서 속으로 들어가는 언어—형상—함축성의 세 층차로 구분할 수 있다. 《역전·계사상易传·繫辭上》편에서는 "공자께서 말씀하시길, '글로는 말을 다할 수 없으며, 말로는 뜻을 다할 수 없다'고 하셨으니,

그렇다면 성인의 뜻을 가시 볼 수 없다는 말인가? 공자께서는 '성인은 상을 세워서 뜻을 다하고, 괘를 베풀어 참되고 거짓됨 다하고, 말을 붙여서 그 말을 다하고, 변하고 통해서 이로움을 다하고, 북을 치고 춤을 추게 하여 그 신묘함을 다하느니라.'라고 하셨다.[子曰 : '書不盡言, 言不盡意', 然則聖人之意,' 其不可見乎? 子曰 : '聖人立象以盡意, 設卦以盡情僞, 繫辭焉以盡其言, 變而通之以盡利, 鼓之舞之以盡神.']"라고 말하고 있다. 여기서 말하고 있는 것이 실상은 괘효卦爻이기는 하지만, "상을 세워 그 뜻을 다 한다"라는 말이 함축하고 있는 언어—의미—상의 관계는 문학과 상통하는 것이다. 문학의 층차 구조는 언어의 조직을 통해 형상을 그려내고, 다시 형상과 형상 집합군(集合群)을 통하여 전체적 함축성을 구성하게 된다. 여기서 특별히 관심을 가져야 할 점은 중국 고전 문론은 각각의 층차에 대해 민족문화의 토양에 뿌리를 내린 심미 범주를 제기할 것을 요구하고 있다는 점이다.

1) "기운"과 문학의 언어 층차

"기"는 심미 범주로써 문학의 언어 층차에서 나타나게 된다. "기"의 철학적 개념은 선진 시기에 이미 제기되었지만 문학이론에서는 위나라의 조비曹조가 처음으로 제기하였다.

> 문장은 기를 위주로 하는데, 기에는 맑고 흐림이 있으니 억지로 힘으로 구하여 이를 수 다. 음악에 비유하면, 곡조가 균일하고 박자가 같다하더라도, 기를 이끌어 들임에 있어서는 같지 않으니 능숙함과 서툴음을 타고나게 되기 때문에, 비록 아버지나 형이라고 해도 자식이나 다른 형제에게 전해줄 수 없는 것이다.
> 文以氣爲主, 氣之淸濁有体, 不可力强而致. 譬諸音樂, 曲度雖均,

節奏同檢, 至於引氣不齊, 巧拙有素, 雖在父兄, 不能以移子弟.[1]

　　이 말의 의미는 작품은 작가의 기를 위주로 하게 되고, 기에는 강함과 부드러움의 서로 다른 특징이 있어서 억지로 도달할 없는 것으로, 음악에 비유하면 곡조가 같고 박자도 동일하다 하더라도 개인이 음을 길게 뽑고 호흡하는 것이 다르기 때문에 그 표현에도 정교함과 거침의 차이가 있게 되므로, 기교가 부모나 형에게 있어도 자식이나 동생에게 전해 줄 수 없다는 말이다. 조비가 여기서 말하고 있는 문장에는 문학도 포함된다. 그의 "문기文氣"설은 고대 시인이나 작가들이 추구했던 것이 무엇인지를 매우 정학하게 보여주고 있다. 이후에 양 나라 때의 유명한 문론가인 유협劉勰은 《문심조룡 풍골文心雕龍 風骨》 편에서 다음과 같이 말했다.

　　　　생각을 엮고 글을 다듬을 때에는 (기를) 온전하게 지키도록 힘서야
　　　　하나니, 그리하면 강건해지고 충실하게 되고, 빛이나 참신해진다.
　　　　그것의 문장(문학)에서의 쓰임은 비유컨대 멀리 나는 새가 날개를
　　　　부리는 것과 같다.
　　　　綴慮裁篇, 務盈守氣, 剛健旣實, 輝光乃新, 其爲文用,
　　　　譬征鳥之使翼也.[2]

　　그 뜻은 생각들을 엮어 문장을 만들 때에는 반드시 "기"를 충분히 유지시켜나가야 문장이 강건해지고 충실해지며, 그래야 참신함이 빛을 발하게 된다는 것이다. 작품에 있어서 기의 작용은 마치 하늘을 나는 새의 날갯짓과 같다는 것이다. 유협의 이 말은 "기"와 언어 수사[文辭]를 연관 지었다는 점에서 매우 의미가 깊다. 이후 당 나라 때의 유명 시인이자 산문가이기도 한 한유韓愈는 여기에서 더 나아가 자신의

---

1) 위웬郁沅, 장밍까오張明高 편, 《위진남북조문론선魏晉南北朝文論選》 (베이징, 인민문학출판사, 1996.) 14페이지.
2) (남조) 유협 저, 판원란 주, 《문심조룡주》 513페이지

사상을 발전시켜 나가고 구체화해 나갔다. 한유는 〈답이익서答李翊書〉에서 다음과 같이 말한다.

> 기는 물이고, 말은 물에 떠있는 물체이다. 물이 많으면 물체가 크든 작든 띄울 수가 있다. 기와 말의 관계도 이와 마찬가지이다. 기가 성하면 긴 말이든 짧은 말이든 높은 소리든 낮은 소리든 모두 알맞게 된다.
>
> 氣, 水也. 言, 浮物也. 水大而物之浮者大小畢浮. 氣之与言猶是也, 氣盛則言之短長与聲之高下者畢宜.[3]

여기서 말하고 있는 것은 시나 문장은 단순한 어휘의 축적이어서는 안 되며, 언어적 기교만을 추구하는 것으로는 부족하니, 반드시 단어와 단어 사이에 일종의 "기"를 불어 넣어야 한다는 것이다. 즉 문학적 언어의 운용은 기에 의지한 부력(浮力)을 활용해야한다는 말로, 이 "기"라는 것이 근본적인 것이기 때문에 "기가 성하면" 말의 길이나 소리의 높낮이는 모두 서로 적절하게 어우러지게 된다는 것이다. 한유의 "기성언의氣盛言宜"설은 원래는 산문 창작에 대한 것이긴 하지만, 시가 창작에도 마찬가지로 적용할 수 있는 것이다. 명나라 때의 문론가인 허학이許學夷는 다음과 같이 말했다.

> 시에는 본말이 있으니, 체기가 근본이요, 자구는 말미이다. 근본은 말미를 겸할 수 있으나, 말미는 근본을 겸할 수 없다.
>
> 詩有本末, 体氣本也, 字句末也. 本可以兼末, 末不可以兼本.[4]

---

3) (당) 한유韓愈 저, 마치창馬其昶 교감 및 주석, 《한창려 문집 교주韓昌黎文集校注》(상하이, 상하이고적출판사, 1986.) 171 페이지.
4) (명) 허학이許學夷 저, 두웨이모杜維沫 교점, 《시원변체詩源辯体》(베이징, 인민문학출판사, 1987.) 326 페이지.

이른바 "체기体氣"란 시인이나 작가에게 쌓여서 드러나게 되는 "기"를 말하며, 이것이 바로 시의 "근본"이며, 시의 자구字句는 "말미"에 불과하다는 것이다. 그러나 이것은 시에 있어서 자구가 중요하지 않다는 말은 아니다. 오히려 근본과 말미를 겸비해한다는 말로, 자구들 사이에 "기"가 충만해 있어야 한다는 말이다. 허학이의 "본말本末"설은 직접적으로 시를 가리켜 이른 말이므로, 그래서 그의 이론은 더욱 주의 깊게 살펴볼 가치가 있는 것이다. 청대 학자 방동수方東樹는 다음과 같이 말한다.

> 시문이란 생기가 있어야 한다. 만약 종이 가득 오려놓은 조각처럼 생기가 없다면 이는 시험에 응시하는 관각체일 뿐이니, 작가와는 인연이 없는 것이다.
> 詩文者, 生氣也. 若滿紙如剪彩彫刻無生氣, 乃応試館閣体耳, 於作家無分.

> 사람의 몸이나 동식물을 보면 모두 기가 충만해 있다. 기가 끊기면 썩어문드러지고 냄새가 고약하여 가까이 할 수 없게 된다. 시문도 이와 마찬가지다.
> 觀於人身及万物動植, 皆全是氣所鼓蕩. 氣才絶, 卽腐敗醜惡不可近, 詩文亦然.[5]

이것은 기를 문학의 생명력이라고 보고 있는 것이다. 다른 청대 학자 엽섭葉燮은 자신의 문론 저서인 《원시原詩》에서 한 걸음 더 나아가 "논리[理], 사건[事], 정감[情]"이라는 세 가지가 시가 표현의 객관적 대상이라고 하면서, "이 세 가지를 모두 갖추고 또한 이를 총괄하여 유지하고 조리 있게 꿰뚫고 있는 것을 기라고 한다.

---

5) (청) 방동수方東樹 저, 왕샤오잉汪紹楹 교점, 《소매첨언昭昧詹言》 (상하이 상하이고적출판사, 1982.) 하책 576 페이지.

이, 사, 정의 쓰임이 바로 기의 쓰임이다.[然具是三者, 又有總而持之, 條而貫之者, 曰氣. 理, 事, 情之所爲用, 氣之爲用也.]"[6]라고 하였다. 문학에서는 논리나 사건, 정감을 표현하고 있지만, 이 세 가지만으로는 문학을 구성할 수 없다. 반드시 생동하는 기로 그 사이 사이를 관통시켜야만 한다는 것이다. 이러한 문학이야말로 살아있는 영감이 있는 문학이 될 수 있는 것이다. 위에서 말하고 있는 것들이 대표적인 것들로, 기가 근본이고 언어는 말미이므로 언어는 반드시 근본인 기의 지지를 통해서만 의미 있는 언어가 될 수 있다는 것이다.

문학에 있어서 "기"는 근본적인 것이기 때문에 중국 문론에서 "기"는 매우 중요한 범주로서, "기맥氣脈", "기운氣韻", "기상氣象", "생기生氣", "기세氣勢", "숨결[氣息]" 등의 단어로 시문의 우열을 평가하곤 했으니, 기는 시문이 추구하는 최고 경지의 미학으로 여겨졌을 뿐 아니라 또한 시문의 생명력이라고 여겨졌던 것이다. 송나라 때의 위태魏泰는 《임한은거시화臨漢隱居詩話》에서 시인 황정견黃庭堅에 대해, "황정견은 시를 지어 이름이 나길 좋아했는데, 남조 시대 사람들의 말을 즐겨 사용하고 옛 사람들이 거론하지 않았던 사건들만을 전문적으로 추구하였다. 또한 두 글자 희귀한 글자를 짜 맞추어 시를 짓고는 스스로 훌륭하다고 생각했지만, 사실은 견문의 편벽함이다. 그러므로 시구가 비록 신기하기는 하지만 그 기운에 돈후함이 부족하였다.[黃庭堅喜作詩得名, 好用南朝人語, 專求古人未使之事, 又一二奇字, 綴輯而成詩, 自以爲工, 其實所見之僻也. 故句雖新奇, 而氣乏渾厚.]"라고 비판하였다.

이 말은 바로 옛 사람들을 배움에 있어서 우선 기운을 기르는 것에서부터 시작하여 시문에 "돈후"한 기운이 깃들게 해야지, 자구에만 노력하는 것은 근본을 버리고 말미를 취하는 격이라는 말이다. 명대의 문학가 사진謝榛은 《사명시화四溟詩話》에서 강대산康對山의 말을 인용하여, "이태백의 장편을 읽으면 가슴 속에 웅대함이 깃들고 신묘한 생각들이 초월하여 붓을 들면 기운이

---

6) (청) 엽섭葉燮의 《원시原詩》, 《청시화淸詩話》 (상하이, 상하이고적출판사, 1982.)
   하책, 576페이지.

넘치게 된다.[讀李太白長篇, 則胸次含宏, 神思超越, 下筆殊有氣.]"고 했다. 확실히 이백의 많은 장편시들은 웅장하고 호방한 기상들을 가지고 있는데, 예를 들어 장강의 파도가 치솟아 구름이 솟아난다는 내용이나 그의 〈촉도난 蜀道難〉, 〈몽유천로음유별夢游天姥吟留別〉과 같은 작품들은 적 대군을 휩쓸어버릴 듯한 기개를 보여준다. 이백의 시는 세상에 이백밖에 쓸 수가 없다. 송나라 때의 장계張戒는 《세한당시화歲寒堂詩話》에서 "오로지 기로써 빼어나다[專以氣勝]"라고 두보의 시를 평가하였는데, 이는 매우 뛰어난 식견이었다. 두보가 위대한 시인이 될 수 있었던 것은 확실히 그의 시 속에 그 자신만의 독특하고 돈후하고 침울한 기운이 주입되어 있었기 때문이다. 예를 들어, 그의 〈문관군수하남하북聞官軍收河南河北〉을 보자.

검각 밖에서 갑자기 계북 땅 수복했다는 소식 들리니,
처음 듣고는 그 소리에 눈물이 온 옷을 흠뻑 적시네.
처자들 돌아보니 근심은 어디로 갔나?
어지러운 서책들 싸드니 기쁨에 미칠 듯.
대낮에 소리 높여 노래 부르며 술 한 잔 마셔야지,
볕 좋은 봄날 길동무 삼아 고향으로 돌아기도 좋아라.
곧 파협을 거처 무협을 통과하여,
곧 바로 양양으로 내려가 낙양으로 향하리라.
劍外忽伝收薊北, 初聞涕淚滿衣裳. 卻看妻子愁何在,
漫卷詩書喜欲狂.
白日放歌須縱酒, 青春作伴好還鄉. 卽從巴峽穿巫峽,
便下襄陽向洛陽.

두보는 여러 해를 전란 속에서 떠돌면서 나라와 백성들에 대한 근심으로 갖은 고생을 하면서 마음 속에는 줄곧 울분이 억눌려 있었던 것이다. 이러한 울분은 반드시 반란 잔당을 물리치고 잃어버렸던 땅을 수복해야만 한다는 정의의 기세이기도 했다. 그래서 보응宝应 원년 11월에 관군이 낙양에서 반란군을 물리치고 하남 지역을 평정하면서 반란군 수괴 사조의史朝義가 하북으로 도망갔다가 이회선李懷仙에게 참수당하여 하북도 평정되면서, 시인 두보가 이 첩보를 처음 듣고서 흥분하여 기쁨에 젖어 쓴 시가 바로 이 작품이다. 이 시에서는 비록 몇 몇 지역만을 언급했지만, 소식을 듣고서 기뻐서 어쩔 줄 몰라 하는 모습을 통해 집으로 돌아가고 싶은 간절한 마음을 묘사하였다. 그러나 한 글자 한 구절마다 사실적이고 심금을 울리는 진실 된 감정이 녹아 있어서 단숨에 이 시를 읽어 내려가게 한다.

위에서 우리는 문론가들의 관점으로 문학이 기를 위주로 하며 기가 성하면 말이 적절해지고, 기가 근본이고 언어가 말미임을 설명했다. 심지어는 기는 시의 근본이고 시 속에 기가 있으면 그 시가 살고 기가 없으면 시가 죽어버린다고까지 말하기도 한다.

그러나 무엇이 기인가? 이것은 매우 복잡한 문제이다. 선진시기부터 이 기에 대한 해석은 제각각이었다. 대체적으로 옛 사람들이 언급한 "기"는 다음의 네 가지 함의를 가지고 있다. 첫째, 기는 일종의 물리적 속성, 즉 고체나 액체와 상대되는 기체라는 것이다. 《설문說文》에서는 "기는 운무이다.[氣, 雲氣也]"라고 했다. 《좌전左伝》에서 의화医和가 제기한 "육기六氣"설은 "음陰, 양陽, 바람[風], 비[雨], 그믐[晦], 보름[明]"을 가리킨다. 오늘날에도 우리는 이런 의미에서 "기"를 이해하기도 하는데, 예를 들어, 날씨[天氣], 운무[雲氣], 기류[氣流] 등이 그렇다. 이러한 "기"는 물리적인 기이다. 두 번째로, 기는 생물적인 속성이다.

인간과 생물은 모두 "기"를 가지고 있는데, 기가 있으면 살아있고, 기가 사라지면 죽는다는 것이다. 《역전·계사하易伝·繫辭下》편에서는 "천지에 기운이 쌓여 만물이 순후해지고, 남녀가 정을 쌓아 만물이 생겨나게 된다.[天地絪縕, 万物化醇, 男女構情, 万物化生.]"라고 하고 있다. 왕충王充은 《논형論衡》에서 "인간이 태어나게 된 것은 정기 때문이다.[人之所以生者, 精氣也.]"라고 하였다. 오늘날도 역시 이러한 의미에서 "기"자를 사용하고 있는 데, 예를 들면 "기력氣力"이나 "숨이 끊어지다[斷氣]", "호흡이 미약하다[氣息微弱]" 등이 그렇다. 이것은 생리적인 "기"이고, 생명의 "기"이다. 세 번째는 원기元氣이다. 이는 한 나라 때의 동중서董仲舒와 왕충이 제기한 것으로, 만물을 생성시키는 근원적인 기를 말한다. 왕충은 《논형》에서 "만물이 태어나게 된 것은 모두 원기를 받았기 때문이다.[万物之生, 皆秉元氣.]"라고 했다. 이후 사람들은 이를 더욱 발전시켜 우주가 생성되기 전에 하늘과 땅이 나누어져 있지 않은 혼돈 상태로, 원기로 충만해 있었는데, 마침내 하늘과 땅이 갈라지면서 맑은 양의 기운은 위로 올라가 하늘이 되고, 무겁고 탁한 기운은 가라앉아 땅이 되었고, 만물이 기로 인해 생겨나게 되었으며, 인간 역시도 기로 인해 탄생하게 되었다고 주장하게 되었다.

이러한 "원기"설은 그 속성이 물리적인 기이기 때문에 첫 번째 의미에서 파생되어 확대 발전한 것이라고 이해해 볼 수 있다. 네 번째는 기를 일종의 정신적인 힘으로 해석하는데, 가장 대표적인 주장이 맹자의 "호연지기浩然之氣"라고 할 수 있다. 맹자는 "기는 몸을 채우고 있는 것이다.[氣, 体之充]"라고 하면서, 동시에 "(기는) 의와 도와 짝이 되고[配義与道]", "의가 모여서 생겨난[集義所生]" 것이라고 하였다.(《맹자 공손축하孟子 公孫丑下》편 참고) 이러한 "기"는 이미 주관적인 윤리 도덕적 요소를 포함하고 있다. 지금도 "바른 기운[正氣]" "사악한 기운[邪氣]" 등의 용어로 자주 사용된다.

물리적인 기가 어떻게 주관적인 정신적 힘으로 변할 수 있었을까? 이것은 우주에 "육기六氣"가 존재해 있고, 사람이 이 "육기"를 받아 육정六情이 생겨나게 되었기 때문이라는 것이다. 《좌전·소공25년左伝·昭公二十五年》에서는 "백성에게는 좋아하고 싫어하고 기뻐하고 성내고 슬퍼하고 즐거워하는 감정이 있으니 이는 육기에서 생겨난 것이다.[民有好惡喜怒哀樂, 生於六氣.]"라고 했으며, 종영鍾嶸의 《시품서詩品序》에서도 "기가 만물을 움직이고 만물이 사람과 감응하니, 그런 까닭에 사람의 성정을 뒤흔들고, 춤과 노래가 만들어지게 되었다.[氣之動物, 物之感人, 故搖蕩性情, 形諸舞詠.]"라고 했다. 이는 "기"를 물리적인 기로 이해 한 것이다. 그러나 조비의《전론 · 논문典論 · 論文》에서 제기한 "글은 기를 위주로 한다.[文以氣爲主]"는 말이나, 한유가 제기한 "기성언의氣盛言宜", 방동수가 말한 "시문이란 생기가 있어야 한다.[詩文者, 生氣也.]"는 말, 그리고 기타 여러 문론가들이 제기했던 "기성氣盛", "기맥氣脈", "기상氣象", "기세氣勢", "숨결[氣息]" 등은 위에서 언급했던 여러 의미들을 종합하여 문학의 언어적 층차에 우주의 본원과 시인이나 작가의 생명력의 진동을 설명하고 있는 것이다. 다시 말해서 시인이나 작가가 왕성한 생명력을 가지고 있어야 천지와 우주의 기운과 감응할 수 있으며, 정신적으로도 활기찬 한 상태에서 솟아낸 언어야 말로 생생하고 생동적이면서도 함축적인 언어가 될 수 있다는 것이다.

2) "신神", "운韻"과 문학의 형상 층차

"신"과 "운", 이 두 범주는 심층적 성질로 존재한다. 문학적 형상 가운데 "신"은 "형形"에 상대되는 개념이다. 문학적 형상은 일종의 의미 있는 경관으로, 당연히 신도 있고 형도 있어야 하며, 때로는 신과 형을 겸비해야 한다. 그러나 중국 고전 문론가들은 형과 신, 이 두가자 중에서 "신"의 중요성을 더욱 강조해 왔으며, 또한 문학은 "신사神似"와 "입신入神"의 경지에 이르러야 아름다움의 극치에 도달하게 된다고 여겼다. 이러한 관점의 가장 대표적 인물은 송나라 때의 엄우嚴羽와 소식蘇軾, 그리고 명 청 교체 시기의 왕부지王夫之를 꼽을 수 있다. 엄우는 다음과 같이 말한다.

> 시의 극치는 하나이니, 일러 말하길 입신이라 한다. 시를 지어
> 입신의 경지에 오르면 지극하고, 다함이니, 더 이상 보탤 것이 없게
> 된다.

詩的極致有一, 曰入神. 詩而入神, 至矣, 盡矣, 蔑以加矣.[7]

엄우는 "신"을 문학의 범주로 여겼을 뿐만 아니라 "입신"을 문학의 극치라고 보았는데, 이는 매우 높은 식견이었고 할 수 있다. 소식은 다음과 같이 말한다.

> 형사로 그림을 논한다면, 그림을 보는 안목이 어린아이에 가깝다.
> 시는 반드시 이러해야 한다고 고집한다면, 틀림없이 시를 잘 모르는
> 사람일 것이다. 시와 그림은 본디 한 가지 이치이니, 자연스러움과
> 청신함이 제일이다.
> 論畵以形似, 見与兒童隣. 賦詩必此詩, 定非知詩人. 詩畵本一律,
> 天工与淸新.[8]

여기서 소식은 "형사形似-외형적 유사성"를 유치한 예술이라고 여기면서 "신사神似-내면적 유사성"야 말로 예술의 근본 법칙이라고 여겼다. 이는 나름대로 일리가 있다. 물론, 그 때문에 "형사形似"를 폄하하는 것이 적절한가라는 문제가 제기될 수 있지만, 우리는 이 문제에 대해서는 다음에 거론하기로 하자. 왕부지는 다음과 같이 말한다.

> 정을 품으니 능히 이를 수 있고, 풍경과 만나니 마음이 생겨난다.
> 만물을 체득하여 신묘함을 얻으니, 곧 절로 신령스러움과 통하는
> 시구가 있게 되고, 조화의 오묘함을 깨닫게 된다.
> 含情而能達, 會景而生心, 体物而得神, 則自有通靈之句,

---

7) (송) 엄우嚴羽 저, 귀샤오위郭紹虞 교감 및 주석, 《창랑시화교석滄浪詩話校釋》 (베이징, 인민문학출판사, 1962.) 6 페이지.
8) (송) 소식蘇軾 저, (청) 풍응류馮応榴 집주, 《소식시집蘇軾詩集》 (베이징, 중화서국, 1982.) 1525~1526 페이지.

參化工之妙.[9]

　　왕부지는 시적 형상화의 성공은 외형적인 정경과 사물의 묘사 속에 있는 것이 아니라 심층적인 "회심會心-마음으로부터의 깨달음"과 "득신得神"에 있다고 강조하였다. 이것 또한 매우 뛰어난 견해이다. 중국 고전 문론에서 "신"과 관련된 논술은 매우 많다. 엄우의 "입신"설, 소식의 "형사"설, 왕부지의 "득신"설 등은 그 중에서 대표적인 사례들이다. 여기서 우리는 두보의 작품 〈강촌삼수羌村三首〉 중의 첫 수를 예로 들어 "입신"과 "신사", "득신"의 함의에 대해 설명해 보기로 한다.

> 서녘하늘 높이 붉게 물든 구름사이로,
> 햇살 길게 땅으로 내려 비치네.
> 사립문엔 새들 지저귀는 소리 시끄럽고,
> 고향 돌아오는 나그네가 천리 밖에 이르렀네.
> 처자식은 의아해하며 물끄러미 나를 쳐다보다,
> 놀란 가슴 가라앉자 흐르는 눈물 닦네.
> 어지러운 세상 이리저리 떠돌다,
> 요행으로 이렇게 살아서 돌아오니,
> 담장 너머 구경하는 이웃 사람들,
> 탄식하다 흐느껴 우네.
> 밤 깊어 촛불 밝혀 들고서,
> 서로 마주하니 꿈만 같아라.
> 崢嶸赤雲西, 日脚下平地. 柴門鳥雀噪, 歸客千里至.
> 妻孥怪我在, 驚定還拭淚. 世亂遭飄蕩, 生還偶然遂.

---

9) (청) 왕부지王夫之 저, 이쯔이之 교점, 《강재시화薑齋詩話》 (베이징, 중화서국, 1980.) 상책 372 페이지.

鄰人滿牆頭, 感嘆亦歔欷. 夜闌更秉燭, 相對如夢寐.

　모두가 잘 알고 있는 이 작품은 시인이 안사의 난을 겪은 후 마침내 고향집에 돌아온 정경을 묘사하고 있다. 형상의 시각에서 보면, 이 시는 사람들의 상황, 가족들 간의 관계를 묘사함에 "입신"의 경지에 들었다고 할 수 있다. 특히 "처자식들 의아해 하며 물끄러미 나를 쳐다보다 놀란 가슴 가라앉자 흐르는 눈물 닦네."라는 두 구절과 "밤 깊어 촛불 밝혀 들고서 서로 마주하니 꿈만 같아라." 라는 두 구절은 가족들과 만난 후에도 믿을 수가 없는 심리 상태를 묘사함에 가히 "입신"의 경지라고 할 만하다. 심층적 내면의 미묘함을 묘사하는 정수(精髓)라고 할 수 있다.

　문학 형상에서 "신"을 중시하는 것은 "신채神彩", "신정神情", "신령神靈", "신수神髓", "풍신風神", "신준神雋", "신회神會", "신준神俊", "신리神理", "여신如神", "득신得神", "신사神似", "신우神遇" 등과 같은 문학비평 용어들을 통해서도 잘 알 수 있다.

　"운韻"은 시적 형상에 있어서 마찬가지로 매우 중요하다. "운"에 대해 유협은《문심조룡》에서 "같은 소리가 서로 응하는 것을 일러 운이라고 한다.[同聲相応謂之韻]"라고 하였다. 그러나 중국 고전 문론 범주로서의 "운"은 음운학이나 성운학에서 말하는 운이 아니라 문학적 형상의 "기풍과 운치[風氣韻度]", "정취와 자태[情調神姿]" 등을 말하는 것이다. 그래서 작품을 비평할 때 "풍운風韻", "신운神韻", "고운高韻", "천운天韻", "성운性韻" 등의 용어를 가장 많이 사용하게 된다. 운은 문학적 형상의 아름다움으로써 마찬가지로 사람들에게 높이 숭상되었다. 송나라 때 문론가인 범온範溫은《잠계시안潛溪詩眼》에서 다음과 같이 말했다.

운이란 아름다움의 지극함이다.

韻者, 美之極.[10]

무릇 일이란 모두 그 아름다움을 다하기 위해서는 반드시 운이 있어야 한다. 만약 운이 빼어나지 못하면 그 아름다움도 사라지게 된다.

凡事皆盡其美, 必有其韻, 韻苟不勝, 亦亡其美.[11]

명나라 때 문론가 육시옹陸時雍도 말한다.

운이 있으면 살고, 운이 없으면 죽는다. 운이 있으면 우아하고 운이 없으면 저속하다. 운이 있으면 유명해지고 운이 없으면 가라앉게 된다. 운이 있으면 멀리까지 전해지고, 운이 없으면 국한되게 된다.

有韻則生, 無韻則死. 有韻則雅, 無韻則俗. 有韻則響, 無韻則沉. 有韻則遠, 無韻則局.[12]

범온과 육시옹 두 사람의 관점은 대표성을 띠고 있는데, 중국 문화에서는 문학적 형상에 대해 "신" 이외에도 "운"을 요구한다. 청나라 때 학자 왕사정王士禎은 "신"과 "운" 두 글자를 결합하여 "신운"설을 주장함으로써 "신"과 "운"을 하나로 보기도 했다. 실제로 신과 운은 서로 상통하고 유사한 점도 있지만, 그것이 가리키는 것은 다르다. 신은 사물의 외형에 상대되는 말로, 외형을 초월하는 내재적 본질을 말한다. 운은 문학의 외재적 격식에 상대되는 말로, 문학에서 드러나는 개인적 풍격,

---

10) (송) 범온範溫 저, 귀샤오위郭紹虞 편집, 《잠계시안潛溪詩眼》,
《송시화집 일宋詩話輯佚》(베이징, 중화서국, 1980.) 상책, 372 페이지 참고.
11) (송) 범온 저, 귀샤오위 편집, 《잠계시안》, 《송시화집일》 상책, 373 페이지 참고.
12) (명)육시옹陸時雍 저,딩푸바오丁福保 편집, 《시경총론詩境總論》,
《역대시화 속편歷代詩話續編》(베이징, 중화서국, 1983.) 하책 1423 페이지 참고.

독특한 정취(情趣)나 기개 등을 말하는 것으로, 이것도 외형을 초월하긴 하지만 서로 다른 것이다. "신운"설을 주장했던 왕사정도 구체적 작품을 해석함에 있어서 신과 운을 나누어 설명하지 않을 수가 없었다. 그는 《대경당시화帶経堂詩話》에서 "입신"을 사경(寫景:풍경에 대한 사실적 묘사)의 상대어로 사용하였는데, 이는 "신"이 풍경이 보여주는 본질이라는 이점을 분명하게 설명해주는 것이다. 운에 대해서는 작품 중에 나타난 개인적인 풍미나 기백으로, 왕사정은 송대 문학가인 강기姜夔의 말을 인용하여, "한 사람의 말은 절로 그 사람만의 풍미를 가지고 있다. 예를 들어, 음악의 24 곡조는 각각이 운과 성이 있으니 이것이 바로 귀착점이다. 모방하는 사람은 말은 비록 유사하더라도 운은 그쳐버리고 만다.[一家之語, 自有一家之風味, 如樂之二十四調, 各有韻聲, 乃是歸宿處. 模仿者語雖似之, 韻則止矣.]"라고 하였다. 이로써 "신"은 객체에 대한 묘사의 입장에서 말하는 것이고, "운"은 주체의 표현이라는 점에서 말하는 것이다.

문학적 형상이 지극한 경지에 이르기 위해서는 사물의 본질을 드러내야 할 뿐만 아니라 시인의 개인적이고 주관적인 정취(취향)도 보여주어야 한다. 이 두 가지가 잘 결합되어야 미적으로 높은 경지의 형상을 창조해 낼 수 있는 것이다. 예를 들어, 이백은 독특한 정취와 풍격을 가진 위대한 시인이다. 그의 많은 작품들도 자신만의 격조들을 가지고 있다.

예를 들어, "그대는 보지 못했는가, 황하의 물이 하늘에서 내려와, 바다로 흘러 들어가 다시는 돌아오지 못함을. 그대는 보지 못했는가, 높은 저택 거울에 비친 백발을 슬퍼하니, 아침에는 푸르른 실 같은 머리카락 저녁에는 눈처럼 백발이 되었음을.[君不見黃河之水天上來, 奔流到海不復回. 君不見高堂明鏡悲白髮, 朝如青糸暮成雪.]"(〈장진주將進酒〉), "큰 길 푸르른 하늘같건만, 나만이 홀로 나아갈 수 없구나.[大道如青天, 我獨不得出.]"(〈행로난行路難〉), "어찌 눈썹 꺾고 허리 굽혀 권력과 부귀 섬겨, 나의 마음과 얼굴 펴지 못하게 하리오.[安能摧眉折腰事權貴, 使我不得開心顏.]"(〈몽유천노음유별夢游天姥吟留別〉), "강 양쪽 언덕에 푸르른 산 마주보고 나와 있고, 외로운 돛단배 하나 해를 보고 다가오네. [兩岸青山相對出,

孤帆一片日邊來.]"(〈망천문산望天門山〉) 등등은 모두 이백의 광활함을 좋아하고 흐르는 강물처럼 막힘이 없는 정취들을 잘 보여주고 있으며, 그리하여 이백의 시 작품에 특별한 "운치"을 더해주고 있다.

3) "경境"과 문학의 함축성

문학의 함축성은 "경"의 범주를 충분하게 보여주고 있다. "경"이라는 이 범주는 매우 일찍부터 제기되었는데, 최초에는 시간적인 끝(멈춤, 끝남)의 의미였다.《설문說文》에서는 "경이란 악곡이 다하여 그치는 것이다.[境, 樂曲盡爲竟.]"라고 했다. 이후에 공간적인 끝, 일이 끝남의 의미로 파생되었다. 단옥재段玉裁는 주석에서 "곡이 끝나는 것이다. (이후에) 그 의미가 파생되어, 일의 끝, 땅의 끝을 일컬어 경이라고 하게 되었다.[曲之所止也. 引申凡事之所止, 土地之所止之曰竟.]"라고 하였다.

그 이후에 더 나아가 정신적인 경계의 의미로까지 파생되었다. 예를 들어,《장자·소요유莊子·逍遙遊》에는 "안과 밖의 구분을 정하고, 영예로움과 치욕스러움의 경계를 변별한다[定乎內外之分, 辯乎榮辱之境]"이라는 구절이 나오는데, 여기서는 고대 사상가인 송영자宋榮子가 말단 관직을 얻어서 나라의 임금의 작은 칭찬에 득의양양해 하는 것을 못마땅해 하는 것을 말하고 있다.

송영자 자신은 온 세상이 자신을 칭찬할 때 무엇이 그렇게 대단한지를 알지 못했으며, 온 세상이 그를 비난할 때도 조금도 낙심하지 않았다. 그것은 그가 자아와 바깥 사물의 경계를 분명하게 구분할 수 있었으며, 영예와 치욕의 경계를 분명하게 구분할 수 있었기 때문이었다. 물론 여기서는 이미 사람의 정신적 경지를 말하고 있다. 실제로 노자와 장자에 도에 대한 체험은 가장 높은 정신적 경지에 이르는 것이다. 그러므로 "의경意境" 또는 "경계境界"의 개념은 일부 학자들이 말하는 것처럼 불교가 유입된 이후에 정신적인 측면으로 전환된 것이 아니다.

물론 불교의 "마음을 근본으로 하는" 사상은 확실히 시간적 공간적 "경계"를 정신적 "경계"로 전환시켜주었다. 문론에 있어서 "의경" 개념의 이론적 준비는 유협에 의해 이루어졌다. 유협은 《문심조룡·은수文心雕龍·隱秀》 편에서 "숨김隱"의 개념을 정의하면서, "은이란 글 너머에 숨겨진 뜻이다.[隱也者, 文外之重旨者也.]", "은은 복잡한 뜻에 의해 정교해진다.[隱以復意爲工]", "무릇 은을 본체로 삼으면 뜻이 글 밖에서 생겨나니, 이는 비밀스러운 소리가 옆에서 들려오는 것 같고, 숨겨진 문채가 잠재 속에서 피어나는 것 같다.[夫隱之爲体, 義生文外, 秘響旁通, 伏彩潛發.]"라고 하였다. 유협이 말한 "은"은 바로 "글 너머에 숨겨진 뜻"을 추구하는 것, 문장의 의미가 "글 밖"에서 생겨나는 것을 말한다. 이러한 작품은 의미의 다중성과 글 너머의 상상력의 지속성을 얻게 된다. 유협의 "은수隱秀"론은 만당시기 "의경" 이론 성숙에 기초가 되었다. 당 나라 때의 왕창령王昌齡, 교연皎然, 유우석劉禹錫 등에 이르러 이 범주는 완전히 확립되었다. 왕창령의 저작으로 알려진 《시격詩格》에서는 다음과 같이 설명한다.

시에는 세 가지 경계가 있으니, 첫째는 물경이요, 둘째는 정경이요, 셋째는 의경이다. 첫째 물경은 산수시를 짓고자 할 때 샘물이나 바위, 구름 산의 풍경을 펼쳐놓고서 그 중에 극히 아름답고 수려한 것들을 정신을 집중하여 마음으로 느끼고 그 경계에 몸을 두고서 마음으로 경계를 살펴보아야 함을 말한다. 그리하여 확연히 손 안에 들어오게 된 후에 사색을 하게 되면 그 경계의 상이 또렷해지므로 겉모습을 그려낼 수 있게 된다는 것이다.

두 번째는 정경으로, 즐거워하고 좋아하고 근심하고 원망하는 것을 모두 마음 속 의식에 펼쳐서 몸으로 나타내는 것이다. 그러한 뒤에 생각에 몰두하게 되면 그 정감을 깊이 느낄 수가 있다. 세 번째는 의경으로, 이 또한 의식 속에 펼치고 마음으로 사색하게 되면 그 참됨을 얻을 수 있음을 말한다.

詩有三境, 一曰物境, 二曰情境, 三曰意境. 物境一：欲爲山水詩,

則張泉石云峰之境, 極麗絶秀者, 神之于心, 處身于境,

視境于心, 瑩然掌中, 然后運思, 了然境象, 故得形似.

情境二：娛樂愁怨, 皆張于意而處于身, 然后馳思, 深得其情.

意境三：亦張之于意而思之于心, 則得其眞矣.[13]

주의해야 할 점은 여기에서 말하고 있는 "경"은 객관적 존재로서의 경물이 아니라 시인의 상상 속의 경계라는 점이다. 바꾸어 말하면, 시인이 상상의 나래를 펼치면서 설정한 경물의 범위와 도달한 경계라는 말이다. 물경은 사물의 경계로 외형적 유사성만을 얻게 된다. 정경은 정감의 경계로 정감을 깊이 체득하는 것이다. 의경은 뜻의 경계로, 외형적 유사함과 정감의 깊숙한 그곳에서 다시 그 진정성을 체득함으로서 마치 자신이 경물 가운데 있는 듯 느끼게 되는 경계이다. 당대의 문론가 교연皎然은 《시식詩式》에서 "취경取境"설을 제기하였다.

무릇 시인의 구상이 처음에 그 경계를 취함이 '고준함'에 치우지면,

그 작품의 전체 풍모가 고준함을 보이게 되고, 경계를 취함이

'한적함'에 치우치면 그 작품의 풍격은 한적함을 드러내게 된다.

夫詩人之思, 初發取境偏高, 則一首擧体便高. 取境偏逸,

則一首擧体便逸.[14]

교연은 경계의 문제가 문학 창작 과정 중의 구상의 문제이며, 이는 작품의 전체 풍격에 영향을 미치게 된다고 설명하였다. 구상 중의 취경取境이 고준하거나

---

13) 왕따펑王大鵬 편 《중국역대시화선中國歷代詩話選》 (창사長沙, 악록서사,1985.) 제 1책, 38~39 페이지.

14) (당) 교연皎然 저, (청) 하문환何文煥 엮음, 《역대시화歷代詩話》 (베이징, 중화서국, 1981.) 상책, 35 페이지.

한적하게 되면 그 작품 전체의 예술적 풍격도 고준하거나 한적함을 보여주게 된다는 것이다. 유우석에 이르러서는 경境과 상象을 구분하였다. 그는 〈동씨무릉집기董氏武陵集記〉에서 "경은 상 밖에서 생겨난다[境生於象外]"[15]라고 했다. 이 말은 경이 객관적인 물상이 아니며, 또한 작품 속에 묘사된 구체적 경물(景物)이 아니라 시인이나 작가가 사물을 통해 느끼고 작품 속에 표현한 일종의 느낄 수는 있으나 말로는 전할 수 없는 함축성을 말하는 것이다. 사공도司空図는 〈여극포서与極浦書〉에서 이에 대해 더욱 구체적으로 설명해 놓고 있다.

> 대용주가 말하길, "시인의 경계는 남전에 따사로운 햇살 아래에서 좋은 옥에서 피어오르는 아지랑이처럼 멀리서 볼 수는 있으나 눈앞에 가져다 놓고는 볼 수 없는 것과 같다." 상 너머의 상, 경 너머의 경을 어찌 쉽게 말로 할 수 있겠는가!
> 戴容州云 : "詩家之境 , 与藍田日暖 , 良玉生煙 , 可望而不可置於眉睫之前也." 象外之象, 景外之景, 豈容易可談哉.[16]

　여기서는 의경(意境)이란 남전(藍田)에서 생산되는 좋은 옥은 햇볕에 비추면 멀리서는 아지랑이처럼 피어오르는 빛을 볼 수 있지만, 가까이서는 볼 수 없는 것과 마찬가지라고 말한다. 그래서 이러한 '경 너머의 경', '상 너머의 상'은 언어로는 설명할 수 없다는 것이다. 이처럼 구체적 형상이 없고 말로 표현할 수 없는, 사람들의 감수성에 의지할 수밖에 없는 경의 특징은 "경"이 문론 범주로 이미 성숙했음을 설명해 주는 것이다. "경계境界", "의경意境"을 통한 문학 비평은 당시 유행이 되었다. 송나라 때의 채몽필蔡夢弼은 《초당시화草堂詩話》에서 다음과 같이 말하고 있다.

---

15) (당) 유우석劉禹錫, 《유우석집劉禹錫集》(상하이, 상하이인민출판사, 1975.) 173 페이지.
16) (당) 사공도司空図 저, 궈샤오우郭紹虞 집해, 《시품집해詩品集解》(베이징, 인민문학출판사, 1981.) 52 페이지.

횡포 장자소의 《심전록》에 이르길, 자미의 시구 "들판 풍경
산자락과 나뉘지 않고, 산 빛은 물과 서로 이어져 있네."라는 구절을
읽을 때면 멈추고선 "자미의 이 시는 특별히 산과 들판의 풍경을
묘사한 것이 아니라, 하나의 도리가 확실해 진 곳을 깨닫는 것이니,
경계 또한 종종 이와 마찬가지이다."라고 감탄하였다.
橫浦張子韶《心伝錄》曰: 讀子美 "野色更無山隔斷,
山光直与水相通", 已而嘆曰: 子美此詩, 非特爲山光野色,
凡悟一道理透徹處, 往往境界皆如此也.[17]

경계는 시 속에 묘사된 산수 자연 경치가 아니라 시인이 산수 자연의 경치를
보고서 느낀 말로는 설명할 수 없는 깨달음이라고 말하고 있다. 그러므로 시인이
같은 풍경을 마주한다고 하더라도 서로 느끼는 바가 다르기 때문에 시에 나타난
경계 또한 다르다는 것이다. 명·청 교체기에 이르러 경계설은 시가 뿐만 아니라
희곡이나 소설에도 운용되었다. 왕궈웨이王國維의 《인간사화人間詞話》에서는
중국 문론의 기본 범주로서의 경계설에 대해 총정리를 하면서 서구의 생명철학과
결합시켜 새롭게 발전시켰다. 의경意境은 "의"와 "경"이라는 두 글자를 단순히
같다 붙인 것이 아니라 인간의 생명활동에서 보여주는 구체적이고 의미 있고, 또한
장력(張力)이 존재하는 시적 의미 공간을 말하는 것이라고 말했다. 왕궈웨이는 바로
이런 의미로서의 "경계"를 정의하고 있는 것이다.《인간사화》에서 가장 대표적인
그의 사상은 유명한 "사는 경계를 최상으로 삼는다[詞以境界爲最上]"는 말 말고도
다음과 같은 내용들이 있다.

고금 사인 중에서 격조는 백석만큼 높은 사람이 없으나, 애석하게도

---

17) (송) 채몽필蔡夢弼,《두공부초당시화제2권杜工部草堂詩話卷第二》,
    《역대시화속편歷代詩話續編》 상책(중화서국, 1983), 208 페이지 참고.

백석은 경계에 대해선 힘쓰지 않았다. 그런 까닭에 언어 너머의 맛이 없고, 현 너머의 울림이 없어 마침내는 일류의 작품들과 어깨를 나란히 할 수 없음을 느낀다.

古今詞人格調之高, 無如白石, 惜不於意境上用力, 故覺無言外之味, 弦外之響, 終不能与于第一流之作者也.

경계는 홀로 경물만을 말하는 것이 아니다. 희노애락 역시 사람 마음 속의 한 경계이다. 그러므로 진실 된 경물, 진실 된 감정을 묘사해야만 경계가 있다고 말할 수 있다. 그렇지 않으면 경계가 없다고 말한다.

境非獨謂景物也, 喜怒哀樂, 亦人心中之一境界.

故能寫眞景物眞感情者, 謂之有境界. 否則謂之無境界.

"붉은 살구나무 가지 끝에 봄날 정취가 흐드러졌다."라는 구절에서는 "시끄러울 료鬧"자에 모든 경계가 드러나 있다. "구름 깨트리고 달빛 나와 꽃 그림자를 희롱하네."라는 구절에서는 "희롱할 농弄"자에 모근 경계가 드러나 있다.

"紅杏枝頭春意鬧", 著一"鬧"字而境界全出. "雲破月來花弄影", 著一"弄"字, 而境界全出矣.

니체는 "모든 문학 가운데 나는 피로써 쓴 작품을 좋아한다."고 하였다. 후주의 시는 정말로 피로써 쓴 작품이라 할 수 있다.

尼采謂:"一切文學, 余愛以血書者." 後主之詞, 眞所謂以血書者也.[18]

---

18) 《왕귀웨이문집王國維文集》(베이징, 중국문사文史출판사, 1997) 제 1권, 142, 150, 143, 145 페이지 참고.

위에 나열한 네 단락의 내용들은 경계설의 미학적 함의를 충분히 보여주고 있다고 하겠다. 우선, 경계가 멈추는 곳은 언어 내적 묘사 뿐만이 아니라 그것이 표현하고 있는 범위는 "언어 너머의 맛, 현 너머의 울림[言外之美, 弦外之響]"까지 포함되어 있다는 말이다. 또 그 시적 의미 공간은 매우 넓을 뿐만 아니라 매우 강한 장력을 가지고 있다.

그 다음으로는 이처럼 넓은 시적 의미의 공간은 사람들의 생명활동에 의해 만들어진 독특한 "희노애락"의 "진실 된 감정"으로 충만해 있다는 점이다. 왜 "붉은 살구나무 가지 끝에 봄날의 정취가 흐드러져 있다"는 구절을 예로 들어 "시끄러울 료鬧"자에 모든 경계가 드러나 있다고 했을까? 그 이유는 이 "료"자가 "살구나무 가지 끝"과 "봄날의 정취"를 하나의 살아있는 전체로 연결해주고 있기 때문이다.

그리하여 시인의 마음 속 정감과 정취가 봄날의 생기발랄함 속에서 특유의 흡족함과 편안함으로 나타나고 있음을 전달해주고 있는 것이다. 마치 나뭇가지 끝의 붉은 살구꽃처럼 생기 있고 열정적이면서도 아무런 거리낌이 없는 것처럼 말이다. 셋째로는 이른바 정서나 정취는 모두 인간 생명의 선혈로 쓰여 진 것이며, 인간 생명력의 전율이며, 인간의 진실 된 생명력은 무한한 시적 의미 공간—경계를 열어준다는 것이다.

왕궈웨이는 "진실 된 경물"과 "진실 된 감정", 그리고 "피로 쓴 작품"이라는 말로 자신의 경계설을 정의했던 것은 역사적 배경과 관련이 있다. 왕궈웨이는 중국의 국력이 쇠퇴하여 망국의 위기에 처해 있던 만청시기의 인물이다. 그는 청대 이후의 사론(詞論), 특히 강희제 때의 주이존朱彝尊를 대표로 하는 "절서사파浙西詞派"에 대해 큰 불만을 가지고 있었다. 주이존 등의 사인들의 사론과 사풍(詞風)은 남송시대 강기姜夔, 장염張炎 등의 청공淸空, 운율韻律, 기교技巧 등을 중시하는 형식주의를 표방하면서 소식이나 신기질 일파의 내용을 중시하는 사풍을 부정하였기 때문이었다.

왕궈웨이는 "절서사파"의 형식주의가 청대의 사 "창작" 전반에 영향을 주고 있기 때문에 반드시 바로잡아야 한다고 여겼다. 그래서 그는 "경계설"을 주장하면서 진실 된 경물, 진실 된 감정을 강조하면서 인간 참된 생명력을 강조하였다. 만약 왕궈웨이의 경계설을 진실 된 경물, 진실 된 감정과 인간의 생명력의 활력에 의해 만들어진 시적 의미 공간으로 이해한다면, 왕궈웨이의 언뜻 보기에 이해가 잘 되지 않는 말들 역시도 쉽게 이해가 될 수 있을 것이다.

《인간사화》제 62조에서는 "'예전엔 창기였다가 지금은 탕자의 아내가 되었네. 탕자 나가서 돌아오지 않으니 텅 빈 침상 홀로 지키기 어려워라.' '어찌 준마를 채찍질 하지 않고, 먼저 요지를 차지하는가? 오랫동안 빈천을 지키며, 힘들게 고생하지 말게나.'라는 구절은 모두가 음탕함과 비속함이 특히 심하다. 그러나 음란하고 비속한 사라고 보지 않는 것은 진실 되기 때문이다. 오대와 북송의 대 사인들 역시 그러하다. 음란한 사가 없는 것은 아니지만, 그것을 읽는 사람은 그 진솔함으로 사람을 감동시키는 것만을 느끼는 것이다.

비속한 사가 없는 것은 아니지만, 그 정신과 기백의 충만함만을 느끼는 것이다. 음란하고 비속한 사의 병폐는 음란함과 비속함의 병폐가 아니라 경박한 말의 병폐인 것이다. ['昔爲倡家女, 今爲蕩子婦. 蕩子行不歸, 空床難獨守.' '何不策高足, 先據要路津? 無爲久貧賤, 轗軻長苦辛.' 可謂淫鄙之尤. 然無視爲淫詞鄙詞者, 以其眞也. 五代北宋之大詞人亦然. 非無淫詞, 讀之者但覺其親切動人. 非無鄙詞, 但覺其精力彌滿. 可知淫詞与鄙詞之病, 非淫与鄙之病, 而遊詞之病也.]"라고 했다. 왕궈웨이은 음란하고 비속한 사에 대해 "절실하고 생동적"이며 "정신과 힘으로 충만해 있다"고 찬사를 보냈다. 그렇기 때문에 "음란하고 비속한" 사 작품일수록 인간 생명의 욕망을 더욱 더 잘 전달할 수 있다는 것이다.

비록 그것이 저급한 생물적 속성의 욕망일지라도. 또 "고금의 큰 업적이나 큰 학문을 이룬 사람은 반드시 세 단계의 경계를 거쳤다. '지난 밤 서풍에 푸르렀든 나무 시들었네, 홀로 높은 누대에 올라 하늘 끝 아득한 길 한 없이 바라보네.' 이것이 첫 번째 경계이다.

'허리띠 점점 느슨해져도 끝내 후회하지 않으니, 그대 때문에 이몸 초췌해져 간들 어떠하리.' 이것이 두 번째 경계이다. '사람들 무리 속에서 그대 천 번

백 번 찾아 헤매이다, 문득 고개 돌려보니, 그대는 등불 난간 아래에 있구나.'
이것이 세 번째 경계이다. 이러한 구절들은 대 사인이 아니고는 표현할 수 없는
것들이다.[古今之成大事業,大學問者, 必経過三種之境界:'昨夜西風凋碧樹,
獨上高樓, 望盡天涯路.' 此第一境也. '衣帶漸寬終不悔, 爲伊消得人憔悴.'
此第二境也. '衆裡尋他千百度, 驀然回首, 那人卻在, 灯火闌珊處.' 此第三境也.
此等語皆非大詞人不能道.]"라고 했다. 표면적으로 보기에는 큰 업적이나 큰 학문을
이룬 사람의 곡절많은 심리적 역정을 말하고 있는 것 같지만, 사실은 인간의 살아
움직이는 생명력의 여정을 말하고 있는 것이다. 처음에는 무언가를 추구해 나가고
이어서 초조해하다가 마침내는 마음의 자유를 얻는 과정, 이것이 바로 살아있는
인간의 욕망이 채워져 나가는 없어서는 안되는 세 단계인 것이다. 왕궈웨이의
경계설은 그 함의가 매우 풍부하기 때문에 따로 지면을 할애해 논하기로 하고,
여기서는 일일이 설명하지 않겠다.

어쨌든 위의 내용을 통해 우리는 왕궈웨이가 중국 문론에서 가장 중요한 범주
중의 하나인 경계설에 대해 총괄적으로 정리하는 한편 새롭게 발전시켰음을 알 수
있다.

4) "미昧"와 문학 감상

문학 감상의 입장에서 보면, 중국 고전 문론은 서구 문예 이론에서 언급하지 않는
"미昧-맛"이라는 범주를 제기하고 있다.

일찍이 노자는 "도를 말로 하면 담담하여 아무 맛이 없다.[道之出口, 淡乎其
無味]"(《노자》 제35장)라고 하면서 "맛"으로 도를 논하였다. 비교적 일찍 이
"맛"으로 문학을 논한 사람은 위진 남북조 시기의 유협과 종영을 들 수 있다. 유협은
《문심조룡 · 정채文心雕龍 · 情采》 편에서 "꾸밈이 번잡하면 정감이 적으니,

맛을 보면 반드시 싫증이 날 것이다.[繁采寡情, 味之必厭.]"[19]라고 했다. 종영의
《시품서詩品序》 편에서는 "오언은 시가의 핵심이니, 여러 제재 중에서 가장
시가의 맛을 보여준다.[五言居文詞之要, 是衆作之有滋味者也.]"[20]라고 했다. 종영은
"시의 내적 맛"을 말하고 있는 것이다. 당대에 이르러 사공도는 맛의 개념을 더욱
발전시켰다.

   그는 〈여이생논시서与李生論詩書〉라는 글에서 "맛을 구별하고 난 후에 시에
대해 말할 수 있다.[辨於味而後可以言詩]"고 주장하면서, 문학 작품은 마땅히 "운
너머의 운치[韻外之致]", "맛 너머의 맛[味外之旨]"가 있어야 한다고 주장했다.
이것이 바로 시의 맛 너머의 맛[味外之味]이다. 이후에 소식은 〈서황자사시집
후書黃子思詩集後〉라는 글에서 사공도의 사상을 개괄하면서 다음과 같이 말했다.

          당나라 말기의 사공도는 험난한 병란 중에 살았지만, 그의 시문은
          고아하여 태평성대의 유풍을 지니고 있는 듯하다. 그는 시를
          논하여 말하길, "매실은 신 맛에 그치고, 소금은 짠 맛에 그친다.
          음식에는 소금과 매실이 없을 수없지만, 그 아름다움은 항상 짜고
          신 맛 너머에 있는 것이다."라고 하였다.
          唐末司空図, 崎嶇兵亂之間, 而詩文高雅, 猶有承平之遺風.
          其論詩曰:"梅 止 於 酸 , 塩 止 於 鹹 . 飲 食 不 可 無 塩 梅 ,
          而其美常在鹹酸之外."[21]

   사공도의 "미외지지味外之旨" 사상은 소식의 개괄을 거치면서 더 널리 알려지게
되었으며, 더욱 명확해졌다. 이처럼 "맛 너머의 맛"은 후인들이 문학작품을
품명하는 기준이 되었다. 예를 들어 청대의 문론가인 원매袁枚는 동 시대의

19) (남조) 유협 저, 판원란 주, 《문심조룡주》 539 페이지.
20) (남조) 종영 저, 천옌제陳延杰 주, 《시품주詩品注》 4페이지. 베이징, 인민문학출판사, 1958.
21) (송) 소식 저, 콩판리孔凡礼 점교, 《소식문집蘇軾文集》 2124 페이지.

시인들을 비웃으면서, "사공표성(사공도)은 시를 논하면서 맛 너머의 맛을 귀하게 여겼다. 오늘날의 시들은 맛 안의 맛도 얻지 못하고 있으니, 맛 너머의 맛은 말해 무엇 하겠는가![司空表聖論詩, 貴得味外味. 余謂今之作者, 味內味尚不可得, 況味外味乎?]"라고 하였다.

위의 내용들을 종합해 보면, "기氣", "신神", "운韻", "경境", "미味"는 중국 문론의 기본 범주이며, 또한 옛 중국인들의 심미 이상이기도 하다. 동시에 또한 문학미의 극치이기도 하다. 이러한 문론 범주는 서구 문학이론에서는 찾아볼 수 없는 것들이다. 그것들은 중국 문론의 민족 문화적 개성을 집중적으로 보여주고 있는 것이다. "언지", "연정"과 같은 논점은 문학의 감정 서술의 가장 일반적은 속성을 보여주는 것에 불과하기 때문에 문학의 일반적 속성에서 중서 문학이론의 민족 문화적 개성을 찾기는 쉽지 않다. 사람이 배가 고프면 밥을 먹고, 추우면 옷을 입는 것은 중국 사람이나 서양 사람이나 똑같기 때문에 중국인과 서양인의 차이점을 찾기가 어렵다.

중국과 서구 양자의 서로 다른 입맛과 요리 취향, 그리고 사상 및 복식의 서로 다른 형식이나 풍격, 그리고 추구 등을 통해서만 비로소 중국인 특유의 민족 문화적 개성을 찾아 볼 수 있다. 중서 문예 이론의 민족 문화적 개성의 차이 역시 마찬가지로 중서 문예 이론 범주나 심미적 이상의 다른 점을 통해서만 그 차이를 드러낼 수 있다.

그렇다면, 중국 고전문론의 기본 범주로서의 "기", "신", "운", "경", "미"는 서구 문예 이론 범주와 비교하여 중국 문론의 어떤 문화적 특징을 보여주고 있는 것일까? 이 문제에 대답하기 위해서는 반드시 "기", "신", "운", "경", "미"의 공통점 또는 상통점에 대해 논의해야 하며, 이를 통해 한 걸음 더 나아가 이러한 공통점이나 상통점이 중국 전통 문화라는 배경 속에서 어떻게 서구 문화와 그 제약 속에서 탄생된 서구 문예 이론과 근본적인 차이를 보이는가에 대해 설명해야 할 것이다.

2. 화和 : 기氣, 신神, 운韻, 경境, 미味의 공통적 민족문화의 뿌리

"和"는 유가와 도가의 상호보완점이다. 만약 유가가 인간과 인간 사이의 "仁"과 "和"의 관계를 중시하였다면, 도가는 인간과 자연의 조화와 합일을 강조하였다. 중국 고대 철학자들, 특히 도가는 대자연을 인간의 대립적 존재로 보지 않았다. 오히려 인간이 천지 만물과 하나가 됨을 영예롭게 여겼다.

서구 문화는 고대 그리스에서부터 시작하여 "대립"과 "충돌", "투쟁"을 강조해 왔다. 변증법으로 이름난 고대 그리스 로마 철학에서는 대립면의 투쟁을 부르짖으면서, 투쟁을 통하여 낡은 것을 부수고 새로운 것을 세우고자 했다. 이로써 투쟁 속에서 발전한다는 역사 발전관이 형성되었다. 그러므로 그들은 "모든 것은 투쟁에 의해 만들어진다.", "매일 매일 새로운 태양이 떠오른다."[22]라고 사람들을 선동했다. 사람과 사람 사이의 윤리적 관계에 있어서 그리스 사람들이 신봉했던 이론은 인간과 인간은 본질적으로 평등하며, 모든 사람은 태어나면서부터 생존과 발전과 자아 평등을 수호할 권리가 있다는 것이었다. 하나님 앞에서나 법률 앞에서든 사람은 모두가 다 평등하다는 것이다. "우리의 타고난 자질은 모든 점에서 누구나 평등하다."[23]는 것이다. 그러나 그들은 또한 사람과 사람이 질적으로 평등한 동시에, 양적으로는 불평등하다고 여겼다.

그래서 하나님이 모든 사람에게 부여한 능력에는 차이가 있을 수밖에 없고 그렇기 때문에 "강자는 그들이 할 권리가 있는 모든 일들을 할 수 있지만, 약자는 자신들이 받아들여야할 모든 것을 받아들여야만 한다."고 했다. 이처럼 경쟁을 통해 사회 속 개개인의 위지와 권리가 결정되어야 순리에 맞게 돌아가게 된다는

---

22) 헤라클레이토스의 말, 베이징대학 외국철학사연구실 편역,
   《고대 그리스 로마 철학古希臘羅馬哲學》 (베이징, 상무인서관, 1982) 19페이지 참고.
23) 쩌우푸청周輔成 편집, 《서방윤리학 명저 선집西方倫理學名著選集》
   (베이징, 상무인서관, 1987) 상권 414 페이지.

것이다. 그래서 그리스 시대에는 "강한 권력이 공리(公理)"라는 주장이 제기되었고, 이후에 대자연은 "우리를 위대한 경기장에 놓아 두었다."(랑기누스: 그리스의 철학자, 수학자), "인간은 다른 인간에게 늑대이다.[Homo homini lupus]"(홉스), "자연도태설, 적자생존[Natural selection, survival of the fittest]"(다윈), "지옥은 다른 사람들이다.[Hell is Other People.]"(사르트르) 등과 같은 주장이 제기되면서 사람들의 보편적 신조가 되었다.

사람과 자연의 관계에 있어서 서양 사람들은 인간 중심론을 숭상함으로서 인간과 자연을 대립적 존재로 보았다. 더 나아가서는 "사람은 만물의 척도[man is the measure of all thing]"(소크라테스)라고 여겼기 때문에 사람은 반드시 자연을 정복해야만 한다고 생각했다. 이러한 문화적 배경 속에서 서구의 문예 이론은 자연스럽게 "슬픔", "기쁨", "숭고함", "비천함", "아름다움", "추악함" 등과 같은 대립적 함의를 내포한 범주들이 제기되었던 것이다. 그들이 말하는 "슬픔"은 곧 비극이다. 다시 말해서 투쟁 속에서 가치 있는 것들을 파괴하여 사람들에게 보여주는 것이다. 그들이 말하는 "기쁨"은 곧 희극으로, 투쟁 속에서 무가치한 것들을 갈기 찢어서 사람들에게 보여주는 것이다.

물론 서양 사람들도 화해를 말한다. 그러나 그들이 강조하는 것은 대립과 투쟁으로의 전환이며, 강렬한 디오니소스(그리스의 술의 신) 정신으로 충만해 있는 것이다.

서구의 대립과 투쟁을 강조하는 문화적 배경과 달리, 중국의 문화는 매우 일찍부터 철학적으로 "조화"를 주장했다. 《국어 · 정어國語 · 鄭語》 편에는 서주 말기 태사(太史) 사백史伯의 이론이 실려 있다.

무릇 다른 것끼리의 조화가 실로 만물을 생겨나게 하니, 같으면 이어지지 못한다. 다른 것들을 섞어서 균형을 맞추는 것을 화라고 한다. 그러므로 능히 사물이 풍성하게 자라게 하여 제자리로 돌아가게 할 수 있는 것이다. 만약 같은 것을 같은 것에 보태면,

다하여 마침내는 버려지게 된다.

夫和實生物, 同則不繼. 以他平他謂之和, 故能豊長而物歸之,

若以同裨同, 盡乃棄矣.[24)]

그 의미는 조화가 새로운 사물을 생겨나게 하니, 단순한 부화뇌동(附和雷同)은 지속되어 나갈 수가 없다는 말이다. 그렇기 때문에 서로 다른 사람과 사람, 서로 다른 사물과 사물들이 서로 한데 모여들고, 가까워지는 것이며, 단순한 동일화가 되어서는 안 되는 것이다. "화"와 "동"은 다른 것이다. "화"는 사물의 차이에 대한 인정을 바탕으로 서로 한데 모이고 가까워지는 것이므로 새로운 사물이 만들어지는 것이다. "동"은 동일한 사물의 중복이기 때문에 지속되어갈 수 없다는 것이다. 그러므로 "다른 것끼리의 조화로 만물이 만들어지는 것"은 좋은 것이고, "같아서 이어지지 못함"은 좋지 않은 것이다. 이후에 안자晏子, 노자, 공자, 장자, 맹자 등은 이 "화실생물和實生物", "화이부동和而不同"의 사상을 더욱 발전시켜 나갔다. 예를 들어, 공자는 "군자는 서로 어울리되 부화뇌동하지 않으며, 소인은 부화뇌동하면서도 서로 어울리지 못한다. [君子和而不同, 小人同而不和.]"(《논어 자로論語·子路》 편)라고 했다. 또 장자는 "지극한 음은 고요하고 엄숙하고, 지극한 양은 크고 밝다.

고요하고 엄숙함은 하늘에서 나오고, 크고 밝음은 땅에서 나온다. 이 둘이 서로 교통하여 조화를 이루니 만물이 생겨나게 되는 것이다.[至陰肅肅, 至陽赫赫, 肅肅出乎天, 赫赫出乎地, 兩者交通成和而物生焉.]"(《장자·전자방莊子·田子方》 편)라고 했다. 이로써 유가나 도가 모두가 사물과 사물이 서로 대립, 충돌하는 것이 아니며, 사물은 완전히 동일하지 않지만, 서로 다른 사물끼리 어우러져 다양한 조화와 통일을 이루어낸다고 보았음을 알 수 있다.

"화"는 철학 사상과 매우 밀접한 관계가 있다. 사람과 사람 간의 윤리 도덕적

---

24) 상하이 사범대학 고적 정리팀 교점, 《국어國語》 하책. 좌구명左丘明에 의해 지어졌다고 전해짐.

관계에 있어서 유가에서는 "인仁"을 제창하였다. 《논어》의 기록을 보면, 공자는 "인"에 대해 "무릇 어진 사람은 자신이 서고자 하면 다른 사람도 서게 하고, 자신이 영달하고자 하면 다른 사람도 영달하게 한다.[夫仁者, 己欲立而立人, 己欲達而達人]", "어짊이란 다른 사람을 사랑하는 것이다.[仁者愛人]", "자기가 하기 싫은 것은 다른 사람에게도 시키지 마라.[己所不欲, 勿施於人]" 등과 같은 일련의 규정들을 정해 놓고 있다. "인"은 유가와 고대 중국 사회 전체에서 인간관계를 처리하는 준칙이었음을 잘 알 수 있다.

중국의 옛 철학자들은 사람과 사람의 관계를 대립적이거나 투쟁적으로 보지 않았다. 오히려 "조화를 귀하게 여겼다." 즉 사람과 사람 사이의 우호적이고 조화로운 어울림을 강조했다.

말하고 싶은 점은 공자가 말한 "인"과 "화"는 인간관계의 질적 불평등을 긍정하는, 즉 인간은 태어나면서부터 존비와 귀천의 구분이 있고, 그렇기 때문에 "인"과 "화"에는 등급 관념이 포함되어 있다는 점이다. 이른바 "임금은 임금답고, 신하는 신하다우며, 어버이는 어버이답고, 자식은 자식다워야 한다.[君君, 臣臣, 父父, 子子]"는 말은 바로 이러한 등급 관념의 산물인 것이다. 그러나 양적인 면에서 공자는 "다른 사람을 사랑할 것"을 주장하였으며, "자기가 하기 싫은 것은 다른 사람에게도 시키지 말 것"을 주장하였으며, "자기가 서고자 하면 다른 사람도 세워주고, 자기가 영달하고 하면, 다른 사람도 영달하게 해 주어야 한다."고 주장하였다. 즉 사람과 사람은 평등하므로 서로 친하게 지내고 사랑해야 분쟁을 없애고 조화롭게 살아갈 수 있다는 것이다. 비록 유가의 "인"이 질과 양에 있어서 서로 모순된 부분이 있기는 하지만, 사람과 사람 사이에 "조화를 귀하게 여겨야 한다."는 원칙을 매우 강조하였다.

"화"는 유가와 도가의 상호 보완적 상충점이다. 만약 유가가 사람과 사람 사이의 "인"과 "화"의 관계에 치중하였다고 한다면, 도가는 사람과 자연의 조화와 혼연일체를 강조하였다. 중국 고대 철학자 중에서 특히 도가는 자연을 인간의 대립적 존재가 아니라 사람이 천지만물과 혼연일체가 되는 것을 숭상하였다.

장자는 "홀로 천지의 정순함과 신묘함과 더불어 왕래하며 만물에 교만해 하지 않는다.[獨与天地精神往來而不傲倪於万物]"(《장자·천하莊子·天下》편), "천지는 나와 더불어 살고, 만물은 나와 더불어 하나가 된다.[天地与我幷生, 万物与我爲一.]"(《장자·제물莊子·齊物》편)라고 강조하였다. 그는 "도"가 천지 만물 속에 있으며, "도"는 큰 아름다움이라고 여겼다. 그렇다면 큰 아름다움은 어디에 있는가? 여기에 그는 "천지에는 큰 아름다움이 있으나 말로 표현하지 않는다.[天地有大美而不言]"(《장자·지북유莊子·知北遊》편)라고 대답했다. 그러므로 사람은 반드시 대자연의 품속에서 대자연과 벗이 되어야 하며, 심지어는 대자연과 하나가 되어야만 사람의 가슴이 더 없이 넓어질 수 있으며, "태초 상태의 만물에서 노닐 수[遊心於物之初]" 있으며, 더 나아가서는 "무위부불위無爲無不爲"의 완전히 자유로운 경지에 이를 수 있다는 것이다.

그래야만 비로소 지극한 아름다움[至美]과 지극한 즐거움[至樂]를 체득할 수 있다는 말이다. 사람과 자연은 서로 대립적인 존재가 아닐 뿐만 아니라 조화롭게 공존해나가야 하는 것이다.

사람과 사람, 사람과 자연이 모두 조화롭게 공존하는 것, 이것이 바로 중국 옛 철학자들과 그 계승자들의 문화 사상이자 문화 실천이다. 그러므로 "화"는 중국 문론의 기본 법주인 "기", "신", "운", "경", "미"의 문화적 뿌리가 되는 것이다. 바꾸어 말하면, 기, 신, 운, 경, 미와 같은 이러한 문론 범부는 모두 예외 없이 "조화"라는 이 문화적 유전자를 포함하고 있다는 말이다.

첫째, 문론에서의 "기氣" 범주는 "화和" 개념은 매우 밀접한 관계가 있다. 《노자》 제42장에서는 "천지만물은 음을 등에 지고 양을 끌어안고서 두 기운이 상충하여 조화를 이루게 된다.[万物負陰而抱陽, 衝氣以爲和]"라고 했다. 또 《역전易伝》에서는 "태화太和"라는 개념을 제기했는데, 왕부지의 해석에 의하면, 이른바 "태화"는 음과 양이 결합하여 나누어지지 않은 상태를 말한다고 했다.

어떤 의미에서 "기"와 "화"는 둘이면서도 하나인 것으로, 중국 고전 문론에서 말하는 "기", 예를 들어 "기맥", "기상", "생기", "신기", "기세", "기식" 등은 사실 구체적으로 해석을 하자면 많은 차이점이 있지만, 모두 문학이 단순한 글자나 단어의 조합이 아니라 천지와 음양이 한데 어우러진 기운이 주입되어 있음을 강조해주는 것이다. 그래서 문학을 통해 우주와 생명의 조화와 역동성을 표현하게 되는 것이다. 청대 문론가인 류희재劉熙載의 《예개芸槪》에서는 "《전론논문》에서부터 한유, 유종원에 이르기까지 모두 '기' 한 글자 만을 중히 여겼다. 나는 《악기》의 '굳세고 강인한 기운은 지나치게 표출되지 않게 하고, 부드러운 기운은 두려워 움츠려들지 않도록 한다.'는 두 구절을 이야기하고 싶다. [自 《典論論文》 以及韓柳, 俱重一'氣'字. 余謂当如 《樂記》 二語曰:'剛氣不怒, 柔氣不攝'.]" 상당히 식견 있는 주장으로, "기"의 정수를 체득하고 있다고 하겠다. 시에 있어서 강인한 기운은 "(감정이 지나쳐) 성냄"으로 발전되어서는 안 되며, 부드러운 기운은 "두려워 위축됨"으로 표현되어서는 안 된다. "섭(攝)"자는 흡수하다는 의미로, '위축되다/움츠려들다'는 의미로 파생되었다. 어쨌든 기 역시도 중화(中和)를 기준으로 하고 있는 것이다. 중국 문론은 서구의 문예 이론에서 주장하는 "마음을 놀래키고 심금을 울리는", 또는 "술에 취한 듯한 광란"과는 다르다.

둘째, 문론에 있어서의 "신神-정신"은 외형에 상대하여 이르는 말이다. 대다수 문론가들은 형신겸비(形神兼備)를 주장하여 정신과 외형의 "조화"로운 경지에 도달해야 한다고 한다. 소식은 지나치게 형사(形似-외형에 대한 묘사)를 과소평가하여 신사(神似-내면적 정신세계에 대한 묘사)만을 강조함으로써 "그 말은 편협함이 있어 지극한 이론이 아니다[其言有偏, 非至論也.]"(양신楊愼의 〈논시화論詩畵〉)라는 평가를 받기도 하였다. 조보지晁補之는 "그림은 사물의 외형을 묘사하는 것으로, 사물의 외형을 바꾸어서는 안 된다. 시는 그림 밖의 뜻을 전하는 것으로, 그림 중의 자태를 귀하게 여긴다.[畵寫物外形, 要物形不改. 詩伝畵外意, 貴在畵中態.]"(〈화소한림이갑화안和蘇翰林題李甲畵雁〉)라고 하여, "그 논지가 비로소 정해지니, 소동파의 미비했던 점을 메우고자 했다.[其論始爲定, 蓋欲補坡公之未備也.]"(양신의 〈논시화〉)는 평가를 얻기도 했다. 조보지의 이론이 찬사를 받은 것은 그 논점이 형사와 신사를 융합하여 "조화" 사상을 하나로 꿰뚫고 있기 때문이다.

　사람들이 항상 거론하곤 하는 두보의 "가랑비에 어린 물고기들 나오고, 산들 바람에 어린 제비 비껴나네.[細雨魚兒出, 微風燕子斜]"라는 구절이나 피일휴皮日休가 "무정하고 한 많아 누가 와서 볼려나, 새벽달 맑은 바람에 떨어지려 하네.[無情有恨何人見, 月曉風淸欲墮時]"라고 백련을 노래한 구절, 임통林通의 "성긴 그림자 얕은 시내에 비켜 비치고, 그윽한 향기 황혼녘 달빛에 떠다니네.[疏影橫斜水淸淺, 暗香浮動月黃昏]"라는 매화를 노래한 시구 등은 모두 사물에 대한 묘사이자 내면적 정신에 대한 표현이다. 묘사도 정교하고, 생동적으로, 형과 신의 "조화"가 극치에 달했다고 할 수 있다.

　셋째, 문론에서 말하고 있는 "운韻"은 주로 작품 속에 나타나 있는 시인 개인의 서로 다른 풍모나 정취를 보여준다. 문학에서 "운"이 높고 낮음의 기준은 무엇인가? 단순한 섬세하고 무성함, 간결하고 고아함, 농염함, 그리고 담백함 이 모든 것은 운의 극치가 아니다. 반드시 "소박하고 고아함 속에서 섬세함과 농후함이 나타나고, 담백함 속에 지극한 맛이 깃들어 있어야 한다.[發纖穠於簡古, 寄至味於淡泊]"(소식) 이것이 바로 운치의 경계이다. 이로써 문학에서 운의 높고 낮음도 역시 "조화"에 달려 있음을 알 수 있다. 섬세하고 풍만함이나 간결하고 고아함, 농염함과 담백함은 서로 너무나도 다른 것들이지만, 그것들이 조화를 이루며 하나로 녹아 있어야 진정한 "화이부동和而不同", 즉 다양함 속의 통일을 이룰 수 있으며, 그래야 비로소 사람들이 갈망하는 "운치"에 도달할 수 있는 것이다.

　넷째, "경境"은 중국 고전 문론의 문학예술 형상에 대한 전체적 규정으로써, 그 실질은 역시 "조화"이다. 문학에는 반드시 정(情:작가의 주관적 정감)과 경(景-객관적 경물)이 있게 마련인데, 이 정과 경은 문학의 "두 가지 원천"(왕궈웨이의 말)이다. 그러나 시 속에 정과 경이 묘사되었다하더라도 모든 작품이 시적 경계를 가지는 것은 아니다.

　시적 경계의 가장 기본적 특징은 심心과 물物, 정과 경의 융합과 조화이다. 앞에서 유협의 《문심조룡·물색文心雕龍·物色》 편의 "시인은 사물에 감응하여 끝없는 연상을 펼친다.[詩人感物, 聯類不窮]"는 내용에 대해 논하면서, 창작 과정에서의 객관 사물과 작가의 심리의 관계를 언급하였다.

마음은 "곧 사물을 따름으로써 완곡해지고[卽隨物以婉轉]", 사물도 "또한 마음과 더불어 배회하게 된다.[亦与心而徘徊]"는 것이다. 이러한 결과로, "눈과 만물이 서로 주고받으니, 마음 또한 밖으로 나오거나 안으로 수렴되며[目既往還, 心亦吐納]", "정이 감은 마치 선물을 건네는 듯하니, 이에 화답하듯이 흥이 찾아오게 된다.[情往似贈, 興來如答]"는 것이다. 이 말의 의미는 마음과 사물의 교감하는 과정에서 눈으로 사물을 반복적으로 관찰하고, 내면의 마음 역시 그 느낌을 따라 쏟아내게 된다는 말이다. 감정으로 경물을 바라봄은 마치 상대에게 선물을 건네주는 듯하고, 경물이 흥취를 불러일으킴은 마치 선물에 대해 화답하는 듯하다는 말이다.

유협이 여기에서 거론하고 있는 창작 과정에서의 심과 물, 정과 경의 교융 문제는 바로 의경(意境) 형성의 핵심을 건드리는 것이다. 비교적 일찍 "경"의 개념을 제기한 왕창령王昌齡 역시도 경의 형성이 정과 경의 결합임을 깊이 인식하고 있었다. 그는 "경물로 이치데 드는 시는 줄곧 뜻을 뜻만을 세우고자 하니, 맑지가 않아 맛이 없다.

또 줄곧 경물만을 말하는 시 역시도 맛이 없으니, 사물이란 반드시 경물과 뜻이 서로 겸비되어야 비로소 좋은 작품이 된다.[景入理勢者, 一向立意, 則不淸及無味. 一向言景, 亦無味. 事須景与意相兼始好.]"(《문경비부론文鏡秘府論》)고 하였다. 여기서 강조하고 있는 경(景)과 의(意)의 "겸비"는 앞에서 언급한 "감응[感會]"과 "상호 만족감[相愜]"은 모두 매우 중요한 핵심 어휘로, 왕창령이 이해하고 있던 의경이 "조화"를 특징으로 하고 있음을 설명해 준다. 이후 사공도는 "사색과 경계의 어우러짐[思与境偕]"(〈여왕가평시서与王駕評詩書〉)을, 소식은 "경과 의의 만남[境与意會]"(《동파시화東坡詩話》)을, 하경명何景明은 "형과 상의 이그러짐[形象乖]"이 아닌 "형과 상의 호응[形象応]"(〈이공여이공동론시서与李空同論詩書〉)을, 주승작朱承爵은 "시가 창작의 오묘함은 온전히 의경의 분명하고 선명함에 있다.[作詩之妙, 全在意境融徹.]"고 했으며, 왕부지는 시가 창작은 마음과 사물 간의 "서로 취하고 서로 만남[相取相值]"에 있으며, 정감과 경물의 "오묘한 결합의 무한함[妙合無垠]"에 있다고 하였다. 비록 이들이 사용한 구체적 용어들은 조금 다르지만 그 의미는 모두 하나이다.

바로 시가는 정감과 경물만으로는 부족하며, 마음과 사물, 의와 경, 정과 경이 "서로 부딪히고 서로 취하는" 과정 속에서 상호 호응하고 상호 만족하면서 비로소 예술적 매력의 의미 있는 의경을 만들어 낼 수 있다는 것이다. 이 의경의 핵심은 바로 "조화"의 실현인 것이다. 물론, 정경융합과 의경의 생성을 같은 것으로 보아서는 안 된다. 의경의 형성은 다른 조건이 있는데, 이 점에 대해서 앞에서 이미 언급한 바 있다. 그러나 의경 속에는 반드시 정경융합의 "조화"의 조건이 포함되어야 한다는 점은 분명하다.

다섯째, 중국 고전 문론은 시가 감상에 있어서 "맛"을 강조한다. 앞에서 언급했듯이, 시가는 "맛 너머의 맛[味外味]"을 추구해야 하며, 독자 역시도 작품을 감상함에 있어서 "맛 너머의 맛"을 찾아야 한다. 그렇다면, 이 "맛 너머의 맛"이란 도대체 무엇을 말하는 것인가? 사공도와 소식은 모두 시의 맛 너머의 맛은 짜거나 신 맛에 있는 것이 아니라, 짜고 신 맛의 조화에 있다고 보았기에 시의 아름다움은 "항상 짜고 신 맛 밖에 있다[常在鹹酸之外]"고 하였다. 그러므로 문학의 지극한 맛 역시도 "조화"의 완성에 있는 것이다.

중국 고전 문론의 기본 범주로써의 기, 신, 운, 경, 미는 모두 조화로 향하고 있음은 결코 우연이 아니다. 왜냐하면 그것들은 모두 전통문화의 공통된 요소들이기 때문이다. 앞에서 언급했듯이, 유가나 도가는 "조화"의 문제에 있어서 그 견해가 일치하였다. 옛 사람들은 "희노애락이 밖으로 표출 되지 않은 것을 중이라고 하고, 밖으로 표출되어도 절도에 맞는 것을 화라고 한다. 중은 천하의 큰 근본이요, 화는 천하에 두루 통하는 도리이다.

중과 화에 이르게 되면 하늘과 땅이 제자리를 차지하는 것이요, 만물이 생육하는 것이다.[喜怒哀樂未發謂之中, 發而中節謂之和. 中也者, 天下之大本也. 和也者, 天下之達道也. 致中和, 天地位焉, 万物育焉.]"(《예기 · 중용礼記 · 中庸》 편)라고

보았던 것이다. 중화를 아름답다고 여기는 이 사상은 시교설에서는 "부드럽고 온화하고 성실하고 두터움[溫柔敦厚]", "즐거워하나 음란하지 않고, 슬퍼하나 상하지 아니한다.[樂而不淫, 哀而不傷]" 등으로 표현된다. 구체적인 시가 창작에 있어서는 "기세가 높으나 성내지 않아야 한다. 성내면 풍류를 잃게 된다. 힘 있고 굳세야 하나 드러나지 않아야 한다. 드러나게 되면 도끼에 상하게 된다. 정이 많아야 하나 어두워서는 안 된다. 어둡게 되면 졸렬하고 둔하게 된다. 재주가 넘치면서도 멀어서는 안 된다. 멀게 되면 정맥이 상하게 된다.[氣高而不怒, 怒則失之風流. 力勁而不露, 露則傷於斤斧. 情多而不暗, 暗則蹶於拙鈍. 才贍而不疏, 疏則損於筋脈.]"(교연의 《시식詩式》)로 표현된다. 문학의 격조 높은 기운이나 신묘함, 운치, 경계, 맛, 이 모두는 중화(中和)의 색깔을 입고 있는 것도 매우 자연스러운 것이다. 만약 서구의 문예 이론이 충돌 상황에 뿌리를 두고 있으며, 충돌의 해결을 문학미로 보고 있다고 한다면, 중국의 고전 문론은 중화에 뿌리를 두고 있고, 중화를 문학미로 보고 있다고 할 수 있다. 이것이 중국 문론의 민족 문화적 개성인 것이다.

3. 전체적 유동성 : 기氣, 신神, 운韻, 경境, 미味를 통섭하는 문학의 독특한 형식

　　중국의 심미 범주로서의 기, 신, 운, 경, 미는 모두 원소론을 버리고 전체적인 유동성을 미학으로 삼으며, 아득한 몽롱함을 미학으로 삼는다. 고대 중국인들이 말한 "도"는 일종의 비논리적 전체로서의 존재이며, 그것은 있고 없음 가운데에서 있는 지고무상(至高無上)의 존재였다. 천지 만물은 모드 그것에서 생겨났다. 서구 사람들은 사물의 구성 원소를 중시하였으며, 그리하여 분석적 사유 방식이 생겨나게 되었다. 그들은 어떤 문제를 사고할 때는 항상 나무를 보고 숲을 짐작하였으며, 실증과 분석을 중요시 하였다. 중국인의 사유 방식은 "깨달음"과 마찬가지로 직관적이고 전체적이다. 중국인은 문제를 사고함에 항상 숲을 보고서 그 속의 나무를 미루어 짐작하였다.

비록 아리스토텔레스가 매우 일찍부터 "전체가 부분의 합보다 크다"라고는 명제를 제기하긴 했지만, 서구의 사상이나 문화 속에서 이 명제는 매우 오랜 세월 동안 사람들의 관심을 받지 못했다. 반대로 원소론(元素論)이 서구의 사상과 문화를 장기간 동안 통치해 왔다.

특히 17세기 서구에서 산업혁명이 일어나 맹렬하게 발전하게 된 이후 원소론사상은 다양한 학문 분야 뿐만 아니라 사람들의 습관적인 사유 방식까지 지배하게 되었다. 원소주의, 로고스주의가 모든 것을 지배했다. 19세기 초반에 이르러서 원소주의가 과학의 발전을 크게 방해하게 되어서야 비로소 아리스토텔레스의 "전체가 부분의 합보다 크다"는 명제를 되새기게 되면서 전체론을 특정으로 하는 구조주의, 체계론, 현상학, 게슈탈트 심리학(형태 심리학) 등이 점차 일어나기 시작했다. 서구의 원소주의 로고스주의는 서구의 문예 이론에도 영향을 미칠 수밖에 없었기에 문학적 원소 분석은 매우 자연스럽게 이론적 유행이 되었다. 문학 이론 중의 재현론, 표현론, 형식론, 그리고 그와 상관된 진선미(眞善美) 등의 개념은 모두 작품의 심미적 특징의 단순한 원소 분석과 논리 분석에 치중했던 산물이었다.

서구와는 달리, 중국의 고대 사상과 문화는 일관되게 전체성과 몽롱함, 그리고 유동성 등의 특징을 중시하면서 기본적으로 원소 분석과 논리적 추리를 거절해 왔다. 중구 고대 철학자들은 "도道"를 숭상하였는데, 이 "도"가 세계의 본질이었다. "도"의 특징을 노자는 "혼연일체의 그 어떤 것이 하늘과 땅보다 먼저 만들어졌다.[有物混成, 先天地生.]", "도라고 하는 것은 황홀한 것이다.[道之爲物,

惟恍惟惚]"라고 하였다. 이른바 "혼연일체의 그 어떤 것"이란 "도"를 객관적 존재로 보고 있는 것으로, 이것은 선논리적(prelogical) 총체라는 말이다. 이른바 "황홀하다"라고 함은 "도"가 일정하지 않은 유동적인 것을 말하는 것이다. 장자는 "도에는 경계가 있지 않았다.[道, 未始有畦封.]"라고 했다.

이후에도 "도"에 대해 여러 가지 해석들이 출현하였지만, "도"를 우주와 세계의 본질로 규정하고, 혼연일체의 나눌 수 없는 전체라고 보았던 점이나 그것이 고정된 형태를 가지고 있지 않으며, 말로서는 설명할 수 없는 성질을 가지고 있었다고 보았던 점은 모두 일치한다. 유가 역시도 세상의 본질에 대해 언급하고 있는데, 그것이 바로 "천도天道"이다. 그러나 유가에서는 "천도는 멀고 인도는 가깝다.[天道遠, 人道邇]"라고 말한다. 우리 가까이에 있는 "인도는 일상에서 쓰이는 것"으로 분명하게 설명을 할 수 있으나, "천도"는 우리 인간과는 멀리 떨어져 있어서 말로 설명할 수 없다는 말이다. "도" 사상의 영향으로, 옛 중국인들은 사물에 대한 원소 분석은 불가능하다고 보았던 것이다. 사물을 원소로 분석해 버리면 사물 내부 속으로 깊이 들어갈 수 없을 뿐만 아니라 고립된 분석으로 인해 그 사물을 훼손하게 될 수밖에 없으며, 또한 사물의 본질에서 멀어질 수밖에 없다고 여겼던 것이다. 그렇기 때문에 사물을 전체로 직관하는 깨달음을 통해서만 사물과 하나가 될 수 있고, 사물의 본질을 통섭하고 파악할 수 있다는 것이다.

이러한 사상 문화적 분위기 속에서 중국의 고전 문론에서 강력하게 표명하고 나온 기, 신, 운, 경, 미 등의 심미 범주는 모두 전체적 유동성과 불가분성(不可分性)의 특징을 가지고 있는 것이다.

"기氣"에 대해서 말해 보자. "기"는 문학 속의 원소가 아니다. "기"는 전체를 뒤덮고 있는 것으로, 시에서 묘사하고 있는 사건이나 정감, 이치, 경치나 사물 등을 말한다. 그러나 "모든 것을 통괄하여 유지하고, 조리 있게 관통시키는 것[總而持之, 條而貫之者]"이 "기"이며, 작품 속에 묘사되는 모든 것들은 모두 "기를 빌어서 실행[藉氣而行]"되어야만 비로소 문학작품이 진정한 생명력을 얻게 된다. 그렇지 않으면 모든 것들이 생기라고는 없는 죽어있는 것들이 되고 만다는 것이다.

바꾸어 말하면, 시에 있어서 "기"는 구체적으로 느낄 수 있고 분석할 수 있는 사건, 정감, 이치, 경치, 사물이 아니라 시가 작품 전반에 퍼져 있고 그 속에서 움직이는 호탕하고 생기발랄하며 끊임없는 우주 생명의 윤리적 힘으로, 그것은 우주와 시인의 생명적 근원에 뿌리를 두고 있다.

중국 문론에서는 "신神"에 대해서도 분석할 수 있는 시가의 한 요소라고 보는 것이 아니라 문학 전체에 흐르고 있는 상 너머, 의미 너머, 언어 너머에 드러나 있는 초월성을 가진 새로운 성질이라고 본다. 김성탄金聖嘆은 "전신伝神", "사조寫照"를 "서로 다른 것[二事]"라고 여기면서, "정신적 면모를 전하는 것의 핵심은 멀리서 바라보는 가운데 나오며, 생동적인 묘사는 자세한 관찰 속에서 나온다.[伝神要在遠望中出, 寫照要在細看中出.]"(《두시해杜詩解》)라고 하였다. 이른바 "멀리서 바라보는 가운데서 나온다"라는 말은 우리가 유화 한 폭을 감상할 때, 몇 걸음 물러나 조금 떨어져서 바라보아야 그림 전체를 파악함으로써 그 그림의 "정신"을 읽어낼 수 있다는 말이다. 여기서 우리는 "신"이 작품 전체를 관통하는 것임을 알 수 있다.

"운" 역시도 문학 작품 전체에 흐르는, 문학의 정취를 더해주는 것을 말한다. 운은 구체적이고 제한적인 정경에 적용되는 것이 아니라 구체적 정경을 초월한 무한하고 유원(悠遠)한 "전체성"으로 본다. 이러한 관점에서 사공도는 "쉬우면서도 경박하지 않고 심원하면서도 다함이 없은 연후에 가히 운외지치를 말할 수 있다.[近而不浮, 遠而不盡, 然後可以言韻外之致也.]"(〈여이생논시서与李生論詩書〉)라고 하였다. 형상이 생동적이고 구체적이며 감동적인 것을 "가깝다(쉽다)"이라고 하며, 함축적이고 심후함을 일컬어 "경박하지 않다"라고 말한다. 정감이 말 너머에 있기 때문에 멀다고 하였으며, 멀다는 말은 그윽한 운치의 의미이다.

이른바 "다함이 없다"는 말은 멀고 먼 무궁한 운치를 가리키는 것이다. 송대의 범온範溫도 "여음이 있음을 일컬어 운이라고 한다.[有余意之謂韻]", "무릇 종을 치는 소리를 들어보면 큰 소리가 사라지고 난 뒤에 여음이 다시 밀려오게 되는데, 그 소리가 그윽하고 은근한 것이 소리 너머의 소리이다.[蓋嘗聞之撞鍾, 大聲以去,

余音復來, 悠揚宛轉, 聲外之音]"(《잠계시안潛溪詩眼》)라고 했다. 이 말의 의미도 마찬가지로 운이라는 것은 문학 속의 하나의 부분적 요소가 아니라 작품 전체 이미지에서 드러나게 되는 그윽함을 말하는 것이다.

"경"은 전체적 특징이 더욱 분명하다. 유우석이 말한 "경은 형상 너머에서 생겨난다.[境生於象外]"는 말, 사공도의 "형상 너머의 상, 경치 너머의 경치[象外之象, 景外之景]"는 모두 문학 작품의 전체적 이미지 (사실적 경계)이며, 동시에 또 다른 마음으로 느낄 수는 있으나 말로는 표현할 수 없는 총체적 이미지(가상적 경계)를 보여주기도 하는데, 그것은 바로 현실과 가상이 결합된 산물이다. 사실적 경계이던 가상적 경계이든 모두 몽롱한 전체성을 특징으로 하기 때문에 "가히 바라볼 수는 있으나 눈 앞에 두고서 볼 수는 없는[可望而不可置於眉睫之前]" 것이다.

"맛"은 문학 작품 전반에 걸쳐 있는 것이지 개별적인 요소들에 있는 것이 아니다. 이 점에 대해 송대의 양만리楊万里는 〈이암시고서頤庵詩稿序〉에서 분명하게 말하고 있다.

> '무릇 시란 무엇인가?' '그 말을 숭상할 따름이다.' 이에 이르길, '좋은 시에서 그 말을 없애고 나서는 그 뜻을 숭상할 따름인가?' 또 이르길, '시를 숭상함에 그 뜻을 없애버린다. 그러면 말이 없어지고 뜻이 없어지고 나면 시는 어디에 있는가?' 이에 이르길, '말을 없애고 뜻을 없애도 시는 있다.' '그러면 시는 과연 어디 있는가?' 이에 이르길, '엿과 차를 맛본 적이 있는가? 사람들 중에 누가 엿을 좋아하지 않는 사람이 있는가? 엿은 처음에는 그 맛이 달지만 끝 맛은 시다. 차는 사람들이 모두 그 쓴 맛을 싫어한다. 그러나 그 맛이 다하지 않으면 그 단맛이 나지 않는다. 시 또한 이와 같을 따름이다.'
>
> 夫詩何爲者也? 尙其詞而已矣. 曰:善詩者去詞. 然則尙其意而已矣?
> 曰:尙詩者去意. 然則去詞去意, 而詩安在乎? 曰:去詞去意,

而詩有在矣. 然則詩果焉在? 曰:嘗食夫飴与荼乎? 人孰不飴之嗜也,
初而甘, 卒而酸. 至於荼也, 人病其苦也. 然若未旣, 而不勝其甘.
詩亦如是而已矣.

시의 언어와 뜻을 없애버려도 시는 존재한다는 이 말은 언뜻 보기에는 일리가 없는 듯하다. 그러나 양만리는 시의 맛은 그 언어나 의미라는 개별적 요소에 있는 것이 아니라 언어와 의미 뒤편의 전체적 이미지 속에 감추어져 있다는 말이다. 마치 "차"(맛이 쓴 차)를 마실 때 표면적으로는 그 맛이 쓰지만 심층의 전체에는 단 맛이 배어 있는 것과 같다고 말한다. 그래서 문학의 지극한 맛 역시도 문학 작품의 전체를 파악한 후에 비로소 얻을 수 있다는 것이다.

기, 신, 운, 경, 미는 중국 문론의 심미 범주로써 모두 원소론을 버리고서 전체성과 몽롱함을 아름다움으로 여긴다. 옛 중국인들이 말하는 "도"는 일종의 비논리적인 전체적 존재이며 그것은 있음과 없음 사이에 존재하면서 또한 지고무상의 존재이다. 천지만물은 모두 그것에서 생겨났다.

이처럼 옛 중국인들의 사유 방식은 서양 사람들과는 달랐다. 서양 사람들은 사물의 원소 구성을 중시하였으며, 그 사유 방식은 분석적이었기 때문에 그들의 문제에 대한 사고는 항상 나무에서 숲으로 확대되어가는 형식이었고, 실증을 중시하였다. 그래서 온전한 전체로 받아들이는 것을 하찮게 여겼으며, 심지어는 전체적인 파악을 홀시하였다. 이러한 원소 분석적 사유 방식은 필연적으로 서구의 문예 이론에서는 원소 구성을 중시하였으며, 원소 구성으로 완전한 체계를 비교하였다. 중국인들의 사유 방식은 "도를 깨우침"과 마찬가지로 직관적이고 전체적이기 때문에 문제에 대한 사고 역시도 전체 숲에서 개별 나무로 추리해 나갔다.

이러한 사유 방식은 문학을 대상으로 하는 문론 속에서 전체론적 정감과 경계에 대한 깨달음을 매우 중시하였으며, 전체성과 몽롱미를 강조하였다. 이 '전체성'과 '몽롱미'는 중국 문론의 또 하나의 특색인 것이다.

4. 텅 빔 : 기氣, 신神, 운韻, 경境, 미味의 초월성

서구 문예 이론은 그 과학이성, 도구이성과 매우 밀접한 관계를 가지고 있다. 반면 중국의 고전 문론은 초탈적이고 자유로운 도의 체득과 더욱 밀접한 관계가 있다. 그 원인은 중국과 서구의 문학의 가치와 지위에 대한 견해가 서로 달랐기 때문이다.

중국이든 서구든 형이상학적 추구와 형이하학적 실천은 모두 인간의 활동이라는 공통적인 특징을 가지고 있음은 의문의 여지가 없다. 옛 중국인들이 초탈적이고 자유로운 도의 체득을 표방하는 동시에 윤리 도덕과 경세치용(経世致用)의 학문을 매우 중시하였다. 반면 서양인들은 과학적 이성 정신을 표방하면서 하나님을 믿으면서 윤리 또한 중시하는 한편, 우주와 인생의 본체적 의미를 추구하였다. 그렇기 때문에 중국인들이 형이상학을, 서양인들이 형이하학을 숭상했다는 측면에서 중국과 서양의 두 문화 사상적 개성을 개괄하는 것은 단편적이고 비과학적이라고 할 수 있다.

그러나 피할 수 없는 사실은 서양의 문예이론이 서구의 과학이성과 도구이성과 매우 밀접한 관계를 맺고 있는 반면, 중국의 고전 문론은 초탈적이고 자유로운 도의 체득과 밀접한 관계가 있다는 점이다. 그 원인은 중국과 서구의 문학의 가치와 지위에 대한 견해가 달랐기 때문이었다. 서구에서 기독교는 신성불가침으로, 사람들은 일반적으로 인간의 정신적 자유의 문제를 문학과는 아무런 관련이 없는, 종교적 영역, 신의 영역으로 귀결시킨다.

그러므로 문학은 고대 서구에서는 그다지 발달하지 못했으며, 문예 이론 역시도 상대적으로 빈약하였다. 초경험적 신성이 모든 것보다 우위에 있었으며,

문학과 문예 이론은 모두 비교적 낮은 수준에 머물러 있었다. 이러한 사실들은 플라톤, 헤겔 등의 저작 속에 비교적 분명하게 드러나 있다. 플라톤은 《국가론The Republic》에서 인간을 아홉 등급으로 나누었는데, 시인은 그 중에 여섯 번째 등급에 속하는 데, 이 등급에는 수공업자나 장인들이 속해 있다. 그들은 도구를 만드는 계급으로, 그 일은 노예주나 귀족들은 하찮게 여기는 일들로 노예나 평민들이 하는 일이었다. 더 심각한 것은 문학이나 예술을 "진리에서 두 단계나 떨어져 있는", "모방의 모방", "그림자의 그림자"에 불과하기 때문에 진리성이 없을 뿐만 아니라 인성의 저속한 부분에 영합하는 것이라고 보았다. 이처럼 플라톤은 시인이나 작가를 그들의 "이데아"에서 축출하기로 결정했던 것이다.

플라톤의 사상은 이후 서구에 매우 큰 영향을 미쳤다. 독일 고전철학의 대표적 인물인 헤겔도 문학이 이념보다 하위이며, 문학은 단지 이성을 드러내는 것에 불과하고, 그 진실성 또한 이념보다 낮기 때문에 변증법적 발전 과정에서 문학과 예술은 모두 필연적으로 절대 진리를 갖추고 있는 철학에 의해 대체될 수밖에 없다고 보았다. 어쨌든 고대 서구의 학자들은 모두 문예 이론을 과학 이성과 도구 이성의 영역에 편입시키고 진리성이나 진실성이라는 비교적 실질적인 현실 문제가 서구 문예 이론의 핵심 문제가 되었다. 실러(Schiller)나 니체 등은 문학과 예술이 종교를 대체할 수 있다고 믿었으며, 진실성은 문예 이론의 주요 문제가 아니라고 보았지만, 주류를 차지하고 있던 견해는 여전히 서구 문예 이론이 진실성 및 그와 상관된 형상성, 전형성을 중심 범주로 여겼다. 물론 그들도 미(美)와 선(善)을 이야기하고 상상과 상징을 강조하지만, 미와 선은 진리를 기초로 하는 것이며, 상상과 상징 역시도 진실 된 품격이 있어야만 한다고 여겼다. 그들은 시종일관 허무가 아니라 실재 존재만을 중시하였다.

중국 고대의 사상 문화는 유가와 도가를 위주로 한다. 앞에서 언급했듯이, 유가 철학은 사회조직 철학으로, "입세入世"의 철학이다. 그들은 사회적 현실을 중시하며 도덕과 윤리를 강조한다. 또한 경세치용과 벼슬길 경제[仕途經濟]를 매우 중요시 하였다. 이와 상응하여 유가 문론의 요지는 바로 "시언지詩言志"로, "정감에서 일어나 예의에서 멈춤[發乎情, 止於礼義]"(〈모시서毛詩序〉)을 주장하면서 문학의 기본적인 기능이 "부부의 도리가 항상되게 하고, 효경을 이루게 하고, 인륜을 두텁게 하며, 백성들을 아름답게 교화시키고 풍속을 바꾸는[経夫婦, 成孝敬, 厚人倫, 教美化, 移風俗]"(〈모시서〉) 것이라고 강조했다.

이러한 유가 문론은 필연적으로 "사실적 기록[實錄]"을 중시하고, "풍자[美刺]"를 중시하는 특징을 가지게 되었다. 이러한 문학과 통치계급의 사상과 이익이 서로 통일됨으로서 필연적으로 인간의 사상은 그들이 정해 놓은 "예의"에 얽매이게 될 수밖에 없었다. 그러므로 개인적인 정감의 기탁이나 정신 해방의 문제 등은 해결할 수가 없었다. 이에 "출세出世"의 철학을 뿌리로 하는 도가가 출현하게 되어 유가의 부족한 점을 보완하거나 또는 유가를 대체하게 되었다.

도가의 근본은 "도"이다. "도"는 "무無"와 밀접한 관계가 있다. "세상 만물은 유에서 생겨나고, 유는 무에서 생겨난다.[天下万物生於有, 有生於無]"[25]고 말한다. "유"는 현상으로, 세상 만물과 같은 구체적인 존재이다. "무"는 "도"의 출처이며, 일체의 실체를 초월하는 최고의 본질이다. 노자와 장자가 "무" 숭상 사상은 후세에 매우 큰 영향을 미쳤다. 장자는 "유"와 "무" 상대론을 제기하였는데, 그는 〈추수秋水〉 편에서 다음과 같이 말한다.

> 공의 관점에서 보면, 그 있는 바로 인하여 있다고 하면, 만물이 있지
> 아니함이 없다. 그 없는 바로 인하여 없다고 한다면 만물이 모두
> 없게 된다. 동쪽과 서쪽이 서로 반대 방향이지만 서로 없다고 할
> 수 없다는 사실을 알면 효용성이란 관점에서 보면, 사람들이 각자
> 유용하다고 판단하는 기준에 근거하여 어떤 사물을 유용하다고
> 하면 만물이 모두 유용하지 않은 것이 없고, 사람들이 각자
> 무용하다고 판단하는 기준에 근거하여 어떤 사물을 무용하다고

---

25) (춘추) 이이李耳 저, (청) 위원魏源 편찬, 《노자본의老子本義》, 《제자집성諸子集成》
제 9책, 32페이지.

하면 만물이 모두 무용하지 않은 것이 없게 된다. 그래서 東과 西가 서로 반대편에 있지만 서로 없어서는 아니 됨을 알면 사물 각각의 효용성이 명확하게 될 것이다.

以功觀之, 因其所有而有之, 則万物莫不有, 因其所無而無之, 則万物莫不無. 知東西之相反, 而不可以相無, 則功分定矣.[26]

의미는 사물을 "유"의 관점으로 보게 되면, 그 어떤 사물도 없을 수가 없고, "무"의 관점에서 보면 그 어떤 사물도 있을 수 없다는 말이다. 예를 들면, 동쪽과 서쪽은 동쪽이 있어야 서쪽이 있고, 서쪽이 있어야 동쪽이 있을 수 있다. 이 동과 서는 상호 대립관계이지만, 서로 없어서는 안 될 관계이기도 하다. 유와 무의 상대성을 인식해야만 사물의 효용과 중량을 알 수가 있다는 말이다. 장자의 이러한 견해는 매우 설득력을 가지고 있음을 잘 알 수 있다.

위진 시대 이래로 철학적인 "유" 숭상과 "무" 숭상의 두 파벌로 나뉘어 격렬한 논쟁을 벌이기도 했다. 그러나 노장의 허무 숭상과 유·무 상대론은 사람들의 마음 속 깊이 파고들었으며, 심지어는 민족문화심리로 자리 잡게 되었다. 이러한 철학적 관념과 민족문화심리는 당연히 문학예술의 창작에도 영향을 미치게 되었다. 회화에서는 "여백"의 역할을 강조하며, 음악에서는 "무성이 유성보다 낫다[無聲勝於有聲]"라고 하며, 시가 창작에서도 함축성과 담백함을 강조하고 "적음으로 많음을 총괄함[以小總多]", "말은 다함이 있어도 뜻은 다함이 없음[言有盡而意無盡]"을 강조한다. 시가 창작의 이러한 경향은 문론에도 반영되어 "텅 빔과 가득참虛實", "번다함과 간략함繁簡", "짙음과 옅음濃淡", "숨김과 드러냄隱秀" 등의 관계 문제가 제기되었다. 허와 실의 관계에 있어서는 항상 허와 실의 상생(相生)을 요구하지만, 그러나 "경치가 가득하여 흥취가 없다.[景實而無趣]",

---

26) (전국) 장주莊周 저, 왕셴첸王先謙 주, 《장자집해莊子集解》, 《제자집성諸子集成》 제 3책, 103페이지

"너무 가득하면 색채가 없다.[太實則無色]"라고 여기면서, "경치가 비어야 맛이 있다.[景虛而有味]"라고 강조하였다. 이른바 "시에는 풀이할 수 있는 것도 있고 풀이할 수 없는 것도 있으며, 풀이를 할 필요가 없는 것도 있다. 물속의 달이나 거울 속의 꽃은 진흙이 없어도 그 자취를 엿볼 수 있다.[詩有可解不可解不必解, 若水月鏡花, 勿泥其迹可也.]"[27]라는 것이다. 송대의 장염張炎은《사원詞源》에서 이러한 특징에 대해 아주 분명하게 말하고 있다.

> 사는 청공해야지 질실해서는 안 된다. 청공하니 고아하고 힘차다. 질실하니 엉기어 붙고 막혀 뜻이 흐릿하고 명료하지 못하다. 강백석(강기)의 사는 들판의 구름이 홀로 떠다니듯 가고 머무름에 흔적이 없다. 오몽창(오문영)의 사는 칠보로 장식한 누대처럼 사람들의 눈을 현혹하나 부스러기가 떨어져 내려 온전한 모습을 이루지 못한다. 이것이 청공과 질실에 관한 설이다.
> 詞要淸空, 不要質實. 淸空則古雅峭拔, 質實則凝澀晦昧. 姜白石詞如野雲孤飛, 去留無迹. 吳夢窓詞如七宝樓台, 眩人眼目, 碎拆下來, 不成片斷. 此淸空質實之說.

사는 문학의 한 장르다. 사는 청공해야 하며, 모든 문학이 청공해야 한다는 것이다. 번다함과 간략함, 짙음과 옅음, 숨김과 드러냄 등의 관계에 있어서 '무(無)'를 숭상하는 사상의 영향을 받아 번다함과 간략함, 짙음과 옅음을 적절하게 조절하고 숨김과 드러냄의 조화를 강조하고 있기는 하지만, 구체적으로 시를 논함에 있어서는 일반적으로 간략함, 담백함, 함축성 등을 요구하는 경향이 강하다. 이어지는 문제들로, 이러한 청공하고 간략하고 담백하고 함축적인 문학적 품격은 무엇에 의존하는가? 이것은 기와 신과 운과 경과 미 등의 범주를 통하여

---

27) (명) 사진謝榛 저, 완평宛平 교점,《사명시화四溟詩話》(베이징, 인민문학출판사, 1962.) 3페이지.

체현되어진다. "유"와 "무"의 대립 속에서, 형이상학과 형이하학의 대립 또는 대응 관계 속에서 기와 신과 운과 경과 미는 모두 "무"와 형이상학에 치중하는 경향을 보이며, 사辭와 형形, 양식[体格], 정경情景, 짜고 신 맛[咸酸] 등은 "유"와 형이하학에 치우지는 경향을 보인다. 이를 표로 만들면 다음과 같다.

"유有"→ 형이하학→ 사辭→형形→격식[体格]→정경情景→짜고 신 맛[咸酸]

"무無"→형이상학→기氣 →신神→운韻→　　경境　　→지극한 맛[至味]

사辭는 유형의 실체로써 문학이 추구하는 높은 격조가 아니기 때문에 반드시 형이상학적 "기"로써 통섭하고 이끌고 제약을 해야만 비로소 웅장한 기세의 미를 갖추게 된다는 것이다. 이른바 "기가 곧으면 사(언어적 수사)가 성대해진다[氣直則辭盛]"(이고李皐)라고 했으니, 이러한 이치를 말하고 있는 것이다. 형(形)과 신(神)의 관계에 있어서 형은 구체적이고 실재적인 "유"이며, 그렇기에 말로 표현할 수 있다.

그러나 문학의 지극함은 형사(形似)가 아니라 "입신入神"(엄우嚴羽)에 있다는 것이다. 이 "신"은 내재적인 것으로 말로는 표현할 수 없기 때문에 "무"에 치우치게 된다. 운과 격식은 서로 대응 관계로, 문학의 격식은 그 자취를 찾아볼 수 있는, 실재하는 존재이다. 격식을 통해 보여주는 운은 "공기 중의 소리, 모양 속의 색채, 물 속의 달, 거울 속의 상 [空中之音, 相中之色, 水中之月, 鏡中之象]"처럼 아득하여 다함이 없고 있는 것 같으면서도 없는, 일종의 형이상학적 성질의 것이다. 정경과 경계의 관계도 "유"와 "무"의 관계로, 정경은 모두 묘사되고 토로되어져 나온 실재하는 것들이다.

정경이 서로 융합되게 되면 경계로 승격되어, "영양이 뿔을 나무에 걸치니 그 자취를 찾을 수 없는[羚羊卦角, 無迹可尋]" 것처럼 느낄 수는 있으나 말로는 전할 수 없는 일종의 "무"의 존재가 된다. 중국 문론이 추구하는 "지극한 맛"은 앞에서도 언급하였듯이 실재하는 짜고 신 맛이 아니라 맛 너머의 맛을 말하며, 사실상은 실재(實在)에서 "텅 비어 아무것도 없는虛無"로 상태로 승화된 것이다. 이로써 중국 문론이 추구하는 "무"로 문화적 유전자를 삼는 텅 빔의 미학, 담백함의 미학임을 알 수 있다. 이것이 바로 서구와는 다른 중국 문론 범주론의 민족 문화적 개성이다.

5. 고대 문론의 민족 문화적 개성을 형성하는 사회 경제적 요인

중국 고대의 "농업" 숭상 관념은 가족제도와 상호 협력, 토지에 대한 친화력, "천인합일" 등과 같은 삶의 이상을 만들어냈다. 이러한 가족을 중심으로 하는 자연 농업경제는 윤리 도덕적 측면에서는 "조화를 귀하게 여기는" 관념이 반영되어 있으며, 문론에 있어서는 기와 신, 운, 경, 미 등을 통해 체현되는 조화미를 보여주는 것이다. 이는 서양의 해양 국가들이 문론에서 보여주는 충돌을 아름다움으로 여기는 것과는 매우 다르다.

문론 관념을 포함한 인간의 관념은 모두 아무런 이유 없이 생겨난 것이 아니다. 그 어떤 관념이든 특정한 사회 경제적 조건에서 발전해온 것들이다. 그렇기 때문에 관념의 발전은 결국 그 사회의 경제 조건과 사회적 심리를 통해서 설명되어져야 한다. 중국과 서양의 문예 관념과 범주의 차이 역시도 중국과 서양의 서로 다른 형태의 경제 발전에서 설명해야만 비로소 정확하고 깊이 있는 해석이 가능하다.

앞 장에서 우리는 "농업 중심"의 시각에서 유교와 도교, 불교 문화가 탄생된 사회적 원인에 대해 설명하였다. 여기에서는 중국 문론 기본 범주의 문화적 개성이 만들어진 원인에 대해 좀 더 설명해보도록 하겠다.

1) 농업 문명과 가족 중심의 국가 제도

해양국가와는 달리 중국은 항상 대륙국가로 발전해왔기 때문에 고대 중국인들이 이해하는 중국은 바로 "사해의 안쪽[四海之內]"이었다. 중국도 긴 해안선을 가지고 있기는 하지만, 중국 고대 사상가들의 바다에 대한 흥미는 그다지 높지 않았다. 공자는 바다에 대하 한 번밖에 언급한 적이 없다. "도가 행하여지지 않으면 뗏목을 타고 바다를 떠돈다.[道不行, 乘桴浮於解.]"(《논어·공야장》)는 구절이 그것이다. 맹자도 바다에 대해서는 "바다를 본 자에게는 큰 물로 보기 어렵고 성인의 문하에서 노닌 자에게는 훌륭한 말로 여기기 어렵다.[觀於海者, 難爲水, 遊於聖人之門者難爲言.]"(《맹자·진심상》)라고 한 번밖에 언급하지 않았다. 이는 서양의 고대 사상가 소크라테스나 플라톤, 아리스토텔레스 등이 여러 섬들을 오가면서 바다에 대해 큰 흥미를 가졌던 것과는 완전히 다르다. 고대 중국에서는 황하나 장강 유역에 집중해서 살았기 때문에 중국인들은 대륙인에 속한다. 이러한 지리적 조건은 중국의 경제가 오랜 세월 동안 자연적 농업 경제를 기반으로 하여 왔으며, 상업보다는 농업을 훨씬 중요시하여왔다. 중국의 고대 사상에는 근본과 말단[本末]의 차이가 있는데, "근본"은 농업을 말하며, "말단"은 상업을 말한다.

그 이유는 농업으로 물건을 생산하지 않으면 상업적인 거래가 있을 수 없다고 여겼기 때문이다. 다시 말해서 생산이 먼저이고 교환은 그 차후의 일이라는 것이다. 그러므로 중국에서는 대대로 "중본경말重本輕末"을 받들어 왔다.

그래서 상업에 종사하는 사람들은 "발단"의 직업에 종사하는 사람으로 치부되어왔으며, 자연히 멸시를 받아왔다. 일반적으로 구대 중국에는 4 등급의 전통적 계급이 존재했는데, 그것이 바로 사농공상士·農·工·商이다. 여기서도 상업은 가장 아래로 배척받았으며, 사대부와 농민들이 위에서 첫 번째, 두 번째를 차지했다. 이른바 "사"는 지식을 갖춘 지주를 말한다. 비록 토지임대로 생활하며 직접적으로 생산에 참여하지는 않지만 그들의 운명은 농업과 긴밀하게 연결되어 있었다. 1년 수확의 좋고 나쁨은 그들의 생활과 직결되어 있었다. 이처럼 사대부와 농민은 자연적, 생활적 감수성에는 상통하는 부분이 있었던 것이다. 사대부와 농민은 당연히 사회적으로 중시되었다. 《여씨춘추呂氏春秋》의 〈상농上農〉 편에서는 농업과 상업을 대조하면서, "백성들이 농업에 종사하면 순박해지고, 순박해지면 부리기가 쉽다. 부리기 쉬우니 변경이 안정되고 군주의 지위가 높아진다. 백성들이 농업에 종사하면 진중해지고, 진중해지면 사사로운 의리가 적어진다. 사사로운 의리가 적어지면 공공의 법이 바로 서게 되니, 힘이 하나(농사일)로 모인다.

백성이 농업에 종사하면 그들의 재산이 불어나게 되고, 그 재산이 불어나니 옮겨가는 다니는 것에 신중해지고, 옮겨 다니는 것에 신중해지니 죽을 때까지 한 곳에서 살며 다른 마음을 먹지 않는다.[民農則朴, 朴則易用, 易用則邊境安, 主位尊. 民農則重, 重則少私義, 少私義則公法立, 力專一. 民農則其産復, 其産復則重徙, 重徙則其死處而無二慮.]"라고 농민의 생활 방식을 미화해 놓고 있다. 이에 반해 "백성들이 근본을 버리고 말단에 종사하게 되면 명령을 듣지 않는다. 명령을 듣지 않으면 변방을 지킬 수가 없고 적과 싸울 수가 없다. 백성들이 근본을 버리고 말단에 종사하게 되면 그 재산이 줄어들고, 그 재산이 줄어들면 쉽게 옮겨 다니게 된다. 옮겨 다니는 것을 가벼이 여기면, 나라에 환난이 생겼을 때 모두 마음이 멀어지고 머물고 싶은 마음이 없어진다.

백성들이 근본을 버리고 말단에 종사하게 되면 지혜를 좋아하게 되고, 지혜를 좋아하게 되면 속임수가 많아진다. 속임수가 많아지면, 법령을 교묘하게 이용하게 되어 옳은 것을 그르다고 여기고 그른 것을 옳다고 여기게 된다.[民舍本而事末則不令, 不令則不可以守, 不可以戰. 民舍本而事末則其産約, 其産約則輕遷徙, 輕遷徙則國家有患, 皆有遠志, 而無居心. 民舍本而事末則好智, 好智則多詐, 多詐則巧法令, 以是爲非, 以非爲是.]"라고 하여 상인들의 생황 방식을 부정적으로 묘사하였다. 고대 중국에서 "농업을 중시"하고 상업을 경시하였을 뿐만 아니라 농민들은 땅에 의지하고 살아가기 때문에 땅은 그들에게 있어서 생명의 뿌리였다. 이른바 "천지자연이 만물을 자라게 한다.[天地自然育成万物]"라는 말은 일종의 땅에 대한 믿음과 친근감을 표현해주고 있는 것이다. 그래서 "천인합일"은 자연스럽게 그들의 이상이 되었다. 이 외에도 땅은 움직일 수 없기 때문에 농민들은 자자손손 한 곳에 살게 되고, 집집마다 죽을 때까지 땅을 일구며 살아가게 된다. 이것은 서구의 성을 중심으로 한 도시국가제도와는 완전히 다른 국가제도이다.

한 가정에는 부모와 자식, 형제, 부부 간의 윤리 관계가 존재하고, 이러한 관계는 불변의 진리였다. 기타 다른 사회적 관계, 예를 들어 군신관계나 친구관계 등도 당연히 가족 관계에 맞추어서 이해되고 평가되었다. 군신관계는 부자관계에 따라 규범화 되어졌고, 친구관계는 형제관계에 맞추어 정해졌다. 가족이라는 이것은 중국의 농업형 자연경제에서 파생되어져 나온 핵심적 사회조직이었다. 그렇다면 가족 관계에 있어서 무엇이 중요한가? 그것은 바로 "어버이는 자식을 자애로 돌보고 자식은 어버이에게 효도한다.[父慈子孝]", "형은 동생을 우애로 보살피고 동생은 형을 공경한다[兄友第恭]", "지아비가 노래를 하면 아내는 장단을 맞춘다[夫唱婦隨]" 등과 같은 것이었다. 이러한 관계의 실질은 앞에서 여러 차례 이야기 했던 "조화"이다.

한 가족 내에는 부자, 형제, 부부관계 등과 같은 여러 관계들이 존재하지만, 모두가 "조화"를 중요시한다. 왜냐하면 그래야만 농업 생산 과정에서 "조화"로운 협력 관계를 형성함으로써 모두가 마음을 모아 협력하고 호흡을 맞춰나가야만 풍성한 수확을 통한 풍족한 생활을 영위해 나갈 수 있기 때문이다. 송대의 범성대 範成大는 〈사시저원잡흥四時田園雜興〉이라는 시에서 농민들의 전원생활의 조화로움을 묘사하기도 했다. 그 중에서 여덟째 작품을 살펴보자.

낮에는 나가 밭 갈고 밤에는 길쌈하네,
농가의 자녀들 모두가 능히 집안을 꾸려나가네.
어린 손자 아직은 밭 갈고 길쌈 못해도,

뽕나무 그늘에서 오이 심는 법 배운다네.

晝出耘田夜績麻, 村莊兒女各当家. 童孫未解供耕織,

也傍桑陰學種瓜.

이 시는 옛날 중국 농촌 사회에서 서로 힘을 모아 땅을 일구며 살아가고 있는 전원의 생활을 생동적으로 묘사하고 있다. 이러한 가족 형식의 농업형 자연경제는 윤리나 도덕에 있어서 "조화를 귀하게 여기는" 관념을 반영하고 있으며, 문론의 입장에서 보면 기와 신과 운과 경과 미 등을 통해 체현되고 있는 조화를 아름다움으로 여기는 미학 관념을 보여주는 것이다. 그리고 이것은 서양의 해양국가의 충돌을 아름다움으로 여기는 문예 이론과는 완전히 다른 것이다.

고대 그리스로 대표되는 서구 국가는 기본적으로 해양국가로 상품경제가 매우 발달하였고, 상인들의 지위가 매우 높았다. 상인의 특징은 자유롭게 옮겨 다니고 모험을 즐긴다는 점이다. 그들은 토지와 산천 등 자연 경물에 대해 농민들처럼 특별한 의존관계가 없었다.

즉 상대적으로 대 자연에 대한 친화감과 집작이 적었다는 말이다. 오히려 반대로 높은 산이나 강 등은 그들의 상업 활동에 장애가 되었으며, 심지어 모험 활동 중에 실패를 안겨다 줌으로써 그들의 운명에 대한 탄식을 야기하였다. 즉 그들은 대자연의 어떤 신비로운 힘에 의해 자신들이 농락을 당했다고 생각했던 것이다. 그래서 인간과 자연 간에 대립의 정서가 생겨나게 되었고, 나아가 자연에 대항하고 자연을 정복하고자 하는 염원과 행동들이 나타나게 되었던 것이다.

다른 한편으로 서양 사람들은 상업 활동 중에 중국의 가족 중심의 국가제도와는 다른 성곽을 중심으로 하는 도시국가를 건설하였는데, 이런 도시국가 제도의 가장 큰 특징이 바로 평등한 경쟁이었다.

상업 활동이든 정치적 활동이든 간에 자신의 성공은 다른 사람의 실패 위에 만들어진 것이고, 그리하여 사람과 사람 사이의 관계 또한 항상 대립과 충돌 속에서 놓여 있었던 것이다. 어떤 사람이 승리한다는 것은 그 사람이 성공과 정신적 쾌락을 누린다는 말이었다. 이러한 상품경제는 윤리 도덕적으로는 계약 관념의 확립을, 문예 이론에 있어서는 비극과 희극, 숭고함과 비겁함 등의 범주를 통해 나타나는 충돌을 아름다움으로 여기는 관념으로 반영되었다.

2) 농업형 자연경제와 전체론적 사유방식

고대 중국의 농업형 자연경제는 중국 사람들의 사유방식에 있어서 사물의 전체성과 그 규칙에 대한 깨달음을 비교적 중시하게 되었다. 그와 반대로 사물의 원소적 분석이나 논리적 추리는 중요하지 않게 되었다. 농민들은 풍성한 수확을 얻기 위해 해와 달의 운행이나 사계절의 변화 등 전체적인 변화에 특히 민감했다. 《역전易傳》에서는 "추위가 가고나면 더위가 오고, 더위가 가고 나면 추위가 찾아온다.[寒往則暑來, 暑往則寒來.]"라고 했으며, "해가 가득차면 기울고, 달이 가득차면 줄어들게 된다.[日盈則昃, 月盈則食.]"라고도 했다. 이 말은 옛날 중국 사람들은 해와 달과 별자리, 기후 변화 등의 전체로서의 유동성에 대해 매우 관심이 많았음을 설명해 준다. 그 이유는 바로 이처럼 변화하고 있는 사물들은 그들이 종사하고 있는 농경과 관심이 있었기 때문이었다. 다른 한편으로 농경 수확의 풍흉은 상업 활동처럼 어떤 계약에 의해 그 성패가 결정되는 것이 아니었다. 이것들은 천시(天時)와 지리(地利), 그리고 인화(人和) 등과 같은 전체 요소의 조화에 의지해야 하는 것들이었다.

전체적인 조화는 항상 개별적 요소보다 훨씬 중요했다. 그리하여 농업형 자연경제에 뿌리를 둔 사유방식은 고대 중국의 학술과 문화, 사상 등 다방면에 영향을 주게 되었다. 앞에서 이미 언급하였던 철학 사상에서는 "하나[一]"라는 범주를 특히 강조한다. 《노자》에서는 "도는 하나를 낳고 하나는 둘을 낳으며 둘은 셋을 낳고 셋은 만물을 낳는다. 만물은 음을 등지고 양을 안고서 서로 어우러져 조화를 이룬다.[道生一, 一生二, 二生三, 三生万物. 万物負陰而抱陽,

衝氣以爲和.]"라고 했다.(여기서 말하는 "삼"은 음과 양, 그리고 음양의 어우러짐을 말하며, "둘"은 하늘과 땅을, "하나"는 천지가 아직 나누어지지 않은 통일체를 말하는 것이다.)《노자》에서는 또 "옛 부터 '하나'를 얻은 것이 있으니, 하늘은 '하나'를 얻어 맑아졌고, 땅은 '하나'를 얻어 평안해졌으며, 신은 '하나'를 얻어 영험해졌고, 계곡은 '하나'를 얻어 가득 채워졌으며, 만물은 '하나'를 얻어 자라나게 되었고, 왕과 제후는 '하나'를 얻어 천하의 바름이 되었다.[昔之得一者, 天得一以淸, 地得一以寧, 神得一以靈, 谷得一以盈, 万物得一以生, 侯王得一以天下貞.]"라고 했다. 여기서 말하는 "하나"는 전부, 전체, 통일, 풍부함 등을 말하는 것이다.

이후의 중국 철학에서는 "많음[多]"을 거론하기도 하였지만, 그것은 모두 "많음은 하나 속의 많음[多是一中之多]", 즉 부분은 전체 속의 부분으로, 부분이 전체의 제약을 받음을 강조하기 위한 것이었다. 예를 들어 중의학에서는 인체 중 어느 기관의 증상이 아니라 "보고[望], 듣고[聞], 묻고[問], 만져보는[切]" 방법을 통하여 인체 전체에 대해 파악하는 것을 중시하면서, "머리가 아프면 머리를 치료하고, 다리가 아프면 다리를 치료하는[頭痛医痛, 脚痛医脚]" 식의 고립적인 치료방법을 반대한다. 중국 농업형 자연경제에서 자라난 전체론적 사유방식은 또한 중국 문론에서 반영이 될 수밖에 없었다. 위에서 언급했단 기, 신, 운, 경, 미는 바로 농업형 자연경제의 전체론적 직관론이 문론에 반영된 산물이라고 할 수 있다.

고대 중국의 농업형 자연경제와는 달리 서구는 상업경제 사회였으며, 상인들이 사회의 주재자였다. 상인들은 우선 구체적인 물건보다 장부에 사용되는 추상적인 숫자를 더 중요시하였다. 혹자는 그들이 추상적인 숫자를 통해 구체적인 사물을 파악한다고까지 말하기도 한다.

이처럼 그들은 수학과 논리적 추리를 더욱 발전시키게 되었다. 그들의 추상적인 사유방식은 또한 분석력과 사변성을 더욱 풍부하게 해 주었다. 그리하여 서양의 문예 이론 역시도 작품의 구성요소에 대한 분석 방법을 더욱 중요시하게 되었으며, 진-선-미, 재현－표현, 내용미－형식미 등의 구별이 자연히 중요시 되었다.

3) 농업형 자연경제와 '무無'를 숭상하는 관념

고대 중국의 농업형 자연경제의 또 다른 규정은 바로 '무'를 귀하게 여기고 숭상한다는 것이다. 농업생산 아무것도 없는 땅의 개간과 파종에서 시작되며, 그 결과로 아무것도 없는 것에서 풍성한 오곡을 거두게 된다. "무"는 "풍성함"의 기초이자 뿌리인 것이다.

성실한 농부가 봄날 밭에 쭈그리고 앉아서 막 씨를 뿌린, 녹색이라곤 하나도 없는 텅 빈 들판을 바라보며 가을날의 곡식 낱알이 꽉 차 고개를 숙인 황금들녘을 상상한다. 그리고는 회심의 미소를 짓는다. 그 농부는 (아무것도 없는) "무"의 들판을 바라보면서 "유"를 상상하는 것이다. 그리고 이 '유'는 아주 많은, "풍성함"의 '유'이다. 그러므로 농민들은 "포용성"을 가장 잘 이해하는 사람들이다.

이 변증법에 뛰어난 소박한 심리 상태는 철학적으로는 "귀무貴無", "숭무崇無" 사상에 반영되었다. "무"는 과거에도 없고, 현재에도 없으며, 미래에도 없는 그런 것이 아니라, '무'에서부터 '유'까지를 말하며, 없는 듯하나 실제로는 있는 것이며, '무' 속에서 '유'가 생겨나는 것이다. 그러므로 중국인들은 "빈손으로 일가를 이룬다.[白手起家]"는 말로 창업의 어려움을 형용하곤 하는데, 그 속에는 찬미의 의미가 담겨있기도 하다. 유에서 유를 창조하는 것은 별 어려운 일이 아니지만, "빈손으로 일가를 이루는" 것처럼 무에서 유를 창조하는 것을 매우 고귀하게 생각했던 것이다. 음악이나 회화에 적용되면 "큰 소리는 거의 들리지 않고[大音希聲]", "큰 모양에는 형태가 없다.[大象無形]"라고 한다.

문론에서 반영되어진 "한 글자도 짓지 않고서 풍류를 다 얻었다.[不著一字, 盡得風流]", "반이 전체보다 많다.[半多於全]", "허와 실의 상생[虛實相生]", "묘사하지 않는 묘사[不寫之寫]" 등등은 모두 텅 빔과 함축성을 말하는 것이다. 이로써 우리는 중국 문론이 기, 신, 운, 경, 미 등의 기본 범주를 통하여 보여주고 있는 텅 빔의 미학, 담백함의 미학이 결국에는 농업형 자연경제 속에서 찾아 볼 수 있는 최후의 뿌리임을 이해할 수 있다.

서양 사람들은 상업을 중시한다. 상업 경제는 비록 추상적인 숫자들을 중요시하지만, 숫자의 배후에는 실재하는 상품들이 존재한다. 그리고 상인들은 무궁한 욕망을 지고 있어서 끊임없이 금전을 추구하기 때문에 많이 있어도 더 많은 것을 요구한다. 부유함에 대한 추구는 장사꾼의 뿌리 깊은 관념이라고 할 수 있다. 장사꾼의 이러한 심리 상태가 철학에 반영되어 "유를 귀하게 여기는" 관념과 실증론이 발전하게 되었으며, 문론에서는 형상성, 진실성, 그리고 전형성 등을 추구하는 실존의 미학으로 나타나게 되었다.

개괄해보면, 중국의 고전 문론은 기, 신, 운, 경, 미 등의 기본 미학 범주를 통하여 중화(中和)의 미학, 완전체로서의 미학, 텅 빔의 미학을 추구해 왔으며, 서구의 문예 이론이 추구해 온 충돌의 미학, 원소로서의 미학, 실존의 미학과는 근본적인 차이를 보임으로써 민족 문화적 개성을 분명하게 보여주고 있다. 이러한 개성의 형성에는 사회 경제적 원인이 존재한다. 고대 중국의 농업형 자연경제에서 탄생된 농경문명과 사회 심리는 중국 고전 문론의 민족적 특색을 형성하는 토양이 되었던 것이다.

본 장의 결미에서 다음의 두 가지 사실을 설명해 보고자 한다. 첫째는 중국 고전 문론의 범주는 우리가 여기에서 언급했던 이 다섯 가지만 있는 것은 아니라는 점이다. 여기서 언급한 것은 단지 그 중의 가장 기본적인 범주에 불과하다. 둘째는 여기서 서술한 중국의 문론과 서구 문예 이론에 대한 비교 역시도 차이점만 존재하는 것이 아니라 서로 상통하는 부분도 있다는 점으로, 이에 대해서는 앞으로 다시 논술하도록 할 것이다.

"기", "신", "운", "경", "미" 등 중국 고전 문론의 범주는 현대 문예 이론의 체계 속서 여전히 자신들의 자리를 지키고 있다. 작가의 추구든 평론가의 평론이든 모두 은연중에 이러한 개념들을 긍정하고 운용하고 있는 것이다. 이러한 중국 고전 문론의 범주는 문화적 무의식으로 당대 중국의 작가나 평론가들 마음속에 존재하고 있는 것이다. 더욱 중요한 것은 이러한 문론 범주가 보여주고 있는 중화의 미와 전체의 미, 텅 빔의 미학은 문학예술의 특징과 매우 잘 들어맞는, 보편성과 세계성의 의미를 가지고 있다는 점이다. 그렇기 때문에 중국 현대의 형태론 문예 이론의 확립 과정에 민족 문화적 특징을 가지고 있는 요소들을 진지하게 흡수해나가야 할 것이며, 뿐만 아니라 세계의 현대 문예 이론 역시도 중국 고전 문론의 기본 범주를 자원화하고 본보기로 삼고 흡수하고 운용해 나갈 수 있을 것이다.

제3장

감물感物 -언지言志-원도原道
— "천인합일天人合一" 식의 문학 본체론

감물感物 -언지言志-원도原道
— "천인합일天人合一" 식의 문학 본체론

어느 시기든 문학이론의 제1 의제는 모두 "문학이란 무엇인가?", 또는 "문학은 어디에서 왔는가?"라는 문제일 것이다. 서구에서는 "문학이란 무엇인가?" 혹은 "문학은 어디에서 왔는가?"라는 질문의 해답은 문학 철학 관념의 변화에 따라 변화해 왔다. 고대 그리스 시대에서부터 19세기 초까지 서구에서는 문학은 모방으로, 거울과 같은 외재적 사물에 대한 모방이라고 여겨왔다. 19세기 초에 이르러, 영국의 낭만주의가 일어나면서 "시는 감정의 자연스러운 발로"라는 주장이 제기되면서 이른바 문학은 "표현"이라는 정의가 탄생하게 되었다. 이후 시대 변화가 가속화 되면서 문학 철학 사상의 교체도 가속화되었으며, "문학이란 무엇인가?" 혹은 "문학은 어디에서 왔는가?"라는 이 문학 본체론의 문제에 대한 해답도 '문학은 "이념의 감성적 보여주기"이다.', '문학은 "상상력"의 작품이다.', '문학은 "보편적인 언어의 체계적 외곡"이다.', '문학은 무의식의 승화이다.', '문학은 집단 무의식의 패러다임이다.', '문학은 자기 만족의 텍스트이다.', '문학은 고의성의 대상이다.', '문학은 인간 정신의 고향이다.', '문학은 인간관계의 교류이다.', '문학은 파생된 원형이다.', '문학은 구성단위들 간의 관계구조이다.', '문학은 부호 체계이다.' 등등과 같이 너무나 다양하게 변화되어 오면서 이루다 살펴보기도 어려울 정도다.

당대 중국에서 문학에 대한 정의 역시도 '문학은 인생의 위안이다.', '문학은 사회 개량의 수단이다.', '문학은 정치의 확성기이다.', '매우 각양각색이다.', '문학은 "고민의 상징"이다.', '문학은 사회생활의 반영이다.', '문학은 계급투쟁의 도구이다.', '문학은 특수한 의식형태이다.', '문학은 심미이다.', '문학은 자아 표현이다.', '문학은 오락이다.', '문학은 소일거리이다.', '문학은 상품이다.' 등등과 같이 각양각색이다. 1950년대 미국의 문학 비평가이자 코넬대학교의 교수 M.H. 아브라함(Meyer Howard Abrams)은 《거울과 등 : 낭만주의 문예 이론과 비판 전통》이라는 책에서 유명한 "예술의 4요소" 이론을 제기하였다.

> 모든 예술품은 항상 네 가지 요점과 연결되는데, 거의 모든 주도면밀한 이론은 대체로 모두가 이 네 가지 요소에 대해 일목요연하게 구분하고 있다. 첫 번째 요소는 작품, 즉 예술적 생산품 그 자체이다. 작품은 인위적인 산물이기 때문에 두 번째 공통의 요소는 바로 생산자, 즉 예술가이다. 세 번째는 일반적으로 말하는 작품으로, 직접적으로 혹은 간접적으로 현실 세계에서 비롯된 주제이다. ─이것은 항상 객관적 상태나 그와 관련된 것을 거론하고 표현하고 반영하게 된다. 이 세 가지 요소는 인물의 행동, 사상, 감정, 물질과 사건 혹은 초월적 감각의 본질에 의해 구성되어지기 때문에 "자연"이라는 이 가장 흔한 단어를 사용하게 되는데, 우리가 이것을 함의가 더욱 넓은 중성(中性)적 단어인 '세계'를 써도 무방하할 것이다. 마지막 요소는 감상자, 즉 청중이나 관중, 독자이다.
> 작품은 그들을 위해 쓰인 것이거나 혹은 적어도 그들의 관심을 끌게 된다.[1]

---

1) (미국) M.H. 아브라함(Meyer Howard Abrams),
《거울과 등 ─ 낭만주의 문예 이론과 비판 전통》 (베이징, 베이징대학출판사, 1989.) 5 페이지.

아브라함은 예술이 작품과 예술가, 세계, 그리고 독자의 네 가지 요소에로 구성되어있다는 이론은 예술 활동을 여러 가지 요소들이 만들어낸 유동적인 전체로 보고 있다. 이는 실제에 부합하며, 매우 가치가 있음에는 의심의 여지가 없다. 그는 이어서 이 네 가지 요소들이 작품을 중심으로 하는 삼각관계를 구성하고 있다고 보았다.

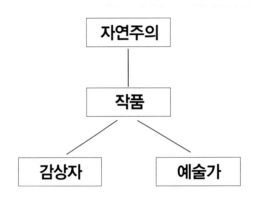

아브라함이 구성한 이 삼각관계는 예술 활동 과정에서 일어나는 각 요소들 간의 내재적 관계를 심도 있게 반영해 주고 있으며, 매우 합리적인 측면을 가지고 있다. 그러나 그는 이 네 가지 요소와 삼각관계는 단지 작품과 우주의 관계를 강조하는 '모방설', 작품과 독자의 관계를 강조하는 '실용설', 작품과 예술가의 심령 관계를 강조하는 '표현설', 작품 자체가 객관적인 "자급자족체"임을 강조하는 '객관설'의 네 가지 뿐이라고 단언하였다. 그는 어느 이론이든지 그가 규정한 네 가지 요소로 구성된 삼각관계를 초월할 수 없기 때문에 문학 본질론(혹은 본체론)도 위에서 언급한 네 가지 부류에 불과하다고 보았던 것 같다. 아브라함 교수는 자신의 "재현"설과 "표현"설, 그리고 "실용"설, "객관"설로 어느 시대의 문학 본체론이든 모두 끼워 맞출 수 있기 때문에 새로운 이론이 필요 없다고 말했다. 지금에 와서 보면 이 "네 가지 요소"로 구성되는 "네 가지 학설"로는 부단히 발전해 나아가는 현재와 미래의 문학을 얽어맬 수 없을 뿐만 아니라 중국 고전 문학 본체론 역시도 그 틀에 끼워 맞출 수가 없어 보인다.

중국 고대의 문학 본체론에 대해 학자들은 이미 서로 다른 다양한 의견들을 발표하였다. 일부 소수의 학자들은 "시언지詩言志"가 중국 시학의 강령(綱領)이라고 하였는데, 그렇다면 문학은 "언지"의 산물임은 당연한 이치라는 것이다. 또 일부 논자들은 시가는 서정적인 문학 장르라고 보면서 육기陸機의 "시는 감정을 따라 우러나오는 것이므로 아름다워야 한다[詩緣情而綺靡]"라는 설을 비교적 긍정함으로써 문학은 "감정 토로"의 산물이라고 보기도 하였다.

일부 논자는 당 송 이후의 "문이명도文以明道", "문이재도文以載道" 등의 관념 동의하면서 문학은 "성현의 도를 밝히는" 도구로 여기기도 하였다. 이러한 학설들이 일리가 전혀 없다고 할 수는 없지만, 그러나 중국 문론 속의 개별적 주장들일 뿐 중국 고전 문론의 문학 본체론 전체를 제대로 보여주고 있지는 못하다는 점에서 아쉽다. 본 장에서는 중국 고전 문론 속에서 문학 본체와 관련된 몇 몇 범주들에 대해 토론해 봄으로써 전체 중국 고전 문론의 문학 본체론을 파악해 보고자 한다.

이 연구에서 우리는 "감물感物", "언지言志", "천인합일天人合一" 등 몇 가지 개념과 그 관계들이 우리가 밝히고자 하는 중국 고전 문론 문학 본체론에 있어서 매우 중요하다는 사실을 발견하게 되었다. 현대의 학술적 설명을 통해 우리는 중국 고전 문론 문학 본체론을 다음의 세 가지 관념의 전체적 연계로 이해해 볼 수 있음을 발견하게 되었다.

1. "사물과의 감응[感物]" ― 첫 번째 연쇄관념

동양의 "감응"과 서양의 "반영"은 서로 다른 것이다. "감응"은 반영처럼 그렇게 충실하게 외재적 사물을 복제하지 않으며, 또한 거울에 비추는 과정도 아니다. "감응"은 대상물이 이끌어내는 감정적 대응, 흔들림, 활기, 그리고 표출 과정이다. 이것은 시인이 대상물과 접촉한 이후 반영 활동보다 더욱 광범위하고 무한하며, 더욱 미묘하고 신비한 동시에 시적 정취가 더욱 풍부한 심리활동이다.

중국과 서양의 고전 문론에는 매우 큰 차이가 있기는 하지만, 그렇다고 유사한 부분이 없다고는 할 수 없다.

서양의 모방설은 문학예술이 외부 세계에 대한 모방이라고 주장하는데, 그 중에 매우 중요한 조건이 바로 반드시 모방되어지는 대상이 있어야 모방이 가능하다는 점이다. 이 모방의 대상이 바로 작가가 마주하게 되는 외부 세계이다. 외부 세계가 모방자의 흥미를 끌게 됨으로써 모방의 동기가 생겨나게 되고, 그런 후에 모방 행위가 발생하게 된다. 여기서 외부 세계의 자극이 바로 문학예술의 최초의 본체임을 알 수 있다. 중국 고대의 문학예술 본체론에 대한 최초의 논술은 《예기 악기礼記·樂記》로 거슬러 올라가게 된다. 《예기·악기》는 중국에서 가장 이른 시기의 음악 이론 저작으로, 대략 전국시기에 책으로 만들어 졌다. 그 저자에 대해서는 여러 의견들이 있지만, 공자의 제자의 제자인 공손이公孫尼가 저술했다고 전해져 오고 있다.

> 대저 음악의 시작은 사람의 마음에서 생겨나는 것이다. 사람 마음의 움직임은 사물이 그렇게 만든다. 사물에 감응하여 움직이니, 그리하여 소리가 만들어진다. 소리가 서로 감응한 변화가 생기게 되고, 변화 속에서 규칙이 만들어지니, 이를 일러 음이라고 한다. 음을 조합하여 연주를 하니, 그것이 춤출 때 사용하는 도구인 방패와 도끼와 새의 깃털과 소털 장식에까지 미치게 되는데, 이를 일러 악이라고 한다. 악이란 음에서 생겨난 것이다. 그 근본은 사람의 마음이 사물에 감응함에 있는 것이다.
> 凡音之起, 由人心生也. 人心之動, 物使之然也. 感於物而動,

故形於声. 声相応, 故生変, 変 成方, 謂之音. 比音而楽之, 及干戚羽旄,

謂之楽. 楽者, 音之所由生也. 其本在人心之感於 物也.[2]

여기서 말하는 "악(樂)"은 음악이 아니다. 그것은 춤과 시가(가사)와 음악이 하나로 어우러진 종합예술로서의 "악"이다. 여기서는 문학을 포함한 문학예술의 탄생이 사람의 마음이 외재 사물에 반응하여 생겨났음을 말하고 있다. 〈악기〉에서 "감물"설(또는 "물감物感"설이라고 하기도 한다.)을 제기한 이후 후대의 많은 이론가들이 이 설을 지지하였다. 육기는 《문부文賦》에서 "감물"에 대해 매우 구체적으로 서술하고 있다.

사계의 변화 쫓아 세월의 흐름을 한탄하며, 만물을 바라보니 온갖 생각이 어지럽게 일어난다. 쓸쓸한 가을의 낙엽을 슬퍼하기도 하고, 따스한 봄날의 물오른 나뭇가지에 기뻐하기도 한다. 마음은 늠름하게 추상같은 웅지를 품기도 하고, 뜻은 고원하여 흘러가는 구름을 마주하네.
遵四時以嘆逝, 瞻万物而思紛. 悲落葉于勁秋, 喜柔條于芳春. 心懍懍以懷霜, 志眇眇而臨雲.[3]

그 의미는 "사계절"의 변화는 사람들의 탄식을 자아내게 하고, 만물은 시인의 "사색"을 불러일으키니, 쓸쓸한 가을 바람에 떨어지는 낙엽은 사람들의 우수를 자아내며, 봄날의 부드러운 새싹들은 기쁨을 불러일으킨다는 것이다. 또한 가을날의 서리를 생각함에 마음이 차가워지고, 흘러가는 하얀 구름을 마주하니 뜻이 고원해진다는 말이다.

---

2) (원) 진호陳浩 주, 〈악기〉, 《예기집설礼記集說》 (상하이, 상하이고적출판사, 1987.) 20페이지. 이 책에서는 공손니公孫尼의 저작으로 전하고 있다.
3) 진타오성金濤聲 점교, 《육기집陸機集》 (베이징, 중화서국, 1982.) 1페이지 참고.

육기는 시적 언어로 인간의 여러 감정들이 근거없이 생겨나는 것이 아니라고 설명하고 있다. 외재 사물의 변화가 감정의 변화의 근거가 된다는 것이다. 만물에 대한 감응이 없다면 심금을 울리는 시적 정감도 있을 수 없다는 말이다. 이러한 "사물과의 감응" 이론은 유협에게서 더욱 발전하게 되었다.

> 사람은 하늘로부터 일곱 가지 감정을 부여받았으니, 사물에
> 응하여 감정이 생겨나고, 사물에 감응하여 마음 속 뜻을 읊조리니,
> 자연스럽지 아니한 것이 없다.
> 人稟七情, 応物斯感, 感物吟志, 莫非自然.[4]

여기서 유협은 "사물에 감응하여 마음 속 뜻을 읊조리게 된다"고 주장하면서, 객관적 대상으로서의 "사물"과 주체 심리활동으로서의 "감응", 그리고 내면적 형식화로써의 "읊조림", 작품의 실체로서의 "뜻"과 같은 문학 활동의 몇 가지 요소들이 연결되어 전체를 이루게 된다고 설명하고 있으며, 또한 문학의 네 가지 요소 간의 긴밀한 연계는 매우 가치 있는 이론임을 보여주고 있다. 여기서 우리는 먼저 문학 본체의 첫 번째 과정으로서의 "감물"에 대해 살펴보도록 하자. "감"은 문학 주체의 심리 활동이며, "물"은 "감"이라는 이 심리 활동의 대상물로, 물질적 속성을 가지고 있다. 이 두 가지를 연결하여 살펴보면, "감물"은 바로 "심리—물리"적 층차의 활동이며, 문학 본체론은 우선 "감물"의 심리활동 속에 들어 있는 것이다. "감물"설을 더욱 분명하게 분석하기 위해, 여기서는 《문심조룡》에서 언급하고 있는 "감물"에 대해 "감"과 "물"로 나누어 알아보고 난 후 다시 전체적으로 알아보도록 하겠다.

우선, "감"에 대해 알아보자. "感(감)"자는 《문심조룡》에서 여러 차례 출현하고 있다.

---

4) (남조) 유협 저, 판원란 주, 《문심조룡주》 65페이지.

그런 까닭에 굴원과 송옥이 원망의 감정을 서술하니, 사람들의 가슴을 먹먹하게 하여 쉽게 감동을 주는 것이다.

故其敍情怨, 則鬱伊而易感.[5]

악부의 정감은 현악기와 관악기에 영향을 주었고, 기개는 타악기를 변화시켰다.

志感絲篁, 氣變金石.[6]

환담은 너무나 고심하여 병이 들었고, 왕충은 너무 심사숙고하여 기력이 다하였다.

桓譚疾感於苦思, 王充氣竭於思慮.[7]

이로써 시인이 사물과 감응하면 그 연상이 끝없이 펼쳐지게 된다.

是以詩人感物, 聯類不窮.[8]

대저 봄에 양의 기운이 싹 터면 개미들도 기어 나오고, 가을의 음의 기운이 뭉치면 사마귀도 먹이를 먹고 겨울 날 준비를 한다. 작은 벌레들 조차도 이처럼 계절의 변화를 느끼니, 이는 네 계절의 변화가 만물을 움직이게 함이 깊기 때문이다.

蓋陽氣萌而玄駒步, 陰律凝而丹鳥羞, 微虫猶或入感, 四時之動物深矣.[9]

---

5) (남조) 유협 저, 판원란 주, 《문심조룡주》 47 페이지.
6) 위의 책 101 페이지.
7) 위의 책 494 페이지.
8) 위의 책 693 페이지.
9) 위의 책 693 페이지.

사람은 하늘로부터 일곱 가지 감정을 부여받으니, 사물에 응하여 느낌이 나눠지고, 사물에 감응하여 마음 속 뜻을 읊조리니, 자연스럽지 아니한 것이 없다.

人稟七情, 応物斯感, 感物吟志, 莫非自然.[10]

신령에게 빌어 귀감을 취하고, 구천을 가리켜 증거로 삼으니, 격정으로써 정성을 세우고, 절실함으로 문사를 풀어나가니, 이것이 맹세의 글에서는 공통된 것이다.

祈幽靈以取鑒, 指九天以爲正, 感激以立誠, 切至以敷辭, 此其所同也.[11]

시경은 육의로 묶이는데, 풍이 첫 번째이니, 이는 백성을 감화시키는 근본이며, 작가 내면의 정감과 기질을 드러내는 신표이기 때문이다.

詩總六義, 風冠其首, 斯乃化感之本源, 志氣之符契也.[12]

(주역) 건괘를 설명하는 (원형이정)의 네 덕목은 구절구절 서로 맞물려 있으며, 용이나 호랑이 류의 감응은 글자글자마다 서로 짝을 이룬다.

序乾四德, 則句句相銜. 龍虎類感, 則字字相儷.[13]

위의 열 가지 사례에서는 모두 "感感"자가 사용되고 있다. 그 중에서 여덟 번째의

---

10) 위의 책 65 페이지.
11) 위의 책 178 페이지.
12) 위의 책 513 페이지.
13) 위의 책 588 페이지.

"감격感激"이 "감동과 격정"의 의미로, 아홉 번째의 "화감化感"은 "교육과 감화"의 의미로, 열 번째의 "유감類感"은 "유사한 것끼리의 상호 감응"의 의미로 사용된 것 이외에, 앞의 여섯 구절에서 사용되고 있는 "감"의 의미는 시인의 창작 심리 활동을 말한다.

다섯 번째에서는 표면적으로는 "작은 벌레들"들이 "자연의 변화를 느낌"을 말하고 있지만, 이 구절 뒤에 이어진 내용을 보면, 그 의미가 "작은 벌레들조차도 계절의 변화를 느끼는데 하물며 백옥 같은 "지혜의 마음"을 가지고 있는 사람은 더더욱 주위 사물의 변화에 감화되어진다는 뜻이다. 그러므로 유협은 대다수 상황에서 주체의 미묘한 심리 활동을 강조하는 의미로 "감"자를 사용하고 있음을 알 수 있다. 시인이 충분히 "감응"한다는 것은 우선은 "정(情)"이 있기 때문인데, 이 "정"은 선천적인 것이다. 《예기·예운礼記·礼運》편에서는 "무엇을 인정이라고 하는가? 기쁨과 성냄, 슬픔, 즐거움, 두려움, 사랑, 미워함, 욕망으로, 이 일곱 가지는 배워서 할 수 있는 것이 아니다.[何謂人情? 喜怒哀樂懼愛郡欲, 七者非學而能.]"라고 말하고 있다. 이러한 일곱 가지의 감정은 선천적으로 타고난 것이어서 배울 필요가 없는 것이다. "인간은 일곱 가지 감정을 하늘로부터 부여 받았기" 때문에 비로소 "사물에 응하여 느낌이 나뉘므로, "정(情)"은 "느낌(感)"의 전제 조건으로, 정이 없으면 느낌도 있을 수 없다는 것이다.

그렇다면, "느낌"의 진실 된 함의는 무엇인가? 《설문說文》에서는 "느낌은 사람의 마음을 움직이는 것이다.[感, 動人心也.]"라고 했다. 이른바 "사람의 마음을 움직인다"는 말에는 감응(感応)과 감동(感動)과 감흥(感興), 감오(感悟:느껴 깨달음) 등이 포함되며, 그 이후에 감상(感想), 감정(感情), 추억, 연상, 상상, 환상 등이 일어나게 되는 것이다. "감물感物"도 바로 "응물応物", 즉 사물과의 접촉이다. "응물사감応物斯感"의 뜻은 사물과 접촉하여 주체의 사상 감정에 있어서 그에 상응하는 활동, 즉 감상과 감정과 기억, 상상과 연상, 그리고 환상 등의 활동을 불러일으키는 것을 말한다. 《전송문·부량 감물부서全宋文·傅亮,·応物賦序》에서는 "사물에 감응하여 생각이 일어나게 된다.[感物興思]"라고 했는데, 이는 "감(感—느낌, 감각)"의 작용을 비교적 분명하게 설명해 주고 있다. 이른바 "생각이 일어난다.[興思]"라는 것은 사물과의 접촉 후의 일어나는 활발한 심리 상태를 가리키는 것이다.

지적하고 싶은 점은 유협이 말했던 "감"은 일종의 심리 활동으로, 중간의 매개고리이다. 한쪽은 선천적인 "정감"과 그 대상인 "사물"이고, 다른 한쪽은 시적 의미를 만들어내는 "지(志)"이며, 그 중간에 "감"이라는 매개 고리가 있다는 것이다. 이것이 시의 본체론에서 가장 중요한 점이다. 또한 유협이 여기서 말하고 있는 "감"은 현재 우리가 말하는 "반영"과는 매우 다르다는 점을 짚고 넘어가야 한다. "반영"은 복제나 재현의 의미를 가지고 있다. 문학 반영론은 서구의 "지식론"[14]이 문학예술 이론에 반영되고 굴절된 것이다. 바꾸어 말하면 서양의 사상가들은 문학예술 또한 일종의 지식의 한 형식으로 보고 있는 것이다.

헤겔은 일찍이 "반영"이 곧 재현이며 복제의 의미라고 말했다. 그 결과 객관적 지식의 획득에 치우칠 수밖에 없었다. 그러나 유협을 포함한 중국인들이 말하는 "감"은 재현이나 복제, 복사, 모방의 의미가 아니다. 대상물이 불러일으키는 미묘하고 신비롭고 시적인 심리 활동인 것이다. 고대 중국에서는 서양에서처럼 문학예술을 "지식론"의 범주로 보는 것이 아니라 "인생 수양론"의 범주에 포함시킨다. 그래서 중국 고전 문론에서 비록 "재현"론 사상이 없는 것은 아니지만, 그다지 두드러지지 않다. 오히려 《예기·악기》에서부터 시작된 "감물"론을 더욱 더 부각시킨다. 유협이 여기서 말하고 있는 "감"— 감응과 감오, 감흥 등을 구체화하여 말하면 바로 앞에서 언급했던 육기의 《문부》에서 "사계의 변화 쫓아 세월의 흐름을 한탄하며, 만물을 바라보니 온갖 생각이 어지럽게 일어난다. 쓸쓸한 가을의 낙엽을 슬퍼하기도 하고, 따스한 봄날의 물오른 나뭇가지에 기뻐하기도

---

14) 서구의 문화적 시각에서 보면, 서양 사람들은 문학예술을 "지식"의 범주로 귀결시키고, 창작이 이러한 새로운 "지식"을 획득하는 것으로 본다. 그래서 고대 그리스 시대부터 시작하여 서양의 사상가들은 문학예술을 "모방"이라고 정의하면서 문학예술 작품의 "복제성"과 "재현성"을 강조해 왔다.

한다. 마음은 늠름하게 추상같은 웅지를 품기도 하고, 뜻은 고원하여 흘러가는 구름을 마주하네.[遵四時以嘆逝, 瞻万物而思紛. 悲落葉于勁秋, 喜柔条于芳春. 心懍懍以懷霜, 志眇眇而臨雲.]"라고 했던 말도 대상물의 형상과 내면 심리의 감정 간의 대응을 강조하고 있는 것이다.

사실, 《문심조룡·물색物色》편에서 음과 양의 기운의 변화에 따라 쓸쓸함이나 편안함을 느끼게 된다는 "음양참서陰陽慘舒"의 설이 어쩌면 고대 중국인들의 "감"에 함의를 더 잘 설명해 주고 있는지도 모르겠다.

봄과 가을이 차례대로 바뀌니, 가을의 음기에 마음이 쓸쓸해지고 봄의 양기에 마음이 편안해진다. 사물의 성색이 바뀌면 마음 또한 움직이게 되는 것이다.
春秋代序, 陰陽慘舒, 物色之動, 心亦搖焉.

사람의 감정은 사물에 따라 바뀌고, 문장의 언사는 정에 의해 펼쳐진다. 낙엽 한 장이나 새싹 하나로 속마음을 헤아리기도 하고 벌레 소리가 족히 마음을 이끌어 내기에 충분하다. 하물며 바람 맑고 달 밝은 밤이나 봄날 숲에 밝은 햇살이 비치는 아침이랴. 이 때문에 시인이 사물에 감응하니, 그 연상이 무궁한 것이다. 삼라만상 사이에서 노닐며 보고 듣는 것을 길게 읊조리는 것이다.
情以物遷, 辞以情発. 一葉且或迎意, 虫声有足引心. 況清風与明月同夜, 白日与春林共朝哉. 是以詩人感物, 聯類不窮. 流連万象之際, 沉吟視聴之区.[15]

이러한 말들은 동방의 "감응"과 서구의 "반영"의 차이점, 즉 "감응"이 반영처럼

---

15) (남조) 유협 저, 판원란 주, 《문심조룡주》 693 페이지.

외부의 사물을 충실하게 복제하는 것이나 거울에 비추는 과정이 아니라 대상물이 이끌어내는 감정의 대응과 흔들림과 활약과 펼쳐짐의 과정임을 더욱 구체적이고 상세하게 설명해주고 있다.

또한 이것이 시인이 대상물에 감응한 이후의 반영 활동보다 더욱 폭넓고 더욱 무한하며, 더욱 미묘하고 더욱 신비로운 동시에 또한 더욱 시적 의미가 풍부한 심리활동임을 설명해 주고 있다.

예를 들어, 앞에서 언급했던 가을과 겨울의 "음(陰)"의 기운은 "쓸쓸함"과 대응하며, 봄과 여름의 "양(陽)"의 기운은 "편안함"에 대응하는 것이다. 새싹이나 낙엽은 시인의 자유로운 상상을 이끌어내기에 충분하며, 작은 곤충 소리도 시인의 감정에 파장을 일으키기에 충분하다. 이것이야말로 시적이고 신비로운 심리 활동이 아니고 무엇이겠는가!

중국 시학에서 "흥"이라고 하는 이 범주를 강조하는 것은 동양식의 심리활동인 "감"과 매우 밀접한 관계가 있다. 앞에서 인용했던 부량의 "감물흥사"설 역시도 감물과 "흥"의 관계를 강조하는 것으로 이해할 수 있다. 정(情)과 물(物), 그리고 지(志) 중간에 매개 고리로 "감물"이 있다. 이 매개 고리가 있기 때문에 시인의 심미 심리가 활성화되고 적극적인 "무궁한 연상"이 출현하게 되는 것이다. 유협이 했던 "사물에 감응하여 마음 속 뜻을 읊조리니, 자연스럽지 않은 것이 없다."라는 말은 바로 대상인 객관적 "사물"에 반응해 주관적 "정감"이 일어나게 되는 시인의 심리활동으로, 그로 인해 마음 속의 "뜻"을 읊조리게 되니, 이것이 바로 시가 창작의 자연스런 법칙이라는 것이다.

유협이 시가 발생론의 입장에서 "감(感)"이라고 하는 심리 활동을 도출해 낸 이후 중국 고전 시론에서 더욱 자각적으로 "감"에 대한 해석과 그 응용이 이루어져 왔다. 그 중에서도 비교적 두드러진 것들을 소개하면 다음과 같다.

기가 사물을 움직이고 사물이 사람을 감동시키니 성정이 요동치게 되고, 춤과 노래가 행해졌다.

氣之動物, 物之感人, 故搖蕩性情, 行之舞詠. [16)]

감격함에 세월이 장차 저무니, 창망(滄茫)히 흥이 일어 신묘함이
깃듯듯하네.

感激時將晚, 蒼茫興有神. [17)]

무릇 문장이란 대부분이 감격에 기인하는 것이다.

凡所爲文, 多因感激. [18)]

사물에 감응하여 그 발단이 만들어지니, 쏟아져

感物造端, 發爲人文. [19)]

사물이 촉발하니, 감응이 따르게 되고, 시가 나오게 된다.

觸發焉, 感隨焉, 而是詩出焉. [20)]

그런 까닭에 세상에는 뿌리가 없는 싹이 없으며, 군자에게는 뿌리가
없는 정이란 없다. 근심과 즐거움이 그 속에 숨어 있으니, 이후에
외부의 사물에 감응이 촉발하게 된다.

故天下無不根之萌, 君子無不根之情, 憂楽潛之中, 以後感 觸
応於外. [21)]

---

16) (남조) 종영鍾嶸 저, 천옌제陳延杰 주, 《시품주詩品注》 1 페이지.
17) (당) 두보 저, (청)전겸익錢謙益 箋注, 《전주두시錢注杜詩》
   (상하이, 상하이고적출판사, 1979.) 상책, 281페이지.
18) (당) 원진元稹 저, 지친冀勤 점교, 《원진집元稹集》 (베이징, 중화서국, 1982) 상책, 406 페이지.
19) (당) 권덕여權德輿, 《권재지문집權載之文集》 (상하이, 상하이출판사, 1994.) 권35,
20) (송) 양만리楊万里, 〈답건강대부군고감문서달서答建康府大軍庫監門徐達書〉,
   《계재집誠齋集》 권67, 사부총간四部叢刊 본
21) (명) 이몽양李夢陽, 〈매월선생시집서梅月先生詩集序〉,
   차이징캉蔡景康 편선 《명대문론선明代文論選》 (베이징, 인민문학출판사, 1999.) 112 페이지.

위의 이러한 논술들을 통해 중국 본체론적 주체 심미 심리 활동 개념으로써의 "감"은 발전되고 완전해지게 되었다. 이로써 "감"은 중국 전통적 특색의 시학 이론에서 중요한 요소로 자리 잡게 되었다.

그 다음으로는 "감물"설의 "물"에 대해 이야기해보도록 하겠다.

일반 논자들은 "감물음지感物吟志" 중의 "물"을 "외재적 사물"로 이해하기도 하고 또 어떤 사람들은 "물"을 "절대적인 이념"으로 보기도 하는데, 이러한 견해들은 유협의 본의에는 부합하지 않는 듯하다. 우리가 느끼기에 "감물"설에서 거론하고 있는 "물"은 시인의 대상물로, 물론 최초의 순간에는 "외재적 사물"이었겠지만, 한 순간에 시인의 눈 속에 들어온 사물을 말하는 것이다.

1950년대 중국 미학의 대 논쟁 중에 베이징대학의 유명한 미학 교수 주광첸朱光潛 선생은 "사물 갑[物甲]"과 "사물 을[物乙]"의 개념을 제기하였다. 이른바 "사물 갑"은 사물 본연의 존재, 즉 순수한 "외재적 사물"을 말하는 것으로, 이것은 사람들의 의지의 전이와는 상관이 없는 객관적 존재이다. "사물 갑"은 과학의 대상으로, 시인이 아니라 과학자들의 관심 대상이다. 시인의 관심 대상은 "사물 을"이다. "사물 을"은 시인의 눈 속에 들어온 사물로, 외재적 사물과 시인의 주관이 결합된 성과이다.[22] 유협이 《문심조룡 · 전부詮賦》 편에서 했던

----

22) 주광첸 : "'사물의 형상'은 '물'이 인간의 기정(既定)의 주관조건(예를 들어 의식형태나 정취 등과 같은)의 영향 속에서 사람들의 의식에 반영된 결과이다. 그러므로 일종의 지식 형식일 수밖에 없다. 이 반영의 관계에 있어서 사물은 일차적인 것이고, 사물의 형상은 이차적인 것이다. 그러나 이 '사물의 형상'은 형성 과정에서 인식의 대상이 된다. 즉 대상이라는 측면에서 그것은 '사물'(우선 '사물 을'이라고 한다.)로 불리며, 원래 만들어진 형상의 그 '사물'(우선 '사물 갑'이라고 한다.)과는 다르다. '사물 갑'은 자연물이며, '사물 을'은 자연물로서의 객관적 조건에 인간의 주관적 조건의 영향이 더해져 만들어진 것이다. 그렇기 때문에 이미 단순한 자연물이 아니라, 인간의 주관적 요소가 가미되어 있는 자연물인 것이다. 바꾸어 말하면 이미 사회화된 사물인 것이다. 미감의 대상은 자연물이 아니라 사물의 형상으로서의 사회적인 사물이다. 미학에서 연구하는 것 역시도 이러한 사회적 사물이 어떻게 만들어지고 어떤 성질과 가치를 가지고 있는지, 어떤 역할을 하는지를 밝히는 것이다. 자연물(사회적 현상이 아직 예술적 형상이 되지 못했을 때는 역시 자연물로 볼 수 있다.)은 과학의 대상이다."(《주광첸 전집朱光潛全集》(허페이, 안후이교육출판사, 1993.) 제5권, 43페이지 참고.)

"물이정관物以情觀"이라는 말은 "감물설"의 "물"이 정감의 관조를 거친 후의 "사물", 즉 "사물 을"임을 분명하게 말해주고 있는 것이다. "사물 을"은 시인의 가슴 속의 "사물"로, 시인의 정감이 초보적으로 여과되어진 "사물"이기 때문에 사물의 "물리적 경계"가 아니라 사물의 "심리적 장"인 것이다. 그 원인은 시인이나 예술가가 "사물"과 만들어낸 심미적 관계 때문으로, 이 심미적 관계 속에서 사물은 이미 본연의 존재가 아니라 감정 세계 속의 존재가 되어버리기 때문이다.

우리가 "감물"의 "물"을 "사물 을"로 해독하는 것은 사실상 "물"을 작품의 "제재"로 이래하는 것이지 일반적 의미의 "생활"이 아니다. 생활은 시인이나 작가, 예술가의 바깥에 존재하지만, "제재"는 시인이나 작가, 예술가의 내면에 존재한다. 외재적 "사물 갑"은 시인의 정감 세계 속의 "사물 을"로 내면화되어 질 때에 비로소 시인의 "정감"이 될 수 있으며, 시의 "지(志)"는 직접적으로 외재적 "사물 갑"에서 오는 것이 아니라 시인의 "정감" 속에서 오는 것이기 때문에 "사물 을"은 이미 "정감" 속에 녹아있는 것이다. 그러므로 이 "사물 을"은 정감 속에 깃들어 있을 뿐만 아니라 개성화되어 있는 것으로, 유협의 말을 빌리자면 "본성과 분수를 따르는[隨性適分]" 것으로, 개성의 다름으로 인해 달라지는 것이다. 다른 사람의 마음 속의 "사물"과 나의 마음 속의 "사물"은 비록 동일한 대상으로 존재하지만, 나와 다른 사람이 보고 생각하는 "사물"은 다른 것이라는 말이다. 도연명의 "동쪽 울타리 아래에서 국화를 따다 홀연히 남산을 바라보네.[採菊東籬下, 悠然見南山.]"이라는 구절에서 "국화"나 "동쪽 울타리", "남산"은 사물이지만, 시인 밖에 존재하는 "사물 갑"이 아니라, 도연명의 정감 세계 속의 "사물 을"이며, 또한 도연명 개인 세계 속의 "사물 을"인 것이다. 다시 말해서 이 시구에서의 "국화", "동쪽 울타리", "남산"은 모두 도연명 개인의 것으로 다른 사람과는 상관이 없는 것들이라는 말이다.

만약 "감"이 "물"에 작용하게 된다면, "물"은 바로 마음에 대한 "물"의 반작용이다. 그러나 심리적 물리적 작용과 반작용으로만 "감물"을 이해한다면 그것은 옛 중국인들의 생각을 제대로 파악할 수 없다. 사실, "감물"은 "나"와 "물"의 기계적인 작용과 반작용이 아니다. 세계에는 세 종류의 관념이 존재한다고 할 수 있다.

만약 "감물"이 단순히 사물에서 마음으로 나아갔다가 마지막에는 마음이 사물로 돌아가는 것이어서 사물의 그 어떤 모습을 마음이 거울처럼 비춰준다고 한다면, 이것은 "물질 본연"의 관념이다. 서구의 모방설이 바로 일종의 "물질 본연"론의 산물이다. 만약 "물감"이 단순한 마음에서 사물로 나아가 마지막에 "사물"을 마음으로 귀결시킴으로써 마음이 어떠한지에 따라 사물이 어떠하다고 본다면, 그것은 "마음 본연"의 관념으로 서양에서 일어난 낭만주의나 현대주의가 기본적으로 이 "마음 본연"론의 산물이다. 만약 "감물"이 마음이 사물로, 또 사물이 마음으로 돌아가는 것이며, 마음이 사물 속으로, 또 사물이 마음 속으로 스며드는 마음과 사물이 서로 교감하고 응답하는 것으로 본다면 그것은 일종의 심물 일체론(心物一体論)의 관념이다. 고대 중국의 유가와 도가는 모두 이 심물 일체론 관념을 견지하였다. 이러한 심물 일체론 관념에서는 세계의 모든 자연물은 생명이 있고 사람도 역시 자연물의 일부로 생명을 가지고 있다고 여긴다.

사람의 생명활동은 자신의 생명 정감을 외부의 자연과 산천, 꽃과 새와 물고기와 곤충 등 자연물에 유출시킨다. 그리고 자연산천과 새와 꽃과 물고기와 곤충 역시도 인간의 생명 활동 속으로 스며들어 온다. 바로 이처럼 생명체의 상호 융화 속에서 시적 정취가 자연스럽게 생겨나는 것이다. 이백의〈독좌경정산獨坐敬亭山〉이란 시를 보자.

> 뭇 새들 높이 날아 사라지니,
> 고독한 구름만이 홀로 한가로이 떠가네.
> 서로 바라보아도 지겹지 아니한 것은
> 오직 경정산뿐이로다.
> 衆鳥高飛盡, 孤雲獨去閑. 相看兩不厭, ?有敬亭山.

과거 이 시를 해석하면서, 중국의 전통적 "의인화" 이론을 적용하거나, 서구의 "감정이입" 이론을 적용하곤 하였는데, 전자는 시인이 "구름"과 "산"을 사람에 비유하였다고 해석하였고, 후자는 시인이 자신의 감정을 "구름"과 "산"에 이입했다고 해석했다. 이 두 해석은 모두 시인의 주체적이고 의도적인 노력의 결과를 강조하고 있어서 이백의 시적 정감 자체와는 거리가 있다. 사실 이백은 이 시에서 진정한 "감물"을 보여주고 있다. 그는 자신을 하나의 주체로 보지 않았으며, 또한 "구름"과 "산"을 객체로 설정하지 않았다.

시를 쓰는 순간에 그는 자신이 한 인간이라는 것을 잊었을 뿐만 아니라 "구름"과 "산"이 "사물"이라는 사실도 잊었다. 그의 생명과 사물의 생명이 하나가 된 것이다. 바꾸어 말하면 인간과 자연 산천이 서로 왕래함에 주체니 객체니 하는 구분이 없다. 우리는 "감물"설의 진정한 의미가 여기에 있다고 본다. "감물"설은 사물에서 나(자아)로 나아가는 것인 동시에 나(자아)에서 사물로 나아가는 것으로, 사물과 자아가 서로 주고받으며 교감하는 것이다. 현대적 관점에서 보면, 문학 본체론의 "물리－심리" 범위일 뿐이다. "감물"설은 이후에 중점적으로 논하게 될 "천인합일天人合一"과도 밀접한 관계가 있다. 이에 대해서는 나중에 다시 심도 있게 다루도록 하겠다.

2. "언지言志" ― 두 번째 연쇄관념

중국 문론 중에서의 "언지"설은 과정을 겪으며 발전하였다. "언지"설의 발단은 종교 활동과 관련이 있었는데, 이후에 정치적 교육적 "교화" 활동으로 발전하였고, 또 그 이후에는 사교 장소에서의 "시를 지어서 뜻을 전하는" 형식으로, 그리고 다시 "성정에 대한 읊조림"의 문학적 "언지" 창작론으로 발전하였다. 하나의 이념으로서의 "언지"는 한대의 《시대서詩大序》에서 비로소 그 형태를 갖추어 이후의 조비, 육기의 노력을 거치면서 유협의 《문심조룡》에 이르러 마침내 더욱 풍부해지고 성숙되었다. "감물음지"설은 "언지"설의 완성이라고 할 수 있다.

"감물"은 문학의 서정적 정취 탄생의 첫 번째 조건이다. 그러나 "감물" 중에 출현하게 되는 이러한 서정적 정취는 여전히 분산적이고 어수선한 상태이다. 이어서 이 서정적 정취는 의미 있는 정취로 다듬어지게 되는데, 이때 문학 활동은 두 번째 층차의 본체론이 필요하게 된다.

그리하여 "언지言志"나 "연정緣情", "음지吟志" 등의 문제도 제기되는 것이다.

"시언지"는 선진 시기 시가의 특성에 대한 총체적 견해이다. 이는 후대의 시인들에 의해 중국 시학의 강령으로 일컬어졌다. "시언지"를 누가 최초로 제기했는지에 대해서는 알 수가 없다. 현재 문자 기록으로는 《상서·요전尚書·堯典》에 나와 있다.

> 시는 뜻을 말한 것이며, 노래는 말을 길게 늘린 것이며, 소리는
> 가락에 맞게 하고, 음율(성률)은 소리를 조화시켜야 한다.
> 詩言志, 歌永言, 聲依永, 律和聲.[23]

그 의미는 시란 사상 감정이나 의사를 표현한 것이고, 노래란 언어를 길게 읊조려 낸 것이며, 소리는 길게 읊조림에 따라 고저와 장단이 있게 되고, 음율은 듣기에 좋게 소리를 조화롭게 해야 한다는 것이다. 어떤 사람은 이것을 금문(今文) 《상서》로, 전국 시대에 지어진 것이라고 하기도 한다. 만약 그렇다면 《좌전 양공27년》의 "《시경》으로 뜻을 말하였다.[《詩》以言志]"라는 기록은 "시언지"와 관련된 최초의 기록일 것이다. 이 밖에도 《장자·천하天下》편의 "시로써 뜻을 말한다.[詩以道志]", 《순자·유효儒效》편의 "시가 말하는 것은

---

23) (청) 모정牟庭 편, 《동문상서同文尚書》(선진시기에 책 엮음, 지난, 제노서사, 1981.)
   상책, 138 페이지.

그 뜻이다.[詩言是其志]", 그리고 《예기 · 악기》편의 "시란 그 뜻을 말함이다. 노래는 기 소리를 읊조리는 것이다. 춤은 그 모습을 움직이는 것이다. 이 세 가지는 마음을 근본으로 하며, 그런 연후에 악기가 그것을 따르게 된다.[詩, 言其志也. 歌, 詠其聲也. 舞, 動其容也. 三者本於心, 然後樂器從之.]"는 등의 설이 있는데, 이것들은 모두 선진 시기 사람들의 시에 대한 보편적이고 소박한 생각들을 반영해 주고 있는 것이다. 현재의 문제는 "시언지"설이 어떻게 만들어지게 되었으며, 그 함의는 무엇인가 하는 것이다. 여기서는 이 두 문제에 대한 해답 찾기를 시도해 보고자 한다.

1) "시언지"는 어떻게 만들어지게 되었나?

이 문제에 대한 대답을 위해서는 우선 원시시대의 중국에는 독립적인 시가 없었으며, 시와 노래와 춤이 하나로 결합되어 있었음을 설명해야 한다. 《여씨춘추 고악呂氏春秋 · 古樂》에서는 다음과 같이 기록하고 있다.

> 옛날 갈천 씨의 음악은 세 사람이 소의 꼬리를 잡고 발을 구르며
> 여덟 곡의 노래를 했는데, 첫째는 재민이고, 둘째는 현조이며.
> 셋째는 수초목, 넷째는 분오곡, 다섯째는 경천상, 여섯째는 달제공,
> 일곱째는 의지덕, 여덟째는 총만물지극이었다.
> 昔葛天氏之樂, 三人摻牛尾, 投足以歌八闋 : 一曰載民, 二曰玄鳥,
> 三曰遂草木, 四曰奮五 穀, 五曰敬天常, 六曰達帝功, 七曰依地德,
> 八曰總万物之極.[24]

---

24) 가오요우高誘 주, 《여씨춘추呂氏春秋》, 여불위와 그의 빈객이 지었다고 전해진다.
   《제자집성》(상하이, 상하이서점, 1986.) 제 8책 31페이지에 보임,

위에서는 원시 예술에 대해 상세하게 서술하고 있는데, 이러한 서술은 이후 사람들의 관념이 가미되었을 가능성이 크기는 하지만, 대체적으로 상당히 정확해 보인다. 최초의 예술은 시와 노래와 춤이 하나로 결합된 형태였다는 것이다. 즉 고대인들은 노래를 부르며 춤을 추었으며, 그 노래 속에는 시적 요소가 들어가 있었다는 것이다.

시와 음악과 춤이 삼위일체의 예술적 특징은 최초의 시가 독립적인 존재가 아니었음을 설명해 주고 있ㄷ. 실제로 이후의 《시경》 역시도 음악과 함께 불렸던 것이었는데, 그 음악이 실전된 것이었다. 그렇다면, 왜 최초의 예술은 이러한 종합예술의 형태를 띠었을까? 이것은 예술의 최초의 역할과 매우 밀접한 관계가 있다. 그리고 "시언지"에 대한 연구도 여기서부터 출발해야 한다. 시를 포함한 중국 예술의 역할은 다음의 4단계로 나누어 볼 수 있을 것이다.

첫 번째는 시가 발전의 종교적 단계이다. 고대 중국인들의 최초의 예술 활동은 종교 활동으로 시작되었다. 예를 들어, 위에서 언급한 "갈천 씨의 음악"은 집단 예술 공연활동이었으며, 하늘에 풍성한 수확을 기원하는 일종의 무속의식으로, 주로 공리성과 응용성을 목적으로 하는 것이었다. 예를 들어, 《예기·교희생礼記·郊犧牲》편의 "흙은 땅으로 돌아가고, 물은 골짜기로 돌아가며, 곤충이 생겨나지 않고, 초목은 연못으로 돌아가게 해 주소서.[土返其宅, 手帰其壑, 昆虫無作, 草木帰其沢.]"라는 기록 역시도 음악과 춤이 함께 어우러진 기도문(주문)으로 이러한 주문을 통해서 노래 속에서 말하고 있는 목적이 이루어지길 희망했던 것이다.

《시경》에는 제사목적으로 쓰여 진 많은 가사들이 남아 있다. 이러한 것들은 모두 최초의 시가가 독립된 것이 아니었으며, 또한 그 역할도 '언지'가 아니라 종교적인 것이었음을 설명해주고 있다. 이러한 시가 활동의 원시적 형태는 시가 창작 활동이 인류의 노동과 직접적인 관계가 있으며, 매우 오랜 시간 동안 시가 이러한 종교적 기능을 유지하고 있었음을 보여준다. 이러한 시가의 종교적 기능에는 무속, 제사, 점복 등이 포함된다.

두 번째는 시가 발전의 정치적 단계이다. 서주(西周) 왕조의 건립으로 예악(礼樂) 제도의 탄생과 함께 정치권력 구조가 사회의 중심으로 자리 잡게 되었고, 시가의 정치적 기능도 이와 상응하여 부각되기 시작했다. 이 시기 시와 음악과 춤이 결합된 종교적 기능이 아직 유지되고 있기는 했지만, 당시의 헌시(獻詩) 제도가 "노래로 정치의 잘잘못을 구별하는[辨妖祥於謠]" 점복의 기능을 가지고 있기는 했지만, 시 악 무(詩樂舞)의 중요한 역할은 이미 정치적 측면으로 바뀌었다. 주대의 헌시나 채시(采詩) 제도는 매우 강한 목적성을 띠고 있었다.

> 고로, 천자 정치를 들음에 공과 경에서부터 열사에 이르기까지는 시를, 악태사(樂太師)에게는 노래를, 태사(太史)에게는 책을 바치게 했다. 소사(하급 악관)에게는 잠을, 수(소경)에게는 부를, 몽에게는 송을, 백공들에게는 간을, 서민들에게는 전하는 말을 바치게 했습니다. 가까운 신하들은 규간을 다하게 하고, 친척들은 놓친 것을 보완하여 살피고, 악태사와 태사는 가르침을 펼치게 하며, 소사와 소전으로 하여금 그것을 편찬하게 한 후에 왕이 그것들을 헤아렸다.
>
> 故天子聽政, 使公卿至於列士献詩, 瞽献曲, 史献書, 師箴, 瞍賦, 矇誦, 百工諫, 庶人伝 語. 近臣尽規, 親戚補察, 瞽史教誨, 耆艾修之, 而後王斟酌焉.[25]

내가 듣기에 옛날의 왕은 정치적 덕망이 이루어졌음에도 또 백성들의 소리를 듣는다고 하였다. 그리하여 악공에게 조정에서 풍간을 낭송하게 하였으며, 조정에 나열한 관리들에게 시를 바쳐 미혹함에 빠지지 않도록 했으며, 저자거리에서 오가는 풍문도 모아 들었으며, 민요에서 정사의 잘잘못을 변별하였으며, 조정에서

---

25) 상하이사범대학 고적 정리 팀 교점, 《국어國語》 상책, 9~10 페이지.

백관의 업적을 평가하고 저자거리에서 칭찬과 비방을 물었다.

吾聞古之王者, 政德既成, 又聽於民, 於是乎使工誦諫於朝,
在列者献詩使勿兜. 風聴臚言 於市, 辨祅祥於謠, 考百事於朝,
問謗誉於路.[26]

왕 이하로는 모두 부모와 형제가 있어서 그 정령의 득실을 살펴
잘못을 보완하게 하며, 태사는 책으로, 태악사는 시로써 간언을
올리고, 백공은 송과 잠과 간으로, 대부는 규로, 사는 말을 전하여
간언하며, 서민들은 풍자로, 상인 집단은 저자거리에서 득실을
따지고 백공은 기예를 바쳐 풍간을 올렸다.

自王以下各有父兄子弟以補察其政, 史爲書, 瞽爲詩, 工誦箴諫,
大夫規悔, 士伝言, 庶人謗, 商旅於市, 百工獻芸.[27]

이러한 내용들은 서주 시기 "헌시"와 관련된 기록들이며, 조금 뒤의 문헌에는
"채시" 관련 기록들도 있다.

(매년) 초봄이 되어 모여 살던 백성들이 들판으로 흩어질 때면
행인들이 길에서 목탁을 두드리며 시를 채집하여 태사에게 바치며,
그 음율을 비교하여 천자에게 들려준다. .

孟春之月, 群居者將散, 行人振木鐸徇於路以采詩, 獻之太師,
比其音律, 以聞於天子.

이러한 기록들은 모두 주나라 때 "헌시"와 "채시" 제도가 확립되었음을

---

26) 위의 책 410 페이지

27) 양보쥔楊伯峻, 《춘추좌전주 양공 14년春秋左伝注 襄公十四年》
(베이징, 중화서국, 1981.) 1017페이지.

설명해주며, 이는 예악제도와 불가분의 관계를 가지고 있고 또한 그 목적이 백성들의 민의를 수렴하기 위한 것으로, "정령을 보완하여 살핌"으로써 통치자들이 이러한 미의를 근거로 정사의 득실을 짐작하였던 것이다.

당연히 이른바 "정치의 잘잘못을 변별"하는 종교적 요소 역시도 아직 존재하고 있었지만 그것은 이미 주류가 아니었다. 시가 활동에 정치적 요소가 추가되었을 뿐만 아니라 이것이 주요한 기능으로 자리매김하게 되었던 것이다. 《좌전》에 상세하게 기록되어 있는 오나라 태자 계찰季札이 주나라의 음악을 살핀다는 내용은 이미 일종의 정치적 활동으로 종교적 기능은 사라져 버렸다. 시가의 기능이 종교에서 정치로 바뀜은 매우 중요한 의미를 가지고 있다.

가장 중요한 점은 "정치적 상황을 보완하여 살핀다"는 목적이 두드러지면서 시와 음악, 그리고 무용을 점차 분리시키면서 시의 언어적 의미가 부각되었다는 점이다. 그래서 임금은 이를 통해 민의를 수렴할 뿐만 아니라 시가 가지고 있는 의미도 중시하지 않을 수 없게 되었다. 이것이 바로 "시언지"설의 출현을 위한 조건을 제공해주었던 것이다.

세 번째는 시가 발전의 교육 및 사교적 역할 단계이다. 시가의 정치적 기능과 관련하여, 시가의 교육적 사교적 기능 역시도 강조되게 되었다. 시가 교육의 중요한 내용으로 자리 잡게 된 것이다. 예를 들어 《주례·춘관周礼·春官》편에는 주나라 대의 교육 제도에 관해 기록하고 있는데, 그 중에 "대사는 육율과 육동을 관장하며 육시를 가르쳤다.[大師掌六律六同教六詩.]"라는 내용이 들어 있다. 시가 교육 과목으로 편입된 이후 모두들 육시에 대해 익숙해지게 되었고, 그리하여 시를 짓고 인용하는 활동들도 활발해지면서 시는 사교 활동에 포함되게 되었다. 먼저 시를 짓는 것이 일종의 예절이자 의식으로 자리 잡게 되면서 신분에 따라 그에 맞는 시를 짓게 되었다. 정현鄭玄이 주석한 《시경》에서는 "향악은 풍이다. 소아는 제후의 음악이며, 대아와 송은 천자의 음악이다.[鄕樂者, 風也. 小雅爲諸侯之樂, 大雅頌爲天子之樂.]"라고 했다.

이 말은 사실과 부합했다. 연회 음악도 엄격히 규정을 정해놓고 함부로 하지 못하게 했다. 이후에 예악이 붕괴되자 혼란한 상황이 출현하게 되었는데, 예를 들면 제후가 천자의 음악을 사용하는 등으로, 이것은 시와 음악의 운용에는 정치적 필요뿐만 아니라 시의 문자적 의미도 매우 강조되고 있었음을 보여주는 것이다. 동시에 시를 짓고 인용하는 활동은 사교 및 외교 활동에도 광범위하게 운용되기 시작했다. 이와 관련된 내용들은 《좌전》, 《국어》, 《논어》 등에 많이 묘사되어 있다. 이러한 시를 짓고 인용하는 활동은 개인적인 수양뿐만 아니라 개개인의 "(외교 상의) 전문적인 응대[專對]" 능력도 보여주는 것이었다. 그리하여 시와 음악 가운데 문자 언어의 의미가 더욱 두드러지게 되었다. 이로써 "시언지" 이론의 탄생이 막바지에 이르게 되었다.

네 번째, 시가 발전의 언지 단계이다. 시와 음악의 정치적, 교육적 사교적 기능이 충분히 발휘됨으로써 시가 창작의 언지 활동이 마침내 성숙한 단계로 접어들게 된 것이다. 《좌전·양공 27년襄公二十七年》에 언지의 시가창작 실제 사례가 기록되어 있다.

> 정백이 수롱에서 연회를 열어 조맹(조무)을 접대할 때 자전, 백유, 자서, 자산, 자태숙과 두 자석(인단과 공손단)이 시중을 들었다. 조맹이 말하길, "일곱 분이 임금님을 시종하여 저를 총애하여 주시니, 모두 시를 지어 임금님이 내리신 이 연회를 잘 마치기 바랍니다. 나 또한 시를 듣고서 일곱 분의 뜻을 살펴보겠습니다."라고 하였다. 자전이 〈초충편〉을 읊자, 조맹이 말하기를 "훌륭합니다. 그대는 백성들의 주인이라 할 수 있겠으나 저 조무는 그러기엔 부족합니다."라고 하였다. 백유가 〈순지분분〉 편을 읊자 조맹이 "잠자리에서의 말은 문지방을 넘지 않아야 하는데 하물며 들판에서 이겠습니까? 사신이 들을 수 있는 말이 아닙니다."고 하였다. 자서가 〈서묘〉 편의 4장을 읊자, 조맹이 "저의 임금께서 계시거늘 제가 무슨 능력이 있겠습니까?"라고 하였다. 자산이 〈습상〉 편을 읊자 조맹이

"제가 그 마지막 장을 듣길 청합니다."라고 하였다. 자태숙이 〈야유만초〉 편을 읊자, 조맹이 "그대의 은혜입니다."고 하였다. 인단이 〈실솔〉 편을 읊자 조맹이 "훌륭합니다. 집안을 보존할 주인이니, 제가 기대해 보겠습니다."라고 하였다. 공손 단이 〈상호〉 편을 읊자, 조맹이 "사람을 사귐에 있어 교만하지 않으니 복이 어디로 가겠습니까? 이 말을 잘 지킨다면 복록을 사양하고자 한들 사양할 수 있겠습니까?"라고 하였다.

연회를 마친 뒤에 문자(조무)가 숙향에게 말하길, "백유는 장차 죽임을 당하게 될 것입니다. 시는 자신의 뜻을 말하는 것인데, 그의 뜻은 임금을 모함하고 공공연히 원망하며, 또 이로써 빈객을 영광스럽게 하였으니 어찌 오래 살 수 있겠습니까? 지금 죽지 않은 것은 다행이나 머지않아 죽게 될 것입니다."라고 하니, 숙향이 말하기를 "그렇습니다. 너무 오만하니 이른바 '5년을 넘기지 못할 것이다.'는 말이 바로 저 사람을 두고 한 말일 것입니다."고 하였다. 문자가 말하기를 "그 나머지 사람들은 모두 여러 대를 전할 주인이지만 그 중에 자전이 가장 뒤에 망할 사람이니 윗자리에 있으면서 자신을 낮추기를 잊지 않습니다. 인 씨가 그 다음으로 오래갈 사람이니 즐기면서도 자기 직무에 소홀하지 않습니다. 즐거움으로 백성들을 편안케 하고, 과도하게 백성을 부리지 않으니 남보다 뒤에 망하는 것이 당연하지 않습니까?"라고 하였다.

鄭伯享趙孟於垂隴, 子展, 伯有, 子西, 子産, 子大叔, 二子石從. 趙孟曰: "七子從君, 以寵武也. 請皆賦以卒君貺, 武亦以観七子之志." 子展賦《草虫》, 趙孟曰: "善哉, 民之主也. 抑武也, 不足以当之." 伯有賦《鶉之賁賁》, 趙孟曰: "牀笫之言不踰閾, 況在野乎! 非使人之所得聞也." 子西賦《黍苗》之四章, 趙孟曰: "寡君在, 武何能焉?" 子産賦《隰桑》, 趙孟曰: "武請受其卒章." 子大叔賦《野有蔓草》,

趙孟曰："吾子之惠也."印段賦《蟋蟀》, 趙孟曰："善 哉, 保家之主也, 吾有望矣." 公孫段賦《桑扈》, 趙孟曰："匪交匪敖, 福將焉往？若保是言也, 欲辭福祿, 得乎？"

卒享, 文子告叔向曰："伯有將為戮矣. 詩以言志, 志誣其上, 而公怨之, 以為賓榮, 其能久 乎？幸而後亡." 叔向曰："然, 已侈. 所謂不及五稔者, 夫子之謂矣." 文子曰："其余皆数世 之主也. 子展其後亡者也, 在上不忘降. 印氏其次也, 楽而不荒. 楽以安民, 不淫以使之, 後 亡, 不亦可乎？"[28]

조맹은 진(晉) 나라에서 정(鄭) 나라로 파견된 중요한 사신으로, 조맹이 제기한 칠자동부(七子同賦)의 목적은 바로 "일곱 명의 뜻을 살피기" 위한 것이었다. 일곱 명 중 6명이 읊은 시는 비록 조금씩 차이는 있으나 조맹을 칭찬하는 의미에 불과했다. 그러나 백유가 읊은 시 〈순지분분鶉之賁賁〉은 원래 음탕함으로 정사를 망친 위나라 임금을 풍자한 작품으로, 그 내용 중에 "착하지 못한 사람을 나는 형으로 모셔야하네.[人之無良, 我以爲兄]", "착하지 못한 사람을 임금으로 모셔야 하네[人之無良, 我以爲君]"라는 원망의 말이 들어 있는데, 정백이 손님을 초대하여 접대하는 상황에서 백유가 이 시를 읊었다는 것은 정백을 풍자한 것이 분명해 보인다.

그래서 조맹이 듣고서는 정백에 대한 백유의 원망을 알아채고서는 "잠자리에서의 말은 문지방을 넘어서는 안 되거늘 하물며 들판에서랴![牀第之言不踰閾, 況在野乎!]"라고 민첩하게 대답했던 것이다.

그 의미는 내부의 문제를 공개적으로 거론하지 말아야 하며, 이는 또한 "시가(노래)는 반드시 연회의 목적과 같아야 함[詩歌必類]"에도 어긋나는 것이라는 말이다. 그래서 연회가 끝난 후 조맹은 숙향에게 이르길, "백유는 장차 죽임을

---

28) 양보췬, 《춘추좌전주 양공27년》, 1134~1135 페이지.

당하게 될 것입니다.

　시는 자신의 뜻을 말하는 것인데, 그의 뜻이 임금을 모함하고 공공연히 원망하며, 또 이 시로써 빈객을 영광스럽게 하였으니 어찌 오래 살 수 있겠습니까? 지금 죽지 않은 것은 다행이나 장차 머지않아 죽게 될 것입니다."라고 했던 것이다. 여기서는 말하고자 하는 것은 조맹이 백유가 읊은 시 속에서 백유의 뜻(속 마음)을 읽어냄으로써 정백에 대한 풍자(비판)로 인해 보복을 당하게 될 것이며, 그 결과로 피살될 것이라고 느꼈다는 점이다.

　어쨌든 일곱 사람이 시를 읊어 자신들의 뜻을 말한 것은 지금의 "시"를 통해서 자신의 사상 감정을 노래한 것이긴 하지만, 아직은 자신이 시를 지어서 "뜻을 말하는" 단계는 아니어서 이후에 사람들이 말하는 "시언지"와는 거리가 있다고 볼 수 있다. 그러나 우리는 시를 읊어서 뜻을 표현할 수 있는 것이라면 시인이 시를 이용하여 "(자신의) 뜻(마음)을 표현하는" 것은 두말 할 필요가 없음을 알 수 있다.

　《시경》에서 벌써부터 "미화[美]와 비판[刺], 풍자[諷], 간언[諫]"의 개념이 출현하고 있으며, 이 개념과 "시언지"의 개념이 비록 완전히 같지는 않지만 서로 비슷한 점이 많다. "미", "자", "풍", "간"은 사실상 작가의 "뜻(의도)"의 구체적인 표현이기 때문이다. 그러므로 "뜻을 표현하는 것[言志]"이 "뜻을 살피는 것[觀志]"보다 먼저 인 것이다. 시 속에 "뜻"이 숨겨져 있고, "시를 읊을 때 필요한 뜻만을 취하는 것이니, 나는 내가 원하는 것만을 취할 뿐이다.[賦詩斷章, 余取其求焉][29]라고 하는 말처럼 시를 읊는 사람은 시속에서 자신이 하고자 하는 말만을 취하는 것이다.

　종합해 보면, "시언지"설의 형성은 긴 시간 동안의 발전 과정을 거쳐왔음을 알 수 있다. 우선 시가 종교적으로 사용되다가 이어서 정치적으로 이용되었고, 다시 또 사교나 교육적 목적으로 이용되었다는 것이다. 이 과정에서 언지의 요소가 점차 강화되면서 마침내 "시언지"설이 만들어지게 되었다는 말이다.

---

29) 양보권, 《춘추좌씨전주 양공28년》, 1145 페이지.

2) "시언지"설의 함의는 무엇인가?

관건은 "지(志)"를 어떻게 이해할 것이냐는 것이다. "지"는 단순한 감성적 정감인가 아니면 단순히 이성적인 뜻인? 정감 속에 뜻이 들어 있는 것인가, 아니면 뜻 속에 정감이 숨어 있는 것인가? 이러한 문제를 풀기 위해서는 반드시 "시언지"설이 유가의 시학 이론이며, 시종일관 유가 학설의 제약 속에서 발전해왔다는 사실을 분명히 짚고 넘어가야 한다.

유가의 학설은 한편으로는 예를 들어 "식욕과 색욕은 인간의 본성이 다.[食色, 性也.]"라고 했으며, 쾌락은 "인간의 감정에서 피할 수 없는 것이다.[人情之所不必免]"라고 함으로써 인간의 희노애락의 감정은 인간의 본성이라고 보았던 것처럼 인간의 감정과 욕망을 인정하면서도, 다른 한편으로는 그들이 숭상했던 인(仁)과 예(礼)와 같은 도덕적 윤리관념을 매우 중요시하였다. "시언지"설은 그들이 주장했던 시가 이론으로, 그들이 내세웠던 학설이 그대로 반영되어 있을 수밖에 없는 것이다. 그러므로 "시언지"설은 서정성을 주장하는 동시에 또한 유가의 이성적인 규범성을 추구할 수밖에 없는 것이다. 바꾸어 말하면, 정(情)과 지(志)를 동시에 내세우는, 감성과 이성의 결합이 바로 "시언지"설의 함의라고 할 수 있다는 것이다. 한대의 《모시서毛詩序》에서는 이이 대해 다음과 같이 명확하게 설명하고 있다.

> 시란 뜻이 나아가는 바이다. 마음 속에 있으면 뜻이고 말로
> 뱉어내면 시가 된다. 정은 가운데에서 움직여 말에서 만들어지니,
> 말로 부족하니 탄식하게 되는 것이다. 탄식으로 부족하니 노래로
> 읊조리는 것이다. 노래로 부족하니 저도 모르게 손으로 춤을 추고
> 발로 구르게 되는 것이다.
> 詩者, 志之所之也. 在心爲志, 發言爲詩. 情動於中而形於言,

言之不足，故嗟嘆之．嗟嘆之不足，故永歌之．永歌之不足，

不知手之舞之，足之蹈之也．[30]

시란 뜻志의 운반체라는 말이다. 그러나 뜻이 시로 변하게 되는 것은 내면에서 정감이 쏟아져 나온 결과라는 말이다. 이것은 이른바 "시언지"의 함의가 단순한 정(情)이나 지(志)가 아니라 정과 지를 동시에 추구하는 것임을 설명해주는 것이다.

《모시서》에서 "변풍変風"에 대해 거론하면서, "정에서 발하고 예의에서 멈춘다. 정에서 발하는 것은 백성들의 본성이다. 예의에서 멈추는 것은 선왕의 은택이다.[発乎情，止乎礼義．発乎情，民之性也．止乎礼義，先王之沢也．]"라고 했다. 이 말은 "시언지"의 본질을 가장 잘 설명해주는 것이라 하겠다. 시를 통해 감정을 토로할 수 있으며, 또한 시는 마땅히 그래야 한다. 왜냐하면 감정은 인간의 본성이기 때문이다. 그러나 이러한 감정의 토로는 또한 예의범절의 규정을 벗어나서는 안 되며, 반드시 예의범절의 제약을 받아야 한다.

어떤 학자는 중국의 "시언지"와 서구 19세기 초기의 낭만주의 문학 사조를 비교하기도 하는데, 사실은 완전히 다른 것이다. 서구의 낭만주의에서 말하는 "시는 감정의 자연적인 발로이다"라고 할 때, 그 감정은 인간의 자연스러운 감정이지 인위적인 이성의 제약을 받는 감정이 아니다. 이것이야말로 인간의 진실 된 감정이다. 중국 유가의 시학에서 말하는 "시언지"는 비록 감정의 토로를 말하고 있기는 하지만, 이러한 감정은 모두 유가적 예의의 여과 과정을 거친 것들로, 이러한 예의는 감정을 이끄는 역할을 하는 것이다.

시에 나타난 감정 제체도 마음대로 표현하는 것이 아니라 "즐거우나 음탕하지 않고, 슬퍼나 상심하지 않는[樂而不淫，哀而不傷．]" 그런 감정이다. 그리고 더 중요한 점은 시의 언지 기능과 정치적 기능이 영원히 하나로 연결되어 있다는 점으로, 언지와 서정이 정치적인 미화, 풍자, 비판, 간언과 밀접하게 연결되어 있다.

---

30) (청) 진환陳奐, 《시모씨전소詩毛氏伝疏》(베이징, 중국서점, 1984.) 상책, 1 페이지. 노나라 사람 모공이 지은 것으로 전한다.

그러므로 "윗사람은 이로써 아랫사람들을 교화하고, 아랫사람인 이로써 윗사람들을 풍자한다. 글로써 빗대어 간하니, 말하는 자는 죄가 없고, 듣는 자는 족히 경계로 삼을만하다.[上以風化下, 下以風刺上. 主文而譎諫, 言之者無罪, 聞之者足以戒.]"[31] 시의 감정과 감정의 표현은 정치적 교화나 풍자와 연결되어 있는 것이다.

물론, 역사 발전의 시각에서 보면, "시언지"설은 부단히 변화 발전해왔다. 특히 진(晉) 대의 육기의 《문부》에서는 "시연정詩緣情"설을 제기한 이후 "시언지"설은 중지파(重志派), 중정파(重情派), 그리고 정지병거파(情志幷擧派)의 세 부류로 나누어 볼 수 있다. 중지파는 유가의 교조주의와 밀접한 관계가 있을 뿐만 아니라 정감 자체의 특징을 중시하지 않았기 때문에 주류가 되지 못했다.

중정파는 도가의 "자연 무위" 사상의 영향을 받아 유가의 교조주의를 뛰어넘는데 공헌함으로써 중국 사학 발전에 매우 중요한 역할을 하였다. 그러나 시종 주류를 차지하고 있었던 것은 정지병거파로, 그들은 정과 지를 모두 중시하면서 정물교융(情物交融)을 주장하면서 언지를 미화와 풍자(美刺)와 결합시켜 시가의 사회적 작용을 중시함으로써 체계적인 시가 이론을 형성하였다. 이로써 중국 고대 문론의 문학 본체론 발전의 기초를 다지게 되었다.

"정지병중"을 거론하자면 유협의 "음지(吟志)"를 거론하지 않을 수 없다. 앞에서 우리는 유협의 "감물(感物)"설에 대해 이미 살펴보았다.

실제로 "감물"은 문학 활동의 시초이자 문학본체론의 첫 번째 연쇄 개념이었다. "언지"는 문학 활동의 중심이며, 문학 본체론의 두 번째 연쇄 개념이다. 그러므로 유협이 "감물"과 "음지"를 하나의 조합으로 사용했던 것은 나름 일리가 있었던 것이다. 여기서 짚고 넘어가야 할 것은 유협의 《문심조룡》에서 정과 지는 매우 밀접한 상관관계를 가지고 있다는 점이다. 유협은 "사람이 일곱 가지 정을 타고났기 "때문에 비로소 "사물에 감응하여 뜻을 읊조리는" 것이 가능하며, 이대 정이 지의

---

31) (청) 진환, 《시모씨전소》 상책, 2 페이지.

기초라고 여겼다. 그러나 유협은 또 문학은 "뜻을 서술함을 근본으로 삼아야 할 문장에서마저 말과 뜻이 서로 어긋난다면, 문장은 어찌 증명하겠는가![述志為本, 言与志反, 文豈足徵.]"라고 하면서, 정감의 서술은 이성적인 "지"의 예속을 받고 있는, 혹은 "지"로써 "정"을 충실하게 메워 "정지병중"에 도달할 수 있다고 여겼다. 유협의 "음지"설은 선진 시기 "언지"설과 《모시서》의 "음용정성吟詠情性"설, 그리고 육기의 "연정緣情"설 이후 가장 중대한 발전을 이루었기 때문에 고찰해 보도록 하겠다.

유협의 "음지"설은 풍부한 함의를 가지고 있다. 우리는 여기서도 앞에서 "감물"설을 분석했던 방법과 마찬가지로 우선 "음(吟)"과 "지(志)"를 따로 구분하여 분석해 보고 나서 그런 다음에 두 글자를 결합된 "음지"에 대해 살펴보도록 하겠다.

"음"의 의미는 바로 "읊조린다"는 뜻으로, 소리의 높낮이와 장단을 조절하여 읊조리는 것을 말한다. 《전국책·진책이戰國策·秦策二》에서는 "지금 저 진진(陳軫)이 왕을 위해 오나라 노래를 부르겠습니다.[今軫將爲王吳吟]"라고 했다. 《문심조룡》에서는 "감물음지" 이외에도 "음"자가 열 번이 사용되었다.

> 순은 노래를 지어 읊고자 하는 뜻을 나타내었고, 백익과 후직이
> 계책을 펼쳐 보이니, 이 또한 상주문의 문풍을 드리운 것이다.
> 元首載歌, 旣發吟詠之志. 益稷陳謨, 亦垂敷奏之風.[32]

> 읊조리는 사람은 산천을 취하고, 배우는 아이들은 향기로운
> 풀이름을 취한다.
> 吟諷者銜其山川, 童蒙者拾其香草.[33]

> 읊조리는 사이에 주옥같은 소릴 토해낸다.

---

32) (남조) 유협 저, 판원란 주, 《문심조룡주》 2페이지.
33) 위의 책 48 페이지.

吟詠之間, 吐納珠玉之聲.[34]

무릇 풍과 아가 일어남은 뜻과 생각에 울분이 쌓였기 때문에 그
성정을 읊조려 위정자를 풍자하는 것이다.

蓋風雅之興, 志思蓄憤, 而吟詠情性, 以諷其上.[35]

읊조려 쏟아져 나오는 것은 그 뜻이 심원함을 추구한다.

吟詠所發, 志惟深遠.[36]

이로써 슬픈 감정을 펼침은 반드시 풍에서 시작해야 하며, 침통하게
읊조리고 말을 풀어놓는 것은 풍골보다 우선인 것은 없다.

是以怊悵述情, 必始乎風. 沈吟鋪辭, 莫先於骨.[37]

중선(왕찬)의 〈등루부〉에서 이르길, "초나라 사람 종의는 진나라에
유폐 되어서도 초나라 음악을 연주했고, 월나라 사람 장석은 초나라의
고관대작이 되어서도 월나라의 노래를 불렀다.

仲宣登樓云:"鍾儀幽而楚奏, 莊舃顯而越吟."[38]

삼라만상 사이를 노닐면서 보고 들은 것들을 깊이 읊조린다.

流連万象之際, 沉吟視聽之区.[39]

평범한 남녀가 향토적인 민요를 읊조리고 시관이 그 가사들을

---

34) 위의 책 493 페이지.
35) 위의 책 538 페이지.
36) 위의 책 694 페이지.
37) 위의 책 513 페이지.
38) 위의 책 589 페이지.
39) (남조) 유협 저, 판원란 주, 《문심조룡주》 693 페이지.

모으고 악관이 음률을 붙였다.

匹夫庶婦, 謳吟土風, 詩官采言, 樂盲(胥)被律.[40]

들판에서 부르는 민요도 있고, 조정에서 연주하는 궁중음악도
있다.

謳吟垌野, 金石雲陛.[41]

위의 10곳 중에서 네 번은 "음영吟詠"을 두 번은 "침음沈吟", 두 번은 "구음謳吟"을,
그리고 "음송吟誦", "월음越吟"이라는 단어가 각각 한번 씩 사용되었다. "침음"은
노래로 부르는 것이긴 하지만, 깊은 생각에 잠겨서 부르는 노래이다. "구음"도
노래를 말하지만, "찬미"의 뜻이 담겨있다. "월음"은 장사가 초나라에서 관직 생활을
하면서도 자신의 고국인 월나라 음조의 노래를 불렀다는 말이다. 그러므로 "심음",
"구음"은 싶은 생각에 잠겼다가 부르는 아름다운 노래라고 이해할 수 있으므로
"음영"의 주석으로 알맞다고 하겠다. "음(吟)"자에는 "송독(誦讀:소리 내어 읽다)"의
뜻이 있지만, "송독"과는 또 다르다. "송독"은 그대로 따라 읽는 것을 말하지만,
"음"은 "지어 가면서" 읽는 것을 말한다. 그 속에는 소리와 문자적 측면에서의
예술적 가공의 뜻이 담겨있다. 즉 "음"을 통해 소리의 높낮이, 장단의 변화를 주고
문자가 더욱 정확하고 적절하게 한다는 것이다.

《장자·덕충부莊子·德衝符》에서 "의수이음依樹而吟"이라고 했는데, 그 뜻은
나무에 의지하여 시를 짓는다는 뜻이다. 시를 짓는다는 말은 소리와 문자의 형식적
안배를 포함하는 것이다. 육유陸游의 시 〈촌거한심희작村居閑甚戲作〉의 "시를 쓰는
것은 본디 한가로움 중의 정취이거늘, 오히려 시구 다듬는 것이 한가로움을 차지해
버리네[題詩本是閑中趣, 卻爲吟哦占卻閑.]"라는 구절도 이 의미이다.

그러므로 유협의 "감물음지" 중의 "음"자는 뜻을 밝히거나 뜻을 말하는 것이

---

40) 위의 책 101 페이지.
41) 위의 책 103 페이지.

아니라 소리와 문자의 변화를 통해 "지"에 대해 예술적 처리를 하는 것을 가리키는 것이다. "음지"는 "지"를 직접적으로 뱉어내는 것이 아니라 소리의 높낮이와 장단 등 예술적 처리를 해야 하는 것으로, "음"이라는 이 과정은 사실상 비심미적 정지(情志)를 심미적 정지로 전환시켜주는 것이다.

"음"의 과정 속에 이미 형식감(形式感)의 요소가 들어 있는 것이다. 즉 대나무를 그릴 때 세 번째 단계인 "손 안의 대나무[手中之竹]"가 되기 이전에 이미 "대나무"에 대해 일종의 예술적 형식의 가공 처리가 포함되어 있는 것이다.

"음"은 형식감에 대한 고려를 포함하고 있는데, 당대 시인들에게서, 특히 만당 시기의 "고음(苦吟)"파에게서 두드러지게 나타난다. 예를 들어 가도賈島는 "시구 두 구절 삼년 만에 얻으니, 한 번 읊조림에 두 눈에 눈물이 흘러라[両句三年得, 一吟双淚流.]"라고 했고, 맹교孟郊는 "밤부터 새벽까지 쉬지도 못하고 시구 지음에, 귀신도 나의 고된 읊조림을 근심하는구나.[夜學曉未休, 苦吟鬼神愁.]"라고 했다. 이하李賀는 "주먹코인 저는 마땅히 거친 삼베옷 입을 테니, 늙으신 당신은 고단한 시구 생각에 빠져드소서.[巨鼻宜山褐, 麗眉入苦吟.]"이라고 했으며 주경여朱慶余는 "십일 밤을 관아에서 지새우니, 고달픈 읊조림에 몸조차도 한가로움이 없네.[十夜郡齋宿, 苦吟身無閑.]"라고 했다. 이러한 "음"이나 "고음"은 모두 시에 대한 형식미, 특히 문자와 성률에 대한 퇴고의 의미를 포함하고 있는 것이다.

"지志"에 대해, 유협의 "감물음지"설에서는 "지"를 대체적으로 "정지(情志)", 즉 "마음 속에 있으면 '지'이고, 말로 뱉어내면 시가 된다.[在心爲志, 發言爲詩.]"라고 할 때의 그런 "지"인 것이다. 유협의 《문심조룡》에서는 모두 "지"자가 38번 출현하는데, 서로 다른 언어 환경 속에서 서로 다른 함의들을 가지고 있다. 그러나 "감물음지"와 관련된 "지기志氣", "지족志足", "지심志深", "지은志隱" 등은 "감물음지"설에서 유협의 "지"에 대한 심미적 요구라고 볼 수 있다는 점은 주의해 볼 만한 점이다.

"지기志氣"의 함의에 대해, 〈신사神思〉 편에서는 "정신이 가슴에 있어 지기가 그 관건을 다스린다.[神居胸臆, 志氣統其關鍵.]"라고 했다. 이는 예술적 상상과 구상 속에서 정신이 내면의 마음을 주재하고, "지"와 "기"가 그 "관건"을 장악하고 있다는 말이다. 유협은 "지기"를 하나로 연결하여 사용한 것은 임의로 만든 것이 아니다. "기"는 바로 조비가 《전론·논문典論 論文》 편에서 말했던 "문장은 기를 중심으로 삼는다.[文以氣爲主]"의 "기"로, "기의 맑고 탁함은 몸에 있으니, 억지로 힘쓴다고 이를 수 있는 것이 아니다.[気之淸濁有体, 不可力強而致.]" 다시 말해서 "기"는 개개인이 타고나는 것이지 후천적으로 마음대로 바꿀 수 있는 것이 아니기 때문에 작품의 "맑은" 기운이나 "흐린" 기운 역시도 자연스럽게 부여되는 것이라는 말이다. 그렇다면 무엇이 "기"인가? "기"와 "지"는 어떤 관계가 있는 것인가? 이것을 분명하게 짚고 넘어가야 한다. 음양오행설이 성행한 후 일반 사람들은 항상 형이상학적 측면에서 "기"의 문제를 탐구해 왔는데, 이는 물론 나름대로 일리가 있다.

그러나 "기" 역시도 형이하학적 개념이다. "기" 자 역시도 통상적으로 말하는 "혈기血氣"로 이해할 수 있다. 《좌전·소공 10년左伝·昭公十年》 편에 제나라 안자晏子가 "무릇 혈기가 있으면 모두 투쟁심이 있다. [凡有血氣, 皆有爭心.]"라고 했던 기록이 있다. 《논어·계씨論語·季氏》 편에서는 "군자에게는 경계해야 할 것이 세 가지가 있는데, 어려서는 혈기가 아직 안정되지 않았으니 여색을 경계해야 한다. [君子有三戒, 小之時, 血氣未定, 戒之在色.]"라고 했다. 또 《중용中庸》에서도 "무릇 혈기가 있는 사람은 받들어지고 친하여지지 않는 사람이 없다.[凡有血氣者莫不尊親.]"라고 했으며, 《예기》에서는 "무릇 혈기가 있는 종류는 몸소 잡지 않는다.[凡有血氣之類, 弗身踐也.]"라고 했으며, 《악기》에서도 "무릇 사람은 혈기와 심지의 본성을 가지고 있다.[夫民有血氣心知之性.]"라고 했다. 여기서 말하고 있는 것들은 모두 동물이나 인간의 혈기이다.

어떤 학자는 "기"를 "생리적인 생명력"으로, 창작 과정에서 "작품에 생명력을 불어넣는 것"이라고 정의하기도 한다.[42] 이는 비교적 합리적 해석이라고 할 수 있다. 유협은 조비의 의견을 중시하면서 그의 말을 인용하기도 했지만, 조비의

---

42) 쉬푸관徐復觀, 《중국문학논집中國文學論集》 45, 303 페이지.

논점에는 그다지 동의하지 않았다. 그는 선천적으로 타고난 생리적 힘을 지나치게 강조해서는 안 되며, 선천적인 것과 후천적인 것을 연계시켜야 한다고 생각했다.

그래서 그는 "지기"를 하나의 단어로 사용했는데, 그 의미는 문학 창작에 있어서 "감물음지"의 "지"는 바로 문학의 실체이지만, 이 "지"는 선천적 생리적 생명력으로서의 "기"와 밀접한 관계를 가지고 있다는 것이다. 심지어는 "지"는 "기"가 있어야 하며, "기"는 지의 기초이자 전제라고까지 말할 수 있다는 것이다. 이러한 점은 우리가 마음대로 "오독"해도 되는 것은 아니다. 유협의 《문심조룡·체성体性》 편에서 "만약 여덟 종류의 문체가 여러 번 바뀌어도 그 공은 배움으로써 이루어진다. 재주의 힘은 한 가운데 있어 혈기로부터 시작된다. 기로써 지를 채우니, 지로써 말이 결정된다. 빼어남을 토해내니, 감정과 본성이 아닌 것이 없다.[若夫八体屢遷, 功以学成. 才力居中, 肇自血気. 気以実志, 志以定言. 吐納 英華, 莫非情性.]"라고 하였다. 즉 인간의 재능은 인간의 혈기에서 시작되며, 뿐만 아니라 인간의 "지"는 시인의 "지"가 "기"로 가득 채워져야 한다는 것이다.

이로서 유협이 말하는 "지기"라는 이 개념은 "감물음지" 속의 "지"에 인간의 "생명력"이라는 내용을 더해 준 것이며, 시인의 "지"에는 개체의 생명력(혈기)가 주입되어 있으며, 시의 "지"는 시인의 생리적 "기"를 필요로 하는 출발점이자 지탱점(支撑点)이라는 것이다. 짚고 넘어가야 할 점은 조비의 "기의 맑고 탁함에는 몸에 있다"는 말이 사람의 "기"를 "맑은" 기와 "탁한" 기로 구분하고 있다는 점으로, 이러한 설명은 "맑은" 기는 좋은 것이고 "탁한" 기는 좋지 못하다는 오해를 불러일으키기 쉽다는 점이다.

사실상 기에는 좋고 나쁨이 없다. 유협은 조비기 거론한 기의 "청탁"을 강함과 부드러움으로 고쳤다.("기에는 강인함과 부드러움이 있다.[氣有剛柔]", 《문심조룡 체성》 편 참고) 이로써 유협은 조비의 용어 사용의 단점을 보완할 수 있었던 것이다. 유협은 왜 《고시 십구수古詩十九首》를 "직설적이면서도 거칠지 않고, 사물을 묘사함에 완곡하고 진실 된 감정을 감동적으로 표현하였다.[直而不野, 婉轉附物, 怊悵切情]"라고 하면서 "장형의〈원시〉는 맑고 전아하여 음미할

만하다[張衡怨詩, 清典可味]"라고 칭송하였다. 유협은 또 "격정적으로 기세를 펼치고 자신들의 재능을 솔직담백하게 표현하고, 흉금을 묘사하고 사리를 설명함에 세세한 기교를 추구하지 않고, 언사를 부리고 모습을 추구함에 오로지 분명함을 능사로 취하였다.[慷慨以任気, 磊落以使才, 造懷指事, 不求纖密之巧, 駆辞逐貌, 唯取昭晰之能.]"라고 건안 시기의 시인들을 긍정하였다. 그럼에도 불구하고 당시의 일부 시인들이 "작품 전체의 댓구와 수식을 따지며 기발한 한 구절을 앞다투었다.[儷采百字之偶, 争価一句之奇.]"라고 비판했을까? 그 원인은 바로 앞의 것들은 "혈기"의 지가 있는 반면에 뒤의 것에는 "혈기"의 지가 결여되어 있었기 때문이었다. "기로써 지를 채운다"는 것이 그만큼 중요했다는 말이다.

"지족知足"의 함의에 대해, 《문심조룡・의대議對》 편에서 "대책으로 선발된 것들은 분명히 통달한 인재들의 것들이니, 지가 충만하고 문장이 심원하니 매우 드문 것들이 아니겠는가![對策所選, 實屬通才, 志足文遠, 不其鮮歟.]"라고 했다. 또 《문심조룡・징성徵聖》 편에서는 "그런즉 지가 충만해야 하고 말은 화려해야 하며, 정은 진실해야 하고 문사는 교묘해야 한다.

이것이 문장을 짓는 옥첩이요 글을 쓰는 금과이다.[然則志足而言文, 情信而辭巧, 乃含章之玉牒, 秉文之金科矣.]"라고 했다. 여기서는 비록 시를 말하는 것은 아니지만, "지가 충만하고 문장이 심원하다"와 "지가 충만해야 하고 말은 화려해야 한다."는 말의 의미는 또한 마찬가지로 시의 "지"의 특징을 설명하는 데 사용할 수 있다. "족(足)"은 '충족하다', '충만하다'는 의미로, 현대적 의미로는 '힘이 있다'는 뜻이다. 그러므로 "지족"은 "지"의 강도와 관계가 있으며, 시에는 "지"가 충만해야 한다는 것이다. "지"가 충만해질 때 문사가 화려하면서도 심원해질 수 있는 것이다. 그러므로 "지"의 충만 여부는 시의 수사와 의미의 심원함의 문제와 관계된 것으로 매우 중요한 것이다.

"지심志深"의 함의에 대해서는 유협의 《문심조룡・시서時序》 편에서 "당시의 문장을 보면 일반적으로 격앙된 작품을 좋아하니, 실재로 당시 세상이 오랫동안의 난리로 인해 풍속이 쇠퇴하고 백성들의 원성이 자자했으니, 이에 시인들의 지가 깊었고, 표현에 뛰어났던 것이다. 그래서 그들의 작품은 개략적이면서 기가 많았다.[觀其時文, 雅好慷慨, 良由世積亂離, 風衰俗怨, 幷志深而筆長, 故梗概而多氣也.]"라고 했다. 여기서는 "건안풍골建安風骨"에 대해 개괄하고 있는 것이다. 그 중에서 "(시인들의) 지가 깊고 표현에 뛰어났다"는 말은 시인들의 정감과 속내기 깊어야 비로소 작품에 심원한 함의가 깃들게 된다는 말이다.

시인의 "지"는 어떻게 해야 깊어질 수 있을까? 중요한 점은 생활에 대한 뼈에 사무치는 체험이 있어야 한다는 것이다. 건안시기 사회 전반에 여러 근심들이 서려 있었다. 그래서 이른바 "세상에 난리가 쌓여 있었기에 풍속이 쇠퇴하고 백성들의 원성이 자자했다."라고 한 것이다. 이에 시인들은 이러한 환경 속에서 불우한 처지를 겪으며 침울하고 강렬한 삶을 체험하였다. 그래서 그들의 붓 아래에 표출되어나온 정감은 자신의 체험들을 부지불식간에 스며 나오게 되었고, 그리하여 다른 시대의 시인들과는 다른 심원한 지(志)를 표현하게 되었다는 것이다.

"지은志隱"의 함의에 대해 유협은 《문심조룡·체성体性》 편에서 "자운(양웅)은 침착하고 고요하여 지가 숨겨져 드러나지 않으니 맛이 깊었다.[子雲沈寂, 故志隱而味深.]"라고 했다. 여기서는 양웅의 개성이 침착하여 그의 작품은 뜻이 함축적이고 모호하여 잘 드러나지 않았다는 말이다. 이는 곧 개성의 시각에서 "지"에 새로운 내용을 불어넣은 것이다. 시인의 개성에 따라서 그에 부합하는 "지"가 존재하게 된다는 말이다.

이상의 "지기志氣", "지족志足", "지심志深", 그리고 "지은志隱" 네 가지 점은 각각 "지"와 생명력, 강도, 체험, 개성과 관련시켜서 서로 다른 시각에서 시의 "지"에 대한 심미적 요구를 제시한 것이다. 이것은 유협이 "음지"의 "지"에 대해 새롭게 규정한 것으로 이해할 수 있을 것이다. 유협은 이를 통해 문학 활동의 심층적 예술 법칙을 제시함으로써 후대의 문론에 지대한 영향을 끼치게 되었다.

이상의 "언지言志", "음지吟志" 관념에 대한 분석을 통해 우리는 중국 문론 속의 "언지"설의 발전 과정을 살펴볼 수 있었다. "언지"는 최초에는 종교 활동과 연관이 있었지만 이후에 정치적, 교육적 "교화" 활동으로 발전하였고, 다시 사교

장소에서의 "시를 읊조리고 뜻을 표현하는" 것으로 발전했다가 마지막에는 "성정을 노래하는" 문학적 "언지"의 창작 활동으로 발전하게 되었다. 하나의 이론으로써, 한나라 때의 《모시서》가 그 기본적 형태를 완성시켰고, 이후에 조비와 육기의 노력을 거쳐 유협의 《문심조룡》에 이르러 마침내 더욱 풍부해지고 성숙되었다. "감물음지"설은 "언지"설의 완성적 형태라고 말할 수 있을 것이다. 이후에도 발전을 지속해 오고 있지만, 이 기본적인 틀 거리 속에서 일부의 내용들이 보충되는 정도에 불과했다. "지"는 심리적 기능이자 윤리적 색채를 띠고 있다. "언지"는 문학 본체론적 "심리 – 윤리"의 측면에 속하는 것이다.

3. "원도原道" — 세 번째 연쇄 관념

중국 고대에는 플라톤식의 예술은 불후의 영혼의 "이데아"에 대한 "기억"과 같은 설명이 없었으며, 헤겔이 말한 예술은 "이념의 감성적 보여주기"라는 식의 주장도 없었다. 그러나 중국 유가에는 "하늘天"이라는 개념이 있었으며, 도가에는 "도"라는 개념이 있었다. "하늘"과 "도"는 모두 형이상학적 색채를 띠고 있는 개념들이다. 문학의 "감물"과 "언지"의 길은 최종적으로 이 "하늘" 또는 "도"로 나아가는 것이다. "하늘"과 "도", 그리고 "천인합일"은 최종성을 가지고 있는 본체론 규정으로 여겨진다.

현재까지 중국 국내 및 해외에서의 연구들 중에서 일반적인 논자들은 중국 문학 본체론 문제에 대해 연구할 때 "언지"와 "원도"를 연관시켜 고찰하는 경우가 매우 적다. 사람들은 "언지"설과 "원도"설은 전혀 상관이 없는 이론 명제라고 여긴다. 이는 일부 논자들의 중국 고전 문론의 문학 본체론에 대한 간단화의 결과라고 하겠다. 그들이 보기에 중국의 고대 사상은 차안의 세계와 피안의 세계에 대한 구분이 없고 세속 세계와 "하나님의 나라"와의 구분이 없으며, 현상 세계와 본체 세계와의 구분이 없다고 여긴다. 그렇기 때문에 중국 문론에서의 문학 본체론은 "감물"과 "언지" 이외에 이 두 가지를 초월하는 형이상학적 층차가 근본적으로 존재할 수 없다는 것이다. 심지어는 서구 문론 개념으로 중국 고전 문론을 유린하면서 중국 고대 문론의 본체론은 완전히 "실용론"이라고 여기기도 한다. 우리의 연구 결과는 상황이 결코 그렇지 않음을 보여준다.

　중국 고대의 사상은 자신만의 독특한 "초경험적" 형이상학적 측면을 가지고 있었다. 중국 고대 사상의 패러다임은 확실히 서양처럼 헤라클리에토스, 플라톤, 아리스토텔레스, 스토아학파 등에 의해 확립된, 세계는 하나님이 창조한 것이며 하나님은 초경험적이며, 그것이 경험적 인간세계를 창조하였다는 형이상학적 이론체계를 겪지 못했다. 이 양자 사이에는 너무나도 큰 차이가 존재한다. 그러나 중국에서는 "천天", "명命", "도道", "천인합일天人合一" 등과 같은 일련의 형이상학 사상이 제기되었으며, 단지 이러한 형이상학 사상은 중화민족 자신만의 특징을 가지고 있다.

　그것은 서양식의 "패러다임"이나 "절대정신"과 같은 그런 절대적 초 경험과는 다른, 초 경험과 경험의 중간이며, 형이상학과 형이하학의 통일이다. 이에 상응하여 중국 문론의 문학 본체론은 "천인합일"식으로, 그것은 고립적인 "감물"설이나 고립적인 "언지"설이 아니다. 그것은 이 두 연쇄 개념들을 초월하는 "천"과 "도", "천인합일" 등과 같은 제 3의 연쇄 개념인 것이다. 중국 문론의 문학 본체론은 이 세 종류의 연쇄 개념의 유기적 연계이다. "감물"과 "언지"의 배후에는 매우 중요한 층차가 숨겨져 있는데, 이것이 바로 "도"이다. 다시 말해서 중국 고대에는 플라톤의 예술은 "패러다임"에 대한 불후의 영혼의 "회상"이라는 식의 설명이나 헤겔의 예술은 "이념의 감성적 보여주기"라는 식의 주장은 없지만, 그러나 중국 유가에는 "천"의 개념이 있고, 도가에는 "도"의 개념이 있다. 이 "천"과 "도"는 모두 형이상학적 색채를 띤 개념이다. 문학의 "감물"과 "언지"의 길은 최종적으로는 "천" 혹은 "도"로 통하게 된다. "천", "도", "천인합일"은 궁극성을 띤 본체론 개념으로 여겨지는 것이다.

이 문제를 명확하게 증명하기 위해서는 반드시 우리의 일반적 이론 가설을 확정해야 한다. 그것은 바로 중국의 유가와 도가에는 확실히 초경험적인 "천", "명", "도", "천인합일"의 연쇄 관념들이 존재했었다는 것이다.

유가의 "천명天命"관은 《논어》를 주요 검토 대상으로 삼아 볼 수 있을 것이다. 《논어》라는 책에는 "천(天)"자가 48차례 출현한다.[43] 이 중에서 하늘(자연으로서의 하늘), 천하, 천자의 의미를 제하고 나면 "하늘", "천명", "천도"를 나타내는 경우도 여러 차례이다.

이를 통해 우리가 앞에서 말했던 것처럼 유가의 철학은 사회조직 철학으로써 주로 사회의 통치 문제에 대해 논술하고 있으며, 그들이 제창했던 것은 윤리와 도덕의 문제임을 분명하게 알 수 있다. 그러나 이 윤리와 도덕이 어디에서 비롯된 것인가, 그리고 그것이 어떻게 진리가 될 수 있었는가 등의 문제에 대해서 설명하지 않을 수 없다. 그들은 이 초 경험과 관련된 문제에 대해 그들은 그다지 흥미를 느끼지 못했으며, 심지어는 이 문제를 제쳐놓거나 회피하기도 했다.

> 공자께서 본성과 천도에 관한 말씀하신 것은 들을 수가 없었다.
> 夫子之言性与天道, 不可得而聞也.[44]

> 공자께서는 이익과 운명과 인에 대해서는 별로 말씀하시지
> 않으셨다.
> 子罕言利与命与仁.[45]

---

43) 양보쥔楊伯峻의 《논어역주論語譯注》(베이징, 중화서국, 1980) 223 페이지의 통계 참고.
44) 류바오난 주 《논어정의》, 《제자집성》 제 1책, 98 페이지 참고.
45) 류바오난 주, 《논어정의》, 《제자집성》 제 1책, 172 페이지

공자는 경험 이외의 일들에 대해서는 늘상 조심하시면서 직접적으로 대답하길 회피했다는 말이다. "계로가 귀신 섬기는 일에 대해 묻자, 공자께서는 '사람도 잘 섬기지 못하거늘 어찌 귀신을 섬길 수 있겠느냐.'라고 말씀하셨다. 자로가 '감히 죽음에 대해 여쭙습니다.'라고 하니 공자께서는 '삶도 알지 못하는데 어찌 죽음을 알 수 있겠느냐?'라고 하셨다.[季路問事鬼神, 子曰 : '未能事人, 焉能事鬼'. '敢問死.' 曰 : '未知生, 焉知死?']" "기괴한 일과 용력을 쓰는 일, 어지러운 일, 귀신에 대해서는 말씀하지 않으셨다.[不語怪力亂神]"는 이야기는 모두가 잘 알고 있다. 공자는 "하늘"과 "천도", "천명" 등의 문제를 완전히 회피하는 것은 불가능하다고 느꼈다. 왜냐하면 이러한 문제를 아예 회피해버리게 되면 그가 내세웠던"인"을 중심으로 하는 일련의 주장들이 기댈 곳이 없어지게 되고 출처와 근거가 없어지게 된다.

그러므로 공자의 대답이 매우 간단하긴 하지만, 유가의 시조인 공자는 여전히 "하늘"을 믿었으며, 초월적인 "하늘"이 존재한다고 믿었음을 느낄 수 있다. 단지 이 "하늘"은 매일 새로운 것일 뿐이다. 공자는 "흘러가는 것이 이와 같구나![逝者如斯夫]"라고 감탄하기도 하였는데, 그 속에는 "하늘"이 시시각각으로 "창조적 변화"함의 의미도 담겨 있다. 혹자는 "천지의 시작이 바로 오늘이다.[天地始者, 今日是也.]"라는 순자의 말이 이를 더욱 분명하게 말해준다고 하기도 한다. 우주는 끊임없이 "창조적인 변화"의 과정이며, 오늘의 우주는 어제의 우주와 다르고, 내일의 우주는 또 오늘의 우주와 다르다는 말이다. 우주가 언제 시작되었는지는 중요하지 않은 것이다. 아래에 《논어》에서 언급한 "하늘"과 "천도", "천명"과 관련된 내용을 인용해 본다.

나이 오십이 되어 하늘의 운명을 알게 되었다.
五十而知天命.[46]

---

46) 위의 책 243 페이지.

하늘에 죄를 지으면 빌 곳이 없게 된다.

獲罪於天, 無所禱也.[47]

천하에 도가 없어진 지 오래 되어 하늘이 장차 선생님을 목탁으로 삼으려 하신다.

天下之無道也久矣, 天將以夫子爲木鐸.[48]

공자께서 말씀하시길, "하늘이 덕을 내게 주셨다."라고 하셨다.

子曰 : 天生德於予.[49]

오직 하늘만이 크고, 오직 요 임금만이 그것을 본받았다.

唯天唯大, 唯堯則之.[50]

하늘이 장차 이 문(文)을 없애려 하셨다면 뒤에 죽는 사람은 이 문(文)과 더불어 하지 못하였을 것이지만, 하늘이 아직 이 문(文)을 없애려 하지 않으신다면, 광(匡) 땅 사람들이 나를 어떻게 하겠는가?

天之將喪斯文也, 後死者不得与於斯文也. 天之未喪斯文也, 匡人其如予何?[51]

내가 누구를 속일 것인가? 하늘을 속일 것인가?

吾誰欺? 欺天乎?[52]

---

47) 위의 책 23 페이지.
48) 류바오난 주 《논어정의》, 《제자집성》 제1책, 72 페이지.
49) 위의 책 147 페이지.
50) 위의 책 166 페이지.
51) 위의 책 176 페이지.
52) 위의 책 176 페이지.

안연이 죽자 공자께서는 "아! 하늘이 나를 죽이는 구나! 하늘이 나를 죽이는 구나!"라고 탄식하셨다.

顏淵死. 子曰 : "噫! 天喪予! 天喪予!"[53]

죽고 사는 것에는 정해진 운명이 있고, 부귀는 하늘에 달려 있다.

死生有命, 富貴在天.[54]

공자께서 말씀하시길, "군자가 두려워해야 할 것이 세 가지가 있으니, 천명을 두려워해야 하고, 대인을 두려워해야 하며, 성인의 말씀을 두려워해야 한다. 소인은 천명을 알지 못하기 때문에 두려워하지 않는 것이다.

孔子曰 : "君子有三畏. 畏天命, 畏大人, 畏聖人之言. 小人 不知天命而不畏也."[55]

하늘이 무슨 말을 하더냐? 사계절이 잘만 돌아가고 만물이 잘만 생장하지 않더냐. 하늘이 무슨 말을 하더냐?

天下言哉? 四時行焉, 百物生焉, 天下言哉?[56]

요 임금이 이르길, "자! 그대 순이여! 천하의 운명이 그대에게 있으니 "라고 하셨다.

堯曰 : "咨, 爾舜! 天之歷數在爾躬 "[57]

위의 열두 구절은 모두 "하늘"이나 "천명", "천도" 등의 단어를 사용한 예이다.

---

53) 위의 책 242 페이지.
54) 위의 책 264 페이지.
55) 위의 책 359 페이지.
56) 류바오난 주 《논어정의》, 《제자집성》 제1책, 279 페이지.
57) 위의 책 411 페이지.

그 의미는 크게 세 종류로 분류해 볼 수 있다. 첫째는 공자의 "인"과 "예"와 같은 윤리 도덕의 초경험적 근거이자 근원으로써, "하늘이 장차 공자로 하여금 목탁으로 삼으려 한다.", "하늘이 덕을 내게 주셨다.", "오직 하늘만이 크고, 오직 요 임금만이 그것을 본받았다.", "하늘이 장차 이 문을 없애려 하셨다면 뒤에 죽는 이들은 이 문과 더불어 하지 못하였을 것이다.", "군자에게는 두려워해야 할 것이 세 가지 있으니, 천명을 두려워해야 하고 대인을 두려워해야 하며, 성인의 말씀을 두려워해야 한다.", "그대 순이여! 천하의 운명이 그대에게 있으니" 라는 구절이 여기에 속한다. 요와 순도 성인이며, 하늘이 그들에게 인과 의를 부여했다. 이러한 상황에서 인과 의는 바로 "경험적"이고 볼 수도 들을 수도 있는 것이지만, 그러나 이 "인의"는 "초경험적" "하늘"이 부여한 것이고, "하늘"은 부여자인 것이다.

이는 서양식의 하나님이 세상을 창조하면서 만들어진 본체와 현상과는 또 완전히 같은 것은 아니다. 왜냐하면 서양의 하나님이 세상을 창조하면서 만들어진 본체계와 현상계, 차안과 피안은 신화와 로고스를 통해 충분한 논증을 거쳤지만, 공자는 "하늘"을 인의의 근원으로 보았으며, 중간에는 큰 격차가 없다. 인이 궁극에 달하게 되면 그것은 하늘이 그렇게 시킨 것이며, "하늘"과 "인"은 마차 부모와 자식, 형과 동생의 관계처럼 그 속에는 자연히 경험적 요소가 포함되어 있는 것이다.

이에 대해 공자는 그다지 크게 선전하지 않았다. 이러한 상황에서의 "하늘"을 우리는 "의리(이치)의 하늘[義理之天]"이라고 부른다. 둘째는 명확하게 설명할 수 없는 그 어떤 "운명"으로 이해되어지는 "하늘"로, "하늘이 나를 죽이는구나! 하늘이 나를 죽이는 구나!", "죽고 사는 것에는 정해진 운명이 있으며, 부귀는 하늘에 달려있다." 등이 이에 속한다. 이러한 "하늘"은 초경험적 성질을 가지고 있기는 하지만, 그다지 강하지는 않다.

이 "하늘"은 "운명의 하늘[命運之天]"이라 부를 수 있을 것이다. 셋째는 자연의 운행 질서로서의 "하늘"로, "하늘이 무슨 말을 하던가? 사계절이 돌아가고 만물이 소생하거늘 하늘이 무슨 말을 하던가?[天何言哉? 四時行焉, 百物生焉, 天何言哉?]" 등과 "공자께서 냇가에서 이르길, '흘러가는 것이 이와 같구나.'라고 하셨다.[子在川上曰, 逝者如斯夫]"와 같이 시의(詩意)가 충만한 표현들이 모두 자연계의 운행 법칙으로, 이것들은 초경험적인 것으로 볼 수 없는 명백히 경험적인 것들이다. 이러한 상황에서의 "하늘"은 "자연의 하늘[自然之道]"이라고 할 수 있다. 이로써 선진 시기 유가의 "하늘", "천명", "천도"는 앞에서 살펴본 바와 같이 초경험적인 것이기도 하고 경험적인 것이기도 하며, 형이상학적인 것이기도 하고 형이하학적인 것이기도 함을 알 수 있다. 그러나 우리는 유가의 "하늘"이나 "천명", "천도"에는 분명히 초경험적 요소가 들어 있음은 인정해야만 한다.

도가의 "도"는 그 초 경험성이 비교적 분명하다. 《노자》에서는 그 첫 페이지부터 말하고 있다.

> 도를 도라고 하게 되면 그것은 더 이상 항상 그러한 도가 아니며,
> 이름을 이름으로 부르게 되면 그것은 참된 이름이 아니다. 이름
> 없음은 천지의 시작이며, 이름 있음은 만물의 어미이다. 그런
> 까닭에 항상 욕심이 없음으로 그 오묘함을 보고 항상 욕심 있음으로
> 그 드러남을 본다. 이 둘은 한 곳에서 나와 이름이 다를 뿐이다.
> 같음을 일러 현묘하다고 하니, 현묘하고 또 현묘함은 뭇 오묘함으로
> 나아가는 문이다.
> 道可道, 非常道, 名可名, 非常名. 無名, 天地之始, 有名, 万物之母.
> 故常無欲, 以観其妙, 常有欲, 以観其徼. 此両者, 同出而異名,
> 同謂之玄, 玄之又玄, 衆妙之門.[58]

이 단락에 대해서는 수많은 해석들이 있다. 그러나 그 많은 해석들은 조금씩 정도의 차이는 있지만 모두 노자가 말하고 있는 "도"는 만물 그 자체나 만물 중의 한 종류가 아니라 "만물의 시초"이자 "만물의 근원"이라는 점은 모두 인정한다. 노자의 의미는 만물이 있다면 반드시 만물이 생겨난 근원이 있다는 것이다.

---

58) (춘추) 이이李耳 저, (청) 위원魏源 찬, 《노자본의老子本義》, 《제자집성》 제1책 1페이지 참고.

이 만물의 근원은 본래는 이름이 없지만, 그러나 그것의 이름을 지어주어야 하기 때문에 억지로 "도"라고 한다는 것이다. 사실 "도는 본디 구별이 없고[道未始有封]", "큰 도는 이름이 없다.[大道無名]"[59] 그렇기 때문에 "도"는 초월적 품격을 지닌 시초이자 본원인 것이다. 도가의 "도"는 자연과 동일한 것이 아니다.

오히려 자연의 중심이다. 도가는 이로써 본체로서의 자연을 숭상하게 되었다. 노자는 자신의 "도"를 이용하여 사회를 다스리고자 했으니, 그의 사상은 바로 "무위로 다스림[無爲而治]", 즉 모든 것을 자연스러움에 맡긴다는 것이다. 장자는 "도"로써 자신의 정신을 안정시키고자 했으니, 그의 사상은 "도를 체득함[体道]", 즉 자연스러움 속에서 "소요유逍遙遊"를 실현함으로써 정신세계의 자유에 이르고자 했다. 그러나 도가의 "도"가 초경험적 성질을 가지고 있기는 하지만, 그렇다고 완전히 초경험적인 것은 아니다. 도는 항상 우리 곁에 있으며, 일상생활 속에 존재해 있다. 포정?丁이 소를 잡는 과정 속에도 "도"가 있고, 재경梓慶이 나무를 깎아 악기의 틀을 만드는 과정에도 "도"가 스며있다. 도는 곳곳에 존재하고 있기 때문에 도는 또한 경험적인 일면도 가지고 있는 것이다.

유가의 "하늘"과 도가의 "도"는 당연히 서로 다른 것이다. 그러나 또한 공통적인 일면도 가지고 있다. 유가의 "하늘"과 도가의 "도"는 초경험적인 것인 동시에 경험적인 것, 형이상학적 일면과 형이하학적 일면을 모두 가지고 있다는 점이 그렇다. 우리는 여기서 그 초경험적인 일면을 충분히 긍정해 주어야 한다. 둘째, 더욱 중요한 점은 유가의 "하늘"과 도가의 "도"가 인간의 삶과 동떨어져 있는 것이 아니며, 숙명론적으로 인간의 정신을 규정하는 대립면이나 조물주가 아니라는 점이다. 유가는 하늘과 땅과 사람을 삼재(三才)라고 여기며, 인간을 "하늘과 땅의 중심"이라고 본다. 그렇기 때문에 인간의 본성은 바로 "하늘"을 체현하고 있는 것이다. 맹자는 다음과 같이 말한다.

---

59) (전국) 장주莊周 저, 왕셴롄 주 《장자집해莊子集解》, 《제자집성》 제3책, 13, 14 페이지 참고.

그 마음을 다하는 자는 그 본성을 알 수 있다. 그 본성을 알게 되면
하늘을 알게 된다. 그 마음을 보존하여 그 본성을 기르며, 이로써
하늘을 섬기는 것이다. 요절하거나 장수하거나 하는 것에 의심하지
않고 몸을 닦아 천명을 기다리니, 이로써 명을 세우는 것이다.
盡其心者, 知其性也. 知其性, 則知天矣. 存其心, 養其性,
所以事天也. 夭壽不貳, 修身 以俟之, 所以立命也.[60]

맹자는 마음을 다하고 본성을 이해하는 것이 하늘을 이해하는 것이라고 여겼다.
그래서 군자는 "의와 도와 어우러지는[配義与道]" 호연지기를 기르는 것처럼 수양에
힘써야 그 기운이 "하늘과 땅 사이에 충만하게" 할 수 있다는 것이다. 공자의 손자인
공급孔伋의 설명을 보자.

오로지 천하의 지극한 정성만이 그 본성을 능히 다할 수 있다. 그
본성을 다 할 수 있어야 인간의 본성을 다할 수 할 수 있다. 인간의
본성을 다할 수 있어야 만물의 본성을 다 할 수 있는 것이다. 만물의
본성을 다 해야 하늘과 땅의 생육을 칭송할 수 있다. 하늘과 땅의
생육을 칭송할 수 있어야 하늘과 땅과 함께 어우러질 수 있는
것이다.
唯天下至誠, 爲能盡其性. 能盡其性, 則能盡人之性. 能盡人之性,
則能盡物之性. 能盡物之性, 則可贊天地之化育. 可以贊天地之化育,
則可以?天地參矣.[61]

여기서 인간의 본성과 천지가 서로 통한다는 사상적 맥락이 매우 분명하게

---

60) (전국) 맹가孟軻 저, (청)초순焦循 주, 《맹자정의孟子正義》,
　　《제자집성》 제 1책, 517 페이지 참고.
61) (동주) 공급孔伋 주, (송) 주희朱熹 집주, 《사서집주 중용》(창사長沙, 악록서사, 1985) 52 페이지.

나타나 있다. 사람 인성 물성 천지, 이것이 바로 매우 단단하게 연결되어 있는 "천인합일"의 연결고리이다. 이 연결고리 중에서는 인성이 가장 핵심이다.

　이로써 사람은 부단히 "스스로 성찰"하고 "스스로 반성"하고, "자신에게 요구하고" "자기 자신을 되돌아보고 경계로 삼아야" 한다. 그래야만 비로소 "하늘과 땅과 어우러져" "지천"의 경지에 이르게 된다는 것이다. 이러한 논리에 근거해 보면 하늘은 자기반성의 인간성 속에 존재해 있음을 명백히 알 수 있다. 유가의 "하늘"은 인성 속에서 체현되어 나오게 되는 것이다. 도가는 먼저 "도", 즉 자연의 마음을 언급하고 난 다음에 "천도"에 근거하여 인간의 본성을 인도해 나간다. 장자는 다음과 같이 말했다.

무엇을 일러 도라고 하는가? 도에는 천도가 있고 인도가 있다. 무위로 받들어지는 것이 천도이다. 유위(인위)로 얽매이게 되는 것이 인도이다. 군주는 천도이고 신하는 인도이다. 천도와 인도는 서로 멀리 떨어져 있으니, 살피지 않을 수가 없다.
何謂道, 有天道, 有人道. 無爲而尊者, 天道也. 有爲而累者, 人道也. 主者, 天道也. 臣者, 人道也. 天道之与人道, 相去遠矣, 不可不察也.[62]

소나 말이 네발로 기어 다니는 것을 일러 천성이라고 한다. 말의 머리에 낙인을 찍고 소의 코를 꿰는 것을 일러 인위라고 한다. 그런 까닭에 인위로 천생을 없애서는 안 되며 삼가고 지켜서 잃지 않는 것을 일러 '참됨으로 되돌아간다.'라고 말하는 것이다.
牛馬四足, 是謂天. 落馬首, 穿牛鼻, 是謂人. 故曰, 无以人滅天

---

62) (전국) 莊周 저, 왕셴린 주, 《제자집성》 제3책, 69 페이지 참고.

謹守而勿失, 是謂反其眞.[63]

여기서 장자가 말하고자 하는 것은 "인위人爲"에 대한 반대이다. 인위는 바로 자연의 법칙을 어기는 것이며 하늘에 대항하는 것으로, 그 자연스러움을 따르는 유일한 선택은 바로 "마음을 비우고 고요히 하여[虛靜]"과 "모든 것을 잊는 것[坐忘]"으로, 이를 통해 "정신과 만날 수 있고[神遇]" "천지 만물과 왕래[与天地万物相往来]"할 수 있으며, 그리하여 그 마음이 하늘과 하나가 될 수 있다는 말이다.

여기서 우리는 유가와 도가가 모두 "천인합일"을 주장하고 있다는 사실을 발견할 수 있다. 차이점은 유가는 "인"을 중심으로 하여 윤리 도덕을 바로 세움으로써 인간의 선한 본성을 모두 발휘하게 함으로써 자연스럽게 천도와 하나가 되게 하는 것이고, 도가는 자연스러운 천도를 먼저 추구함으로써 인간이 하늘과 어우러지고 인도로 하여금 천도와 하나가 되게 한다는 점이다.

이로써 우리는 다음과 같은 결론을 얻을 수 있다. 선진 시기의 유가와 도가가 출현하게 되면서 원시 시대의 "천제天帝" 신화가 끝이 나게 되었으며, 그들이 순응했던 "하늘[天]" "하늘이 정해준 운명[天命]", "하늘의 이치[天道]"는 추상적이면서도 구체적인 것이며, 초경험적이면서도 경험적인 것으로, 최종적으로 이 명제는 "천인합일"이라는 일원론적이고 유기적인 우주론 도식으로 귀결되었다는 것이다. 이러한 우주론 도식은 서양 사람들이 묘사하는 하나님과 인간의 대립, 차안과 피안의 대립, 본체계와 현상계의 대립과 같은 도식과는 다르다.

여기서 우리는 중국의 유가와 도가의 "천인합일" 관념은 초경험적 성질을 가진 관념으로 중국의 문론, 특히 중국 문론 중의 문학 본체론에 영향을 미칠 수밖에 없었다는 점이다. 쳰무錢穆는 "중국 문학의 정신은 마음과 하늘이 하나 되는 인생의 보편성을 중요시하는 데 있다. 그러므로 문학예술에 대한 각종 조에 또한 이

---

63) (전국) 莊周 저, 왕쎈린 주, 《제자집성》 제 3책, 105 페이지.

보편성으로 귀결되므로 스스로 멀리해서는 안 되는 것이다."[64]라고 하였다.

중국 고전 문론의 문학 본체론은 궁극적으로 "천인합일"의 도에서 비롯되어진다. 한대에 출현한 《시위 함신무詩緯 含神霧》편에서는 다음과 같이 분명하게지적하고 있다.

> 시란 천지의 마음이며 임금의 덕의 시조이고 만복의 근원이며
> 만물의 문이다.
> 詩者, 天地之心, 君德之祖, 百福之宗, 万物之戶也.[65]

이는 《모시서》의 내용을 참고하여 이해해야 한다. 《모시서》에서는 유가 시가의 "교화"설의 전통을 강조하는 것 이외에도 "그런 까닭에 득실을 바로잡고 천지를 움직이고 귀신을 감동시키는 것에는 시보다 가까운 것이 없다.[故正得失, 動天地, 感鬼神, 莫近於詩.]"라고 말하고 있다. 비록 이것 역시도 시의 기능적 측면에서 말하고 있는 것이기는 하지만, 그 속에서 "천지를 움직이고 귀신을 감동시킨다"는 내용은 또한 한대 유가가 시와 천도가 관련이 있다고 여기고 있었음을 반영해주는 것이기도 하다.

이러한 점이 과거에는 그다지 주목을 받지 못했던 점은 학술적인 유감이기도 하다. 또한 《위서緯書》에서는 "시란 천지의 마음"이라고 분명하게 말함으로써 시와 "천지의 마음"을 직접적으로 연관시키고 있다는 점도 주의해볼 만하다. 안타까운 것은 이러한 관점을 제기하기는 했으나 이에 대한 한 걸음 더 나아간 설명이 없었다는 점이다.

이러한 안타까움은 유협의 《문심조룡 · 원도》편에서 마침내 충분한 "설명"이 이루어지게 되었다. 유협의 《문심조룡》은 모두 50편으로, "원도"는 그 첫 번째

---

64) 첸무錢穆, 《중국 사학 논문선집中國史學論文選集》
   (타이페이, 타이완台湾요우스幼獅문화사업공사, 1985) 제 2집, 111 페이지.
65) 《위서緯書》, 《선진양한문론선先秦兩漢文論選》(베이징, 인민문학출판사, 1996.) 478 페이지.

편장이며, 여기서는 문학이 어떤 문제에서부터 비롯되었는가에 대해 말하고 있다. 유협은 문학이 "도심과 신리[道心神理]"에서 기원하게 되었다고 보았다.

문장의 덕은 크도다. 이는 천지와 함께 생겨났음이니, 어째서인가? 무릇 하늘의 검은 빛깔과 땅의 누른빛이 뒤섞여 있다가, 네모난 땅과 둥근 하늘이 나뉘고, 해와 달이 아름다운 옥을 겹쳐 놓은 듯 하늘의 형상 아름답게 드리우고, 산천은 비단결처럼 땅의 형세를 펼쳐냈다. 이것이 대저 도의 무늬이다. 위로는 그 토해내는 해와 달의 빛을 보고, 아래로는 머금은 산천의 아름다운 무늬를 살펴, 높고 낮음의 자리를 정하니, 이로써 하늘과 땅이 생겨나게 되었다. 오로지 사람만이 세 번째로 그것들과 어깨를 나란히 하여 성령이 모였으니, 이 하늘과 땅과 사람을 일러 삼재라고 하는 것이다. (사람은) 오행 중의 으뜸이자 실로 하늘과 땅의 한 가운데이니, 마음이 생겨나 말이 만들어지고, 말이 만들어지니 문장이 밝아지게 되었으니, 이것이 자연의 도인 것이다. 다시 만물에까지 널리 미치니, 동물과 식물에도 모두 무늬가 생겨나게 되었다. 용과 봉황은 아름다운 무늬로 상서로움을 드러내고, 호랑이와 표범은 밝은 무늬로 자신들의 자태를 뽐내게 되었다. 구름과 노을의 색채는 화공의 오묘한 솜씨를 뛰어넘는다. 풀과 나무의 화려한 꽃은 자수공의 기묘함으로도 흉내 낼 수 없다. 이러한 것들이 어찌 바깥에서 꾸며낸 것이랴? 무릇 자연스러움일 따름이다. 숲의 바람 소리가 음향을 이루니 피리와 거문고를 연주하는 듯하고, 샘물이 돌에 부딪쳐 운율을 이루니, 마치 경쇠와 종소리처럼 조화롭다. 그런 까닭에 모습이 만들어지면 무늬도 생겨나게 되며, 소리다 퍼지면 문장도 생겨나게 되는 것이다. 무릇 의식이 없는 사물들도 풍부한 무늬가 있으니, 마음을 가진 사람이야 어찌 문장가 없겠는가! 사람의 문장의 시작은 태극에서 비롯되었으니, 신명을 깊이 기리는 것은 《역경》의 괘가 최초였다. 복희가 처음 그리기 시작하여 공자가 그 마지막으로 〈십익〉의 설명을 덧붙였다. 건괘와 곤괘는 홀로 《문언》을 지어 풀이하였다. 말의 문장이 바로 천지의 마음인 것이다. 《하도》가 팔괘를 품고 《낙서》가 아홉 범주를 감쌌다. 금으로 아로새긴 옥판의 실함과 푸른 대나무에 그려낸 문장의 화려함은 누가 한 것인가? 이 또한 자연의 신묘한 이치일 따름이다.

文之為德也大矣, 与天地並生者何哉? 夫玄黄色雜, 方圓体分, 日月疊璧, 以垂麗天之象. 山川煥綺, 以鋪理地之形. 此蓋道之文也. 仰観吐曜, 俯察含章, 高卑定位, 故両儀既生矣. 惟人参之, 性霊所鍾, 是謂三才. 為五行之秀, 実天地之心, 心生而言立, 言立而文明, 自然之道也. 傍及万品, 動植皆文. 竜鳳以藻絵呈瑞, 虎豹以炳蔚凝姿. 雲霞雕色, 有逾畫工之妙. 草木賁華, 無待錦匠之奇. 夫豈外飾, 蓋自然耳. 至於林籟結響, 調如竽瑟. 泉石激韻, 和若 球鍠. 故形立則章成矣, 声発則文生矣. 夫以無識之物, 欝然有采, 有心之器, 其無文歟? 人文之元, 肇自太極, 幽讚神明, 《易》象惟先. 庖犧畫其始, 仲尼翼其終. 而乾坤両位, 独制《文言》. 言之文也, 天地之心哉! 若乃《河図》孕八卦, 《洛書》韞乎九疇, 玉版金鏤之実, 丹文緑牒 之華, 誰其尸之? 亦神理而已.[66]

이 시 같은 내용 속에는 심후한 사상이 들어 있다. 위의 내용에서 유협은 선진시기 이후 유가와 도가의 "천인합일"의 사상을 계승함과 동시에 "천인합일" 사상을 운용하여 문학의 본체를 분석하고 있는 것이다. 첫째, 하늘과 땅과 사람을 "삼재三才"라고 하였으며, 이 세 가지는 그 "높고 낮음"의 차이는 있지만, 모두

---

66) (남조) 유협 저, 판원란 주, 《문심조룡주》 1~2 페이지.

다 자연의 일부분이며, 인간 역시도 자연의 일부분으로, "하늘과 땅이 나와 함께 태어났으며, 만물이 나와 더불어 하나가 된다.[天地与我并生, 而万物与我為 一]"[67]는 것이다.

동시에 인간의 지위는 무시할 수 없는 것이다. 왜냐하면, "하늘과 땅의 성령이 모이고" "오행의 으뜸이며, 진실로 하늘과 땅의 한 가운데"인 인간은 자연에서 가장 능동적인 존재이기 때문이다. 둘째, 대자연은 비할 데 없이 아름답다는 것이다. 이른바 "하늘의 검은 빛깔과 땅의 누른빛이 뒤섞여 있다가, 네모난 땅과 둥근 하늘이 나뉘고, 해와 달이 아름다운 옥을 겹쳐 놓은 듯 하늘의 형상 아름답게 드리우고, 산천은 비단결처럼 땅의 형세를 펼쳐냈다.", "동물과 식물에도 모두 무늬가 생겨나게 되었다. 용과 봉황은 아름다운 무늬로 상서로움을 드러내고, 호랑이와 표범은 밝은 무늬로 자신들의 자태를 뽐내게 되었다.

구름과 노을의 색채는 화공의 오묘한 솜씨를 뛰어넘는다. 풀과 나무의 화려한 꽃은 자수공의 기묘함으로도 흉내 낼 수 없다."라는 말은 바로 자연의 "무늬"인 동시에 자연이 보여주고 있는 "시문詩文"이기도 한 것이다. 이러한 "외부의 꾸밈"을 거치지 않은 자연스러운 것이다. 셋째, 자연 자체에 "시문"이 있다면, 천지의 한 가운데에 있는 인간에게는 이러한 "무늬"가 없겠는가? 당연히 있다.

이것이 바로 "인문"이며, 인간 자신들의 "시문"이다. 이것이 바로 위의 인용문에서 말한 " 무릇 의식이 없는 사물들도 풍부한 무늬가 있으니, 마음을 가진 사람이야 어찌 문장가 없겠는가!"라고 하는 구절의 의미이다. 넷째, 인간이 창조한 시문은 어디에서 온 것인가? "사람의 문장의 시작은 태극에서 비롯되었다."고 했다. 태극이 바로 천도(天道)이며, 하늘과 땅이 나누어지지 않은 혼돈의 상태를 말하는 것이다. 원래 문학의 가장 깊은 근원은 바로 "천도"에 있다는 말이다.

그러므로 "말의 문장이 바로 천지의 마음"이며, 문학 본체가 바로 "천지의 마음"으로, 이것은 "도심신리"에서 비롯된 것이다. 우리는 유협의 "원도" 편이

---

67) (전국) 장주 저, 왕셴 王先謙 주, 《장자집해》, 《제자집성》 제3책, 13 페이지 참고.

기본적으로 "천인합일"의 문학 본체론적 초경험(동시에 초경험이 아니기도 하다.)적 층차를 분명하게 설명하고 있다고 볼 수 있다. 이는 중국 문론에 있어서 매우 중요한 공헌이 아닐 수 없다.

유협 이후의 많은 학자들이 "천인합일"의 문학에 대한 지대한 영향에 대해 논하였다. 그 중에서도 비교적 중요한 인물들로는 당대(唐代)의 한유韓愈를 들 수 있다. 한유는 "불평즉명不平則鳴"설을 제기하면서, "만물은 공평함을 얻지 못하면 울림이 생긴다."고 하면서, 초목의 소리나 물소리, 쇠붙이나 돌의 소리들을 거론하고 난 후에 "인간의 말 또한 그러하여, 부득이함이 있으면 말을 하게 된다."[68]고 하였다.

하늘과 사람이 평등해야 할 뿐만 아니라 사물에게도 감정이 있고 사람에게도 감정이 있으니, 사물과 사람은 불공평함을 만나게 되면 모두 "울림"이 생겨나게 된다는 것이다. 이러한 비유법 자체가 바로 "천인합일"식으로 풍부한 시적 정취를 담고 있는 것이기도 하다. 한유와 동시대에 살았던 문학가인 유종원도 다음과 같은 의미심장한 말을 남겼다.

> 아름다움은 스스로 아름답다고 할 수 없는 탓에 사람을 통해 그 아름다움이 드러나게 된다. 난정이 왕희지를 만나지 못했더라면 맑은 여울과 긴 대나무가 한갓 빈산의 잡초 속에 묻혔을 것이다.
> 夫美不自美, 因人而彰. 蘭亭也, 不遭右軍, 則淸湍修竹, 蕪沒空山矣. [69]

의미는 바로 자연경물은 스스로 그 아름다움을 드러낼 수 없고 사람들이 감상할 때에 비로소 그 아름다움이 드러나게 된다는 말이다. 예를 들어 난정의 경위 만약에 왕희지王羲之가 〈난정서蘭亭序〉를 짓지 않았다면 그 맑고 세차게 흘러가는 시냇물이나 더없이 수려한 대나무 숲이 모두 텅 빈 산 속에 파묻혀버리고 말았을 것이라는 말이다.

---

68) (당) 한유 저, 마치창馬其昶 교감 및 주석, 《한창려문집교주韓昌黎文集校注》 233 페이지.
69) (당) 유종원, 《유하동집柳河東集》(상하이, 상하이인민출판사, 1974) 하책, 454 페이지.

어떤 논자들은 서구의 주·객체론으로 아름다움이란 바로 주체와 객체의 통일이라고 설명하면서, 자연경물은 심미의 대상으로 그것이 아름답다는 것은 반드시 사람의 심미활동을 통해서, 반드시 사람이 그것을 발견해 내고 환기시켜 내고 조명해 내야만 비로소 아름다움을 발하게 된다고 말하기도 한다. 이 말도 일리가 있다. 그러나 "천인합일"의 시각에서 설명하는 것이 더욱 적절할 것이다. 왜냐하면, 유종원은 고립된 자연경물은 아름답지 않다고 보았기 때문이다. 그 이유는 바로 인간의 참여가 없기 때문이라는 것이다.

자연경물은 반드시 인간과 어우러져 마음과 마음이 서로 통할 때에 비로소 그 아름다움이 드러나게 되며, 이때의 아름다움은 바로 마음과 사물의 융합이자 자연과 인간이 하나가 된 것이라는 말이다.

청대 초기의 왕부지王夫之는 큰 성취를 이룬 철학가이다. 그의 시가에 대한 주장들 또한 매우 수준 높았다. 그는 진정으로 "천인합일"이 시점에서 문학을 바라봤던 사람 중의 한 사람이었다. 왕부지는 《고시평선古詩評選》에서 시의 높은 경계는 바로 "사물의 빛과 그림자를 쫓아가는 필치로 하늘을 꿰뚫고 모든 사람을 아우르는 마음을 묘사해야 한다.[以追光?影之筆, 寫通天盡人之懷]"라고 하였다. "빛과 그림자를 쫓는다"는 것은 형상성과 예술성이며, 작가의 눈에 작용하는 것이다. "하늘을 꿰뚫고 마음을 다한다"는 근본이자 마지막으로, 작가의 마음에 작용하는 최후의 추구이다. 왕부지의 이 이론은 비록 매우 간단한 것 같지만 중국 문론의 문학 본체론의 정곡을 찌르는 설명이라 할 수 있다.

중국 고전 문론에서 도(道)와 문(文), 심(心)과 물(物), 정(情)과 경(景), 신(神)과 형(形), 허(虛)와 실(實), 유(有)와 무(無), 적음과 많음, 청공(淸空)과 질실(質實), 시의 내부와 시의 바깥 등등의 일련의 대응을 이루는 범주들은 사실 그 기원이 "천인합일" 이론에까지 거슬러 올라가게 된다.

"천인합일"은 중국 전통 종교—철학의 정수인 것이다. 문학이 "천인합일"의 도에 기원하고 있음은 중국 고전 문론의 문학 본체론이 이미 종교—철학의 층차에까지 깊이 파고들어가 있음을 설명해 주는 것이다.

중국에서는 고대부터 수많은 휘황찬란하고 웅대한 작품들과 또 그렇게 침울한 작품들, 소박하고 자연스러운 작품들, 사람을 감동시키는 작품들, 침통한 작품들과 의미심장한 작품들, 충담과 함축미를 가진 작품들, 세상 불합리에 분개하는 작품들, 간단명료하면서도 깊은 의미를 담은 작품들이 창작된 것은 결코 우연이 아니었으며, 단순히 감물로 묘사했기 때문만도 아니었고, 또한 언지의 진정성만으로 도달할 수 있는 것이 아니었다.

관건은 위대한 작가들의 마음 속에 의식적이든 무의식적이든 바로 "천인합일"의 철학적 예비 장치가 들어 있었기 때문이었다. 우리가 이 위대한 시인의 작품을 읽기만하면 마음과 사물이 만나게 되고, 정감과 경물이 엄격하게 분리되는 것이 쉽지 않은 것임을 느낄 수 있다. 도연명의 《음주飲酒》 제 5수를 보자.

사람 사는 세상에 초가집 엮어 놓고 있어도
수레의 시끄러움이 없어라.
묻노니, 그대 어떻게 그리할 수 있는가?
마음 멀어지니 땅 절로 외짐이라.
동쪽 울타리 아래서 국화꽃 따다가
홀연히 남산 바라다 보니,
산 기운 저녁이라 더욱 아름답고,
새들도 서로 짝지어 돌아가는구나.
이 속에 참 뜻이 있으니,
말로 따지려 하여도 이미 말을 잊었노라.
結廬在人境, 而無車馬喧.
問君何能爾, 心遠地自偏.
采菊東籬下, 悠然見南山.
山氣日夕佳, 飛鳥相与還.
此中有眞意, 欲辯已忘言.

이 시에서 일체의 모든 것이 조화롭고 자연스러우며 친근하고 한가롭고 평화스럽다. 이 시에 나타나 있는 모든 것, 사람과 국화와 동쪽 울타리 산, 새들이 모두 고요한 경계 속에 놓여있다.

사람은 말이 없으나 오히려 경물들이 말을 해 주는 듯하다. 사람이 말을 하지 않는 그 속에 참 뜻이 숨어 있고, 경물이 말을 하니 그 속에 생명이 깃들어 있다. 우리는 어느 것이 풍경 묘사이고 어느 것이 정감인지 구분하기 어렵다. 모든 경물에 대한 묘사가 정감의 언어이고, 모든 정감의 언어들이 경물 묘사이니, 정감 속에 경물이 들어 있고, 경물 속에 정감이 깃들어 있으니, 혹자는 정(情)이 바로 경(景)이고 경이 바로 정이라고 말하기도 한다. 만약 우리가 도연명을 대신하여 그의 말 잊음의 참뜻을 말해 본다면 그것은 바로 자연은 큰 하늘이고 인간은 작은 하늘이니, 마음과 사물이 하나로 어우러진 천인합일, 즉 큰 하늘과 작은 하늘의 조화로운 공존이 아닐까 생각해 본다.

"감물感物"과 "응물応物", "도물睹物" 등은 문학 본체론의 첫 번째 연계 관념들로, 이른바 "인간은 일곱 가지 감정을 하늘로부터 부여 받았으니, 만물에 응하여 감정이 생겨난다[人稟七情, 応物 斯感]"는 말이다.

칠정이란 선천적이고 자연스러운 것으로, 선천적인 "정"은 "사물에 감응하여" 움직이게 되고, 이로써 지(志)가 만들어지게 되는 것이다. 혹자는 선천적인 "정"이 "감(感)"과 "응(応)"이라는 심리와 "물(物)"과의 작용을 통하여 후천적인 구체적 윤리적 사회적 성질의 "지"로 변하게 된다고 말하기도 한다.

이리하여 "언지言志"와 "음지吟志", "연정緣情" 등과 같은 문학 본체론의 두 번째 연계 관념이 탄생하게 되었다. 그러나 문학 본체는 여기에서 그치지 않고 더 파생되어 세 번째 연계 관념들을 탄생시키게 되는데, 그것이 바로 "원도原道", "천인합일天人合一", "심물합일心物合一", "통천진인지회通天盡人之懷" 등과 같은 관념들이다. 이로써 인간의 독특한 정신 활동으로서의 문학은 "품정稟情" ─"감물感物"─"음지吟志"─"원도原道"라는 일련의 사슬을 완성하게 되었다. 오늘날의 용어로 말하면 시인의 선천적인 정감이 대상물과의 접촉을 통하여 내면의 흥과 감응이 일어나게 되고 마침내는 끊임없는 연상이 일어나 시적 정감을 탄생시키게 된다는 것이다. 사람들이 언어로 이 시적 정감을 표출해내게 되면 시가 되는 것이다. 좋은 시, 좋은 작품은 반드시 모종의 초경험적 층차를 획득해야만 "하늘을 꿰뚫고 사람의 마음을 아울러" 우주와 하나가 될 수 있다는 것이다.

중국 문론의 문학 본체론의 요점은 다음과 같이 정리할 수 있다. 첫째, 문학은 인간의 정감과 대상물의 접촉에 의해 만들어졌기 때문에 정감이 없으면 문학이 있을 수 없으며, 대상물이 없이도 문학은 존재할 수 없을 뿐만 아니라 이 두 가지의 교류가 없이는 문학은 존재할 수 없다는 것이다. 정감과 사물은 문학 탄생의 필요조건인 것이다. 둘째, 문학에서 정감 탄생의 핵심은 바로 "감응"으로, "감응"은 심리적 매개로써, 자연스러운 정감과 대상물 간에 시적 연계를 만들어내며, 감응은 시적 정감 탄생의 핵심 연결고리라는 것이다. 셋째, 문학은 "정지情志"의 언어적 전달로써, 이른바 "언지" 혹은 "음지"라고 하는 것이 문학 본체의 중심에 자리 잡고 있다는 것이다.

"정지"는 "감응"과 "읊조림"이라는 이 두 가지 심리 활동을 거친 후에 만들어지게 된다. 그것은 사회적 윤리적 정감으로, 개인적 정감이기도 하고 이 둘이 결합되어 나타나기도 한다. 넷째, 문학의 궁극적 본체는 "천인합일"의 "도"로써, "도"는 초경험적이면서 겸험적인 것으로 형이상학적인 것인 동시에 형이하학적인 것이다. 본 장에서는 특히 중국 문학이 세 종류의 연계된 본체를 갖추고 있음을 강조하였다. 그 중에서도 특히 "천인합일"의 "도"는 문학의 궁극적 본체로, 중국 문학에 깊은 영향을 미쳤음을 강조하였다.

제4장

"눈 앞[眼中]" - "마음 속[胸中]" - "손 안[手中]"
― "마음 속에 완성된 대나무가 있다[胸有成竹]" 는 식의 문학 창작론

제4장

"눈 앞[眼中]" - "마음 속[胸中]" - "손 안[手中]"
─ "마음 속에 완성된 대나무가 있다[胸有成竹]" 는 식의 문학 창작론

문학 창작의 문제는 동서 문학 이론의 공통적 화제이다. 이 문제에 있어서 동서 간에는 공통점과 차이점을 모두 가지고 있어서 "대화" 속에서 서로의 장단점을 취할 수 있다.

중국 고대 문론에서 창작 문제에 관한 자료는 매우 풍부하며, 그 관련 범위도 너무 넓어서 하나의 장을 할애하여 창작 문제에 대해 설명을 해 나가기는 그 편폭이 너무 제한적이다. 예를 들어 문학의 원천에 관한 문제에 있어서 "강산지조江山之助"설이나, "철문한鐵門限"설 등이 있고, 창작의 동기에 관해서는 "발분저서發憤著書"설, "궁이후공窮而後工"설 등이 있고, 창작 영감의 문제에 있어서는 "흥회興會"설이 있으며, 창작 풍격의 문제에 있어서는 "체성体性"설 등이 있다. 여기에서는 청대의 유명한 화가인 정판교鄭板橋가 했던 말을 출발점으로 하여 몇 가지 핵심적인 문제들에 대해 설명해 나가도록 하겠다.

1. "눈 앞의 대나무[眼中之竹]"에서부터 "손으로 그려낸 대나무[手中之竹]"까지

"눈 앞의 대나무[眼中之竹]", "마음 속의 대나무[胸中之竹]", 그리고 "손으로 그려낸 대나무[手中之竹]"는 창작의 세 단계로서, 질적 비약을 이루어 가는 과정을 말한 것이다. "눈 앞의 대나무"에서부터 "마음 속의 대나무"은 첫 번째 비약으로, 자연 형상에서부터 예술적 심상으로의 비약을 말한다. "마음 속 대나무"에서부터 "손으로 그려낸 대나무"까지는 두 번째 비약으로써, 예술적 심상에서부터 객관화된 예술적 형상으로의 비약을 말한다.

우리가 연구하고자 하는 것은 문론인데, 그림에서부터 시작하는 것이 과연 타당한 것일까? 사실상 중국 고대에는 많은 사람들은 이른바 "시나 그림은 본래 하나[詩畵本一律]"라고 생각했다. 문론과 화론은 서로 일맥상통하며, 그 사이에는 큰 차이가 없다.

1) 두 번의 비약

정판교는 자신이 대나무를 그리던 경험을 다음과 같이 말한다.

> 강가의 객사 맑은 가을날 새벽에 일어나 대나무를 바라보니, 안개 젖은 빛과 햇살하며 이슬 머금은 기운들이 모두가 성근가지 조밀한 잎사귀 사이에 서려있었다. 이것을 보니, 마음 속에 뭔가 그리고 싶은 생각이 일어났다. 사실은 마음 속에 있는 그리고 싶은

대나무는 결코 눈앞에 보이는 그 대나무가 아니었다. 그리하여
먹을 갈고 종이를 펼쳐 붓을 대니 모습들이 또 변하여 손에 의해
그려진 대나무는 또한 조금 전에 마음속이 대나무가 아니었다.
요컨대 그리고 싶은 마음은 붓보다 먼저이니, 이는 정해진
법도이다. 정취는 이 법도 너머에 존재하는 것이니 변화의 이것이
바로 化의 기틀이 된다. 어찌 오로지 그림 그리기만 그렇다고
하겠는가!

江館淸秋, 晨起看竹, 煙光日影露氣, 皆浮動於疎枝密葉之間.
胸中勃勃 遂有畵意. 其實胸中有竹, 幷不是眼中之竹也.
因而磨墨展紙, 落筆倏作変相, 手中之竹又不是胸中之竹也. 總之,
意在筆先者, 定則也. 趣在法外者, 化機也. 獨畵云乎哉! [1]

여기에서 언급하고 있는 것은 회화의 창작 과정이다. 그러나 정판교가 지적한
것처럼 이것이 "어찌 오로지 그림 그리기만 그러한 것이겠는가!" 시나 소설, 모든
예술 창작의 과정이 모두 마찬가지이다. 여기서 정판교는 그림을 그리는 세 단계,
즉 "눈 앞의 대나무" – "마음 속의 대나무" – "손으로 그려진 대나무"를 중점적으로
이야기 하고 있다. 이 과정은 두 번의 비약으로 실현된다. "눈앞의 대나무"에서
"마음 속의 대나무"까지가 첫 번째 비약으로, 이것은 자연 형상에서 예술적
형상으로의 비약이다.

"마음 속의 대나무"에서부터 "손으로 그려낸 대나무"까지가 두 번째 비약이며,
이는 예술적 심상에서 객관화된 예술 형상으로의 비약이다. 여기서 가장 핵심적인
문제는 예술적 심상의 형성이다. 그렇기 때문에 한편으로는 "눈 앞의 대나무"는
반드시 "마음 속의 대나무"로 바뀌어야만 창작의 입장에서 의미가 있게 되는
것이다. 다른 한편으로는 "마음 속의 대나무"로서의 심상은 이미 살아 숨 쉬는

---

1) (청) 정섭鄭燮, 《정판교집鄭板橋集》 (베이징, 중화서국, 1962) 161 페이지.

생명력을 가지게 되었으며, 비록 붓을 들고서 그려 나가는 마지막 한 순간에 "그 모습이 변하기는 하였지만" 그럼으로써 마침내 객관화된 예술적 심상이 만들어지게 된다는 것이다. 정판교는 심상(마음 속의 대나무)의 형성을 "그리고 싶은 마음이 붓보다 먼저이다"라고 했으니, 매우 일리가 있는 말이다. 작가가 창작에 대한 "구상"이 먼저 있어야 붓을 들 수 있다는 말이다.

2) 창작과 "마음"의 활동

정판교가 "마음 속의 대나무"에서부터 "손으로 그려낸 대나무"까지의 대나무 그리기 경험은 가장 대표적인 것으로, 중국 고대 시화(詩畵) 창작론의 정수를 보여주고 있다고 하겠다. 중국 고대 문론에서 창작의 문제의 핵심은 "유심遊心"(예를 들어, "붓을 물고 무엇을 쓸까 심사숙고하면 그 생각이 문장에서 노닐며 자유롭게 움직인다.[蘊思含毫, 遊心內運]"[2]), "응심凝心"(예를 들어, "하늘 바다 밖에서 마음을 모으고 원기 앞에서 생각을 부린다.[凝心天海之外, 用思元氣之前.]"[3]), "징심澄心"(예를 들어, "무릇 시를 처음 배우는 사람은 우선 반드시 마음을 맑게 하고 생각을 단정하게 해야 한다.[夫初學詩者, 先須澄心端思.]"[4], "고심苦心"(예를 들어, "고심으로 시를 쓰고자 하면 고절함을 추구해야지 기이하고 화려함에 힘써서는 안 되며, 세속에 빠져서도 안 되며 옛 것과 오늘의 것도 아닌 그 중간에 처해야 한다.[某苦心爲詩, 本求高絶, 不務奇麗, 不涉習俗, 不今不古, 處於中間.]"[5]), "회심會心"(예를 들어, "만약 경물을 마주하여

---

2) (남조) 소자현蕭子顯, 《문학열전文學列伝》, 《남제서南齊書》(베이징, 중화서국, 1972) 907 페이지 참고

3) (당) 왕창령王昌齡의 말, (일본) 홍법대사弘法大師 원찬, 왕리치王利器 교감 및 주석 《문경비부론교주文心秘府論校注》(베이징, 사회과학출판사, 1983) 289 페이지 참고.

4) (오대) 왕몽간王夢簡, 〈시요격률詩要格律〉, 《중국역대시화선中國歷代詩話選》 (창사, 악록서서, 1985) 제1책, 116 페이지

5) (당) 두목杜牧, 〈헌시계獻詩啓〉, 쩌우주周祖 편선, 《수당오대문론선隋唐五代文論選》

217

마음으로 깨달으면, 곧 '추'나 '고' 든 반드시 그 중 하나를 고를 것이다. 정과 경을 따르면 자연히 영묘해지게 된다.[若卽景會心, 則或'推'或'敲', 必居其一, 因景因情, 自然靈妙.]"[6] 등을 들 수 있다. 문학예술의 창작은 주체가 직접적으로 판에 박은 듯이 외재의 사물을 묘사하는 것이 아니다. 사회적 현실은 작가나 예술가의 심리적 현실로 전환되어야 한다. 작가나 예술가는 심리적 현실을 예술적으로 처리하고 가공하고 개조함으로써 마침내 작품 속의 심미적 현실로 전환시키게 되는 것이다. 심리적 현실의 형성과 예술화는 창작 과정에서 가장 중요한 연결고리인 것이다. 그러므로 옛 중국인들은 "마음"의 움직임을 매우 중요시 하였으니, 창작론의 가장 핵심 문제를 제대로 파악하고 있었다고 할 수 있다.

2. "경물에 마주하여 마음으로 깨닫는다[卽景會心]"와 예술적 직관

"즉경卽景"는 것은 경물을 직관한다는 말로, 시인의 사물의 외적형태 대한 관조이며, 감성적 파악이다. "회심會心"은 마음으로 깨닫는 것으로, 시인의 사물의 내적 의미에 대한 깨달음이며 이성적 파악을 말한다. "사물에 마주하여 마음으로 깨닫는다."는 말은 사물을 직관하는 찰나에 경물에서 정감이 생겨나가 정감이 경물에 깃들게 되어 형태와 의미, 외형과 정신, 감성과 이성의 완전한 동시적 통일을 실현시켜 주는 것이다. 이것은 앞에서 언급한 예술적 직관의 심리 과정임을 잘 알 수 있다.

문학 창작의 과정은 "눈"에서부터 시작된다. 인간의 감각 기관으로 사물을

(베이징, 인민문학출판사, 1999) 310 페이지 참고.
6) (청) 왕부지王夫之 저, 이쯔夷之 점교, 《강재시화姜齋詩話》, 147 페이지.

관찰하는 것이 창작의 첫 걸음인 것이다. 이것이 흔히들 말하는 '사물의 느낌으로 정감이 일어난다'나 혹은 '사물을 보고서 정이 일어난다'는 창작의 시작 단계이다. 중국 고전 문론에서는 예술적 직관, 즉 경물에 대한 외형에서부터 정신에 이르는, 또는 겉모습에서 부터 그 함의에 도달하는 순간적 파악을 매우 중요시 하였다. 이 점을 설명하기위해 우리는 여기서 "흥興"과 "묘오妙悟", 그리고 "즉경회심卽景會心" 이 세 가지 관념에 대해 설명해 보도록 하겠다.

1) "흥"과 예술적 직관

"흥"은 매우 일찍부터 거론되어 왔다. 《주례・태사周礼・太師》에서는 "태사는 육시를 가르쳤는데, 이를 풍, 부, 비, 흥, 아, 송이라 한다.[太師……敎六詩, 日風, 日賦, 日比, 日興, 日雅, 日頌.]"라고 했다. 《모시서》에서는 "풍, 부, 비, 흥, 아, 송"을 "시 육의[詩之六義]"라고 하였다. 물론 공자도 잘 알려진 "흥, 관, 군, 원[興觀群怨]"설을 제기하기도 하였다. 그러나 이것들은 일반적으로 문학의 사회적 역할에 대한 내용으로, 여기서 거론하고 있는 "흥"은 "부, 비, 흥"의 "흥"과는 다른 개념으로, 이 점에 대해서는 모두가 인정하고 있다. 그러나 "부, 비, 흥"의 "흥"의 함의에 대해서는 오히려 여러 가지 이견이 존재하고 있으며, 고대와 현대의 연구도 모두 그러하다.

현대의 부, 비, 흥에 대한 연구 논문들은 매우 많은데, 그 중에서 "부, 비, 흥"이 문학에서 가장 기본적인 세 가지 표현 방법이라고 보는 것이 주도적이다. 부는 "부연 설명"으로, "설명하고자 하는 사물을 직접적으로 서술하는 표현 방법이며, '비'는 비유로 설명하고자 하는 사물을 다른 사물을 빌려 비유하여 설명하는 표현 방법이다. 또 이른바 '흥'은 흥을 일으킨다는 뜻으로, 어떤 사물에서 감정을 불러일으켜 설명하고자 하는 사물을 이끌어내는 표현 방법[7]이라는 것이다.

그러나 우리는 이러한 이해가 더욱 심층적인 "흥"의 함의를 보여주지는 못하고 있다고 생각한다.

우선 먼저 옛 사람들의 이해를 살펴보도록 하자.《설문說文》과《이아爾雅》에서는 모두 "일어날 기(起)"자로 "흥"자를 풀이했다. 문제는 어떻게 불러일으키고, 무엇을 불러일으키느냐는 것이다. 여기에 대해서는 서로 다른 견해들이 존재한다. "흥"의 해석에 있어서 유협과 종영, 그리고 주희 이 세 사람의 풀이가 가장 주목해 볼 만하다. 유협의《문심조룡》에는 "비흥比興" 편을 따로 두고 있는데, 그 가운데 "흥"의 핵심에 대해 언급하고 있는 구절이 있다.

> 비는 드러나 있고 흥은 감춰져 있기 때문인가?
> 흥이란 일으키는 것이다.
> 정을 불러일으키는 것은 미묘한 것에 의지하여 비교하고 헤아리는
> 것이다. 정을 불러일으킴에 흥의 수법이 만들어지게 된다.
> 흥의 기탁하여 비유함은 완곡함으로 편장을 이루니, 사물의 명칭은
> 작지만 취함은 크도다.
> 시인이 비와 흥의 수법을 사용함에 사물의 겉모습을 묘사하고
> 마음의 정취를 취하니, 어휘의 사용은 반드시 과감하게 해야 한다.
> 比顯而興隱哉?
> 興者, 起也.
> 起情者, 依微以擬議. 起情故興体以立.
> 興之托喩, 婉而成章, 稱名也小, 取類也大.
> 詩人比興 擬容取心, 斷辭必敢.[8]

---

7) 예랑葉朗,《중국미학사대강中國美學史大綱》(상하이, 상하이인민출판사, 1985) 85~86 페이지.
8) (남조) 유협 저, 판원란 주,《문심조룡주》601 페이지.

유협은 흥은 창작 과정의 예술적 사유로써, 시인이 사물에 감응하여 정서를 불러일으키는 것이라고 말하고 있다. 사물에 감응함은 사물의 외형적 형태를 자세히 관찰하는 것이고, "정감을 불러일으킨다."는 말은 사물에 내재된 심미적 본질을 파악한다는 말이다. 이 둘은 한 번에 실현되기 때문에 "흥"의 예술적 사유에 의해 완성된 작품은 "사물의 이름은 작아도 그 취함은 크게" 되고, 능히 "겉모습을 묘사하고 마음의 정취를 취할 수 있다"는 것이다. 즉, 제한적인 외형 속에서 직접적으로 사물의 무한한 의미를 들여다 볼 수 있다는 말이다. 위의 분석이 성립된다고 한다면 "흥"은 본질적으로 예술적 직관 사유라는 말이 된다.

종영의 설명을 살펴보자.

> 문장이 이미 다하고도 그 뜻에 남음이 있으니 흥이다.
> 文已盡意有余, 興也.[9]

종영의 설명은 매우 의미가 있다. 그는 "흥"의 예술적 사유에 의해 창작된 작품의 효과라는 측면에서 착안하여 "흥"의 사유 운용이 어떠한 예술적 효과를 거둘 수 있는지를 설명하고 있다. 유협이 "비는 드러나고 흥은 숨겨져 있다"라고 말했던 것처럼, "숨겨짐" 때문에 무궁한 의미들을 가지게 되고, 그렇기 때문에 "문장이 이미 다하면 그 뜻이 무궁무진해 진다"는 것이다.

주희의 설명도 자주 인용되어진다.

> 부란 그 사건을 펼치고 늘어놓아 직접적으로 말을 하는 것이다.
> 비란 저 사물로 이 사물을 비유하는 것이다.
> 흥이란 먼저 다른 사물을 말함으로써 읊고자 하는 대상을
> 불러일으키는 것이다.

---

9) (남조) 종영 저, 천옌제陳延杰 주, 《시품주》 4페이지.

賦者, 敷陳其事而直言之者也.

比者, 以彼物比此物也.

興者, 先言他物以引起所詠之詞也.[10]

주희의 해석은 《시경》의 예를 근거로 하여 "흥"을 일종의 표현 수법으로 이해하고 있는데, 이도 어느 정도 일리가 있다. 애석한 점은 이러한 이해는 비교적 표면적이라는 점이다. 위에서 언급한 유협이나 종영의 해석은 표면적으로 보기엔 주희의 해석처럼 "타당성"은 없어 보이지만, 그러나 오히려 "흥"의 예술적 직관 사유의 본질을 보여주고 있다.

"흥" 이외에도 종영의 "직심直尋"설, 엄우의 "묘오妙悟"설, 그리고 청대 왕부지의 "즉경회심卽景會心"설 등은 모두 서로 다른 층차, 서로 다른 시각에서 시가 창작 과정에서 시인의 예술적 직관 사유 활동의 규칙성과 의미에 대해 구체적이고 깊이 있게 드러내 보여주고 있다.

현대 심리학의 이해에 따르면, 과학적 연구에서든 예술 창작에서든 직관은 모두 매우 중요한 역할을 한다. 시인이나 예술가는 직관에 의지하게 되는데, 이것은 베르그송이나 쇼펜하우어, 크로체 등과 같은 미학가들이 약속이나 한 듯이 직관에 관심을 쏟았던 이유이기도 하다. 위대한 과학자들의 마음에 직관은 또한 희망의 별과도 같다. 아인슈타인 등의 과학자들은 모두 관련 기록들을 남겨놓고 있다. 직관이 동시에 시인과 예술과 과학자들의 사랑을 받은 것은 결코 우연이 아니다. 그것은 영원과 창조가 하나로 연결되어 있기 때문이다. 예술적 창조이든 과학적 창조이든 창조자는 모두 직관의 도움 없이는 안 되는 것이다.

그렇다면, 인간의 심리 메커니즘과 활동으로써의 직관은 도대체 무엇인가? 중국 고대 문론에서의 예술적 직관은 또 어떤 특징들을 가지고 있는 것일까?

모두 알다시피, 인간의 일반적인 인식은 단계적이다. 우선 감성인식이 진행

---

10) (송) 주희, 《시집전詩集伝》 (베이징, 문학고적간행사, 1995.) 3 페이지.

되고 그 다음에 논리적 추리 과정을 거치면서 비로소 조금씩 이성 인식으로 승화되어진다. 직관은 일종의 특수한 인식 활동으로, 위에서 말한 두 단계가 하나가 되어 찰나의 직접적인 체험 과정에서 중간의 논리적 추리과정이 생략되고 곧 바로 사물의 진리에 대한 파악에 도달하게 되는 것이다. 그렇기 때문에 직관이 감지(感知)의 형식을 띠고 있기는 하지만 사물의 본질적 규칙에 대한 파악 효과를 얻게 되는 것이다. 직관과 사유의 순간적 통일은 직관의 기본적 특징이라 할 수 있다. 예술적 직관과 과학적 직관은 모두 이러한 특징을 가지고 있다. 다만 다른 점은 둘이 모두 사물에 대한 직관을 시작점으로 하고 있지만, 찰나의 순간에 도달하는 종점이 다르다는 것이다.

과학적 직관의 종점은 직관 대상의 구체적 형태를 버리고, 과학적 발견의 추상적 관념으로 승화되고, 예술적 직관의 종점은 직관 대상의 구체적 형태를 버리지 않고서 직관 대상의 형태를 파악하는 동시에 그 심층의 의미를 깨닫는 것이다. 헤겔의 《미학》이라는 책에서는 이러한 예술적 직관을 "민감함으로 가득 찬 관조"라고 불렀다. 헤겔은 "민감"이라는 이 단어는 매우 기묘하게도 서로 상반되는 두 가지 이미를 가지고 있다고 했다. 우선은 감각기관의 직접적인 감지를 말며, 다른 한편으로는 의미나 사상, 사물의 보편성을 가리킨다고 했다. 그래서 "민감"은 존재의 직접적인 외적 측면뿐만 아니라 내재적 본질과도 연결된다는 것이다.

이처럼 민감함으로 가득 차있는 관조는 이 두 가지 측면을 떼어놓는 것이 아니라 대립된 측면을 하나에 포함시키는 것이다. 감성의 직접적인 관조에서는 본질과 개념을 동시에 이해함으로써 내재적 의미를 드러내 보여주는 것이다. 중국 고대 문론의 개념과 비교해 보면, 헤겔이 설명하고 있는 "본질", "개념", 그리고 "의미"는 바로 형상을 초월하는 신운神韻, 흥취興趣, 자미滋味, 진재眞宰, 의경意境 등이 될 수 있다.

이로써 예술적 직관은 시인이 경물을 직관하는 찰나에 동시적으로 형形과 신神, 경景과 정情, 형태形態와 의미[意蘊], 외경外境과 내경內境, 맛 안의 맛[味內味]과 맛 밖의 맛[味外味] 등을 완전하게 파악하는 것을 말하는 것임을 알 수 있다. 심리 과정으로 보면, 예술적 직관은 시인이나 작가가 일종의 신기한 투시력을 갖게 되는 것, 즉 감각적 느낌과 깨달음, 관찰과 체험, 보기와 발견 등을 찰나의 순간에 동시에 실현하는 것을 말한다.

만약 예술적 직관을 위에서 말한 것으로 이해하는 것이 실제와 부합한다면, 우리는 중국 고대 문론에서 위에서 분석한 "흥" 이외에도 송대 엄우의 "묘오"설이나 청대 왕부지의 "즉경외심"설 등이 바로 전형적인 예술적 직관설이며, 창작 과정에서의 "눈으로 보는[眼中]" 단계에 대한 분석이 매우 깊이 있는 것이었다고 할 수 있을 것이다.

2) "묘오"와 예술적 직관

시가 창작론에 있어서 송대 엄우는 선(禪)에 비유하면서 "별재", "별취"설을 주장함과 동시에 "묘오"설을 제기하였다. 그는 《창랑시화 · 시변滄浪詩話 詩辨》에서 다음과 같이 말했다.

> 선가의 유파는, 승에는 대승과 소승이 있고, 종파엔 남종과
> 북종이 있으며, 도에는 사와 정이 있다. 배우는 자는 반드시
> 최상승을 따르고 정법안을 갖추어 제일의를 깨달아야 한다.
> 소승선이나 성문벽지과는 모두 바른 것이 아니다. 시를 논하는
> 것은 선을 논하는 것과 같다. 한, 위, 진과 성당의 지는 제일의이다.
> 대력이후의 시는 소성선이니, 이미 제이의로 떨어진 것이다.
> 만당의 시는 성문벽지과이다. 한, 위, 진과 성당의 시를 배우는
> 것은 임제종 이후이고, 대력 이후의 시를 배우는 것은 조동종
> 이후이다. 대저 선의 도는 오직 묘오에 있으며, 시의 도 또한
> 묘오에 있다. 맹호연의 학문적 힘은 한유에 비해 훨씬 떨어지지만,

그 시만은 한유보다도 위에 있는 것은 오로지 묘오 때문이다. 오직 깨달음만이 마땅히 행해야 할 것이고, 본바탕이다. 그러나 깨달음에는 깊고 얕음이 있고, 나뉨과 한계가 있어서, 투철한 깨달음과 반만 이해한 오가 있다.

禪家者流, 乘有小大, 宗有南北, 道有邪正. 學者須從最上乘, 具正法眼, 悟第一義. 若小乘禪, 聲聞辟支果皆非正也. 論詩如論禪, 漢,魏,晉与盛唐之詩, 則第一義也. 大曆以還之詩, 則小乘禪也, 已落第二義矣. 晚唐之詩, 則聲聞辟支果也. 學漢,魏,晉与盛唐詩者, 臨濟下也. 學大曆以還之詩者, 曹洞下也. 大抵禪道惟在妙悟, 詩道亦在妙悟. 且孟襄陽學力下韓退之遠甚, 而其詩獨出退之之上者, 一味妙悟而已. 惟悟乃為當行, 乃爲本色. 然悟有淺深, 有分限, 有透徹之悟, 有但得一知半解之悟.[11]

시가 창작 문제는 송대에 이르러 사람들의 관심거리가 되었다. 송대 사람들은 시는 이미 당대에 다 창작이 되었기 때문에 아무리 써도 당대 사람들의 시를 뛰어넘을 수 없고, 특히 두보의 시와 같은 경지에는 이를 수 없다고 생각했다. 그래서 그들은 새로운 탈출구를 찾을 수밖에 없었다.

그 중에서 황정견黃庭堅을 필두로 하는 "강서시파江西詩派"는 송시의 새로운 탈출구를 찾기 위해 많은 노력과 시도를 하였다. "강서시파"는 "법도法度"를 중시하면서, "한 글자라도 유래가 없는 것이 없음[無一字無來處]"을 중시했다. 이러한 이론의 근본은 시가 창작 과정에서 "지성知性"이 중요함을 강조하는 것으로, 이 "지성"은 독서를 통해 누적되는 것이다. 이는 열심히 책을 읽으면 그 누구나가 시인이 될 수 있다고 말하는 것처럼 들린다. 엄우의 "묘오"설은 비로 이러한 강서시파의 논점을 겨냥해 제기되어 나온 것이다. 그는 시와 선(禪)을 비교하면서,

---

11) (송) 엄우 저, 궈샤오위郭紹虞 역 《창랑시화교석滄浪詩話校釋》 10 페이지.

"대저 선의 도는 오로지 묘오에 있으며, 시의 도도 마찬가지로 묘오에 있다"고 주장한다.

다시 말해서, 엄우는 시와 선의 모든 측면이 아니라 바로 "묘오"라는 측면에서 시가 창작과 참선을 비교하고 있는 것이다. 과거 일부에선 엄우가 선에 대해 전혀 이해하지 못했다고 비판하기도 했다. 왜냐하면 선은 언어와 무관한 것이지만 시는 최종적으로 언어로 완성되는 것이기 때문에 시와 선은 완전히 다른 것이라는 말이다. 이러한 비판은 엄우가 "묘오"라는 측면에서 시와 선을 비교하고 있음을 분간해 내지 못했기 때문이다.

시가 창작론에 있어서 엄우는 참선의 핵심이 "묘오"이고 시를 짓는 것 또한 "묘오"라고 보았다. 그렇다면 "묘오"는 어떠한 심리적 메커니즘을 갖고 있는 것일까? 오늘날의 용어로 표현하자면 바로 "예술적 직관"이라고 할 수 있을 것이다. 앞에서 언급했듯이, 직관은 지식의 도움이 필요 없고, 논리적 추리가 필요 없는, 사물의 본질에 대한 직접적인 깨달음이다. 직관은 가장 소박한 방식으로 가장 오묘한 경지에 도달하게 된다. 일단 "지성"의 개입이 있게 되면, "지성"의 장애가 일어나게 되기 때문에 그것은 직관이 아닌 것이다. 엄우는 시와 선이 공유하고 있는 "묘오"를 불교 선학의 용어를 빌려 "정법안을 갖추는 것", "제일의"의 깨달음, "투철한 깨달음"이라고 했다. 이른바 "정법안"은 바로 "정법안장正法眼藏"이며, "청정법안淸淨法眼"이라고 하기도 하는 불교의 올바른 법을 말한다.

《오등회원五灯會元》1권에서는 "석가모니가 영산에서 법회를 하실 때 대중들에게 꽃을 들어 보이셨는데, 그때 대중들은 아무런 말이 없었다. 오직 가섭존자만이 미소를 지어 보였다.

세존께서 말씀하시길, '나에겐 정법안장이 있으니, 열반의 오묘한 마음이요 미묘한 법운이라 문자로 표현할 수 없고, 가르침 밖에 전할 수 없으니, 마하가섭에게 부촉하노라.'라고 하셨다. (世尊在靈山會上拈花示衆, 是時衆皆默然, 惟迦葉尊者破顔微笑. 世尊曰:'吾有正法眼藏, 涅槃妙心, 微妙法門, 不立文字, 敎外別伝, 咐囑摩訶迦葉.')"라는 기록이 있다. 엄우는 이 "정법안"을 빌려 시가 필요로 하는 오묘한 깨달음이 바로 선종에서 말하는 진정한 "깨달음"이라고 말하고 있는 것이다. 이른바 "제일의", "제이의", "성문벽지과"라고 하는 것도 불교 용어이다. 제일의는 제일의제로, 진제(眞諦), 승의제(勝義諦)라고도 하는데 바로 불리(仏理)를 말하는 것이다.

제이의는 제이의제, 세속제(世俗諦)로, 바로 세속의 이치이다. 성문과 벽지과는 부처의 말씀을 듣고 깨닫는 자를 의미하며, "성문"의 지극한 경지는 바로 자신의 해탈에 이르는 것으로 수행을 통해 아라한과를 얻는 것이다. "벽지"는 곧 연각(緣覺), 독각(獨覺:혼자의 힘으로 깨닫는 사람)이라고도 하는데, 그 뜻은 "스스로 지혜로 도를 얻는다"는 말이다. 엄우는 제일의의 깨달음이 최고의 깨달음이라고 보았으며, 그 다음이 제이의이고 세 번째가 성문과 벽지라고 보았다. 깨달음에는 높고 낮음의 차이가 있다는 것이다.

엄우는 한과 위, 성당의 시가를 추종하여 이것이 제일의이며 시의 지극한 경지라고 여겼다. 그는 만당과 송대의 시는 이미 수준이 낮은 "성문"과 "벽지"라고 했다. 그렇다면 엄우의 이 말은 무슨 뜻일까? 《창랑시화 · 시평詩評》에서 이 질문에 대한 해답을 제시하고 있다.

> 시에는 말과 이치와 흥취가 있다. 남조 사람들은 말을 숭상하여
> 이치가 부족하고, 지금의 사람들은 이치를 숭상하니 흥취가
> 부족하다. 당나라 사람들은 의흥을 숭상하면서도 이치가 그 속에
> 있었다. 한나라와 위나라의 시는 말과 이치와 뜻의 흥취 모두
> 있으나 그 자취를 찾을 수가 없다.
> 詩有詞理意興. 南朝人尙詞而病於理. 本朝人尙理而病於意興.
> 唐人尙意興而理在其中. 漢魏之詩, 詞理意興, 無迹可求.[12]

---

12) (송) 엄우 저, 귀샤오위 교감 및 주석, 《창랑시화교석》, 137 페이지.

엄우는 여기서 시의 요소를 사(詞: 말, 언어, 즉 언어적 수사)와 이(理" 이 치, 즉 철리성)와 의흥(意興: 작품 전체의 흥취) 세 가지 요소로 구분하였다. 그는 이 세 가지 요소가 완전히 융합되어 하나가 되는 것이 가장 좋은 시라고 보았다. 예를 들어 한나라와 위나라 때의 시는 혼연일체가 되어 어느 것이 '사'이고 어느 것이 '이'이고 어느 것이 '의흥'인지 구분을 할 수 없이 작품 속에 모두 하나가 되어 있기 때문에, 이러한 시는 생활 자체의 연장이기에 깨달음의 도움이 필요가 없다. 성당 시기의 시가는 "의흥을 숭상하면서도 철리가 그 속에 들어 있다"고 했으니, 세 가지 요소가 하나로 융합되어 있다는 말이다. 이것은 인위적인 노력으로 혼연일체의 경지에 도달하는 것이니, 이른바 "정과 성만 보일 뿐 문자는 보이지 않는다.[但見情性, 不睹文字]", "핏자국은 있으나 먹자국은 없다.[有血痕, 無墨痕.]"는 경지이며, 이것이 바로 "제일의"의 작품이라는 것이다. 혹은 한나라 위나라 사람들은 깨달음이 필요 없이 곧바로 극치에 도달했으며, 성당 사람들의 시는 인위적인 퇴고를 거쳤지만 모두가 참된 오묘한 깨달음이자 "철저한 깨달음"이라고 말할 수 있다는 것이다.

남조의 시인들은 "말을 숭상하여 이치가 부족하다"고 했다. 즉 언어적 수사에 너무 공을 들였기 때문에 작품 전체의 흥취가 부족하다는 것이다.

이는 단지 개별적으로 빼어난 시구는 있을 수 있지만, 그것은 묘오가 "작은" 것이다. 송대의 시는 남조 시대의 시와 반대로 "이치를 숭상하여 의흥이 부족하다", 다시 말해서 이취(理趣)는 있으나 구체적이고 생동적인 형상이 부족하여 심미적 매력이 결여되어 있으니, 이 역시도 묘오가 "작은" 것이다. 만당 시기의 시와 마찬가지로 "반 토막 깨달음"일 뿐 "철저한 깨달음"이 아니며, "꾀 많은 여우의 외도와 귀신 굴에 떨어진 것[墮野狐外道鬼窟中]"[13]이라는 말이다.

다시 말해서, 만당의 시인과 송대의 시인들은 묘두 참된 묘오가 없기 때문에 시가 창작에서도 소득이 매우 적다는 말이다. 엄우의 만당과 송대 시가에 대한 평가는 공평한 것은 아니어서 논쟁의 여지가 있는, 엄우 한 사람의 말로 결론을 내릴 수

---

13) 앞의 책 1페이지.

있는 것은 아니지만, 그의 각 시대별 시가에 대한 평가, 특히 언어와 철리와 흥취가 하나로 융합되어야 하고, 참된 묘오가 있어야 한다는 말은 시가 창작에 대한 독특한 견해로 진지하게 다루어야 할 가치가 있다고 하겠다.

어쨌든, 엄우의 "사·리·의흥詞·理·意興" 합일론과 "묘오"설은 오늘날 우리가 말하는 예술의 직관론으로 한 순간에 언어와 형상과 의미의 통일, 감성과 이성의 통일이 이루어져야 한다는 말은 이론적 가치가 있는 것이다. 특히 "묘오"가 시가의 "마땅히 실천해야할 것"이며 "본색"이라고 한 것은 시인이 지식의 짜 맞추기에만 의존해서는 안 되며, "묘오"가 있어야 한다는 것이다.

이것은 시가 창작이 심미적 창작으로, 예술적 직관을 중심으로 생활 속에서 풍부한 시적 의미의 참 뜻을 직접적으로 깨달아야 함을, 또는 생활을 일반적으로 인식하는 것이 아니라 시의적으로 깨달음을 얻어야 함을 설명해주고 있다. 이것은 시가 창작의 특수성을 매우 잘 드러내 보여주는 것이라 할 것이다. 동시에 송대 시가 창작 속에서는 "문자로써 시라고 여기고, 의론을 시로 위기며, 재능과 학식을 시로 여기는[以文字爲詩, 以議論爲詩, 以才學爲詩]" 경향을 바로잡아주는 역할을 하고 있다.

그렇다면, 어떻게 해야 "묘오"의 능력을 얻을 수 있는 것이다. 엄우는 "학식을 위주로 한다.[以識爲主]", "숙지하여 참구한다.[熟參]" 등의 관점을 제기했다.

무릇 시를 배우는 사람은 앎을 위주로 하여야 하니, 올바르게 입문하고 뜻은 높이 세워야 한다. 한, 위, 진, 성당을 스승으로 삼고 개원, 천보 이후의 인물을 스승으로 삼아서는 안 된다. 공부는 모름지기 위에서 아래로 내려가야지, 아래에서 위로 올라가서는 안 된다. 우선 반드시 《초사》를 숙독하고, 아침 저녁으로 읊조려 본보기로 삼아야 한다. 《고시십구수》, 악부 4편을 읽고 이릉, 소무, 한, 위의 오언을 모두 숙독해야 하며, 이백과 두보의 시집을 베개 삼아 봄이 경전을 연구하듯 해야 한다. 그런 후에 성당의 여러 시인들의 작품을 두루 취하여 마음 속에서 숙성시켜 나간다. 그것이 오래되면 자연스럽게 깨달음으로 들어가게 된다. 비록 학문이 미치지 못한다 하더라도 바른 길을 잃어서는 안 된다.

이것이 바로 머리에서부터 해서 내려온다는 것으로, 위로 향하여 한 길로 나아간다고 하는 것이며, 근원을 바로 끊음이라 하는 것이며, 단칼로 잘라 들어간다고 하는 것이다.

시의 도 또한 이와 같다. 만약 그렇지 않으면 시를 봄이 넓지 못하고 시를 참구함이 익숙지 않은 것이다.

夫學詩者以識爲主, 入門須正, 立志須高. 以漢魏晉盛唐爲師, 不作開元天宝以下人物工夫須從上做下, 不可從下做上. 先須熟讀《楚辭》, 朝夕諷詠, 以爲之本. 及讀《古詩十九首》, 樂府四篇, 李陵, 蘇武, 漢, 魏五言皆須熟讀, 卽以李, 杜二集枕藉觀之, 如今人之治経, 然後博取盛唐名家, 醞釀胸中, 久之自然悟入. 雖學之不至, 亦不失正路. 此乃是從頂上做來, 謂之向上一路, 謂之直截根源, 謂之頓門, 謂之單刀直入也.

詩道如是也. 若以爲不然, 則是見詩之不廣, 參詩之不熟耳.[14]

여기서 말하는 "식識"도 불교 용어로, 본래는 세속의 장애를 없애 영원한 종교적 정신 본체의 신비한 능력을 인식함을 말한다. 엄우가 말하고 있는 "식"의 의미는 대체로 오늘날 우리가 말하는 심미적 감상 능력을 말하는 것이다. 이 "식"으로 시를 논한다는 것은 바로 시의 높고 낮은 품격을 감별해내야 한다는 것이다. 그러므로 시를 배울 때에는 품격이 높은 시부터 배워야 하며 위에서 부터 아래로 해나가야지 아래에서부터 위로 해 올라와서는 안 되는 것이다. 구체적으로 말하면, 품격이 높은 시들을 "참독參讀"해야 한다는 것이다.

---

14) (송) 엄우 저, 귀샤오위 교감 및 주석 《창랑시화교석》 11페이지.

엄우는 비단 "참독"해야 할 뿐만 아니라 "숙참熟參(익숙할 때까지 참구함)"해야 한다고 말한다. 성당 시대를 대표하는 이백과 두보의 시를 숙참해야 하고 이렇게 "성당의 여러 시인들의 작품을 두루 취하여 마음 속에서 길러나가게 되면, 시간이 지나면서 자연스럽게 깨달음으로 들어가게 된다."는 것이다. 강서시파(江西詩派)도 두보 등의 시인들의 작품을 숙독(熟讀)할 것을 요구했는데, 그렇다면 엄우의 "숙참"과 강서시파의 주장은 같은 것일까? 숙독이라는 이 점에 있어서는 확실히 별다른 차이가 없어 보인다. 다르다고 한다면 "강서시파"는 주로 문자에 대해서, 엄우는 문자가 아니라 "참선"(선기禪機에 대한 참구)처럼 이전 시대의 시가에 대한 사색과 탐구를 통하여 문자 이외의 신비한 시가 창작의 규칙을 "참구"해낼 것을 요구하고 있다는 점이다. 그러므로 엄우는 비록 앞 시대 사람들을 본받기는 하지만, 그 학습의 목적은 더욱 미묘하다고 하겠다.

그렇다면, 시가 창작에 있어서 "묘오"의 능력을 획득한 후에는 어떤 목표에 도달해야 하는가? 엄우는 이 문제에 대해 "입신"설을 제기하였다.

> 시의 극치는 단 하나이니, 입신이라 한다. 시가 입신의 경지에 들면
> 지극해지고 다해져 더 이상 더할 것이 없게 된다. 오직 이백과
> 두보만이 그 경지를 얻었을 뿐 다른 사람들은 모두 그 경지를
> 얻기에 부족하다.
> 詩之極致有一: 曰入神. 詩而入神, 至矣, 盡矣, 蔑以加矣!
> 惟李, 杜得之, 他人得之蓋寡也.[15]

《주역·계사상周易·繫辭上》에서 "신이란 변화의 극치이니 만물을 묘하게 함을 말하는 것이니, 형체를 따져서 물을 수 없다.[神也者, 変化之極, 妙万物而爲言, 不可以形詰者也.]"라고 했다. 엄우가 말하는 "입신"은 시가의 극치로서 제기한

---

15) (송) 엄우 저, 귀샤오위 교감 및 주석 《창랑시화교석》 6페이지.

것으로, 묘오의 능력을 통해 최후에 이 최고의 목표에 도달하게 된다는 것이다.

사실상 그가 말한 "입신"은 정교하여 말로 절할 수 없는 것이다. 이 목표에 도달하기는 쉽지가 않아서 이백이나 두보 등의 대가들만이 이 경지에 도달할 수 있을 뿐이라고 말하고 있다. 그러나 시를 배우는 사람은 최상을 본받아야 하니 이를 목표로 삼아야 그래도 나은 결과를 얻을 수 있다는 것이다. "위를 배우면 중간이라도 가지만, 아래를 배우면 하위 밖에 될 수 없다.[學其上, 僅得其中, 學其下, 斯爲下矣.]"[16]는 말이 바로 그것이다.

어쨌든, 엄우의 시학 사상은 시의 심미적 특징과 창작 과정에서의 예술적 역할을 강조하고 있다는 점에서 그 이론적 가치가 있다고 하겠다. 그의 이론은 유가적 전통을 벗어나고 있어서 이후 유가의 "시언지" 전통을 고수하는 사람들의 많은 사람들의 비난을 받기도 했다. 물론 엄우의 이론에도 문제가 없는 것은 아니다. 창작의 예술성 방면에서 그는 성당시인들을 본받을 것을 강조하면서 어떻게 생활을 스승으로 삼아야 할지 등에 대해서는 고려하지 않고 있다. 이러한 점에서 엄우가 말하고 있는 예술적 직관은 한계를 가질 수밖에 없는 것이다.

3) "즉경회심卽景會心"과 예술적 직관

여기서 특별히 소개하고 싶은 것은 왕부지의 "즉경회심"설이다. 왕부지는 명나라 말기, 청나라 초기의 철학가이다. 그가 살았던 시대는 표면적으로는 번영을 누리고 있는 것 같았지만, 수천 년을 이어온 중국의 봉건사회가 막바지에 달했던 시대였다. 왕부지는 많은 저서를 남겼으며, 깊이 있는 사상으로, 중국 유가 사상을 총정리한 사람 중의 한명이기도 하다. 그의 시론 역시도 중국 고대 유가 시학의 마지막 정리의 형태를 띠고 있으며, "즉경회심"설은 예술적 직관에 대한 중국 고전 문론의 가장

---

16) 앞의 책 1페이지.

완벽하고 정확한 표현이라고 할 수 있다.

왕부지는 가도賈島의 "퇴고推敲" 고사를 이야기 하면서 다음과 같이 말했다.

> "스님이 달빛 아래 문을 두드린다."는 구절은 단지 헛된 상상의 억측일 따름이니, 다른 사람의 꿈을 말하는 것과 같다. 설령 그 형용함이 아주 비슷하다 한들 어찌 터럭만큼이라도 마음을 끌 수 있겠는가? 그런 줄 아는 것은 추와 고 두 글자를 두고 망설였다고 한 것이 바로 그가 지어낸 생각이기 때문이다. 만약 풍경(경물)과 마주하여 마음으로 느꼈다면, "추"자든 "고"자든 반드시 그 중 어느 하나가 차지했을 것이기 때문이다. 풍경을 따르고 정감을 따르면 절로 기묘해지니, 어찌 수고로이 따져 논하겠는가? "긴 강에 둥근 해가 저물어 가고"라는 구절은 애초에 정해진 풍경이 없었고, "강물을 사이에 두고 나무꾼에게 묻는다."는 구절은 처음부터 생각으로 얻은 것이 아니었으니, 선가에서 말하는바 현량이라는 것이다.
>
> "僧敲月下門", 祇是妄想揣摩, 如說他人夢, 縱令形容酷似, 何嘗毫髮關心? 知然者, 以其沈吟"推敲"二字, 就他作想也. 若卽景會心, 則或推或敲, 必居其一. 因景因情, 自然靈妙, 何勞擬議哉? "長河落日圓", 初無定景; "隔水問樵夫", 初非想得. 則禪家所謂現量也.[17]

위의 단락에서 왕부지는 "헛된 상상적 억측"과 "경물과 마주하여 마음으로 느끼는 것"을 서로 다른 두 가지 심리 활동으로 보고 있다. "헛된 상상으로 따지는 것"은 논리적 추리로, 직관과 사유를 따로 떼어 놓은 것이기 때문에 그 결과는 풍경과

---

17) (청) 왕부지 저, 이쯔夷之 교점, 《강재시화薑齋詩話》, 147 페이지.

정감이 분리될 수밖에 없다. 즉, 풍경 속의 정감은 풍경에서 직접적으로 얻어지고 나타나는 것이 아니라 시인의 "억측"과 "의도"에 의해 가공된 것이기 때문에 "절로 기묘해지는" 경지에 도달할 수가 없다는 것이다. 그러므로 왕부지는 가도식의 "망상의 억측"에 반대하였으며, 한유식의 다른 사람의 생각에 "(자신의) 의도"를 추가하는 것을 더더욱 반대했다.

왕부지는 이런 것들이 "다른 사람의 꿈을 이야기하는 것과 마찬가지"라고 황당한 것이라고 했다. 그는 왕유식의 "경물과 마주하여 마음으로 느끼는" 창작 심리 과정을 주장했다. "즉경卽景"은 바로 경물을 직관하는 것이며, 사물의 외재적 형태에 대한 시인의 직관을 가리키는 것으로, 이것은 감성적 파악이다.

"회심會心"은 마음으로 느낀다는 말이다. 시인이 사물의 내재적 의미를 깨닫는 것으로, 이것은 이성적 파악이다. "즉경회심"은 바로 사물의 찰나를 직관함으로써 경물에서 정감이 생겨나고 정감이 경물에 깃들게 되는 것으로, 이를 통해 형태와 의미, 외형과 정신, 감성과 이성의 완전하고 동시적인 통일이 실현된다는 것이다. 이것은 분명히 앞에서 언급한 예술적 직관의 심리 과정이다.

왕부지는 다른 사람이 자신의 생각을 완전히 이해하지 못할 것을 걱정하여 다시 왕유의 〈사지새상使至塞上〉이란 작품의 "긴 강에 둥근 해 저물어 가고"라는 구절과 〈종남산終南山〉이라는 작품의 "강물 건너 나무꾼에게 묻는다."라는 구절을 인용하여 자신의 "즉경회심"이 장시간에 걸친 "억측과 의도"가 아니라 "처음에는 정해진 경치가 없고", "처음부터 생각으로 얻어진 것이 아닌" 상황에서의 직관적인 파악이라고 설명하고 있다.

"넓은 사막 외로운 한 줄기 연기 솟아오르고, 길 다란 강에 둥근 달이 저문다.[大漠孤煙直, 長河落日圓.]"는 구절이 왕부지나 다른 많은 사람들에 의해 칭송받는 것이 결코 우연이 아니다. 왕유의 성공은 그가 고심으로 생각을 짜내는 식으로 기교를 운용하는 것이 아니라 자신의 직관을 단도직입적으로 표현함에 있는 것이다. 망망한 사막에서 아무것도 없고 바람도 없는 날이어서 연기는 자연히 "고독"하고 "곧게" 솟을 수밖에 없는 것이다.

사람의 자취도 드물고 숲도 성긴 황량한 변경에서 세차게 흐르는 강물은 더욱 "길게" 느껴질 것이고, 서쪽으로 기울어가는 석양은 더욱 친근한 "원"의 모습일 것이다. 여기서 시인은 사막의 자연 풍경을 정확하게 묘사하고 있을 뿐만 아니라 자연스럽게 자신의 고독한 마음을 깃들여 놓고 있다. 자연스러움과 유유자적한 운치로 경물에서 정감에 이르기까지 일석이조의 효과를 보여주고 있다.

"하룻밤 묵어갈 인가 찾으려, 강 건너 나무꾼에게 물어보네.[欲投人宿處, 隔水問樵夫.]"라는 구절은 왕유의 〈종남산〉이란 시의 마지막 연으로, 이 시에서는 종남산의 아름다운 풍경을 잘 묘사하고 있다.

이 마지막 두 구절은 역대로 많은 논쟁을 불러일으키기도 했는데, 어떤 사람은 이 두 구절이 전체 시의 내용과 동떨어져 있다고 부정적인 태도를 보이기도 했다. 왕부지는 《강재시화》에서 "'하룻밤 묵어갈 인가 찾으려 강 건너 나무꾼에게 물어보네'라는 구절에서 광대하고 웅장한 종남산의 모습을 알 수 있어서 앞의 여섯 구절과 일치하며, 또한 나그네와 주인의 구분이 분명하여, 독두의식[18]이 물상에 걸려 그려지는 것이 아니다. ['欲投人宿處, 隔水問樵夫.', 則山之遼廓荒遠可知, 与上六句初無異致, 且得賓主分明, 非獨頭意識懸相描摹也.]"라고 했다. 왕부지가 말하는 의미는 앞의 3년에서 종남산의 광대하고 웅장한, 사람을 매료시키는 풍경을 상세하게 묘사하고 있고, 마지막 연에서는 이러한 종남산의 풍경에 매료된 구경꾼의 흥취를 보여줌으로써 앞 연에서 묘사하고 있는 풍경들이 모두 "나"에 의해 드러남으로써 앞뒤가 하나로 연결되어 자연스러움과 정취가 더욱 부각된다는 것이다.

왕유의 창작 심리 과정에 대한 왕부지의 추종 속에서 우리는 그의 "즉경회심"설에서 "처음부터 정해진 경물이 따로 없고", "처음부터 생각에 의해 얻어지는 것이

18) 역자 주 : 독두의식(獨頭意識)은 불교 법상종에서 말하는 팔식(八識) 중 제6식에는 명료(明了), 정중(定中), 독산(獨散), 몽중(夢中) 의식이 있는데, 이 제 6식은 전 5식(眼耳鼻舌身)과 함께 일어나지 않고 따로 독립적으로 일어나는 의식(《성유식론成唯識論》 권7, 《번역명의집 육심의식법飜譯名義集 六心意識法》 편, 《불광대사전》 6269 페이지 참고).

없는" 즉흥적인 서정성이 종영의 "직심直尋"설을 계승 발전시키고 있음을 알 수 있다.

종영은 "성정을 읊조림에 전고를 사용할 필요가 있는가? '그대 생각함이 흐르는 강물 같다'는 구절은 바로 눈 앞에 펼쳐져 있는 것이며, '높은 누대에 슬픈 바람 많이도 불고'라는 구절 또한 직접 바라다 본 것이다. '맑은 새벽 농산 꼭대기 오르네.'라는 구절은 전고가 전혀 사용되지 않았으며, '밝은 달 쌓인 눈 비추네.'라는 구절은 경전이나 사서에서 나온 것이 아니다. 고금의 빼어난 시구들을 보면 대부분 전고로 보완하여 빌려온 것이 아니라 모두 직심에서 비롯된 것들이다.[至乎吟詠情性, 亦何貴於用事? '思君如流水', 旣是卽目. '高台多悲風', 亦惟所見. '淸晨登隴首', 羌無故實. '明月照積雪', 詎出經史. 觀古今勝語, 多非補假, 皆由直尋.]"[19]라고 하였다. 이른바 "직심直尋"은 경전이나 사서의 전고를 빌려와 짜 맞추거나 견강부회한 것이 아니라 바로 눈 앞에서 직접 본 것을 그대로 적은 것을 말한다. 물론 "직심"이 단지 눈 앞에 펼쳐져 있는 경물의 외형적 진실성만을 추구하는 것이 아니라, 동시에 경물의 내재적 기풍이나 함의에 대한 투시까지도 요구한다. 이 점은 비록 종영이 언급하지는 않았지만 그가 예로 들었던 정경융합과 형신겸비(形神兼備)의 시구들을 보면 느낄 수가 있다. 이것은 종영이 강조했던 "직심" 역시도 논리적인 추리나 짜 맞추기식 지식을 거치지 않은 예술적 직관임을 설명해 준다.

여기까지 아직도 문제가 하나 남아 있는데, 이 문제는 왕부지도 분명하게 설명을 하지 않았던 것이다. 그것은 바로 "즉경"과 "회심"이 두 단계로 나뉘어서 진행되는 것인지, 아니면 한 번에 동시에 실현되는 것인가 하는 문제 이다. 이 문제는 왕부지 자신도 인지했었던 듯하다. 그래서 그는 마지막에 이른바 "즉경회심"이 바로 "불교 선가에서 말하는 현량이다"라고 덧붙여 "즉경회심"과 선종의 "현량現量"을 동일시하였던 것이다. 불교 철학 용어로서의 "현량"이 무슨 뜻일까? 왕부지는

---

19) (남조) 종영 저, 천옌제陳延杰 주, 《시품주》 7페이지.

《상종낙색・삼량相宗絡索・三量》에서 "현량"에 대해 잘 설명하고 있다.

"현량의 '현'자에는 '지금 존재함'의 뜻과 '지금 이루어짐'의 뜻, '진실함을 드러냄'의 뜻이 있다. '지금 존재'하기 때문에 과거에 연연하여 그림자가 되지 않는 것이다. '지금 완성'되기 때문에 한번 건드리자마자 단박에 깨우쳐 생각하고 헤아려 비교함을 빌리지 않는다. '진실을 드러내기' 때문에 저 본성이 이와 같아 드러냄에 의심의 여지가 없고 허망함이 끼어들지 못한다.[現量, '現'者有'現在'義, 有'現成'義, 有'顯現眞實'義, '現在', 不緣過去作影. '現成', 一触即覺, 不仮思量計校. '顯現眞實', 乃彼之体性如此, 顯現無疑, 不參虛妄.]"라고 했다. 이 해석에 의하면, "현량"에는 세 단계의 의미가 있다는 것이다. 그 첫 번째 단계는 "지금 존재함"으로, "현량"이 과거의 인상에 의지하지 않고 눈 앞에서의 직접적 감지의 획득을 말한다. 두 번째 단계는 "진실을 드러냄"으로, "현량"이 사물의 표면적 관찰뿐만 아니라 사물의 "본성[体性]"과 "실상"에 대한 파악임을 강조한다. 이상의 두 단계의 의미는 "즉경회심"과 유사한 "현량"이 사물의 외재적 형태를 통해 사물의 본질을 직접적으로 파악하는 직관 활동임을 설명해 준다.

"현량"의 세 번째 단계는 "지금 이룸", 즉 "한번 건드리기만 하면 단박에 깨우쳐 생각하고 헤아리고 비교함을 빌리지 않는다."는 것으로, 이것은 "현량"이 찰나의 순간에 단번에 얻어지고 관통하는 것으로, 비교나 추리, 귀납, 연역 등의 추상적인 사유 활동의 간섭이 필요 없음을 강조하고 있다. 이처럼 선종의 용어인 "현량"으로 해석한 "즉경회심"설은 예술적 직관으로서의 전체적 요지를 그대로 보여준다. 왕부지가 "즉경회심"설과 선종의 "현량"설을 연관시킴으로써 자신의 이론이 엄우의 "묘오"설과 직접적인 연관관계를 가지고 있음을 보여주고 있다.

이상에서 언급한 내용들을 통해 우리는 왕부지의 "즉경회심"설이 "흥"설, "직심"설, "묘오"설의 총화임을 알 수 있다.

바로 이러한 총화 속에서 "즉경회심"설은 예술적 직관에 대한 규칙과 의미를 깊이 있게 보여주고 있다. 왕부지는 이러한 "즉경회심"설을 이용하여 모든 시들을 평가하였다. 예를 들어,《당시평선唐詩評選》에서 장자용張子容의〈범영가강

일모회주泛永嘉江日暮回舟〉에 대한 평가에서 "단지 마음과 눈이 서로 취하는 곳에서 풍경을 얻고 시구를 얻으니, 이것이 바로 아침의 기운이며 신필이라. 풍경이 다하는 곳에 뜻이 그치고, 뜻이 다하는 곳에선 말도 쉬니 억지로 긁거나 미친 듯이 찾아 헤맬 필요가 없으며, 있는 것을 버리고 없는 것을 찾지 않는다. 문장이 있으면 문장을 이루고 시구가 있으면 시구를 이룸이 문장의 도이다.

음악의 이치 또한 이를 다함이다. [祇於心目相取處得景得句, 乃爲朝氣, 乃爲神筆, 景盡意止, 意盡言息, 必不强刮狂搜, 舍有而尋無. 在章成章, 在句成句, 文章之道. 音樂之理, 盡於斯矣.]" 이른바 "심목상취心目相取"가 바로 "즉경회심"이다. 그리고 "억지로 긁고 미친 듯이 찾아 헤매거나, 있는 것을 버리고 없는 것을 찾는다."라는 말은 바로 지식의 퇴적이나 논리적 추리에 의지한 "망상의 억측"이라는 것이다. 왕부지는 "풍경을 마주하여 마음으로 느끼고" "마음과 눈으로 서로 취함"으로써 비로소 시를 극치의 경지로 끌어올릴 수 있다고 보았다.

왕부지는 "송림체松林体"의 뭇 시인들이 기교만을 부리는 것을 비판하면서, 한유가 어려운 운이나 기이한 글자, 옛 구절을 즐겨 사용하는 것에 "정감을 품어 능히 통달하고 경물을 만나 마음이 일어나며 만물을 체득하여 신묘함을 얻으면 절로 신통한 시구가 있게 되고 조화의 오묘함을 깨우치기 된다. 만약 시구에서 기교만을 추구하게 된다면 성정이 먼저 밖에서 요동치게 되고, 생기가 답답하게 된다.[含情而能達, 會景而生心, 体物而得神, 則自有靈通之句, 參化工之妙. 若但於句求巧, 則性情先爲外蕩, 生意索然矣.]"[20]라고 강조하여 말했다. 이것은 바로 시의 근본은 성정의 표현에 있으니, 만약 말이나 시구의 규합에만 신경을 쓰고 "경물에 마주하여" "마음이 일어나고", "만물을 체득하여" "신묘함을 얻는" 것을 소홀히 하게 되면 성정이 바깥에서 요동쳐 없어지게 되니, 그러한 시 창작은 실패로 끝나고 만다는 것이다.

중국과 서양의 예술적 직관 이론에는 많은 유사점을 가지고 있다. 종영의

---

20) (청) 왕부지 저, 이쯔 교점, 《강재시화》, 155 페이지.

"직심"설과 엄우의 "묘오"설, 왕부지의 "즉경회심"설은 모두 참된 성정의 표현을 중요시하고 있다. 성정은 인간 생명력의 한 표현이다.

서구의 베르그송이나 쇼펜하우어, 크로체의 비이성적 직관주의(直觀主義) 역시도 인간의 생명 본능을 강조하고 참된 감정의 표현을 강조한다. 물론 중국과 서양의 직관론은 모두 사물의 본질에 대한 순간적인 투시와 순간적 파악을 핵심을 하고 있다. 그러나 뿌리를 내린 철학적 토양의 차이로 인해 중·서 직관론 역시도 서로 다른 민족문화적 특징을 보여준다. 중국의 직관론은 "천인합일"과 불교적 "현량"설을 기초로 하고 있다. 그렇기 때문에 사물의 본질을 투시 할 때 사물 본질에 대한 현실적 파악보다는 사물의 표면적 형태를 더욱 초월한 시적 의미를 추구한다. "긴 강에 둥근 해 저물어 가네."라는 구절이나 "강물 건너 나무꾼에게 묻는다."는 구절은 왕부지가 극찬했던 구절들로, 모두 사물의 사실적 본질까지 "깊이 파고들어 갔다"고 말하기는 어렵다.

그러나 그 시적 정취는 표면적 언어보다 훨씬 풍부하다. 반대로 서양의 직관 주의는 어떤 반이성이든 모두 사물의 본질에 대한 진실한 투시가 더 많아서 초월적 시적 정취가 얼마나 풍부한지는 말하기가 어렵다.

3. "신사神思"와 예술적 상상

예술적 상상이 문학 창작에서 가장 중요하게 여기는 심리적 메커니즘이라는 것은 중국과 서양 문학 이론의 보편적 견해이다. 그러나 중국의 고전 문론은 예술적 상상을 "신사"라고 부른다. 여기에서 우리는 "신사"와 예술적 상상의 공통적 측면을 살펴보고, 동시에 중국문론의 예술적 상상의 민족 문화적 특색을 이야기 해보고자 한다.

만약 "즉경회심", "심목상취心目相取"가 "눈 앞"에서 "가슴 속"으로 나아가는 단계라고 한다면, 우리가 이제부터 거론할 "신사"는 완전히 문학 창작의 상상에 속하는, 완전히 문학 창작 과정에서 "가슴 속"으로 사고를 운용하는 일에 속하는 것이라고 할 수 있다.

〈신사〉 편은 유협의 《문심조룡》 창작론의 첫 번째 편장으로, 예술적 상상을 중심으로 하는 예술적 구상의 문제에 대해 "정신과 사물의 어울림[神与物游]"과 "마음을 비우고 고요하게 함이 중요하다[貴在虛靜]"라고 하는 것 사이의 관계라는 시각에서 전반적으로 논술함으로써 문학 창작의 내적 규칙을 보여주고 있다.

예술적 상상이 문학 장착에서 가장 중요시 되는 심리적 메커니즘이라는 것은 중국과 서양을 막론하는 보편적 견해이다. 그러나 중국 고전 문론은 예술적 상항을 "신사"라고 부른다. 지금부터 우리는 "신사"와 예술적 상상의 공통적 특면을 살피고 동시에 예술적 상상 문제에 있어서의 중국 문론의 민족 문화적 특색을 거론해 보고자 한다.

1) "신사" 개념과 그 사상적 근원

"신사"라고 하는 개념은 유협이 처음으로 들고 나온 것은 아니다. 학자들의 고찰에 의하면, 가장 먼저 이 개념을 들고 나온 것은 유협보다 100 여 년 앞선 유명한 화가이자 미술 이론가인 종병宗炳이라 할 수 있다. (또 일부 학자 들은 "신사"는 동진의 헌언시인 손작孫綽의 〈유천태산부游天台山賦〉에서 "치신운사馳神運思"라는 네 글자에서 비롯되었다고 보기도 한다.) 종병은 남조의 유씨 송나라 시대 사람으로, 중국의 산수화에 있어서 그 창작적 실천에서부터 이론에 이르기까지 매우 큰 공헌을 했던 인물이다. 〈화산수서畵山水序〉에서는 다음과 같이 기록하고 있다.

봉우리 봉우리 높이 솟아 있고, 구름 걸린 숲이 아득하게 뻗쳐 있다.
성현의 도가 오랜 세월을 비추어오고, 온갖 운치가 신사에 융화되어
있다.

峰岫嶢崇, 雲林森眇, 聖賢映於絶代, 万趣融其神思.[21]

여기에서 종병은 예술가의 "신사"는 산수의 "만취"와 하나로 융화되어야 한다고
주장하고 있다. 종병의 사상이 유협의 "정신과 사물이 어울려 노닌다.[神与物遊]"의
관점과 매우 잘 들어맞음을 알 수 있다. 그리고 유협은 승우僧佑를 도와 책을
편찬하였는데, 그 중에서 《홍명집弘明集》에는 종병의 글들이 수록되어 있다.
그러므로 유협은 종병에 대해 매우 잘 알고 있었으며, 또한 〈화산수서〉를 읽고
여기에서 "신사"라는 단어를 찾아내고서 《문심조룡》을 서술할 때 자신이 창작에
대해 논하는 중요한 개념으로 삼았던 것은 별로 이상한 일이 아니었다.

물론 이것이 단순히 용어 하나를 빌려 쓰는데 그치지 않았다. 종병의
〈화산수서〉의 중심 사상은 산수화가 "창신暢神", 즉 화가가 산수를 대상물로 삼아
자신의 마음 속 "정신"적 "즐거움"을 표현하는 것으로, 이는 유협의 사상과도 매우
잘 들어맞는다. 그러므로 〈신사〉 편은 종병의 〈화산수서〉를 참고하여 보아야 할
것이다.

이 밖에도 사상적 연원에서 볼 때, 일반적으로 학자들은 예술적 상상
이론으로서의 "신사"는 한나라 때 사마상여司馬相如가 "부를 짓는 사람의
마음[賦家之心]"은 "우주를 포괄하고, 인간을 총체적으로 살펴야 하며, 이는
마음속에서 얻어지는 것이며, 다른 사람에게 전할 수가 없다.[苞括宇宙, 總覽人物,
斯乃得之於內, 不可得而伝.]"라고 한 것으로 거슬러 올라간다. 이 이외에 육기의
《문부》에서 도 예술적 상상에 대해서 "정신은 저 멀리까지 내달리고, 마음은
저 높은 곳까지 노닌다.[精鶩八極, 心遊万仞]", "잠시 동안 고금을 살피고, 한

---

21) 양따녠楊大年 편저, 《중국역대화론채영中國歷代畵論采英》(쩡쩌우, 허난인민출판사, 1984), 138
   페이지.

순간에 사해를 어루만진다.[觀古今於須臾, 撫四海於一瞬.]"라고 묘사했다. 유협의 "신사"론이 사마상여와 육기의 영향을 직접적으로 받았음을 알 수 있다.

상상을 상상이라 부르지 않고 신사라고 불렀던 것은 중국 고대의 "신神"에 대한 이해와 관계가 있다. 사실, "신사"는 바로 "문학적 사색"이다. 유협은 문학 창작 과정에서의 예술적 사유와 사람들의 일상적인 사유가 다르다고 보았다. 일상적 사유에서는 공리주의적 의식이 매우 강하고 주체와 객체의 구분이 명확하다.

일상적 사유는 항상 명확한 사유 목적을 가지고 있으며, 그 사유의 결과 또한 일반적으로 실제 생활에 적용되어지고 효과가 발생하게 된다. 일반적으로 주체는 주체이고 객체는 객체이다. 주체는 객체로 확장되어나가지 않고, 객체 또한 주체로 확장되지 않는다. 그러나 예술적 사유에서는 상황이 달라진다.

예술적 사유에서 작자는 끝없는 여행을 떠난다. 시간적 공간적 제약을 받지 않으며, 또한 어떤 효용이 있는지도 따지지 않는다. 게다가 주체와 객체가 하나가 되기도 한다. 화초를 묘사할 때 자기 자신이 산들바람 속에서 흔들리고 있는 식물이 되기도 하고, 새를 묘사할 땐 자신이 새가되어 푸르른 하늘을 선회하기도 한다. 흐르는 강물을 묘사할 땐 자신이 강물이 되어 드넓은 바다를 향해 가기도 하고, 하늘을 묘사할 때엔 자신이 하늘가의 지평선이 되기도 한다. 예술적 사유가 일상적인 사유와 다른 특징을 인식하게 됨으로써 "문학적 사색"은 "신사"라고 불리게 되고, "정신"으로 "생각"을 꾸미게 되는 것이다.

그렇다면 "신"은 무엇인가? 선진 시기의 문헌에서는 "신"의 개념들이 여러 곳에서 자주 보이는데, 그 의미 또한 완전히 일치하지는 않는다. 그러나 선조들이 그것을 인격신(人格神)이나 우상신(偶像神)으로 이해하지 않았음은 대체로 일치한다. 《설문說文》에서는 "하늘 신에게서 만물이 파생되어 나오니, '시'와 '신'을 따른다.[天神引伸出万物者也, 從示, 從申]"라고 했다. 시(示)자는 "하늘의 드리운 상이 길흉을 나타내어 사람들에게 보여준다.[天垂象見吉凶以示人.]"라고, 신(申) 자는 "번개이다[電也]"라고 풀이 했다. 《설문》에서는 또 "신은 신이다.[申, 神也]"라고도 했다. 이로써 우리는 옛 사람들이 신을 객관적 사물의 특이한 현상으로 보기 때문에 서양의 하나님처럼 나타나 보일 수 없는 존재가 아니라 일종의 실제로 봄을 알 수 있다.

　유가의 철학에서는 서양식의 인격신이나 우상신은 관심을 받지 못한다. 더 나아가 유가의 경전들에서는 "신도"를 내세우기도 하는데, "하늘의 신비스러운 법도를 보면 사계절의 운행이 어그러짐이 없다.[觀天之神道而四時不忒]"라고 했으니, 이는 "신"을 직관세상 만사와 만물에 내재된 규칙으로 이해했다. 이는 객관적인 신이며, 이 객관적 "신"은 모든 사람마다 인지할 수 있는 것은 아니긴 하지만, 어떤 사람들은 그것에 가까이 접할 수 있기도 하다.《주역·계사상전》 편에서는 "천하의 심오함을 밝히는 것은 '괘'에 있으며, 천하의 움직임을 고무시키는 것은 '사'에 있으며, 승화시켜 마름질 하는 것은 '변'에 있으며, 미루어 행하는 것은 '통'에 있고, 신묘하여 밝히는 것은 사람에게 있다.[極天下之蹟者存乎卦, 鼓天下之動者存乎辭, 化而裁之存乎變, 推而行之存乎通, 神而明之存乎其人]"라고 하였다. 여기서 '사'나 '변', '통'의 주도권은 모두 사람에게 있으며, 이러한 능력을 가진 사람은 바로 '신묘하고 밝으니', '신명'은 주체로서의 능력인 것이다. 여기서 우리는 "신"이라고 하는 이 범주가 객체에서 주체로 전환되어짐을 알 수 있다. 그렇기 때문에 다시 "양신養神"의 주장이 나오게 되는 것이다. "신"은 사물이기도 하고 인간이기도 하며, 규칙이기도하고 규칙에 대한 인식이기도 하다. "신"은 주체와 객체의 만남과 어울림, 조화 속에 있는 것이다. "신"의 개념이 철학적으로 성숙된 후 마침내 예술적 영역에까지 스며들게 되었다.

　"신명"은 인간의 한 능력이며, 이러한 능력은 신묘함의 극치로, 변화무쌍한 특징을 가지고 있다. 신사는 바로 신명을 운용하는 이러한 신묘한 능력인 것이다.

2) 예술적 상상으로서의 "신사"의 미학적 함의

　유협은 "형체"와 "마음"의 관계에서 예술적 구상 과정의 상상력을 정의하면서,

"몸은 강이나 바다 위에 있어도, 마음은 높은 대궐 아래에 둔다.[形在江海之上, 心存魏闕之下.]"고 하였다. 이 말은 《장자·양왕莊子·讓王》편에서 따온 것으로, 원래는 "마음이 풀밭에 있어도 속으로는 고관대작을 꿈꾼다.[心在草莽, 而心懷好爵.]"는 말이다. 이는 비유의 방법으로 상상의 실질을 설명하고 있는 것으로, 이른바 상상이란 바로 몸은 여기에 있어도 마음은 저 곳에 가 있다는 의미이다. 책상 앞에 앉아 있어도 마음은 하늘에 올랐다가 땅으로 내려오며, 남북을 종횡무진하고, 천년을 거슬러 올라가기도 하고 미래를 내다보기도 하니, 몸이 시간적 공간적인 그 어떤 제약도 받지 않는다는 것이다. 이러한 설명은 현대 심리학의 상상에 대한 이해와 매우 유사하다.

유협이 설명하고 있는 이러한 예술적 상상으로서의 "신사"의 핵심은 "동動"과 "정靜"의 서로 반대되면서도 서로 보완적인 관계에 대한 설명에 있다는 점에서 미학적 함의의 깊이를 보여주고 있다.

유협의 "신사"설의 핵심적 내용은 "정신과 사물이 더불어 노닒[神与物遊]", "텅 비고 고요함을 귀하게 여김[貴在虛靜]"에 있다.

"신사"는 작가의 두뇌가 활발해지면서 극대의 초월성을 가지게 되는 것이다. 유협의 《문심조룡 신사》편에서는 다음과 같이 말한다.

> 옛 사람이 말하길, '몸은 강이나 바다에 있어도 마음은 높은 대궐 아래에 둔다'라고 했으니, 신사를 말함이다. 문장의 사색은 그 신묘함이 멀다. 그러므로 고요히 생각을 모으니, 사색이 천년의 세월과 마주하고, 조용히 얼굴을 움직이니 시야가 만 리에 통하게 되는 것이다. 읊조리는 사이에 주옥같은 소리를 토했다 삼키며, 눈앞에서는 바람과 구름의 색채를 말았다 펼치니, 그 생각의 이치가 지극함이 아니겠는가?
>
> 古人云：形在江海之上, 心存魏闕之下, 神思之謂也. 文之思也, 其神遠矣. 故寂然凝慮, 思接千載, 悄焉動容, 視通万里. 吟詠之間,

吐納珠玉之聲, 眉睫之前, 卷舒風雲之色, 其思理之致乎?[22]

　이것은 예술적 상상으로서의 "신사"가 무한한 것임을 말하고 있는 것이다. "고요히 생각을 모아 천년의 세월과 마주한다."는 말은 천 년 전의 사람들과 대화를 한다는 것이니, 이것은 "신사"의 시간적 초월성을 말하고 있는 것이다. "조용히 얼굴을 움직이니 시야가 만리에 통한다."는 것은 몸은 조그마한 방에 있으면서도 우주 속을 노닌다는 말이니, 이것은 "신사"의 공간적 초월성을 말하고 있는 것이다. 이른바 시공의 초월은 결국은 작가의 마음 속에서 일어나는 변화무쌍함이니, 고금과 동서를 막론한 예술적 상상의 공통 특징인 것이다.

　그렇다면 "신사"의 과정에서 작가의 마음 속이나 머리 속에서 무엇이 "움직이고" 있는 것일까? 그 첫 번째는 살아있는 형상이다. 신사의 시작 단계에서부터 최고조로 나아가는 과정이 바로 "신여물유神与物遊", "신용상통神用象通", 즉 시인의 정신이 물상(物象)과 융화되고 교류하여 이것 속에 저것이 있고, 저것 속에 이것이 있는 경지에 도달하는 것이다. 정신과 물상의 소통은 쉽지가 않은 것이다.

　이는 주체와 객체의 결합을 의미한다. 그러나 예술적 상상이 완전히 성숙되어질 때에는 바로 "남다른 식견을 가진 장인이 도끼를 자유자재로 휘두르듯 의상을 살펴 창작한다.[獨照之匠, 窺意象而運斤.]"는 것이다. 여기서 말하는 "의상"은 앞에서 언급한 물상이 아니라 심상(心象)을 말하며, "심상"은 물상의 실재성을 벗어난, 작가가 "신시"를 통해 마음 속에 허구로 만들어낸 볼 수 있고 느낄 수 있는 형상이다. 만약 물상이 "눈 앞의 대나무[眼中之竹]"라고 한다면, "심상"은 바로 "마음 속의 대나무[心中之竹]"라고 할 수 있다. "의상(심상)을 살펴 도끼를 움직인다.[窺意象而運斤]"는 말은 예술적 상상 이론의 경전적인 구절로, 매우 통찰력 있는 표현이다. 이 말은 "심상"이 내면 들여다보기임을 강조하고 있는 것이다.

　즉, 심상이 끊임없이 움직이고 있어서 작가는 마치 자신의 마음 속의 심상을 들여다보고서 묘사한 듯하다는 것이다.

---

22) (남조) 유협 저, 판원란 주, 《문심조룡주》 535 페이지.

둘째는 정감의 활동이다. 이것은 〈신사〉 편에서 말하고 있는 "산에 오르면 정감이 그 산에 가득하게 되고, 바다를 바라보면 뜻이 바다에 넘치게 되니, 나의 재주의 많고 적음은 바람과 구름과 더불어 나란히 내달리게 된다.[登山則情滿於山, 觀海則意溢於海, 我才之多少, 而与風雲而幷驅矣.]"는 것이다. 여기의 "등산"과 "관해"는 질제 동작이 아니라 모두 작가의 상상이다. 상상 속에서 "산을 오르고" "바다를 바라다본다"는 것은 자신의 감정을 산과 바다에 이입시킨다는 말이다. 이것은 상상 속에서의 "감정 이입"이다.

《문심조룡》에는 이와 유사한 의미의 구절들이 많다. 예를 들어, "즐거움을 말하니 글자에 웃음이 함께 하게 되고, 슬픔은 논하니 소리에 흐느낌이 섞이게 된다.[談歡則字与笑幷, 論戚則聲共泣諧.]"(〈과식夸飾〉 편)라고 했는데, 그 의미는 즐거움을 담론할 때는 문자 속에도 기쁨의 미소가 담겨있게 디고, 슬픔을 말할 때는 그 목소리 속에 울음소리가 담겨있게 된다는 것이다.

만약 "산을 오르면 정이 산에 가득하게 되고, 바다를 바라보면 그 뜻이 바다에 넘치게 된다."는 말이 상상의 과정이라고 한다면, "즐거움을 말하니 글자에 웃음이 함께하게 되고, 슬픔을 논하니, 소리에 흐느낌이 섞이게 된다."라고 하는 것은 전달의 단계라고 할 수 있다. 유협은 "정이 감은 선물 주는 것과 같고, 흥이 옴은 그 답례와 같다. [情往似贈, 興來如答]"(〈물색〉 편)라고 했는데, 여기서 작가는 대상을 의인화하고, 생명이 있는 대상과 마주함으로써 대상에 자신의 정감을 쏟아 부을 수밖에 없다는 것이다.

"정이 감은 선물을 주는 것과 같다."는 말은 주체의 정감이 객체로 쏟아짐을 말하는, 대상의 주체화이다. "흥이 옴은 답례와 같다."는 말은 대상과 주체 간의 감정 교류로, 쏟아 부은 주체의 정감이 되돌아오는 것이니, 이는 주체의 대상화라고 말할 수 있다. 여기서의 "증贈"과 "답答"은 모두 정감 활동을 말하는 것이다.

셋째는 "신사" 과정에 작가의 마음 속 "움직임"에는 자신의 심리에 대한 "예속"이 포함되어 있다는 것이다. 유협은 심리가 과도하게 쏟아져 나오게 되면 혼란함으로 변해버리게 된다고 여겼다. 그래서 그는 〈신사〉 편에서 "정신은 가슴 속에 머무르게 하고 의기가 그 관건을 통괄하게 한다.[神居胸臆, 志氣統其關鍵.]"고 했다. "통괄한다"는 것은 예속하고 통제한다는 것이다.

그렇다면 무엇으로 통제한다는 것인가? 바로 "지"와 "기"이다. "지"는 곧 작품의 사상 혹은 주제를 말하며, "기"는 서술 과정에서의 "기세"를 말한다. 전자는 사상적 통제이고, 후자는 기본적은 예술적 통제이다.

어쨌든, "신사"의 과정에서 "신여물유"는 정신과 대상 사물과의 상호 교류가 더없이 활발하게 일어나 생동적인 형상과 심미적 정감, 의미 깊은 지기 등이 가슴 속에서 끊임없이 용솟음친다는 말이다. 이러한 "신여물유"와 아무런 얽매임이 없는 용솟음은 예술적 상상의 공통성으로, 고금과 동서를 막론한 예술적 상상론에서 모두 이 점을 강조한다. 유협의 깊이는 예술적 상상으로서의 "동"적인 일면을 보여주었을 뿐만 아니라 유가와 도가, 불가의 사상적 자원에서 그 영양분을 습취하여 "신사"의 "정"적 일면도 보여줌으로써 예술적 상상이 "동動"과 "정靜"의 상호 작용 과정임을 설명하고 있다는 점이다.

"신사"의 "정"적 일면에 대해서 유협은 "신사"에 "허정虛靜"의 정신적 상태가 필요함을 특별히 지적하였다.

> 이런 까닭에 문학적 사색을 갈고 닦음에 허정이 귀하니, 오장을
> 씻고 트이게 하고 정신을 씻어 깨끗이 해야 한다.
> 是以陶鈞文思, 貴在虛靜, 疏瀹五藏, 澡雪精神.[23]

즉 신사의 활동이 전개될 때 오장을 탁 트이게 하고 마음을 맑게 하고 정신을 순결하게 하여 주의를 고도로 집중하여 외재적 사물이나 욕망이 방해하지 못하게 해야 한다는 것이다. 유가와 불가, 도가 모두 "허정虛靜"을 말하고 있다. 그러나 여기서 유협은 주로 도가의 전통을 계승하고 있다. 노자는 "도"를 얻기 위해서는

---

23) (남조) 유협 저, 판원란 주, 《문심조룡주》 493 페이지.

"완전한 비움에 이르게 하고 고요함을 지켜 돈독히[致虛極, 守靜篤]"해야 하며, "내면을 깨끗이 씻어야[滌除玄覽]" 한다고 하였다. 장자는 허정 사상을 더욱 발전시켰다. 그는 허정 정신으로 포정(庖丁)이 소를 잡는 일이나 재경(梓慶)이 나무를 깎아 악기 틀을 만드는 일, 그리고 곱사등이의 매미 잡기, 배 사공의 나룻배 운전 등의 기예(技芸) 활동을 설명하였다.

기예의 성공은 모두 "허정" 상태에서 얻어진 것이라는 것이다. 화가 종병은 그림 그리기에서 "마음을 맑게 하고 형상을 음미함[澄懷味象]"을 강조하였는데, 사실상은 허정의 경계를 말하는 것이다. 종병의 사상은 유협에게 직접적인 영향을 미쳤을 것이다. 우리가 묻고 싶은 것은 왜 "허정"의 상태에서 반대로 "신여물유"가 더욱 활발해지느냐는 것이다. 여기에는 중국 문화의 지혜가 들어 있다. 원래 사람의 "정"에는 두 종류의 서로 다른 상황이 있는데, 그 하나는 소극적인 "정"으로, 예를 들면, 게으름, 의기소침함, 멍함, 해이해짐 등이 그것이다. 이러한 "정"은 사람들의 정신 상태를 밑바닥으로 끌어 내림으로써 조용해지면 조용해질수록 사고 능력은 떨어지게 된다.

다른 한 종류의 "정"은 적극적인 "정"으로, 즉 허정의 정신 상태에서 사람의 주의력이 고도로 집중되고, 내면의 마음이 극도로 활기를 띰으로서 인간의 감각과 직각, 정감, 상상, 연상, 기억, 이해 등의 모든 심리적 기능들이 자극되기 때문에 비움과 고요함이 더해질수록 "신여물유"가 활발해지고, 천지 만물과의 소통이 더욱 활발해지게 되는 것이다. 앞에서 언급한 유협의 "고요히 생각을 모아 사색이 천년의 세월과 마주한다.

조용히 얼굴을 움직이니 시야가 만 리에 통한다."는 구절에서 "사색[思]"이나 "생각[慮]"은 모두 "동"을 나타내고 "초월"을 나타내지만, 그 전제 조건이 바로 "고요함[寂然]"과 "조용함[悄焉]"인 것이다. "적寂"과 "초悄"는 모두 "정靜"의 의미를 가지고 있다. 더욱 고요하고 비어질수록 "신여물유"에 도달할 수 있다는 이 이치는 장자에게서 처음으로 보인다. 장자는 "성인의 고요함은 고요한 것이 좋은 것이라고 하기 때문에 고요해지는 것이 아니다.

만물 중에서 어느 것도 족히 성인의 마음을 뒤흔들 만한 것이 없기 때문에 고요한 것이다. 물이 고요하면 그 밝음이 수염이나 눈썹까지도 분명하게 비추어 주고 그 수면의 평평함이 기준에 들어맞아 장인이 법도로 취하는 것이다. 물의 고요함이 이처럼 밝으니 하물며 정신의 고요함이야 어떠하겠는가.

성인의 마음의 고요함은 천지의 거울이요 만물의 거울이다.[聖人之靜也, 非曰靜也善, 故靜也. 物無足以鏡心者, 故靜也. 水靜則明燭鬚眉, 平中準, 大匠取法焉. 水靜猶明, 而況精神. 聖人之心, 靜乎天地之鑒也, 万物之鏡也.][24]라고 하였다. 장자의 이 말은 성인이 마음을 고요히 해야 한다고 주장했던 것은 마음을 고요히 해야 선에 도달할 수 있기 때문일 뿐만 아니라 마음이 만물의 방해를 받지 않기 위해서 이기도 하다는 것이다. 그 의미심장한 도리는 정신이 허정의 경지에 도달하게 되면, 고요한 수면이 요동치는 물보다 천지만물을 더 분명하게 비추고 감별해 낼 수 있기 때문이라 것이다. 유협은 이 이치를 잘 알고 있었기 때문에 "신여물유"와 "귀재허정"을 연관시켜서 예술적 상상에서의 "동"과 "정"의 상호 보완적 원리를 제시함으로써 "신사"의 미학적 함의를 더욱 풍부하게 해 주었다.

재미있는 것은 중국 문론에서 "허정" 이론은 영국의 심리학자 프로이트의 유명한 "심리적 거리(Psychological Distance)" 이론과 상통하는 점이 있다는 사실이다.

특히 이 두 이론 모두 심미적 창작의 순간에는 공리적 욕망에 대한 고려를 제거해야 하며, "자신을 없애고[無己]", "욕망을 없애야[去欲]" 비로소 예술적 상상이 의미 깊고 광활한 예술적 통찰력에 도달할 수 있다고 주장한다. 그러나 이 두 이론은 또 다른 점도 가지고 있다. 중국의 허정 상태는 장기적인 수양을 강조하고 있으며, 인간의 마음의 문제와 관련되어 있는 반면, 서양의 "심리적 거리"설은 임시적인 주의력의 집중을 강조하며 인간의 마음과는 상관이 없다는 것이다.

허정 상태에 도달하기 위해서는 노장에서부터 한 순간의 노력이 아니라 장기적인 수양이 필요하다고 보았다. 유협도 "양술養術"을 강조하였는데, 즉 이른바 "마음을

---

24) (전국) 장주 저, 왕셴롄 주, 《장자집해》, 《제자집성》 제3책, 81페이지.

지키고 기를 기르며, 애써 고달픈 생각을 하지 않고, 아름다운 표현을 하여 마음을 계합시키며, 감정을 수고롭게 하지 말아야 한다.[秉心養氣, 無務勞慮, 含章司契, 不必勞情.]"[25]는 것이다.

"양술"은 바로 "기운을 기르는 것[養氣]"이다. "양기"는 일시적인 효과나 일순간의 필사적 노고가 아니라 장기간의 수양이 필요하다. 이른바 '느릿느릿한 작업에서 정교함이 나온다.'나 '공을 들이면 자연스럽게 이루어진다.'라는 말이 바로 그 말이다. 명대 학자 방효유方孝孺는 이런 이야기를 한 적이 있다.

> 어린 시절에 한번은 나이 많은 서생과 함께 시내 구경을 갔던 적이 있었는데, 집에 돌아온 후 그는 "눈으로 본 것을 갑자기 기억할 수가 없었다.[凡触乎目者, 漫不能記.]" 그런데 노인은 시내 구경 중의 모든 것을 분명하게 이야기할 뿐만 아니라 사소한 것까지도 모두 기억했다. 그가 노인에게 어떻게 된 것인지를 묻자, 노인이 말하길, "마음이라는 이 물건은 고요하면 밝고 움직이면 현혹된다.[心之爲物, 靜則明, 動則眩.]"고 했다. 그러면서 또 "당신은 마차를 보면 그것을 타고 싶은 마음이 들지 않습니까? 당시니 눈이 즐겁고 귀가 즐거운 소릴 들으면 그것을 가직 싶어지자 않습니까? 사람에게 욕심이 없어 보물을 보고도 기왓장처럼 여기고 마차를 보고서 지푸라기처럼 여기고 음악소리를 듣고도 개구리나 매미 소리로 여기면 마음이 어찌 고요해지지 않겠습니까?[子觀乎車馬, 得無愿乘之乎? 子見乎悅目而娛耳者, 則無愿有之乎? 人惟無欲, 視宝貨猶瓦礫也, 視車馬猶草芥也, 視鼓吹猶蛙蟬之音, 則心何往而不靜?]"라고 말했다. 방효유는 3년 동안 "마음 수양"을 하여 마침내 그 노인과 같은 담박하고 소탈한 마음 상태에 이르게

25) (전국) 장주 저, 왕셴렌 주, 《장자집해》, 《제자집성》 제 3책, 81 페이지.

되고 마침내 허정 상태로 들어서게 되어 그 노인처럼 주변 세계의 아름다움을 통찰할 수 있게 되었다.

이 이야기는 허정 상태의 획득은 장기간의 수양과 노력이 필요하며, 사람의 마음에 큰 변화를 일으키게 됨을 설명해 주고 있다.

서양의 "심리적 거리"는 일종의 주의력에 대한 조정으로, 심리적 정향의 임시적 변화이기 때문에 마음과는 아무런 상관이 없다. 이에 대해 에드워드 벌로프(Edward Bullough)는 "해무 속 항해"를 예로 들었다. 배가 항해하고 있는 도중에 해무를 만나게 된다면, 공리주의적 입장에서 보면 배는 항해속도를 늦추게 되면 시간을 지체하게 되어 전체 일정에 차질을 빚을 수밖에 없고, 그렇다고 속도를 줄이지 않으면 배가 암초에 부딪혀 해난 사고가 날 수 있기 때문에 위험을 느낄 수밖에 없다. 그러나 우리가 이러한 것에 신경을 쓰지 않고서 해무가 자욱한 바다 풍경을 바라보게 되면 매우 아름다운 풍경인 것이다.

이것은 심리적 주의력의 전환이 공리주의적 욕망에서 벗어나 "심리적 거리"를 획득함으로써 미적 체험이 생겨나게 할 수 있음을 설명해 준다. "심리적 거리"설의 기본 사상은 심미 과정의 임시적인 정신적 자아의 조정이 일시적인 효과를 추구하는 것이다. 허정설과 심리적 거리설의 차이점은 중국 문화와 서구 문화의 차이점, 즉 중국문화의 점진적 성향과 서양의 돌진형의 성향의 차이를 반영해 주는 것이다.

4. "마음 속에서 대나무가 완성된다.[成竹於胸]"와 예술적 심상(心象) 형상

"심상"은 "대나무의 완성"이기도 하지만 "대나무의 완성"이 아니기도 하다. 이미 그랬기도 하지만, 아직 그렇지 않기도 하다. 완전한 형상이기도 하고 미완성의 형상이기도 하다. 그것은 막 태어나려고 하는 어린 아이 같아서 순조롭게 태어날 수도 있고, 또 꼼지락거리다가 결국에는 태어나지 못할 수도 있다. 그러나 어쨌든 간에 심상의 미완적 성격과 활동적 성격은 심상으로 하여금 문학예술 창작이 창초성이 가장 잘 드러나는 시기이자 단계가 되게 했다. "마음 속에서 완성된 대나무가 있다."는 말은 가장 창조성이 뛰어난 이 시기에 대한 이론적 개괄이라고 할 수 있다.

"눈 앞의 대나무"에서부터 "마음 속의 대나무"까지, 그리고 "마음 속의 대나무"에서부터 "손으로 그려낸 대나무"에 이르기까지에서 가장 핵심은 "마음 속의 대나무"이다.

"마음 속의 대나무"는 "눈 앞의 대나무"에서 비롯되었다. 그러나 예술적 상상으로서의 "신사"에서 "마음 속의 대나무"는 무질서에서 질서로, 모호함에서 분명함으로, 얕은 정감에서 깊은 정감으로, 단편(斷片)에서 완전함으로, 그리고 마침내는 "의상(심상)을 살펴 도끼를 휘두르는[窥意象而運斤]" 단계까지 이르게 된다. 여기서의 "의상意象"은 사실 아직은 작품 속에 나타나는 형상이 아닌, 아직까지는 작가의 마음 속에만 존재하고 있는 마음 속의 상, 즉 "심상"이다.

심상은 신사 과정의 예술적 승화를 거쳤기 때문에 작품 속에 나타날 때는 변화가 일어날 수 있다.("붓을 드니 갑자기 모양의 변화가 일어난다.[落筆倏作变相.]") 그러나 기본적인 "의"와 "상"은 이미 확정되었기 때문에 예술적 형상의 윤곽은 이미 형성되어 있고, 예술적 생명력이 이미 작가의 마음 속에서 "꼼지락 거리고" 있어서 부르면 곧 달려 나올 단계에 이른 것이다. 그러므로 창작의 핵심적 단계라고 말하지 않을 수 없는 것이다. 여기서 우리는 다음의 세 가지 문제에 대해 논의해보자 한다.

첫째, "마음 속"의 "심상"과 "눈 앞"의 물상, "손으로 그려낸" 예술적 형상다이에는 어떤 차이가 있는가? 둘째, 심상의 주요한 특징은 무엇인가? 셋째, "마음 속에 완성된 대나무가 있다."는 식의 창작론의 주요한 사상적 근원은 무엇인가?

1) 심상과 물상, 형상

인류의 창작과 동물의 생명 활동의 중요한 차이점은 바로 동물은 외부 환경에 적응함으로써 자신의 생명을 위한 욕구만을 만족시킨다는 점이다. 꿀벌들이 만든 벌집은 그 구조가 매우 정교하여 가장 뛰어난 건축가조차도 이처럼 정교한 "작품" 앞에서는 고개를 숙일 정도이다. 그러나 꿀벌은 벌집을 만들기 전에 어떤 관념적인 청사진을 가지고 있을 수 없다.

하지만 인간은 가장 수준이 낮은 건축가조차도 가장 간단한 집을 짓기 전에는 이미 "마음 속의 대나무"가 있어서 관념적인 양식을 먼저 가지게 된다. 이것이 바로 인간과 동물의 많은 차이점 중에서도 중요한 차이점이다. 그래서 마르크스는 꿀벌과 건축가를 비교한 후에 "노동 과정이 끝날 때 얻는 결과는 이 과정이 시작될 때 이미 노동자의 표상 속에 존재하고 있다. 즉 이미 관념적으로 존재하고 있는 것이다."[26]라고 했다.

문학 창작은 인류의 가장 복잡한 정신노동으로써 당연히 관념적인 "심상"이 존재하며, 특히 "신사" 활동에서는 더욱 그러하다. 중국 고전 문론에서 이 문제를 가장 명확하게 제기했던 사람이 바로 유협이다.

그는 《문심조룡 · 신사》 편에서 "문학적 사색을 갈고 닦는다"는 전제 하에서 "현묘한 도리를 이해하는 마음으로 하여금 성률을 찾아 붓을 들고 창작하게 하고, 남다른 식견을 가진 장인이 도끼를 자유자재로 휘두르듯 뜻과 상을 살펴 창작을 하게 된다.[使玄解之宰, 尋聲律而定墨, 獨照之匠, 窺意象而運斤.]"고 하였다. 그 의미는 사물의 오묘함을 깊이 통달한 작가의 심령이 성률에 근거하여 붓을 들고서

---

26) 《자본론》, 《마르크스 엥겔스 전집》 중국어판 제1판(베이징, 인민출판사, 1972.), 제 23권, 202 페이지.

안으로 마음 속 형상을 살펴 붓을 휘두른다는 말이다.

　많은 학자들이 유협이 여기에서 말하고 있는 "의상"을 이미 언어 문자로 대상화된 작품 속의 형상이라고 보기도 하는데, 이는 유협의 원래 의미와 거리가 멀기 때문에 적절하지 않다. 여기서 "의상을 살펴 도끼를 휘두른다"는 말은 "의상"이 먼저이고 "도끼를 휘두르는 것"이 뒤에 있으니, 의상을 살펴 묘사한다는 말이 분명하다. 이 "의상"은 바로 신사의 과정을 거친 후에 작가의 마음 속에 존재하는 "심상"으로, 유협은 당시 변체문(変体文)으로 창작하였기 때문에 그에게 있어서 "의상"이란 단어를 쓸 것인가 아니면 "심상"이란 단어를 사용할 것인가 하는 것은 글쓰기의 필요에 의해 결정될 문제로, 그가 여기서 말하고 있는 "의상"은 바로 "심상"을 가리키는 것이다.

　"심상"은 "마음 속 대나무"이며, "물상"(즉 "눈 앞의 대나무")와는 전혀 다른 것이다. "물상"은 당연히 완전히 객관적인 것이 아니라 사람의 눈을 통해 비춰진, 인간의 감정이 투영된 것이기는 하지만, 대체로 외재적 사물의 윤곽과 모습, 형태 등을 그대로 간직하고 있기 때문에 "산에 오르면 정감이 그 산에 가득하게 되고, 바다를 바라보면 뜻이 바다에 넘치게 된다." 정도에는 이르지 못한, 즉 정경융합이나 시정화의(詩情畵意)의 수준에는 이르지 못한 단계이다.

　송대의 곽희郭熙는 《임천고치林泉高致》라는 책에서 "직접 산천으로 나아가 취한다.[身卽山川而取之]"라고 했는데, 그 대체적 의미는 "눈 앞의 대나무"와 같은, 깊이 있는 가공 과정을 거치지 않은 "물상"을 말하고 있는 것이다.

　　　　꽃 그리기를 배울 때에는 꽃 한 송이를 깊은 구덩이 속에 놓고서
　　　　위에서 내려다보게 되면, 꽃의 사면을 볼 수 있다. 대나무 그리기를
　　　　배울 때에는 대나무 한 그루를 가져다 달밤에 하얀 벽에 비추게
　　　　되면 대나무의 참 모습이 나오게 된다. 산수 그리기를 배우는 것
　　　　또한 어찌 이와 다르겠는가? 무릇 몸소 산천을 나아가 관찰하면
　　　　산수의 의도가 보일 것이다.

學畫花者以一株花置深坑中, 臨其上而瞰之, 則花之四面得矣.

學畫竹者, 取一株竹, 因月夜照其影於素壁之上, 則竹之眞形出矣.

學畫山水者, 何以異此? 蓋身則山川而取之, 則山水之意度見矣.[27]

여기서 말하고 있는 "꽃", "대나무", "산천"의 "참된 모습"과 "의도"는 대체로 "눈 앞"에 펼쳐져 있는 것으로, 보는 각도와 방법에 따라 달라지게 되며, 관찰자의 주관적 요소가 스며들게 된다. 그러나 꽃은 꽃이고, 대나무는 대나무고, 산천은 산천이다. 어쨌든 여전히 "물상"인 것이다.

"심상"은 "마음 속 대나무"로, "손으로 그려낸 대나무"인 작품으로서의 "예술적 형상"과도 다르다. 작가의 언어와 문자 배열을 거쳐 작품 텍스트 속에 숨겨져 있는 예술적 형상은 작가에게 있어서는 부호를 통한 정형화된 것으로, 다시 바꾸거나 변화를 주거나 더 발전시켜 나갈 수가 없는 것이다. 그것은 독자에게 제공되고, 독자들은 "자신의 생각으로 작자의 뜻을 거스르거나[以意逆志]"(맹자), 서로 다른 견해를 피력할 수도 있다. 이른바 "작자는 하나의 생각으로 쓰지만 독자는 각각 자신의 정감에 따라 이해한다.[作者以一致之思, 讀者各以其情而自得.]"(왕부지)는 것으로, 독자에게는 재창조할 권리가 있다는 말이다. 그러나 독자에겐 작자의 텍스트 속에 이미 그 형태가 정해져 있는 부호들을 바꿀 권한은 없다. 그런 의미에서 작품 속의 예술 형상은 확정적인 것이다. 그러나 작자의 마음 속에서 구상되어지고 있는 "심상"은 완전히 다르다.

2) "심상"의 특징

송대의 문학가 소식이나 화가 문동文同 등은 "심상" 개념과 동일한 "마음 속

---

27) 선쯔청沈子丞 편, 《역대논화명저휘편歷代論畫名著彙編》 (베이징, 문물출판사) 67 페이지.

대나무"설을 제기하였는데, 그 이론적으로 특별한 가치가 있는 것이어서 알아볼 필요가 있다. 소식은 〈문여가화운당곡언죽기文与可畵篔簹谷偃竹記〉에서 다음과 같이 문동을 칭찬하였다.

대나무가 처음 나올 때는 일촌 정도의 싹일 뿐이지만 마디와 잎사귀가 모두 갖추어져 있다. 매미의 허물과 뱀의 비늘 같은 새싹에서 검이 칼집에서 뽑아져 나오듯 열 길 길이로 자라나게 되는 것은 싹이 나오면서부터 가지고 있던 것이다.

지금 대나무를 그리는 사람은 마디마디를 그리고 그기에 잎사귀들을 그려 넣으니, 어찌 이것이 제대로 된 대나무이겠는가? 그런 까닭에 대나무를 그릴 때에는 반드시 먼저 마음 속에서 대나무를 그려야 한다. 붓을 잡고서 눈에 익을 때까지 바라보고서 그리고자 하는 대나무가 보이게 되면 급히 일어나 그것을 쫓아 붓을 들고서 곧바로 완성해야 한다. 본 것을 쫓음이 토끼가 벌떡 일어나듯, 송골매가 내려앉듯 해야지, 조금이라도 머뭇거리게 되면 곧 사라져 버리게 된다. 여가(문동)이 나에게 가르쳐 준 것이 이와 같다. 나는 그렇게 할 수가 없었지만 마음으로 그렇게 해야 하는 이유를 알아챘다. 무릇 마음으로 그 연유를 알면서도 그렇게 할 수 없는 것은 안과 밖이 하나로 일치되지 않고, 마음과 손이 서로 응하지 않기 때문이지 배움의 허물이 아니다. 그런 까닭에 무릇 마음 속에 그리고 싶은 것이 나타나도 손으로 그려냄이 익숙하지 않은 사람은 평소에는 스스로 분명하다고 보아도 일에 맞닥뜨려서는 갑자기 잊어먹게 되는 것인, 어찌 대나무 그리기뿐이겠는가!

竹之始生, 一寸之萌耳, 而節葉具焉. 自蜩蝮蛇蚹以至於劍拔十尋者, 生而有之也. 今畫者乃節節而爲之, 葉葉而累之, 豈復有竹乎?

故畫竹必先得成竹於胸中, 執筆熟視, 乃見其所欲畫者, 急起從之,

振筆直遂, 以追其所見, 如免起鶻落, 少縱則逝矣. 与可之敎予如此.

予不能然也, 而心識其所以然. 夫旣心識其所以然而不能然者,

內外不一, 心手不相応, 不學之過也. 故凡有見於中而操之不熟者,

平居自視了然, 而臨事忽焉喪之, 豈獨竹乎![28]

여기서 말하고 있는 "마음 속 대나무"는 바로 마음 속의 영상, 즉 "심상"이다. 소식이 문동에게 전한 이 내용은 송대 다른 관련 논술들과 함께 "심상"의 세 가지 특징을 설명해주고 있다.

첫째, 화가든 시인이든 간에 "신사" 활동으로 형성된 "심상"은 비록 마음 속에 있긴 하지만 완전하고 "대나무를 그릴 때 반드시 먼저 마음 속에서 대나무를 완성해야 한다." 그러므로 "심상"은 "마디마디를 그리고 거기에 잎사귀들을 그려 넣는" 단계의 그림이 아니다. 소식의 학생이었던 조보지晁補之도 자기 스승의 관점에 호응하여 "여가(문동)가 대나무를 그릴 때에는 마음 속에 완성된 대나무가 있었어라. 그 구상이 봄날에 비가 내려, 땅속에서 푸르름이 자라나는 듯하네. 우레가 땅 뚫고 나오듯 수많은 새싹들 산골짜기에 돋아나네.[与可畫竹時, 胸中有成竹. 経營似春雨, 滋長地中緑. 興來雷出土, 万籟起崖谷]"[29]라고 하였다. 이른바 "완성된 대나무"란 토막 토막의 사물이 아니라 완전한 형상임을 말하는 것이다. 송대의 나대경羅大経은 〈화마畫馬〉 편에서 "대개 말을 그리는 사람은 반드시 먼저 전체 말의 모습이 마음 속에 있어야 한다. 정신을 모아 그 말의 웅건한 자태를 감상하면 오랫동안 마음 속에 말 전체의 모습이 있게 된다.[大概畫馬者, 必先有全馬在胸中. 若能積精儲神, 賞其神駿, 久久則胸中有全馬矣.]"[30]고 하였다. 여기서 말하는 "온전한 말(의 모습)" 또한 "심상"의 완전함을 강조하고 있는 것이다.

---

28) (송) 소식 저, 콩판리孔凡礼 점교, 《소식문집》 제 2책, 365 페이지.

29) (송) 조보지, 〈증문잠생양극일학문여가화죽구시贈文潛甥楊克一學文与可畫竹求詩〉, 《송시초宋詩鈔》 (베이징, 중화서국, 1986.) 1113 페이지.

30) (송) 나대경, 《학림옥로鶴林玉露》 (베이징, 중화허국, 1997) 343 페이지.

비단 그림 그리기나 시 쓰기의 "심상"만 완전한 것이 아니다. 소설 창작 역시도 그 심상이 완전한데, 청대의 소설 평론가인 김성탄金聖嘆은 이에 대해 다음과 같이 말했다.

소설 한 편이 모두 70회로, 전후로 모두 108명의 인물을 서술하고 있으며, 조개는 핵심적인 인물이다. 조개가 핵심적인 인물이므로 응당 제 1회에서 더불어 먼저 서술해야 했다. 먼저 조개에 대한 서술이 끝난 연후에 사건에 따라 풍경을 묘사하고, 순서대로 108명의 인물들을 서술해 나가는 것이 당연한 것이었다. 이에 지금 먼저 12회를 지나고 나서 조개의 이름이 등장하는데, 책은 이미 13회에 접어들었다. 내가 이로써 생각해 보니, 책 전체가 마음 속에 있고나서 비로소 붓을 들고 책을 쓰는 사람이 있는가 하면, 책 전재가 마음 속에 없는 상태에서 구차하게 붓을 들고 책을 만드는 사람도 있다. 만약 조개를 핵심 인물로 하여 제 1회에서 먼저 서술하기 시작하였다면, 이는 이른바 책 전체가 마음 속에 없이 구차하게 붓을 들고 책을 만든 사람이었을 것이다. 만약 조개를 전편의 핵심 인물로 하면서도 부득이하게 앞서 12회를 서술하고 13회에 접어들어서 이름을 등장시킨 것은 이른바 책 전체가 마음 속에 있고 난 후에 붓을 들고서 책을 지은 사람인 것이다. 무릇 적천제가 마음 속에 있고 나서 붓을 들고서 책을 지었으니, 이 전편 70회의 108명의 인물이 차례차례 미간과 마음 속에 나타나 쌓이니, 어찌 하루 아침, 하루 저녁에 되는 것이겠는가. 원앙을 보고 금침을 알 수 있듯이 고금의 책들을 읽고서 그 구상을 알 수 있으니, 나는 날마다 그런 사람을 만나보고 싶어진다.

一部書共計七十回, 前後凡敍一百八人, 而晁蓋則其提綱挈領之人也. 晁蓋提綱挈領之人, 則応下筆第一回便与先敍. 先敍晁蓋已得停当, 然後從而因事造景, 次第敍出一百八個人來,

此必然之事也. 乃今上文已放去一十二回, 到得晁蓋出名,
書已在第十三回. 我因是而想有有全書在胸而始下筆著書者,
有無全書在胸而姑涉筆成書者. 如以晁蓋爲一部提綱挈領之人,
而欲第一回便先敘起, 此所謂無全書在胸而姑涉筆成書者也.
若旣已以晁蓋爲一部提綱挈領之人, 而又不得不先放去一十二回,
直至第十三回, 方与出名, 此所謂有全書在胸而後下筆著書者也.
夫欲有全書在胸而後下筆著書, 此其以一部七十回一百有八人,
輪廻挑疊於眉間心上, 夫豈一朝一夕而已哉. 觀鴛鴦而知金針,
讀古今之書而能識其経營, 予曰欲得見斯人矣.[31]

옛날 이 책의 필력이 다른 사람을 훨씬 뛰어넘어, 매번 두 편이
서로 이어질 때에는 같은 사건을 서술하고서도 절대로 그 중간을
서로 침범하지 않는다. 예를 들어 앞 편에서 하도의 이야기를
서술했으면서 다시 이번 회에 들어서서는 연이어 황안의 일을
서술하고 있다. 앞의 이야기를 보면 그 기세가 강을 뒤엎고 바다를
휘저을 정도였는데, 뒤의 이야기는 바다를 휘젓고 강을 뒤엎을
기세이니, 참으로 같은 재능이요 같은 필력이로다. 그러나 독자가
세세히 찾아보면, 한 글자 한 구절도 우연이라도 비슷한 것이 없으니,
이는 다름이 아니라 무릇 책을 구상함에 먼저 마음 속에 대나무가
있고 나서 붓을 따라 빠르게 써 내려가니, 아름다움 극치에 달했으니,
단지 줄기는 마찬가지로 줄기이고, 마디는 마찬가지로 마디이며,
잎사귀는 마찬가지로 잎사귀이고, 가지는 마찬가지로 가지와
같으면서도 그 사이 사이의 올려다보고 내려다보고 기울어지고

---

31) (청) 김성탄 비평, 챠오팡런曹方人, 쩌우시산周錫山 표점,
《재오재자서시내암수호전第五才子書施耐庵水滸伝》 (난징南京, 쟝쑤江蘇고적출판사, 1985)
제13회 총평, 213 페이지

곧은 것이 각각 절로 절묘하고, 바람의 흔적과 이슬 자국이 변화가
무궁하다.

昔此書筆力大過人處, 每每在兩篇相接連時, 偏要寫一樣事,
而又斷斷不使其間一筆相犯. 如上文方寫過何濤一番,
入此回又接寫黃安一番是也. 看他前一番, 翻江攪海, 後一番,
攪海翻江, 眞是一樣才情, 一樣筆勢. 然而讀者細細尋之,
乃至曾無一句一字偶爾相似者, 此無他, 蓋因其経營図度,
先有成竹藏之胸中, 夫而後隨筆迅掃, 極妍盡致, 祇覺幹同是幹,
節同是節, 葉同是葉, 枝同是枝, 而其間偃仰斜正, 各自入妙, 風痕露跡,
変化無窮也.[32]

이른바 "책 전체가 마음 속에 있다", "마음 속에 대나무가 감추어져 있다"는
것은 바로 인물 형상과 인물 형상의 체계가 마음 속에 있다는 말이다. 소설
구상 과정에서의 "심상"은 더욱 복잡하면서도 더 중요하다는 것은 의심의
여지가 없다. 일반적으로 "심상"의 완정성은 "신사" 활동에 완전히 성숙함에서
비롯된다. 그러나 "심상"은 결국 "마음 속의 형상"으로 비록 그것이 완전하다고
하더라도 고정된 것은 아니기 때문에 중간에 크든 작든 변화가 있을 수 있어서
가소성(可塑性)도 가지고 있다. 사공도는 "의상이 나오려고 하면 조화는 이미
기이해진다.[意象欲出, 造化已奇.]"[33]라고 하였다. 유희재劉熙載도 "의상의 변화는
가히 끝이 없다.[意象変化, 不可勝窮]"[34]라고 하였다. 왜냐하면 이 의상은 이때에
아직도 "나오려고 하는", 그리고 "변화하는" 단계이기 때문에 우리가 말하는

---

32) (청) 김성탄 비평, 챠오팡런曹方人, 쩌우시산周錫山 표점,
   《재오재자서시내암수호전第五才子書施耐庵水滸伝》(난징南京, 쟝쑤江蘇고적출판사, 1985)
   제19회 총평, 299 페이지.
33) (당) 사공도司空図, 《시품 진밀詩品 縝蜜》, (청) 하문환何文煥 엮음, 《역대시화》
   (베이징, 중화서국, 1982) 상권, 41 페이지.
34) (청) 유희재, 《예개芸槪》, 천원허陳文和 점교, 《유희재집劉熙載集》
   (상하이, 화동사범대학출판사, 1993) 182 페이지.

"의상"은 마음 속의 형상이면서 장차 그렇게 될 것이지만 아직은 그렇게 되지 않은, 곧 끝날 것이지만 아직은 끝나지 않은, 곧 성공할 것이지만 아직은 성공하지 못한 그런 경지에 놓여 있다. 그러므로 가장 활동적이고 변동성이 가장 많아서 어느 부분이라도 창조 할 수 있는 것이다.

둘째, "심상"은 죽어있는 것이 아니라 살아있는 생명력을 가지고 있다는 점이다. 그래서 "그리고자 하는 것을 급히 일어나 붓을 들고서 곧바로 완성해야 한다. 본 것을 쫓음이 토끼가 벌떡 일어나듯, 송골매가 내려앉듯 하기 때문에 조금이라도 머뭇거리게 되면 곧 사라져 버리게 된다."는 것이다. "급히 일어나 그것에 따른다.", "그 본 것을 쫓는다"는 말은 바로 작가가 마음 속으로 그리고 있는 심상을 생명력을 가진 대상으로 본다는 것으로, 이 대상은 토끼나 매처럼 순식간에 달아나 버릴지 모르기 때문에 그 짧은 순간을 소중히 하지 않을 수 없다는 말이다. 그러면 왜 "심상"에 생명력이 있는 것일까? 이 점에 대해서는 소식이 설명하고 있다.

> 여가가 대나무를 그릴 땐 사람은 보이지 않고 대나무만 보인다.
> 어찌 사람이 보이지 않기만 하겠는가. 멍하니 그 몸도 잊는다. 그
> 몸은 대나무와 하나가 되니, 무궁함 속에서 청신함이 나온다. 장자
> 이 세상에 없으니, 이 응신을 그 누가 알리오?
> 与可畵竹時, 見竹不見人. 豈獨不見人, 嗒然遺其身. 其身与竹化,
> 無窮出淸新. 莊周世無有, 誰知此疑神.[35]

이른바 "사람은 보이지 않고 대나무만 보인다."나 "멍하니 그 몸도 잊는다."라는 말을 작가의 정신 상태를 말하는 것이다. "망아忘我"의 정신은 공리적 욕망을 초월하는 정신으로, 자신의 생리적 존재 또한 잊게 해 준다.

사실상 이러한 응신(凝神)의 정신 상태 속에서 인간의 생명은 대상물로서의

---

35) (송) 소식 저, (청) 풍응류馮応榴 점교, 《소식시집》 1522 페이지.

"심상"에 이식되고 투사되어, "심상"으로 하여금 마치 살아있는 듯한 생명력을 얻게 해 준다는 것이다. 실제로 이러한 생명력은 바로 작가의 생명력이며, 작가의 생명력의 대상화인 것이다. 창작 과정에서의 이러한 자기 "심상"에 대한 심취의 경지를 서양에서는 "감정 이입"이라고 말한다. 테오도어 립스(Theodor Lipps)는 "바로 내가 살아 움직임을 느끼는 것은 대상을 마주하고서가 아니라 바로 대상 안에서이다. 내가 기쁨을 느끼는 것 또한 나의 활동을 마주하고서가 아니라 나의 활동 안에서이다. 나는 나의 활동 안에서 기쁨과 행복을 느낀다."라고 말했다. 또 "나는 나 자신을 심미 대상 속에서 '느낀다.'"[36]라고 했다. "나"와 "심상"의 동일시, 혹은 "나"의 정감에 대한 대상화는 "심상"이 생명력을 얻게 되는 원인이라는 것이다.

셋째, "심상"은 내면의 영상이며, 작가의 주관적 예술적 구상으로, 필연적으로 작가의 심미 정감에 녹아들기 때문에 짙은 시의성을 가지게 된다는 것이다. 이러한 사상을 가장 분명하게 말했던 인물은 송대의 유명한 화가이자 회화 이론가였던 곽희郭熙였다. 곽휘는 그림에 대해 논하면서 작가가 품고 있는 심상은 응당 심미적 시각이 있어야 함을 강조하였는데, 그의 말을 빌리자면 바로 일종의 "임천지심林泉之心"이 있어야 한다는 것이다.

> 산수를 바라봄에도 또한 법도가 있다. 임천지심으로 바라보면 그
> 가치가 높지만, 교만하고 거만한 눈으로 바라보면 그 가치가 낮다.
> 看山水亦有体. 以林泉之心臨之則価高, 以驕侈之目臨之則価低.[37]

이른바 "임천지심"은 바로 심미적 마음이다. 이러한 심미적 마음으로 주위의 경물을 바라 볼 때 마음 속에 만들어지는 "심상"은 자연히 객관적 사물의 단순한

---

36) 베이징대학 철학과 미학교연실 편, 《서방미학가의 미와 미감에 대한 논의西方美學家論美和美感》(베이징, 상무인서관, 1980) 273, 275 페이지.
37) (송) 곽희, 《임천고치 산수훈林泉高致 山水訓》, 선쯔청 편 《역대논화명저휘편》(베이징, 문물출판사, 1982) 65 페이지.

복제가 아니라 사람들이 생각지도 못한 시의적 특징들을 가지게 된다는 것이다. 곽희는 또 다음과 같이 말했다.

> 참된 산수의 시내와 계곡은 멀리 바라보면서 그 기세를 취하고, 가까이서 바라보면서는 그 자질을 취한다. 참된 산수의 운무는 사계절이 다르다. 봄에는 수증기가 위로 올라가고, 여름에는 자욱하고 왕성하며, 가을에는 성기고 엷으며, 가을에는 어둡고 담담하다. 그 큰 모습을 드러내 보여야지 잘리고 새겨진 명확한 형태에 사로잡히지 말아야 운무의 자태가 살아있게 된다. 참된 산수의 안개는 사계절이 다르다. 봄 산은 담담하면서도 화사하기가 미소를 짓는 것 같고, 여름 산은 그 푸르름에 물방울이 떨어질 듯하며, 가을 산은 밝고 깨끗함이 단장을 한 듯 하고, 겨울 산은 애처롭고 담백함이 잠을 자는 듯하다.
>
> 그 대의를 다하여 드러내 보이고 세세하게 베끼듯 한 자취에 사로잡히지 말아야 안개 낀 풍경이 바르게 된다. 진경산수의 바람과 비는 멀리서 바라보면 얻을 수 있고 가까이서는 감상하고 배울 수 있으니, 비바람이 몰아치고 일어나고 그치는 형세를 다 할 수 없다. 진경산수의 흐리고 맑은 날씨는 멀리서 보면 알 수 있으나 가까이에서는 잘 보아 익혔더라도 비바람이 휘몰아치고 일어나고 그치는 형세를 다 궁구할 수 없다. 참된 산수의 흐리고 맑은 날씨는 멀리 서 보면 다 알 수 있지만, 가까이에서는 좁은 시야에 사로잡혀 밝고 어둡고 가려지고 드러나는 흔적들을 볼 수 없다.
>
> 眞山水之川谷, 遠望之以取其勢, 近看之以取其質. 眞山水之雲氣, 四時不同. 春融冶, 夏蓊鬱, 秋疏薄, 冬黯淡. 盡見其大象而不爲斬刻之形, 則雲氣之態度活矣. 眞山水之煙嵐, 四時不同. 春山澹冶而如笑, 夏山蒼翠而如滴, 秋山明淨而如妝,

冬山慘淡而如睡. 畵見其大意, 而不爲刻畵之迹, 則煙嵐之景象正矣.
眞山水之風雨, 遠望可得, 而近者玩習, 不能究錯綜起止之勢.
眞山水之隱晴, 遠看可盡, 而近者拘狹, 不能得明晦隱見之迹.[38]

　　산은 가까이서 보면 이러하고, 몇 리 떨어져서 보면 또 이러하고,
십 몇 리를 떨어져서 보면 또 이러하다. 거리가 멀어질수록 매번
달라지니, 이른바 산의 형세를 한 걸음 한 걸음 옮길 때마다 바뀐다.
산은 정면에서 보면 이러하고, 측면에서 보면 또 이러하고, 뒷면에서
보면 또 이러하니, 보는 각도마다 매번 다르니, 이른바 산의 형세를
사방에서 살피는 것이다. 이처럼 하나의 산이지만 수십 수백의
산의 형상을 동시에 살피니, 어찌 궁구하지 않을 수 있겠는가? 산은
봄, 여름에 보면 이러하고, 가을 겨울에 보면 또 이러하니, 이른바
사계절의 풍경이 다름이다.

　　산은 아침에 보면 이러하고, 저녁에 보면 또 이러하고, 흐린 날
맑은 날 보면 또 이러하니, 이른바 아침 저녁의 변화가 다름이다.
이처럼 하나의 산이지만 수십 수백의 자태이니 어찌 궁구하지 않을 수
있겠는가?

　　山, 近看如此, 遠數里看又如此, 遠十數里看又如此. 每遠每異,
所謂山形步步移也. 山, 正面如此, 側面又如此, 背面又如此, 每
看每異, 所謂山形面面看也. 如此, 是一山而兼數十百山之形狀,
可得不悉乎? 山, 春夏看如此, 秋冬看又如此, 所謂四時之景不同也. 山,
朝看如此, 暮看又如此, 隱晴看又如此, 所謂朝暮之變態不同也. 如此,
是一山而兼數十百山之意態, 可得不究乎?[39]

---

38) 위의 책 67 페이지.
39) (송) 곽희, 《임천고치 산수훈林泉高致 山水訓》, 선쯔청 편 《역대논화명저휘편》
　　(베이징, 문물출판사, 1982) 67~68 페이지.

위의 내용들은 그 자체로도 농후한 시적 정취를 가지고 있다. 원래 산은 산이고 물은 물이라고 했으니, 산수 자체는 감정이 없는 것이다. 그러나 곽희는 예술가는 산수의 본래 모습으로 산수를 보아서는 안 되며, 또한 "잘리고 새겨진 명확한 형세"의 제한을 받아서도 안 된다고 말한다. 예술가는 "임천지심"으로 산수를 바라봐야 한다고 말한다. 산수를 바라보는 시각의 변화를 통해 산수를 "변화"시켜야 한다는 것이다. 예술가들의 마음 속에 있는 참된 산수에 시정화의(詩情畵意)를 녹여 넣어야 한다는 것이다. 이러한 산수야 말로 시적 정취를 가지게 되니, 이른바 "봄 산은 담박하고 화사하기가 미소를 짓는 것 같고, 여름 산은 푸르름이 물방울이 떨어질 듯하며, 가을 산은 밝고 깨끗함이 단장을 한 듯 하고, 겨울 산은 애처롭고 담백함이 잠을 자는 듯하다."는 것이다. 계절마다 산의 "자태"가 다르긴 하지만 모두 시적 정취를 가지고 있다.

우리는 곽희의 말은 산수 자체를 완전히 "물상"으로 바라보고 있는 것이 아니라 이미 "심상"의 범주로 들어 서 있으며, 그렇기 때문에 "하나의 산이지만 수십 수백의 자태를 가지고 있다."는 것이다. "자태"란 마음 속의 인상(印象)이다. 중국 고대 시인들은 마음 속에 심상을 성숙시켜 갈 때 물상의 면모에 제약을 받지 않았을 뿐만 아니라 그 속에 자신들의 심미적 정취들을 반영시켰다. 심상 속의 풍경은 바로 시인의 마음이었던 것이다. "마음 속에서 대나무를 완성한다"는 말은 식물로서의 대나무 뿐만 아니라 그 속에는 "대나무"를 완성시켜 나가는 과정에서의 정감을 말하는 것이다.

결론적으로 송대에 성숙되기 시작한 "마음 속의 대나무"설은 위진 시기의 "의재필선意在筆先:뜻이 붓보다 먼저"설에 대한 보충이자 발전이며, 일종의 "심상"이론인 것이다. "심상"은 "완성된 대나무"이기도 하면서 "완성된 대나무"가 아니기도 하다. 이미 그러하면서도 그렇지 않으며, 완전한 형상이면서도 미완의 형상이기도 한 것이다. 그것은 막 태어나려고 하는 아기 같아서 순조롭게 태어날 수도 있고 또 꼼지락거리다가 결국에는 태어나지 못할 수도 있다. 그러나 어쨌든 심상의 미정형적 유동성은 그것이 문학예술 창작에서 가장 창조적인 시기이자 단계라고 할 수 있다.

　"마음 속 대나무"설은 이 가장 창조적인 시기를 이론적으로 개괄하고 있으며, 또한 중국 문론이 민족적 특색을 잘 보여주고 있기 때문에 매우 중요한 의미를 가지고 있는 것이다.

5. "사람을 놀래키는 시어[出語驚人]"과 예술적 표현

　　시가의 언어 표현은 사람을 놀래키는 효과를 가지고 있어야 할 뿐만 아니라 참신해야 한다. 진부함을 그대로 답습하거나 상투적인 틀로 떨어져서는 안 된다.

　문학 창작의 과정에서 "마음 속에 대나무가 있는" 단계에 도달하여 "심상"이 형성되었다고 해서 창작이 완성된 것은 아니다. 이 "대나무"가 종이 위에서 생동감 넘치는 "신록新綠"이 될 수 있느냐 없느냐, "심상"이 작가의 "모태母胎"에서 순조롭게 태어날 수 있느냐 없느냐는 여전히 미지수이다.

1) "말이 뜻에 이르지 못함文不逮意"과 전달의 어려움

　사실상 심상이 만들어지고 난 후 "마음 속의 대나무"를 "손으로 그려내는 대나무"로 바꾸어 심상을 작품의 형상으로 실현시키는 것은 매우 어려운 일이다. 이에 대해 위진 시대의 육기는 《문부》에서 다음과 같이 말하고 있다.

　　나는 항상 재주 있는 선비의 작품을 볼 때마다 남몰래 그들의 마음 씀씀이를 느낄 수 있었다. 무릇 말을 하고 글을 짓는 일에는 실로 변화가 많지만 글의 아름다움과 추악함, 좋음과 나쁨에 대해서는 말할 수 있다. 매번 스스로 글을 지을 때마다 그러한 상황을 더욱 잘 느끼게 된다. 생각이 사물의 참모습에 부합하지 않을까, 또 글이 생각을 정확하게 표현하지 못할까 항상 걱정하게 된다. 대체로는 알기가 어려운 것이 아니라 제대로 잘 하는 것이 어려운 것이다.

余每觀才士之所作, 窃有以得其用心. 夫放言遣辭, 良多変矣, 妍蚩好惡, 可得而言. 每自屬文, 尤見其情, 恆患意不称物, 文不逮意, 蓋非知之難, 能之難也.[40]

육기는 자신이 직접 창작을 해야 창작의 고락을 알 수 있다고 여겼다. 가장 중요한 점은 자신의 창작 구상과 묘사하고자 하는 사물이 서로 부합되지 못하고 사용하는 언어가 자신의 마음 속 심상을 정확하게 표현해 내지 못하면 어떻게 할까를 걱정하는 것으로, 이러한 어려움은 이치상으로 이해하기 어렵지는 않지만 실천하기가 어렵다는 것이다.

선진 시기에 노자와 장자는 도를 체득하기 어렵지만 그것을 말로 표현하는 것은 더 어렵다고 했다. 이른바 "말로는 뜻을 다 표현 할 수 없다.[言不盡意]"가 바로 이를 두고 하는 말이다. 육기는 도가 학설의 영향에 자신의 창작 경험을 보태 문학 창작 과정에서의 창작 구상, 그리고 마지막에 언어로 표현하는 것 역시도 마찬가지라고 인식하였다. 구상이 좋고 심상이 분명하다고 해서 창작이 성공하는 것은 아니다. 어려운 점은 언어로 전달(표현)해야 한다는 것이다. 이처럼 그는 "문불체의文不逮意"설을 주장하였다.

육기의 뒤를 이은 유협도 잘 알려진 《문심조룡·신사》 편에서 다음과 같이 말했다.

---

40) (진) 육기 저, 장샤오캉張少康 집해 《문부집석文賦集釋》 (상하이, 상하이고적출판사, 1984) 1페이지.

붓을 잡는 순간 기는 언어를 구사할 때보다 두 배가 된다. 그러나 문장이 완성이 되고나면 처음 생각했던 마음의 절반 밖에 되지 않는다. 왜 그러한가? 의미는 공중에서 재주를 부리니 기이하게 되기 쉽다. 그러나 언어는 사실을 요구하니 교묘해지기 어려운 것이다. 그러므로 의미는 생각에서 생겨나고 언어는 의미에서 생겨나 엄밀하기는 빈틈이 없고 드물기는 천리처럼 멀다. 어떤 이치는 마음 속에 있는데도 나라 밖에서 구하기도 하고, 어떤 의미는 바로 눈 앞에 있음에도 사색은 저 멀리 산과 강처럼 떨어져 있기도 하다. 이런 까닭에 마음을 잡고 기르는 방법에는 고된 사색에 힘쓸 필요가 없고, 사물의 아름다움을 표현하는 데에는 마음을 고되게 할 필요가 없다.

方其搦翰, 氣倍辭前, 曁乎篇成, 半折心始. 何則? 意翻空而易奇, 言徵實而難巧也. 是以意授於思, 言授於意, 密則無際, 疏則千里. 或理在方寸, 而求之域表. 或義在咫尺, 而思隔山河. 是以秉心養術, 無務苦慮. 含章司契, 不必勞情也.[41]

유협이 말하고 있는 내용은 육기보다는 한 걸음 더 나아가 있음은 의심의 여지가 없다. 그의 논술에는 세 가지 층차의 의미가 담겨 있다. 첫째, "마음 속 대나무"가 "손에 의해 그려진 대나무"와 꼭 같지는 않음을 긍정하였다. 비단 똑같지 않을 뿐만 아니라 어떤 경우에는 아주 멀어지게 된다는 말이다.

이른바 "붓을 잡는 순간 기는 언어를 구사할 때보다 두 배가 된다. 그러나 문장이 완성이 되고나면 처음 생각했던 마음의 절반 밖에 되지 않는다."는 말은 붓을 들기 전에는 기세가 고조되어 마음 속의 심상을 충분히 표현해 낼 수 있을 것이라고 여기지만, 마음 속에 생각했던 것이 문자로 바뀌고 나면 자신이 원래 생각 했던 것의

---

41) (남조) 유협 저, 판원란 주, 《문심조룡주》 494 페이지.

절반 밖에 표현해 내지 못했음을 발견하게 된다는 말이다. 위진 육조의 현학에서 언어와 의미에 대해 논하면서 "언어가 의미를 다 표현해 내지 못한다.[言不盡意]"는 주장과 "언어로 의미를 다 표현해 낸다.[言能盡意]"의 주장이 논쟁을 일어났는데, 이 논쟁에서 유협은 "언불진의"의 입장에 섰음은 잘 알 수 있다.

둘째로 유협은 문학 창작 과정에서 "언불진의"는 심상의 불확정성, 유동성으로 인해 야기된다고 보았다. "신사" 활동을 통해 형성된 심상은 "의미은 공중에서 재주를 부리니 기이하게 되기 쉬우나 언어는 사실을 요구하니 교묘해지기 어려운 것이다."라는 말은 의상(심상)은 하늘 높이 솟아 훨훨 날아다니기 때문에 쉽게 기묘함을 발휘할 수 있지만, 언어를 통한 구체적인 표현은 그런 정교하고 기묘함이 어렵다는 말이다. 심상은 구상에서 비롯되고 언어는 이러한 심상에 근거하니, 양자가 잘 결합이 되면 적절한 표현이 될 수 있지만, 결합이 잘 되지 못하게 되면 너무나 큰 차이가 나게 되어버린다는 것이다.

이치가 때로는 마음 속에 있지만 표현은 다른 나라에서 구해야 하기도 하고, 때로는 의미가 바로 눈 앞에 있지만, 표현함에 있어서는 또 저 멀리 너머 산이나 강처럼 떨어져 있기도 하다고 말하고 있다. 이것은 바로 심상의 유동성과 가변성으로 인해 심상과 언어적 표현 간에 거리가 생긴다는 말이다. 셋째, 심상에 대한 언어의 생동적이고 정교한 표현을 위해서는 "마음을 잡고 기르는 방법에는 고된 사색에 힘쓸 필요가 없고, 사물의 아름다움을 표현하는 데에는 마음을 고되게 할 필요가 없다."고 말하고 있다. 그 의미는 글쓰기 당시의 고뇌와 사색에 의지하는 것이 아니라 평소에 수양을 쌓아 예술적 기교에 정통해야 한다는 말이다.

실재로 여기서도 "허정"의 정신을 수양하여 평소에 마음을 가라앉히고 정신을 집중하여 열심히 연습을 해야 하며, 이를 운용하는 글쓰기 때에는 긴장을 풀고서 자연스럽게 써 내려가야만 소식이 말했던 것과 같은 "아름다움에 뜻이 없어 아름다우며[無意於嘉乃嘉]", "마음 속에 생각나는 대로 술술 말하여[衝口而出]" 좋은 시가 된다는 것이다. 언어 표현과 심상이 일치되고 적절해야 한다는 것이다.

2) "시구가 사람을 놀래키지 않으면 죽어도 멈추지 않겠다 [語不驚人死不休]"의 이론적 의미

문학 창작 과정에서 언어가 의미를 모두 표현해 내지 못한다 하더라도 진정한 문학가는 언어 앞에서 뒷걸음질을 치지 않는다.

오히려 그와는 반대로 작품의 언어 표현에 대해 매우 높은 수준을 요구하면서, 실천을 통해 무수한 많은 우수한 시편과 위대한 작품들을 탄생시켰다.

문학 이론에 있어서도 언어 표현의 어려움을 해결하고자하는 사고들이 제기되었다. 비교적 이른 시기에 출현한 이에 대한 논의로는 앞에서 이미 언급한 바 있는 공자의 "언어는 의미만 전달하면 된다.[辭達而已]", 맹자가 한 "말은 알기 쉬우면서도 그 뜻이 깊은 말이 좋은 말이다.[言近而指遠者, 善言也.]"[42], 그리고 한대 왕부王符의 "주고 받는 말은 진실 되고 순리에 맞음을 근본으로 여기고, 간사하고 화려한 수식을 맨 나중으로 여긴다.[辭語者, 以信順爲本, 以詭麗爲末.]"[43]는 말, 육조 시기 육기가 《문부》에서 제기한 언어의 창의성 문제, 그리고 유협이 《문심조룡》에서 이 문제를 전문적으로 거론한 〈장구章句〉편 등이 있으며, 이것들은 문학 창작 과정에서의 언어의 문제에 대해 많은 유익한 분석들을 제시하고 있다. 사공도 등의 "언외지의言外之意"설도 매우 중요한데, 이에 대해서는 다음 장에서 자세히 논하기로 하겠다. 당 송 이후 문학 창작 과정의 언어의 퇴고에 관한 논술들은 더 많아서 이루 다 헤아릴 수조차 없을 정도다.

본 장에서는 두보의 시구 "나의 사람 됨됨이 편벽하고 좋은 시구 좋아하여, 시구가 사람을 놀래키지 않으면 죽어도 멈추지 않는다.[爲人性僻耽嘉句, 語不驚人死不休.]"[44]라는 구절을 가지고 그 의미를 집중적으로 논해보도록 하겠다.

---

42) (전국) 맹가 저, (청) 초순焦循 주석, 《맹자정의孟子正義》, 《제자집성》 제1책, 594 페이지.

43) (한) 왕부 저, (청) 왕계배汪継培 주해, 《잠부론潛夫論》, 《제자집성》 (상하이, 상하이서점, 1985) 제8책, 7페이지

44) (당) 두보 저, (청) 전겸익錢謙益 전주箋注, 《전주두시箋注杜詩》 하권 390 페이지

두보의 이 시구는 사람들에게 많이 회자되는 명구이지만, 사람들은 두보의 시 쓰기에 대한 각별한 공력과 시어 담금질을 중요시 했던 점만으로 이해할 뿐 이 두 구절에 대한 이론적 의미에 대해서는 그다지 거론하지 않았다.

사실 두보가 이 두 구절을 창작한 것은 자기 자신의 창작 정신을 묘사한 것이기도 하지만, 더 중요한 것은 시가에서 언어 표현과 그것에 대한 추구의 문제를 제기하고 있다는 점이다. 이른바 "시구가 사람을 놀래키지 않으면 죽어도 멈추지 않는다"는 말은 시가의 언어 표현은 사람을 놀래킬 만한 효과를 가지고 있어야 하며, 창의적이어야 하지 진부하거나 상투적이어서는 안 되며, 반드시 참신하고 독창적이어야 한다는 말이다.

육기는 《문부》에서 "아침에 이미 피어버린 꽃을 버리고 아직 열리지 않은 저녁에 필 꽃을 열어야 한다.[謝朝華於已披, 啓夕秀於未振.]"라고 하였다. 이 말은 옛 사람들이 반복해서 사용해온 시어들을 아침에 피어서 시들어가는 꽃에 비유하고, 옛 사람들이 상요하지 않은 또는 적게 사용한 시어들을 저녁에 피어날, 아직 피지 않은 꽃에 비유하여 설명하고 있다. 두보가 말한 "시구가 사람을 놀래키지 않으면 죽어서도 멈추지 않는다."는 구절과 육기가 제기한 언어의 창의성 문제는 일맥상통하고 있다. 다만 위대한 시인이었기에 두보의 말이 더욱 가슴에 와 닿고 효과적이다. 두보 이후에 문학의 언어의 창의성을 주장했던 사람으로는 산문가이자 시인이었던 한유가 있다.

몸이 갖추어지지 않으면 사람이 될 수 없듯이, 말이 부족하면
문장이 될 수 없다.
体不備不可以爲成人, 辭不足不可以爲成文.[45]

마음에서 취하여 손으로 글을 쓸 때는 오직 진부한 말을 제거하기

45) (당) 한유 저, 마치창馬其昶 교감 및 주석, 《한창려문집교주韓昌黎文集校注》, 145 페이지.

만을 힘썼으니 참으로 어렵다.

当其取於心而注於手也, 惟陳言之務去, 戛戛乎其難哉.[46]

기는 물이고 말은 그 위에 떠다니는 것이다. 물이 많으면 그 물건이 크던 작던 반드시 뜨게 된다. 기와 말의 관계 또한 이와 같다. 기사 성대하면 말의 길고 짧음, 소리의 높고 낮음이 모두 알맞게 된다.

氣, 水也. 言, 浮物也. 水大而物之浮者大小畢浮. 氣之与言猶是也, 氣盛則言之短長与聲之高下者皆宜.[47]

　　여기에서 한유는 다음과 같은 네 가지 점을 주장하고 있다. 첫째, "말이 부족하면 문장이 될 수 없다."는 말은 바로 문학 창작에 있어서 언어의 중요성을 말하고 있는 것이다. 둘째, 진부한 말에는 표현력이 없기 때문에 진부한 말을 없애고자 노력해야 한다는 것이다. 셋째, "참으로 어렵다"는 말은 바로 창의적 언어가 쉽지 않다는 말이다. 넷째 문학의 언어의 표현과 창의성 문제를 해결하기 위해서는 창작 주체의 "성대한 기운"이 필요하다는 것이다.

　　기사 성대하게 되면 언어의 장단(長短)이든 소리의 고하(高下)든 모두 필연적으로 적절해진다는 말이다. 한유의 이러한 견해는 그 가치가 매우 높다고 하겠다. 그 핵심은 바로 진부하고 상추적인 언어를 없애고 참신해야 한다는 것으로, 두보가 시구는 "사람을 놀래켜야 한다"는 생각과 호응하고 있다. 언어 창의성은 중국 고대 문론의 중요한 명제로써, 한유 이후 그의 문하에 있던 이고李翺, 황보식皇甫湜, 손초孫樵 등이 "기괴함으로 나아가야 한다[趨奇走怪]"고 주장했다. 소식과 원호문元好問, 양신楊愼, 원매袁枚 등도 언어 창의성에 대해 모두 날카롭고 깊이 있는 글들을 남겼다.

　　문학 창작 과정에서 문학적 언어가 내용의 표현에 어떻게 적응해야 하는가?

---

46) 위의 책, 170 페이지.
47) (당) 한유 저, 마치창馬其昶 교감 및 주석, 《한창려문집교주韓昌黎文集校注》, 171 페이지.

어떻게 해야 참신해 질 수 있는가? 어떻게 해야만 "놀라운" 효과를 얻을 수 있는가? 이러한 문제들에 대한 옛 사람들은 대체로 다음의 세 가지 측면에서 서술하고 있다.

첫째, 자연의 선물을 받아들이는 것이다. 언어의 창의성은 사실 의미의 창의성이고, 의미의 창의성은 또한 자연에 대한 세세한 관찰과 생동적인 묘사와 떨어질 수 없다. 그렇기 때문에 시인들은 반드시 자연과 친숙해져야 자연 경물을 묘사하는 과정에서 창의적 언어를 창조하여 "땅에서 솟아 하늘에 맞닿을 기세로 구절마다 살아있게[拔天倚之, 句句欲活.]" 할 수 있어야 한다는 것이다. 이에 대해 황보식은 〈답이생제일서答李生第一書〉에서 "무릇 뜻의 참신함은 일상과 다르게 되니, 일상과 다르면 기괴해진다. 언어의 표현이 훌륭하면 뭇 사람들보다 뛰어나게 되고 뭇 사람들보다 뛰어나면 기이해지게 된다. 호랑이나 표범의 무늬는 반드시 개나 양보다 선명해야 하며, 난새나 봉황의 울음 소리는 반드시 까마귀나 까치보다 힘차야 한다. 금이나 옥의 빛깔은 반드시 기와나 돌보다 빛이 나야 한다. 이것은 의도적으로 뛰어나게 하는 것이 아니라 자연스러운 것이다.[夫意新則異於常, 異於常則怪矣. 詞高則出於衆, 出於衆則奇矣. 虎豹之文, 不得不炳於犬羊. 鸞鳳之音, 不得不鏘於烏鵲. 金玉之光, 不得不炫於瓦石. 非有意先之也, 乃自然也.]"[48]라고 했다. 그 의미는 사물마다 개성이 다르다는 말이다. 예를 들어 호랑이나 표범과 개나 양의 털은 그 광택이 다르고, 난새나 봉황과 까마귀나 까치의 울음 소리가 다르며, 금이나 옥과 기와나 돌의 광채도 모두 다르며, 이것은 자연스럽게 그렇게 된 것이라는 말이다.

그러므로 뜻이 새롭고 언어가 기이함도 마찬가지로 문인들이 고의로 그렇게 지은 것이 아니라 단지 자연의 선물을 받아들인 것일 뿐, 자연의 본래 모습에 의해 그렇게 되는 것이라는 말이다. "기괴함으로 나아간다"는 주장이 꼭 타당성이 있는 것은 아니지만, 시문의 창의적 언어에 대한 그들의 서술은 매우 식견 있는 주장이라 할 수 있다.

---

48) 《역대서신선選歷代書信選》 (창사長沙, 후난湖南인민출판사, 1980) 278 페이지.

시인이나 작가가 생활에 충실하고 생활을 세세하게 관찰하고 체험할 수 있으며, 자연의 소리를 들을 수 있다면 그 시인의 붓 끝에서 나오는 언어 역시도 참신하여 사람들이 좋아하게 될 것이다. 예를 들어, 두보의 〈수함유심이수水檻遺心二首〉 중의 "이슬비에 어린 물고기들 머리를 내밀고, 산들 바람에 어린 제비들 비껴 나네.[細雨魚兒出, 微風燕子斜.]"라는 시구에 대해 김성탄金聖嘆은 《두시해杜詩解》에서 "'이슬비에 머리를 내민다'에서 '출(出)'자가 기묘하여 그 즐거움 또한 무궁무진하다. '산들 바람에 비껴난다'에서 '사'자가 기묘하니 그 힘겨움 또한 ['細雨出', '出'字妙, 所樂亦旣無盡矣. '微風斜', '斜'字妙, 所苦亦复無多矣.]"라고 했다.

하지만, 김성탄은 "출"자와 "사"자가 어떻게 기묘한지데 대해서는 설명하지 않았다. 자연을 진지하게 관찰해본 사람이라면, 가랑비가 내리는 가운데 잔잔한 강이나 호수의 수면에 빗방울들이 떨어질 때면 물 속에 있던 어린 물고기들이 먹이가 물에 떨어진 줄 알고서 머리를 내밀고 먹이를 찾는 모습을 보았을 것이다.

그리고 또 산들 바람이 불 때면 제비들이 하늘에서 비스듬히 비껴서 날개 짓을 하는 모습을 보았을 것이다. 바람이 불지 않거나 거센 바람이 불면 제비들은 이렇게 날지 않는다. 산들 바람이 불 때만 제비들은 이렇게 난다. 두보의 시에서는 "출(出)"자와 "사(斜)"자 이 두 글자를 통해 신선하면서도 생동적으로 그려내고 있는 것이다. 두보가 이 두 글자를 사용할 수 있었던 것은 바로 자신이 자연경물의 세세한 변화들을 관찰했었기 때문에 가능한 것이었다. 또 "제비 입에 진흙 물고 날아오고, 벌들은 꽃술 위에 앉았네.[芹泥隨燕嘴, 花蕊上蜂須.]"(〈서보徐步〉)나 "바람이 부니 봄날 등불이 어지럽게 일렁이고, 강물 울음 소리에 밤새 비가 내리네.[風起春灯亂, 江鳴夜雨懸.]"(〈선하기주곽숙, 우습부득상안, 별왕십이판관船下夔州郭宿, 雨濕不得上岸, 別王十二判官〉[49]), "별빛 드리우니 들판 드넓고, 달빛 일렁이며 강물은 흘러가네.[星垂平野闊, 月涌大江流.]"(〈여야서회旅夜書懷〉) 등과 같은

---

49) "배로 내려가다가 기주의 성곽에서 묵었는데, 강기슭이 비에 젖어 내리지 못하고 왕 판관과 이별하다."-역자 주

구절들도 모두 가히 "천연스러운 한 마디 만고에 새롭다.[一語天然万古新]"(원호문의 말)라고 할 수 있다. 일상의 생활이라는 나무는 항상 푸르기에, 이러한 일상의 삶에 관심을 기울여야만 시인이나 작가들의 언어와 그 의미들 역시 참신함을 이어갈 수 있는 것이다.

둘째, 작품의 구성이 독창적이며 시 속에 "나[我]"가 들어 있다는 것이다. "언어"가 "사람을 놀래키고" 참신하기 위해서는 반드시 독창성을 가지고 있어야 하며, 대담하게 자신이 보고 듣고 느낀 것을 펼쳐 나가야 한다. 남을 따라하는 것을 부끄럽게 생각하고 참신함을 영예롭게 생각해야 한다는 것이다. 만약 시문 중의 일체가 자신의 눈으로 보고, 자신의 가슴으로 깨닫고, 자신의 손으로 그려낸 것이라면 자연히 이전 사람들이 걸어가지 않았던 길을 개척할 수 있을 것이며, 이전 사람들이 쓰지 않았던 참신한 언어를 창조해 낼 수 있을 것이라는 말이다. 청대 학자 원매袁枚는 "사람됨에는 자아가 있어서는 안 된다.

자아가 있게 되면, 스스로 자신의 주장만을 믿게 되는 병이 많아지게 되니, 이것이 공자께서 '고집을 없애라', '자아를 없애라'라고 한 까닭이다. 시를 지을 때에는 자아가 없어서는 안 되니, 자아가 없으면 남의 것을 베끼거나 부연 설명하는 병폐가 커지게 된다. 그런 까닭에 한유가 '옛 사람들의 말은 모두 자신에게서 나온 것이었다.'라고 한 것이다. 북위의 조영은 '문장은 마땅히 자신의 독창성을 발휘하여 일가의 풍골을 이루어야지 다른 사람의 울타리에 의지해서는 안 된다.[爲人, 不可以有我, 有我, 則自恃很用之病多, 孔子所以'無固','無我'也. 作詩, 不可以無我, 無我則剿襲敷衍之弊大, 韓昌黎所以'惟古於詞必己出'也. 北魏祖瑩云:'文章当自出機杼, 成一家風骨, 不可寄人籬下.']"50)라고 했으니, 맞는 말이다. 이백의 시가 "땅에서 솟아 하늘에 맞닿을 기세로 구절마다 살아있는" 중요한 원인이 바로 시 속에 "자아가 있어"서 개성이 풍부하기 때문인 것이다.

예를 들어 "꽃밭사이 술 한 병, 아는 이 없어 혼자 마시네. 잔 들어 밝은 달을

---

50) (청) 원매, 《수원시화隨園詩話》(베이징, 인민문학출판사, 1962) 상권, 126 페이지

초대하니, 그림자까지 세 사람이 되었구나.[花間一壺酒, 獨酌無相親. 擧杯邀明月, 對影成三人.]"(〈월하독작月下獨酌〉 제 4수)나, "어찌 눈썹 꺾고 허리 굽혀 권력과 부귀 섬겨, 나의 마음과 얼굴 펴지 못하게 하리오.[安能摧眉折腰事權貴, 使我不得開心顔.]"(〈몽유천로음유별夢游天姥吟留別:〉), "나를 버리고 간 어제라는 날은 붙잡을 수 없고, 나의 마음을 어지럽히는 오늘이라는 날은 근심만 가득하여라.[棄我去者, 昨日之日不可留. 亂我心者, 今日之日多煩憂.]", "칼 빼들고 물 자르니 물은 다시 흐르고, 술잔 들어 근심 없애고자 해도 근심은 다시 나를 괴롭히네. [抽刀斷水水更流, 擧杯消愁愁更愁.]"(〈서주사조루전별교서숙운宣州謝脁樓餞別校書叔云〉), "그대 보지 못했는가, 황하의 물이 하늘에서 내려와 바다로 내달려 다시는 돌아오지 않음을.[君不見黃河之水天上來, 奔流到解不復回.]"(〈장진주將進酒〉) 등의 시들은 모두가 이백 자신의 개성과 정감 색채, 그리고 주관적인 바램들이 투영되어 있으며, 매 시구가 모두 이백의 마음 속에서 쏟아져 나온 것이기에 그처럼 호방하면서도 소탈하고 기발하고 천진난만한 시구들이 "사람을 놀래키는" 만고의 참신함을 이룰 수 있었던 것이다.

셋째, 고금이 한데 어우러져 하나의 모습이 완성된다는 것이다. "언어"가 "사람을 놀래키고" 참신해야 함은 전통과 단절되어야 하는 것이 아니다. 이전 사람들이 했던 말을 모두 버리고서 "기괴한" 시구를 만들어내야 하는 것이 아니다. 당나라 때의 배도裴度는 한유 문하의 일부 시인들이 괴팍스러움만을 추구하는 병폐를 비판하면서, 전통의 계승을 주장하였다. 그는 고대의 경전적 작품들은 "비록 천지에 찰 만큼 크지만 세세하기는 무간(틈 없음)에 들어갈 정도여서, 기괴한 말이 행여나도 있지 않았다. 뜻은 문을 따라 볼 수 있었고, 일은 뜻을 따라 행해졌다.

이것이 이른바 '문을 문이라고 하면 더 이상은 항상 그러한 문이 아니다'라고 하는 것이다.[雖大弥天地, 細入無間, 而奇怪之語, 未之或有. 意隨文而可見, 事隨意可行. 此所謂文可文, 非常文也.]"라고 했다. 전통과 완전히 대립되어서는 안 된다는 것이다. 그는 〈기이고서寄李翺書〉에서 "옛날 어떤 사람이 도를 어기는 소인배를 보면 그와 같은 모습에 같은 옷을 입는 것을 부끄럽게 여겨 생각이 눈과 눈썹을 뒤집고 관과 허리띠를 거꾸로 매어 그와 다르고자 했으나, 뒤집고 거꾸로 착용하는 것이 틀린 것인 줄을 몰랐다.

비록 그 소인배와는 다른 모습이 되었지만, 군자와도 달랐다. 그러므로 문인의 차이는 기세와 격조의 고하에 있는 것이지 그 장과 구절을 찢고 성운을 깨트리는 데 있는 것이 아니다.[昔人有見小人之違道者, 恥与之同形貌共衣服, 遂思倒置眉目, 反易冠帶以異也, 不知其倒之反之之非也. 雖非於小人, 亦異於君子矣. 故文人之異, 在氣格之高下, 思致之淺深, 不在其礫裂章句, 隳廢聲韻也.]라고 했다. 배도의 비판이 일리가 있음은 의심의 여지가 없다. 그러나 전통에 대해 맹목적으로 따를 뿐 잘 응용하지 못하는 것 또한 전망이 없는 것이다. 사실 전통을 어떻게 계승해 나가고 또 어떻게 혁신시켜 나갈 것이냐의 문제는 옛 것을 새롭게 혁신시키는 "정도"의 문제이다. 이것은 어떻게 옛 것과 오늘날의 것을 한 용광로 속에서 녹여 내는 것이 가장 어려운 문제이다.

이 문제에 있어서 비교적 가치 있는 논술로는 청대의 이어李漁와 고염무顧炎武 이 두 사람의 논점을 들 수 있다. 이어는 다음과 같이 말했다.

세상의 도가 바뀌고 인심이 옛날과 다르니, 당시는 당시의 상황이 있고, 오늘날은 오늘날의 상황이 있다. 전기소설의 묘미는 세정으로 들어감에 있으니, 곧 작가를 지금까지도 죽지 않게 하니, 이 또한 세상과 함께 변천해 왔기 때문이다. 스스로 노래함은 반드시 완고하여 변통을 모르는 이야기 되어서는 안 되며 이로써 듣고자 하는 사람의 귀를 씻기 위함이다. 하물며 옛 사람들이 처음 탈고를 하고서 새롭다고 여기지만, 한 번 전해지고 여러 차례 공연이 되고나면 곧 귀에 익숙한 말이 되어 다시 듣기 싫다고 느끼게 되고, 그 해에도 스스로 그 번다함을 싫어하지 않는다고는 할 수도 없어 진부한 말을 힘써 없애버리려고 생각할 것이다. 내가 능히 새로운 가사로 바꾸어 세정의 오묘함을 스며들게 하니, 비록

그 옛 극을 본다 하더라도 새로운 작품을 읽는 것 같을 것이니,
어찌 작가와 같은 공신이라 하지 않겠는가. 그러나 쇠를 두드려
황금으로 만들어야지 호랑이를 그린답시고 개를 그려서는 안 된다.
또한 반드시 늘릴 수 있는 것을 가려 늘리고 바꿀 곳은 바꾸어야
하며, 절대로 전문가인양 하며 억지로 사건을 해석하여 보는
사람들로 하여금 현장에서 폭소를 터뜨리게 해서는 안 된다.

世道遷移, 人心非旧, 当日有当日之情態, 今日有今日之情態.
伝奇妙在入情, 即使作者 至今未死, 亦当与世遷移, 自囀其
舌, 必不為膠柱鼓瑟之談, 以払聴者之耳。況古人脱稿之
初, 便覚其新, 一経伝播, 演過数番, 即覚聴熟之言難於復
聴, 即在当年, 亦未必不自厭其 繁, 而思陳言之務去也。
我能易以新詞, 透入世情三昧, 雖観旧劇, 如閲新篇, 豈非作者功 臣……
但須点鉄成金, 勿令畫虎類狗。又須択其可増者増, 当改者改, 万勿故作
知音, 強為 解事, 令観者当場噴飯.[51]

이어는 세상 이치와 인심의 변화라는 시각에서 오래된 작품을 새로운 가사로
바꾸고 세상 인정이 스며들게 함으로써 옛 것을 새것으로 바꾸는 방법으로 문학의
내용과 언어를 혁신해야 한다고 했다. 이는 매우 가치 있는 견해이다. 고염무는
다음과 같이 말했다.

《시삼백》 편이 아래로 내려가 《초사》가 되지 않을 수 없었고,
《초사》가 아래로 내려가 한나라 위나라가 되지 않을 수 없었으며,
한나라 위나라가 아래로 내려가 육조가 되지 않을 수 없었고,
육조가 아래로 내려가 당이 되지 않을 수 없었으니, 이는 모두

---

51) (청) 이어 저, 아이수런艾舒仁 편선, 란윈페이冉雲飛 교점,
《이어수필전집李漁隨筆全集》 (청두成都, 파촉서사, 1997) 57 페이지.

시대의 대세였다. 한 시대의 문체에는 반드시 그에 맞는 한 시대의 글이 있으니, 이후에 시의 규격에 맞게 되었다.

시문이 시대에 따라 변함에는 어쩔 수 없이 변하는 것들이 있었다. 한 시대의 시문이 오랫동안 답습되면서 사람들마다 모두 이 시어들을 말하게 되는 것을 용납하지 않게 되었다. 오늘에 이르기까지 수 백 년 동안 옛 사람들의 진부한 말을 취하여 하나 하나 모방해왔으니, 이를 시라고 할 수 있겠는가? 그런 까닭에 비슷하지 않으면 시가 되지 못하고 비슷하여도 자신의 시가 되지 못했다. 이백과 두보의 시만이 당대의 시인들보도 뛰어났던 까닭은 같지 않은 것도 아니고 같은 것도 아니기 때문이다. 이것을 아는 사람이어야 더불어 시를 논할 수가 있을 따름이다.

《詩三百》之不能不降而《楚辭》,《楚辭》之不能不降而漢魏, 漢魏之不能不降而六朝, 六朝之不能不降而唐也, 勢也. 用一代之体, 則必似一代之文, 而後爲合格. 詩文之所以代变, 有不得不変者. 一代之文沿襲已久, 不容人人皆道此語. 今且千數百年矣, 而猶取古人之陳言一一而摹仿之, 以是爲詩, 可乎? 故不似則失其所以爲詩, 似則失其所以爲我. 李杜之詩所以獨高於唐人者, 以其未嘗不似, 而未嘗似也. 知此者, 可与言詩也已矣.[52]

고염무는 역사의 변화라는 시각에서 문체의 시대별 변화의 이치를 설명하면서 문학 전통에 대해 "비슷하지 않은 것도 아니고 비슷한 것도 아니다"라는 변증법적 태도를 취해야 한다고 주장했다. 고염무의 논술 역시도 매우 가치가 있는 것으로, 그가 말하는 "비슷하면서도" "비슷하지 않다"는 말은 바로 합리적인 "적정성"을

52) (청) 고염무 저, 황뉘청黃汝成 집해, 롼바오췬欒保群 뤼종리呂宗力 교점,
《일지록집석日知錄集釋》(스쟈 石家庄, 화산문예출판사, 1990) 하권 932~933 페이지.

갖추었음을 말하는 것이기에 시사하는 바가 크다. 전통의 계승과 창조적 혁신의 문제에 있어서 가장 중시해야 할 것은 바로 두보가 〈희위육절구戲爲六絶句〉에서 언급한 "지금 사람 경박하다 하지 않고 옛 사람을 사랑한다.[不薄今人愛古人]", "스승이 많아지는 것이 너의 스승이다.[轉益多師是汝師]"라는 원칙이다.

두보는 시어의 혁신을 강조하면서 "시어가 사람을 놀래키지 않으면 죽어서도 멈추지 않겠다."고 했으며, 이와 동시에 창조적 혁신이 옛 사람들을 스승으로 삼는 것과 모순되지 않는다고 보았다. 그러나 옛 사람들을 스승으로 삼는 것이 옛날의 어느 시인을 모방하거나 베끼는 것을 말하는 것이 아니라 여러 장점들을 취하는 스승이 되지 못할 것이 없으면서도 스승을 딱히 정하지 않는 것을 말한다. 즉 누구의 작품이든 모두 취하여 "청신하고 아름다운 시구는 반드시 가까이 하는[淸新麗句必爲隣]" 태도를 말하는 것이다. 이것이 바로 이른바 "책 만권을 읽으면 신들린 듯 글을 쓸 수 있다.[讀書破万卷, 下筆如有神]"는 말이다. 뭇 작가들을 부림으로써 비로소 일가를 이루어 영원한 영웅이 될 수 있는 것이다.

3) "사람을 놀래키는 시어"와 "낯설게 하기"

두보의 "시구가 사람을 놀래키지 않으면 죽어서도 멈추지 않겠다."는 말과 한유의 "오로지 진부한 언어를 없애는데 힘쓴다."는 말은 일종의 문학의 언어 표현과 혁신 이론으로, 현대 심리학에서 제시하는 지각(知覺) 법칙에도 부합하는 것이다.

20세기 초 러시아에서 "형식주의"가 등장했다. 그들은 문학이 반영하고 있는 생활이나 문학에 나타나 있는 정감은 문학 자체의 고유한 것이 아니기 때문에 문학만의 독특함으로 설명할 수 없다고 보았다. 문학의 독특함은 바로 "문학성(Literariness)"이며, "문학성"은 다른 것이 아니라 바로 문학 언어의 "낯설게 하기"(Deviations, "특화 하기"라고도 한다.) 라고 하였다. 그래서 문학은 일종의 뒤틀리고 생소화 된 언어 구조라는 것이다.

그들의 문학 관념이 반드시 합당한 것은 아니다. 왜냐하면 그들은 문학을 생활과 따로 떨어트려 놓고서 문하 내용의 특성을 완전히 부정하고 있기 때문이다. 그러나 그들이 주장한 문학 언어의 낯설게 하기 이론과 이러한 특별한 이론을 위해 찾아낸 심리학적 근거들은 문학 언어의 중요한 특징을 보여주는 것으로, 본보기로서의 의미를 가지고 있다. 특히 그들이 말하는 "낯설게 하기"는 두보가 말한"시구가 사람을 놀래키지 않으면 죽어서도 멈추지 않겠다."는 말이나 한유의 "오로지 진부한 언어를 없애는데 힘쓴다."는 말과 상통하는 부분이 없지 않다. 게다가 그들이 설명하는 "낯설게 하기"의 원칙에서 운용하는 지각적 심리학 규칙들은 우리가 두보와 한유의 언어 혁신 이론을 인식하는 것과도 맞아 떨어진다.

두보가 추구했던 언어의 "사람을 놀래키는" 효과와 한유가 말한 "진부한 언어를 없애기 위한 노력", 그리고 러시아의 형식주의에서 말하고 있는 언어의 "낯설게 하기"는 그 문학 언어관의 상통점은 바로 답습을 반대하고 혁신을 주장하며 일상 언어에 대한 일종의 일탈이다.

답습되고 진부하고 반복 사용되는 언어는 시에 맞지 않는 이유는 그것이 사람들의 감각을 "기계화"와 "습관화"를 야기 시키기 때문이다. 언어가 기계화되고 습관화 되면 필연적으로 무의식의 영역으로 물러날 수밖에 없으며, 그리하여 사람들은 그것을 느끼거나 강렬하게 의식할 수 없게 된다. 예를 들어 어떤 한 사람이 하나의 언어를 배워 처음으로 그 언어로 외국인과 더듬거리며 대화를 할 때 한마디 한마디가 규범에 맞지 않아 스스로 얼굴이 붉어지거나 상대방을 난처하게 만든다. 몇 년이 지나고 나면 그 첫 번째의 대화를 기억하고 그것이 "신선한" 체험이었음을 느끼게 될 것이다. 이후에 외국어 실력이 일취월장하여 심지어는 외국에서 일상생활을 할 수 있을 정도가 되었을 때는 외국어에 대한 감각이 무의식 영역으로 물러나게 되고 나면 더 이상의 신선한 느낌은 사라지고 만다. 생각해보라. 처음 외국어로 외국인과 대화를 나눌 때의 신선함이 떠오르는가? 당연히 떠오르지 않을 것이다. 왜냐하면 그것은 이미 기계화되고 습관화된 행위로 변질되어버렸기 때문이다. 문학적 언어의 표현에도 마찬가지로 이러한 기계화, 습관화의 문제가 존재한다. 어느 시인이 처음으로 어떤 용어들을 사용하게 되었을 때 사람들은 매우 신선함과 감동을 느끼고 세밀하게 그것을 음미하게 될 것이다. 그러나 이 용어가 반복적으로 사용되면서 진부한 용어가 되어버리게 되면 사람들은 그것을 하나의 기호로써 아무런 느낌도 없이 자신들의 눈 앞에서 지나쳐버리게 된다.

그러면 이 용어는 반복적 사용으로 인해 그 표현 기능을 상실하게 되는 것이다. 예를 들어, 처음에 "양관삼첩陽關三疊"53)이나 "일곡위성一曲渭城", "절류折柳"등의 용어로 이별을 표현했을 때는 매우 생동적이었고 사람들에게 미묘한 맛을 음미할 수 있게 해 주었다. 그러나 사람들마다 모두 이것을 가지고 이별을 표현하게 되면 그것은 진부한 언어가 되어버려 더 이상 우리의 신선함을 끌어낼 수가 없게 된다. 고시 중의 "표영飄零:꽃잎이 시들어 떨어짐", "한창寒窗:'어려운 환경'을 말함", "사양斜陽:저물어 가는 해", "방초芳草:향기로운 풀로, 어질고 충청스러운 사람을 비유", "춘규春閨:봄날의 규방", "추혼秋魂:가을날의 쓸쓸한 혼백", "고영孤影:고독한 그림자", "잔경殘更:오경", "연자雁子:제비를 말함", "춘산春山", "석양夕陽" 등의 시어들은 많은 사람이 반복해서 사용함으로 인해 그 표현 기능은 이미 다 사라져 버려서 이런 상투적 용어로 시를 짓게 되면 틀림없이 사람들의 감각의 기계화와 습관화를 야기 시키게 될 수밖에 없고, 시편 또한 가장 기본적인 표현력을 잃어버리고 만다. 이로써 두보가 요구했던 "사람을 놀래키는" 시구나 한유가 요구했던 "진부한 언어를 없애는 데 힘쓴다."는 말이 충분한 심리학적 근거를 가지고 있음을 잘 알 수 있다.

더 나아가 두보와 한유의 문학 언어 혁신 이론은 사실상 문학 언어가 어느 정도에서는 보통의 언어나 그 용법과는 동떨어지고 특화되어야 함을 말하는 것이기도 하다. 만약 보통의 언어나 그 용법과 아무런 거리가 없다면, 조금의 동떨어짐이나 특화가 없다면 그것은 진부한 언어로 사람을 놀래키는 아무런 효과도 발휘할 수 없는 것이다. "문학 언어는 보통의 언어와는 동떨어지고 특화된다.

---

53) 역자 주 : 후대 사람들이 이별을 할 때 왕유가 양관에서 벗을 송별하면서 지은
〈송 원이편서안送元二便西安〉의 끝 구절을 세 번 불렀다고 해서 '삼첩'이라고 함.

그러나 이렇게 할 때 우리는 더욱 충실하고 깊이 있게 경험을 점유할 수 있다. 평소에 우리는 공기를 호흡하지만 그 존재를 의식하지 못한다. 언어도 이와 마찬가지이다.

언어는 우리의 활동 환경이다. 그러나 공기가 갑자기 오염이 되거나 하게 되면 우리는 호흡에 경각심을 가지게 되고, 그 결과 우리의 삶의 경험이 증가하게 된다."[54] 한유나 이어는 이러한 심리학적 규칙을 인식하고 있었던 듯하다. 한유는 〈답유정천서答劉正天書〉에서 언어의 혁신에 대해 언급하면서, "아침저녁으로 보는 각종 물건은 사람들이 주의해 보지 않지만 기이한 물건을 보게 되면 사람들은 함께 구경하면서 서로 이야기를 합니다. 문장도 어찌 이와 다르겠습니까?[夫爲物朝夕所見者, 人皆不注視也. 及覩其異者, 則共觀而言之, 夫文豈異於是乎?]""귀하의 집안에 있는 각종 물건은 모두 편리하게 쓰는 물건들입니다.

그러나 족하가 진귀하게 여겨 아끼는 것은 반드시 이런 평범한 물건이 아닐 것입니다. 군자가 문장에 있어서도 어찌 이와 다르겠습니까?[足下家中百物, 皆賴而用也. 然其所珍愛者, 必非常物. 夫君子之於文, 豈異於是乎?]"라고 했다. 이는 시각적 측면에서 보면 일반적으로 일상적인 사물은 강렬한 자극이 될 수 없기 때문에 우리의 시선을 끌지 못하게 된다는 말이다. 시인이나 작가가 사용하는 언어도 이와 마찬가지로 일상의 언어가 특화되고 뒤틀리고 일탈된 언어여야만 독자의 시선을 끌게 되고 사람을 놀래키는 예술적 힘을 발휘하게 된다는 것이다.

앞에서 두보의 〈선하기주곽숙, 우습부득상안, 별왕십이판관船下夔州郭宿, 雨濕不得上岸, 別王十二判官〉[55]이란 시의 "바람이 부니 봄날 등불이 어지럽게 일렁이고, 강물 울음 소리에 밤새 비가 내리네.[風起春灯亂, 江鳴夜雨懸.]"라는 구절에서 "난亂" 자와 "현懸" 이 두 글자의 운용이 절묘하여 그 표현력이 특히

---

54) (영국) 테리 이글턴, 《20세기 서양문학 이론》 (시안西安, 산시陝西사범대학출판사,1986) 5페이지.
55) "배로 내려가다가 기주의 성곽에서 묵었는데, 강기슭이 비에 젖어 내리지 못하고 왕 판관과 이별하다."-역자 주

풍부하다고 언급한 바 있다. 그 원인을 살펴보면, 두보의 일상 언어에 대한 특화와 거리두기 때문이라고 할 수 있다. 강바람에 등불이 흔들거리는 것에 대해 "춘등황春灯晃"이나 "춘등요春灯搖"라고 하는 것이 더 사실적일 것이다.

그러나 두보는 굳이 사실과는 동떨어진 "난亂"자를 사용함으로써 사람들의 정감을 그 속에 집어넣었다. "난"자는 등불이 봄바람에 흔들거리는 것뿐만 아니라 시인이 "비에 젖어 어쩔 수 없이 뭍에 오르지 못하는雨濕不得上岸", 벗과 이러한 상황에서 이별을 해야 하는 편치 않은 심정을 그대로 드러내 보이고 있는 것이다. "강물 울음 소리에 밤새 비가 내리네"라는 구절의 "현"자도 그 운용이 매우 신선하고 기발하다. 사람들은 일반적으로 비가 내리면 "하우下雨"나 "강우降雨", 또는 "낙우落雨"라고 표현하지 "현우懸雨:비가 하늘에 걸렸다."라고 표현하지는 않는다. "현우"는 완전히 일상 언어에 대한 낯설게 하기라고 할 수 있다. 일상적인 "하우"나 "강우", "낙우"에 대한 거리두기와 특화인 것이다.

그러나 두보는 이 "현"자를 사용함으로서 비가 마치 영원히 공중에 걸려 있는 듯한 풍경을, 강물에 비가 떨어지는 소리라 밤새도록 끊이지 않고 귓가에 울리는 그런 느낌을 선명하고도 강렬하게 표현해 내고 있으며, 이를 통해 우리의 삶의 체험은 더욱 증가되는 것이다. 두보는 자신의 창작 실천을 통해 사람들에게 자신이 한 "시구가 사람을 놀래키지 않으면 죽어서도 멈추지 않겠다."는 말에 깊이 있는 이론적 함의가 숨겨져 있음을 일깨워 준다. 만약 작가가 모두 두보처럼 언어에 대해 자각하고 있다면 "마음 속의 대나무"를 "손에 의해 그려지는 대나무" 바꿀 수 있을 것이다. 그래서 심상이 작품 속에서 살아 숨 쉬면서도 정형화된 예술 형상으로 승화시킬 수 있을 것이다.

본 장에서는 "마음 속의 대나무"라는 측면에서, 즉 "심상"에 대해서 토론하였다. 서구의 창작론은 대체로 "모방"설의 범위를 벗어나지 않는다. 그 이론적 틀에 따라 자연을 "제 1 자연"과 "제 2 자연"으로 구분한다. "제 1 자연"은 객관적으로 존재하고 있는 원래의 자연이고, "제 2 자연"은 작품 속에 묘사된 "자연"으로 예술적 가공과 개조를 거친 자연이다. 그렇다면 "제 1 자연"이 어떻게 "제 2 자연"으로 전환될 수 있는가? 그 최초는 "거울"설로, 문학 창작은 거울처럼 자연을 그대로 비춰 준다는 것이다. 19세기 러시아의 문학 비평가들에게서 자연에 대한 복제가 강조되었고, 그 이후 완벽한 거울에 비추기, 복제가 불가능함을 깨달으면서 "전형화典型化"가 제기되었다. 이것을 우리는 서구의 창작론의 첫 번째 사유 방식, 즉 현실주의의 사유 방식이라고 볼 수 있다.

두 번째 사유 방식은 바로 낭만주의 문학 주장으로, 문학 창작은 표현의 과정으로, 중요한 것은 내면의 정감이고, 창작은 바로 이 내면의 정감에 대한 묘사와 표출이라는 것이다. 세 번째 사유 방식은 현대파로, 그 기본적 창작관념은 "변형", "변태", 그리고 무의식의 승화 등이다. 서구의 창작론이 그만의 특색을 가지고 있음은 부정할 수 없다.

그러나 어떤 이론이든지 "제 1 자연"을 어떻게 "제 2 자연"으로 전환시킬 것인가에 대해서는 그다지 명확하게 설명을 하지 못한다. 그러나 중국 고전 문론의 "마음 속 대나무"설은 "눈 앞의 대나무"가 "손 의해 그려지는 대나무"로의 전환을 매우 중요시하고 있고, "마음 속 자연"에 대해 많은 신선한 견해들을 제시하고 있어서 이에 대한 깊이 있는 설명들은 현대 문학 창작론의 부족을 충분히 메워줄 수 있을 것이다.

제**5**장

"언외言外" - "상외象外" - "운외韻外"
― "문외지중지文外之重旨" 식의 문학 작품론

"언외言外" – "상외象外" – "운외韻外"
— "문외지중지文外之重旨" 식의 문학 작품론

　　문학 작품론은 20세기 사람들이 매우 관심을 가졌던 이론 중의 하나이다. 특히 러시아 형식주의나 영미의 "신비평", 프랑스의 구조주의 비평, 현상학 비평, 무호론 비평 등에서 관심이 집중되었던 것이 모두 작품론의 문제였으며, 그들은 작품의 본체 등 문제에 대해 일련의 관점들을 제시했고, 또한 일부 작품 분석 방법들을 발견내기도 했지만, 논쟁이 끊이지 않고 있다. 일부 관점들은 깊이 있는 논의가 이루어지지 못한 채 폐기되기도 했다. 그렇다면 문학 작품의 핵심 문제는 무엇인가? 이는 매우 복잡한 문제이다. 우리의 연구 결과는 문학작품의 핵심 문제는 첫째, '작품의 본체가 무엇인가?', 둘째, '작품은 어떠한 요소들로 구성되어 있는가?', 셋째 '작품의 아름다움은 어디에 있는 것인가?' 라는 이 세 가지라는 것이다.

　　이 세 가지 문제는 서로 유기적으로 연결되어 있으면서도 각각 구별된다. 우리는 그 중의 세 번째 문제가 중요하다고 본다. 본 장에서는 문학 작품의 미가 어디에 있는가라는 문제를 중심으로 첫 번째와 두 번째 문제를 연계하여 중국 고전 문론 속에서 민족적 특색을 가진 사상들에 대해 정리하고 설명해 보고자 한다. 옛 것을 배우고 새 것을 알아가는 것이 아마도 우리가 이 속에서 얻을 수 있는 자양분이 아닐까 생각한다.

1. 현대의 문학 작품론에 대한 회고

유감스럽게도 서구 현대의 작품론은 어떤 형태의 것이든 모두 작품의 전체성에 대해서는 충분하게 주의를 하지 못하고, 많게 든 적게 든 모두 "기계론적" 색채를 가지고 있는 듯하다. 그렇다면 우리는 되돌아가서 중국 고대의 선조들이 문학 작품의 본체와 문학 작품의 구성, 그리고 그 아름다움을 어떻게 이해했는지 살펴보는 것은 어떨까?

현대 문학 이론의 개념에서는 작품을 내용과 형식 이 두 가지 요소로 구분한다. 혹자는 문학 작품은 내용과 형식 이 두 요소로 구성되어 있다고 말한다. 이에 대해 철학가들은 '내용이 형식을 결정하는가? 아니면 형식이 내용을 결정하는가?', '내용과 형식 중에서 어느 것이 본위이고 어느 것이 차위인가?' 등등의 문제를 제기하였다. 미학에서는 '내용과 형식 이 두 가지 요소 중에서 미가 어디에 존재하는가?', '이러한 미는 어떤 특징을 가지고 있는가?' 등등의 문제를 제기하였다.

제기하고 있는 문제는 다르기 때문에 그들이 내놓은 해답도 다를 수밖에 없다. 미학은 철학의 해답을 대체할 수 없고, 철학 역시도 미학의 해답을 대체할 수 없다. 이처럼, 미학적 입장에서는 먼저 '내용과 형식의 결합체로서의 문학 작품의 미는 어디에 존재하는가?' '미가 내용에 존재하는가? 아니면 형식에 존재하는가?' 아니면 '형식과 내용의 통일 속에 존재하는가?' 하는 것이었다. 이 문제에 대해서는 역대로 서로 다른, 심지어는 대립적인 의견들이 존재하고 있다.

1) 미는 내용에 있다.

현대의 많은 이론가들이 이 주장을 지지한다. 즉 문학작품의 근본은 생활과 사상 정감이라는 내용이며, 형식은 단지 내용을 표현해주는 것에 불과하기 때문에 미는 예술 작품의 내용 속에 있다고 보는 것이다. 19세기 러시아 학자 체르니셰프스키(Nikolay Gavrilovich Chernyshevsky:1828~1889)는 이 주장을 내세운 대표적인 인물이다.

체르니셰프스키는 "예술 작품은 언제나 현실의 아름다움이나 위대함에는 미치지 못한다."[1]고 하면서 "객관적 현실의 미는 철저함의 미"[2]라고 보았다. 예술 작품의 형식적 형상은 "단지 현실의 창백함이며, 거의 모두가 성공하지 못한 개작(改作)"[3]이라는 것이다. 그래서 그는 생활이라는 내용이 예술 형식을 통해 표현되고 전달되어지며, 생활을 미를 증대시킬 수 없을 뿐만 아니라 오히려 반대로 생활의 미를 손상시킨다고 하였다. 그렇다면 사람들은 왜 예술이라는 이런 형식을 필요로 하는 것인가? 그는 "현실의 미는 완전한 미이지만 애석하게도 그것이 언제나 우리들 눈 앞에 펼쳐져 있는 것은 아니다. … 마다는 아름답지만 우리가 바다를 바라볼 때 그 바다의 미학적 측면에 불만스러운 점이 있다고 느끼지 않는다. 그러나 우리는 또 바다를 감상하고 싶어지게 되고, 그리하여 바다를 그린 그림이 출현하게 되었다. 자연히 바라를 바라보는 그 자체는 그림을 보는 것보다 훨씬 좋다. 그러나 사람은 가장 좋은 것을 얻지 못할 때에는 그 차선(次善)에 만족하게 되게, 원본을 얻지 못할 때에는 대체품에 만족하게 된다."[4]고 말했다. 체르니셰프스키의 이러한 견해는 두 가지 층차의 의미를 포함하고 있다. 첫째는 예술 작품은 단지 생활의 질이 떨어지는 대체품에 불과하며, 예술 작품의 미는 영원히 생활의 미에 미치지 못한다는 것이다. 둘째는 예술 작품 내부의 구성으로 보면, 미학적 의미를 가지는 것은 내용이다. 그렇기 때문에 이러한 생활의 내용은 "현실 속의 미를 직접적으로

---

1) (러시아) 체르니셰프스키, 《현실에 대한 예술의 미학적 관계》, 쩌우양 역,
   《생활과 미학生活与美學》 (베이징, 인민문학출판사, 1958) 91페이지
2) 위의 책 108 페이지.
3) 위의 책 108 페이지.
4) (러시아) 체르니셰프스키, 《현실에 대한 예술의 미학적 관계》, 쩌우양 역,
   《생활과 미학生活与美學》 (베이징, 인민문학출판사, 1958) 91페이지

감상할 수 있는 기회가 없는 사람들도 간단하게나마 감상할 수 있는 방법을 얻을 수 있게 해 주며, 현실 속에서의 미를 직접 느껴 보았고 또 그것을 회상하길 좋아하는 사람들에게는 이러한 미에 대한 그들의 기억을 환기시키고 강화시켜주게 된다."[5] 예술적 형식은 단순한 "복제" 역할을 할 뿐이며, 또한 이러한 "복제"는 "창백하고" "성공하지 못하는", "저급한" 것으로, 미학적 의미를 가지고 있지 못하기 때문에 미감(美感)의 근원이 될 수 없다는 것이다. 그의 말을 빌리면 "만약 작품이 그 사상적 중요성으로 '이처럼 사소한 일에 고심하게 할 가치가 있는가?'라는 문제에 대한 해답을 제시해 줄 수 없다면 예술 형식은 하나의 작품이 경멸과 냉소에 대한 면죄부를 제공해 줄 수 없다."[6] 는 것이다.

내용을 중시하고 형식을 중요시 하지 않는 체르니셰프스키의 주장은 예술의 실제에 부합하지는 않는다. 예술 작품의 내용은 당연히 중요하다. 그러나 형식이 소극적인 "복제" 역할만을 하는 요소는 결코 아니며, 무슨 생활미를 파괴하는 힘이라는 말은 더더욱 아니다. 예술 형식은 작품에서 매우 적극적이고 특수한 역할을 하며, 각별한 미학적 의미를 가지고 있다. 형식은 미감이 중요한 근원이다. 이것은 예술 작품에서 내용이 형식 밖에 독립적으로 존재할 수 없기 때문이다. 어쩌면 예술 작품은 기존의 형식 속에서만 존재할 수 있고 심리적 영향력을 발휘할 수 있다고 말할 수 있을 것이다.

예술과 생활의 관계에서 보면, 예술미는 생활미보다 높다. 예술은 생활을 재현하지만 생활을 초월한다. 예술과 생활은 비록 둘 다 미(美)이지만 예술 작품에서 반영되어진 생활은 보통의 현실 생활보다 더 아름답다.(넓은 의미에서) 예술과 생활의 관계가 이렇다고 한다면, 엄격하게 말해서 예술의 출발점은 바로 생활의 종착점이라고 할 수 있을 것이다.

어쩌면 예술은 생활이 "멈추는 곳"에서, 형식이 시작되는 곳에서 출발한다고 할 수 있을 것이다. 모종의 생활 소재가 예술적 형식의 표현이 없이는 여전히 생활

---

5) 위의 책 91 페이지.
6) 위의 책 94 페이지.

속 소재에 불과할 뿐이며, 당연히 이것은 예술이 아니다. 만약 생활 속 소재가 단순한 예술적 형식의 소극적인 "복제"에 그친다면, 그것은 그저 평범한 예술에 불과할 뿐이다. 예술적 형식의 적극적인 개조와 독특한 해석, 그리고 예술적 안배를 통해서만 진정한 예술이 될 수 있는 것이다. 예술 형식은 결코 있어도 되고 없어도 되는 그런 사소한 것이 아니다.

　내용을 매우 중시했던 당대 문학가 한유는 〈답위지생서答尉遲生書〉라는 글에서 "몸이 갖추어지지 않으면 완전한 사람이 될 수 없고, 말이 부족하면 완전한 문장이 될 수 없다.[体不備, 不可以爲成人. 辭不足, 不可以爲成文.]"[7]고 하였다. 청대의 유명한 문론가인 요내姚鼐의 〈여석보질손与石甫侄孫〉이란 글에서도 "문장의 정묘함은 자구와 소리와 얼굴빛을 벗어날 수 없으며, 이를 버리게 되면 보고서 가르침을 얻을 수 없다.[文章之精妙不出字句聲色之間, 舍此便無可窺導矣.]"라고 했다. 역대의 많은 "일자사一字師"의 이야기들은 한 글자를 고쳐 시 전체에서 묘사하고 있는 정情ㆍ경境ㆍ형形ㆍ신神이 모두 드러나게 되어 무한한 매력을 발산하게 한다.

　그 기본 정신 역시도 형식의 최소 단위 요소까지도 작품 전체의 예술적 생명력과 관계되어짐을 설명해 주는 것이다. 러시아 문학의 거장인 톨스토이는 예술 형식의 역할을 매우 중시하였다.

　　　　러시아 화가 브륄로프(Karl Bryullov)는 예술에 관한 의미심장한 잠언을 말했었다. 브륄로프가 한 학생의 습작을 수정해 주면서 단지 몇 군데만 조금 손질을 해 주었는데, 졸렬하고 죽어있던 습작이 곧 생기발랄한 작품으로 변했다. 학생이 "보세요! 단지 몇 군데만 조금 손 봤는데, 모든 것이 바뀌어 버렸어요."라고 말했다. 브륄로프는 "예술은 '조금'이라는 두 글자가 시작되는 곳에서

---

7) (당) 한유 저, 마치창馬其昶 교감 및 주석, 《한창려문집교주韓昌黎文集校注》, 145 페이지.

시작된다."고 말했다. 그의 이 말은 바로 예술의 특징을 정확하게 지적한 것이다.[8]

톨스토이는 예술 형식 속의 "필수적이고 무한히 작은 요소"가 바로 "예술이 시작되는 곳"이라고 했다. "모든 일체의 예술이 그렇다. 조금만 밝게 해주거나 조금만 어둡게 해 주거나 조금만 높게 또는 낮게 해주거나 (화면에서) 조금만 오른쪽 또는 왼쪽으로 치우치게 해주면, 단지 소리를 조금만 약하게 또는 강하게 하거나 (희극 예술에서) 조금만 빨리, 또는 늦게 한다든지, 또 조금만 부족하게 또는 지나치게 말하거나 (시에서) 조금만 과장되게 표현하게 되면 감동이 없어지게 되는 것이다.

예술가가 예술 작품을 구성하는 무한히 작은 요소를 발견했을 때 비로소 다른 사람을 감동시킬 수 있게 되고 그 감동의 정도 역시도 어느 정도는 이 요소에 의해 결정이 된다."[9]는 것이다. 톨스토이가 여기서 말하고 있는 "무한히 작은 요소"란 사실상 예술 작품 속의 여러 구성 부분들 의 대비와 그 구성 관계, 즉 형식적 요소를 말한다. 그가 예술이 "조금"이라는 두 글자에서 시작된다고 말한 것은 바로 형식이 작용을 하기 시작하는 바로 그곳에서 예술이 시작되어진다는 말이다.

예술 형식의 거대한 미학적 심리학적 의미는 검증할 수 있는 것이다. 예를 들어, 우리가 일반적인 언어 형식으로 두보의 〈문관군수하남하북聞官軍收河南河北〉이란 시를 고치면 비록 이 시의 전체적인 생활 내용과 장점은 유지할 수 있을지 몰라도 그 결과 우리는 다음과 같이 시를 구성할 수밖에 없다. '반란이 이미 평정되어, 승전보 전해오니, 놀랍고도 기뻐, 술 마시고 노래 부른다. 집으로 돌아가는 길 이미 걸릴 것 없으니, 타향살이 나그네 집으로 돌아가고픈 바램 이루기 어렵지 않게 되었네.' 이처럼 무미건조한 "구성"은 원시와는 비교할 수 없다.

원시에서 "구절마다 뛸 듯이 기뻐하는 뜻이 깃들어 있고, 단숨에 물 흐르듯 쏟아

8) (러시아) 레프 톨스토이, 《예술론》 (베이징, 인민문학출판사, 1958) 123 페이지.
9) 앞의 책 123~124 페이지.

내면서 곡절이 정을 다하였으면서도 억지로 치장함이 전혀 없다. 소박할수록 더욱 진실되니, 다른 사람은 결코 이렇게 쓸 수가 없다.[句句有喜躍意, 一氣流注, 而曲折盡情, 絶無妝点, 愈樸愈眞, 他人決不能道.]"[10]라고 했다. 보통의 언어로 시를 고친 후에는 시의 의미와 정취, 생기, 신운(神韻)이 모두 사라져 버렸다. 물론 시의 정수와 예술적 감화력(感化力) 역시 사라져버리고 말았다. 문학 작품을 고쳐 쓸 수 없는 이유는 바로 작품의 내용이 형식에 독립하여 존재하는 것이 아니라 특정한 형식 속에 녹아 있는 것이기 때문이다. 내용은 표현 형식 속의 내용이며, 형식은 내용을 표현하는 형식이기 때문에 이 둘은 떨어질 수 없는 것이다.

어떤 내용이 바뀌거나 혹은 특정 형식에서 벗어나게 되면 작품의 미감과 예술적 감화력 역시도 곧 바로 사라져 버리고 만다. 심리학적 시각에서 보면 그 어떤 예술 작품이든 모두 두 가지 측면에서 독자의 정서를 이끌어 내게 되는데, 첫째는 내용에 의해 야기되는 정서이고 다른 하나는 형식으로 야기되는 정서이다. 형식이 바뀐 "작품"은 이미 예술 작품이 아니다. 기껏해야 생활적 내용에 대한 간단한 재현에 불과할 뿐, 형식에 의해 야기되는 정서는 이미 완전히 사라져 버린다. 그것이 불러일으키는 것은 단지 일종의 보편적이고 비예술적 정감일 뿐이다. 이러한 정감 또한 영혼의 어느 구석진 곳의 흥분을 불러일으키기도 하며, 그리하여 어떤 인상을 남기기도 한다. 생활 속에서 다른 사람과 다툼을 벌였을 때와 같은 심리적 잔상을 남기기도 한다. 그러나 사람의 심령 전체를 뒤흔드는, 정신적 자유로움으로 나아가게 하는 경지는 불가능하다. 왜냐하면 사람의 정신을 이러한 경지로 이끄는, 내용 정감과 형식 정감이 어우러져 완성되는 예술적 정감이 더 이상 존재하지 않기 때문이다.

이로써 예술 작품에 있어서 예술적 형식이 결코 단순히 내용을 보여주는 요소가 아니라 일종의 내용에 미학적 해석들 부여해주는, 내용으로 하여금 예술적 질서를 갖추게 해주는 힘이며, 그 미학적 의미는 결코 무시되어서는 안 되는 것임을 알 수

---

10) (명) 왕사석王嗣奭 평어, (청) 구조별仇兆鰲 주, 《두시상주杜詩詳註》 (베이징, 중화서국, 1979) 제 2권, 968 페이지.

있다. 원이뚸어聞一多는 심지어 "시가 정감을 불러일으킬 수 있는 것은 완전히 그 리듬 때문이다. 리듬은 바로 격률이다. 셰익스피어의 시극(詩劇)에서 정서적 긴장이 고조될 때면 압운을 사용하는 언어로 묘사되곤 한다. 괴테의 《파우스트》 역시도 같은 방법을 사용하고 있다."[11]라고 하였다. 그러므로 예술미가 작품의 내용에만 존재하는, 형식과는 무관한 것이라고 말할 수는 없는 것이다.

2) 미는 형식에 있다.

이러한 주장을 하는 사람도 상당히 많다. 그들은 문학 작품 속의 일상생활이나 역사, 사회, 심리적 내용들이 모두 문학의 "외적 세계'이며, 오로지 예술 형식만이 예술 작품의 본체에 속하는 것이며, 그렇기 때문에 자연히 예술미는 형식에 존재하게 된다고 여긴다. 러시아의 형식주의나 영미의 신비평, 프랑스의 구조주의 등이 모두 이러한 관점을 주장하는 대표적인 사조들이다.

러시아 형식주의자들은 "예술은 곧 기교이다."(시클롭스키Shklovsky, Viktor Borisovich의 말)라고 생각했다. 문학 작품은 일종의 언어적 구조물에 불과하다는 것이다. 물론, 그들이 문학과 생활의 관계를 완전히 부정하거나 문학 작품의 생활에 대한 재현과 정감에 대한 표현을 부정한 것은 아니지만, 그들은 생활이나 정감은 종교학, 사회학, 정치학, 윤리학, 심리학 등의 범주에 속하는 것이며, 이것들은 문학의 외부에 존재하기 때문에 문학 작품의 구성 요소가 아니라고 보았다.

그렇기 때문에 그들은 하나의 미로써의 문학은 순수미, 즉 내용에 의존하지 않는 순수한 형식의 미라고 보았다. 야콥슨(Roman Jakobson)은 "문학성"이라는 개념을 제기하였다. 그는 "문학 과학의 대상은 문학이 아니라 '문학성', 즉 하나의

---

11) 원이뚸어, 〈시의 격률詩的格律〉, 《원이뚸어 전집聞一多全集》 (베이징, 삼련서점, 1982) 3권, 413 페이지

작품으로 하여금 문학작품이 되게 하는 것이다."[12]라고 했다. 그렇다면 "문학성"이란 무엇인가? 그는 "문학성"은 제재에서는 나타지 않는다고 했다. 왜냐하면 어떤 제재든 모두 문학 작품에 들어갈 수 있기 때문이라는 것이다.

그들이 보기에 "문학성"은 문학 작품의 형식, 특히 언어 형식일 뿐이다. 문학 속의 사회나 역사, 심리 등의 내용은 사회학자나 역사학자, 심리학자의 일이며, 문학과는 무관한 것이다. 왜냐하면 그것들은 "문학성"을 드러내 보여지 못하기 때문이다. 문학은 생활이나 정감이 아니라 언어에 의해 만들어진 것에 불과하다고 본다. 시클롭스키는 "만약 우리가 시적 감각, 심지어는 예술적 감각을 정의한다면 그것은 틀림없이 '예술적 감각은 우리가 그 속에서 형식(아마도 형식뿐만이 아니겠지만, 적어도 형식)을 느끼는 일종의 감각'일 것이다."[13]라고 했다. 물론 문학의 미 또한 형식에만 존재하며 내용과는 무관하다는 것이다. 러시아 형식주의의 이러한 논점들은 영미의 신비평과 프랑스 구조주의에 큰 영향을 주었다.

"신비평"파 내부에서는 작품의 내용과 형식의 관계에 대해 서로 다른 이견들이 존재하긴 했지만, 기본적으로는 일치하고 있었다. 곧 형식이 문학의 자체적인 본체이고 예술미는 형식에서만 찾을 수 있다는 것이다.

"신비평"파의 대표적 인물인 미국의 유명한 문학이론가이자 시인이었던 존 크로우 랜섬(John Crowe Ranson)은 작품의 내용과 형식의 관계에 대해 "구조(structure)—조직(texture)"론을 제기하였다. 그는 시 한수를 구조와 조직의 두 부분으로 나눌 수 있다고 했다. 구조는 "시가 의역되어 다른 설명으로 바뀔 수 있는" 성분을 말하며, 그것은 산문으로 바꾸어 서술할 수도 있으며, 작품의 의미를 꿰뚫는 논리적 단서(이는 통상적 의미에서의 내용에 해당한다.)이다.

조직은 작품 속의 산문으로 바꾸어 번역할 수 없는 부분으로, 그것은 "내용이 아니라 일종의 내용의 질서"(이는 통상적 의미의 형식에 해당한다.)를 말한다.

---

12) (러시아) 로만 야콥슨(Roman Jakobson), 〈현대 러시아 시가〉, 《러시아 형식주의 문학이론 선집俄蘇形式主義文論選》(중국어판)(베이징, 중국사회과학출판사, 1989) 24 페이지
13) 위의 책 29 페이지

랜섬은 시의 본질, 정화, 미와 매력은 모두 구조가 아니라 이 조직에 있다고 보았다. "신비평"의 또 다른 대표적 인물이자 체코 태생의 미국 현대 문학 이론가인 르네 웰렉(Ren Wellek)은 "재료(material)―구조(structure)"설을 제기하였다. 그는 "일체의 모든 것이 미학과 아무런 상관이 없는 요소를 '재료'라고 하고 일체의 미학적 효과를 필요로 하는 요소를 '구조'라고 하는 것이 아마도 더 좋을 것이다. 이것은 결코 낡은 한 쌍의 관념, 즉 내용과 형식의 새 이름 붙이기가 아니다.

오히려 그것들 사이의 경계선을 적절히 소통시키는 것이다. '재료'는 원래 내용이라고 여기던 부분뿐만 아니라 원래 형식이라고 여기던 일부분도 포함된다. '구조'라는 이 개념 역시도 원래의 냉용과 형식 중의 심미적 목적에 의해 조직되어진 부분들이 포함된다."[14]라고 했다. 사실상 웰렉이 말한 "재료―구조"는 "내용―형식"에 상당하는 것이다. 그는 재료의 의미는 너무나도 미미해서 "우스꽝스럽거나 또는 아무런 의미가 없는 예술품의 줄거리는 없다." 그렇기 때문에 "하나의 예술품의 미학적 효과는 그것의 내용 속에 존재하는 것이 아니며", 구조야말로 바로 "적극적인 미학 요소"이며, 그래야 비로소 "미학적 효과"를 만들어 낼 수 있다는 것이다.

"신비평"파는 문학의 미가 형식에 있다고 여기기 때문에 그들은 형식을 문학의 본체라고 보았고, 작품에 대한 형식의 고찰을 "내재적 연구"라고 불렀으며, 작품에 반영된 생활에 대한 고찰을 "외재적 연구"라고 폄하했다.

롤랑 바르트(Roland Barthes)를 대표로 하는 프랑스 구조주의는 작품의 내용과 형식의 관계 문제에 있어서 러시아의 형식주의, 영미의 신비평과 맥을 같이 하고 있다. 다만 차이점은 그들은 형식의 더욱 절대적인 지위를 강조하고 있다는 점이다. 롤랑 바르트는 "서사 작품은 대 문장이다." "작품의 서술은 성질을 가지고 있다."고 하였다. 그는 마찬가지로 오직 구조적 기능을 가진 언어 단위만이 작품의 구성 요소이며, 사회생활이나 주관적 정감은 모두 작품의 구성 안에 있지 않다고 여겼다.

---

14) (미국) 르네 웰렉, 오스틴 웨렌, 《문학의 이론》 (중국어판)(베이징, 삼련서점, 1984) 142 페이지.

그는 "서사 작품 속의 '발생한 사건'은 (진정으로) 가리키는 사물의 시각에서 보면 진짜 허구이며, '발생한' 이란 언어일 뿐이며, 언어의 경험이다."[15] "서술된 기호는 우리의 분석이 도달할 수 있는 마지막 층차이다." "서술은 그것을 사용하는 외부 세계에서 의미를 취득할 수 없으며, 서술층을 뛰어넘는 것이 바로 외부 세계, 즉 다른 체계(사회경제나 사상 의식의 체계)이다. 이러한 체계의 항목들은 더 이상 서사 작품이 될 수 없고 다른 성질의 성분(역사적 사실이나 결심, 행위 등)"일 뿐이다."[16]라고 했다. 작품의 미와 매력은 단지 그가 서술층으로서의 형식이라는 것에 의존할 수밖에 없고, 그래야만 롤랑 바르트의 논리에 부합하게 되는 것이다.

위에서 언급한 이러한 논점들을 통칭하여 형식주의론이라고 할 수 있다. 형식주의론의 치명적 약점은 서로 떼어낼 수 없는 것들을 떼어내고 또한 본말을 전도하였다는 점이다. 이 말은 그들이 작품의 내용과 형식을 인위적으로 분리하여 형식을 독립적이고 자주적인, 특정 내용과 무관한 것으로 보고 있으며, 그리하여 자연스럽게 예술의 미와 매력을 모두 형식에 귀결시켜버리고 있다는 것이다. 이에 대해 그들은 "거리낌 없이 말한다." 예를 들어 시클롭스키는 "문학 작품은 순형식이며 그것은 사물이나 재료가 아니라 바로 재료의 비율이다.

모든 비율과 마찬가지로 그것 역시도 영차원의 비율이다. 그렇기 때문에 작품의 규모나 작품의 분자와 분모의 산술적 의미는 아무 상관이 없다. 중요한 것은 그것들의 비율이다. 해학적, 비극적, 세계적, 실내적 작품, 세계와 세계 또는 고양이와 돌맹이의 대비─피차 모두가 동등한 것이다."[17]라고 했다. 여기서 말하고 있는 "작품의 규모"나 "작품의 분자와 분모의 산술적 의미"는 사실상 작품의 내용을 가리키는 것이고, 여기서의 "비율"은 실제로는 형식을 말하는 것이다.

시클롭스키는 내용은 "아무 상관이 없고", 중요한 것은 "재료의 비율"로서의

---

15) (프랑스) 롤랑 바르트, 〈서사작품 구조분석 입문〉, 《미학문예학 방법론》(하권)(베이징, 문화예술출판사, 1985) 561 페이지.
16) 위의 책 555 페이지.
17) (러시아) 시클롭스키, 〈로자노프〉. 비고츠키(Vygotsky)의 《예술심리학》(중국어판)(상하이, 상하이문예출판사, 1985) 63 페이지 참고.

형식이며, 이러한 형식이 재료와 독립적인 자주적 존재라고 보았다. 이말은 예술적 시각에서 볼 때 위대한 혁명 투쟁의 장면을 묘사하는 것이나 개싸움을 묘사하는 것이 완전히 다를 것이 없는, 아무런 상관이 없는 것이고, 단지 중요한 것은 그 속의 "재료의 비율"이라는 말과 같다. 이처럼 "재료의 비율"이 모든 재료들을 압도함으로써 독립적으로 미학적 작용을 발생시킨다는 것이다. 형식주의론의 관점은 예술적 사실과 부합하지 않는다. 실제 문학 작품에서 내용과 형식은 떼어낼 수 없는 것이고, 이 둘은 햇빛이 수정을 통과하는 것처럼, 물에 녹아 있는 소금처럼 서로 떼어 낼 수 없는 것이다.

　사실 문학 작품의 내용과 형식의 관계에 있어서 형식은 내용을 대상으로 하고 있기 때문에 어떠한 상황에서도 형식은 절대적으로 자유로울 수 없다. 자신이 새로운 문학 형식을 탐색하는 것이 단지 새로운 예술 형식을 찾고자 하는 본능을 보여주기 위해서가 아니라 어떤 내용을 더욱 두드러지게 함으로써 독자들로 하여금 더욱 강렬하고 심후한 심미적 반응을 얻게 하기 위한 것임을 어떤 작가든 모두 잘 알고 있다. 이러한 의미에서 우리는 형식에 관한 작업이 형식을 위한 형식이 아니라 형식에 내용을 부여해주는 것이라고 할 수 있다. 형식은 항상 목적이 있고, 내용이 있으며, 항상 목적과 내용의 제약을 받는다.

　유협은 "무릇 물의 성질은 텅 비어 잔물결이 일게 되고, 나무는 그 체질이 가득 차 꽃이 피게 되니, 문채가 바탕에 의지하는 것이다.[夫水性虛而淪漪結, 木体實而花萼振, 文附質也.]"[18]라고 했다. 이것은 바로 내용이 근본이고 형식은 그 근본 위에 자라난 가지와 꽃 봉우리라는 말이다.

　유협은 또한 "글을 위해 감정을 만들어서는[爲文而造情] 안되며, "정감을 위해 글을 만들어야 한다[爲情而造文]"고 강조하였다.[19] 이는 내용과 형식, 이 둘의 관계에 대한 정확한 결론이라 할 수 있다. 두목杜牧은 "무릇 문장은 뜻을 위주로 하고 기로써 보완하며, 문채와 장구로 위병을 삼으니, 뜻이 강성한데 기가 표일하지 않은

18) (남조) 유협 저, 판원란 주, 《문심조룡주》 537 페이지.
19) 위의 책 538 페이지.

것이 없으며, 위병이 빛나고 왕성하지 않은데 전체가 웅장한 경우는 없다. 이 네 가지의 높고 낮음, 둥글고 꺾임, 걷고 내달림은 모두 주인의 지시를 따르니, 새들이 봉황을 따르고 물고기가 용을 따르고, 뭇 스승들이 탕왕 무왕을 따르는 것과 같다. 하늘로 솟아 오르고 물속으로 가라앉고, 천하를 횡으로 찢으니, 뜻대로 되지 않음이 없다.[凡爲文以意爲主, 氣爲輔, 以辭采章句爲之兵衛, 未有主强盛而輔不飄逸者, 兵衛不華赫而莊整者. 四者高下圓折步驟隨主所指, 如鳥隨鳳, 魚隨龍, 師衆隨湯武, 騰天潛川, 橫裂天下, 無不如意.][20]라고 했으며, 왕부지는 "시가든 장행의 문자든 모두 뜻을 위주로 한다. 뜻은 장수와 같으니, 장수가 없는 병사들은 오합지졸이라고 부른다.[無論詩歌与長行文字, 俱以意爲主. 意猶帥也, 無帥之兵, 謂之烏合.][21]라고 했다. 이러한 논술들은 형식이 내용적 사상의 제약을 받음을 분명하게 말해주고 있다. 이것이 예술의 정률(定律)이다 당신이 동의하든 동의하지 않든, 당신이 진정한 예술가나 이론가라면 항상 자각적이든 비자각적이든 그것을 인정해야 한다.

3)미는 내용과 형식의 유기적인 통일에 있다.

이러한 관점을 주장하는 사람들은 매우 많다. 아리스토텔레스에서부터 헤겔에 이르기까지, 그리고 다시 벨린스키, 톨스토이 등에 이르기까지 모두 "유기적 통일"론을 주장하면서, 예술의 미는 작품 전체의 유기적 통일에 존재한다고 여겼다. 그러나 아리스토텔레스나 톨스토이 등의 "유기적 통일"론은 작품 구조의 입장에서 작품의 형식 방면의 완전성과 유기성을 더욱 강조하고 있다. 헤겔의 주장이 진정한 의미의 형식과 내용의 유기적 통일론이라고 할 수 있기 때문에 우리는 여기서 헤겔의 관점에 대해 살펴보고자 한다.

변증법을 사용하는 이론가로서 헤겔은 내용과 형식의 불가분성(不可分性)을

---

20) (당) 두목, 《번천문집樊川文集》 194~195 페이지.
21) (청) 왕부지, 이쯔 교점, 《강재시화》 146 페이지.

강조한다. 그는 "형식이 없는 내용이 없으며, 마찬가지로 형식이 없는 재료도 없다. 내용이 형식이 되는 까닭은 바로 그것이 성숙된 형식을 포함하기 때문이다."[22]라고 했다. 여기서 헤겔은 사물의 내용과 형식을 하나의 사물의 두 개의 상호 의존적 측면이라고 보았으며, 내용이 없이는 형식이 있을 수 없고, 형식이 없이는 내용도 있을 수 없기 때문에 내용과 형식은 영원히 하나이며 서로 떼어낼 수 없는 것이라고 보았다. 이에 대해 레닌은 "헤겔은 이러한 논리를 요구했는데, 그 속의 형식은 내용을 가지고 있는 형식이며 살아 숨쉬는, 실재하는 내용의 형식을 말하며, 내용과 떼어낼 수 없이 연계되어 있는 형식이다."[23]라고 긍정적으로 평가하였다. 헤겔이 자신의 변증법을 작품의 내용과 형식의 관계에 대한 논술에도 적용하였다. 그는 "문예에는 고전적인 형식이 있는가 하면 고전적인 내용도 있다. 하나의 예술 작품 속에 형식과 내용의 결합은 이처럼 밀접하며, 형식은 내용이 고전적이라는 제한적 범위 내에서만 고전적일 수 있다. 예를 들어 황당하고 부정(不定)적인 재료를 내용을 삼는다면 형식 역시도 척도도 없고 형식도 없거나 또는 비열하고 보잘 것 없는 것이 되고 말 것이다."[24]라고 했다. 그는 또 "내용과 형식이 모두 철저하게 통일되어질 때에 비롯 진정한 예술품이 된다.

우리는 호메로스의 서사시 《일리아스》의 내용이 바로 트로이 전쟁 혹은 더 정확하게 아킬레스의 진노라고 말 할 수 있다. 우리는 어쩌면 이것으로 충분하다고 여기겠지만, 사실은 너무나도 허술하다. 왜냐하면 《일리아스》가 유명한 역사시가 될 수 있었던 이유가 바로 그 시적 형식 때문이며 그 내용은 이 형식에 근거하여 주조되어진 것이기 때문이다. 마찬가지로 또 셰익스피어의 《로미오와 줄리엣》의 비극적 내용이 두 가문의 증오 때문에 야기된 연인들의 파멸이다. 그러나 단지 한 이야기의 내용만으로는 셰익스피어 불후의 비극을 만들어내기에는

22) (독일) 헤겔, 《작은 논리》(베이징, 상무인서관, 1986) 22 페이지.
23) (러시아) 레닌, 《철학 필기》(베이징, 인민출판사, 1956) 89 페이지.
24) (독일) 헤겔, 《역사철학》(베이징, 삼련서점, 1956) 111 페이지.

역부족이다."[25)라고 지적하기도 했다.

　헤겔의 의미는 일정한 내용 자체에는 이미 외재적이고 감성적인 어떤 형식이 포함되어 있으며, 일정한 내용과 일정한 형식은 서로 어우러지게 된다는 것이다. 일정한 내용에는 필연적으로 일정한 형식이 부여된다.

　반대로 일정한 형식에도 마찬가지로 일정한 내용이 부여되며, 내용과 형식은 하나로 융합되어 불가분의 관계를 가지게 된다. 예술과 미 역시도 이러한 내용과 형식의 유기적인 통일 속에 존재하는 것이다. 헤겔 사상의 열렬한 신도였던 벨린스키도 "작품 속에서는 사상과 형식의 구체적인 융합을 보여주며, 그 중의 사상은 형식을 통해서만 존재하게 된다. 확고부동의 필연성을 기초로 하는 '창조적 자유'라는 이 규칙이 '구체성'이라는 규칙을 파생시킨다. 모든 예술 작품이 예술인 이유는 그것이 필연성이라는 규칙에 의거하여 만들어진 것이기 때문이며, 그 속에는 그 어떤 임시적이고 터무니없는 것이 하나도 없기 때문이다. 한 글자, 하나의 소리, 하나의 선도 다른 글자나 소리나 필획으로 교체될 수 없다. 그러나 그렇다고 우리가 이 때문에 창조적 자유를 말살한다고 여겨서는 안 된다. 아니다. 우리의 이러한 생각들은 바로 그것을 긍정하는 것이다.

　그 이유는 자유는 지고의 필연성이기 때문이다. 필연성이 보이지 않는 곳에는 자유가 없으며, 단지 임의성만 존재하며, 그 속에는 지혜도 의미도 없으며 또한 생명도 없다. 예술가는 글자나 소리나 선을 고칠 수 있을 뿐만 아니라 그 어떤 형식도 바꿀 수 있다. 심지어는 그의 작품 전체 부분까지도. 그러나 이러한 수정으로 인해 그 사상과 형식도 바뀌게 된다. 그러므로 진정한 예술 작품에서 모든 것이 필연성 규칙에 근거하여 나타나게 되었다면 그 어떤 우연도 군더더기나 부족함도 있을 수 없다. 모든 것이 필연적인 것이다."[26)라고 했다. 벨린스키의 이 말은 헤겔의 내용과 형식에 관한 변증법에 대한 깊이 있는 이해와 투철한 논술이라고 할 수 있을 것이다.

---

25) 위의 책 222 페이지.
26) (러시아) 벨린스키, 《벨린스키 문학론》 (상하이, 신문예출판사, 1958) 3 페이지.

헤겔과 벨린스키의 "유기적 통일"론은 작품의 내용과 형식 문제에 대한 철학적 해결책으로, 이러한 해결책은 올바른 것이라고 할 수 있긴 하지만 충분하지는 않다. 왜냐하면 헤겔과 벨린스키의 논점은 기타 사물에 적용시켜도 마찬가지로 올바른 것이기 때문이다. 이는 그들은 단지 일반 사물의 내용과 형식 관계의 공통적 특징만을 제시하였을 뿐, 예술 작품의 내용과 형식 관계 특유의 심미적 특징은 제시하지 못했음을 설명해 주는 것이다. 다시 말해서, 우리는 예술과 미가 작품의 내용과 형식의 유기적인 통일에 있다고 동의하긴 하지만, 이 "유기적 통일"과 기타 사물의 "유기적 통일"이 어떻게 다른가, 또는 예술 작품의 내용과 형식의 "유기적 통일"은 어떻게 이루어지는가와 같은 몇 가지 문제가 남아 있기 때문이다. 이 문제들에 대한 해답을 제시함에 있어서 단지 철학적 변증법의 범주에서만 해답을 찾는 것은 분명 충분하지 않다는 것이다.

어쨌든 문학 작품론의 여러 관념들에는 결함이 존재한다. 유감스럽게도 그 어떤 이론도 작품의 전체성에는 그다지 주의를 기울이고 있지 않고서 많고 적음의 차이는 있지만 모두 "기계"적 색채를 띠고 있음을 지적하지 않을 수 없다.

그렇다면 우리는 다시 돌아가서 중국 고대 선조들이 문학 작품의 본체와 문학 작품의 구성, 그리고 문학 작품의 미적 본질에 대해 어떻게 사고하고 있는지를 살펴볼 필요가 있다. 어쩌면 그들이 우리에게 "온고지신[溫故而知新]"의 깨우침을 줄 수도 있을 것이다.

2. 언어[言], 의미[意], 형상[象]과 문학 작품의 세 층차

문학은 본질적 측면에서 볼 때 인간의 철학적 활동의 하나이며, 일종의 시의적 철학 활동이다. 문학의 문제를 담론할 때 이와 밀접한 관련이 있는 철학의 개념을 빌려 쓰는 것은 당연하다. 특히 문학이 언어의 예술이라는 점에서 더욱 그러하다.

문학은 바로 언어를 통해 작가나 시인의 체험을 예술적으로 전달하는 것이다. 체험의 정감성, 유동성, 미묘성, 개체성, 그리고 복잡성 등은 모두 작가나 시인으로 하여금 "언어의 고통"을 느끼게 한다. 그래서 "말로 뜻을 다 표현하지 못 한다"는 문제 역시도 두드러지는 것이다. 이처럼 언어와 이미지와 의미의 문제는 필연적으로 문론의 관심 문제 중의 하나였다. 육기나 유협은 철학을 문론으로 전환시킨 선구자들이다.

문학 작품의 내용과 형식의 구분과 연계는 명확하게 설명하기 어렵다. 현대 현상학 문학 이론에서는 작품의 층차에서 작품의 구성을 분석함으로써 전문성을 가진 분석으로 여기진다. 여기에서 우리가 지적하고 싶은 것은 중국 고대 문론 가운데 문학 작품 층차의 논술은 그 역사가 유구하며 그 사상은 지금까지도 우리에게 많은 시사점을 제시해주고 있다는 것이다.

1) 언어, 의미, 형상 : 철학 명제에서 문학 명제로의 전환

최근의 어느 학자가 《주역》 과 《장자》 , 그리고 위진 현학에서 언급한 언어와 형상과 의미의 관계를 직접적으로 문학 작품의 층차에 응용하여 분석함으로써 철학 연구자들의 불만을 산 적이 있다. 그들은 이것들이 철학 명제로써 문학 문제와 무관하다는 것이다. 그들의 불만은 나름대로 일리가 있다고 하겠다. 고전 문론 연구 작업에서는 확실히 하나의 절차가 빠져 있다. 그것은 바로 언어와 이미지와 의미의 문제를 어떻게 철학 명제에서 문학 명제로 전환시킬 것인가 하는 문제이다.

언어와 이미지, 그리고 의미의 관계 문제는 바로 언어와 사유, 그리고 그 대상의 문제로, 전형적인 철학의 문제이다. 유가학자들에게서 성인이 "언어"와

"형상"을 어떻게 운용하여 심도 깊은 문제들을 토론했는지를 찾아 볼 수 있다. 《주역·계사상》 편에서는 "성인이 (괘와 효로써) 하늘 아래의 잡다한 현상을 보이시고 그 모습을 본떠 만물의 이치를 형상화하니 이런 까닭에 일러 상이라고 한다.[聖人有以見天下之蹟, 而擬諸其形容, 象其物宜, 是故謂之象.]"라고 했다. "색蹟"은 '그윽하다' '심오하다'는 뜻이다. 성인이 천지 만물의 심오한 변화의 규칙을 탐색하기 위해 부득불 모양을 본뜨는 방법을 사용하여 만들어지게 된 것이 "상象"이라는 것이다.

이 "상"이 바로 일종의 언어로서, 천지의 심오한 변화 법칙을 설명하는데 사용되었다. "상"이라는 이와 같은 언어는 한편으로는 "미미하게 드러난 것을 살펴 심오함을 밝힐[微顯闡幽]" 수 있으며, 다른 한편으로는 "말로서는 그 뜻을 다 표현해 낼 수가 없다.[言不盡意]"(《주역》) 언어와 상은 모두 그 약점을 극복할 수 없다. 여기서 우리는 유가의 "언어와 의미[言意]"에 대한 관념은 천지만물의 변화를 해석하기 위한 것으로, 문학과는 무관한 것임을 알 수 있다.

도가의 "언의" 관념은 전적으로 "도"에 접근하기 위한 것이다. 이러한 논술들은 《장자》에 집중되어 있다. 장자는 "세상에서 도를 귀히 여기는 것은 책인데, 책은 말에 지나지 않는다. 그러니 말에는 귀한 것이 있다. 말에서 귀하게 여기는 것은 그 뜻이니 뜻에는 따르는 것이 있다. 뜻이 따르는 것은 말로서는 전할 수 없는 것이다. [世之所貴道者書也, 書不過語, 語有貴也. 語之所貴者意也, 意有所隨. 意之所隨者, 不可以言伝也.]"27)라고 했다. 여기서의 "뜻은 따르는 것"이 무엇일까? 바로 "도"이다. "도"는 "만물의 시초"로서, 만물의 근본이며 말로 전할 수 없는 것이다. 장자의 "도" 관념에서 "언어"의 기능은 매우 제한적이다.

그것은 단지 사물의 표피와 닿아 있을 뿐이다. 《장자·추수秋水》 편에서는 "가히 말로써 할 수 있는 것은 만물 가운데 거친 것이고, 뜻으로 이를 수 있는 것은 만물 가운데 정교한 것이다. 말로써 논할 수 없고 뜻으로 살필 수 없는 것은

---

27) (전국) 장주 저, 왕셴첸 주석, 《장자집해》, 《제자집성》 제 3책, 87 페이지.

거칠고 정교함을 논할 수 없다.[可以語言者, 物之粗也. 可以意致者, 物之精也. 言之所不能論, 意之所不能察者, 不期精粗焉.]"라고 했다. 언어는 "만물의 거침"을 설명할 수 있으며, "뜻"을 통해 만물의 정교함을 느낄 수 있으니, 이미 "정교함이나 거□"을 뛰어넘는 "도"는 "언어"와 "의미"가 어떻게 할 수 없는 것인 것이다. 이로써 장자가 반복적으로 설명하고 있는 "말로써는 의미를 다 표현할 수 없다"나 "말로써 전□할 수 없다."는 말의 의미가 바로 "말로써는 도를 다 표현할 수 없다."는 것임을 잘 알 수 있다. 어렴풋하고 가물거리고 텅 비어 있는 이 "도"라는 것은 언어로는 전할 수 없는 것이라는 말이다. 그렇다면 어떻게 해야 "도"를 얻을 수 있는가? 이에 대해 장자는 "통발은 쓰임은 물고기를 잡는 것이니 물고기를 잡고 나면 통발은 잊어버린다. 올무는 토끼를 잡기 위함이니 토끼를 잡고 나면 올무를 잊어버린다. 말은 그 뜻을 전하기 위한 것이니 뜻이 전해지고 나면 말을 잊는다.

나는 (뜻을 얻어) 말을 잊은 사람과 더불어 이야기를 나누고 싶다.[筌者所以在魚, 得魚而忘筌. 蹄者所以在兎, 得兎而忘蹄. 言者所以在意, 得意而忘言. 吾安得夫忘言之人, 而与之言哉.]"[28]고 했다. "전筌"은 물고기를 잡는 도구로, 물고기를 잡고나면 잊어야 하는 것이다. "제蹄"는 토끼를 잡는 도구이니 토끼가 잡히고 나면 잊어야 하는 것이다. 마찬가지의 이치로 "말(언어)"은 "뜻"(여기서는 "도"를 말함)을 얻기 위한 수단이니 만약 뜻을 얻었다면 말을 "잊어야 한다"는 것이다. 여기서는 "잊는다"는 것이 매우 중요한데, "잊는다"는 것은 한편으로는 완전히 지워버린다는 의미로, 단지 잊어버릴 뿐, "통발"이나 "올무", "말"은 여전히 존재하고 있다. 다른 한편으로는 "잊어야"만 그 "물고기"나 "토끼"나 "뜻"이 비로소 순수한 존재가 되고, 그래야 의미가 있다는 것이다. 이 사상은 보기에는 기괴해 보이지만 매우 심후한 것이다. 바로 이사상이 중국 고대 문학 작품 이론에 큰 영향을 주었다. 그러나 결국 장자의 말은 여전히 철학적 범주에 속하는 것이다.

위진 남북조 시대에 이르러 새로운 철학이 탄생했으니 바로 현학(玄學)이다.

---

28) (전국) 장주 저, 왕셴첸 주석, 《장자집해》, 《제자집성》 제3책, 181 페이지.

현학의 탄생은 당시의 사회적 배경과 관련 있다. 당시는 매우 혼란한 시대로, 황권(皇權) 통치의 잔혹함은 당시 사대부들로 하여금 언론의 자유를 잃어버리게 했으며 조금만 조심하지 않으면 재앙을 당하게 되었다. 이러한 환경 속에서 그들은 부득불 청담으로 관심을 돌릴 수밖에 없었으며, "언어와 의미"에 대한 논변이 중요한 화두가 되었다. "언어와 의미의 논변言意之辯"이 중요한 화두로 대두하게 된 것은 당시 유행했던 인물에 대한 품평의 분위기와 매우 밀접한 관계가 있다. "언의지변은 인재에 대한 식견과 변별에서 시작되었다.[言意之辯起於識鑒.]"[29]고 했으니, 인물의 풍모나 표정, 풍격 내면세계 등에 대한 품평과 변별은 느낌으로 알 수는 있지만 말로는 정확하고 상세하게 전달할 수 없는 경우가 많았다. 몇 가지 서로 다른 관점들 중에서 "언불진의言不盡意"는 그 가운데에서도 비교적 중요한 관점이었다. 그 중에서도 당시 젊은 철학자였던 왕필王弼의 "언어"와 "상"과 "의미"의 관계에 대한 이론은 많은 사람들의 이목을 끌었다.

> 무릇 상이란 뜻을 표현한 것이다. 말이란 상을 밝히는 것이다. 뜻을 다함에는 상만한 것이 없으며 상을 다함에는 말만한 것이 없다. 말은 상에서 나오는 까닭에 말을 심구하면 상을 살필 수 있다. 상은 뜻에서 나오는 까닭에 상을 심구하면 뜻을 살필 수 있다. 뜻은 상으로 다하고 상은 말로써 드러나니, 그런 까닭에 말은 상을 밝히는 것이니 상을 얻으면 말을 잊는 것이다. 상이란 뜻을 나타내는 것이니, 뜻을 얻으면 상을 잊는 것이다. 마치 올무가 토끼를 잡는 도구이기 때문에 토끼를 잡고 나면 올무를 잊는 것과 같고, 통발이 물고기를 잡는 도구이니, 물고기를 잡고나면 통발을 잊는 것과 같다. 그런 즉 말이란 상의 통발이고, 상이란 뜻의 올무인 것이다.

---

29) 탕용통湯用彤, 《언의지변言意之辯》, 《위진현학논고魏晉玄學論考》 (베이징, 중화서국, 1962) 27 페이지

夫象者, 出意者也. 言者, 明象者也. 盡意莫若象, 盡象莫若言.
言出於象, 故可尋言以觀象. 象生於意, 故可尋象以觀意, 意以象盡,
象以言著, 故言者所以明象. 得象而忘言, 象者所以存意,
得意而忘象. 猶蹄者所以在兔, 得兔而忘蹄. 筌者所以在魚,
得魚而忘筌也. 然則, 言者, 象之蹄也. 象者, 意之筌也.[30]

왕필의 논술은 장자의 영향을 받은 것이 분명해 보인다. 그러나 그는 장자의 사상을 더욱 발전시켰다. 여기에서는 다음의 두 가지 점을 관심 있게 볼 만하다. 첫째, 여기에서는 말과 상과 뜻이 순차적 세 단계로 나오고 있다는 것이다. "말이 상에서 나오니, 말을 심구하면 상을 살필 수 있다"는 말은 말이 중요하지 않다는 것이 아니라 그와 상반되게 표현의 시작점이라는 말이다. "상은 뜻에서 나오니, 상을 심구하면 뜻을 살필 수 있다."는 말은 "상"이 중요하지 않은 것이 아니라 "상"이 없다면 "뜻을 살필" 방법이 없다는 말이다. 둘째, "뜻"이 근본이고 최후의 목적이며, "뜻"에 집착하기 위해 "뜻"을 얻으면 "말"과 "상"을 "잊어버린다."는 것이다. 여기서 지적하고 넘어가야 할 점은 왕필의 논의가 여전히 "역易"의 문제, 즉 천지만물의 변화의 문제이기 때문에 마찬가지로 철학적 논의라는 점이다.

그렇다면, "언어"과 "형상", "의미"의 이론을 어떻게 문학의 문제로 전환시킬 것인가 하는 것이다. 여기서는 다음의 두 가지 문제를 파악해야 한다. 첫째는 앞에서도 언급했듯이, "언의의 논변"과 위진 육조 시기의 인물 품평이 밀접한 관계를 가지고 있으며, 사람들은 현실 인물을 품평할 때 "말로 다 표현할 수 없음"을 느꼈다는 점이다. 이와 유사하게 당시 일부 시인들이 시를 지을 때에도 자신들의 마음 속에 구상하고 있던 "심상"을 완전히 표현할 수 없음을 느꼈다.

그래서 육기는 작가의 "글이 뜻을 다 전달하지 못한다."라고 했고, 유협은 "붓을 잡는 순간 기는 언어를 구사할 때보다 두 배가 된다. 그러나 문장이 완성이 되고나면

---

30) (위진) 왕필 저, 러우위리에樓宇烈 교감 및 주석, 《주역약례周易略例》,
   《왕필집교석王弼集校釋》 (베이징, 중화서국, 1980) 하권 609 페이지.

처음 생각했던 마음의 절반 밖에 되지 않는다."라고 했던 것이다. 이 점은 우리가 앞장에서 이미 토론한 바 있으므로 여기서는 다시 논술하지 않도록 하겠다. 둘째는 철학에서의 부딪히게 되는 언어나 사유와 그 대상의 문제는 마찬가지로 문학 활동 과정에서도 만나게 된다는 것이다. 그렇기 때문에 문학은 본질적으로 인간의 철학 활동의 일종이며, 시의적 철학 활동의 일종인 것이다. 그러므로 문학 문제를 담론할 때 밀접한 상관관계가 있는 철학의 개념을 운용하는 것은 당연한 것이다. 특히 문학은 언어의 예술이라는 점에서 더욱 그러하다.

문학은 바로 작가나 시인의 체험을 예술적 언어로 전달하는 것이다. 체험의 정감성이나 유동성, 미묘성, 개체성, 그리고 복잡성 등은 모두 작가나 시인으로 하여금 "언어의 고통"을 느끼게 하기 때문에 "언불진의"의 문제도 더욱 두드러지는 것이다. 이처럼 언어와 상과 의의 문제는 비단 철학의 관심 문제 일 뿐만 아니라 문론의 관심 문제 중의 하나이기도 하다. 짚고 넘어가야 할 것은 육기나 유협, 종영 등의 당시 문론가들이 이미 철학을 문론으로 전환시켰던 선구자들이었다는 사실이다. 예를 들어, 육기의 "문불체의文不逮意:글은 뜻을 다 전달할 수 없다."설이나 유협의 "문외지종지文外之重旨:글 밖의 숨겨진 뜻"설, 종영의 "언유진의무궁言有盡意無窮:말은 다함이 있으나 뜻은 무궁하다."설 등은 모두 철학가들의 "언의" 이론을 합리적이고 창조적으로 확장시킨 것들이다.

"언의" 이론의 철학 명제에서 문학 명제로의 전환이 위진 시기에 시작되었음을 이로써 알 수 있다. 옛 사람들도 할 수 있었는데, 지금의 후인들이 할 수 없을 것이 뭐가 있겠는가!

2) 언어, 형상, 의미 : 문학 작품의 세 가지 층차

앞에서 인용한 왕필의 관점에서 사람들은 여러 가지 시사점을 찾아 볼 수 있다. 문학 작품의 구성에 있어서 층차적 관점에서 보면 표층과 중간, 심층의 세 층차로 나눌 수 있는데, 표층은 언어이고, 중간층은 형상을, 그리고 심층은 의미를 말한다. 즉 언어는 형상을 묘사하기 때문에 "언어를 탐구하여 형상을 관찰할 수 있으며", 형상은 의미를 표현하기 때문에 "형상을 탐구하여 의미를 관찰할 수 있다"는 것이다. 이러한 층차를 구분하는 작품 개념은 일찍이 유협에게서 이미 기본적으로 성숙되었다. 그러나 유협은 언어와 형상과 의미의 세 층차를 "사辭" — "상象" — "정情"으로 바꾸었다.

> 무릇 백분이나 흑연으로 얼굴을 꾸미지만 아름다움은 타고난
> 맑은 자태에서 생겨나는 것이다. 문채로 언어를 수식하지만 말의
> 변별력과 아름다움은 성정에 바탕을 두고 있는 것이다. 그런
> 까닭에 성정은 문장의 날줄이고 언사는 이치의 씨줄인 것이다.
> 날줄이 바르고 나서야 씨줄이 완성되며, 이치가 정해진 후에야
> 수사가 유창해지는 것이다.
> 夫鉛黛所以飾容, 而盼倩生於淑姿, 文采所以飾言, 而辯麗本於情性.
> 故情者文之経, 辭者理之緯. 経正而後緯成, 理定而後辭暢.[31]

비록 유협의 《문심조룡》 〈정채情采〉 편이 주로 "정"의 중요성과 의미를 강조하면서 문학 작품에서 "문채가 번다하고 성정이 부족하면 그 맛이 반드시 싫증이 나게 된다.[繁采寡情, 味之必厭]"고 하기는 했지만, 여기서 유협 자신의 작품 구성에 대한 기본적인 생각들을 보여주고 있기도 하다. 그는 "수사"로 왕필의 "언어"를 대체하고, "성정"으로 왕필의 "의미"를 대체하였다. 다만 수사와 성정 사이의 "형상"에 대해서는 본 편에서 그다지 언급하고 있지 않다. 그러나 〈신사〉 편의 "의상을 살펴 도끼를 휘두르듯 문장을 운용한다.[窺意象而運斤]"나 "만상의 사이를 떠돈다.[流連万象之際]", " 정신이 사물의 형상을 관통함에 정감의 변화가

---

31) (남조) 유협 저, 판원란 주, 《문심조룡주》 538 페이지.

잉태된다.[神用象通, 情変所孕]" 등의 논조는 모두 문학작품이 겉에서 속으로 "사辭" — "상象" — "정情"의 세 층차로 나누어짐을 암시해 주고 있으며, 이는 왕필의 "언어"— "형상" — "의미"의 층차에 대응하는 것이다. 당대 이후 문학 작품에 대한 "형상", "상 밖의 상", "정경", "의경" 등의 형상 문제가 중시되었던 점을 고려해 본다면, "언어" — "형상" — "의미"는 작품의 층차 구조론이라고 보는 것도 성립이 가능한 것이다.

현대 서구의 문학 작품 층차론은 폴란드 현상학파의 문학 이론가인 잉가르덴(Roman Ingarden)에 의해 제기되었다. 그는 《문학의 예술 작품》이란 책에서 문학 작품을 4개의 층차로 구분하였다. 첫째는 어음(語音:말소리)의 층차이다. 이것은 문학 작품의 기본 영역이다.

어떤 작품이든지 모두 읽을 수 있는 단어들로 구성된다. 단어는 의미가 부여되고 구체화된 말소리이다. 문장과 문장 그룹에도 말소리가 있다. 이것은 한 차원 더 높은 말소리로, 빠르고 느린 리듬과 음률의 특징을 보여준다. 어음 영역의 기능은 한편으로는 의미 영역을 위해 물질적 기초를 제공해 준다. 어음 및 그와 관련된 단어나 문장이 없으면 의미는 드러날 수가 없다. 다른 한편으로 어음 영역은 독자들이 작품을 느끼고 의미를 이해하는데 없어서는 안 되는 것이다. 둘째는 의미 단위 영역이다. 단어와 문장이 보여주는 의미는 과학과 같은 올바른 판단이 아니라 진실이라고 느끼기도 하면서 또한 허구인 준판단(准判斷)이다. 그것은 세 번째, 네 번째 영역이가 존재할 수 있는 바탕이기도 하다. 셋째는 재현의 객관 영역이다.

단어가 보여주는 사물을 통해 묘사된 인물이나 줄거리, 환경, 정경(情景) 등은 공간적 연속성이라는 특징을 가지고 있다. 그 중에는 "일정하지 않은 곳", "공백"도 있어서 독자들의 의도로 메꿔 나가야 한다. 넷째는 도식화된 관상(觀相) 영역이다. 작품의 글귀는 단지 제한적이고 도식화된 관상을 제공할 뿐으로 골격화에 불과하다. 그 속에는 불확정적인 것들이 가득하기 때문에 독자들은 상상과

연상으로 채워나감으로써 작품의 객체를 구체화시켜야 한다.[32]

우리는 천 오백여 년 이전 중국의 위진 시기에 출현한 "언어" — "의미" — "형상"이라는 작품 층차론이 잉가르덴의 작품 층차론과 많은 유사점을 가지고 있다고 생각한다. 첫째, 양자는 모두 언어 영역을 외부층으로 보고 있으며, 다른 영역들의 기초가 된다고 보고 있다는 점이다. 중국 고전 문론의 "언어"는 말소리와 단어가 보여주는 의미를 포함하는 것이다. 그것이 보여주고자 하는 것은 모두 기호의 미이다. 둘째, 중국 문론의 "형상" 영역은 잉가르덴의 "재현의 객관 영역"과 유사한데, 모두가 정경, 인물 환경 등으로 형상의 미를 보여주고하 한다는 점이다. 셋째, 중국 문론의 "의미" 영역은 성정(性情)과 의미(意味)와 진의(眞意), 이취(理趣) 등으로 이해될 수 있는데, 이는 잉가르덴의 형이상학적 영역과 부합하는 측면이 있으며, 초경험적 미를 보여주고자 한다는 것이다. 물론 다른 점도 많다. 그렇기 때문에 우리는 양자가 뿌리내리고 있는 문화적 배경의 차이를 이해한다면 대화의 가능성은 여전히 존재하고 있는 것이다.

3. 미는 "언어 밖[言外]", "형상 밖[象外]", "운치의 밖[韻外]"에 존재한다.

높아도 높다고 말하지 않지만 뜻 속에 그 높이가 포함되어 있다. 멀어도 멀다고 말하지 않지만 뜻 속에 그 멈이 포함되어 있다. 한가해도 한가하다고 말하지 않지만 뜻 속에 그 한가로움이 포함되어 있다. 고요해도 고요하다고 말하지 않지만, 뜻 속에 그 고요함이 포함되어 있다. 이처럼 직접적으로 무언가를 말하지 않는 언어적

---

32) 짱귀펑章國鋒, 왕펑전王逢振 주편 《20세기 구미 문학이론 명저박람二十世紀歐美文論名著博覽》 (베이징, 중국사회과학출판사, 1998) 277~281 페이지.

"전략"은 사실 언어 밖의 의미를 추구하는 것이다. 표면적 단어 속에는 없지만, 전체 언어 속에는 모두 그것들이 숨어 있는 것이다. 이러한 전략은 정감을 전달함에 있어서 더 예술적인 인상을 주고 더 미적 본질을 가지게 해 준다.

서구 문학 이론이 이미지(고전적 이미지를 포함하여) 자체에 집착하는 것과 달리 중국의 문론은 문학 작품의 언어와 형상과 의미 이 세 가지 영역을 모두 언급하는 동시에 "언외지의言外之意", "의주문외義主文外" "상외지상象外之象", "경외지경景外之景", "운외지치韻外之致" 등의 명제를 분명하게 제기하고 있다. 과거의 연구에서 사람들은 습관적으로 이러한 개념들을 중국 문학예술 작품이 "함축"미를 중시하는 풍격으로 이해되었으며, 대부분 풍격과 감상 습관의 시각에서 이러한 관념을 이해되었다. 지금의 관점에서 보면 이러한 이해들이 협의의 이해였다고 할 수 있다. 사실 "언외지의", "의주문외" 등의 관념은 함축미의 풍격 문제뿐만 아니라 문학 작품론 중의 총체성의 문제도 포함되어 있는 것이다.

1) "말로 뜻을 다 표현하지 못함[言不盡意]"의 곤혹감

왜 이렇게 말하는가? 이유는 이 문제가 작품 속의 언어와 언어가 표현하고자 하는 심미 체험 사이의 관계와 관련되어 있기 때문이다. 만약 "말로 뜻을 다 표현하지 못함"이 장자에게서 일반적인 언어로는 그가 추구했던 신비롭고 몽롱하고 "그 모습을 볼 수 없고" "그 효과를 볼 수 없는" "도"에 접근할 수 없는 곤혹감이라고 한다면, 그렇다면 시인이나 작가에게 있어서 "말로 뜻을 다 표현하지 못함"의 당혹스러움은 어떻게 일반적인 언어를 사용하여 시인이나 작가의 심미적 체험을 표현할 것인가 하는 문제이다.

상식적으로 언어와 체험 사이에는 "큰 간격"이 존재하고 있음을 인정해야 한다.

언어는 확실히 일반성과 개괄성을 가지고 있다. 헤겔은 《철학사 강연록》에서 다음과 같이 말한다.

> 언어는 본질적으로 일반적인 보편 관념만을 나타낸다. 그러나 사람들이 가리키는 것은 오히려 특수하고 개별적인 것들이다. 그래서 사람들은 자신이 가리키는 것에 대해 언어 속에서 설명할 수가 없는 것이다.[33]

물론 하나의 기호로서의 언어는 사람들에게 많은 도움을 준다. 특히 그것을 운용하여 무언가를 지시하거나 추리 할 때 확실히 힘을 가지고 있다 .그러나 그것의 일반성과 개괄성은 또한 때로는 그것의 무능한 힘을 보여주기도 한다. 예를 들어 "산"이라고 할 때, 그것은 모든 산에 대한 개괄로, 우리가 운무로 뒤덮인 중국 후난湖南성 서부에 위치해 있는 천자산(天子山)의 기봉(奇峰)을 마주 할 때, 이 "산"이라는 단어는 다른 일반적인 단어와 마찬가지로 생생하고 정확하게 묘사할 수 없다는 것이다. 언어를 이용하여 작가나 시인의 심미적 체험을 표현할 때는 더 당혹스럽다. 에른스트 카시러(Ernst Cassirer)는 이러한 점을 충분히 인식하고 있었다. 그는 "우리의 심미적 지각은 우리의 감각 기관의 지각보다 더 다양하며, 게다가 더 높은 차원에 속해 있다. 감각 기관의 지각 속에서 우리는 항상 우리 주위의 사물을 인식하는 공동 불변의 특징에 만족한다.

심미적 경험은 이와 비교할 수 없을 정도로 풍부하다. 그것은 보통의 감각적 경험 속에서는 영원히 실현할 수 없는 무한한 가능성을 품고 있다."고 말했다. 이 말은 보통의 지각은 그 단일성과 유한성(有限性)으로 인해 일반 언어의 단일성과 안정성과 억지로 결합되지만, 그러나 심미적 경험의 풍부성과 무한성은 보통 언어가 어떻게 하던 다 표현할 수 없는 것이라는 말이다. 미국의 휴머니즘

---

33) (독일) 헤겔, 《역사철학 강연록》 (베이징, 상무인서관) 제 2권, 128 페이지.

심리학파들에게 있어서 심미적 체험은 일종의 사람들의 "절정 체험"이었다.

아브라함 매슬로(Abraham Maslow)는 "이러한 체험은 순간적으로 만들어지는 모든 것을 압도하는 경이로운 정서일 것이다. 또한 조금만 늦어도 사라져 버리는 극도로 강렬한 행복감 또는 심지어 미친 듯이 좋아하고 취한 듯이 빠져드는 환락의 극치와 같은 느낌이다"[34]라고 했다. 시인의 체험 역시도 절정 체험이기 때문에 말로는 다 표현할 수 없는 것이다.

그러나 여기서 지적하고 싶은 것은 이러한 사상이 이미 1, 2천 년 전의 고대 중국인들이 깊이 인식하고 있었다는 점이다. 예를 들어, 한대의 사마상여司馬相如는 "부가지심賦家之心"설을 제기하기도 했다. 그는 "부를 짓는 작가의 마음은 우주를 포괄하고 인물들을 총람하는데, 이것은 마음 속에서 얻을 수는 있어도 말로써는 전할 수가 없다.[賦家之心, 苞括宇宙, 總覽人物, 斯乃得之於內, 不可得而伝.]"[35]라고 했다. "부가賦家"란 당시의 부를 짓는 시인을 말하며, 모든 작가의 의미로 볼 수 있다. "부가지심"이란 곧 시인의 심미 체험을 말하는데, 이것은 비록 마음 속에서 존재하기는 하지만 알기는 어렵다는 것이다.

사실상 일반적인 의식으로는 그것을 제대로 파악할 수 없기 때문에 일반적 언어로 전달할 수가 없다는 것이다. 당대 사공도司空図도 "시가지경詩家之景"설을 제기하였다. 사공도는 대용주戴容州의 말을 인용하여 "시인이 그려내는 풍경은 예를 들어 남전의 날씨 따뜻한 날 좋은 옥에서 아지랑이 피어오르니, 바라 볼 수는 있으나 눈 앞에 갖다 놓을 수는 없는 것과 같다.[詩家之景, 如藍田日暖, 良玉生煙, 可望而不可置於眉睫之前也.]"[36]라고 했다. 여기서 말하는 "시가지경"은 당연히 단순한 "경물"이 아니라 시인의 마음 속에 정경융합이 일어날 때의 심미 체험인

---

34) (미국) 아브라함 매슬로, 《절정 체험에 대하여》, 린꽝林方 주편,
　　《인간의 잠재 능력과 가치人的潛能与価値》(베이징, 화하출판사, 1987) 366 페이지.
35) (한) 유흠 찬, (진) 갈홍 집, 샹신양向新陽, 류커런劉克任 교감 및 주석,
　　《서경잡기 교주西京雜記校注》(상하이, 상하이고적출판사, 1981), 권2, 91 페이지
36) (당) 사공도, 〈여극포서与極浦書〉, 귀샤오위 집해,
　　《시품집해 속시품주詩品集解 續詩品注》(베이징, 인민문학출판사, 1981) 52 페이지.

것이다. 사공도는 따사로운 햇살 아래에서 아지랑이를 피워 올리는 좋은 옥과 같은 그런 황홀하고 몽롱한 감각은 보통의 언어로는 포착하기가 쉽지 않다는 말이다. 이 밖에도 엄우는 시의 "오묘함은 맑고 영롱함에 있으니, 억지로 꾸며서 되는 것이 아니다. 공중의 소리나 사물의 색깔, 물 속의 달, 거울 속의 형상과 같이 말은 다함이 있어도 뜻은 다함이 없는 것이다.[妙處透徹玲瓏, 不可湊泊, 如空中之音, 相中之色, 水中之月, 鏡中之象, 言有盡而意無窮.]"[37]라고 하였다. 명대의 희극작가인 탕현조도 작가가 마주하고 있는 "자연의 영험한 기운은 황홀함 속에서 오는 것이지 생각한다고 오는 것이 아니다. 기괴하고 무언가 말로는 형언할 수 없는 것이다.[自然靈氣, 恍惚而來, 不思而至. 怪怪奇奇, 莫可名狀.]"[38]라고 했다.

중국 고대의 시인이나 작가들은 "말로 뜻을 다 표현하지 못함"의 곤혹감을 인식하고 있었다는 이점은 매우 중요하다.

첫째 그들이 심미 체험의 다양성과 몽롱성, 유동성과 복잡성이 쉽게 포착할 수 있는 것이 아니라는 점을 분명하게 인식하고 있었다는 것이다.

둘째, 그들은 일반적 언어의 결함을 분명하게 알고 있었으며, 필연적으로 다른 형태의 것을 채택하고자 하는 언어 전략으로 "언불진의"의 곤혹감을 해소해 나갔다는 것이다.

셋째 그들은 "말로 뜻을 다 표현하지 못함[言不盡意]"의 곤혹감을 해결하기 위해서는 함축적 풍격의 편협한 문제 뿐만 아니라 시가의 미적 자질이라는 총제적 승리를 추구 해 나가야 함을 분명하게 인식하고 있었다는 것이다.

---

37) (송) 엄우 저, 궈샤오위 교석, 《창랑시화교석滄浪詩話校釋》 24 페이지.
38) (명) 탕현조 저, 쉬슈어팡徐朔方 전교, 《탕현조 시문집湯顯祖詩文集》(상하이, 상하이고적출판사, 1982) 하권, 1078 페이지.

2) "언외지의言外之意"의 즐거움

중구 고전 문론가들은 "언불진의言不盡意"라는 난제의 해결이 시인들에게 신통력을 발휘할 기회를 제공해 줄 것임을 분명하게 의식하고 있었다. 그들은 일반 언어의 한계를 뛰어넘을 수 있는 길을 제시함으로써 "언불진의"의 곤혹감을 극복하고 또한 작품으로 하여금 미적 자질을 얻게 하고자 했다. 이러한 생각이 바로 "의주문외義主文外", "언외지의言外之意", "상외지상象外之象", "운외지치韻外之致"였다. 유협은 《문심조룡 · 은수隱秀》편에서 다음과 같이 지적하였다.

> 은이라고 하는 것은 글 밖의 숨겨진 뜻이다. 수라고 하는 것은 작품
> 속의 홀로 빼어난 것이다. 은은 뜻을 숨김을 뛰어남으로 삼고, 수는
> 두드러짐을 기교로 삼는다. 이는 옛 문장들의 빼어난 업적이며,
> 작가의 재능과 감정의 아름다운 만남이다. 무릇 은의 특징은 뜻이
> 글 밖에서 생겨남이니, 비밀스러운 울림이 옆에서 흐르고, 숨겨진
> 문채가 빛을 발하는 것과 같다. 비유하면 호체(호괘) 안에서 효와
> 상이 변화가 일어나고 강물 속에 주옥이 숨겨져 있는 것과 같다.
> 隱也者, 文外之重旨者也. 秀也者, 篇中之獨拔者也. 隱以複意爲工,
> 秀以卓絶爲巧, 斯乃旧章之懿績, 才情之嘉會也. 夫隱之爲体,
> 義主文外, 秘響傍通, 伏釆潛發, 譬爻象之変互体, 川瀆之韞珠玉也.[39]

여기서 말하고 있는 "문외文外"란 바로 "언외言外:말 밖"이며, "중지重旨", "복의複意"는 모두 두 가지 숨겨진 의미를 가리키는 데, 그 하나는 말 안에 숨겨진 의미이고 다른 하나는 말 밖에 숨겨진 의미를 말한다. 뒤의 숨겨진 의미가 "은", 즉

---

39) (남조) 유협 저, 관원란 주, 《문심조룡주》, 632 페이지.

언어 문자에 의해 직접적으로 드러나지 않는 의미이다. 이것은 유협의 독창적인 생각이라고 할 수 있는데, 현대 심리학과 이론적으로 상통하고 있다. 유협은 "말로 뜻을 다 표현하지 못함"을 고뇌하고 "말이 실재로 표현될 때 교묘해지기 어려움[言徵實而難巧]"을 고뇌하였다.

그래서 언어 문자를 다듬는 것을 기초로 하여 비밀스러운 음향이 옆에서 전해져 오고 숨겨진 문채가 암암리에 빛을 발하는 것처럼, 그리고 효와 괘의 변화가 서로 호체 속에 숨겨져 있고, 주옥이 강물 속에 숨겨져 흐르는 것처럼 언어 문자 밖에 의미가 존재하게 살 수 없을까를 생각하게 되었던 것이다. 유협의 이 발견은 옛 사람들의 "상을 세워 뜻을 다한다.[立象以盡意]"는 생각을 더욱 발전시킴과 동시에 《시경》 이후의 창작 실천을 총 정리하는 것이었다. 예를 들어 한대의 고시 〈보출성동문步出城東門〉에서

성 동문을 나서니,
저 멀리 강남의 길 보이네.
몇 일 전날 눈보라 속에,
친구가 이곳으로 떠나갔었지.
步出城東門, 遙望江南路. 前日風雪中, 故人從此去.

이 시는 앞 네 구절이다. 이 네 구절에서 작가는 고향에 대한 그리움을 직접적으로 말하지 않았지만, 묘사된 장면 속에서 짙은 고향에 대한 그리움이 묻어나고 있다. 상상을 해보자. 시인의 친구가 몇 일전 동문을 나서 고향으로 돌아갔고, 시인은 그 친구를 송별했다. 눈보라 속에서 그는 친구의 뒷모습을 바라보고 있고, 아무도 없는 텅 빈 길에 친구의 모습은 점점 작아져 간다.

마침내 친구의 모습이 눈보라 속에서 사라질 때, 시인은 아직도 그곳에서 고향으로 가는 길을 하염없이 바라보고 있다. "언어 안"에서 시인은 고향에 대한 그리움을 전혀 말하지 않고 있지만, 그 언표(言表)에는 짙은 향수가 묻어나고 있다.

다시 말해서 시인의 고향에 대한 그리움은 언어 밖에서 드러나고 있는 것이다. 이러한 언어 밖에서 드러나고 있는 고향에 대한 그리움은 "그리운 고향"과 같은 직접적인 표현보다 더 사람의 마음을 움직이고 더욱 시적이며, 상상력의 공간도 더 넓으며, 더 아름답다. 유협은 이러한 시편들을 총정리하면서 많은 암시를 받았을 것이고, 마침내는 "뜻은 글 밖에서 생겨남[義主文外]", "글 밖의 중요한 의미[文外之重旨]"의 원리를 찾아내게 되었던 것이다.

유협이 또 다른 언어의 한계를 초월하는 길을 개척함으로써 후세의 사람들은 이를 더욱 발전시키고 보완해 나갔다. 당대의 유지기劉知幾는 《사통·서사史通 敍事》편에서 "말은 쉬우면서도 뜻은 심원한[言近而旨遠]"는 "용회用晦"의 주장을 제기하였다.

> 대저 경은 몇 글자로 뜻을 포괄하지만, 《좌전》은 한 구절(문장)로 표현한다. 비록 글자의 많고 적음에 차이가 있으나 분명하게 드러내고 숨김에 있어서는 차이가 없다. 그런 까닭에 그 기율로 한 국가의 풍속을 말할 때는, 사회(士會)로 하여금 정치를 맡게 하니, "진(晉)나라의 도적이 진(秦)나라로 도망가고", "형나라 사람들이 고향으로 돌아가듯 이주해오자, 위나라는 망국의 고통을 잊었다."라고 했다. 세상사의 자세한 내막을 말 할 때는 "(진나라가 남궁만을 돌려 달라고 요청하며 뇌물을 보내오자 진나라 사람들이 여자들로 하여금 술을 먹여 취하게 하고) 남궁만을 무소가죽에 싸서 송나라로 돌려보냈는데, 송나라에 도착했을 때는 이미 손발이 다 드러났다." "(초나라 왕이 삼군을 순시하며 군사들을 위문하니) 삼군의 병사들이 모두 솜옷을 입은 것처럼 따뜻해 했다."라고 했던 것이다. 이것들은 모두 말은 가까우면서도 그 뜻은 심원하며, 글은 얕으나 의미는 깊은 것이니, 비록 말은 뱉어져 나와 다하지만, 그 함축적 의미는 다함이 없는 것이다. 이는 독자로 하여금 그 겉을

보고서 속을 알게 해주며, 털을 어루만지면서 뼈를 분별하게 하고, 문장에서 하나의 사건을 보고서 글자 밖에서 다른 여러 가지를 알게 해 주었다.

夫経以數字包義, 而伝以一句成言, 雖繁約有殊, 而隱晦無異. 故其綱紀而言邦俗也, 則有士會爲政, "晉國之盜奔秦". "邢遷如歸, 衛國忘亡." 其款曲而言人事也, 則有"犀革裹之, 比及宋, 手足皆見." "三軍之士皆如挾纊." 斯皆言近而旨遠, 辭淺而義深, 雖發語已殫, 而含義未盡. 使夫讀者望表而知里, 捫毛而辨骨, 睹一事於句中, 反三隅於字外.[40].,

유지기는 비록 역사서 중의 성공적인 서사 사례에 대해 이야기한 것이기는 하지만, 그가 제기한 "말은 가까우면서도 뜻은 심원하다"는 견해는 유협의 "뜻은 글자 밖에서 생겨난다[義主文外]"는 말과 일맥상통하는 것이다.

당대 백거이의 작품으로 알려진 《금침시격金針詩格》에서는 감정을 서술할 때 직접적으로 지시하는 방법을 사용하지 말라고 하고 있는데, 그 중에 "시에서 뜻을 나타내는 사례는 일곱 가지가 있는데, 본 것을 말할 때는 보았다고 말을 해선 안 되고, 들은 것을 말할 땐 들었다고 말해서는 안 되며, 먼 것을 말할 때는 멀다고 말해서는 안 되고, 고요함을 말할 때는 고요하다고 말해서는 안 되며, 고통을 말할 때는 괴롭다고 말해서는 안 되고, 즐거움을 말할 때는 즐겁다고 말해서는 안 되며, 한을 말할 때는 한스럽다고 말해서는 안 된다.[詩有義例七, 說見不得言見 說聞不得言聞…說遠不得言遠…說靜不得言靜…說苦不得言苦…說樂不得言樂 說恨不得言恨.]"라고 했다. 이와 유사한 주장으로는 당대의 승순僧淳의 《시평詩評》에서도 "무릇 연정과 축의가 시의 요지이다. 높아도 높다고 말하지 않고 뜻 속에 그 높음이 들어있게 하며, 멀어도 멀다고 하지 않고 뜻 속에 그 멂이 들어

---

40) (당) 유지기 저, (청) 포기룡蒲起龍 역, 《사통통역史通通譯》(베이징, 상하이고적출판사, 1982) 17 페이지.

있게 하고, 한가로워도 한가롭다고 말하지 않고, 뜻 속에 그 한가로움이 들어있게 하며 고요해도 고요하다고 말하지 않고 뜻 속에 그 고요함이 들어 있게 해야 한다.[夫緣情蓄意, 詩之要旨也. 高不言高, 意中含其高, 遠不言遠, 意中含其遠. 閑不言閑, 意中含其閑. 靜不言靜, 意中含其靜.]"라고 했다. 이러한 것들은 어떤 것을 말할 때 그것을 직접적으로 말하지 않는 언어 "전략"으로, 사실상은 언어를 초월하는 의미를 추구하는 것이다. 표면적 단어에는 직접적으로 그것을 가리키는 말이 없지만 전체 언어에 그것이 함축되어 있다. 이러한 언어 전략은 그것을 통해 전달되는 정감에 더욱 예술적인 인상과 미감을 더해 준다.

당대 사공도는 이러한 "언어 밖"의, "상 밖"의, "풍경 밖"의 "운치 밖"의 의미를 극치의 단계로 끌어 올렸다.

> 문장이 어려우나 시는 더 어렵다. 고금에 이에 대해 많은 말을 하였지만, 나는 그 맛을 변별한 후에 시를 논할 수 있다고 생각한다. 강령의 남쪽은 무릇 사람의 입맛에 맞는 물자가 풍족한데, 예를 들어 식초는 그 맛이 시지 않으면 안 되지만 신 맛에서 그친다. 예를 들어 소금은 그 맛이 짜지 않으면 안 되지만 짠 맛에서 그친다. 중국 사람들이 허기를 채우고 나면 갑자기 멈추는 것은 그 시고 짠 맛을 아는 것 이외에 그 진한 맛을 아는 사람이 적기 때문이다. 저 강령의 사람들이 습관이 되어 구분하지 못하는 것은 당연한 것이다. … 아! (시의 형상이) 친근하나 경박하지 않고, (시의 의경이) 심원하지만 다함이 없어야 한다. 그런 연후에 운치 밖의 운치를 이야기할 수 있다.
>
> 文之難, 而詩尤難. 古今之喩多矣, 愚以爲辨於味, 而後可以言詩也. 江嶺之南, 凡足資於適口者, 若醯, 非不酸也, 止於酸而已. 若鹺, 非不鹹也, 止於鹹而已. 華之人以充飢而遽輟者, 知其鹹酸之外, 醇美者有所乏耳. 彼江嶺之人, 習之而不辨也, 宜哉 噫! 近而不浮,

遠而不盡, 然後可以言韻外之致耳.[41]

만약 다시 전체의 아름다움을 빼어남으로 삼으면 맛 밖의 뜻을 알게
될 것이다.

… 倘復以全美爲工, 卽知味外之旨矣.[42]

대용주가 말하길, "시인이 말하는 풍경, 예를 들어 남전산에
따사로운 해살이 내리쬐어 좋은 옥에서 아지랑이 피어오르니, 이는
멀리서 바라 볼 수는 있어도 눈 앞에 가져다 놓을 수는 없다."라고
했다. 상 밖의 상, 경치 밖의 경치가 어찌 그리 쉽게 이야기 할 수
있는 것이겠는가!

戴容州云: "詩家之景, 如藍田日暖, 良玉生煙, 可望而不可
置於眉睫之前也." 象外之象, 景外之景, 豈容易可談哉.[43]

한 글자도 덧붙이지 않고서도 풍류를 다 얻었다. 말은 자기의
마음을 표현하지 않았으나 근심을 견디지 못하는 듯 하다.

不著一字, 盡得風流. 語不涉己, 若不堪憂.[44]

　　사공도가 여기에서 제기한 "미외지지味外之旨", "상외지상", "경외지경", 맛은
"짜고 신 맛 너머"에 있다, "운치 밖의 운치韻外之致", "한 글자도 표현하지 않고서도
풍류를 다 얻었다." 등의 주장은 모두 유협의 "의주문외", "문외지중지"에 대한
발전인 것이다. 다음의 몇 가지 점에서 이를 설명해 보도록 하겠다. 첫째, 사공도는

---

41) (당) 사공도司空図 저, 귀샤오우郭紹虞 집해, 《시품집해 속시품주詩品集解 續詩品注》 47 페이지.
42) 위의 책, 48 페이지.
43) 위의 책, 52 페이지.
44) 위의 책, 21 페이지.

"언어 너머의 의미"를 화두로 하여 "운외지치", "미외지지", 그리고 "한 글자도 표현하지 않고서도 풍류를 다 얻다"는 화두로 전환시켰다는 것이다. "운", "미", "풍류"의 문제는 모두 직접적으로 시가의 미적 본질을 건드리는 문제로, 운율의 미는 음악적 리듬감의 아름다움에서 나오는 것이다. 맛의 미는 음식의 맛에서 나오는 것이고, "풍류"의 미는 사람의 기질의 아름다움에서 나오는 것이다.

사공도는 시의 미라는 시각에서 "언어 너머의 의미"라는 명제를 들고 나와 시점을 미학적 시각으로 전환시켰다. 둘째, 사공도의 논술은 "언어 너머의 의미"에 제한되지 않고서 "형상 너머의 형상"이라는 중요한 명제까지 제시하였다.

이는 "언어 너머의 의미"보다 더 한 걸음 발전한 것이다. 왜냐하면 언어란 어쨌든 어떤 형상을 묘사해야 하고, "형상"은 작품의 핵심으로 그 중요성은 언어를 초월하기 때문이다. 사공도의 "형상 너머의 형상"은 무슨 의미일까? 그는 《시품 웅혼詩品·雄渾》편에서 "형상을 뛰어 넘어 세상의 한 이치를 얻는다.[超以象外, 得其環中.]"라고 했다. 이에 대해 손련규孫聯奎는 《시품억해詩品臆解》에서 "사람들은 산수나 정자나 집을 그릴 때 그 산수의 주인을 그리지 않지만, 정자나 집 안에 틀림없이 주인이 있음을 안다. 이것을 일러 '형상을 뛰어 넘어 세상의 이치를 얻는다'라고 하는 것이다.[人畫山水亭屋, 未畫山水主人, 然知亭屋中必有主人也. 是謂超以象外, 得其環中.]"라고 했다. 이 말의 의미는 여기에 허(虛)와 실(實)의 관계가 있어 첫 번째 형상은 실이고 두 번째 형상은 허이지만 허의 형상은 실의 형상에서 나온다는 말이다. 바로 허의 형상으로서의 정자나 집의 "주인"은 사실 "산수나 정자나 집"이라는 실재의 형상에서 나오는 것과 마찬가지이다.

헤겔이 "없음에서 있음으로 넘어가지만, 있음은 또한 자신을 버림으로써 없음으로 넘어가는 것이다."[45]라고 했던 것과 마찬가지이다. 셋째는 '언어 안[言內]'과 '언어 너머[言外]', '형상 안[象內]'과 '형상 너머[象外]', '운치 안[韻內]'과 '운치 너머[韻外]' 간의 변증법적 관계에 대한 이해에 있어서 사공도는 언어 너머의

---

45) (독일) 헤겔, 《논리학》 (베이징, 상무인서관, 1974) 상권, 97 페이지.

의미, 형상 너머의 형상, 운치 너머의 운치의 경지에 도달해야 한다고 보았다. 핵심은 어떻게 "언어 안"과 "형상 안", "운치 안"을 잘 처리할 것이냐는 것이다. 이를 위해 사공도는 두 가지 견해를 제시하였다. 첫째는 "친근하나 경박하지 않고, 심원하나 다함이 없는" 경지의 도달이다. "친근하다"는 것은 바로 "언어 안", "형상 안", "운치 안"의 경물이고, 이 경물에 대해 마치 바로 눈 앞에 펼쳐져 있는 것처럼 명확하고 생동적으로 묘사해야 한다는 것이다. "친근한" 경물이 "천박하지 않고" 명확한 상황 속에서 "심원하다"는 것(다시 말해, "의미 너머", "형상 너머", "운치 너머")의 의미 역시도 자연히 영원히 "다함이 없어야" 한다는 것이다. 둘째는 "전체의 미를 다듬는다"는 것이다. 즉 작품의 모든 요소가 아름다워야 한다는 것이다. 주제나 단어, 형상, 구도 모두가 아름다워야 "전체 미"를 실현할 수 있다는 것이다. 그렇게 하면 자연스럽게 "언외지의言外之意", "상외지상象外之象", "경외지경景外之景", "언외지치韻外之致"의 경지에 이를 수 있다는 것이다.

당대 이후 송대 매성유梅聖兪의 견해도 눈여겨 볼만하다.

> 시를 짓는 사람이 비록 뜻은 마음대로 한다 하더라도, 말을 만드는 것은 역시 어렵다. 만일 뜻이 새롭고 시어가 공교하여, 전인이 말하지 않은 바를 얻는다면 이는 훌륭한 것이다. 반드시 묘사하기 어려운 경치를 묘사함에 눈앞에 있는 것처럼 하고, 다함이 없는 뜻을 머금게 하고, 뜻을 글 밖에서 드러낼 수 있어야 지극하다고 할 수 있다.
>
> 詩家雖率意，而造語亦難. 若意新語工，得前人所未曾道者，斯爲善也. 必能狀難寫之景，如在目前，含不盡之意，見於言外，斯爲至矣.[46]

---

46) (송) 구양수 저, 정원鄭文 교점, 《육일시화六一詩話》 (베이징, 인민문학출판사, 1983) 9 페이지.

매성유는 사실 어떻게 해야 "의재언외意在言外"에 이를 수 있는지를 더욱 분명하게 설명하고 있다. 첫 번째는 "언어 안[言內]", "풍경 안[景內]", "형상 안[象內]", "운치 안[韻內]"의 층차로, "묘사하기 어려운 풍경을 눈 앞에 펼쳐져 있는 것처럼 묘사하는" 단계에 이르는 것이다. 두 번째 층차는 "언어 너머[言外]", "형상 너머[象外]", "운치 너머[韻外]"로, "다함이 없는 뜻을 머금게 하고 뜻이 글 밖에 드러나게 하는" 수준에 이르는 것이다. 당 송 이후 이러한 설명들은 매우 많았지만, 대체로 사공도나 매성유의 주장을 크게 벗어나지 않았다.

중국 문론의 "언외지의" 또는 "의재언외"라는 언어 전략은 현대 언어학과 심리학 관념과 일맥상통하고 있다. 예를 들어, 앞에서 언급했듯이 언어 자체는 일반적이고 개괄적인 것으로 개별적이고 구체적인 것을 표현할 방법이 없으며, 더욱이 "부를 짓는 사람의 마음"이니 "시인이 묘사하는 풍경" 등과 같은 그윽함과 미묘함은 더 표현하기가 어려운 것이다. 그러나 우리는 또한 일종의 심리적 실체로서의 언어는 지시와 표현이라는 두 가지 기능을 가지고 있다는 사실도 분명하게 인식해야 한다. 스위스의 저명한 언어학자 소쉬르는 "언어적 기호가 연결해 주는 것은 사물의 명칭이 아니라 개념과 음향적 이미지이다. 후자는 물질적인 것이나 순수한 물리적인 것이 아니다. 이 소리의 심리적은 흔적이며 우리의 감각이 우리에게 증명해주는 소리의 표상인 것이다. 그것은 감각에 속하는 것이다."[47]라고 했다.

예를 들어 "꽃"이나 "새"라는 이 두 단어가 있다고 하자. 이 단어들은 당연히 각양각색의 "꽃"과 "새"에 대한 추상이다. 그렇기 때문에 우리들의 감각에는 어떤 작용도 할 수 없고, 누구에게도 개념으로서의 일반적인 "꽃"이나 "새"를 느낄 수가 없다. 우리는 다만 이 단어들을 이용하여 지시하거나 판단하거나 또는 추리할 수 있을 뿐이다. 예를 들어 "꽃은 식물이다."나 "새는 동물이다." "꽃을 심고 새를 키움으로써 여가의 목적을 달성할 수 있다."라고 말할 수 있다. 그러나 "꽃(중국어로는 hu , 영어로는 flower)", "새(중국어로는 ni o, 영어로는 bird)"는 모두

---

47) (스위스) 페르디낭 드 소쉬르(Ferdinand de Saussure),
《일반 언어학 강의普通語言學敎程》 (중국어판)(베이징, 상무인서관, 1980) 101 페이지.

"음향적 이미지"를 가지고 있어서 우리가 "hu ″나 "ni o" 또는 "flower"나 "bird"라고 하는 두 단어의 소리를 듣게 됨으로써 머리 속에서 아름다운 붉은 꽃이나 하늘을 날고 있는 새의 이미지를 떠올리게 되는 것이다. 그것들은 이미 우리의 감각과 표상과 상상에 속하는 것이다. 이것이 바로 "꽃"과 "새"라고 하는 두 단어의 표현 기능이다.

시인은 언어의 이러한 표현 기능을 충분히 활용하여 "시절 생각에 꽃을 보고도 눈물이 흐르고, 이별의 한은 새를 보고도 가슴이 놀래내.[感時花濺淚, 恨別鳥驚心.]" 또는 "꾀꼬리 두 마리 푸른 버드나무에서 울고, 백로 무리들 푸른 하늘로 날아 오르네.[兩個黃鸝鳴翠柳, 一行白鷺上靑天.]"와 같은 시구를 창작하는 것이다. 여기에서는 단어로 무언가를 지시하거나 판단하거나 추리를 하지 않고 있다. 즉 "이치의 길(기존의 이치)에 빠지지 않고 언어의 통발에 걸리지 않고[不涉理路, 不落言筌.]"(엄우) "음향의 이미지"로 우리들의 감각을 환기시켜주고 있다. 그러나 문학 작품 속에서 언어의 표현력은 매우 중요한 지위로 받들어진다. 그렇기 때문에 시인이나 작가는 작품 속에서 진실되고, 생동적으로 경물을 묘사하게 되는데, 이러한 언어는 감각화 되고 심리화 되어지며, 그리하여 언어는 바로 자신의 일반성의 한계를 깨트리게 되고, 이러한 언어로 경물을 묘사함으로써 말로써 전할 수 없을 것 같은 시적 정취를 전해줄 수 있게 되고, "언재언외"의 효과를 얻을 수 있게 되는 것이다.

미국의 저명한 미학가인 수잔 랭거(Susanne. K. Langer)는 "예를 들어 '환락', '비애', '공포' 등과 같이 단지 대략적으로 어떤 감정을 표시하는 어휘들은 사람들이 직접 느꼈던 생동적인 경험들을 충분히 전달해 낼 수 없다."[48]고 하였다. 왜냐하면 이러한 상황 속에서는 단지 언어의 지시 기능만을 운용할 수밖에 없어서 사람들의 감각과 연상, 그리고 상상력을 환기시켜주지 못하기 때문이다. 그러나 "사람들이 비교적 정확하게 감정을 표현해 낼 때는 종종 어떤 감정을 암시해주는 그런 장면,

---

48) (미국) 수잔 랭거, 《예술 문제》 (중국어판, 베이징, 사회과학출판사, 1983) 87 페이지.

예를 들어 가을 밤의 풍경이나 명절의 분위기 등과 같은 장면에 대한 묘사를 통해서"[49]라는 것이다. 왜냐하면 이러한 상황에서 언어의 "음향적 이미지"와 표현 기능이라는 이 부분이 두드러지게 강조됨으로써 언어는 이미 간접적이면서도 오히려 강렬하게 우리의 감각과 상상력과 기타 여러 심리적 메커니즘들을 환기시켜주게 되기 때문이다. 이백의 〈옥계원玉階怨〉을 예로 들어 살펴보자.

옥으로 만든 계단에 흰 이슬 내려,
밤 깊으니 비단 버선 적셔오네.
방으로 돌아와 수정 발 드리우고서
영롱한 가을 달만 바라보네.
玉階生白露, 夜久侵羅襪. 却下水晶簾, 玲瓏望秋月.

이 시는 어떤 정감을 전해주고 있는 것일까? 우리는 이 시를 어떻게 이해해야 할까? "옥으로 만든 계단"이나 "비단 버선", "수정발" 등으로 이루어진 화면은 우리들로 하여금 오랫동안 서있는 사람이 화사한 복장의 현숙하고 조용한 여인임을 알 수 있게 해 준다. 밤은 이미 깊어 흰 이슬이 그녀의 비단 버선까지 적셨다. 그녀는 혼자서 이 옥 계단에 한 참을 서 있었으며, 가슴 속에는 쓸쓸함과 우수로 가착하다. 그녀는 누구를 기다리는 것일까? 가슴 속의 원망스러움이 이미 말 밖에 나타나 있다. 그는 자신의 침실로 돌아가 발을 드리우고서도 한 참을 잠을 이루지 못한 체 밝은 달만 올려다보며 한숨을 내쉰다. 영롱한 가을 달은 그녀의 애수를 더 부각시켜주고 있다.

제목을 제외하고 시 전체에 '원망'을 의미하는 글자는 하다도 없다. 그러나 원망스러움이 언어 밖에 나타나 있다. 작가는 언어의 표현력을 통하여 우리에게 그런 이미지를 제공해주고 있으며, 우리는 그런 이미지들 속에서 이미지 너머의

---

49) 위의 책, 87 페이지.

의미들을 읽어낼 수 있는 것이다. 어쨌든, "언어 너머의 의미"는 언어의 "음향적 이미지"와 표현 기능을 충분히 활용하여 시인이나 작가들에게 자신들의 정감이나 의미들이 전달되는 환희를 맛보게 해준다. 미는 "언어 너머"에, "형상 너머"에, "운치 너머"에 존재하고 있는 것이다.

4. 성정과 의미 — 문학 작품의 "지극함[至處]"

중국 고전 문론의 문학 작품의 "지극함"에 대한 이해는 20세기 서양의 과학주의 문학 이론의 문학 작품의 "지극함"에 대한 이해와는 근본적으로 다르다. 중국 고전 문론에서는 "시의 지극함"이 시인의 성정이며, 주체의 시적 정취이며, 말로 할 수도 있고 말로 할 수도 없는, 해석할 수도 있고 해석할 수도 없는 그러한 사상적 정감이다. 서양 문학 이론의 형식론에서는 문학 작ㄹ품의 "본체" 혹은 "지극함"이 언어와 언어적 구조라고 본다. 하나는 시인이 보여주는 내면 세계를 숭상하는 것이고 또 다른 하나는 시인이 보여주는 언어적 기교를 숭상하는 것이다.

문학 작품의 언어와 형상과 의미라는 이 세 영역에서 어느 영역이 문학 작품의 "본체"일까? "본체(Ontological)"라는 이 단어는 여러 가지 의미로 해석되어진다. 그 중에서 우리는 청대의 시인이자 문론가였던 엽섭葉燮의 《원시原詩》에 나오는 "시의 지극함[詩之至處]"라는 내용에서 "지극함[至處]"라는 개념을 골라 "본체"라는 이 개념을 대체해보고자 한다. 왜냐하면 "지극함"은 바로 근본점이면서 두드러진 점이자 궁극점임을 말하는 것이기 때문이다.

1) "뜻을 얻으면 말을 잊는다.[得意忘言]"

문학 작품의 "지극함"에 대한 중국 고전 문론의 이해는 20세기 서양의 과학주의 문학 이론의 문학 작품의 "지극함"에 대한 이해와는 근본적으로 다르다. 중국 고전 문론에서는 "시의 지극함"이 시인의 성정이며, 주체의 시적 정취이며, 말로 할 수도 있고 말로 할 수도 없는, 해석할 수도 있고 해석할 수도 없는 그러한 사상적 정감이다. 서양 문학 이론의 형식론에서는 문학 작ㄹ품의 "본체" 혹은 "지극함"이 언어와 언어적 구조라고 본다. 하나는 시인이 보여주는 내면세계를 숭상하는 것이고 또 다른 하나는 시인이 보여주는 언어적 기교를 숭상하는 것이다.

중국 고전 문론의 "지극함"과 관련된 사상적 연원은 장자에게서부터 시작된다.

《장자 · 외물》편에서는 "통발은 쓰임은 물고기를 잡는 것이니 물고기를 잡고 나면 통발은 잊어버린다. 올무는 토끼를 잡기 위함이니 토끼를 잡고 나면 올무를 잊어버린다. 말은 그 뜻을 전하기 위한 것이니 뜻이 전해지고 나면 말을 잊는다.[筌者所以在魚, 得魚而忘筌. 蹄者所以在兔, 得兔而忘蹄. 言者所以在意, 得意而忘言.]"라고 하고 있다. 장자가 추구했던 것은 "도"(즉 여기서 말하고 있는 "뜻")였다. 도를 얻는다면 다른 모든 것은 중요하지 않았다. 물고기를 잡으면 어구인 통발은 당연히 중요하지 않은 것이다. 토끼를 잡고 나면 토끼를 잡는 올무는 중요하지 않다. 뜻(즉 도)를 얻고 나면 당연히 "뜻"을 얻기 위한 도구였던 말(언어)는 쓸모가 없는 것이 된다. "뜻을 얻으면 말을 잊는다"는 말은 장자의 언의(言意) 관계에 대한 가장 철저하고도 가장 궁극적인 설명이라고 할 수 있다.

중국 고전 문론은 장자의 영향을 매우 많이 받았으며, "뜻(의미)"(실재로는 도가의 "도"에 해당)는 가장 중요한 것으로 여겨져 오고 있다. 언어와 형상과 의미 중에서 의미는 근본이다. "의미"(성정과 정감, 정, 志, 체험, 부를 짓는 사람의 마음, 시인이 말하는 풍경 등을 포함하여)가 바로 "시의 지극함"인 것이다. 앞에서 우리가 분석했듯이, 유협은 "문외지중지文外之重旨"와 "의주문외義主文外"[50]를 추구하였다. 당대의 교연皎然은 "이중의 의미 이상은 모두 문자 너머의 의미이다.

만약에 사령운과 같은 고수를 만나 그들의 시를 살펴보면, 성정만이 보일 뿐 문자는 보이지 않으니, 무릇 이것이 바로 시의 지극함이다.[兩重意已上皆文外之旨. 若遇高手如康樂公覽而察之, 但見性情, 不睹文字, 蓋詩道之極也.]"[51]라고 했다. 만약 유협이 "뜻을 얻어 말을 잊는다"고 한 장자의 사상과 연결되지 않았다면, 교연의 "성정만 보이고 문자는 보이지 않는다"고 한 주장이 바로 장자의 철학적 언어인 "득의망언"을 시론 언어로 전환시키고 장자의 "말을 잊는다"는 의미를 강조한 것이 되었을 것이다. 송대의 소식은 〈기취비오복론旣醉備五福論〉에서 "무릇 시라고 하는 것은 언어로써 구하여 얻을 수 있는 것이 아니다. 반드시 그 의미를 깊이 살펴야 하는 것이다.[夫詩者, 不可以言語求而得, 必將深觀其意焉.]"라고 하였다. 원대의 원호문元好問은 시에 있어서 "성정 이외에 문자가 있는 줄을 몰랐다.[性情之外, 不知有文字.]"[52]라고 했다.

그의 주장은 교연의 주장과 일치하는 것으로, 시가 근본적으로 언어 문자가 아니라 "성정" 위에 존재한다고 보고 있는 것으로, 이것 역시도 장자의 "득의망언"과 같은 의미이다. 청대의 류희재劉熙載는 "두보의 시는 단지 '유' '무' 두 글자만 있으면 충분히 평가할 수 있다. '유'자는 성정과 기골만 보이는 것이고, '무'자는 언어 문자가 보이지 않는다는 것이다.[杜詩祇'有''無'二字足以評之. '有'字, 但見性情氣骨也. '無'字, 不見語言文字也.]"[53]라고 했다. 그는 두보 시의 "지극함"으로 위에서 언급한 사상을 구체화하였다. 이상의 자료들은 모두 대표적인 것들이며, 사람들이 이해하고 있던 시의 "지극함"이 "의미"를 근본으로 하고 있으며, "뜻을 얻으니" "말을 잊어야 함"을

---

50) (남조) 유협 저, 판원란 주, 《문심조룡주》, 632 페이지.
51) (당) 교연皎然, 〈중의시례重意時例〉, (청) 하문환 엮음, 《역대시화歷代詩話》
    (베이징, 중화서국, 1981) 상권, 31 페이지.
52) (원) 원호문, 〈양숙능소정집서楊叔能小亭集序〉, 리슈성李修生 주편, 《전원문全元文》
    (난징, 쟝수江蘇고적출판사, 1997) 제 1책, 309 페이지
53) (청) 유희재, 《예개芸槪》, 천원허陳文和 점교点校, 《유희재집劉熙載集》 97 페이지.

심도 있게 설명해주고 있다.

　그렇다면 여기서 문제점들을 따져 보아야 할 필요가 있다. "득의"의 "의"자의 함의는 무엇인가? 혹은 "단견성정但見性情"에서의 "성정"은 또 무슨 의미인가? 또는 개괄하여 논할 때 문학 작품의 근본과 "지극함"과는 어떤 관계가 있는가? 이러한 문제들에 대해 진지하고 명석한 대답을 제시해 준 사람으로는 명대의 시 이론가인 왕정상王廷相과 청대의 학자이 왕부지와 엽섭 이 세 사람을 꼽을 수 있다.

　왕정상은 《곽개부학사와 시를 논하며与郭价夫學士論詩書》에서

> 무릇 의상이 투철하고 밝음을 귀하게 여기지 사실의 끈적끈적함을
> 구하게 여기지 않는다. 옛날에 이르길 물 속의 달, 거울 속의
> 그림자는 실제로 구하기가 어렵다고 하였다.
>
> 언어가 사실을 요구하기 시작하면 여운의 맛이 적어지며, 정감이
> 직선으로 이르게 되면 만물을 움직이기 어렵다. 그런 까닭에
> 의상을 드러내어 사람들로 하여금 생각하고 그 맛을 음미하게 하고,
> 느끼고 마음이 통하게 하니, 아득하고도 심원하도다. 이것이 시의
> 큰 지극함이다.
>
> 夫貴意象透瑩, 不貴事實粘着, 古謂水中之月, 鏡中之影,
> 難以實求之也.
>
> 言徵實則寡余昧也, 情直致而難動物也, 故示以意象, 使人思而咀之,
> 感而契之, 邈哉深矣, 此詩之大致也.

　왕정상은 시가는 사실의 객관적으로 서술하는 것이 아닐 뿐만 아니라 감정을 직접적으로 드러내도 안 된다고 보았다. 작품의 근본은 "의상을 드러내 보이는 것"이라고 했다. "의상"이 바로 시의 "지극함" 또는 "본체"라는 것이다. 여기서 말하고 있는 "의상"은 이미 유협이 말한 "의상을 살펴 도끼를 휘두르듯 문장을 운용한다.[窺意象而運斤]"에서의 "의상"이 아니다. 유협의 "의상"은 "마음 속의 대나무"로, 아직 정형화되지 않은 "심상"이지만, 왕정상이 말하고 있는 "의상"은

이미 "손으로 그려낸 대나무"로, 작품 속의 정감과 형상의 예술적 결합체이며, 작품 속에서 생동적이고 독특하며, 또한 보편성을 가진 형상이다.

　왕부지는 "시언지"를 주장했지만, "지志"와 "의意"가 시의 근본은 아니라고 보았다. 그는 일반적인 "지"와 "의"를 시가 작품의 근본이라고 여기는 것은 "진부한" 생각이라고 했다.

> 시가 심원하고 광대함은 낡은 것을 버리고 새로운 것을 쫓는 것이지 뜻에 있는 것은 아니다. 당나라 사람들은 뜻으로 고시를 지었고, 송나라 사람들은 뜻으로 율시 절구를 지었으니, 시가 마침내 망하게 되었다. 뜻으로 한다면 그냥 《주역》이나 《상서》처럼 칭송하고 진술하면 되는 것이니, 시가 필요 없다. "꾸룩 꾸룩 물수리, 강가 모래 톱에서 우네. 요조숙녀는 군자의 좋은 배필이라."가 어찌 미묘하고 새롭고 사람들이 이르지 못할 의이겠는가?
> 詩之深遠廣大, 与夫舍旧趨新也, 俱不在意. 唐人以意爲古詩, 宋人以意爲律詩絶句, 而詩遂亡. 如以意, 則直須贊易陳書, 無待詩也. "關關雎鳩, 在河之洲. 窈窕淑女, 君子好逑." 豈有入微翻新人所不到之意哉.[54]

　왜 시의 "심원 광대함"이나 "낡은 것을 버리고 새로운 것을 쫓음"이 "뜻"에 있지 않다는 것일까? 원래 "의"는 《주역》이나 《상서》의 경우처럼 지시성과 추리성을 가진 "의"이다. 그렇기 때문에 시의 "의"와 일반적인 "의"를 구별해야 한다는 것이다. 시가 작품의 특징 또는 근본은 작품 속의 "의상", 정경융합의 "의상"인 것이다. 그래서 왕부지는 또 다음과 같이 말한다.

　경물어도 지을 줄 모르면서 어찌 정감어를 지을 수 있겠는가? 옛

---

54) (청) 왕부지, 《명시평선明詩評選》권8, 고계高啓의 〈양주사涼州詞〉에 대한 평어, 《선산고근체시평선 3종船山古近体詩評選三種》, 선산학사船山學社, 1917

사람들의 절구에는 경물어가 많다. 예를 들어, "높은 누대에 슬픈 바람 불어오고"나 "나비 남쪽 뜰에서 날고", "연못가에 봄날 풀들 돋아나고", "정자 연못에 나뭇잎 떨어지고", "부용에 이슬 맺혀 떨어지고" 등이 모두 그러하니, 그 속에 정감이 깃들어 있다. 풍경을 묘사하는 심리로 정감을 말하니, 몸과 마음 속에서 말하고 있는 미묘함을 가볍고 편안하게 끄집어 낼 수 있는 것이다.

不能作景語, 又何能作情語耶? 古人絶唱句多景語, 如"高台多悲風", "蝴蝶飛南園", "池塘生春草", "亭皐木葉下", "芙蓉露下落", 皆是也, 而情寓其中矣. 以寫景之心理言情, 則身心中獨喩之微, 輕安拈出.[55]

여기서 왕부지가 제기하고자 하는 것은 "풍경을 묘사하는 마음으로 정감을 말해야 한다" 것으로, 이렇게 해야만 시인의 마음 속의 독특한 감수가 제대로 표현되어 나올 수 있다는 것이다. 이 말은 시가 작품의 근본은 정감이지만, 정감은 직접적으로 표현해서는 안 되며, "풍경을 묘사하는 심리", 즉 "경물어"를 통하여 정감을 전달함으로써 "의상"이 만들어지게 된다는 의미이다.

왕부지는 "말은 정에 온전히 미치지 못함이 있으나, 정은 무한한 것이다. 마음의 눈이 바르면 바깥의 사물을 믿지 않는 까닭이다. '하늘가엔 돌아가는 배를 알겠고, 구름 속엔 강가의 나무가 보이네.'라는 구절에서는 그윽한 정을 머금고 골똘히 바라보고 있는 사람이 숨어 있어, 그를 불러내고 싶어진다. 이로써 이런 풍경묘사는 살아있는 풍경이 되는 것이다. 그러므로 사람의 마음 속에 심원한 뜻이 없고, 안중에 성정이 없다면 비록 천하의 책을 다 읽는다 하여도 말 한마디도 할 수 없는 것이다.[語有全不及情, 而情無限者, 心目爲政, 不恃外物故也. '天際識歸舟, 雲中辨江樹', 隱然一含情凝眺之人呼之欲出, 從此寫景, 乃爲活景. 故人胸中無丘壑, 眼底無性情, 雖讀盡天下書, 不能道一語.]"[56]라고 했다.

---

55) (청) 왕부지 저, 이쯔 교점校点, 《강재시화》, 154 페이지.
56) (청) 왕부지, 《고시평선古詩評選》 권5, 사조謝朓의 〈지선성군출신임포판교之宣

시구 속에 사람이 없지만, "그윽한 정을 머금고서 골똘히 바라보고 있는 사람이 숨겨져 있다"고 하는 이것이 바로 "의상"이며, 이 의상은 바깥의 사물에 의존하고 있는 것이 아니라 "바른 마음의 눈"에 의지하고 있는 것이다. "바른 마음의 눈"은 곧 마음의 활동으로 주재한다는 말이다.

청대의 또 다른 문론가인 엽섭은 "시의 지극함"을 직접 거론하였다.

> 시의 지극함은 그 오묘함이 끝없는 함축에 있으며, 미묘한 사색에 있다. 그 기탁함은 말로 할 수 있고 없음 사이에 있으며, 그 의향은 이해할 수 있고 이해 할 수 없음의 만남에 있다. 말은 이곳에 있고 뜻은 저곳에 있으니, 처음과 끝이 사라져 형상에서 멀어지고, 의론이 끊어져 사유가 다하게 되어 사람을 모호하고 황홀한 경지로 끌어들이기 때문에 지극해지는 것이다.

> 詩之至處, 妙在含蓄無垠, 思致微渺, 其寄托在可言不可言之間, 其指歸在可解不可解之會, 言在此而意在彼, 泯端倪而離形象, 絶議論而窮思維, 引人於冥漠恍惚之境, 所以爲至也.

> 말로 할 수 있는 이치는 누구나가 모두 말할 수 있으니, 어찌 시인에게 있는 말이겠는가? 증험할 수 있는 사건은 누구나 다 기술할 수 있으니, 어찌 시인에게 있는 기술이겠는가? 틀림없이 말로 할 수 없는 이치가 있고 기술할 수 없는 사건이 있으니, 묵묵히 의상의 겉모습(현상)을 체득하는 데서 그것을 만나게 되면, 이치와 사건은 사람 앞에서 찬란하지 않은 것이 없다.

> 可言之理, 人人能言之. 又安在詩人之言之. 可徵之事, 人人能述之, 又安在詩人之述之! 必有不可言之理, 不可述之事,

城群出新林浦板橋〉편에 대한 평론, 《선산고근체시평선 3종船山古近体詩評選三種》, 선산학사船山學社, 1917

遇之於默會意象之表, 而理与事無不燦然於前者也.[57]

엽섭의 이 말은 몇 가지 점에서 생각해 볼 필요가 있다. 첫째, 그는 "시의 지극함"을 분명하게 제시하였다. "지극한 곳[至處]"은 바로 근본처이고 궁극처이며 특이점이며, 이는 시다운 시, 문학다운 문학이 존재하는 곳임을 말하고 있는 것이다.

서양의 문학 이론은 작품의 본체에 대해 따지는 것도 마찬가지로 작품의 근본처, 궁극처와 특이점을 따져 묻는 것이며, 문학이 비문학과 구별되는 특이점을 찾고자 하는 것이다. 둘째, 그는 시의 지극함은 일반적인 사실이나 이치에 있지 않다고 보았다. 시에서 쓰고 있는 이치는 "말로 할 수 있는 이치"가 아니며, 시에서 서술하고 있는 사건은 "증험할 수 있는 사실"이 아니라는 것이다. 시에서 묘사하는 사실이나 이치는 기탁이 있어야 하고, 이는 "말로 할 수 있음과 말로 할 수 없음의 중간"에 기탁해야 하며. 또 중심 내용이 있어야 하는데, 그것은 "이해할 수 있고 이해할 수 없음이 만나는" 중심 내용이어야 한다는 것이다. 셋째, "시의 지극함"은 바로 작품의 심미적 "의상"으로, 그 특징은 "말은 이곳에 있고 뜻은 저곳에 있으니, 처음과 끝이 사라져 형상에서 멀어지고, 의론이 끊어져 사유가 다하게 되어" 독자들을 황홀하게 만드는 경지라는 것이다.

어쨌든, 시의 지극함은 일종의 무궁무진한 몽롱하고 어렴풋하고 분명하지 않은 경지로, 기본적으로 의미 해석을 할 수 없다는 것이 특징이다.

노륜盧綸의 시 〈새하곡塞下曲〉 중의 제 3수를 보자.

달도 없어 칠흑 같은 밤에 어둠 기러기 떼는 하늘 높이 나는데,
흉노는 이 밤 몰래 도망가는구나.
날쌘 기마병 거느리고 추격하려니,
큰 눈이 활과 칼에 가득하다.

---

57) (청) 엽섭, 《원시 내편原詩 內篇》, 《청시화清詩話》 (상하이, 상하이고적출판사, 1982) 하권, 584 페이지.

月黑雁飛高, 單於夜遁逃. 欲將輕騎逐, 大雪滿弓刀.[58]

　　이 시는 불확정적인 시태와 불확정적인 인칭이라는 중국어 시의 특징을 잘 보여주고 있다. 예를 들어 시 속의 동사인 "날다"와 "도망가다", "추격하다" 등은 모두 시태(時態)에 대한 표시가 없다. 제 3연의 주어 역시도 누군지 분명하게 묘사하고 있지 않다. 이처럼 시의 지극함은 "모호하고 황홀한" 경지로, 시인의 심미적 체험과 일치하게 된다. 그러나 이를 영문으로 번역하게 되면 변화가 발생하게 된다.

> High in the faint moonlight,
> Wild geese are soaring.
> Tartar chieftains are fleeing through the dark—
> And we chase them, With horses lightly burdened.
> And a burden of snow on our bows and our swords.[59]

　　여기서 원본의 불확정적 시태(時態)는 확정(현재 진행형의 soaring, feeling)이 되어버리고, 원본의 불확정적이었던 인칭도 특정화(제 3연의 주어는 we이다.) 되어 버린다. 그리고 허사(虛詞)(in, through, with)들이 증가했다. 인칭대명사와 명사(bows, swords, horses, we, geese, chieftains) 수적으로 제한됨으로써 단어의 확정성이 강화되고 독자들의 상상이 크게 제한되어진다. 그래서 시의 몽롱미와 황홀미, 그리고 "언외지의"는 크게 약화되고 만다.

　　이러한 예들을 통해서 우리는 한시의 "지극함"은 말로 할 수 있고 말로 할 수 없는, 이해할 수 있고 이해할 수 없는 몽롱하고 황홀한 정감의 경지에 있으며, 분석적이고 논리적인 이치나 사건은 한시의 특징이 아니라는 것을 잘 알 수 있다. 바로 그런 의미에서 중국 고전 문론에서는 "의지언외"를 반복해서 강조함으로써

---

58) 《전당시全唐詩》(베이징, 중화서국, 1979), 제 9책, 3153 페이지.
59) 뤼수샹呂叔湘 편주, 《영역 당인절구 100수》(창사長沙, 후난湖南인민출판사, 1980) 55 페이지.

"성정은 나타나지만 문자(언어)는 보이지 않는", "핏자국은 있지만 먹의 흔적은 없는" 그런 경지에 도달하고자 하는 것이다. 옛 사람들은 "성정"이나 "핏자국"이 바로 근본처이고, 언어나 문자는 단지 시적 정감의 매개체에 불과하다고 보았던 것이다. 작품 감상의 시각에서 보면 어쩌면 "성정은 나타나 있으나 문자는 보이지 않는" 오묘함을 더 잘 보여줄 수 있을지도 모르겠다. 두보의 시 〈문관군수하남하북聞官軍收河南河北〉을 보자.

검문 밖에서 갑자기 계북 땅 수복 소식 전해오니,
처음 듣고는 눈물이 옷을 가득 적셨네.
아내와 아이들 돌아보니 수심은 어디로 갔는지,
대강대강 서책들을 챙기는데 마음은 기뻐 미칠 듯.
대낮에 맘껏 노래하고 마냥 술 마시며,
푸른 봄날 짝하여 고향으로 돌아가리.
즉시 파협에서 쏜살같이 무협을 지나,
곧장 양양으로 내려가 낙양으로 향하리.
劍外忽伝收薊北，初聞涕淚滿衣裳．却看妻子愁何在，
漫卷詩書喜欲狂．白日放歌須縱酒，青春作伴好還鄉．
卽從巴峽穿巫峽, 便下襄陽向洛陽.

이 시를 읽으면 뛸 듯이 기뻐하는 시인의 심정 속으로 빠져들어 마치 시인과 함께 기뻐 눈물짓고, 서책을 뒤적이나 마음은 책은 눈에 들어오지 않고 고향으로 향하고 있는 듯하다. 이러한 바램은 마치 한 순간에 실현되어지는 듯, 파협에서 무협을 지나 양양에서 낙양으로 달려가고 있다. 이 시를 읽을 때 우리는 시 속의 언어 문자에는 관심이 없고 언어 문자에 머무르지 않고 곧바로 시의 경지 속으로 빠져든다. 우리의 주의력은 언어문자에서 시의 경지로 전이되는 메커니즘으로, "성정은 나타나지만 문자는 보이지 않는" 현상이 일어나게 된다.

이른바 "뜻을 얻으면 말을 잊는다"고 했으니, 여기서의 "잊는다"는 말은 바로 주의력을 완전히 의미에 쏟아 붓는 심리 상태를 말하는 것이다. "잊는다"는 것은 중요하지 않다고 여겨지는 것들을 삭제하는 것이며, 그럼으로써 중요한 것들을 부각시키는 것이다. "말을 잊음으로써" "의미"가 부각되고, "문자가 보이지 않음"으로써 "성정"이 부각되는 것이다. 이로써 중국 문론의 뜻을 얻으면 말을 잊는다는 "득의망언"설과 성정은 나타나지만 문자는 보이지 않는다는 "단견성정, 불도문자"설이 현대 심리학에서 제시하고 있는 규칙과 일치함을 알 수 있다. 객관적으로 말해서 현대 서구의 언어론적 문학 이론에서는 문학 언어는 지시성이 아니라고 보고 있는데, 이는 나름대로 일리가 있다고 할 수 있다. 그러나 언어와 정감 사이에 있어서 언어를 시의 본체로 선택함으로서 시를 언어라는 새장 속에 가두어 버리고 시적 정감을 내쫓아 버린 것은 조금은 지나친 감이 없지 않다.

2) "뜻을 얻으면" 정말로 "말을 잊어야"하는 것일까?

앞 절에서 "득의망언得意忘言"과 "단견성정, 불도문자但見性情, 不睹文字"를 중점적으로 토론하면서 "말을 잊음"과 "문자가 보이지 않음"을 강조하였다. 그러나 걸작들이 정말로 "뜻을 얻은" 후에, 그리고 "성정이 나타난" 후에 "말을 잊고" 완전히 "문자가 보이지 않게" 되었을까?

여기서는 "망언忘言"과 "불도문자不睹文字" 두 가지로 나누어 살펴보고자 한다. 보통의 지시성 언어에서 우리는 뜻을 분명하게 이해한 후 정말로 문자 언어는 상관하지 않아도 되는 것일까? 예를 들어 어느 북방인이 "싱가폴의 식물들은 사계절 항상 푸르다"라고 말했다고 하자. 우리는 이 말을 듣고 나서 무슨 말인지 이해를 하고 곧 그 사람의 말을 잊어버렸다고 하자.

그렇다면 그 사람이 "싱가폴은 날씨가 더워서 식물들이 일 년 내내 푸르다"라고 한 것인가? 아니면 "싱가폴은 적도선에 가까워서 상록수들이 항상 꽃을 피운다"라고 한 것인가? 어쩌면 그가 한 말이 같은 의미의 다른 말인지 듣는 사람에게 있어서는 의미를 기억했으면 그만일 뿐, 구체적으로 어떻게 말했는지는 완전히 잊어버려도 상관없을지도 모른다. 왜냐하면 이 보통의 언어에서 언어는 의미의 매개체이자 도구일 뿐이니 언어는 지시적 의미, 또는 인지의 의미만을 가질 뿐이어서 우리는 "싱가폴의 식물은 춘하추동 모두 항상 푸르다"라는 객관적 인지 쪽으로 빠르게 미끄러져 들어가면서 이 개인적 말의 어조(語調)나 단어 조합 등이 주는 느낌을 잃어버리지 않게 된다. 이러한 상황에서 말 그 자체는 가치가 없고 그것이 지시하는 객관적 사실만이 가치가 있게 되는 것이다.

그러나 문학 언어에서는 상황이 달라진다. 문학 언어는 일반적으로 비지시성 언어이다. 그것은 일반적으로 외부의 사물을 지시하지 않고, 단지 시인의 예술적 세계, 시인의 심미적 정감의 세계를 표현해 주는 것이다. 여기서 무엇을 말하고 어떻게 표현하는지 글자 한 자 단어 하나, 한 구절 구절이 모두 중요하다. 두보의 "새로운 시 고치고 나서 스스로 길게 읊조리네.[新詩改罷自長吟]"라는 구절은 흥미진진하다. 중국 문론에서는 "퇴고推敲"와 "연자煉字"를 매우 중요시 한다.

이와 관련된 논술은 매우 많다. 송대 학자인 소옹邵雍은 "그 시어 익히기를 멈추지 않고 또한 그 뜻을 다듬는다.[不止煉其辭, 抑亦煉其意 .]"(〈논시음論詩吟〉)라고 했으며, 왕안석은 "보기에는 평범한 듯 보이지만 가장 기이하고, 이루고 나면 쉬워 보여도 오히려 어렵다.[看似尋常最奇崛, 成如容 易却艱辛.]"(〈제장사업시題張司業詩〉)라고 했다. 또 송대의 손혁孫奕도 "시인은 만물을 조롱하며 매 시구는 반드시 익힌다. 두보에게는 빼어난 시들이 특히 많다.[詩人嘲弄万象, 每句必須練字, 子美工巧尤多.]"(〈이재시설履齋詩說〉)라고 했다. 송대의 호자胡仔는 두보의 시를 고친 후에 "옛 사람들 글자 고치는 것 싫어하지 않음을 알게 되었다. 그렇지 않으면 밤낮으로 다듬는 시어가 어찌 있을 수 있겠는가.[乃知古人字不厭改也, 不然何以有日鍛月煉之語.]"(《초계어언총화苕溪漁隱叢話》)라고 했다. 원대의 유장손劉將孫도 "두보에게는 '새로운 시 고치고 나서 스스로 길게 읊조린다.'라고 하는 구절이 있는데, 무릇 그 시구는 그 의미에

못 미치고 글자는 마음이 편치 않음이 있다. 다른 사람이 모르는 바는 고쳐서 뜻을 얻으니 기뻐하며 길게 읊조린다는 것이다.

이 즐거움은 다른 사람에게 말해주기 어렵지만, 작자가 고심한 깊이를 스스로 안다면 바로 느낄 수 있다.[老杜有'新詩改罷自長吟'之句, 蓋其句有未足於意, 字有未安於心, 他人所不知者, 改而得意, 喜而長吟, 此樂未易爲他人言, 而作者苦心深淺自知, 正可感也.]（〈척륵집서蹠肋集序〉）라고 했다.

청대의 원매袁枚는 "시에서 한 글자만 바꾸어도 그 경계가 인간 세상과 천상계로 나뉜다.[詩改一字, 界判人天.]"（《수원시화隨園詩話》）라고 했으며, 유희재는 "편을 다듬고 장을 다듬고 구절을 다듬고 글자를 다듬으니, 이 모두는 글자를 다듬는 것으로 귀결된다. 활처로 다듬어가야지 사처로 다듬어 가서는 안 된다.[煉篇, 煉章, 煉句, 煉字, 總之是歸乎煉字, 是往活處煉, 非往死處煉也.]"（《예개·시개芸概 詩槪》）라고 했다. 이러한 것들은 모두 "연자"와 "퇴고"를 강조하면서도 또한 "성정은 나타나지만 문자는 보이지 않음"을 강조하고 있는 것이어서 서로 모순되는 것이 아닌가? 사실은 모순이 되지 않는다. "문자가 보이지 않는다"는 것은 독자들이 시의 심미적 정감과 의경 속에 빠져드는 것을 말하고 있지만, 우리의 마음 속에는 여전히 언어 문자가 있다.

왜냐하면 이러한 상황 속에서 언어 문자는 예술적 기호로써, 심미적 정감과 동일 구조로 대응하고 있기 때문이다. 우리는 〈문관군수하남하북〉이란 시의 "처음 듣고는 눈물이 옷을 가득 적셨네.", "대강 대강 서책들을 챙기는데 마음은 기뻐 미칠 듯", "즉시 파협에서 쏜살같이 무협을 지나, 곧장 양양으로 내려가 낙양으로 향하리." 등의 구절을 읽을 때 언어 문자와 시적 정감은 동시에 우리의 가슴 속에서 요동치게 된다. 그러다가 우리의 주의력이 정감으로 바뀌어 갈 때 바로 "성정은 보이나 문자는 보이지 않는" 현상이 나타나게 되는 것이다.

그러한 정감의 흥분기가 지나고 나서 주의력을 시구로 다시 돌릴 때는 또 이러한 자구의 낭낭한 음조(音調), 촉박함, 강한 인상(두보는 글자 다듬기에 많은 공을 들인 듯 하다.) 등이 생겨나게 된다. 이처럼 언어 문자는 완전히 버려지는 것이 아니라 시적 정감 속에 숨어들어 간 것이라고 할 수 있다.

한 가지 짚고 넘어가야 할 것은 "성정"을 중시하면서도 "문자"를 중시하는 이론, 또는 "성정"과 "언어"가 하나로 결합된 중국 문론의 이론들은 현대 기호학의 원리와 일맥상통하고 있다는 점이다. 예술 기호학의 기본 원리는 예술적 기호와 그것이 표현하고 있는 정감은 서로 나누어질 수 없고, 하나로 결합되어 있다는 것이다. 언뜻 보기에는 두 가지(언어와 정감) 같아 보이지만 사실은 서로 떼어낼 수 없는 하나의 유기체라는 것이다.

예술적 기호는 일반 언어가 설명하고 정감(예를 들어 기쁨이나 고통 등)을 드러내 보이는 것과는 달리, 언어의 "가리키는 것 (signified:기표)" 과 "지시할 수 있음 (signifier:기의)" 이 구분되어진다. 이와 반대로 예술 기호는 바로 표현하고자 하는 정감이기 때문에 기호와 정감 사이에는 틈이 없이 완전히 하나로 결합되어 있는 것이다. 기호가 곧 정감이고, 정감이 기호인 것이다. 수잔 랭거는 다음과 같이 말한다.

하나의 예술품이 바로 하나의 표현 형식이며, 하나의 기호이다. 그러나 그것은 자신을 초월하고 사람들의 사상적 전향이 표시되어지는 개념에서의 기호가 아니다.[60]

어휘 자체는 하나의 도구이지만, 그 의미는 그 자체의 밖에 존재한다. 일단 우리가 그 함의를 파악하게 되면 우리는 바로 이 어휘가 필요 없게 된다. 그러나 하나의 예술품은 다르다. 우리가 보거나 또는 직접 그 속에서 파악하게 되는 것은 정감이 녹아들어 있는 표상이지 정감을 나타내는 기호가 아니다. 예술적 기호의 정서적 내용은 표시되어 나오는 것이 아니라 접합 또는 드러나

---

60) (미국) 수잔 랭거(Susanne. K. Langer), 《예술이란 무엇인가》 55 페이지.

보이게 되는 것이다 .하나의 예술품은 항상 사람들에게 특별한 인상을 심어주게 되는데, 정감은 마치 직접적으로 그 아름다운 또는 완벽한 형식 속에서 존재하는 것처럼 느껴진다.[61]

　중국 문론에서는 "성정은 보이지만 글자는 보이지 않음"에 대한 깊이 있는 설명 후에 또한 "시어 다듬기"의 중요성을 강조하고 있어서 언뜻 보기에는 "역설"같아 보이지만, 사실상은 현대 예술 기호학의 원리에 부합하고 있는 것이다. 시의 세계에서 "성정"은 심미적 정감이고, "언어 문자"는 예술적 기호이다.

　"글자 다듬기"는 표면적으로 보기에는 예술적 기호의 표현력을 향상시켜 주는 것 같지만, "의미", "성정", "경계"가 글자나 단어나 시구에서 묘사하고 있는 "환상" 속에 존재하게 한다. 그래서 옛 사람들은 또한 "글자 다듬기", "의미 다듬기"를 함께 중시했던 것이다.

　그렇다면 왜 "글자 다듬기"가 필요했을까? 그것은 "시구는 의미에 부족함이 있고, 글자는 마음에 편안치 않음이 있기" 때문이다. 그러면 또 어떻게 "뜻을 다듬어야" 하는가? 이 또한 "글자 다듬기"에서부터 시작해야 한다. 예술적 기호와 시적 정감이 하나가 되는 것과 마찬가지로, "글자 다듬기"와 "의미 다듬기"는 상호보완적 합일이 필요하다.

　본 장에서는 작품의 언어, 형상, 의미의 영역의 구조에서 시작하여 문학 작품의 "지극함"으로 마무리 하였으며, 그 중간에 중국 문론 작품론의 핵심 ─ 미는 "언어 너머", "형상 너머", "운치 너머"에 있음을 보여주고, "유"에서 "무"가 생겨난다는 도가의 철학 사상의 중국 문론에 대한 지대한 영향과 그로 인한 "허실상생"이라는 중국 고전 문론의 두드러진 특징을 설명하였다. 작품 론에 있어서 반드시 "언어 너머의 의미", "상 너머의 상", "운치 너머의 운치"를 추구해 나가야 하며, 또한 이것이 작품의 미적 바탕이 됨을 설명하였다.

---

61) 위의 책 128~129 페이지.

제6장

"허정虛靜" - "역지逆志" - "품미品味"
― "지음知音" 식의 문학 독자론

"허정虛靜" – "역지逆志" – "품미品味"
— "지음知音" 식의 문학 독자론

현대 문학 이론은 다양한 사조들이 발전해왔는데, 그 중의 하나가 작가의 전기에 대한 연구에서부터 작품의 텍스트 연구로의 전환이었으며, 1960년대로 접어들면서는 독일의 수용 미학 유파의 등장과 함께 다시 독자 비평 연구로 전환하게 되었다. 현대의 영국 학자 테리 이글레톤(Terry Eagleton)은 "현애 문학 이론은 대략 세 단계로 나누어 볼 수 있다. 완전히 작가에게 몰입했던 단계(낭만주의 시기와 19세기), 작품에 대한 절대적 관심의 단계(신비평), 그리고 최근 관심을 독자에게로 전환하고 있는 단계가 그것이다."[1] 라고 했다. 독자 비평 이론은 새로운 이론이 되었다. 독작 비평 이론의 핵심은 문학은 하나의 활동으로, 작가의 창작이 필요하지만, 독자의 참여 또한 필요하다는 것이다. 독자의 참여는 피동적인 소극적인 참여가 아니라 주동적이고 적극적인 참여를 말한다. 작가에 의해 만들어진 것은 텍스트(text)에 불과하며, 이것은 독자의 읽기, 이해, 체험, 상상 등을 거쳐, 즉 독자의 "구체화"를 거쳐야만 텍스트의 의미가 방출되어 나올 수 있고, 그래야만 "작품"이 될 수 있다는 것이다.

---

1) (미국) 테리 이글레톤(Terry Eagleton), 《20세기 서양 문학 이론》 94 페이지.

모든 독자들은 작품에서 서술하고 있지 않은 부분을 보완하고 자신의 이해와 방식으로 텍스트의 공백과 불확정적 부분들을 메꿔나가게 된다. 이렇게 되면 문학 작품은 작가가 단독 작품이 아니라 작가와 독자가 공동으로 완성해 나가는 것이 된다. 독자 역시도 창작의 중요 요소가 되는 것이다. 문학 활동은 사실상 작가와 독자의 대화이자 독자와 독자의 대화이다. 문학 활동의 본질은 인간 관계 교류의 성질이다. 이것이 바로 현대 "수용 미학" 또는 "독자 반응" 비평의 기본 관점이다. "수용 미학"과 "독자 반응" 비평은 새로운 현대적 학술 관점을 확립시켰다. 본 장에서는 이러한 시점에서 출발하여 중국 고전 문론이 우리에게 제공해 주는 유익한 자원과 새로운 시사점들에 대해 살펴보고자 한다.

1. "문장의 정취는 변별하기가 어렵다.[文情難鑒]"
— 독자의 의미

중국 고전 문론에서는 "문장의 정취는 변별하기가 어렵다", "문장을 알기 어렵다"는 관점을 제기하고 있다. 이 문제는 "독자"의 의미를 부각시키고 있는 것이다. 문학 텍스트는 단지 독자에게 보낸 "초청장"일 뿐이며, 반드시 독자가 그 "초청"에 응할 때에 비로소 문학 활동이 시작되게 된다고 이해할 수 있을 것이다 독자가 없으면 "문장의 정취는 이해하기가 어렵다"는 문제가 제기될 수 없고 또한 영원히 해결 될 수도 없는 것이다.

중국 고전 문론에서는 문학 작품의 독서와 이해, 감상의 문제에 대해 "문장을 이해하는 것은 어렵다[知文難]"이라는 곤혹감과 "문장의 정취는 변별하기가 어렵다.[文情難鑒]"라는 논점을 제기하고 있다. 이 문제는 장자에게까지 거슬러 올라간다. 장자의 관념에서 최고의 존재는 "도"이다. "도"는 쉽게 찾을 수 없는 것이다. 그렇기 때문에 그의 마음 속에서 아름다움 역시도 변별하기가 어려웠다.

양주가 송나라에 갔다가 여관에서 하룻밤 묵었다. 여관 주인에게 두 명의 첩이 있었는데 그중 한 명은 미인이고 또 다른 한 명은 추녀였다. 그런데 추녀가 귀한 대접을 받고 미녀가 박대 받고 있었다. 양자가 그 까닭을 물었더니 여관의 하인이 이렇게 말했다. "미인은 스스로 아름답다고 여기는지라 제가 오히려 아름다운지 알지 못하겠고, 추녀는 스스로 추하다고 여기는지라 제가 추한지 알지 못하겠습니다."
陽子之宋, 宿於逆旅. 逆旅人有妾二人, 其一人美, 其一人惡, 惡者貴而美者賤. 陽子問其故, 逆旅小子對曰 : "其美者自美, 吾不知其美也. 其惡者自惡, 吾不知其惡也." [2]

모장과 여희는 사람들이 아름답다고 칭찬하는 사람들이다. 그러나 물고기가 그들을 보면 물속으로 깊이 들어가 버리고, 새들이 그들을 하늘 높이 날아가 버리며, 사슴들이 그들을 보면 재빨리 달아나 버리니, 이 넷 중에서 누가 천하의 올바른 아름다움을 안다고 하겠는가? 내가 보기에는 인의의 기준이나 시비의 근거가 어지럽게 뒤섞여 있으니, 내가 어찌 그것들을 구분할 수 있겠는가.
毛嬙丽姬, 人之所美也. 魚見之深入, 鳥見之高飛, 麋鹿見之決驟. 四者孰知天下之正色哉? 自我觀之, 仁義之端, 是非之塗, 樊然殽亂, 吾惡能知其辯. [3]

---

2) (전국) 장주 저, 왕셴첸 주, 《장자집해》, 《제자집성》 제3책, 128 페이지.
3) 앞의 책 15 페이지.

이 이야기에서 장자는 다른 사람의 말을 빌려 사물이 모두 상대적이라는 것임을 말하면서 유가의 인의나 윤리 도덕을 비판하고 있다. 그러나 우리는 다르게 이해해 볼 수도 있다. 즉, 장자에게서 '아름다운 첩'이나 '미운(추악한) 첩', 그리고 미녀 모장이나 여희는 모두 "텍스트"일 뿐이며, 사람들이 사물을 바라보는 시각은 모두 다르고, 누구나가 사물에 대해 자신의 선이해(先理解:독일어로 Vorverstandnis)가 있기 때문에 어진 사람 눈에는 어진 사람만 보이고 지혜로운 사람 눈에는 지혜로운 사람만 보이게 되는 것처럼 동일한 텍스트에 대해서도 서로 다른 이해나 견해가 생기는 것은 매우 자연스러운 일이라는 것이다. 여기서 비록 문학의 수용에 대해서는 언급하고 있지는 않지만 장자의 이야기 가운데서 교훈을 얻을 수 있을 것이며, 또한 문학의 "텍스트"에 대한 해독이 결코 쉬운 일이 아님을 느낄 수 있을 것이다.

"문정난감"은 유협의 《문심조룡　지음知音》 편에서 처음으로 등장한다.

> 지음(다른 사람의 예술 작품을 올바르게 이해해 주는 것)은 어렵구나. 음이 확실히 제대로 이해하기가 어렵고, 제대로 이해해 주는 사람을 만나기가 어려우니, 그러한 지음을 만나는 것은 천년에 한번 있을 정도이다.
> 知音其難哉! 音實難知, 知實難逢, 逢其知音, 千載其一乎!

> 기린, 봉황과 사슴, 꿩 사이에는 현격한 차이가 있으며, 구슬이나 옥은 조약돌이나 돌멩이와는 너무나도 다르다. 대낮에 해가 드리워 밝게 비출 때 그것을 비추어 밝은 눈으로 그 형태를 관찰할 수 있다. 그러나 노나라의 신하는 기린을 사슴이라고 하고, 초나라 사람들은 꿩을 봉황이라고 하며, 위나라 백성들은 야광주를 괴석이라 하며, 송나라 사람은 연나라의 조약돌을 보석이라고 했다. 형태가 있는 기물은 쉽게 증명할 수 있음에도 어긋나기가 이와 같으므로, 문장의

정취가 감별하기 더더욱 어려우니, 누가 감히 쉽게 구별할 수 있다고 하겠는가.

夫麟鳳与麏雉懸絶, 珠玉与礫石超殊, 白日垂其照, 靑眸寫其形. 然魯臣以麟爲麏, 楚人以雉爲鳳, 魏民以夜光爲怪石, 宋客以燕礫爲宝珠. 形器易徵, 謬乃若是, 文情難鑒, 誰曰易分.[4]

이 두 글에서 유협은 "문장의 정취가 감별하기 어려움", "다른 사람의 작품을 이해하기가 어려움"을 지적하고 있다. 하나는 작품이 그것을 제대로 이해해줄 수 있는 "지음"을 만나는 것이 "천재일우"와 같다는 것이다. 유협은 기린이나 봉황은 노루나 꿩과는 완전히 다른 것이고, 구슬이나 옥도 돌멩이와 완전히 다른 것이지만, 이처럼 쉽게 구별할 수 있는 "형태가 있는 기물"도 밝은 대낮에 조차 잘못 알아보기도 하니, 정신적 산물인 문학 작품은 감별하기가 더더욱 어렵다는 것이다.

당대의 유종원도 "문장을 제대로 이해하기가 어렵다.[知文難]"는 유명한 관점을 제기하였다. 그는 "예나 지금이나 문장이란 어렵다고 말하는데 족하는 그 어려운 까닭을 알고 있습니까? 비와 흥의 기법이 미진하다거나, 구성의 범위가 넓지 않다거나, 갈고 다듬는 것이 세련되지 않다거나, 결점을 없애지 않았다거나 하는 것을 말하는 것이 아닙니다.

문장의 성취를 얻기가 어렵고 그것을 세상 사람들이 알아주는 일은 더더욱 어렵습니다.[古今号文章爲難, 足下知其所以難乎? 非謂比興之不足, 恢拓之不遠, 鑽礪之不工, 頗纇之不除也, 得之爲難, 知之愈難耳.]"라고 하였다. 또 같은 글에서 "양웅이 죽고 나서 《법언》이 크게 유행했고, 사마천이 살아 있을 때는 《사기》가 이름을 떨치지 못했습니다. 이 두 사람의 재능으로도 오히려 그러하였는데, 하물며 이렇다 할 명성이 드러나지 않은 사람이야 말할 것이 있겠습니까.

4) (남조) 유협 저, 판원란 주, 《문심조룡주》, 713, 714 페이지.

진실로 글이 후세에 전해지지 않고 명성이 마침내 천하에서 끊어진 자가 있었습니다. 그러므로 세상 사람들이 그 문장을 알아주는 것은 더욱 어렵다고 한 것입니다.[揚雄沒而法言大興,　馬遷生而史記未振, 彼之二才, 且猶若是, 況乎未甚聞著者哉. 固有文不伝於後祀, 聲遂絶於天下者矣, 故曰知之愈難.]"[5] 라고 했다. 유협의 "문장의 정취는 감별하기 어렵다"는 말이나 유종원의 "문장의 성취를 얻기가 어렵고" "그것을 세상 사람들이 알아주는 일은 더더욱 어렵다"는 관점에 대해 후세의 많은 사람들이 동의와 찬사를 보냈다.

그렇다면, 왜 "문정난감文情難鑒"이나 "지문유난知文愈難"과 같은 상황이 출현하게 되는가? 중국의 옛 선조들은 대체로 독자와 작품이라는 두 가지 측면에서 이에 대해 분석하였다.

독자의 입장에서 보면, 독자가 텍스트를 읽을 때의 태도나 개성, 심리 상태, 학식 등의 차이가 텍스트의 이해에 영향을 미치기 때문이라는 것이다.

유협의 《문심조룡 지음》 편에서는 "문정난감"의 원인을 우선 독자의 태도와 소양의 문제 때문이라고 보았다. 즉 "옛 것을 귀하게 여기고 오늘의 것을 천하게 여기며[貴古賤今]", "자신을 받들고 다른 사람을 억누르며[崇己抑人]", 그리고 "거짓된 것을 믿고 참된 것을 미혹하는[信僞迷眞]" 이러한 태도를 가지고 있기 때문에 기린이나 봉황을 일반적인 동물과 구별하지 못하고, 구슬이나 보배를 돌멩이와 분간하지 못하는, 텍스트 자체의 의미에 접근하지 못하는 것이 이상할 것이 없다고 보았던 것이다. 이 밖에도 독자의 개성에 따른 텍스트 선택도 문제로, 유협은 "무릇 편장이 뒤섞여 있고, 질박함과 화려함이 서로 교착되어 있으며, 안목이 있는 사람들은 대부분 그 기호가 치우쳐 있으므로, 사람들이 전반적으로 살피기가 어렵다.

성품이 강개한 사람은 격앙된 소리를 듣게 되면 악기를 두드리며 박자를 맞출

---

5) (당) 유종원, 《유하동집柳河東集》 하권, 510~511 페이지.

것이고, 문학적 소양을 갖춘 사람은 치밀한 작품을 만나면 기뻐할 것이고, 경박하고 화려한 것을 좋아 하는 사람은 화려한 작품을 보면 가슴이 뛸 것이고, 기이한 것을 좋아 하는 사람은 엽기적인 작품을 보면 놀라면서 귀를 기울일 것이다. 자신의 기호에 맞으면 찬탄하고 따라 외우고 하겠지만, 자신의 기호와 다르면 보지도 않고 버릴 것이다. 제각각 자신만의 편협 된 견해에 집착하고 있어서 다양한 변화를 평가하는 것은 이른바 '동쪽을 바라보고 있어서 서쪽 벽을 보지 못하는" 것과 같은 것이다.[夫篇章雜沓, 質文交加, 知多偏好, 人莫圓該. 慷慨者逆聲而擊節, 醞籍者見密而高蹈, 浮慧者觀綺而躍心, 愛奇者聞詭而驚聽. 會己則嗟諷, 異我則沮棄, 各執一偶之解, 欲擬万端之変. 所謂'東向而望, 不見西牆'也.][6]라고 했다. 유협은 여기서 문학의 편장은 각각의 특색들을 가지고 있으며 질박함과 화려함이 서로 뒤섞여 출현하고, 또 독자들의 기호도 제각각이어서 모든 사람들이 작품을 총체적으로 이해할 수 없다고 지적하고 있다. 강개한 개성을 가진 사람은 격앙된 어조에 박자를 맞추며 칭찬할 것이고, 내성적인 사람은 함축적인 작품을 보고 기뻐할 것이며, 성격이 경박한 사람은 화려한 작품을 보고 가슴이 뛸 것이고, 엽기적인 것을 좋아하는 사람은 기이한 작품에 들썩이게 될 것이다. 자신의 마음에 맞으면 감탄을 쏟아내기만, 자신의 입맛에 맞지 않으면 내팽개쳐 버리니, 사람마다 각자의 개성이 있듯이 각양각색의 다양한 작품들에 대해서도 기호가 서로 다르다는 것이다. 유협의 말은 이러한 것들은 독자들이 작품을 읽을 때의 가장 보편적인 현상이라는 것이다. 독자들이 작품을 선택할 때 개성의 영향을 무시할 수 없으며, 또한 작품을 대할 때의 독자들의 심리 역시도 독서 효과에 영향을 미치는 중요한 요소라는 것이다. 그래서 유협은 또 "그런 까닭에 마음으로 이치를 비추는 것은 눈으로 그 형태를 살피는 것과 같으니, 눈으로 살펴서 그 형체를 구분하지 못하는

---

6) (남조) 유협 저, 판원란 주, 《문심조룡 주》, 710 페이지.

것이 없는 것처럼, 날카로운 마음이면 이르지 못할 이치가 없을 것이다.[故心之照理, 譬目之照形, 目瞭則形無不分, 心敏則理無不達.]"[7]라고 했다. 이른바 "날카로운 마음"의 문제는 바로 심리 상태의 문제인 것이다. 가장 활발한 상태의 심리에서의 텍스트 읽기만이 독자들을 작품에서 제공하고 있는 예술의 세계로 안내해 줄수 있다는 것이다.

이 밖에 독자의 학문적 지식 또한 작품을 이해하는 필수적 준비 조건이다. 이 점은 명대 송렴宋濂의 〈단애집서丹崖集序〉에서 "문장을 쓰는 것이 어려운 것이 아니라 문장을 이해하는 것이 어려운 것이다. 문장의 좋고 나쁨은 쉽게 나타나는데, 그것을 어렵다고 하는 것은 무엇 때문인가? 학문에는 얕고 깊음이 있고 식견에는 정밀함과 조악함이 있으니, 그런 까닭에 이해한다고 모두가 참된 것이 아니라 그 좋아하는 것에 따라 시시비비가 나뉘는 것이다.

수레를 비추는 보석을 물고기 눈알이라고 의심하거나, 음탕한 소리를 황종에 비유하게 되면, 수십 수백이 쫓아도 그것을 변별해 낼 수가 없다. 그래서 이 세상 사람들 중에는 과연 문장을 이해하는 사람이 있지 않다는 것인가? 그렇다고는 말할 수 없다. 형산의 옥돌은 변화 씨가 그것이 보배임을 알아보았고, 악와의 말은 구방고가 좋은 말임을 알아보았다. 만약 연 나라의 돌멩이나 비루한 말에 불과했다면, 어찌 나란히 전시되거나 탈 수가 있었겠는가? [爲文非難而知文爲難. 文之美惡易見也, 而謂之難者, 何哉? 問學有淺深, 識見有精粗, 故知之者未必眞, 則隨其所好以爲是非. 照乘之珠或疑於魚目, 淫哇之音或比之以黃鐘, 雖十百其啄, 莫能与之辯矣. 然則斯世之人, 果無有知文者乎? 曰:非是之謂也. 荊山之璞, 卞和氏固知其爲宝. 渥洼之馬, 九方皐故知其爲良. 使果燕石也, 駑駘也, 其能幷陳而方駕哉?]"라고 비교적 명확하게 설명하고 있다.

---

7) 앞의 책 715 페이지.

확실히 학문에는 깊고 얕은 차이가 있고 식견에는 정밀하고 조악한 차이가 있어서 모든 사람들이 다 작품의 참뜻을 식별해 낼 수 있는 것은 아니다. 물고기 눈과 구슬이 뒤섞여있는 상황은 언제든지 발생할 수 있는 것이며, 자신의 기호에 따라 작품에 대한 느낌을 결정하는 상황은 더더욱 흔하다.

이상으로 독자가 텍스트를 대할 때의 태도와 개성, 그리고 심리 상태나 학식 등의 측면이 독자의 텍스트 읽기에 중대한 영향을 끼치게 됨을 설명하였다.

독자가 텍스트를 읽을 때의 태도나 개성, 기호, 심리상태, 학식 등은 현대 해석학의 용어를 빌리자면 바로 독자의 "선이해"라고 할 수 있는데, 그 어떤 이해나 해석, 수용이든 모두 해석자로서의 독자의 "선이해"에 의존하게 된다. 독자는 소극적으로 그 어떤 고정된 의미를 받아들이는 것이 아니다. 의미는 작가와 독자가 공동으로 창조해 내는 것이다. 그렇기 때문에 문학 수용에 대한 독자의 "선이해(Vorverstandnis)"는 매우 중요한 것이다. 독일의 철학자 하이데거는 《존재와 시간》이라는 책에서 다음과 같이 말한다.

> 어떤 것을 다른 어떤 것으로 해석하는 것, 이것은 본질적으로 선취(Vorwegnahme), 선견(Vorsicht), 선파악(Vorgriff)을 통하여 작용하는 것이다. 해석은 언제나 미리 정해진 것이 일으키는 무전제에 대한 파악이 아니었다. 정확한 경전의 주석은 해석의 특수한 구체화로 삼을 수 있다. 그것은 "문헌적 근거"가 있다고 인용되는 것을 좋아하긴 하지만, 가장 먼저의 "문헌적 근거"라는 것은 원래 해석자의 자명하고 논쟁의 여지가 없는 선입견에 불과한 것이다.
>
> 그 어떤 해석 작업도 처음에는 모두 이러한 선입견이 필요하며, 그것은 해석을 따라 이미 "설정된" 것으로서, 선행적으로 주어진 것이다. 이것은 바로 선취(Vorwegnahme), 선견(Vorsicht), 선파악(Vorgriff) 속에서 선행적으로 주어진 것이라고 말할 수

있다.[8]

하이데거는 독자의 이해 활동의 "선취(Vorwegnahme), 선견(Vorsicht), 선파악(Vorgriff)"을 강조하였고, 독자가 텍스트를 해석할 때의 능동성을 강조하였는데, 이는 결코 텍스트의 중요성을 부정하는 것은 아니다. 실제로 문학 수용 활동은 일종의 양   향의 대화의 과정으로, 우선은 반드시 텍스트가 있어야 하며, 텍스트가 수용자에게 신호를 보내면 수용주체는 "선취(Vorwegnahme), 선견(Vorsicht), 선파악(Vorgriff)"을 가지고 텍스트에게 신호를 보내는 것이다. 이처럼 두 정보가 교환되는 과정에서 혹은 서로 취합되기도 하고, 서로 달라지기도 하며, 서로 수정되기도 하고 서로 타협하기도 하면서 마침내는 문학이 수용 활동이 구성된다는 것이다. 유협 등이 "문정난감"을 논증하면서 문학 수용 전 독자의 태도와 개성과 기호, 심리상태, 학식 등의 작용을 특히 강조했던 것은 바로 문학 수용 활동 가운데에서의 독자의 "선취(Vorwegnahme), 선견(Vorsicht), 선파악(Vorgriff)"에 대한 중시이며, 또한 그것이 "문정난감"의 중요한 원인 중의 하나라고 보았던 것이다.

"문정난감"의 두 번째 측면의 원인은 텍스트의 심미적 함의의 한계이다. 우리가 앞 장에서 언급했던 것과 마찬가지로, 고대 중국의 학자들은 "시의 지극함은 그 오묘함이 끝없는 함축에 있으며, 미묘한 사색에 있다.

그 기탁함은 말로 할 수 있고 없음 사이에 있으며, 그 의향은 이해할 수 있고 이해할 수 없음의 만남에 있다. 말은 이곳에 있고 뜻은 저곳에 있으니, 처음과 끝이 사라져 형상에서 멀어지고, 의론이 끊어져 사유가 다하게 되어 사람을 모호하고 황홀한 경지로 끌어들이기 때문에 지극해지는 것이다.[詩之至處, 妙在含蓄無垠, 思致微渺,   其寄托在可言不可言之間, 其指歸在可解不可解之會, 言在此而意在彼,

---

8) (독일) 하이데거, 《존재와 시간》 (베이징, 삼련서점, 1987), 184 페이지.

泯端倪而離形象, 絶議論而窮思維, 引人於冥漠恍惚之境, 所以爲至也.]",[9] "말로 할 수 있는 이치는 누구나가 모두 말할 수 있으니, 어찌 시인에게 있는 말이겠는가? 증험할 수 있는 사건은 누구나 다 기술할 수 있으니, 어찌 시인에게 있는 기술이겠는가? 틀림없이 말로 할 수 없는 이치가 있고 기술할 수 없는 사건이 있으니, 묵묵히 의상의 겉모습(현상)을 체득하는 데서 그것을 만나게 되면, 이치와 사건은 사람 앞에서 찬란하지 않은 것이 없다.[可言之理, 人人能言之. 又安在詩人之言之. 可徵之事, 人人能述之, 又安在詩人之述之! 必有不可言之理, 不可述之事, 遇之於默會意象之表, 而理与事無不燦然於前者也.]"[10]라고 여겼다. 시와 기타 다른 문학 작품들은 모두 이러한 불확정성과 미묘성, 심미적 형상성과 함의의 무한성을 가지고 있기 때문에 시와 기타 문학에 대한 이해는 쉽지 않은 일인 것이다. 명대의 문학가인 사진謝榛은 다음과 같이 말한다.

> 시에는 이해할 수 있는 것, 이해할 수 없는 것, 이해할 필요가 없는
> 것이 있으니, 예를 들면, 물 속의 달, 거울 속의 꽃과 같은 것들은
> 억지로 그 흔적을 찾으려 해서는 안 된다.
> 詩有可解不可解不必解, 若水月鏡花, 勿泥其迹可也.[11]

청대의 어떤 사람은 유가의 시교 관념에서 출발하여 사진의 주장을 비판하기도 했지만, 오늘날의 관점에서 보면, 이것은 완전히 시의 허실상생(虛實相生)의 유동적이고 불확정적인 심미에서 출발하여 얻은 결론으로, 매우 가치 있는 관점이라고 할 수 있다. 사실상 더 많은 시론가들은 사진의 관점을 칭찬했었다. 예를 들어 청대의 오뢰발吳雷發은 다음과 같이 말했다.

9) (청) 엽섭, 《원시》, 《청시화》 하권, 584 페이지.
10) 위의 책, 585 페이지.
11) (명) 사진謝榛, 《사명시화四溟詩話》 (베이징, 인민문학출판사, 1992), 3 페이지.

시의 자구를 억지로 해석하는 사람이 있다. 혹자는 이전 사람의 이해할 수 있고, 이해 할 수 없으며, 이해할 필요가 없는 설을 알면서도 마침내 믿지 않기도 한다. 나는 이렇게 말한다. 옛날의 명구인 "단풍이 차가운 오강에 떨어지네."라는 구절에 대해 그대는 틀림없이 '단풍은 절로 떨어지고 오강의 강물은 절로 차가운 것이며, 단풍 떨어지면 모든 곳이 추워지는데 굳이 오강이라고 할 필요가 있는가? 하물며 오강이 차가운 것은 정상적인 일이거늘 긴장할 일이 뭐가 있는가?'라고 말할 것이다. 또 "텅 빈 들보에 제비집 흙이 떨어지네."라는 구절에 대해서도 틀림없이 '들보가 있으면 제비가 있기 마련이니, 제비집 흙이 떨어지는 것이 뭐가 그리 취할 만한 것인가?'라고 말할 것이다. 설마 천추의 명구들이 아무런 흥취가 없다는 말인가? 게다가 당나라 사람들의 시에는 종소리를 "젖는다."라고 표현하고 버드나무 꽃을 "향기롭다"고 표현하는데, 그대들은 틀림없이 이를 비판할 것이다. 이러한 것들은 세밀하게 참구해 보기에 마땅하며, 억지로 해석해서는 안 되는 임을 알지 못한다. 심하구나, 알 만한 사람들의 말이.

有强解詩中字句者. 或述前人可解不可解不必解之說曉之, 終未之信. 余曰: 古來名句如"楓落吳江冷", 就子言之, 必曰楓自然落, 吳江自然冷, 楓落則隨處皆冷, 何必强曰吳江? 況吳江冷亦是常事, 有何吃緊處? 卽"空梁落燕泥", 必曰梁必有燕, 燕泥落下, 亦何足取? 不幾使千秋佳句, 興趣索然哉? 且唐人詩中, 鐘聲曰"濕", 柳花曰"香", 必來君輩指摘. 不知此等皆宜細參, 不得强解. 甚矣, 可爲知者道也.[12]

12) (청) 오뢰발吳雷發, 《설시영괴說詩营蒯》, 《청시화淸詩話》 (상하이, 상하이고적출판사, 1982) 하권, 900 페이지.

이러한 것들은 확실히 좋은 예들이라 하겠다. 많은 시와 기타 작품들이 위에서 서술하고 있는 심미적 특징으로 인해 단열(斷裂)과 공백, 암시가 생겨나고, 말로는 전할 수 없고 마음으로만 느낄 수 있을 뿐이다. 그래서 "이해를 할 수가 없고", "이해를 할 필요가 없는" 것이며, 또한 "이해할 수 있고 이해 할 수 없음"의 중간에 있게 되는 것이다.

독자의 "선이해"의 차이와 문학 수용 대상의 심미적 특징으로 인해 중국 고전 문론에서는 "문정난감文情難鑒"과 "지문난知文難"의 문제를 제기하게 되었던 것이다. 이 문제의 제기는 "독자"의 의미를 더욱 부각시켰다. 우리는 이렇게 이해할 수 있을 것이다. 문학 텍스트는 단지 독자에게 "초청장"을 보낸 것일 뿐, 독자가 그 "초청"을 받아들여야만 문학 활동이 일어날 수 있는 것이라고. 독자가 없으면 "문정난감"의 문제가 제기 될 수 없을 뿐만 아니라 그 문제를 영원히 해결할 수도 없다. 만약 문학 수용 활동이 독자의 능동성으로 개방되지 않는다면, "문정난감"은 영원히 "문정난감"이게 되며, 그렇게 되면 "문정난감"의 문제는 자동으로 사라지지 않게 될 것이다. 다르게 말하면, 문학의 세계에서 유일하게 작가만이 중요한 것이 아니며, 독자는 있어도 되고 없어도 되는 그런 존재가 절대 아니라는 것이다. 독자와 작가는 문학의 "동전"의 양면과 같은 것이다. 작가에 의해 창작된 텍스트는 "죽은" 것이고, 독자만이 그것을 살릴 수 있다. 텍스트는 풍부한 함의를 가지고 있어서 "문학의 정취는 감별하기가 어려운 것이다." 또한 텍스트의 함의가 풍부해질수록 "문학의 정취"는 더욱 "감별하기 어려워"진다.

결국에는 "문정난감"은 독자의 독서를 통한 이해라는 실천 속에서만 비로소 해결될 수 있는 것이다. 그리하여 "문정난감"의 관점은 반드시 독자의 창조력을 충분히 이끌어 내고 독자와 텍스트 간의 교류와 대화를 실현시켜야만 문학 수용 활동의 목표가 충분히 실현될 수 있음을 암시해주게 된다.

2. "허정虛靜"과 "무기無己" — 독자의 마음과 심리상태

서양의 미학과 시학 역시도 심미의 무공리성을 강조한다. 그러나
그들은 단지 순간적인 심리적 정향(定向)의 조정을 통해 공리에
대한 생각을 잠시 동안만 접어둠으로써 심미적 주의력을 형성해야
함을 강조할 뿐이다. 장자의 허정의 경지는 오랜 수양을 통해
자신의 마음과 인격적 심리 상태 모두가 "거욕去欲"과 "무기無己"의
경지에 도달할 것을 요구한다. 즉 이른바 "희노애락의 감정이 가슴
속에 침입하지 않게 한다"는 것이다.

그렇다면, 어떻게 "문정난감"의 곤경을 극복할 수 있을까? 중국 문론에서는
"허정虛靜"설을 제시하였다. 이른바 "허정"은 독자의 포부와 심경의 입장에서
말하는 것이다. 독자는 허정(虛靜), 무기(無己), 심재(心齋)의 경지에서 비로소
진정으로 작품 속 예술 세계에 들어갈 수 있다는 것이다. 옛 중국 사람들은 작가의
창작이 허정의 경지에 들어서야 할 뿐만 아니라 독자의 작품 감상 역시도 허정의
경지에 들어서야 한다고 보았다. 왜냐하면, 창작과 감상의 과정은 도가의 도에 대한
체득의 과정과 일치하기 때문이다.

"허정"설의 핵심은 장자의 도를 추구하는 이상적 인생관으로, 도는 전체 우주와
인생을 결정하는 절대 정신으로, 세상만사와 만물을 주재하고 아름다움을 주재하는
것이다. 장자는 최고의 미는 현상계에 있는 것이 아니라 "도"라는 이 본체계에
있다고 보았다. 혹자는 "도"가 바로 객관적으로 존재하는 최고의 미라고 말하기까지
한다. 장자는 "천지자연은 큰 아름다움을 지니고 있으면서도 그것을 말로 표현하지
않으며, 사계절은 밝은 법칙을 가지고 있으면서도 따지지 아니하며, 만물은 일정한
이치를 가지고 있으면서도 말하지 않는다.

성인이란 천지의 아름다움에 근원하여 만물의 이치에 통달한 사람이다.
이런 까닭에 지극한 사람은 하는 것이 없고, 큰 성인은 함부로 하지 않으니,

천지자연을 살핌을 이르는 것이다.[天地有大美而不言, 四時有明法而不議, 万物有成理而不說. 聖人者, 原天地之美而達万物之理, 是故至人无爲, 大聖不作, 觀於天地之謂也.]"[13]라고 했다. 장자의 마음 속에서 천지를 살핀다는 것은 곧 "도"를 살핀다는 것이며, 또한 천지자연의 "큰 아름다움"을 살핀다는 말이다.

도와 아름다움은 둘이면서도 하나인 것이다. 어떤 의미에서는 가장 좋은 시는 바로 "큰 아름다움"의 하나이며, 시와 도(道) 역시도 둘이면서도 하나인 것이라고 할 수 있다. 만약 장자도 시를 주장했다고 한다면, '도' — '아름다움' — '시', 이 삼자가 하나의 사슬 위에 있다고 할 수 있다. 문제는 사람들이 어떻게 '도' — '아름다움' — '시'에 접근하고 파악할 수 있느냐는 것이다. 장자는 "허정"의 정신 상태로 진입해야만 가능하다고 보았던 것이다. 장자는 〈천도天道〉 편에서 이렇게 말한다.

> 허정으로써 천지에 미루어 만물에 통하게 함을 말하는 것이니, 이를
> 일러 천락이라 한다.
> 言以虛靜, 推於天地, 通於万物, 此之謂天樂.[14]

의미는 허정의 마음을 천지 간에 널리 확대시키고, 만물에 두루 통달하게 하는 이것을 천락이라고 한다는 말이다. 천락은 바로 도이며, 또한 가장 아름다운 시라고 할 수도 있다. 그러므로 사람들이 '도—아름다움—시'라는 이 연쇄 고리에 접근하기 위해서는 허정의 상태가 아니고서는 안 된다는 말이다.

그렇다면 어떻게 해야 허정의 상태에 들어설 수 있을까? 장자는 "거욕去欲:욕망을 없애다."과 "무기無己:자기를 내세우지 않는다."를 제시하였다. 〈대종사大宗師〉 편에서 여도사 여우女禹의 입을 빌려 도를 배우기 위해선 우선 "천하를 잊고[外天下]", "만물을 잊고[外物]", "삶을 잊어야[外生]"하며, 그런 후에 "아침 햇살과 같은

---

13) (전국) 장주 저, 왕셴쳰 주, 《장자집해》, 《제자집성》 제3책, 138 페이지.
14) (전국) 장주 저, 왕셴쳰 주, 《장자집해》, 《제자집성》 제3책, 82 페이지.

도의 경지에 이르고[朝徹]" "홀로 우뚝 선 도를 볼 수 있다[見獨]"고 설명하고 있다. 이른바 "천하를 잊는다"는 말을 세상사의 방해를 받지 않는다는 말이며, "만물을 잊는다"는 말은 물욕을 없앤다는 말로, 가난함과 부유함, 얻음과 잃음을 따지지 않는다는 말이다. 이른바 "삶을 잊는다"는 말은 삶과 죽음을 초월한다는 말이다.

어쨌든, 일체의 공리적 사상의 속박을 벗어나야만 비로소 맑고 밝고 분명한 도의 경지("조철朝徹")에 이를 수 있으며, 또한 아무것에도 의지하지 않은 독립적인 도의 경지를 보게 되어("견독見獨"), 천지의 큰 아람다움에서 노닐며 유유자적한 시의 세계에 들어갈 수 있다는 말이다. 장자는 〈각의刻意〉 편에서 "담담히 다함이 없으면 뭇 아름다움이 따르게 된다[澹然無極, 而衆美從之.]"[15] 고 더욱 분명하게 말하고 있다. "담담히 다함이 없는" 경지에 이르게 되면, 즉 "자신을 내세우지 않고", "욕심을 없애고" "천하를 잊고" "만물을 잊고", "삶을 잊는" 아무런 공리주의적 생각이 없는 경지에 이르게 되면 '도道—아름다움[美]—시詩'라는 이 사슬을 발견할 수 있게 된다는 것이다.

지적하고 싶은 것은 서양의 미학이나 시학에서도 심미의 무 공리성을 주장하지만, 그들은 다만 순간적인 심리적 정향의 조정을 통해 잠시 동안만 공리주의적 생각을 접어둠으로써 심미적 주의력(aesthetic attention)을 형성할 것을 강조한다. 그에 반해 장자의 허정의 경지는 오랜 수양을 통해 자신의 마음과 인격적 심리 상태 모두가 "거욕"과 "무기"의 경지에 도달할 것을 요구한다. 즉 이른바 "희노애락의 감정이 가슴 속에 침입하지 않게[喜怒哀樂, 不入於胸次]" 해야 하며, 심지어는 "지인至人", "신인神人"이 되어야 한다는 것이다. 만약에 마음 과 인격이 이러한 수준에 도달하지 못하게 되면 허정의 경지는 만들어지지 않으며, 감상에 필요한 심미적 주의력 또한 형성될 수가 없는 것이다. "거욕"과 "무기"는 허정의 핵심이며, 기타는 모두 이를 둘러쌓고서 나온 것이다.

---

15) 앞의 책 96 페이지.

그렇다면 어떻게 해야 "자신을 내세우지 않고" "욕망을 없애" 심미적 마음과 인격을 형성시켜 허정의 상태로 들어가게 할 수 있을까? 그것은 바로 "심재心齋"와 "좌망坐忘"의 실천을 통해 "객체화[物化]"에 도달하는 것이다. 《장자·달생達生》편에서는 "목수인 경이 나무를 깎아 악기걸이를 만드는[梓慶削木爲鐻]" 이야기가 실려 있는데, 목수 경이 그렇게 높은 기술을 가지고 있는 것은 완전히 그가 "심재"를 실천하고 있기 때문이라는 것이다.

그는 "3일간 재계를 하면 감히 상으로 받는 물건이나 작록 따위를 마음에 품지 않게 되고[齋三日, 而不敢懷慶賞爵祿.]", "오일을 재계하면 자기 작품에 대한 세상의 毁譽나 작품의 잘 되고 못 됨에 대한 생각을 마음에 품지 않게 되고[齋五日, 不敢懷非譽巧拙]", "7일간 재계를 하면 가만히 움직이지 않는 채로 내가 사지와 육체를 가지고 있다는 것조차 잊어버리고 만다.[齋七日, 輒然忘吾有四枝形体也.]"라고 말한다.

이것은 사실상 심재를 통하여 "좌망"에 이른 것이다. "좌망"은 일종의 "객체화"된 경지이다. 사람과 대상이 하나가 되고, 주체와 객체가 하나가 되는 것이다. 이른바 "자연스러운 본성으로 나무의 자연스런 본성과 합치 하는 것[以天合天]", 이것이 바로 이러한 "객체화"의 경지인 것이다. 《장자·달생達生》편에서는 또 다른 재주가 뛰어난 장인의 이야기도 수록하고 있다.

> 공수는 손으로 그림을 그리는 것이 그림쇠와 곱자를 쓰는 것보다 더 정확했다. 그의 손가락이 만물과 일체가 되니 마음 속으로 염두에 둘 필요가 없었다. 그런 까닭에 그의 내면은 한결 같아서 구속됨이 없었다. 발을 잊어버리니, 신발이 편안했고, 허리를 잊어버리니 허리띠가 꼭 맞았다. 시비를 잊어버릴 줄 알았으니, 마음이 편안했다. 내면을 지키고 바깥 사물에 끌려가지 않으니, 일에 부딪혀도 편안했다. 편안함에서 시작하니, 편안하지 않은 일이 없었던 것은 편안함의 편안함조차도 잊었기 때문이었다.

工倕旋而蓋規矩, 指与物化, 而不以心稽, 故其靈台一而不桎. 忘足,

履之適也. 忘腰, 帶之適也. 知忘是非, 心之適也. 不內変, 不外從,

事會之適也. 始乎適而未嘗不適者, 忘適之適也.[16]

　　장인 공수가 원을 그릴 때면 그림쇠나 곱자를 뛰어넘고(그림쇠나 곱자보다
더 정확하고), 손가락과 사물과 하나가 되니, 어느 것이 손가락이고 어느 것이
기물인지를 알 수가 없다는 것이다. 또한 마음으로 생각할 필요가 없기 때문에 그의
마음은 순일해지고 통달하게 되었다. 발을 잊은 것은 신발이 발에 꼭 맞기 때문이며,
허리를 잊은 것은 허리띠가 허리에 꼭 맞기 때문이다.

　　시시비비를 잊은 것은 마음이 편안했기 때문이었다. 내면은 한결 같아 변화가
없고, 또한 바깥 사물에 끌리지 않았으니, 이는 처지가 딱 맞았기 때문이었다. 그의
심성은 본래부터 자연에 적응하였고, 바깥 사물과도 적응하지 못함이 없었으니,
이것을 일러 "편안함조차 잊은 편안함"이라고 하는 것이다. 이러한 "편안함조차
잊은 편안함"은 바로 "객체화"의 경지인 것이다. 이러한 경지 가운데에서 사람의
마음은 유래 없는 자유를 얻게 되어, 내가 만물임을 알지 못하고 또한 만물이 나
임을 알지 못하니, 나와 만물이 하나가 되고, 주체와 객체 사이에 지극한 조화
상태에 이르게 된다. 이것이 바로 예술 활동(창작과 감상을 포함하여)에 가장
적합한 상태이다.

　　그렇다면 허정이나 심재, 객체화는 사람들에게 어떤 창작과 감상의 경지를
가져다 줄 수 있을까? 이것은 예술 활동에 필요한 응신凝神과 대명大明의 경지이다.
무엇이 "응신"인가? 장자에 나오는 "곱사등이의 매미잡기"라는 이야기를 보자.

　　　　중니(공자)가 초나라로 갈 적에 어떤 숲 속으로 나가다가 곱사등이

---

16) (전국) 장주 저, 왕셴첸 주, 《장자집해》, 《제자집해》 제3책, 120페이지.

노인이 매미를 마치 물건을 줍는 것처럼 손쉽게 잡는 것을 보고서, "재주가 좋으시군요. 무슨 비결이라도 있습니까?"라고 묻자, 노인은 "비결이 있지요. 대여섯 달 동안 손바닥 위에 둥근 구슬 두 개를 포개놓아도 떨어뜨리지 않을 정도가 되면 매미를 잡을 때 잡는 경우보다 놓치는 경우가 적어지고, 구슬 세 개를 포개놓아도 떨어뜨리지 않을 정도가 되면 매미를 잡을 때 놓치는 경우가 열 번에 한 번 정도가 되고, 구슬 다섯 개를 포개놓아도 떨어뜨리지 않을 정도가 되면 마치 땅에 떨어진 물건을 줍는 것처럼 매미를 잡게 됩니다. 그때 나는 내 몸을 나무 그루터기처럼 웅크리고 팔뚝은 시든 나무의 가지처럼 만들어서 비록 천지가 광대하고 만물이 많지만 오직 매미날개만을 알 뿐입니다. 나는 돌아보지도 않고 옆으로 기울지도 않아서 만물 중 어느 것과도 매미날개와 바꾸지 않으니 어찌 매미를 잡지 못하겠습니까."라고 했다. 공자가 제자들을 돌아보며 "뜻을 씀에 나누지 않고 정신을 하나로 모은다는 말은 바로 이 곱사등이 노인을 두고 한 말일 것이다."라고 했다.

仲尼適楚, 出於林中, 見佝僂者承蜩, 猶掇之也. 仲尼曰:"子巧乎! 有道邪?"曰:"我有道也. 五六月累丸二而不墜, 則失者錙銖. 累三而不墜則失者十一. 累五而不墜, 猶掇之也. 吾處身也, 若厥株拘. 吾執臂也, 若槁木之枝. 雖天地之大, 万物之多, 而唯蜩翼之知. 吾不反不側, 不以万物易蜩之翼, 何爲而不得!"孔子顧謂弟子曰: "用志不分, 乃凝於神, 其佝僂丈人之謂乎!"[17]

이 이야기는 허정의 정신 상태에 이르게 되면 사람의 주의력이 고도로 집중되어

---

17) (전국) 장주 저, 왕셴첸 주, 《장자집해》, 《제자집해》 제3책, 115~116 페이지.

응신의 경지에 이르게 되고, 그러면 어떤 일에도 정신을 집중할 수 있어서 최고의 경지에 오를 수 있음을 말해준다. 사실, 텍스트의 아름다움을 발견하는 것 역시도 이와 같은 허정의 정신 상태에 의한 "응신凝神"의 주의력이 필요하다. 마음이 분산되고 주의력이 집중 되지 못하면 어떤 일도 할 수 없으니, 텍스트를 이해하는 것도 마찬가지인 것이다.

　더욱 중요한 것은 허정이 사람으로 하여금 "대명大明"의 작용을 얻게 해 준다는 점이다. 장자는 〈천도天道〉 편에서 이렇게 말한다.

> 성인의 고요함은 고요한 것이 좋은 것이라고 해서 억지로 고요하게 하고 있는 것이 아니라 만물 중에서 어느 것도 족히 성인의 마음을 뒤흔들 만한 것이 없기 때문에 저절로 고요해지는 것이다. 물이 고요하면 그 밝음이 수염이나 눈썹까지도 분명하게 비추어 주고 그 평평함이 수준기에 딱 들어맞아 목수가 기준으로 취한다. 물이 고요함이 더더욱 이처럼 밝은데 하물며 정신은 어떠하겠는가. 성인의 고요한 마음은 천지의 거울이요 만물의 거울이다. 쉬면 마음이 비게 되고, 마음이 비면 충실해지고, 충실해지면 차례가 갖추어지게 된다. 마음이 비면 고요해지고, 고요해지면 움직이게 되고 움직이면 바라는 것을 얻을 수 있게 된다.
>
> 聖人之靜也, 非曰靜也善, 故靜也. 万物無足以撓心者, 故靜也. 水靜則明燭鬚眉, 平中准, 大匠取法焉. 水靜猶明, 而况精神! 聖人之心靜乎天地之鑒也, 万物之鏡也. 休則虛, 虛則實, 實則倫矣. 虛則靜, 靜則動, 動則得矣.[18]

---

18) (전국) 장주 저, 왕셴첸 주, 《장자집해》, 《제자집해》 제3책, 81 페이지.

장자는 '성인의 고요함은 교오함이 좋아서 일부러 고요하게 만드는 것이 아니다. 만물이 사람의 마음을 방해하지 못하는 이것이 바로 고요함이다.

물의 고요함은 눈썹까지도 분명하게 비추어주고, 그 잔잔함은 장인이 수준기의 표준으로 삼을 정도이니, 물의 고요함이 대명의 수준이니 사람의 정신은 어떠하겠는가?'라고 하면서 '성인의 평정한 마음은 천지를 비추는 거울이요 만물을 비추는 거울'이라고 했다. 이러한 허정에 머물게 되면 마음도 정신도 텅 비고 밝아지게 되고, 마음과 정신이 텅 비고 밝아지니 만물을 담을 수 있게 되므로 충실해지게 되고, 충실해지게 되면 자연의 도리에 맞게 된다는 것이다. 또한 텅 비게 되면 고요해져서 자연의 운동 법칙에 맞게 되고, 자연의 운동 법칙에 맞게 되면 필연적으로 생장하게 된다는 것이다. 여기서 말하고 있는 허정은 대명의 경지에 들어가는 이치이며, 인간의 정신이 허정 상태에 놓이게 되면 인간의 시야와 마음은 비교할 수 없을 정도로 확대되어 세상의 만물을 모두 수용할 수 있게 된다고 설명하고 있다.

이후 중국 시학은 장자의 이러한 사상을 크게 발전시켜 나가게 된다. 예를 들어, 유협의 "문장의 사색을 도야함은 허정에 귀함이 있다.[陶鈞文思, 貴在虛靜]"이나 "사계절이 차례로 돌고 돌아도 흥으로 들어섬은 한가로움을 귀하게 여긴다.[四序分回, 入興貴閑]"는 논점이나 그리고 유우석이 "능히 욕망을 멀리하면 마음이 텅 비게 되고, 텅 비게 되니 만물의 풍경이 들어오게 되는 것이다.[能離欲, 則方寸地虛, 虛而万景入.]"라고 제기한 논점, 그리고 소식이 〈송참료사送參寥師〉라는 시에서 제기한 "시어 오묘하게 하고자 하면, 텅빔과 고요함 싫어하지 말게나. 고요한 까닭에 뭇 움직임을 깨닫고, 텅 빈 까닭에 뭇 경지를 담을 수 있다네.[欲令詩語妙, 無厭空与靜, 靜故了群動, 空故納万境.]"와 같은 주장들은 모두 장자에게서 가져온 것이며, 또한 장자의 사상을 발전시킨 것이다.

이러한 이론들을 문학 수용 활동에 대한 해석에 적용해 보면, 이러한 수용 활동 속에서 독자에게 허정의 마음과 청정심이 없다면 그것은 텍스트의 함의를 받아들여 텍스트의 아름다움을 발견해 내는 문제까지 걸리게 된다고 말할 수 있다.

장자의 허정설은 영국 학자 벌로프(Edward Bullough)의 "심리적 거리"설과도 유사한 점이 있다.

벌로프는 (장자보다 2천여 년 늦은) 1912년에 《예술 속의 요소와 미학 원리로서의 심리적 거리》라는 제목의 논문에서 "심리적 거리(psychical distance)"설을 제기했다. 벌로프가 규정한 "심리적 거리"의 개념은 시간이나 공간적 거리가 아니라 사물을 바라볼 때 사물과 자신과의 실제적 이해관계 사이에 끼어드는 "거리"로, 우리로 하여금 다른 시각으로 세상을 바라보게 해 주는 것을 말한다. 벌로프는 "해무 속의 항해"를 예로 들었다. 항해 중에 짙은 해무가 끼게 되면 이는 선원들이나 승객 모두에게 아주 번거로운 일이다. 아무것도 안 보이는 해무 속에서 선원들은 항해 방향을 분간하지 못하게 될 것이고, 배가 암초에 부딪히지나 않을까 걱정하게 될 것이다. 그러면 정신적으로 극도로 긴장하게 되고 마음 속으로 걱정에 싸이게 될 것이다.

승객들도 선원들의 걱정 이외에도 항해 속도가 늦어져 여행 일정에 차질이 생기지나 않을까 노심초사 불안해하게 될 것이다. 어쨌든 짙은 해무는 선원과 승객 모두의 마음을 불안하게 할 것이고 심지어는 공포에 휩싸이게 할 것이다.

그러나 벌로프는 만약 선원과 승객들이 잠시 짙은 해무가 야기하는 번거로움을 잊어버리고 위섬과 실재에 번민을 모두 떨쳐버리고 주의력을 대무가 만들어내는 객관적인 풍경에 집중하게 되면, 바다 위의 해무는 짙은 정취와 기쁨의 원천으로 변하게 될 것이라고 말한다. 왜냐하면, 망망대해의 해무가 만들어낸 바다와 하늘이 하나가 되는 풍경은 마치 속이 다 비치는 얇은 천처럼 기묘하기 짝이 없는 그림을 그려내게 될 것이기 때문이다. 세상사를 벗어난 적막함은 사람들에게 고요함과 평안함, 자유, 그리고 쾌적함을 선사해주게 될 것이기 때문이라는 것이다. 이처럼 전후의 서로 다른 느낌은 어떻게 생겨나게 되는 것일까? 벌로프는 이것이 "거리가 중간에서 방해하여 야기되는 것"이라고 말한다.

앞의 상황에서는 해무와 우리 자신의 이익과 완전히 겹쳐져 있기 때문에 그 중간에 "거리"가 존재하지 않는다. 우리는 일반적인 시선으로 해무를 바라보기 때문에 해무가 우리에게 가져올 재난만을 생각하게 되는 것이다. 뒤의 상황에서는 해무와 우리 자신의 직접적인 이익 사이에 일정한 "거리"가 끼어들게 되고, 우리는 다른 시각에서 해부를 바라보기 때문에 해무가 만들어내는 아름다운 객관적 풍경을 볼 수 있게 되는 것이다. 벌로프가 말하는 "거리"는 일반적인 시 공간의 거리가 아니라 비유적 의미의 거리이다. 이러한 거리의 개입은 자기 자신의 심리적 조정에 의한 것이기 때문에 이것을 "심리적 거리"라고 하는 것이다.

"심리적 거리"설의 핵심은 심미적 체험이라는 공리와 무관한 특징을 강조하는 것이다. 벌로프는 사물은 양면성을 가지고 있는데, 한 면은 "정상 현성"이고 다른 한 면은 "이상 현상"이라고 했다. 이른바 "정상 현상"의 일면은 사물과 인간의 공리적 욕망과 연결된 일면으로, 일반적인 상황에서 사물의 "정상 현상"의 일면이 가장 강력한 실재적 흡인력을 가지게 된다. 그렇기 때문에 우리의 마음은 항상 이 면으로 치우치게 되며, 그래서 우리는 항상 공리적 욕망에 구속되어 아름다움을 보아내지 못하게 되는 것이다. 일상적 공리주의적 욕망의 지배를 받지 않는 상황에서만 우리는 사물을 일정한 거기 밖에 두고서 관찰 할 수 있으며, 그리하여 사물의 아름다움을 발견하게 되는 것이다. 이로써 우리는 심미적 심리 거리는 심미 주체가 공리적 욕망을 버리는 조건에서만 획득될 수 있음을 알 수 있다.

"허정"설이든 아니면 "심리적 거리"설이든 모두 심미가 현실적 공리주의적 욕망의 구속을 벗어나 내면이 일종의 "맑고 깨끗한" 상태에 있어야 비로소 "텍스트"의 아름다움을 읽어낼 수 있다고 본다. 이러한 점이 서로 상통하기 때문에 중국과 서양의 심미 이론에도 서로 유사한 점이 있다고 말할 수 있는 것이다. 즉 심미의 순간에는 반드시 공리적 욕망을 멀리해야만 미감을 얻을 수 있다는 것이다.

그러나 장자의 "허정"설과 벌로프의 "심리적 거리"설은 또한 큰 차이점을 가지고 있다. "허정"설은 마음에 관한 이론이며, "심리적 거리"는 주의력에 관한 이론이라는 점에서 양자는 확연히 다르다고 할 수 있다. 인간의 마음으로서의 "허정"의 세계는 오랜 수양을 통해서 비로소 자신의 마음이 무 공리적 경지에 이르게 할 수 있으며, 이로써 세계의 "이상 현상"을 볼 수 있고, 아름다움을 느낄 수 있는 것이다. 서양의

"심리적 거리"는 일종의 주의력의 조절이자 심리적 정향의 임시적 전환으로 인격적 심리와는 무관한 것이다. 벌로프가 말하고 있는 "해무 속 항해"의 예는 주의력이 "정상적 현상"의 공리적 측면에 있다고 한다면 그렇기 때문에 일정의 안배에 영향을 주어 조급하게 만들거나 또는 배가 암초에 부딪히지나 않을까 하는 두려움을 갖게 만드는 것이다. 그러나 만약 우리가 주의력을 이 방면에 두지 않게 되면 공리적 욕망에서 벗어나 "심리적 거리"를 얻어 아름다움에 대한 체험을 할 수가 있는 것이다.

심리적 거리설의 기본 사상은 심미 과정에서의 임시적 자아 정신의 조정이므로, 바로 임시적 공이라고 할 수 있다. 허정설과 "심리적 거리"설의 차이점은 중국 문화와 서양 문화의 차이를 반영해주는 것으로, 중국 문화 속에서는 항상 점진적인 배양을 말하고, 반면 서양의 문화에서는 조정과 급진을 말하는 것이다. 여기서 특별히 짚고 넘어가야 할 점은 문학의 수용 활동에서 독자는 심미적 마음을 가져야 하며, 또한 주의력을 집중해야 한다. 그러므로 오늘날의 우리가 사용하기 위해서는 중·서의 두 고전 이론은 상호 보완이 필요한 것이다.

3. "독자의 마음으로 작가의 마음을 헤아린다.[以意逆志]"
— 독자 수용 과정의 대화적 성질

"작가는 일치된 생각을 사용하고, 독자는 각자 자신의 정감으로 스스로 체득한다.[作者用一致之思, 讀者各以其情自得]" 작가가 작품 속에 녹여 넣는 "일치된 생각"은 작가 자신의 체험과 이해 등에 의해 결정되는 그 누구도 바꿀 수 없는 것이다. 그러나 작품에 대한 독자의 감상과 독특한 이해는 "각자의 정감으로 스스로 체득하는 것"으로, 이는 또한 독자 자신의 "선이해"에 의해 결정되는 것이며, 작가를

367

포함한 그 어떤 다른 사람이라도 바꿀 수 없는 것이다. 작가와 독자는 서로 대화를 이어갈 뿐이다.

그렇다면 문학 수용의 본질에 있어서 중국 고전 문론은 정확한 인식이나 탁월한 견해들을 제공하고 있는가? 여기서는 현대의 "수용 미학" 관념과 가장 유사한 "이의역지以意逆之"설을 가지고 설명하도록 하겠다.

"이의역지"설은 선진 시기 맹자가 처음으로 주장했다. 이는 춘추 전국 시대의 시가 인용 활동과 밀접한 관계가 있다. 당시 외교적으로든 내부적으로든 여러 상황에서 시가 인용(이 또한 일종의 문학 수용 활동이다.)이 상당히 보편화 되어 있었다. 그러나 시를 인용 할 때, 사람들은 시의 원 의미는 그다지 중시하지 않았다. 《좌전》의 말을 빌리면, "시를 읊을 때 필요한 뜻만을 취하는 것이니, 나는 내가 원하는 것만을 취할 뿐이다.[賦詩斷章, 余取所求.]"라고 했으니, 오늘의 말로 표현하자면 바로 단장취의(斷章取義)로, 자신이 필요한 부분만을 취한다는 것이다. 맹자는 이러한 현상에 대해 매우 불만이었다. 동시에 《시경》에서 표현하고 있던 관념도 현실과는 모순되었기 때문에 이 모순을 어떻게 해결할 것이냐는 것 역시도 맹자가 고심했던 문제였다. 이것이 바로 맹자가 "이의역지"의 시 해석 방법을 내세우게 된 배경이다. 《맹자 만장상万章上》편에서는 다음과 같이 말한다.

> 함구몽이 말하길, "순이 요임금을 신하로 삼지 않았다는 것에 대해서는 제가 이미 가르침을 들었습니다만, 시경〈북산(北山)〉에 이르기를 '온 하늘 아래가 왕의 땅이 아닌 곳이 없으며, 온 땅의 안에 왕의 신하가 아닌 자가 없다.' 하였으니, 순이 이미 천자가 되셨는데, 고수를 신하로 삼지 않으셨다는 것은 어째서 입니까?"라고 했다. 이에 답하길, "이 시는 그런 뜻이 아닐세. 이 시를 지은 자가 나랏일에 힘쓰느라 부모를 봉양할 수 없어서 탄식하기를 '이것은 나랏일이 아닌 것이 없는데, 나만이 홀로

어질다 하여 고생한다.'고 한 것이네. 그러므로 시를 해설하는 자는 한 글자 때문에 한 구절의 말을 오해하지 말고, 한 구절의 말 때문에 시 본래의 뜻을 오해하지 말며, 시를 보는 자신의 마음으로 시를 지은 시인의 뜻을 헤아려보아야 시를 알 수 있는 것이네. 만일 한 구절의 말만 가지고 본다면, ≪시경≫의 〈운한〉 편에 이르기를 '주나라에 남은 백성이 하나도 없다.' 하였으니, (이는 가뭄을 걱정하여 지은 시인데,) 이 내용을 사실로 믿는다면, 이것은 주나라에 한 명도 살아남은 백성이 없는 것이 된다네."라고 했다.

咸丘蒙曰:"舜之不臣堯, 則吾旣得聞命矣. 詩云, '普天之下, 莫非王土. 率土之浜, 莫非王臣.' 而舜旣爲天子矣, 敢問瞽瞍之非臣, 如何?"曰: "是詩也, 非是之謂也. 勞於王事而不得養父母也. 曰: '此莫非王事, 我獨賢勞也.' 故說詩者, 不以文害辭, 不以辭害志, 以意逆志, 是爲得之. 如以辭而已矣, 〈雲漢〉之詩曰: '周余黎民, 靡有孑遺.' 信斯言也, 是周無遺民也."[19]

여기서 맹자가 두 수의 시를 해독하면서 시 해석이 단장취의해서는 안되며, 시 전체에서 출발하여 시에 대한 자신의 이해로 시인의 본 의미에 접근해 가야 한다고 설명하고 있다. 구체적으로 말하면, 맹자는 여기서 그의 학생인 함구몽이 《소아·북산小雅·北山》이란 시를 편협하게 이해하는 것을 비판하고 있다. 함구몽의 생각은 시에서 "온 하늘 아래" "왕의 신하 아닌 사람이 없다"고 했는데, 순 임금이 황제이면서도 왜 요(堯)와 고수(瞽瞍:맹인)을 신하로 삼지 않았느냐는 것이다. 이것은 모순이 아니냐는 것이다.

이에 맹자는 함구몽의 이 시에 대한 이해가 틀렸다고 말한다. 시인의 원래 의도는

---

19) (전국) 맹가孟軻 저, 쟈오쉰焦循 주, 《맹자정의孟子正義》, 《제자집성》 제 1책, 376~377 페이지.

불만을 토로하면서 임금이 나라의 일을 평등하게 처리하지 못함을 원망한 것으로, 그 의미는 온 하늘 아래 사람들이 모두 왕의 신하라고 한다면 나라의 일도 모두가 공평해야지 능력이 있다고 해서 왜 자신만이만 부모님도 제대로 돌 볼 수 없을 정도로 혼자서 힘들게 고생을 해야 하느냐는 것이라고 말한다.

위에 인용된 구절의 뒤에는 중요한 "대부들 공평하지 않고, 나만 홀로 나라 일에 힘드네.[大夫不均, 我從事獨勞.]"라는 구절이 이어지며, "온 땅 끝까지 왕의 신하 아님이 없다.[率土之浜, 莫非王臣.]"라는 구절은 시의 과장 수법이므로 예외가 없다고 이해해서는 안 된다는 것이다. 만약 이처럼 글자 그대로 이해를 하게 된다면 〈운한〉 편의 시에서 "주나라에 남은 백성이 한 명도 없다."라는 구절은 주나라에 재앙이 들어 백성들이 하나도 남김없이 다 죽었다는 의미가 되겠지만, 사실 이시는 과장된 수법으로 비를 기원하는 시라고 말한다. 이처럼 맹자는 "한 글자 때문에 한 구절의 말을 오해하지 말고, 한 구절의 말 때문에 시 본래의 뜻을 오해하지 말며, 시를 보는 자신의 마음으로 시를 지은 시인의 뜻을 헤아려보아야 한다.[不以文害辭, 不以辭害志, 以意逆志.]"는 시 해석 방법을 제시하게 된 것이다. 이 방법의 핵심은 다음에 있다.

첫째, 독자는 텍스트를 전체적으로 이해해야 한다는 것이다. 즉 개별 글자들로 인해 전체 구절의 이미 이해에 영향을 받아서는 안 되며, 또한 개별 구절들로 인해 전체 시의 의미 이해에 영향을 받아서도 안 되고, 전체로써 각 부분 부분을 이끌어 나가야 한다는 것이다.

둘째, 가장 중요한 것은 시를 해석하는 과정에서 시에 대한 자신의 이해로 시인의 원 의도에 접근하고 헤아려 나가야만 시를 인용하여 문제를 설명할 수 있다는 것이다. 맹자의 이러한 시 해석 방법이 정확한 방법임에는 의심의 여지가 없으며, 또한 오랫동안 이루어져 온 단장취의식의 시 인용 방법의 오류를 바로잡아 주었다. 이런 "이의역지以意逆志"의 시 해석 방법은 바로 오늘날에서도 역시 상당한 가치를 지고 있는 것이라 하겠다.

그렇다면 우리가 시를 해석할 때 어떻게 "이의역지"의 수준에 이를 수 있을까? 이에 대해 맹자는 다시 "지인논세知人論世"의 방법을 제시하였다. 《맹자 만장하万章下》 편에서는 다음과 같이 말한다.

> 맹자가 만장에게 일러 말하길, "한 고을의 훌륭한 선비라야 한 고을의 훌륭한 선비와 벗할 수 있고, 한 나라의 훌륭한 선비라야 한 나라의 훌륭한 선비와 벗할 수 있으며, 천하의 훌륭한 선비라야 천하의 훌륭한 선비와 벗할 수 있네. 천하의 훌륭한 선비와 벗하는 것으로도 만족하지 못해서 또다시 위로 올라가 옛사람을 논하여 옛사람에게서 취하니, 옛사람의 시를 외우며 옛사람의 글을 읽으면서도, 그의 사람됨을 알지 못한다면 되겠는가? 이 때문에 그들이 살았던 시대에 행한 일의 자취를 논하는 것이니, 이는 위로 올라가서 옛사람을 벗하는 것이네."라고 했다.
>
> 孟子謂万章曰: "一鄉之善士, 斯友一鄉之善士. 一國之善士, 斯友一國之善士, 天下之善士, 斯友天下之善士. 以友天下之善士爲未足, 又尙(上)論古之人. 頌其詩, 讀其書, 不知其人, 可乎? 是以論其世也. 是尙友也.[20]

이 단락의 의미는 옛 사람들과 벗하는 문제를 논하고 있는 것이다. 그러나 옛 사람들과 벗하기 위해서는 그들의 시를 외우고 그들의 책을 읽어야 한다고 말한다. 어떻게 해야 옛 사람들의 시나 책을 이해할 수 있을까? 여기서 핵심은 그 사람 됨됨이를 알아야 하며, 그 사람 됨됨이를 알기 위해서는 반드시 그가 생활했던

---

20) (전국) 맹가孟軻 저, 쟈오쉰焦循 주, 《맹자정의孟子正義》, 《제자집성》 제 1책, 428 페이지

"세상"을 이해해야 한다는 것이다. 여기서 맹자가 말하는 "세상"은 오늘날 말하는 시대나 역사적 배경이 아니라 "(당시) 세상"의 치세와 혼란의 정치를 알아야 한다는 것이었는데, 후세 사람들은 이 "세상"을 "시대 역사적 배경"으로 바꾸어 이해한 것은 더 큰 의미가 있다고 하겠다.

맹자의 "이의역지"설과 "지인논세"설은 매우 가치 있는 주장으로, 오늘날의 시각에서 보더라도 적어도 다음의 세 가지 점은 높이 평가할 만하다.

첫째, 맹자의 시 해석 방법은 이미 시의 해석이 작품(시詩, 문文:글자, 사辭:말 또는 문장)―작가("지기인知其人")―시대("논기세論其世")라는 전체 체계로 연결되어 있음을 인식하고 있었다는 점이다. 이것은 바로 우리가 시를 해석할 때 그 중의 한 부분만 해석하는 것으로는 부족하며, 우선 작품을 읽고 이해할 때 개별 자구에 얽매이지 않고 작품 전체에 유의해서 읽어야하며, 더 나아가서는 작가의 여러 가지 상황들, 특히 그의 사람됨 등에 대해서도 이해해야 한다는 것이다. 또 더 나아가서는 반드시 그새 생활했던 그 시대에 대해서도 알아야 한다는 것이다. 이 세 가지 연결고리들이 연결시켜 사고해야만 시의 수수께끼를 풀 수 있다는 것이다.

둘째, 맹자는 시 해석이 역사와 현실과 연결시켜야 함을 인식하고 있었다는 점이다. 시에서 전달하고 있는 의미가 하나이고, 역사나 현실이 말해주고 있는 것이 또 하나이다. 이 두 가지가 일치하지 않을 수도 있다. 이러한 상황에서는 역사와 현실에 대한 이해를 중시해야 한다. 역사와 현실에 대한 투철한 이해가 있어야 비로소 정확하게 시의 의미를 파악할 수 있다는 것이다.

셋째, 맹자는 시 해석 활동이 어떻게 "거리"를 해소해 줄 수 있는지를 이미 인식하고 있었다는 점이다. 시는 예 사람들의 작품으로 지금의 우리와는 먼 시간적 거리가 존재한다. 시가 만들어진 환경이나 배경, 시간 등등은 현재의 우리가 시를 해석하는 환경이나 배경, 시간과는 완전히 다르기 때문에 "거리"가 생겨날 수밖에 없다. 그렇다면 어떻게 하면 이 거리를 해소시키고 시에 대한 이해에 이를 수 있을 것인가? 이에 대해 맹자는 "역逆"의 방법을 제기하였다. 즉 시에 대한 자신의 느낌("의意")으로 거슬러 올라가 시인의 "뜻[志]"을 헤아림으로써 양자 간이 "거리"를 해소한다는 것이다.

그러나 이렇게 해서 "거리"가 완전히 해소될 수 있을까? 맹자는 이는 독자의 노력에 달려있지만, 노력은 또한 한계가 있을 수밖에 없어서 "의(독자 자신의 느낌)"가 "지(시인의 의도)"까지 완전히 거슬러 올라갈 수가 없다고 보았다. 사실상 여기에서 이미 현대 해석학의 작가와 독자와의 "지평융합(Horizontverschmelzung)" 문제를 제기하고 있는 것이다. 즉 해석에는 시종일관 시간적 거리와 투쟁의 문제가 존재해 왔지만, 그러나 또한 영원히 이 거리를 해소할 수 없는 것은 아니라는 말이다.

맹자의 "이의역지" 중의 "의"에는 두 가지 서로 다른 해석이 있다. 하나는 여기서의 "의"는 바로 시를 해석하는 사람 자신의 "마음"라고 보는 것이다. 예를 들어 조기趙岐의 주석에서는 "의는 배우는 사람의 마음이다.[意, 學者之心意也.]" "사람의 정은 멀지 않으니, 자신의 마음으로 시인의 뜻을 헤아려 그 마음을 얻는다.[人情不遠, 以己之意逆詩人之志, 是爲得其意也.]"고 했다. 주희의 주석에서도 "마땅히 자신의 마음으로 작가의 뜻을 맞이하여 취해야만 그 시를 이해할 수 있다.[当以己意迎取作者之志, 乃可得之.]"고 하였다. 다른 하나는 여기에서 말하는 "의"가 작가의 의도라고 보는 견해이다. 예를 들어 청대의 오기吳淇는 《육조선시정론연기六朝選詩定論緣起》에서 "이의역지"에 대해 분석하면서, "옛 사람의 마음으로 옛 사람의 마음을 구하면 바로 시에 나아가 시를 논하는 것이니, 이는 사람들이 사람으로 사람을 논하는 것과 같은 것이다.[以古人之意求古人之意, 乃就詩論詩, 猶人之以人論人.]"이라고 비판했다. 이 두 번째 주장의 "의"는 작가의 작품 속 의도와 평론자의 생각이 결합된 것이다.

우리는 조기와 주희의 주장에 좀 더 경도되어 있다. 첫 번째 주장은 독자가 어떻게 작가와의 거리와 간격을 없앨 수 있는지에 대해 설명할 수가 없다. 독자는 하나의 주체이고 작가도 또 하나의 주체이다. 이 두 주체 간에는 소통이 없다.

게다가 양자 간에는 먼 거리감마저 존재하고 있어서 독자가 어떻게 작가의 "의"에 접근해 가고 탐구해 갈수 있겠는가? 두 번째 주장은 맹자의 견해와 부합하기 어렵다. 맹자의 "이의역지"는 "의"와 "지" 사이에 "역"의 과정이 존재하고 있어서 "의"는 "의"이고, "지"는 "지"여서 이 두 주체 간의 교류나 만남, 독자의 마음과 작가의 뜻이 어떻게 결합할 수 있을지에 대해서는 분명하게 말하지 않고 있다.

맹자의 "이의역지"에서 "역逆"자의 사용이 매우 절묘하다. "역"자는 회귀해 가는 과정이며, 독자가 작품을 감상할 때 텍스트가 제공하는 문자와 묘사하고 있는 형상에 근거하여 자신의 정감적 체험으로 작가가 텍스트 속에서 예술적 형상을 통해 쏟아 붓고 있는 사상 감정을 헤아리는 것으로, 이것은 밖에서 안으로 들어가는 과정이다. 그렇기 때문에 "이의역지"의 배후에는 또 창작이라는 명제가 존재하고 있으며, 작가는 자신의 사상 감정을 예술적 형상 속에 녹여 넣어 독자로 하여금 자신이 표현하고자 하는 사상 감정을 느낄 수 있게 하는 것으로, 이것은 안에서 밖으로의 과정이다. 하나는 밖에서 안으로, 또 하나는 안에서 밖으로, 이 두 과정은 서로 반대 방향으로 이루어진다. 이것이 바로 또한 유협이 《문심조룡·지음》 편에서 말한 "글을 짓는 사람은 정감이 움직여 말로 표출해 내고, 글을 보는 사람은 글을 통해서 정감의 세계로 들어간다.[綴文者情動而辭發, 觀文者披文而入情.]"는 것이다.

만약 우리가 "이의역지"를 살아있는 생명의 과정으로 본다면, 작가는 "향하여 감[往]", 즉 안에서 밖을 "향해 나감"이고 독자는 "맞이함", 즉 밖에서 안을 맞이함이다. "향해 감"이든 "맞이함"이든 이 둘은 모두 "사상 정감"으로 서로 소통한다. 그래서 독자가 작품을 읽고 이해하고 감상하는 과정이 주동적 과정이 되는 것이다. 주희가 말한 "영접[迎]"은 바로 자신의 사상 감정으로 작가의 사상 감정과 대화하는 과정이 되는 것이다. 독자와 작가의 대화, 이것이 바로 "이의역지"의 실질(實質)이며 독자가 작품을 읽고 이해하고 감상하는 실질인 것이다. 물론, 이러한 활동이 성공할 수 있는지는 또 양자 간의 거리나 간격 해소가 어떻게 진행되는지에 달려있다.

거리와 간격이 완전히 해소되지 못하면 이러한 활동은 영원히 진행되게 될 것이다. 또한 모든 독자의 출발점이 다르고 또한 독자가 달라지면 동일 작품에 대한 독자의 "헤아림"의 과정도 달라지게 되기 때문에 서로 다른 견해가 생겨나게 된다. 이것은 또 독자들 간의 대화로 이해할 수 있다.

우리는 서양의 "수용 미학"이 사상적으로 중국의 "예로부터 있어온 것"임을 발견하게 된다. "수용미학"의 기본 사상은 바로 문학이란 작가와 독자의 공동 창조물이라고 보는 것이다. 작가가 창조한 "텍스트"는 바로 작품이 되는 것이 아니다. 왜냐하면 독자가 없으면 그것을 높은 누대에 걸오 놓고만 있는 격이니, 생명이 없는 "죽은" 것이 아니겠는가? 문학 작품의 의미는 작가와 독자 간의 대화의 결과물이다. 독자의 수용은 문학 활동에서 매우 중요한 역할을 하게 되는 것이다. 사실, 이 사상은 절대적인 "원조"가 아니다. 앞에서도 언급했듯이, 2천여 년 전에 맹자는 이미 이 문제에 대해 관심을 가지고 있었다.

맹자의 "이의역지"설은 독자의 작품 읽기, 이해, 그리고 감상 활동 이론으로써, 그 기본 사상은 자신의 시(당시에는 《시경》을 말함)에 대한 체험과 이해(즉 자기 자신의 마음)로 작가가 시에서 표현하고 있는 의미(즉, 작가의 뜻)을 추측하고 짐작해 간다는 것이다. 이것이 바로 우리가 앞에서 말한 독자와 작가 간의 대화인 것이다. 그러나 사람마다의 느낌과 이해가 다름으로 인해 동일한 싱 대해서도 서로 다른 해독과 평가가 있을 수 있다. 이것은 자연히 서로 다른 독자와 시인의 또 다른 대화, 그리고 서로 다른 독자 간의 대화로 이해할 수 있다. 이것이 바로 "수용 미학" 사상의 싹이 아니겠는가? 예를 들어 맹자 자신과 자신의 제자 함구몽의 《시경》의 〈소아 북산〉이라는 이 시에 대한 이해가 다른 것과 마찬가지이다.

현재 일반 학자들은 모두 맹자의 주장을 추종하면서 함구몽의 견해를 폄하한다. 그러나 함구몽의 〈북산〉 시에 대한 해석 역시도 하나의 해석일 뿐인데, 맹자는 왜 "한 구절의 말 때문에 시 본래의 뜻을 오해하지 말아야 한다"고 함구몽을 비판하였을까? 사실 《맹자》에서 《시경》에 대해 언급한 것은 30여 차례인데, 대부분 유가의 정치적 관점을 선전하고 있으며, 그 중 적지 않은 이해가 견강부회하고 있다. 이는 작품에 대한 해석이 확실히 독자의 사상 정감의 차이에 따라 달라짐을 충분히 설명해 주는 것이라 하겠다.

　작가가 창작한 것은 "텍스트"로, 이것은 단지 독자의 감상과 해석을 통해서만 살아있고 의미 있는 작품이 될 수 있다. 독자의 감상과 이해가 그만큼 중요한 것이다. 한대의 동중서는 "시에는 정확한 해석이 없다.[詩無達詁]"의 견해를 제시하면서, 시에는 통일된 해석이 있을 수 없다고 강조하였다. 명대의 학자 종성鍾惺은 〈시론詩論〉에서 "시는 살아있는 것이다.[詩, 活物也.]"라고 했다. 그는 자유子游와 자하子夏 이후부터, 한대부터 송대에 이르기까지 《시경》을 해석한 사람은 아주 많았지만, 역대의 해석들이 모두 《시경》의 본 의미에 부합했던 것은 아니라고 했다. 그는 시 자체가 죽어있는 것이 아니기 때문에 시를 해석하는 사람의 수양이나 학문, 필요 등등의 차이로 인해 시를 서로 다르게 해석하는 것이 이치에 맞는 것이라고 강조하였다. 그 이후 김성탄金聖嘆은 〈독제육재자서서상기지이讀第六才子書西廂記之二〉에서 "《서상기》는 결단코 음탕한 서적이 아니라 훌륭한 글이다. 오늘날 어떤 사람은 훌륭한 글이 아니라고 하고 어떤 사람은 음탕한 서적이라고 하는데, 나 김성탄은 모두 거들떠보지도 않는다. 문사가 보면 문학이고, 음탕한 자가 보면 음서일 뿐이다.[《西廂記》斷斷不是淫書, 斷斷是妙文. 今若有人說不是妙文, 有人說是淫書, 嘆都不作理會. 文者見之謂之文, 淫者見之謂之淫.]"라고 하였다. 동일한 작품에 대해 문학이라고 보기도 하고 음서라고 보기도 한다는 것은 "수용 미학"의 기본 취지를 가장 잘 설명해 주는 것이라고 하겠다.

　여기에서 특별히 언급하고 싶은 것은 "작가는 일치된 생각을 사용하고, 독자는 각자 지신의 정감으로 스스로 체득한다.[作者用一致之思, 讀者各以其情自得]"[21]라고 했던 명말 청초의 학자인 왕부지의 날카로운 견해이다. 작가가 작품 속에 녹여 넣는 "일치된 생각"은 작가 자신의 체험과 이해 등에 의해 결정되는, 그

---

21) (청) 왕부지 저, 이쯔 교점, 《강재시화》 139~140 페이지.

누구도 바꿀 수 없는 것이라는 말이다.

그러나 작품에 대한 독자의 감상과 독특한 이해는 "각자의 정감으로 스스로 체득하는 것"으로, 이는 또한 독자 자신의 "선이해"에 의해 결정되는 것이며, (작가를 포함하여) 그 어떤 다른 사람이라도 바꿀 수 없다는 말이다. 단지 작가와 독자는 서로 대화를 이어갈 뿐이다. 왕부지의 말은 문학 수용 활동이 작가와 많은 독자들 간의 대화 활동임을 정확하게 지적하고 있다.

위에서 인용한 내용들이 비록 서로 다른 사회적 학술적 배경에서 나온 것이긴 하지만, 전체적인 의미는 문학 작품은 독자의 감상과 이해 활동의 바깥에 독립적으로 존재하는 죽어있는 고정불변의 것이 아니라 개방적 특징을 가지고 있는 살아있는 유기체이며, 그 의미는 독자의 주관적 조건에 따라 변화할 수 있으며, 시대의 발전에 따라 부단히 "성장"해 나가는 것이라는 말이다.

문학 비평 실천에서 중국 고대의 문학 비평은 평어와 방점을 중시하였다. 돌일한 시 작품, 동일한 정경(情景), 동일한 인물, 동일한 줄거리, 동일한 세부 내용에 대해 평가하고 방점을 찍을 때는 "어진 사람에게는 어질게 보이고, 지혜로운 사람에게는 지혜로 보이기" 마련이지만, 모두 맹자의 "이의역지"의 방법을 사용하였다. 각자의 출신 배경이나 성격, 경력, 생각, 감정, 지식, 견해가 다르고, "선이해"도 다르기 때문에 평점의 경향이나 관점, 취향도 다를 수밖에 없는 것이 자연의 이치이다. 예를 들어 이야기 해보자.

소식은 《동파지림東坡志林》 권상에서

> 일찍이 꿈에서 자미(두보)가 나에게 말하길, "세상 사람들은 대부분 나의 〈팔진도〉 시를 오해하여, 선주(유비)와 무후(제갈량)가 관우를 위해 원수를 갚으려 하였으나 吳나라를 멸망시키지 못한 것을 한스러워했다고 말하는데 그건 잘못이다. 나의 뜻은 본래 '오·촉은 입술과 이빨의 관계에 있는 나라이므로 마땅히 서로 범해서는 안 되니, 진이 촉을 취할 수 있었던 것은 촉이 오를 삼킬

뜻을 가졌기 때문이다. 이것을 한스러워할 뿐이다."라고 하였다.

嘗夢子美謂僕： "世人多誤會吾八陣図詩，以爲先
主武侯欲与關公報仇，故恨不能滅吳，非也. 吾意本謂吳蜀脣齒之國，
不■相図. 晉之能取蜀者，以蜀有呑吳之志，以此爲恨耳." [22]

    이 단락의 의미는 소식이 꿈에 두보를 만났는데, 두보가 "세상 사람들이 자신의 〈팔진도〉 시를 오해해서 이 시의 내용이 유비와 제갈량이 관우를 위해 복수를 하려하였으나 오나라를 멸망시키지 못했음을 한스러워하고 후회하는 것이라고 한다. 나의 바램은 오나라와 촉나라는 입술과 이빨처럼 서로 의지해야 하는 나라이니 촉나라는 오나라를 멸망시키려는 생각을 품어서는 안 된다. 진(晉)나라가 촉나라를 멸망시킬 수 있었던 것은 바로 촉나라가 오나라를 멸망시키려는 생각이 있었기 때문이며, 서로 연합하여 대항 세력을 형성하지 못한 이것이 '유감스럽다.'"고 했다는 내용이다. 소식이 진짜로 꿈 속에서 두보를 만났는지는 논할 필요가 없다. 소식은 꿈에 두보를 만난 것을 빌려 두보의 〈팔진도〉 시에 대한 자신의 해석을 설명하고 있는 것이다. 〈팔진도〉 시는 모두 네 구로 되어 있다. "공업은 세 나라의 으뜸이었고, 명성은 팔진도에서 이루어졌네. 강물은 흘러도 돌은 구르지 않건만, 오나라 삼키려 했던 잘못, 한으로 남아 있네.[功蓋三分國, 名成八陣図. 江流石不轉, 遺恨失呑吳.]" 전체 시에서 제갈량의 공적과 여한을 서술하고 있다. 그러나 역대로 제갈량의 "여한"이 무엇인지에 대해서는 서로 다른 견해들이 있어 왔다. 그 중 하나는 "오나라를 삼키지 못한 것이 한"이라고 보는 것이다. 즉 오나라를 집어삼켰으면 관우가 손권의 습격으로 형주에서 피살되지 않았을 것이라는 것이다. 이러한 해석에는 "실失"자를 "상실"의 뜻으로 해석한 것이다. 또 다른 하나의 해석은 "오나라를 삼키려고 했던 실책이 한스럽다"로,

22) (청) 구조별仇兆鰲의 《두시상주杜詩詳注》 제 3책, 1278페이지에서 인용

"실"자를 "과실"로 해석한 것이다. 즉 유비가 조급하게 관우의 원수를 갚으려고 출병하여 오나라를 공격함으로써 촉오의 동맹을 깨트리게 되었지만, 제갈량은 유비를 막지 못해서 결과적으로 촉나라의 국력을 약화시키게 되었고, 마침내는 진나라가 촉나라를 멸망시키게 되는 화근을 만든 그것을 한스러워했다고 보는 것이다. 이 두 가지 해석은 모두 나름의 근거를 가지고 있고, 또 각각의 해석이 모두 가능하다. 전자의 해석은 촉나라 장수들 사이의 "의리"를 부각시키는 것으로, 관우가 피살당하자 모두가 한 마음으로 복수를 하자는 것이다. 후자의 해석은 제갈량의 전략적 안목을 부각시키는 것으로, 그런 상황 속에서는 반드시 오나라와 연합하여 북방의 적에 대항해야 하는데, 제갈량 자신이 유비의 충동적 결정을 막지 못한 것이 심히 한스러워 했다고 해석하는 것이다. 감성적 경향이 다른 독자의 경우 "이의역지以意逆志"의 과정에 작품에 대해 서로 다른, 심지어는 상반되는 해석을 할 수 있는 권리가 있다는 것을 우리는 알 수 있다. 문학 활동 중에 독자의 역할은 절대로 무시할 수 없는 것이다.

　중국 고대 작가들이 독자의 역할을 중시했던 것은 중국의 문화 전통과 관계가 있다. 서양에서 개인의 서로 다른 역할들을 강조하는 것처럼, 중국의 고대 문화에서는 "여러 사람들" 간의 상호 작용을 강조했다. 공자는 "세 사람이 걸어가면 그 가운데에는 반드시 내가 스승으로 삼을 만한 사람이 있다.[三人行, 必有我師焉.]"라고 했다. 또 민간의 속담에도 "보잘 것 없는 장수라도 세 명이면 제갈량 한명을 당한다.[三個臭皮匠, 頂成個諸葛亮.]"라고 했다. 이처럼 "화이부동(和而不同)"을 핵심으로 하는 문화 사상이 문학 활동에 반영됨으로써 "시인"은 지고무상의 존재가 아니다. 시인은 반드시 독자를 찾아야 하며, "지음"과 같은 독자를 찾아내야만 하는 것이다.

　시인과 독자는 잠재적 대화 상태에 놓여 있는 것이다. 어떤 시인은 독자가 자신의 시를 이해하지 못할까봐 아낌없이 독자의 의견을 구하기도 한다. 독자가 자신의 시를 해독해 주길 바라는 것이 시인의 최대 염원이다. 중국 시인들은 서양의 어느 시인처럼 "교만"하여 독자를 전혀 안중에 두지 않거나 심지어 자기 시의 독자는 오로지 한 명뿐, 바로 자신이라고 하는 경우가 거의 없다. 이것이 바로 중국의 "화이부동"의 문화가 고대 중국에서 독자의 역할을 중시할 수 있게 해 주었으며, 서로 다른 사람들이 자신들만의 생각으로 작품을 이해해 나갈 것을 중시하게 해 주었으며, 텍스트에 대한 같거나 또는 다른 해석을 중시하게 해 주었다.

4. "무한한 함축성" — 독자에게 보내는 의미의 초청장

중국 고대 문론가들은 "무한한 함축"을 창작의 원칙 중의 하나라고 보았다. 동시에 또한 작품 읽기와 이해, 감상의 "준칙"으로 보았으며, 작가가 독자에게 보내는 의미의 초청장이라고 보았다. 독자가 텍스트가 제공하는 인물, 사건, 풍경, 사물 속으로 개입해 들어가 자신의 "선이해"로 그 속의 의미들을 해석하도록 초청하는 것이다. 이것은 "호소 구조(Die Applestruktur)"와 상당히 유사한 부분이 있다.

문학 작품은 일종의 예술적 언어 구조이다. 이러한 구조에서는 필연적으로 "불확정적 요소"가 충만해 있어서 독자가 여백을 매우고 해석해주길 기다리고 있으며, 그 결과는 종종 독자가 어떻게 여백을 매우고 해석하느냐에 의해 결정되어지곤 한다. 예를 들어, 두보의 시구 "검각 밖에서 갑자기 계북 땅 수복했다는 소식 들리니, 처음 듣고는 그 소리에 눈물이 온 옷을 흠뻑 적시네.[劍外忽伝收薊北, 初聞涕淚滿衣裳.]"라는 구절은 독자들 특히 후대의 독자들에게 있어서 많은 불확정 요소와 여백을 제공한다. "검각 밖", "계북"이 어느 곳인지, 당시에 어떤 전쟁이 일어났는지, 누가 땅을 수복했는지, 두보가 왜 이 전쟁에 그토록 관심을 가지고 있는지, 그가 실지 수복에 왜 그렇게 기뻐하고 눈물까지 흘리는지에 대해

이어지는 시구들에서 일부의 해답을 제공해 주기는 하지만, 정작 제시된 해답은 다시 더 많은 의문들을 야기하게 된다.

아마도 폴란드 미학가 로만 인가르덴(Roman Ingarden)이 말한 것처럼 텍스트는 단지 개요(Schemata)라고 불릴 수 있을 뿐, 독자는 반드시 자신의 추측과 탐구, 체험, 상상 등을 통해서만 그것을 "구체화"시킬 수 있다는 것이다. 이후 "수용 미학"은 새로운 발전을 이루게 되었고, 그 제창자인 볼프강 이저(Wolfgang Iser)는 《텍스트의 호소 구조》라는 책에서 "텍스트의 호소 구조(Die Appellstruktur)"라는 개념을 분명하게 제기하였다. 한편으로 텍스트는 언어를 통해 대상을 묘사하기 때문에 대상의 무한 풍부성을 하나도 빠트리지 않고서 다 표현해 낼 수는 없으며, 언어를 통한 묘사는 대상의 전체적 확정성을 획득할 수가 없다는 것이다. 다른 한편으로 예술성이라는 시각에서 보면, 대상의 특징을 대한 유감없이 묘사하는 것 자체가 불가능할 뿐만 아니라 독자의 참여와 재창작에 불리하기 때문에 불확정성과 여백은 독자의 적극적 참여와 창조를 이끌어내기 위한 "중간" 역이 되는 것이 예술적으로 더 장점이라는 것이다. 그래서 볼프강 이저는 불확정성과 여백이 문학 텍스트를 구성하는 기본 구조라고 보았고, 이것이 바로 "텍스트의 호소 구조(Die Applestruktur)"라는 것이다.

중국 고대 시인이나 작가들도 물론 자신의 작품이 한번에 다 알아 볼 수 있기를 바라지 않았으며, 머리카락 한 올까지도 그려내는 것이 아무런 이익이 되지 못함을 알았다. 또한 "멀리 있는 사람은 눈이 명확하게 보이지 않고, 멀리 떨어져 있는 나무는 가지가 상세하게 보이지 않는다.[遠人無目, 遠樹無枝]"는 이치를 알고 있었으며, 예술적 여백이 예술의 장점 중의 하나라는 것도 너무나 잘 알고 있었다. 여백이 남아 있는 작품일수록 독자들이 더 잘 음미하고 감상할 수 있으며, 그리하여 "무궁한 함축성"이라는 예술적 경험을 더욱 잘 이끌어낼 수 있음도 잘 알고 있었다. 중국 고대의 문론가들은 "무한한 함축성"을 창작의 원칙 중의 하나로 여겼다. 동시에 또한 강독과 이해, 감상의 "기준"으로 여겼으며, 작가가 독자에게 보내는 의미의 초청장으로, 독자가 텍스트에서 제공하는 인물과 사건과 풍경과 사물 속으로 개입해 들어가 자신의 "선이해"로 그 의미들을 해석해주길 요청하는 것이라고 여겼다.

이는 "텍스트의 호소 구조"와 유사하다. 이 문제에 있어서 만약 서양의 학자들이 언어의 특징을 더 많이 고려함으로써 하나도 빠트리지 않고 대상을 묘사할 수 없다는 어쩔 수 없는 곤경에 빠졌다고 한다면, 옛날 중국 사람들은 "무한한 함축성"이 예술의 장점이며 시의 극치임을 더 많이 고려했다.

사공도는 《시품詩品》 [23] 에서 "함축" 품격에 대해 다음과 같이 말했다.

> 한 글자도 짓지 않고서 풍류를 다 얻었다. 말은 어려움에 미치지도 않았는데 이미 걱정에 견디기도 어렵다. 여기에 참된 주재자 있으니 더불어 함께 부침한다. 농익은 술 천천히 거르듯, 꽃피는 시절이 가을로 바뀌듯, 하늘에 먼지 날리듯, 갑자기 바다에 잠기듯, 얕고 깊고 모였다 흩어짐, 그 수많은 것 중에서 하나만을 취한다.
>
> 不著一字, 盡得風流. 語不涉難, 已不堪憂. 是有眞宰, 与之沈浮.
> 如渌滿酒, 花時反秋. 悠悠空塵, 忽忽海漚, 淺深聚散, 万取一收. [24]

한 글자도 쓰지 않고서도 모든 풍류를 포용한다. 한 마디도 근심을 표현하지 않았음에도 사람으로 하여금 고통을 견디지 못하게 한다. 이것은 문자의 물결 속에서 진실 된 감정이 부침하기 때문이다. 예를 들어 가득찬 술은 한꺼번에 걸러 낼 수 없고, 꽃 봉우리는 한파에 채 다 피우지도 못했다. 광활한 하늘의 먼지, 드넓은 바다의 물거품, 깊어졌다 얕아졌다, 모였다 흩어졌다, 이런 수많은 현상 중에 하나만을 취한다. 사공도는 "함축"품을 시품의 최고 예술적 경지로 보았다.

---

23) 최근에 일부에서는 《시품》 의 작가에 대해 의문을 제기하기도 하지만, 또 일부에서는 그런 의문 들이 아무런 근거가 없다고 보기도 하기 때문에 여기서는 우선 사공도의 작품으로 보기로 한다.

24) (당) 사공도司空図, 《시품詩品》. (청) 허원환何文煥 엮음, 《역대사화歷代詩話》 상권 40~41 페 이지 참고.

이른바 "한 글자도 짓지 않고서도 풍류를 다 얻었다"는 말은 글자를 쓰지 않았다는 말이 아니라 단지 요점을 명확하게 말하지 않았음에도 오히려 독자들에 의해 요점이 이해되어진다는 말이다. "무한한 함축"은 솔직히 말하면 바로 작가가 일부러 남겨놓은 여백으로, 독자로 하여금 "말은 다함이 있어도 의미는 다함이 없다"는 것을 깨닫게 해주는, 더 나아가서는 그러한 무궁한 의미를 추구해야함을 말하는 것이다.

텍스트의 "무한한 함축성"에 대한 체득과 해석은 예술 수용의 극치로, 중국 이 방면에 대한 중국 고전 문론의 서술은 매우 많다. 우리가 작품론은 논한 장에서 중점적으로 설명했던 "언외지의言外之意", "운외지지韻外之旨", "상외지상象外之象", "경외지경景外之景" 이외에도 또 각종 서로 다른 함축적 방법들이 있는데, 이러한 것들은 모두 독자가 텍스트의 여백 메우기에 참여하게 하기 위한 "전략"이었던 것이다. 여기서는 그 중 중요한 여덟 가지를 예로 들어 보도록 하겠다.

"문자는 간결하고 문장은 미묘하다.[文約辭微]":

사마천은 〈굴원가생열전〉에서 "〈국풍〉은 사랑을 노래하나 음탕하지 않고, 〈소아〉는 원망하고 비방하나 어지럽지 않다. 〈이소〉는 이 둘을 모두 갖추었다. 문자는 간결하고 문장은 미묘하고 뜻은 고결하고 행실은 청렴하다. 문장은 사소한 것을 담았으나 그 가리키는 바는 지극히 컸다. 가까이 있는 것을 예를 들었으나 그 뜻은 심원했다. 그 뜻이 고결하니 묘사한 사물들이 향기는 내 품고, 그 행실이 청렴하니 죽음에 이르러서도 스스로 소홀히 하는 것을 용납하지 않았다.[國風好色而不淫, 小雅怨誹而不亂, 若離騷者, 可謂兼之矣, 其文約, 其辭微, 其志潔, 其行廉. 其稱文小而其指極大, 舉類邇而見義遠. 其志潔, 故其稱物芳. 其行廉, 故死而不容自疏.]"라고 했다. 여기서 인용하고 있는 내용은 회남왕淮南王 유안劉安의 굴원에 대한 평가이다. 그 중에서 가장 가치 있는 내용은 굴원의 작품을 "글은 간결하고 문장은 미묘하다", "문장은 사소한 것을 담았으나 그 가리키는 바는 지극히 크며, 가까이 있는 것을 예로 들었으나 그 뜻은 심원하다."라고 평가한 것으로, 작고 미묘한 사물에 대한 묘사를 통하여 웅대하고 심원한 뜻을 표현하고 개괄하는데 뛰어났다는 말이다. 이것은 독자 이해의 시각에서 보면 비록 문자나 묘사된 사물은 제한적이지만 그것을 통해 무한한 것을 이해하고 상상할 수 있다는 말이다.

여기서 독자는 유한한 문자와 문장으로 자신의 마음 속에서 배양하고 발전시켜 나가게 된다. 이후 많은 문론가들이 말하고 있는 "간단한 언어로 많은 내용들을 총괄한다.[以少總多]", "문장은 간략하지만 의미는 심장하다.[辭簡意長]", "하나로 열을 감당하다.[一以当十]", "만에서 하나를 취한다.[万取一收]", "적음으로 많음을 이긴다.[以少少許勝多多許.]" 등등은 모두 "문약사미"에 대한 보충이자 발전이라고 하겠다. 독자는 독서와 이해, 그리고 감상에 있어서 "문약사미"의 안목이 있어야 하며, 그래야만 비로소 유한함 속에서 무한함을 발견할 수 있다.

"감정은 숨기고 묘사는 드러낸다.[情隱狀秀]" :

이것은 유협이 《문심조룡 은수隱秀》 편에서 제기한 것이다. 유협은 "문장의 꽃과 같은 명작에는 '은'도 있고 '수'도 있다. 은이라고 하는 것은 글 밖의 숨겨진 뜻이다. 수라고 하는 것은 작품 속의 홀로 빼어난 것이다. 은은 뜻을 숨김을 뛰어남으로 삼고, 수는 두드러짐을 기교로 삼는다.

이는 옛 문장들의 빼어난 업적이며, 작가의 재능과 감정의 아름다운 만남이다. [文之英蕤, 有秀有隱. 隱也者, 文外之重旨者也. 秀也者, 篇中之獨拔者也. 隱以復意爲工, 秀以卓絶爲巧. 斯乃旧章之懿績, 才情之嘉會也.]"라고 했다. 송대의 장계張戒의 《세한당시화歲寒堂詩話》에서는 〈은수〉편의 실전되었던 글을 인용하여 "정감이 언어 너머에 있는 것을 은이라고 하고, 눈 앞에 보이는 것처럼 묘사하는 것을 '수'라고 한다.[情在詞外曰隱, 狀溢目前曰秀.]"라고 했다. 위의 두 내용을 연결하여 보면 이른바 "은"이란 바로 텍스트 속에서 함축적으로 서술하여 드러나지 않는 것으로, 언어 너머의 소리이며, 음미할수록 맛을 느낄 수 있는 것을 말한다. 이른 바 "수"는 텍스트 속에서 사물에 대한 묘사가 눈앞에 보는 것처럼 펼쳐지는 것을 말하며, 분명하게 드러내고 부각시키는 것이다. 여기서는 함축의 문제를 "숨김[隱]"과 "드러냄[顯]"의 결합 문제로 이해하고 있는 것이다. 송대의 위태魏泰는 《임한은거시화臨漢隱居詩話》에서 "시간 사건을 서술하여 정감을 기탁하는 것이다. 사건은 상세함이 귀하게 여기고 정감은 숨김을 귀하게 여긴다. 마음에서 깨달으니 정감이 말에 나타나게 되는 것이다. 이것은 사람의 마음 깊은 곳에 스며들어가기 때문이다. 예를 들어 왕성한 기세를 직접적으로 서술하게 되면 여운의 맛이 없어지기 때문에 사람을 감동시킴이 얕은 것이다. [詩者述事而寄情. 事貴詳, 情貴隱, 及乎感會於心, 則情見於詞, 此所以入人深也. 如將盛氣直述, 更無余味, 則感人也淺]"라고 했다. 사건에 대한 묘사는 상세하게 드러내야 하지만 그 정감은 언어 너머에 감추어야 한다는 말이다. "드러내는" 부분은 독자에게 생동적이고 흥미를 느끼게 하고, "감추는" 부분은 여맥과 단절로서 독자로 하여금 참여하고 추측하고 메꾸고 상상하게 한다. 이러한 의미에서 감춤과 드러냄으로 이루어진 구조 역시도 일종의 "호소 구조"라고 할 수 있을 것이다.

"말은 쉽고 뜻은 심원하다.[言近旨遠]":

제 4장에서 이미 당대 유지기劉知幾가 《사통 · 서사史通 · 敍事》에서 "이것들은 모두 말은 가까우면서도 그 뜻은 심원하며, 글은 얕으나 의미는 깊은 것이니, 비록 말은 뱉어져 나와 다하지만, 그 함축적 의미는 다함이 없는 것이다. 이는 독자로 하여금 그 겉을 보고서 속을 알게 해주며, 털을 어루만지면서 뼈를 분별하게 하고, 문장에서 하나의 사건을 보고서 글자 밖에서 다른 여러 가지를 알게 해 주었다.[斯皆言近而旨遠, 辭淺而義深, 雖發語已殫, 而含義未盡. 使夫讀者望表而知里, 捫毛而辨骨, 睹一事於句中, 反三隅於字外.]"라고 했던 것을 살펴보았다. "가까움[近]"과 "멂[遠]", "얕음[淺]"과 "깊음[深]", "겉[表]"과 "속[裏]"의 관계 문제에 있어서 중국의 고전 문론가들은 특히 텍스트의 구조 문제에 많은 관심을 기울였다.

송대의 하계문何溪汶은 《죽장시화竹庄詩話》에서 "시문은 모두 함축적으로 드러내지 않는 것이 좋은 것이다. 옛 사람들은 웅대하고 심원하고 우아하고

385

건전함을 말했다. 이것이 드러내지 않은 함축이다. 마음 씀이 십 분일 때 말로 표현함이 삼 분이면 《풍》과 《아》에 가깝다. 말로 표현함이 육 분이면 이백과 두보의 수준을 따라잡는 것이다. 말로 표현함이 십 분이면 만당 시기의 작품이다.

마음 씀이 정밀하고 심원하면서도 말로 표현함은 쉬워야 하니, 이것이 시가 어려운 점이다.[詩文皆要含蓄不露, 便是好處. 古人說雄深雅健, 此便是含蓄不露也. 用意十分, 下語三分, 可幾風雅也. 下語六分, 可追李杜. 下語十分, 晚唐之作也. 用意精深, 下語要平易, 此詩之難也.]"라고 했다. "말로 표현함"이 어느 정도나의 문제는 바로 적음으로 많음을 이기는 말은 쉬우면서도 뜻은 심원함의 문제이다. 또 청대의 문론가인 유대괴劉大櫆는 《논문우기論文偶記》편에서 "문장은 심원함을 귀하게 여기니, 심원하면 반드시 함축적이다. 구 위에 구가 있거나 또는 구 아래에 구가 있거나, 구 속에 구가 있거나 구 밖에 구가 있으니, 말로 하는 표현하는 것은 적고 말로 하지 않는 것은 많은 이것을 일러 심원하다고 하는 것이다.[文貴遠, 遠必含蓄. 或句上有句, 或句下有句, 或句中有句, 或句外有句, 說出者少, 不說出者多, 乃可謂遠.]"라고 했다. 이른바 "가깝다"는 것은 언어 문자가 쉬움을 말하는 것으로, 독자에게 있어서는 텍스트의 세계로 들어가기가 쉽다는 것이기도 하다.

이른바 "멀다"는 말은 함의가 심원하고 유원하다는 말로, 독자에게 있어서는 한 눈에 모든 것을 알아 볼 수 없기 때문에 천천히 체득해 나가야 하며, 언어 문자를 뛰어 넘어서 찾아야 하기 때문에 쉽지 않다는 말이기도 하다. 이처럼 "언어는 쉽고 뜻은 심원한" 구조는 독자에게 있어서는 일종의 "초청장"임에 의심의 여지가 없다. 즉 독자들로 하여금 그 "심원한" 뜻을 풀어나가도록 초청하는 것이다.

"청공소아清空騷雅"

남송의 사 이론가인 장염張炎은 《사원詞源》에서 제기했던 관점이다.

그는 "사는 청공해야지 질실해서는 안 된다. 청공하면 고아하고 웅건하며, 질실하면 엉겨 붙어 막혀 뜻이 어렵고 분명하지 않게 된다.[詞要清空, 不要質實. 清空則古雅峭拔, 質實則凝澀晦昧.]"고 했다. 그는 남송의 강기姜夔의 사를 예로 들면서, 그의 사 〈소영疏影〉, 〈암향暗香〉, 〈양주만揚州慢〉 등의 작품이 "청공할 뿐만 아니라 소아하여 독자의 정신을 날아갈듯 황홀하게 한다.[不惟淸空, 又且騷雅, 讀之使人神觀飛越.]"라고 했다. "청공"은 "질실"과 반대되는 풍격으로, "질실"은 "칠보로 만든 누대와 같아, 사람의 눈을 어지럽게 하나 , 조각으로 떨어져내려 문장을 이루지 못한다.[如七宝樓台, 眩人眼目, 碎折下來, 不成片段.]"라고 했다. 앞에서 말한 강기의 "예전 달빛은, 나를 몇 번이나 비추었던가? 매화나무 옆에서 피리 분다. 옥 같은 사람을 불러, 싸늘함도 아랑곳 하지 않고 매화 가지를 함께 꺾었었네. 하손은 이제 점점 늙어 춘풍이 불어도 글 짓는 것 잊어버렸네. 다만 대나무 밖 성긴 매화꽃에서 차가운 향기가 잠자리까지 풍겨 오는 걸 이상히 여긴다네.[旧時月色, 算幾番照我, 梅邊吹笛. 喚起玉人, 不關淸寒与攀摘. 何遜而今漸老, 都忘却春風詞筆. 但怪得竹外疏花, 香冷入瑤席.]"라는 〈암향〉의 상편처럼, "청공"은 주로 사의 자연스럽고 텅 빈 구조를 말한다. 이는 마치 오랜 세월 동안을 이어온 한 여인이, 한 곡조의 음악이, 한 떨기 매화가 옛날 이야기를 들려주는 것 같고, 이미 저 멀리 떠나 버린 듯하다. 그

러나 그 순간에 대나무 숲 너머 매화의 차가운 향기가 다시 과거와 현재를 연결시켜 준다. 작가는 글자를 통해서는 이리저리 정처 없이 떠도는 듯 묘사함 으로써 언어는 유한하다 그 뜻은 무한함을 표현하여 독자들에게 매우 큰 상상의 공간을 제공해 주고, 독자 들이 그 속에서 이해하고 감상하도록 불러들인다. "질실"은 사물에 대한 묘사로 가득하여 독자들에게 그런 공간을 제공해 주지 못하며, 독자의 상상을 막아 버림으로써 매력적인 구조를 형성할 수가 없다.

"일창삼탄一唱三嘆":

이 또한 중국 고대 시론가가 제기한 주장의 하나로, 시가의 음률을 이용하여 일종의 멀고도 기나긴 느낌을 주는 것을 말한다. 명대의 문론가 종성鐘惺은 〈시의서詩義序〉에서 "시의 교화는 평화롭고 충담하여 사람으로 하여금 한 번 읊조리면 세 번 감탄을 자아내게 한다. 깊고 오래고 다함없는 정취나 신기하고

오묘하며 세세하면서도 풍부한 사는 응당 따로 논해야 한다.[詩之爲敎, 和平沖澹, 使人一唱三嘆, 深永不盡之趣, 而奇奧工博之詞, 或當別論.]라고 하였다.

이 말의 의미는 시의 언어는 꼭 너무 심오할 필요가 없고 평화롭고 담백하며, 평이하고 알기 쉬워야 하지만, 그 성률은 반드시 듣기 좋아야만 "일창삼탄" 속에서 무궁한 흥취를 느낄 수 있다는 것이다. 예를 들어, 사람들의 입에 회자되는 〈칙륵가敕勒歌〉의 "칙륵천은 음산 아래에 있다. 하늘은 마치 오두막처럼 사방 들판을 덮고 있다. 푸르른 하늘과 드넓은 들판에 바람이 불면 풀 뜯는 소와 양떼가 보인다.[敕勒川, 陰山下. 天似穹廬, 籠蓋四野. 天蒼蒼, 野茫茫, 風吹草低見牛羊.]"라는 내용은 사의 구절이 평이하지만, 음조가 입으로 부르기 쉽기 때문에 반복해서 부르게 되면 드넓은 초원의 무궁한 아름다움을 느낄 수가 있다. 청대 문론가인 심덕잠沈德潛은 당대 시인 왕창령王昌齡의 〈장신추사長信秋詞〉에 대해 평론하면서 "소양궁은 소조의가 기거하던 곳이다.

궁전은 동방에 있었는데, 갈 까마귀가 동방의 해 그림자를 데리고 오자 자신이 그 까마귀 보다 못하다 못함을 보게 되었다. 부드러우면서도 아름답고 함축성이 무궁하여 사람으로 하여금 일창삼탄을 자아내게 한다.[昭陽宮趙昭儀所居, 宮在東方, 寒鴉帶東方日影而來, 見己之不如鴉也. 優柔婉麗, 含蘊無窮, 使人一唱三嘆.]"[25]라고 하였다. 이 작품은 또한 성조가 매우 두드러진 것이 특징으로, 사람으로 하여금 일창삼탄 속에서 그 무궁한 운치를 느끼게 해 준다라고 높이 평가하였다. "일창삼탄"은 시의 성률로 만들어지는 구조로, 독자들에게 있어서는 마찬가지로 노래 부르기를 통해서 그 긴 여운을 느낄 수 있도록 매료시킨다.

---

25) (청) 심덕잠沈德潛, 《당시별재집唐詩別裁集》 (베이징, 상무인서관, 1958), 160 페이지.

"허실상생[虛實相生]"

중국 화론에서 허실의 관계는 매우 중요시되었는데, 이와 관련된 논술은 너무나 많다. 예를 들어 청대의 장화蔣和는 《화학잡론畫學雜論》에서 "나무나 돌의 배치는 모름지기 그 성김과 빽빽함을 알맞게 하여 허와 실이 서로 상생하게 하여야 그림의 이치를 얻을 수 있다. 가까운 곳에 나무나 돌로 채워 넣을 때는 집으로 공간을 메우고, 먼 곳에 산이나 벼랑으로 채울 때는 안개나 구름으로 공간을 채운다.[樹石布置, 須疏密相間, 虛實相生, 乃得畫理. 近處樹石塡塞, 用屋宇提空. 遠處山崖塡塞, 用煙雲提空]"라고 했다.

중국의 서예나 회화는 특히나 여백의 운용을 강조하는데, 그 목적은 바로 허실상생의 구조를 형성시킴으로써 독자의 상상력을 불러일으키기 위한 것이다. 사실, 시가 창작과 감상에 있어서도 마찬가지로 허실상생을 주장한다. 명대의 도융屠隆은 〈여우인논시문与人論詩文〉 편에서 "(이백과 두보의 시를 돌아보면 텅 빔도 있고 가득 참도 있으며, 가짜로 텅빔도 있고, 진짜로 가득 참도 있으며, 텅 빈 듯 가득참고 있고 가득 찬 듯 텅 빔도 있어 텅 빔과 가득 참이 나란히 뒤섞여 나오니, 어느 것이 먼저라고 하겠는가. [顧詩有虛, 有實, 有虛虛, 有實實, 有虛而實, 有實而虛, 幷行錯出, 何可端倪.]"[26]라고 했다. 그는 시에는 허실상생의 구조가 있어야 함을 강조하면서 또 허실 구조의 여러 상황들에 대해서도 설명하였는데, 이는 당시 사람들이 "허실"로 두보를 숭상하고 이백을 폄하하던 것을 겨냥한 것이었다.

그는 "두보는 실이고 이백은 허"라고 생각하지 않았다. "두보의 〈추흥〉 시편은 뜻을 기탁함이 심원하고, 〈화마행〉 여러 작품들은 정신과 정취가 호방하여 구속됨이 없어 천지인 삼재를 희롱하고도 뭇 품격을 만들어 내니 어찌 모든

---

26) 차이징캉蔡景康 편선, 《명대문론선明代文論選》(베이징, 인민문학출판사, 1999), 259 페이지.

풍경이 다 진짜라고 하겠는가. 이백의 〈고풍〉 수십 수는 사물에 계절 변화에서 느끼는 정감을 기착하여, 강개하고도 침착하니, 어찌 모든 풍경이 다 거짓이라고 하겠는가![且杜若〈秋興〉詩篇, 托意深遠, 〈畵馬行〉諸作, 神情橫逸, 直將播弄三才, 鼓鑄群品, 安在其万景皆實. 而李如〈古風〉數十首, 感時托物, 慷慨沈著, 安在其万景皆虛.]"[27]라고 했다. 도융은 시에서 실경(實景)은 실경대로 좋은 점이 있고, 허경(虛景)은 허경대로 좋은 점이 있어서 허실(虛實)이 결합되어, 서로 상생하는 것이 가장 이상적인 구조이며, 그래야 독자들을 감상과 음미의 상태로 이끌 수 있다고 보았다.

"말을 하지 않고 그것을 말한다.[不言言之]":

이것은 중국 고대 시인들이 가장 자주 사용하던 "기언寄言" 구조이다. 청대의 유희재는 《예개 · 사곡개芸槪 · 詞曲槪》 편에서 "사의 오묘함 중에서 말하지 않음으로써 말하는 것보다 오묘한 것이 없다. 말하지 않는 것이 아니라 말을 기탁하는 것이다. 예를 들어 얕음에 깊음을 기착하고 가벼움에 두터움을 기탁하며, 완약함에 강건함을 기착하고, 굽음에 곧음을 기탁하고, 텅 빔에 가득 참을 기탁하며 남음에 꼭 맞음을 기탁하는 것이 모두 그것이다.[詞之妙, 莫妙於以不言言之, 非不言也, 寄言也. 如寄深於淺, 寄厚於輕, 寄勁於婉, 寄直於曲, 寄實於虛, 寄正於余, 皆是.]"[28]라고 했다. 깊음과 얕음, 두터움과 가벼움, 힘과 완약함, 곧음과 굽음, 사실과 허구, 꼭 맞음과 남음, 이것들은 서로 모순되는 개념들이다. 그러나 시인은 말을 기탁하는 방법으로 모순체를 시의적으로 연계시킴으로써 일종의 층차가 있는 구조를 형성시킨다. 이로써 독자들로 하여금 "얕음"에서 "깊음"을 보고, "가벼움"에서 "두터움"을 보고, "완약함"에서 "힘"을 보고, "굽음" 속에서 "곧음"을 보고, "허구"에서 "사실"을 보고, "남음"에서 "알맞음"을 볼 수 있게 함으로써

---

27) 위의 책
28) (청) 유희재, 《예개》, 천원허陳文和 점교, 《유희재집》 114 페이지.

독자들의 예술적 정취가 이 구조 속에서 생겨날 수 있게 이끈다.

"묘사하지 않고 묘사한다.[不寫而寫]"

지연재脂硯齋는 《지연재중평석두기脂硯齋重評石頭記》 제 22회 평어에서 "가장 이상한 것은 대옥이 가모가 애지중지하는 사람이라는 것이다. 대옥의 생일에 대해서는 듣지 않더니 오히려 특별히 보채의 생일을 챙긴, 이는 실로 사람이 생각하고 쓸 수 있는 글이 아니다. 이 책은 전체적으로 이러한 수법을 사용하고 있으니, 얼마나 많은 독자들을 속였을까. 나는 그런 까닭에 이것이 묘사하지 않고 묘사하는 것이라고 한다.[最奇者黛玉乃賈母溺愛之人也. 不聞爲作生辰, 卻去特意与宝釵, 實非人想得著之文也. 此書通部皆用此法, 瞞過多少見者. 余故云:不寫而寫是也.]"라 ㄱ했다. 임대옥은 가모의 사랑을 받는 사람이므로 생일에 대해 묘사할 때 응당 그녀의 생일을 먼저 묘사해야 하겠지만, 지금은 임대옥의 생일에 대해서는 묘사하지 않을 뿐만 아니라 고의로 설보채의 생일에 대해 쓰고 있으니, 이는 확실히 이상한 부분이다. 그러나 작가가 가모의 설보채에 대한 "열정"에 대해 묘사하면서도 임대옥에 대한 "냉담함"에 대한 묘사하는 대목은 보이지 않으니, 이것이 바로 묘사하지 않고 묘사하는 것이 아니겠는가? "묘사하지 않는 묘사"란 사실은 암시의 방법이다.

이상에서 우리는 여덟 종류의 서로 다른 예술적 수법에 대해 알아보았다. 비록 시각도 다르고 방법도 다르고 기교도 다르지만 "무한한 함축"이라는 이점은 상통하는 것이다. 일단 "무한한 함축"에 도달하고 나면, 곧바로 작품의 구조가 되고, 이러한 구조는 독자의 "여백"과 "불확정 요소" 메우기를 기다리며 독자들에게 보내는 의미의 초청이다. 앞에서 언급한 여덟 종류의 "무한한 함축"적 구조를 통해 중국 고전 문론가들이 독자가 전체 문학 활동에서 차지하는 위치에 대해 충분히 인식하고 있었음은 의심의 여지가 없다.

작품의 함축성은 여러 가지 방법으로 "여백"과 "불확정 요소"를 남겨 놓고서 독자로 하여금 해결하게 하는 것이다. 문론가들은 절대로 사실대로 말해서는 안 되며, 반대로 "사실"을 "허구"로 말하고, "심원한" 의미를 "경박"하게 말하고, "직접적인" 말을 "에둘러" 말해야 한다고 말한다. 이렇게 하면 독자의 작품에 대한 이해의 난이도가 높아지고 독자들을 피곤해질 수밖에 없다. 그러나 문학 감상의 의미는 바로 독자로 하여금 "여백 메우기"의 어려움과 힘듦을 느끼는 가운데 이해와 상상의 쾌감을 얻게 해 주는 것이다.

중국 고전 문론에서 현대 수용 미학의 "호소 구조"에 견줄만한 "무한한 함축" 구조는 중국의 문화적 토양에 뿌리를 두고 있다. 노자는 다음과 같이 말한다.

큰 네모는 모서리가 없고 큰 그릇은 늦게 완성되며, 큰 소리는 소리가 없고, 큰 모양은 형태가 없다.
大方無隅, 大器晩成, 大音希聲, 大象無形.[29]

의미는 가장 큰 네모에는 모서리가 없고 가장 큰 그릇은 최후에 완성대며, 가장 아름다운 음악은 들을 수가 없고, 가장 큰 형상은 자취가 없다는 말이다.

완전하게 이루어진 것은 모자라는 듯하나 그 쓰임은 다함이 없다. 완전히 가득 찬 것은 빈 듯하니 그 쓰임이 무궁하다. 완전히 곧은 것은 굽은 듯하고, 완벽한 솜씨는 서툰 듯 하며, 완벽한 말재주는 어눌한 듯하다.
大成若欠, 其用不弊. 大盈若沖, 其用不窮. 大直若屈, 大巧若拙, 大辯若訥.[30]

---

29) (춘추) 이이李耳 저, (청) 위원魏源 편찬, 《노자본의老子本義》, 《제자집성》 제 3책, 34 페이지 참고.
30) 위의 책 37 페이지.

가장 원만한 것은 부족한 듯하지만 그 작용은 영원히 다하지 않는다는 말이다. 가장 충실한 것은 항상 비어있는 듯하니, 그 작용이 영원히 끝나지 않는다는 것이다. 가장 곧은 것은 마치 굽어 있는 것 같고, 가장 빼어난 솜씨는 서툰듯하며 가장 뛰어난 웅변은 말더듬이 같지만 그 작용은 영원히 끝이 없다는 말이다. 여기서 제기한 "대음희성, 대상무형" 등의 관념들은 도가의 기본 이론과 밀접한 관계가 있다. 노자는 "도"는 우주 만물의 근본이이라고 주장했다. 이른바 "어떤 것이 혼돈 속에서 모습을 이루니 하늘과 땅보다 먼저 생겨났다. 고요하고 텅 비었구나. 홀로 있으면서 바뀌지 않으며, 두루 돌아다녀도 위태롭지 않으니, 가히 천하의 어머니라 할 수 있다.

나는 그 이름을 몰라서 글자로는 도라고 하고 억지로 이름하여 '크다'라고 한다.[有物混成, 先天地生, 寂兮寥兮, 獨立而不改, 獨立而不改, 周行而不殆, 可以爲天下母. 吾不知其名, 字之曰道, 强爲之名曰大.]"[31] "천지만물은 유에서 생겨나고 유는 무에서 생겨난다.[天地万物生於有, 有生於無.]"[32]라고 한 것이 그것들이다. 노자의 눈에는 도는 볼 수도 만질 수도 없는 것이지만 천지 만물, 인류 사회가 모두 도에서 생겨났기 때문에 도는 만물의 어머니라는 것이다. 최고의 음악은 도의 음악이다. 도의 음악이기 때문에 소리가 없는 것이다. 혹은 지극한 즐거움은 즐거움이 없는 것이라고 할 수 있지만 또 한편으로는 무한한 것이기에 그 작용은 무궁무진한 것이다. 이처럼 중국 고대 학자들의 변증법은 '무에서 유가 생겨나고 유는 무에서 온 것'이라는 것이다.

시학은 여기에서 "하나로 열을 감당하다.[一以当十]", "적음으로 많음을 이기다[以少少許勝多多許]", "말은 다함이 있으나 뜻은 무궁하다.[言有盡意無窮]", "적음으로 많음을 개괄한다.[以少總多]", "함축이 다함이 없다.[含蓄無垠]" 등의

---

31) 위의 책 19 페이지.
32) 위의 책 32 페이지.

관념을 발전시켰다. 독자의 독서와 이해, 감상에 있어서도 유한함 속에서 무한함을 읽어내는 것을 높은 경지로 여겼다.

5. "음미[品味]"와 "함영涵泳" ─ 시의적 전체 파악

시를 "함영"하는 것은 "오래 동안" 반복해서 낭송하는 것 이외에도 시를 전체적으로 음미하고 파악하는 것이 필요하다. 중국의 선인들은 전체가 부분의 조화보다도 더 크다는 이치를 믿으면서, 시를 도야하는 과정에서 시의 개별 글자나 연, 구절을 각각 떼어내서 고립적으로 이해해서는 안 되며, 반드시 각각의 시구를 전체 시편의 언어적 환경 속에서 이해해야 한다고 주장했다. 맹자의 "한 구절의 말 때문에 시 본래의 뜻을 해쳐서는 안 된다.[不以辭害志]"는 말은 바로 전체적 언어 환경의 중요성을 강조하는 것이다. "함영"의 참 뜻은 개별 글자나 각 연이나 구절이 아니라 시 전체를 감상하는 데 있는 것이다.

독자의 독서와 이해와 감상은 동태적 과정이기 때문에 전체 과정에서는 모종의 방법을 운용해야만 한다. 서구의 전통은 웅변으로, 논리적 분석이 모든 학과를 지배하는 것이었다. 우리가 고대 그리스 학자 플라톤이나 아리스토텔레스의 저서들을 들춰보면 곧 바로 이 점에 동의하게 될 것이다. 독자반응 이론의 측면에서 그들도 논리적 해석을 중시한다. 러시아의 형식주의 비평이든 프로이드의 정신분석 비평이든 영미의 "신비평"이든, 프랑스의 구조주의 비평, 그리고 기호학 비편, 현상학 비평, 독자반응 비평이든 모두 논리적 시발점이 있고 그런 다음에 이 논리적 시발점에 따라 텍스트에 대해 층층의 해석을 진행해 나가는 것이다.

러시아 형식주의 비평의 기본 관념은 "문학성(Literariness)"으로, 이 관념과 함께 이와 연관된 "낯설게 하기(Defamiliarizing)" 등을 시발점으로 삼아 이성적인 비판을 전개해 나갔다. 프로이드의 정신 분석 비평은 무의식(그 중에서 가장 중요한 것은 성의식이다.)을 시발점으로 하여 모든 텍스트를 무의식과 의식의 "분리"된 구조 속에서 해석했다. "신비평"파는 은유와 모호함, 반어적 풍자, 역설 등의 범주로 텍스트에 대한 정독을 전개해 나갔다. 그러므로 서구에서는 독자의 텍스트에 대한 독서와 이해의 과정으로서, 분석 방법을 운용하고 논리에 호소하는 문학 수용은 그들의 문화적 전통과 관련이 있는 것이다.

고대 중국의 독자는 "음미"와 "도야"의 방법을 더 많이 운용했는데, 이것들은른 논리를 초월한 전체적 감상 이러한 민족적 특색을 텍스트에 대한 읽기와 이해의 방법 역시도 중국의 문화 전통과 밀접한 관계가 있는 것이다.

고대 유가의 천지만물에 대한 인식은 직관적이고 시의적인 전체적 파악이었다. 예를 들어, 공자가 냇가에서 '흘러가는 것이 이와 같구나'[子在川上曰: 逝者如斯夫!]라고 한 것은 흘러가는 시간에 대한 인지(認知)로, 공자가 마주한 쉬지 않고 흘러가는 강물이나 공자가 체득한 철리(哲理)는 모두 시의적이고 전체적인 것이며, 여기에는 논리적인 추리나 연역이 없고, 직관적인 깨달음만 있을 뿐이다. 도가의 "도에 대한 체득"은 인생에 대한 완전한 몰입으로, 일종의 투철한 깨달음과 신과의 조우이며, 여기에는 논리의 개입이 필요 없다. 중국의 독자이론은 "음미", "함영"의 초 논리적 방법의 영향이 줄곧 우세를 차지해 왔으며, 논리적 층차의 분석은 비교적 회소했다. 종영의 《시품》에서 품등의 방법을 사용하였으며, 게다가 시의 "맛[滋味]"에 대한 품평을 특히 강조하였다. 사공도는 "맛을 구분한 후에야 시에 대해 말할 수 있다.[辨於味而後可以言詩]"라고 했다. 주희는 시에 대한 "함영"을 제창했다.

그렇다면 고대 중국 독자들의 텍스트에 대한 "음미"와 "함영"은 어떤 특징들을 가지고 있는가?

1) "음미"와 "함영"은 일종의 심미적이고 시의적인 파악이다.

고대 중국에서는 유가의 "시교"설을 중시하였으며, 시를 해석할 때에도 시의 재도(載道)와 교화적 역할에 치중하였는데, 이는 당연히 중요한 일면이기도 하다. 그러나 옛 사람들은 인간의 생활은 "구속도 있고 방종도 있다.[有所拘者, 有所縱也.]" [33] 시가에 대한 이해와 감상은 고대 선비들의 주요한 활동으로, 당연히 구속도 있고 방종도 있다. "구속"이란 바로 재도와 교화를 중시여기는 것이고, "방종"이란 즐겁게 놀면서 휴식을 취하는 것이다. 사람은 누구나 평범한 생활을 바라기도 하지만, 또 다른 한편으로는 그런 평범함에서 벗어나고 싶을 때도 있다. 그러므로 사람에게는 심미의 축제가 없어서는 안 되며, 사람들에게는 "한가로이 답답함을 해소하는" 것이 필요하다. 고대의 선비들은 시를 짓고 동시에 시를 읽고 시를 이해하였는데, 그 중요한 목적이 심미적 쾌감과 시의적 깨달음, 소일거리를 얻기 위한 것이었다. 공자는 〈소악韶樂〉을 듣고서 "석 달 동안 고기의 맛을 알지 못했다[三月不知肉味]"라고 했는데, 이 말에는 소악의 순정한 사상에 대한 찬미뿐만 아니라 심미적 쾌감까지도 포함되어 있는 것이다. 유협의 《문심조룡·지음》 편에는 독자의 텍스트 읽기와 이해의 심미적 성질에 대해 비교적 이론화된 문자로 설명하고 있다.

> 무릇 오로지 깊은 식견으로 오묘함을 감별해 낼 수 있어야 내면 깊은 곳의 희열을 느낄 수 있다. 이는 봄날의 누대에 따뜻한 햇살이 뭇 사람들을 비추는 것 같고, 좋은 음악이 나그네의 발걸음을 멈추는 것과 같다. 무릇 난초의 향기가 나라에서 제일이라고 하는데, 이것을 몸에 지니게 되면 그 향기가 더욱 그윽해 지는

---

33) (당) 유종원, 《유하동집柳河東集》 상권, 366 페이지.

것이다. 문학작품 또한 나라의 꽃이니, 반복해서 음미할 때 그
아름다움을 느낄 수 있는 것이다. 지음이 되길 바라는 군자들이여,
이 뜻을 유의할 지어다.

夫唯深識鑒奧, 必歡然內懌, 譬春台之熙衆人, 樂餌之止過客.
蓋聞蘭爲國香, 服媚弥芬. 書亦國華, 玩繹方美. 知音君子.
其垂意焉.[34]

　유협은 독자가 텍스트의 가장 심오한 곳으로 파고들어가야만 비로소 마음 속
깊은 곳에서 그 희열을 느낄 수 있다고 지적한다. 이것은 봄날의 누대에 오르면
사람들이 즐거워하는 것과 같고, 미묘한 음악이 사람의 발걸음을 멈추게 하는 것과
같다는 것이다. 그리고 난초가 가장 향기로운 꽃이기는 하나 그것을 몸에 지니고
있으면 그 향기를 더욱 잘 느낄 수 있으며, 문학 텍스트도 마찬가지로 "국화"이나
반복하여 음미하게 되면 그 아름다움을 느낄 수 있다는 말이다. 여기서 유협은
텍스트를 정독하고 깊이 있게 이해하여 그 가장 깊은 곳에 도달하게 되면 미적
쾌감을 얻을 수 있다고 보고 있는 것이다. 이는 바로 독자의 테스트 읽기와 수용의
심미적 시의적 성질에 대해 긍정하는 것이다.

　실재로 고대 중국의 선비들은 사람은 하루 종일 굳은 표정으로 경서만을
낭독하고 경학의 이치만을 말하면서는 살 수 없고 "휴식"과 "놀이" 활동을 통해
생활을 조절해야할 필요가 있음을 깊이 인지하고 있었다. 일반적으로 고대 중국의
선비들은 시와 술을 통해 "휴식과 놀이[有息有游](유종원의 말)"의 기회를 얻었다.
이백의 시 〈장진주〉는 이러한 점을 가장 전형적으로 설명해주는 사례라고 할 수
있다. 시에서 "잠부자, 단구생이여, 술 한 잔 올리려니, 그대들 거절하지 마시게.
그대들에게 노래 한 곡조 올리려니, 나를 위해 귀를 기울여 주시게나.[岑夫子,

34) (남조) 유협 저, 관원란 주, 《문심조룡주》, 715 페이지.

丹丘生, 將進酒, 君莫停. 与君歌一曲, 請君爲我側耳聽.]"라고 술과 시를 같이 언급하고 있는 것으로 볼 때, 유유자적하며 근심을 해소하는 두 가지 활동임을 알 수 있다.

중국의 고전 문론에서는 독자의 텍스트 읽기와 이해의 오락적 심미적 특징에 대한 담론이 매우 많은 데, 대체로 다음의 두 가지로 분류해 볼 수 있다. 하나는 시 쓰기와 시 읽기를 오락적이고 유희적이고 휴식적인 기능으로 보는 것으로, 이는 얕은 층차의 "심미"이다. 다른 하나는 시 쓰기와 시 읽기를 "혈맥을 뛰게 하고, 정신을 통하게 하는[流蕩血脈, 流通精神]" 것으로 보는 것으로, 이것은 깊은 층차의 "심미" 활동이다. 앞의 것은 예를 들어 양(梁) 대 소통蕭統의 《문선서文選序》에서 송(頌), 잠(箴), 논(論), 명(銘), 찬(贊) 등의 문체가 "벌떼처럼 일어나니 원류가 그 속에서 나왔다. 이는 도와 포는 서로 다른 악기이나 사람의 귀를 즐겁게 해주고, 보와 불은 서로 다른 자수이나 사람의 눈을 즐겁게 해주는 것과 같다.[衆制鋒起, 源流間出. 譬陶匏異器, 幷爲入耳之娛. 黼黻不同, 俱爲悅目之玩.]" 35)라고 했다. 그 뜻은 이처럼 뛰어난 문학 작품은 정교하게 만들어진 그릇이 사람의 눈과 귀를 즐겁게 해주는 것과 같다는 말이다. 송대의 진사도陳師道는 "한 평생 오천권의 책 읽으니, 집으로 돌아가는 길 묻지 않아도 되네. 최근엔 한나라 당나라의 시문 받들어, 점차 시로써 혼자 즐거워한다네.[平生五千卷, 還舍不問途. 近事更漢唐, 稍以詩自娛.]" 36)라고 했다. 그 역시도 시 쓰기와 시 읽기를 "스스로 즐겼다"고 했으니, 정신적 편안함과 즐거움을 느꼈다는 말이다.

이러한 담론들은 너무 많으나 일일이 열거하지는 않겠다. 뒤의 것은 독자의 명작 읽기와 이해가 사람들의 심신을 즐겁게 해 줄 뿐만 아니라 더 나아가서는 정신적인 감동과 수준의 향상을 가져다주고 정신력을 일깨워주며, 이는 더 높은 차원의 "심미"

---

35) (양) 소통蕭統 저, 위페이于非 등 주, 《소명문선역주昭明文選譯注》
　　(창춘長春, 지린吉林문사출판사, 1987) 제 1권, 4 페이지.
36) (송) 진사도陳師道, 《후산거사문집後山居士文集》
　　(상하이, 상하이고적출판사, 1984) 상권, 349 페이지

활동이라고 보는 견해이다. 예를 들어 백거이는 "성인은 사람의 마음을 감화시키기 때문에 천하가 평화로워진다.

사람의 마음을 감화시키는 것으로는 감정보다 앞서는 것이 없고, 말보다 먼저인 것이 없으며 소리보다 절실한 것이 없고 내용보다 깊은 것이 없다. 시란 감정에 뿌리를 두고 말에서 싹틔우고 소리에서 꽃피우고 내용에서 열매를 맺는다. 위로는 성현에서 아래로는 우민에 이르기까지, 보잘것없는 돼지나 물고기에서 신묘한 귀신에 이르기까지, 여러 갈래로 나뉘어져도 기는 같고, 형체가 달라도 정은 하나니, 소리를 듣고서 응하지 아니하고, 정을 나눔에 느끼지 않는 것이 없다.[聖人感人心而天下和評. 感人心者, 莫先乎情, 莫始於言, 莫切乎聲, 莫深乎義. 詩者, 根情, 苗言, 華聲, 實義. 上自賢聖, 下至愚騃, 微及豚魚, 幽及鬼神, 群分而氣同, 形異而情一, 未有聲入而不応, 情交而不感者.]" [37]라고 했다. 이는 바로 시의 뿌리는 정이고 그 가지와 잎사귀가 말이며, 꽃은 소리이고 열매가 바로 의미이므로 정과 말과 소리와 의미가 하나로 결합된 것은 감동력을 가지고 있으며, 그렇기 때문에 그것에 감동을 받지 않는 사람이 없을 뿐만 아니라 그것을 통해 자신의 감동을 승화시키게 된다는 말이다. 백거이가 말한 것이 감정의 감동에 머물러 있다고 한다면, 명대의 이동양李東陽은 인간의 전체 정신세계로 나아갔다. 그는 "시는 육경 가운데 있으면서도, 따로 하나의 가르침이니, 대저 육예 중의 악이다.

악은 시에서 시작되었으며, 율에서 끝나니, 인간의 소리가 조화로우면 음악의 소리도 조화롭게 된다. 또 그 소리의 조화를 취하여 성정을 도야할 수 있고, 사람의 마음을 감동시켜 움직일 수 있으며, 혈맥을 뛰게 하고, 정신을 통하게 하며, 자기 자신도 모르게 손과 발이 춤을 추게 하기까지 한다.[詩在六経中, 別是一教, 蓋六芸中之樂也. 樂始於詩, 終於律, 人聲和則樂聲和. 又取其聲之和者, 以陶寫情性, 感發志意, 動蕩血脈, 流通精神, 有至於手舞足蹈而不自覺者.]" [38]라고 했다. 여기서

---

37) (당) 백거이, 〈여원구서与元九書〉, 구쉐제顧学頡 교점, 《백거이집》 제 3권. 960 페이지.
38) (명) 이동양, 《녹당시화麓堂詩話》, 저우옌빈周寅賓 점교, 《이동양집李東陽集》(창사, 악록서사, 1983) 제 2권, 529 페이지.

말하고 있는 시의 작용을 우리는 독자 반응의 시각에서 이해해 볼 수 있다. 이동양은 우리에게 독자의 시 텍스트 읽기와 이해가 이미 인간의 요동치는 혈기와 성정의 토로, 정신의 활동, 그리고 손과 발의 춤사위에까지 영향을 미치게 된다는 것이다. 청대의 이어李漁는 문학 텍스트의 정독과 감상의 심미적 성질에 대해 더욱 구체적으로 언급하였다. 그는 "전기에는 차갑고 뜨거움이 없으며, 단지 사람들의 정서에 맞지 않을까 걱정한다. 예를 들어 이별과 만남, 슬픔과 기쁨은 모두가 사람의 감정이 미치는 바여서 능히 사람을 울게 하고 웃게 하며, 능히 사람을 화가 머리까지 치솟게 하기도 하고, 놀라 기절초풍하게 하기도 하는데, 북과 박판이 멈추고 장면이 고요 속에 쌓인다 하더라도 관중의 만족해하는 환호 소리는 반대로 하늘과 땅을 뒤흔들게 된다.

이로써 사람의 입으로 북이나 악기를 대신하고 찬탄이 전쟁이 된다. 그와 비교하여 서로 정벌하고 죽이는 장면에서 징과 북소리가 울려 퍼져도 사람들의 마음은 움직이지 않고 반대로 귀를 막고 시끄러움을 피하려는 것은 무엇 때문인가? 이는 차가움 속의 뜨거움이 뜨거움 속의 차가움을 이기는 것이 아니겠는가? 또한 속됨 속의 전아함은 전아함 속의 속됨보다 못한 것이 아니겠는가?[伝奇無冷熱, 祇怕不合人情. 如其離合悲歡, 皆爲人情所必至, 能使人哭, 能使人笑, 能使人怒髮衝冠, 能使人驚魂欲絶, 即使鼓板不動, 場上寂然, 而觀者叫絶之聲, 反能震天動地. 是以人口代鼓樂, 讚歎爲戰爭, 較之滿場殺伐, 鉦鼓雷鳴, 而人心不動, 反欲掩耳避喧者爲何如? 豈非冷中之熱, 勝於熱中之冷. 俗中之雅, 遜於雅中之俗乎哉?]"[39] 이어는 여기서 희곡의 "차가움(조용함)"과 "떠들썩함", "전아함"와 "비속함"의 문제를 중점적으로 설명하면서, 겉보기에는 "조용해"보이는 훌륭한 작품들이 실제로는 떠들썩한 극보다 더 사람들을 감동시키고 사람들의 내면의 감정을 더욱 잘 이끌어낸다고 말하고 있다. 그러나 그의 논술 속에서는

---

39) (청) 이어 저, 란윈페이冉云飛 교점, 아이수런艾舒仁 편차, 《이어수필전집李漁隨筆全集》,
　　54 페이지

또 인간의 감정이 미치는 우수한 작품들은 비록 차갑다고 여겨지는 작품이라도 관중들로 하여금 음미하게 하면 관중의 "울음"과 "웃음"과 "노함"과 "놀람" 등의 감정의 반응과 평가를 이끌어 낼 수 있다고 설명하고 있다.

심미란 무엇인가? 넓은 의미에서 보면 감정의 평가이다. 중국 고전 문론에서 말하고 있는 품미나 함영은 그 성질로 말하면 시의의 발견, 정감의 평가를 중시하며, 독자의 성정 도야, 정신적 카타르시스를 중시함으로써 보다 높은 차원의 심미적 향유를 얻을 수 있다는 것이다. 시의와 심미의 파악이라는 점에서 말할 때, 서양과 중국은 크게 차이가 없다. 서양이 비록 분석적 방법을 사용하기는 하지만, 그 목표는 시의와 심미를 향유하기 위한 것이다.

2) "음미[品味]"와 "함영涵泳"의 방법과 미각과의 관계

비록 중국과 서양에서 모두 독서와 이해를 통해 미적 쾌감을 얻음을 강조하고 있지만, 서양의 분석법은 미감과 시각 또는 청각과의 연계를 인정할 뿐이지만, 중국의 "품미"나 "함영"적 방법은 미감과 시각 또는 청각과의 연계를 인정할 뿐만 아니고 미감과 "맛"의 개념적 연계도 함께 인정하고 있다.

고대의 중국 학자들이 독서 속에서 얻게 되는 미감이 항상 "맛"과 연관이 있다고 여겼다. 맛이 없으면 아름답지 않고, 아름다우면서 맛이 없을 수 없다는 말이다. 앞 장에서 우리는 이미 사공도와 소식이 시의 아름다움은 항상 "짜거나 신 맛 너머"에 있음을 살펴보았는데, 이것이 바로 이 문제를 언급하고 있는 것이다. 사실상 중국 고대의 감상자가 예술의 감상을 논할 때면 항상 "품미品味", "체미体味", "저미咀味", "심미尋味", "완미玩美" 등과 연계시키곤 한다. 또 좋은 작품을 논할 때면 늘 "진미眞味", "청미淸味", "미심味深", "미미味美" 등이 있다고 말하고, 반면에 좋지 못한 작품을 거론할 때는 "과미寡味", "소미少味", "핍미乏味" 등으로 말한다. 그러나 우리는 그렇다고 해서 혀로 직접 맛을 보거나 코로 냄새를 맡거나 해서는 안 된다. 어떤 학자는 옛날 중국 사람들은 미각을 통해서 미감을 얻는다고 여기기도 하는데, 이러한 주장들은 그리 적절한 것이 아니다. "품미品味"란 단지 일종의 비유적 표현일 뿐이다. 진정한 차이는 옛 중국 사람들의 사유 풍격이 서양 사람들과 다르다는 데 있다. 어느 학자가 지적했듯이, 옛 중국 사람들이 세계를 인식하는 방법은 "체지体知" 것으로, 이선 서양 사람들이 세계를 인식하는 "인지認知"와는 다르다. 이른바 "인지"는 주체가 객관적인 세계에 대해 관찰하고 분석하고 종합하고 판단하고 추리하는 것으로, 이것은 "과학적인 앎"이다.

그들은 문학 텍스트의 읽기와 이해에 있어서도 이러한 방법을 사용한다. 그러므로 수용자는 수용자이고 피수용자는 피수용자일 뿐, 피차가 서로 분리되어 있는 것이다. 이른바 "체지"는 외재의 사물을 "자신의 생명 속으로" 받아들여, "자신의 몸과 마음과 하나로 만드는", 심령으로 외재적 사물을 체험하는 것이다. 이것은 "도덕적 앎"이다.[40] 문학 작품 읽기와 수용에 대해 장자가 "도를 체득"할 때의 "심재心齋"나 "망아忘我", "상아喪我", "허기虛己"와 마찬가지로 옛 중국 사람들도 "함영"의 방법으로 자기의 생명을 그 속에 던져 넣었다. 최후의 결과가 대상 속에서 자료를 획득하고 추리하고 객관적으로 판단하는 것이 아니라 "자신에게서 잘못을 찾는 것[反求諸己]"이었다. 즉, 자기 자신에게 순정한 마음이 있는지 없는지를 들여다보는 것이다. 송대 곽희郭熙의 《임천고치林泉高致》에서는 다음과 같이 말한다.

> 내가 한가한 날 진 당의 고금 시 십여 수를 보는데, 그 중에 좋은
> 구절은 사람의 마음 속 일을 모두 말해주고, 눈 앞의 풍경을 묘사해
> 준다. 그러나 한가로이 조용히 앉아 밝은 창과 정갈한 탁자, 향로에

---

40) 뚜웨이밍杜維明의 《위진현학 중의 체험사상魏晉玄学中的體験思想》,
《연원논학집燕園論学集》(베이징, 베이징 대학출판사, 1984) 203 페이지.

타고 있는 향 속에서 만 가지 생각을 사라지게 하지 못하므로, 빼어난 구절의 좋은 뜻 역시도 보아낼 수 없으며, 그윽하고 아름다운 정취 역시도 생각해 낼 수 없다.

余因暇日, 閱晋唐古今詩什, 其中佳句, 有道盡人腹中之事, 有裝出目前之景. 然不因靜居燕坐, 明窗淨幾, 一炷爐香, 万慮消沈, 則佳句好意, 亦看不出, 幽情美趣, 亦想不成.[41]

이른바 "만 가지 생각을 없앤다"는 것은 바로 장자가 말하는 "심재", "좌망"이며, 이는 또한 곽희 자신이 말한 "자연의 마음[林泉之心]"이기도 하다. 이러한 모든 세상사를 잊는 마음이 있어야 비로소 진정으로 작품 속으로 파고 들어갈 수 있으며, 그렇지 않으면 "빼어난 시구의 좋은 의미도 읽어낼 수 없고, 그윽하고 아름다운 정취도 생각해 낼 수 없다"는 것이다.

그렇다면 작품의 세계로 들어가기 위해서는 이러한 심미적 마음 이외에 어떤 구체적인 방법이 있을까? 바로 주희가 제창한 "함영"의 방법이 있다.

"크나큰 저 은하수" "하늘가를 수놓으니", "주나라 임금 장수하니" "어찌 인재 만들지 않겠는가?" 이 말은 절로 혈맥이 흐르는 곳이 있다. 그러나 오래 동안 음미해 보면, 자연히 말이 조리가 있고 유창함이 온전하게 됨을 볼 수 있으니, 바깥의 도리나 언어를 지나치게 끌어들일 필요가 없다. (바깥의 도리나 언어를 끌어들이게 되면) 시인의 말의 의미가 막히게 된다. 주나라 임금이 장수하였는데, 어찌 인재를 길러내지 않았겠는가? 이 일은 이미 그 자체로 분명하지만 다시 "크나 큰 저 은하수 하늘가를 수

---

41) (송) 곽희郭熙, 《임천고치林泉高致》, 선쯔청沈子丞 편, 《역대화론명저휘편歷代画論名著彙編》, 72 페이지.

놓네."라고 환기시킴으로서, 더욱 생기가 넘치게 되니, 이것이 육의 중의 "흥"이다. "흥"은 일어난다는 뜻이다. 무릇 "흥"을 말하는 자는 모두 이를 예로 삼아 보아야 할 것이다. 《역》은 말로는 뜻을 다하지 못하니 상을 세워 뜻을 다함이 또한 이와 같다.

"倬彼雲漢"則"爲章於天"矣, "周王壽考"則"何不作人"乎. 此等語言自有個血脈流通處, 但涵泳久之, 自然見得條暢浹洽, 不必多引外來道理言語, 郤壅滯卻詩人話底意思也. 周王旣是壽考, 豈不作成人材? 此事已自分明, 更著箇"倬彼雲漢, 爲章於天"喚起來. 便愈見活潑潑地, 此六義所謂"興"也. "興"乃興起之義. 凡言"興"者, 皆当以此例觀之. 《易》以言不盡意, 而立象以盡意, 蓋亦如此.[42]

주희가 여기서 설명하고 있는 시는《시경·대아大雅》중의 〈역박棫樸〉이라는 시의 "은하수가 하늘에 수를 놓으니, 주나라 임금 장수하시며 어찌 인재를 만들지 않겠는가![倬彼雲漢, 爲章於天, 周王壽考, 遐(何)不作人.]"라는 네 번째 장으로, 바로 '끝없는 은하수가 하늘가를 수놓고, 주나라 임금이 은하수처럼 장수하니 어찌 인재들을 길러내지 않겠는가?'라는 의미이다. 주희는 시는 하나의 유기적 전체로, 사람에게 혈맥이 흐르는 조직이 있는 것과 같기 때문에 우리가 그것을 오랫동안 "음미"하면 그 "조리 있고 유창함이 온전하게 됨"이 자연스럽게 드러나게 된다고 보았다.

주희는 이 시의 의미가 "주나라 임금께서 장수 하시니, 인재를 길러내셨다"라는 구절에 있으며, "크나큰 저 은하수, 하늘가를 수놓네."라는 앞의 두 구절은 "흥"으로, 이로서 "더욱더 생기발랄함을 드러내게" 된다는 것이다. 시의 혈맥이 분명하게

---

42) (송) 주희 저, 인뽀尹波 궤치郭齐 점교, 《주희집朱熹集》(청두成都, 쓰촨교육출판사, 1996) 제4권, 1879 페이지.

정리가 되었기 때문에 "바깥의 언어나 도리를 지나치게 인용할 필요가 없다"고 설명하고 있다. 왜냐하면 바깥의 언어나 도리는 오히려 시의 혈맥을 단절시키게 된다는 것이다. 이는 또한 소식이 말하는 "(시란) 언어로서 구하여 얻을 수 없기에 반드시 그 뜻을 깊이 살펴야 한다.[不可以言語求而得, 必將深觀其意焉.]"[43]는 말이다. 이로써 주희의 "함영涵泳"은 바로 고요한 마음으로 반복해서 체득해 나가야 하며, 텍스트를 전체적으로 연계시켜서 음미해야 하고, 최대한 자신의 뜻으로 작자의 뜻을 헤아려야 한다는 뜻임을 알 수 있다.

그렇다면, 어떠한 "함영"이 가장 빼어난 경지에 이르게 하는 것인가? 주희는 "구久(오랠 구)"자를 제시했다. 즉 "오랫동안 함영한다"는 것이다. 오랜 시간 동안 반복해서 음미하고 체인하는 것이 매우 중요하다는 것이다. 이것은 많은 사람들이 강조했던 것이기도 하다. 소식은 "반복하여 멈추지 않아야 그 기발한 정취를 알게 되는 것이다.[反復不已, 乃識其奇趣.]"[44]라고 했다. 송대의 왕직방王直方은 시를 낭송할 때는 반복해야 한다고 하면서, "다시 읊조리면 불식간에 심취하여 마침내 잔치를 베풀게 되며, 또 한 번 더 읊조리면, 술이 몇 순배 돌게 되고, 십여 차례 읊조리게 되면, 말 한마디를 나누지 않고서 술자리가 파하게 된다.[再誦, 不覺心醉, 遂置酒, 又再誦, 酒數行, 凡誦十數遍, 不交一語而罷.]"[45]라고 했다. 또 송대의 위경지魏慶之도 "모름지기 먼저 시를 사오십 번 읊조리고 나면 주석을 볼 수 있다. 주석을 보고나서 다시 삼사십 번 읊조리면 시의 뜻이 자연스럽게 녹아서 두루 적시게 되니 자신만의 견해가 생겨나게 된다.[須是先將詩來吟詠四五十遍了, 方可看注. 看了, 又吟詠三四十遍, 使意思自然融液浹洽, 方有見處.]"[46]고 하였다. 송대의 육유陸游도 "(작품을) 한 번 읽고, 다시 읽고, 수십 수백 번 읽게 되면 비로소

43) (송) 소식 저, 콩판리孔凡礼 점교, 《소식문집》 제1권, 51 페이지.
44) 위의 책 5권, 2206 페이지.
45) 궈샤오위郭紹虞 편집, 《송시화집일宋詩話輯佚》 (상하이, 상하이고적출판사, 1982) 상권, 32~33 페이지.
46) (송) 위경지 저, 왕중원王仲聞 교감, 《시인옥설詩人玉屑》 (상하이, 상하이고적출판사, 1982), 267 페이지.

그 오묘함이 나타나게 된다. 처음 읽을 때는 사람의 마음에 들지만, 그것을 익숙하게 음미하게 되면 사람들은 만족스럽지 못함을 느끼게 된다.[有一讀再讀至十百讀, 乃見其妙者, 有初閱可人意, 熟味之使人不滿者.]"[47]라고 했다.

명대의 하일손賀貽孫은 "반복하여 낭송하길 수십 수백 번에 이르면 아래턱에 침이 흘러내리고 맛이 무궁무진해져 끝없이 음미할 수 있다. 이에 어려서부터 늙을 때까지 끊임없이 낭송하게 되면 그 경지가 더욱 무르익게 되고, 그 맛이 더욱 깊어지게 된다.[反覆朗誦, 至數十百過, 口頷涎流, 滋味無窮, 咀嚼不盡. 乃至自少至老, 誦之不輟, 其境愈熟, 其味愈長.]"[48]고 했다. 어쨌든 많이 읽고 반복해서 읽고 오래토록 읽어야만 시의 세계로 들어갈 수 있고, 그 속의 맛을 음미해 낼 수 있으며, 또한 심미적 희열을 얻을 수 있다는 것이다.

시의 "함영"은 "오래 동안" 반복해서 낭송하는 것 이외에도 시를 전체적으로 음미하고 파악하는 것이 필요하다. 중국의 선인들은 전체가 부분의 조화보다도 더 크다는 이치를 믿으면서, 시를 도야하는 과정에서 시의 개별 글자나 연, 구절을 각각 떼어내서 고립적으로 이해해서는 안 되며, 반드시 각각의 시구를 전체 시편의 언어적 환경 속에서 이해해야 한다고 주장했다. 맹자의 "한 구절의 말 때문에 시 본래의 뜻을 해쳐서는 안 된다.[不以辭害志]"는 말은 바로 전체적 언어 환경의 중요성을 강조하는 것이다. "함영"의 참 뜻은 개별 글자나 각 연이나 구절이 아니라 시 전체를 감상하는 데 있는 것이다. 송대의 나대경羅大経은 특히 주희의 "함영"을 칭송하였다.

두소릉(두보)의 시구에 이르길, "더딘 해에 강산은 아름답고, 봄날 산들바람에 풀꽃 향기롭다. 진흙 잎에 물고 제비 날아가고, 모래도

---

47) (송) 육유, 〈何君墓表〉, 《육유집》 (베이징, 중화서국, 1976) 제 5권, 2376 페이지.
48) (명) 하일손, 《시벌詩筏》, 귀샤오위郭紹虞 편, 푸쇼우순富寿蓀 점교, 《청시화속편清詩話続編》 (상하이, 상하이고적출판사, 1983) 제1권 135 페이지.

따뜻하여 원앙도 졸고 있네."라고 했다. 혹자는 이것이 아이들의 대구 놀이와 무엇이 다른가 하고 말한다. 내가 말했다. 그렇지 않다. 앞의 두 구는 하늘과 땅 사이에 생기가 도는 것을 보여주며, 뒤의 두 구는 만물이 본성에 적합하지 않음이 없음을 보여준다. 이에 그것을 함영하고 체인한다면 어찌 나의 마음을 감동시켜 움직이는 참된 즐거움으로 부족하겠는가!

杜少陵絶句云: , 遲日江山麗, 春風花草香. 泥融飛燕子, 沙暖睡鴛鴦." 或謂此与兒童之屬對何異. 余曰, 不然. 上二句見兩間莫非生意, 下 二 句 見 万 物 莫 不 適 性 . 於 此 而 涵 詠 之 , 体 認 之 , 豈不足以感發吾心之眞樂乎.[49]

여기에서 나대경은 만약 두보의 이 절구의 앞뒤 두 연을 따로 떼어내서 이해한다면 너무나 유치해서 마치 어린 아이들의 대구짓기 놀이에 다름 아님을 설명하고자 했다. 그러나 앞 뒤의 두 연을 연결시켜서 전체로 이해하게 되 면, "하늘과 땅 사이에 생기가 돌고" "만물이 그 본성에 맞지 않음이 없다"는 대자연의 생기와 조화라고 하는 심오한 의미를 서술하고 있는 것이다. 그래서 그는 시는 전체적으로 "반복하여 읊조리고 체인해야 한다[涵詠之, 体認之]"고 호소하고 있는 것이다. 나대경은 옛 사람들의 "반복하여 읊조리기[涵詠]"은 곧 "함영涵泳"의 특징 중의 하나임을 분명하게 말했다. 사실 옛날의 시인들 중에는 "구절을 떼어내어[摘句]" 작품을 감상하는 방법을 반대하는 설명이 매우 많다. 위경지는 "시를 이해할 때 특별히 안으로 들어가 분해하여야 할 필요가 없다. 다만 평범하게

---

49) (송) 나대경, 《학림옥로学林玉露》, 왕따펑王大鵬 등 편선, 《중국역대시화선中國歷代詩話選》, 851 페이지.

함영하면 절로 좋은 것이다.[看詩不須着意到裏面分解, 但是平平地涵泳自好.]"[50]라고
했다. 그 의미는 글자나 연이나 구등을 분해해서 시를 이해하는 것이 아니라 전체로
이해해야만 "함영"의 특징에 부합한다는 것이다.

명대의 왕기덕王驥德은《곡률曲律》에서 "희곡을 논할 때는 마땅히 그 전체 힘이
어떠한가는 보아야지, 한두 마디의 말이 들어맞는다고 해서 어떤 사람, 어떤 극,
어떤 구절, 어떤 글자가 원대의 사람과 비슷하다고 해서는 안 되며, 그것으로 작품의
고하를 개괄해서는 안 된다. 한 촌의 옥으로 한 자의 티를 가릴 수는 없다.[論曲,
▨看其全体力量如何, 不得以一二語偶合, 而曰某人,某劇,某戲,某句,某字似元人,
遂執以槪其高下. 寸瑜自不掩尺瑕也.]" 다시 말해서 시의 구절을 따로 떼어내어
시인의 고하를 논하는 것은 불합리하기 때문에 "전체의 힘"을 보아야 한다는
것이다. "한 촌의 옥으로 한 자의 티를 가릴 수 없다"는 말은 곧 "한 가지 좋은 점으로
백가지의 추악함을 가릴 수 없다[一好不能遮百醜]"는 말이다. 반대로 "한 촌의 티"
역시도 "한 자의 옥"을 가리지 못한다. 즉 개별적인 단점 역시 전체의 아름다움을
훼손시킬 수 없다는 말이다. 이른바 "함영"은 바로 이러한 전체를 볼 수 있는 안목을
말하는 것이다. 어쨌든, 음미와 함영은 자연의 마음으로 텍스트 전체를 마주하고
오래 동안 반복해서 읽음으로써 예술의 세계로 들어가고 시의적으로 그 맛을
음미하여 마침내는 심미적 감동과 정신적 카타르시스를 얻게 해주는 것이다.

《여씨춘추 장견呂氏春秋 長見》편에는 다음과 같은 이야기가 실려 있다.

> 진나라 평공이 큰 종을 주조하여 여러 악공들을 불러 그 소리
> 를 들어보게 했다. 악공(樂工)들은 종소리를 들어보고 나서
> 모두들 소리가 조화롭다고 말했다. 악사(樂師) 광(曠)은 듣고
> 난 후 "종소리가 조화롭지 못합니다. 다시 주조하시는 게
> 낫겠습니다."라고 했다. 진나라 평공이 "악공들은 모두 조화롭다고

---

50) (송) 위경지 저, 왕중원王仲聞 교감, 《시인옥설詩人玉屑》 268 페이지.

하는데, 왜 다시 주조해야 한다는 것이오?"라고 묻자, 사광이 말하길, "후세에는 소리를 아는 사람이 있을 것이니, 장차 종의 소리가 조화롭지 못하다고 말을 할 것입니다. 저는 당신을 위해 이렇게 조화롭지 못한 종소리를 사용하는 것을 부끄럽습니다."라고 했다. 악사 연(涓)의 시대에 이르렀을 때 악사 연은 종소리가 조화롭지 못하다고 했다. 악사 광이 종소리를 더 조화롭게 하고자 한 것은 그가 후세에 반드시 소리를 아는 사람이 나타나게 될 것을 예견했기 때문이었다.

우리는 이 내용을 이렇게 이해해 볼 수 있을 것이다. 종소리는 "텍스트"이고 악공들이 자신들의 귀로 이 텍스트를 "해독"한 결과가 "조화로움"이었지만, 악사 광의 "선이해"는 여러 악공들과는 달라서 그가 해독해낸 것은 "조화롭지 못함"이었다. 동일한 텍스트에 대해 이처럼 확연히 다른 두 가지 해석이 나오게 되는 것은 "지음을 만나기가 어렵고[知音其難]", "문학의 정취는 감별하기가 어렵다[文情難鑒]"는 것을 설명해주는 것이며, 또한 참된 "텍스트"는 "살아있는 것"임을 설명해주는 것이기도 하다. 그러나 "문정난감"이 결코 감별할 수 없다는 말은 아니다. "지음"을 만나게 되면, "자신의 마음으로 작가의 뜻을 헤아려[以意逆志] 문정(文情)도 충분히 감별해 낼 수 있다는 것이다. 악사 연과 악사 광은 동일한 "텍스트"에 대해 일치된 견해를 보였다는 것은 악사 광과 악사 연이 바로 지음이라는 말이다. 그러나 악사 연의 "조화롭지 못함"과 악사 광의 "조화롭지 못함"이 똑 같은 것이라고 또 누가 판단할 수 있을까? "작가는 하나를 생각하고 독자는 각자의 정감에 따로 스스로 체득하게 된다."는 것이다. 작가는 중요하지만 독자가 없으면 대화의 상대가 없게 되기 때문에 독자도 매우 중요하다. 문학 활동은 작가와 독자, 독자와 독자 간의 대화인 것이다. "대화"는 현대 학술계에서 유행하는 용어이지만, 중국 고전 문론에서는 일찍부터 "잠복"해 있었고 활약해 온 것이기도 하다.

제**7**장

지사적분志思蓄憤" — "정경융합情景融合" — "연사결채聯辭結采"

— 중국 고전문학의 서정론

제7장

지사적분志思蓄憤” ― “정경융합情景融合” ― “연사결채聯辭結采”
― 중국 고전문학의 서정론

　　주지하다시피 중·서 문학 전통에는 커다란 차이가 존재한다. 중국의 문학 전통은 서정성을 위주로 하며, 서양의 문학 전통은 희극과 서사성(敍事性)을 핵심으로 한다. 중국 문학의 강한 서정 전통은 다른 나라에서는 찾아보기가 어렵다. 중·서 문학 전통의 거대한 차이는 결코 우연이 아니다. 서양 문학 전통의 고대 그리스의 비극에서 기원하고 있다면 중국의 문학 전통은 춘추시대의 서정 가용에서 기원하고 있다. 서양의 문학적 성취가 희극을 표준으로 하고 있다면 중국의 문학 성취는 시가를 척도로 한다. 이와 상응하여 중국 문론의 주요한 성취 역시도 시학에서 나타나는 반면 서양의 문학 이론은 서사학을 중심으로 나타난다. 중국의 현대 시인이자 학자인 쩡민鄭敏은 다음과 같은 의미심장한 말을 한 바 있다.

　　　　영어시가를 예로 들면, 서양 시가의 현대성은 중국 고전 중국어와 시사(詩詞)의 영감에 상당히 많은 도움을 준다. 에즈라 파운드(Ezra Pound)는 어니스트 페놀로사(Ernest Fenollosa)의 한자의 회화적 해석에 대한 영향을 받아 영미 시가 최초의 현대파 이론을 창시했다. 이미지즘은 정감과 지성이 한 순간에 하나의 이미지를 형성함을 강조하는데, 그것이 바로 시의 기본적인 구조라는 것이다. 파운드의 이미지론은 또한 엘리엇(Thomas Stearns Eliot)으로 하여금 17세기 영국 형이상학 시(특히 존 던의 작품)에 감춰져 있는 감성과 지성이 서로 표리관계를 형성하는 현대성의 특징을 재발견하게 했다. 이 "감성-지성" 일체론은 형식과 내용, 영과 육체로 나누어지는 고전과 낭만주의 심미 이론을 타파했다. "이미지"의 발견으로 시가는 고전주의의 형식적 구속과 낭만주의의 지루하고 느슨함을 벗어나게 되었다. 20세기 현대주의의 이정표라고 할 수 있는 엘리어트의 〈황무지〉에 대한 파운드의 수정은 현대성 추구의 축소판으로, 강렬한 "감성-지성"의 합일이었다. 이러한 것들은 모두 중국어 문자와 시사가 그에게 준 영감들에서 비롯되었다.[1]

중국 현대 청년 시인들의 서양 시가와 그 이론에 대해 앞 다투어 달려갈 때, 그들이 숭배하던 것이 중국 옛 선조들의 비장의 무기였을 줄은 아무도 몰랐다. 그러나 이 무기는 외국인에 의해 개도된 것이었다. 중·서 대화 속에서 중국 고대의 문학 서정 이론을 새롭게 마주하게 된 것은 어쩌면 우리로 하여금 새로운 학문의 세계를 발견하게 해 준 것인지도 모르겠다.

중국 고전 문학 서정론의 핵심 사상은 무엇인가? 모두 이구동성으로 "시언지詩言志", "시연정詩緣情"이라고 말할 것이다. 이것은 중국 문학 서정론이라는 공간에서 펄럭이고 있는 두 개의 깃발임은 분명하다. 그러나 우리가 한 걸음 더 나아가 '지와 정이 바로 시인가?', '인간의 자연스러운 정감이 시인가?' '자연스러운

---

1) 정민鄭敏, 〈중국시가의 고전과 현대中國詩歌的古典与現代〉, 《시가와 철학은 이웃사촌 — 구조주의와 해체 주의 시론詩歌与哲学詩近鄰—結構-解構詩論》 (베이징, 베이징대학출판사, 1999) 311 페이지 참고.

정감이 바로 시라고 한다면 어린아이가 배가 고파 울고, 장사치가 손해를 보았다고 길거리에서 욕지거리를 해 대고, 정치가가 정치적 타격으로 인해 불평을 늘어놓고, 노동자가 기업주에게 불만을 품고서 파업을 하고, 아내가 남편의 외도로 소란을 피우는 이런 것들 모두에도 강렬한 감정이 있으니 이것들은 시인가 아닌가?' '한마디로 자연스러운 정감이 어떻게 예술정 정감으로 바뀔 수 있는 것인가?'라고 캐물을 수 있을 것이다. 우리는 중국 고대의 서정론이 이 핵심 문제들을 해결하는데 있어서 자신만의 특색을 갖추고 있다고 생각한다.

1. "가슴 속에 울분이 쌓이고[志思蓄憤]"
― 예술적 정감의 형성의 첫 번째

"울요鬱陶"와 "축분蓄憤"은 동의어로, 모두 마음 속에 어떤 감정이 쌓이고 맺힌다는 뜻이다. 유협은 시적 정감 혹은 예술적 정감은 일반적으로 즉흥적인 정감이 아니라 누적되고 맴돌고 침전되는 과정이 있음을 처음으로 인식했다. 그래야만 자연스러운 감정이 예술적 정감으로 전환될 수 있다는 것이다.

우리가 이야기하는 문학의 서정성은 시적 서정성에만 국한된 것은 아니다. 기타 서사 작품 속에도 서정의 문제가 존재한다. 그러나 우리는 시적 서정성이야말로 문학 서정성 중 가장 중요한 서정임을 인정하지 않을 수 없다. 그러므로 지금부터 말하는 서정성은 시적 서정성을 위주로 할 것이다.

정감이 시가의 본체라는 이 개념은 이미 일찍부터 정립되어 왔다. 《상서·요전尙書·堯典》에서는 "시는 마음 속 뜻을 말하는 것이고, 노래는 그 말을 길게 늘인 것이고, 소리는 그 늘인 가락에 의지하며, 음률은 소리가 조화로워야 한다.[詩言志, 歌永言, 聲依永, 律和聲.]라고 했다. 여기에서 말하는 "지志"가 바로 정은 아니지만, 정을 포함하고 있는 것이다. 한대의 《모시서毛詩序》에서는 "시란 뜻이 가는 바이다. 마음 속에 있으면 뜻이 되고, 말로 뱉어내면 시가 된다. 정이 그 마음 속에서 움직여 말로서 모습을 갖추게 된다. 말로 부족해서 탄식하고, 탄식으로 부족하여 길게 노래한다. 길게 노래해도 부족하여 자신도 모르게 손짓하고 춤을 주며 발을 구르게 되는 것이다.[詩者, 志之所之也. 在心爲志, 發言爲詩. 情動於中而形於言, 言之不足故嗟嘆之, 嗟嘆之不足故永歌之, 永歌之不足, 不知手之舞之, 足之蹈之也.]" 여기서는 "정"과 "지"를 동시에 거론하고 있다. 이로써 시란 정이 발동한 것이라는 관념이 확립되었다. 특히 유협의 《문심조룡》에 이르러, "정"은 문학의 근본으로서 더욱 중시되기 시작했다. "정"자는 《문심조룡》에서 100여 차례 출현하고 있는데, 그 중에서 〈정채情采〉 편에서만 14 차례나 등장하는데, 그 중에서도 다음의 구절에서는 특히 "정"을 강조하고 있다.

셋째는 정감의 글로, 다섯 가지 성정이 그것이다.
三日情文, 五性是也.

다섯 가지 정감이 발하여 문장이 된다.
五情發爲辭章.

문장의 형식과 내용은 성정에 달려 있다.
文質附乎性情

진정한 말의 교묘함과 아름다움은 성정에 근본을 둔다
辯麗本於情性

성정은 문장의 날실이다.

情者文之経

시경의 시는 진실한 정감을 위하여 문장을 짓는다.

詩人什篇, 爲情而造文.

사인의 부와 송은 문장을 위해 억지로 정감을 지어낸다.

辭人賦頌, 爲文而造情.

마음에 울분이 쌓여 그 정감을 읊조린다.

志思蓄憤, 吟詠情性.

정감을 위주로 한 글은 간결하면서도 묘사가 진실 되다.

爲情者要約而寫眞.

정감을 체득한 글은 날로 적어지고, 문채를 추구하는 글이 날로
많아졌다

体情之製日疏, 逐文之篇愈盛.

문채가 번다하고 성정이 부족하면 그 맛은 반드시 싫증이 나게
된다.

繁采寡情, 味之必厭.[2]

"정"자가 이처럼 빈번하게 출현하는 것은 결코 우연이 아니다. 어쩌면 진정한

---

2) (남조) 유협 저, 판원란 주, 《문심조룡주》, 537~539 페이지.

문학 자각의 지표라고 말할 수도 있을 것이고, 또 서정 이론이 성숙하기 시작한 지표라고 말할 수도 있을 것이다. 조비가 《전론·논문典論·論文》에서 말한 "문장은 기를 위주로 한다.[文以氣爲主]"와 "시부는 아름답고자 한다.[詩賦欲麗]"라는 주장에서부터 육기가 《문부》에서 말한 "시는 정감에서 말미암아 아름답다.[詩緣情 而綺靡]"라는 새로운 견해에 이르기까지, 그리고 다시 유협이 《문심조룡》에서 "정감은 문장의 날실이고, 언사는 이치의 씨실이다.[情者文之経, 辭者理之緯]"라고 하는 주장에 이르기까지 중국 문론은 기본적으로 도덕적 교화의 수단에서부터 정감을 발산하는 심미론의 전환 과정이라고 말할 수 있을 것이다.

그러나 여기서 우리가 반드시 짚고 넘어가야 할 것은 중국 고전 문론에서의 "정" 혹은 "정감"의 개념은 결코 사소한 개념이 아니다. 이것은 포용성과 개괄성이 매우 강한 개념이다. 정감(feeling, affection, sentiment)이라는 이 단어는 중국어 고문에서는 매우 다양하게 해석되어진다. 《설문說文》에서는 "정이란 사람의 음기에 하고자 함이 있는 것이다.[情, 人之陰氣有欲者也.]"라고 했으며, 《예기· 예운礼記·礼運》편에서는 "무엇을 인정이라고 하는가? 기쁘고 성내고 슬퍼하고 두려워하고 사랑하고 미워하고 욕심내는 일곱 가지를 말하며, 이는 배우지 않고서도 할 수 있는 것이다.[何謂人情? 喜怒哀懼愛郡慾七者, 弗學而能.]" "인정은 성왕의 밭이다.[人情者, 聖王之田也.]"라고 했다. 유협의 《문심조룡》만 보더라도 정(情)은 인간의 선천적으로 갖추고 있는, 성정과 같은 정감반응 뿐만 아니라 후천적으로 형성되는 정서나 감정까지도 포함하고 있어서, 구체적인 언어 환경 속에서만 그 함의를 판단할 수 있다.

유협은 《회남자淮南子》의 "남자는 난초를 심어도 향기가 나지 않는다.[男子樹 蘭而不芳]"라는 구절을 인용하여 "정이 없기 때문이다.[無其情 也]"라고 해석했는데, 여기서의 "정"은 바로 "성정"을 말하는 것이다.

재미있는 것은 일부 문론가들은 "정"자를 사용하지 않고서도 "정"에 대해 논하고 있다는 점이다. 명대의 사상가인 이지李贄는 "동심설童心說"을 주장했는데, 그는 "동심은 참된 마음이다.[童心者, 眞心也.]"라고 하면서 "참된 마음"이 있는 사람이 바로 "진인眞人"이고 "대인大人"이라고 보았다. 이지는 "대인은 어린 아이의 마음을 잃지 않은 사람으로[大人者, 不失其赤者之心者也.]", "천하의 지극한 문장은 모두 동심에서 나오지 않은 것이 없다.[天下之至文, 未不出於童心.]"라고 했다. 여기서 이른바 "참된 마음"은 사실 "참된 감정"과 같은 것이다. 공안파公安派는 "성령性靈"을 주장했는데, "성령"은 또 "정감"과 함께 많이 사용되었다. 원굉도袁宏道는 "자신의 성령을 펼쳐냄에 상투적인 격식에 얽매이지 않는다.[獨抒性靈, 不拘格套.]"라고 했는데, 이것이 바로 공안파의 주장이다.

그는 자신의 동생인 원중도袁中道의 시가 "자신의 성령을 펼쳐냄에 상투적인 격식에 얽매이지 않았으며, 자신의 가슴 속에서 흘러나오는 것이 아니면 붓을 들려하지 않았다. 때로는 자신의 정감과 경계가 만나 한순간에 천 여자나 써 내려 갔으니, 마차 물이 동해로 쏟아져 들어가는 것 같았고, 사람의 혼백을 빼앗아 가는 듯 했다. 그 가운데는 빼어난 곳도 있고, 또한 흠이 있는 곳도 있다.

빼어난 곳은 말할 필요도 없거니와 흠이 있는 곳도 모두 자신의 본색에서 독자적으로 만들어낸 말들이었다.[大都獨抒性靈, 不拘格套, 非從自己胸臆流出, 不肯下筆. 有時情与境會, 頃刻千言, 如水東注, 令人奪魄. 其間有佳處, 亦有疵處. 佳處自不必言, 則疵處亦多本色獨造語.]"라고 했다. 이른바 "성령"은 작가의 참된 정신과 개성을 말하는 것이다. "상투적인 격식에 얽매이지 않았다"는 것은 참된 정신과 개성이 그 어떤 격식에도 구속되지 않았다는 말이다. 여기서의 "성령"은 정감과 큰 차이가 없다고 할 수 있다.("성령"설에 대해서는 이후에 다시 설명하도록 하겠다.) 어쨌든 우리는 넓은 의미의 입장에서 중국 고대의 "정감" 개념의 의미를 이해해야 할 것이다. 육조 시기부터 시작하여 문학의 자각과 함께 중국 문학 서정론은 점차 성숙되어 갔다. 그 중에서 두드러진 논점이 바로 유협이 제기한 "정은 문장의 날실이다.[情者文之経]"라는 것이다. 유협은 당시 문단의 "형식이 내용을 이기고[文勝質衰]" "수사가 번성하여 정감이 적은[繁釆寡情]"의 병폐를 겨냥하여 《문심조룡 · 정채》 편에서 "정감을 위해 문장을 지어야 한다.[爲情而造文]"고 강조하였고, 또 "뜻을 풀어내는 것을 근본으로 삼아야 한다[述志爲本]'고 강조하면서, "문장을 위해 억지 감정을 만들어내는[爲文而造情]" 것을 반대하고 "구차히 과도한 수사를 쫓아 이름을 팔아먹고 세상을 낚시질하려 하는[苟馳誇飾, 鬻聲釣世]" 세태를 반대하며 "정이란 문장의 날실"이라는 심미론을 주장하였다. "정이란 문장의 날실이다"라는 판단은 중국 시학이 시란 "부부 간의 질서를 다스리고 효와 공경을 이루며, 인륜을 두텁게 하고 교화를 미화하고 풍속을 바꾸는[経夫婦, 成孝敬, 厚人倫, 美教化, 移風俗.]" 역할을 해야 한다는 교화론에서 심미적 서정론으로의 철저한 전환을 의미하는 것이다. 그러나 '"정"이 어디에서 온 것인가?'라는 이 문제는 우선 명확히 해야 할 문제이다.

유협은 시정의 가장 깊은 근원은 사람의 "본색"으로, 결국은 사람의 자연스러운 성정에서 온 것이라고 보았다. 유협은 "연대(눈썹을 그리는 묵)는 얼굴을 꾸미는 도구일 뿐, 여인의 아름다움은 본래의 정숙한 자태에서 나오는 것이다. 수식은 말을 꾸미는 도구일 뿐, 아름다운 말은 내면의 성정에서 우러나온다.[夫鉛黛所以飾容, 而盼倩生於淑姿, 而辯麗本於情性.]"라고 했다. 그 의미는 연지나 눈썹 그리는 먹으로 얼굴을 예쁘게 화장하는 도구이지만, 여성의 아름다움은 자신의 아름다운 자태에서 나오는 것이며, 화려한 문체로 말을 수식할 수는 있지만 말의 아름다움은 사람의 본래 성정에서 나온다는 말이다. 바꾸어 말하면 여성 자신이 아름답지가 못하다면 아무리 "쳐다봐도" "아름다움이 생겨날 수" 없다는 말이다. 마찬가지의 이치로 사람의 "성정"에 원래 깊이가 없고 넉넉하지 못하고 활발하지 못하고 진실 되지 못하다면 아무리 말을 잘한다 하더라도 그 사람의 말은 역시 아름다운 문체를 가질 수 없다는 말이다.

유협은 작가의 성정의 "본색本色: 즉 본바탕"이 가장 중요하다고 보았다. 이는 마치 강물이 졸졸졸 흐르는 가운데 아름다운 물결이 생겨나는 것과 마찬가지이며, 나무가 땅에 뿌리를 튼실하게 내리고 있어야 아름다운 꽃을 피울 수 있는 것과 같다("무릇 물의 본성은 텅비어 잔물결이 일어나게 되고, 나무의 본성은 가득 참이니 꽃들이 만발하다.[夫水性虛而淪漪結, 木体實而花萼振.]")는 것이다. 유협은 더 나아가서 문학의 "정"은 본색으로서 자연스러운 성정에서 비롯되어진다고 보았다. 이른바 "문장의 형식과 내용은 성정에 달려 있음을 알아야 한다.[知文質附乎性情]"는 것이다. 시문의 정감이 시인이나 작가의 생명과 삶 속에서 체득한 진실 된 정감에서 생겨나는 것이라고 한다면, 그렇다면 그 원천에서부터 맑고 탁함을 분명하게 구분하고, 운용할 때 바른 길인지 잘못된 길인지를 분명하게 구분하게 되면 문채를 제어할 수 있다.("만약 맑은 경수와 탁한 위수의 흐름에서 근원을 가려 낼 수 있고, 말고삐로 바른 길과 사학한 길을 가려낼 수 있다면, 또한 가히 문채를 다룰 수가 있다.[擇源於涇渭之流, 按轡於邪正之路, 亦可以馭文采矣.]")는 말이다. 다시 말해서, 성정으로 문채를 제어해야지, 문채로 성정을 제어해서는 안 된다는 말이다. 문학의 정감은 문채에 의존해서만 아름답게 꾸며지는 것이 아니라는 말이다. 어쨌든, 유협은 시적 정감이 사람의 본래 참된 성정에서 나온다고 보았다. 창작에는 참된 정감이 필요하다. 이른바 "정감을 위주로 한 글은 간결하면서도 묘사가 진실 되다.[爲情者要約而寫眞]"는 것이다.

만약 정감과 문학의 관계에 대한 유협의 인식이 여기서 거쳤다면 문학 서정론의 핵심에는 들어가지 못했다고 해야 할 것이다. 유협의 가장 가치 있는 이론은 사람들의 자연스러운 정감이 어떻게 예술적 정감으로 전환되어지느냐는 문제에 대한 대답에 있다. 그는 사람의 본래 참된 성정은 작품 속의 시적 정감과 같을 수 없다고 분명하게 말하고 있다.

인간의 자연스러운 정감은 전환 과정을 거쳐야 비로소 시적 정감이 될 수 있다는 것이다. 일반적으로 사람의 자연스러운 감정은 인간의 성격에 자극을 줄 뿐, 사람들이 향유할 수 있는 시적 정감이 아니다. 예를 들어, 어떤 소녀가 실연을 당한 이야기는 "아름다운" 이야기로 노래되어질 수 있을 것이다. 그러나 그 소녀가 실연을 당한 그 순간은 삶을 포기하고 싶을 정도로 고통스러울 것이니, 훗날 자신의 이러한 감정적 경험이 시나 소설이 될 수 있을 것이라고 생각할 수 있겠는가? 자연스러운 정감 그 자체로는 아직은 시나 노래가 될 수 없는 것이다. 행복한 감정이라도 그것이 자연스러운 상태에 놓여 있을 때는 아직 문학이 아니다. 자연스러운 정감이 전환 과정을 거쳐야 비로소 "간결하면서도 진실 된" 시적 정감(예술적 정감(이 될 수 있고, 더 나아가서는 감동을 선사하고 사람들이 향유할 수 있는 문학 작품이 될 수 있는 것이다.

유협은 "정감을 위해 문장을 만들" 것이냐, 아니면 "문장을 위해 정감을 만들" 것이냐의 문제에 대해서는 "가슴 속에 울분이 쌓인다.[志思蓄憤]"와 "울적한 마음[鬱陶]"에 마음으로 응한다는 두 가지 관점을 제시하였다. 유협은 "풍과 아의 흥기는 마음에 울분이 쌓여, 그 정감을 읊조려 윗사람을 풍간한 것이니, 이는 정감을 위하여 문장을 지은 것.[蓋風雅之興, 志思蓄憤, 而吟詠情性, 以諷其上, 此爲情而造文也.]"이라고 했다. 그리고 이와 반대의 경우는 "사람들은 마음에 울적함도 없으면서 구차히 과도한 수사를 좇아 이름을 팔아먹고 세상을 낚시질하려 했으니, 이는 문장을 위하여 정감을 억지로 지어낸 것[諸子之徒, 心非鬱陶, 苟馳誇飾, 鬻聲釣世, 此爲文而造情也.]"이라고 보았다. "정감을 위해 문장을 지을" 것인지 아니면 "문채를 위해 문장을 지을" 것인지의 문제는 문학 창작에 있어서 근본적이 문제이다. "정을 위해 문장을 짓는 것"은 어떤 정감이 생겨 마음 속에서 맴돌 때 그것을 펼쳐내지 못하거나 자신의 감정을 억누르지 못하면서도 통쾌하게 쏟아내지 못하는 것으로, 이러한 상황에서 "문장을 짓게" 되면 틀림없이 진실 되고 깊이 있는, 감동적인 정감을 전달할 수 있다는 것이다. "문장을 위해 억지로 정감을 지어내는 것"은 마음 속에 어떤 정감도 솟아나지 않는데도 어쩔 수 없이 "정감을 만들어 내는" 것으로, 어쩔 수 없이 즉석에서 노래를 해야 하거나 혹은 대중 앞에서 붓을 들어야 하는 경우에 그 작품은 기껏해야 운이 있는 문자에 불과할 뿐, 진실 된 정감의 작품이 아니라는 말이다.

이 근본 문제에 있어서, 유협은 "축분蓄憤"과 "울요鬱陶"의 방법을 제기하고 있는데, 이는 매우 주목해볼만하다. 이른바 "축분"이란 정감을 축적시킨다는 말이다. "축"은 하나의 과정으로, 적음에서 많음으로, 얕음에서 깊음으로, 혼탁함에서 맑음으로, 혼잡스러움에서 풍부한 미감으로 나아가는 과정인 것이다. "울요"라는 단어는 유협의 문장에서도 알 수 있듯이, "축분"과 뜻이 통하고 있다. 《맹자 · 만장상万章上》편에서 "임금님을 생각하면 답답하고 울적할 뿐입니다.[鬱陶思君爾]"라고 했다. 이에 대한《석문釋文》의 주석을 보면, "울요는 생각함이 심하여 기가 통하지 않는 것이다.[鬱陶, 思之甚而氣不通.]"라고 하고 있다. 또 송옥宋玉의〈구변九辯〉에서는 어찌 마음이 울적하여 군주를 생각지 않으리오? 군주가 계신 집의 문이 아홉 겹이어라.[豈不鬱陶而思君兮, 君之門以九重.]"라고 했는데, 왕일王逸의 주석에서는 "울요"는 울분이 쌓여 가슴에 가득 차 넘치는 것이다.[鬱陶, 憤念蓄積盈胸臆]"라고 했다. "울鬱"자는 "울적하다", "답답하다", "우울하다" 등으로 해석될 수 있고, "요陶"자는 "yáo(사람이름 요)"로 읽으며, 정현鄭玄의 주석에서는 바로 "울요鬱陶:울적함"라고 했다. "울"자와 "요"자는 상호 풀이가 가능한 글자이다. 이로써 "울요鬱陶"와 "축분蓄憤"은 같은 의미로, 모두 마음 속에 어떤 감정이 쌓이고 맺힌다는 뜻임을 알 수 있다. 유협은 시적 정감 혹은 예술적 정감은 일반적으로 즉흥적인 정감이 아니라 누적되고 맴돌고 침전되는 과정이 있음을 처음으로 인식했다. 그래야만 자연스러운 감정이 예술적 정감으로 전환될 수 있다는 것이다. 유협이 "정감을 위해 문장을 지을" 때 정감의 "축분"과 "울요"가 필요하다고 강조하고 있는 이 점은 매우 중요하다. 이것은 자연스러운 정감에서 예술적 정감으로 전환되는 필수 과정이기 때문이다.

이 밖에도 유협은 정리(情理)의 운동 과정을 정면으로 거론하면서, "무릇 능히 규범을 세워 이치를 자리매김하고, 위치를 헤아려 마음을 두니, 마음이 안정된 후에 소리가 만들어지고, 이치가 바르게 된 후에 수사를 펼친다.[夫能設模以位理, 擬地以置心, 心定而後結音, 理正而後摛藻.]"라고 했다. 그 의미는 시인의 정감은 자연스럽게 그냥 쏟아내서는 안 된다는 말이다. 이른바 "이치를 세운다.[設模]"는 바로 규범을 찾는다는 말이고, 이른바 "위치를 헤아린다.[擬地]"는 말 역시도 규범을 확정한다는 의미로, 마음 속의 정감이 맴돌 수 있는 공간을 제공해 준다는 말이다.

우리의 연구에 의하면 유협의 관점은 한대 유안劉安이 편찬했던《회남자淮南子》의 문(文)과 정(情)에 대한 논의를 계승하고 발전시킨 것이라고 할 수 있다. 문장과 정감의 관계에 있어서,《회남자》에서는 문이 정을 표현하는 것이라고 보았다. 문제는 어떻게 감정을 표현할 것이냐는 것이다. 이 문제의 해답은

"천뢰"와 같은 자연스러운 정감이냐, 아니면 예의를 거쳐 절제되어진 인위적인 감정일까? 작자는 다음과 같이 말한다.

> 희노애락은 마음으로 느껴 자연스럽게 나오는 것이니, 그런 까닭에 입으로 소리 내어 울고 눈물을 흘리게 되는 것이다. 이것은 모두 마음 속에 울분이 쌓여 밖으로 나타나는 것이다. 예를 들어 물이 아래로 흐르고 연기가 위로 피어오르는 것과 같다. 대저 누가 이것을 미루어 알겠는가? 그러므로 억지로 우는 것은 고통스러우나 슬픔이 없고, 억지로 사이가 좋은 것은 웃지만 화목하지 않은 것이다. 정은 마음 속에서 일어나 밖에서 소리로 응하는 것이다.
> 且喜怒哀樂, 有感而自然者也. 故哭之發於口, 涕之出於目, 此皆憤於中而形於外者也. 譬若水之下流, 煙之上尋也. 夫有孰推之者? 故强哭者, 雖病不哀, 强親者, 雖笑不和, 情發於中而聲応於外.[3]

소리는 "정감"을 표현한 것이지만, 이 "정감"이 반드시 "자연스러운" 것은 아니라는 말이다. "마음 속에 울분이 쌓여 밖으로 나타난 것"이란 바로 "물이 아래로 흐르고 연기가 위로 피어오르는" 것과 같아서, 만약에 "억지로 울거나" "억지로 친애하는" 그런 감정은 인위적으로 만들어낸 것이어 참된 정감이 아니므로 의미가 없는 것이라는 말이다. 그래서 작자는 또 강조한다.

> 그런 까닭에 어쩔 수 없이 노래하는 사람은 슬픔을 표현하지 못하고, 어쩔 수 없이 춤을 추는 사람은 아름다움을 표현하려

---

3) (한) 유안劉安 등 저, 까오요우高誘 주, 《회남자》, 《제자집성》 (상하이, 상하이서점, 1986) 제 7권, 174 페이지.

힘쓰지 않는다. 노래하고 춤추면서 슬픔과 아름다움을 표현하지
못하는 것은 모두가 본마음이 없는 것이다.

故 不 得 已 而 歌 者, 不 事 爲 悲. 不 得 已 而 舞 者, 不 矜 爲 麗.
歌舞而不事爲悲麗者, 皆無有根心者.[4]

이른바 "사事"는 "표현하다"는 의미이다. 노래하면서 슬픔을 표현하지 않고,
춤을 추면서 아름다움을 표현하지 않으면서, "어쩔 수 없는" 때문이므로 이것은
부자연스러운 것이다. 그러나 이 부자연스러움은 "본마음"이 없기 때문이라고
말하는 것이다. 그러므로 자연스러움과 부자연스러움의 핵심은 "본마음"이 있느냐
없느냐에 달려 있는 것이다. 만약 내면에서 나온 것이면 노래와 춤이 표현하는
슬픔과 아름다움은 모두 아무 의미가 없는 것이라는 말이다. 이러한 견해는 모두
도가의 자연 숭상 사상의 영향을 받은 것임이 분명해 보인다. 그러나 《회남자》의
작가의 관점은 여기에 그치지 않는다. 그는 더 나아가 예술적 정감의 형성에는 또
다른 두 가지 요소가 있다고 보았는데, 그 하나는 주체적 정감의 "쌓임[積]"과 "가득
참[盈]"의 문제이고, 다른 하나는

예를 들어, 음을 모르는 사람의 노래처럼 탁한 소리로 부르면
침울하여 완곡함이 없게 되고, 맑은 소리로 부르면 까칠하여
매끄럽게 읊조려내지 못하니, 한아나 진청이나 설담의 읊조림,
후동이나 만성의 반주 없는 노래는 마음에 울분이 생겨 속으로
쌓여서 가득 차 소리로 나오는 것이니, 음률에 맞지 않음이 없고
사람의 마음에 화합하지 못함이 없다. 어째서 인가? 마음 속에 자기

---

4) (한) 유안 등 저, 까오요우 주, 《회남자》, 《제자집성》 제7권, 245 페이지.

자신이 있어 탁하고 맑은 음을 정하니, 외부의 간섭을 받지 않고서
스스로 자신의 기준이 되기 때문이다.

譬猶不知音者之歌也，濁之則鬱而無轉，淸之則燋而不謳，
及至韓娥,秦靑,薛談之謳，侯同曼聲之歌，憤於志，積於內，盈而發音，
則莫不比於律，而和於人心. 何則? 中有本主，以定淸濁，不受於外，
而自爲儀表也.[5]

　　오늘날의 용어로 설명해보면 작자가 여기서 제시하고 있는 견해는 매우 심오한
것임을 발견할 수 있다. 일반적으로 음을 모르는 사람의 노래는 비록 "마음에
맺히고 쌓인 것"이 있다고 하더라도 자신만의 스타일("전轉"은 표현 형식을
말한다.)을 찾지 못했기 때문에, 또는 비록 자신만의 스타일을 찾기는 했지만
조화를 이루지 못한다("불구不謳", 노래로 부르지 못함)는 것이다. 한아 등 고대에
노래를 잘 했던 사람들의 노래가 좋은 이유를 살펴보면 다음과 같다.

　　첫째, 그녀들이 "마음에 울분이 생겨 속으로 쌓여서 가득 차 소리로 나오게
한다."는 것이다. 이른바 "분憤"은 무병신음이 아니라 주체에게 정감이 생겨나는
것을 말하는 것이다.. 이른바 "적積"은 주체의 감정이 마음 속에 쌓인다는 의미로,
정감이 마음 속에서 길게 또는 짧게 모였다 맴돈다는 말이다. 이러한 감정이 내면의
마음에 응집되고 맴돈다는 말은 사실상 감정을 자세히 살피고 정리하여 자연스러운
감정을 시정으로 전환시킨다는 말이다. 많은 시인이나 작가들의 창작 경험들은
예술적 정감의 형성이 없어서는 안 됨을 증명해주고 있다. 이른바 "영盈"은 "가득
차다"의 의미로, 감정의 응집과 소용돌이가 "가득 찬" 단계에 이르러 밖으로 표출될
수밖에 없다는 말로, 물이 가득차면 넘쳐흐르게 되는 것과 마찬가지라는 것이다.
이는 매우 심오한 사상이다.

---

5) 위의책217페이지.

둘째는 그녀들의 "마음 속에 자기 자신이 있어서" "외부의 영향을 받지 않고" "스스로를 기준으로 삼기" 때문이라는 것이다. 이른바 "마음 속에 자기 자신이 있다"는 말은 주체성이 매우 강하여 외부의 영향을 받지 않는 자기 자신만의 독특한 성격이 있다는 의미이다. 이러한 전제하에서 "자신을 기준으로 삼을 수 있다"는 것이다. "자신을 기준으로 삼는다"는 말의 의미는 자시의 독특한 표현 형식을 찾는다는 말로 이 또한 매우 심오한 생각이다. 시적 정감이 자시만의 독특한 형식을 찾지 못하면 예술이 될 수 없다. 형식화는 감정이 예술 작품으로 전환되는 마지막 단계라고 말한다. 이처럼 《회남자》의 저자는 문학과 정감의 관계에 대해 분명하고 깊이 있게 설명하고 있는 것이다. 한편으로는 시적 정감의 자연성 특징을 강조하면서, 다른 한편으로는 또 자연적 정감이 예술 작품으로 전환되는 두 단계를 설명하고 있는 것이다. 이는 예술 창작(그 속에는 시의 창작도 포함된다.)의 규칙을 깊이 있게 보여주고 있다. 유협의 논술과 《회남자》의 관점은 일치하고 있다.

이지李贄도 〈잡설雜說〉 편에서 이 문제에 대해 분명하게 설명하고 있다.

세상에서 정말 글을 잘 쓰는 사람은 모두가 처음부터 문장에 뜻을 두고 있었던 것은 아니었다. 그 가슴 속에 차마 말로 형용하기 어려운 괴이한 일들이 무수히 있고, 그 목구멍 사이에 말하고 싶지만 감히 토해내지 못하는 수많은 말들이 걸려 있으며, 그 입가에는 또 시시때때로 꺼내놓고 싶지만 말로 형용하고 싶지만 말할 수 없는 것들이 허다하여, 그런 말들이 오랜 세월 축적되면서 더 이상 막을 수 없는 형세가 된다. 일단 어떤 풍경을 보게 되면 감정이 솟구치고 눈길 닿는 곳마다 탄식이 일어나 사람들의 술잔을 빼앗아 자신의 울분을 쏟아 붓게 된다.

且 夫 世 之 眞 能 文 者, 比 其 初 皆 非 有 意 於 爲 文 也.

其胸中有如許無狀可怪之事，其喉間有如許欲吐而不敢吐之物，

其口頭又時時有許多欲語而莫可以告語之處，蓄極積久，勢不能遏.

一旦見景生情，触目興嘆，奪他人之酒杯，澆自己之壘快.[6]

이지가 주장한 핵심은 '오랜 세월 축적되면서 더 이상 막을 수 없는 형세가 된다'는 "축극적구, 세불능알(蓄極積久, 勢不能遏)"이 여덟 글자에 있다고 하겠다. 이 또한 자연스러운 감정이 오랜 세월 동안 맴돌면서 사라지지 않다가 일단 자신의 마음과 들어맞는 풍경을 보게 되면 감정이 솟구쳐 눈 길 닿는 것마다 탄식이 되니, 이러한 과정이 내면 속에서 반복적으로 소용돌이치면서 예술적 정감으로 승화된다는 것이다. 이지의 이러한 설명은 유협의 "축분", "울요"와 의미가 상통한다.

유안이나 유협, 이지의 관점과 유사한 논술들은 거의 모든 시대에 존재했다. 예를 들어, 당대의 왕창령王昌齡은 "무릇 문장을 짓는 사람은 항상 뜻을 지어야 하니, 하늘 바다 밖에서 마음을 모으고 원기 앞에서 생각을 부린다.[凡屬文之人, 常須作意, 凝心天海之外, 用思元氣之前, 巧運言詞, 精煉意魄.]"[7]라고 했다. 여기서 말하는 "응심凝心"이나 "용사用思"는 바로 두목杜牧의 "시 마름질 하러 대나무 집에 들어가 때대로 생각에 잠겨 시간 가는 줄도 몰랐다.[多爲裁詩步竹軒, 有時凝思過朝昏.]"라는 시구에서 말한 "응사凝思"이기도 하다. "응심"이나 "응사", "용사"는 서로 사용한 글자만 다를 뿐 모두 마찬가지로 "축분"과 "울요", "축적"과 그 의미는 같다. 청대의 주제周濟는 "사를 배울 때는 우선 마음 씀을 위주로 해야 한다. 어떤 일에 부딪히고 어떤 사물을 보게 되면 능히 깊이 생각에 빠져 홀로 앞으로 나아가 종일토록 명상에 잠기게 되면 자연히 마음 속 불명지명을 써 낼 수 있다.[學詞先以用心爲主, 遇一事,

6) (명) 이지, 《분서·속분서焚書·続焚書》 (베이징, 중화서국, 1975) 권3, 97 페이지.
7) (일본) 홍법弘法 대사 원찬原撰, 왕리치王利器 교감 및 주석, 《문경비부론교주文鏡秘府論校注》 (베이징, 중국 사회과학출판사, 1983) 289 페이지.

見一物, 卽能沈思獨往, 冥然終日, 出手自然不平.]"8)라고 더욱 분명하게 말하고 설명하고 있다. 여기서도 감정이 막 일어났을 때 비록 "뜻"이 있긴 하지만, 아직은 시를 쓰기에는 적합하지 않다고 말하고 있다. 왜냐하면, 이러한 "뜻"은 아직은 시적 의미가 아니고 예술적 정감이 아니기 때문에 반드시 이러한 자연스런 정감을 "냉각"시켜서 "축분"과 "울요"와 "응심"과 "응사"와 "심사"의 과정을 통해 자신이 경험한 정감을 정화시키고 승화시켜야만 이러한 자연스런 정감이 예술적 정감으로 전환된다는 것이다.

중국 서정학에서 "축분"과 "울요"와 "응심"과 "심사" 사상은 문학 서정성의 보편적 법칙을 총결하고 있다. 우리는 유협의 관점과 영국 시인 워즈워드의 "심사"설, 러시아 작가 톨스토이의 "2차 경험"설, 그리고 미국의 예술 이론이인 수잔 랭거의 "비징후성 정감"과 비교해 보도록 하겠다.

영국의 낭만주의 시인 윌리엄 워즈워드는 《서정가요집·서문》에서 다음과 같이 말했다.

> 나는 일찍이 시는 강렬한 정감의 자연스러운 발로로, 평정 속에서
> 회상되는 정감에서 기원하며, 시인이 이러한 정감을 어떤 반응이
> 평정되고 점차 사라질 때까지 심사숙고하게 되어 마침내 일종의
> 시인에 의해 심사숙고되는 정감과 유사한 정감이 점차 일어나
> 시인의 마음 속에 명확하게 존재하게 된다고 말했었다. 9)

사람들은 마치 워즈워드의 "시는 강렬한 정감의 자연스러운 발로이다"라고 하는 이 구절에 더욱 주의를 기울이며, 뒤의 내용은 홀시하는 듯하다. 사실상 워즈워드의

---

8) (청) 주제周濟, 《개존재논사잡저介存齋論詞雜著》 (베이징, 인민문학출판사, 1984) 4페이지
9) 류뤄뚜안劉若端 편, 《19세기 영국 시인의 시론十九世紀英国詩人詩論》 (베이징, 인민문학출판사, 1984), 22 페이지.

뒷 구절에서 제기한 "심사숙고"론 역시 매우 중요한 것이다. 다시 말해서, 시인에게 최초에 일어난 정감은 아직은 시적 정감이 아니며, 평정함 속에서 기억되어지는, 그리고 심사숙고의 과정을 거친 정감이야말로 바로 시적 정감이라는 말이다. 워즈워드의 "심사숙고"설은 중국 고대의 "축분", "울요", "응심", "응사"설과 매우 유사하며, 모두 정감은 마음 속에서의 축적과 심사숙고와 소용돌이를 거친 후에 마지막에 비로소 새로운 성질의 시적 정감으로 바뀌게 된다는 것이다.

레프 톨스토이의 "두 번째 체험"론은 위에서 설명한 "축적"과 "울요", "응심", "응사"설, 그리고 "심사숙고"론과도 매우 유사하다.

> 만약 한 사람이 어떤 감정을 체험할 때 직접적으로 자신의 몸짓이나 자기가 낸 소리로 다른 한 사람이나 일부 사람들을 감동시키게 된다면, 자기가 하품을 하게 되면 다른 사람도 하품을 하게 되고, 자기가 어떤 일로 웃음이나 울음을 참지 못할 때, 이것이 다른 사람도 웃게 하거나 울게 하고, 자기가 힘들 때 다른 사람도 그 고통을 느끼게 한다면, 이것은 아직은 예술이 아니다.
> 예술은 한 사람이 자신이 체험했던 감정을 다른 사람에게 전달하는 것에서 기원하기 때문에 자신의 마음 속에 이러한 감정이 다시 일어나게 되고, 또한 외적인 지표를 이용해 표현해 내게 되는 것이다. [10]

톨스토이는 한 소년이 늑대를 만난 이야기를 예로 들었다. 늑대와 마주친 그 긴장된 순간에 소년의 공포는 매우 자연스러운 감정으로 예술적 감정은 아니다. 위험이 지나가고 난 후 "소년이 자신의 일을 서술 할 때 자신이 경험했던 일체를

---

10) (러시아) 레프 톨스토이, 《예술론》(중국어판), 46 페이지.

다시 한 번 경험하게 됨으로써 청중들을 감동시키고 그들로 하여금 자신이 경험했던 일체를 경험하게 한다. 이것이 바로 예술"11)이라는 것이다. 이른바 "2차 경험"은 바로 그 당시의 경험이 아니라 시간적 지연 후의 반응을 말한다. 시간적 지연 후의 반응은 그 속에 이미 의식적이기도 하고 무의식적이기도 한 일정 정도의 가공이 포함되어 있어서 자기의 모든 생명 체험이 배어있게 되는 것이다. 그러므로 유협의 "축분"과 "울요", 워즈워드의 "심사숙고" 등이 모두 톨스토이가 말한 "2차 경험"이 되는 것이다. 이러한 재 경험의 감정이야말로 비로소 사람들이 향유할 수 있는 미감의 성질을 가지게 되는 것이다.

미국 당대의 유명한 미학가인 수잔 랭거는 "자기표현" 이론의 오류를 비판하면서 "정감을 발설하는 규칙은 자신의 규칙이지 예술의 규칙이 아니다."라고 했다. 또 "순수한 자기표현은 예술적 형식을 필요치 않으며", "사적인 형벌을 즐기는 마피아는 교수대를 둘러싸고서 환호성을 질러댄다. 어머니는 중병에 걸린 아이를 마주하고서 어쩔 줄을 몰라 한다. 사랑하는 연인을 위기에서 구해낸 사람은 온 몸을 떨며 땀투성이가 되어 울었다 웃었다를 반복한다. 이러한 사람들은 모두 강렬한 감정을 표출하고 있다. 그러나 이것들은 음악이 필요로 하는 것이 아니며, 더군다나 음악 창작에서 필요한 것들도 아니다."라고 했다. 수잔 랭거는 예술에서 표현하는 정감은 "징후성 정감"이 아니며, 그렇기 때문에 작가나 시인, 예술가는 "이러한 정감이 일어나게 된 원인을 자신들의 머리로 냉정하게 사고할 때에 비로소 창작 상태에 들어갔다고 할 수 있다."12)고 했다. 수잔 랭거는 자연스런 감정의 발로는 근본적으로 예술적 규칙이 아니며, 이러한 발로는 예술가들이 창작 상태로 들어가게 할 수 없기 때문에, 예술을 정감의 표현으로 여기는 것은 징후적인 것이 아니라 냉정한 회상 처리를 거쳐야 하고, 냉정한 회상 처리 거친 정감이야말로 정화(淨化)된 정감 부호가 될 수 있다는 것이다. 수잔 랭거의 이론은 중국 고전

---

11) 앞의 책 47 페이지.
12) (미국) 수잔 랭거, 《예술은 무엇인가?》 (중국어판), 23페이지

문론가들이 말하는 "축분", "울요", "응심", "응사", "심사"등의 관점과 유사한 점이 많은 것은 분명하다.

중구 서정론의 "축분", "울요", "응심", "응사"설은 워즈워드의 "심사숙고"설과 톨스토이의 "2차 경험"설, 수잔 랭거의 "비징후성 정감"설 등은 서로 다른 국가, 서로 다른 시대, 서로 다른 학술적 배경에서 출현한 것이다. 그러나 이러한 이론들이 모두 문학예술 서정성의 보편적 법칙에 대해 탐구하고 있기 때문에 우리가 이렇게 비교를 해 보는 것이 가능하다. 게다가 더 나아가 중국의 "축분", "울요" 등의 학설에 대한 이해를 통해 중국 문학 서정론이 보편적 의미를 지닌 문학 서정성의 법칙을 발견했음을 알 수 있다.

그렇다면 "축분蓄憤", "울요鬱陶", "응심凝心"의 과정을 거친 정감은 왜 예술적 정감이 될 수 있는가? 유협이 보기에 이것은 일종의 이성화된 정감이었다. 〈정채〉 편에서 글자 "정情" 자 이외에 가장 중요한 것은 바로 "리理" 자이다. 유협은 "정감은 문장의 날실이고, 언사는 이치의 씨실이다. 날실이 바르게 된 후 씨실이 만들어지니, 이치가 정해지고 난 후에 언사가 유창해지게 되는 것이다.[情者文之経, 辭者理之緯. 経正而後緯成, 理定而後辭暢.]"라고 했다. 유협은 정과 이를 "문장을 바로 세우는 근본[立文之本源]"이라고 보았던 것이다. 그는 정감이 이치의 승화를 거쳐 정리병중(情理幷重), 정지병중(情志幷重)의 상태에 도달할 수 있다고 보았다. 그래서 그는 "정을 위해 문장을 지을" 때 "뜻을 풀어내는 것을 근본으로 삼아야" 하고, "규범을 세워 이치를 자리매김해야" 한다고 주장했다. 왕웬화王元化 선생은 "〈정채〉 편에서 연이어 제기한 '정을 위해 문장을 짓는다', '뜻을 풀어내는 것을 근본으로 삼는다'는 두 문장은 바로 '정(情)'을 이용해 지(志)의 영역을 확대한 것이고, 지를 이용해 '정'의 내용을 충실하게 해 줌으로써 '정'과 '지'를 하나의 전체로 결합시켜내고 있다."[13]라고 했다. 이 설명은 유협이 했던 실제 말과 부합하는 것으로 유협의 본심을 깊이 이해하고 있는 것이라 하겠다. 유협 등의 마음 속의

---

13) 왕웬화王元化, 《문심조룡강소文心雕竜堈疏》(상하이, 상하이고적출판사, 1992), 184 페이지.

예술적 정감은 정과 리가 서로 통하고 융합된, 즉 정 속에 리가 있고, 리 속에 정이 있는 , 정과 리가 분리될 수 없는 정감이다. 여기서 우리는 옛 중국인들은 진실성을 파악했다고 본다. 왜냐하면 이후의 많은 연구들이 이른바 예술적 정감은 헤겔의 말을 빌리면 "정취", "합리적 이성"이라는 것을 증명해 주고 있기 때문이다. 그 속에는 정감도 있고 사상도 있어서, 정감과 사상의 합일이 실현되고 있다.

사실, 제 5장에서 우리가 인용했었던 청대의 문론가 엽섭이 《원시》에서 "말로 할 수 있는 이치는 누구나가 모두 말할 수 있으니, 어찌 시인에게 있는 말이겠는가? 증험할 수 있는 사건은 누구나가 다 기술할 수 있으니, 어찌 시인에게 있는 기술이겠는가? 틀림없이 말로 할 수 없는 이치가 있고 기술할 수 없는 사건이 있으니, 묵묵히 의상의 겉모습(현상)을 체득하는 데서 그것을 만나게 되면, 이치와 사건은 사람 앞에서 찬란하지 않은 것이 없다.[可言之理, 人人能言之. 又安在詩人之言之. 可徵之事, 人人能述之, 又安在詩人之述之! 必有不可言之理, 不可述之事, 遇之於默會意象之表, 而理与事無不燦然於前者也.]"라고 했었다. 다시 말하면 예술이 전달하고자 하는 것은 단순한 이치가 아니라 말로는 설명할 수 없는 것으로, 사실상은 정감과 이념과 형상이 한데 어우러져 있는 것이다. 벨린스키도 "예술은 추상적인 철학 사상을 용납하지 않는다. (예술은) 삼단논법이나 교조나 격언이 아니라 바로 살아 있는 격정이고 열정이다." [14] ("열정"은 "정취"로 번역되기도 한다.)라고 했다. 우리는 유협과 엽섭 등의 중국의 옛 선조들과 헤겔, 벨린스키 등이 말하고 있는 것이 같은 사상이라고 생각한다. 문학의 정감은 인간의 선천적인 욕망이 아니다. 이성적인 정리와 삼투를 거친 후의 그런 정감인 것이다. 그것은 구체적이고 감성적이고 감동적이며, 동시에 심오한 함의를 가지고 있는 것이다.

---

14) (러시아) 벨린스키, 《벨린스키의 문학론》, 53 페이지.

2. "정경융합" ― 예술적 정감 생성의 두 번째

예술적 정감의 생성은 적어도 서정성이 체험을 통해 획득되는 "아름답고도 슬픈 마음[芬芳悱惻之懷]"의 활약(정감의 활약)과 평소의 관찰로 얻고 또한 내면 세계에 쌓아온 경물 이미지의 활약(경물 형상의 활약)이라는 이 두 가지가 양방향으로 상호 작용하는 과정이다. 이 두 종류의 활약으로 정과 경은 진정으로 서로 부대끼고, 서로 만나고 서로 취함이 이루어지게 되며, 마침내는 내면에 선명하고 감동적인 정경교융(情景交融)의 정경 형상이 만들어지게 된다. 이러한 정경 형상이 의탁하고 있는 정감이어야 비로소 예술적 정감이라 할 수 있는 것이다.

바로 앞의 절에서 우리는 중국 고전 서정론에 대해 살펴보고, 자연스런 정감은 예술적 정감과는 다르며, 예술적 정감에는 시인의 "축문", "울요", "응심", "응사"가 필요하며, 그래아 정감이 비로소 정화되고 승회될 수 있다고 강조했었다. 그러나 바로 이어지는 문제는 그런 시인의 마음 속에서의 축적되고 소용돌이치는 정감이 정말로 예술적 정감이냐 하는 문제이다. 혹자는 더 나아가 예술적 정감은 드러내야 하는가 드러내지 않아야 하는가 하고 따져 물을 수도 있을 것이다. 만약 드러내야 한다면, 또 어떻게 드러내 보일 것인가? 옛 중국인들은 일찍부터 이 문제들을 분명하게 인식하고 있었다. 예를 들어, 유협의 《문심조룡》에서는 〈은수隱秀〉 편을 지어서 "정감이 언어 너머에 있는 것을 '은'이라고 하고, 눈 앞에 보이는 것처럼 묘사하는 것을 '수'라고 한다.[情在詞外曰隱, 狀溢目前曰秀.]"[15]라고 말했다. 여기서 말하고 있는 것은 사실 서정 작품의 두 가지 요소로, 바로 숨겨져

---

15) 이 두 구절은 송대 장계張戒의 《세한당시화歲寒堂詩話》에 서 인용한 것으로, 현재의 〈은수〉 편에 대해 서는 적지 않은 학자들이 내용의 일부가 유실되었다고 보고 있다.

있는 정(情)과 드러나 있는 경(景)이 그것이다. 유협은 〈물색物色〉 편에서 자연 경물에 대한 묘사를 직접적으로 토론하고 있는데, 그 가운데서 시인은 마땅히 "경물을 따라 마음도 완곡해지게[隨物以婉轉]" 되고 "마음과 더불어 배회하게 된다.[与心而徘徊]"는 것이다. 이른바 "물物"은 경물을 말하며, 심心은 정감으로, 이 둘은 상호 촉진에서 상호결합으로 나아가게 된다. 그래서 유협은 "축분蓄憤", "울요鬱陶"와 동시에 또한 필연적으로 "정감은 사물로써 일어나고[情以物興]", "사물은 정감으로써 살피는[物以情觀]" 과정이 있어야 하며, 이 과정은 정감과 사물의 상호 자극과 상호 결합하는 정경형상, 즉 "울요" 중의 정감의 대상화에 대해 분명하게 알고 있었다. 정감이 정과 경이 결합된 형상의 대상화를 획득할 때 예술적 정감의 축적이 의미가 있는 것이며, 예술적 정감의 소용돌이는 근거 없는 소용돌이가 되지 않으며, 이러한 정감이 바로 예술적 정감이라는 것이다.

송·원 이후에 '어떻게 정감을 대상화하고 예술적 정감으로 하여금 짜임새를 갖추게 할 것인가?' 하는 것이 중국 서정론의 중심 문제 중의 하나로 떠올랐다. "정경교융"과 "이경결정以景結情:풍경을 정감과 결합시킨다."의 화두 역시 격렬하게 논의되게 되었다.

이것은 유협의 "은수隱秀"설과 "심물완전心物婉轉"설의 발전이라고 할 수 있다. 예술적 정감은 짜임새 있는 정감이며, 이 짜임새는 바로 "정"과 "경"의 "교융交融"이라고 모두가 인식하고 있었다. 남송의 범희문範晞文은 《대상야어對床夜語》에서 다음과 같이 말했다.

> 두보의 시에서 이르길, "하늘 높아 구름도 사라지고, 강 멀어 달도 늦게 나오네. 몸 늙고 병이 많아, 이사마 여러 번 초청하니 만날 날 기다리네."라고 했으니, 앞 연은 풍경 묘사이고 뒤의 연은 정감을 노래하였다. 또 "몸은 다시는 젊은 시절로 돌아갈 수 없고, 갈 곳 있어도 이몸 타향에 묶여 있구나.
> 강물은 성곽 돌아 흐르고, 봄 바람에 북소리 울려 퍼지네."라고

했는데, 앞 연은 정감을 읊은 것이고, 뒷 연은 풍경을 읊은 것이다. "강물이 흘러가니 마음이 다투지 않고, 구름 머물러 있으니 마음도 느릿느릿 하여라."라고 한 것은 풍경 속의 정감이다. "발 걷으니 오직 맑은 물만 보이고, 책상에 기대니 또한 푸른 산이로다."라는 구절은 정감 속의 풍경이다. "시절을 느껴 꽃을 보아도 눈물이 나고, 이별이 한스러워 새소리만 들어도 마음이 놀란다."는 구절은 정감과 풍경이 서로 어우러져 구분하기 어렵다. "흰 머리 희끗희끗 몸은 병든 지 여러 해, 가을이라 어제 밤은 날씨도 싸늘하였네." "거센 바람에 나뭇잎 떨어지고 긴 긴 낮 담비모피 움켜쥔다."는 한 구절은 정감이고 한 구절은 풍경이다. 이로써 경은 정이 없이 일어날 수 없으며 정은 경이 없이는 생겨나지 않음을 확실히 알 수 있다. 혹자는 한 수 한수마다 이렇게 시를 지어야 한다고 말하니, 그 매우 잘못 된 것이다. 예를 들어 "계단에 싸늘한 바람 일고, 둥근 달은 담장 뒤로 숨네. 저 멀리 하늘엔 가을 기러기 떼 사라지고, 산허리엔 저녁 구름 길게 걸쳤어라. 시든 잎사귀 먼저 떨어지니, 차가운 날씨에 피어난 꽃 잠시 향기로워라. 파성에 눈물 더하더니, 오늘 밤엔 다시 맑은 빛이어라."이 그러하다.

老杜詩: "天高雲去盡, 江迥月來遲. 衰謝多扶病, 招邀屢有期." 上聯景, 下聯情. "身無卻少壯, 跡有但羈栖. 江水流城郭, 春風入鼓鼙." 上聯情, 下聯景. "水流心不竟, 雲在意俱遲." 景中之情也. "卷簾唯白水, 隱幾亦青山." 情中之景也. "感時花濺淚, 恨別鳥驚心." 情景相融而莫分也. "白首多年疾, 秋天昨夜涼." "高風下木葉, 永晝攬貂裘." 一句情一句景也. 固知景無情不發, 情無景不生. 或者便謂首首当如此作, 則失之甚矣. 如"淅淅風生砌, 团团月隱墻. 遙空秋雁滅, 半嶺暮雲長. 病葉多先墜, 寒花祇暫香. 巴城添淚眼,今夕復清光."[16]

　여기에서 범희문은 두보의 시 중에서 정경 조합의 여러 방식들을 열거하면서, 예술적 정감이 만들어낸 서정 세계에서 정과 경은 분리될 수 없음을 설명하고 있다. 즉, "정이 없으면 경은 일어나지 않으며, 경이 없으면 정은 생겨나지 않는다"는 것이다. 예술적 정감은 반드시 정감과 풍경이 상호 의존하는 양식을 구성할 때 비로소 노골적이고 직접적으로 표현함으로써 예술적 특성을 잃어버리는 상황으로 흐르지 않게 된다. 당시 사람들은 이미 이 점을 충분히 인식하고 있었다. 남송의 심의부沈義父는《악부지미樂府指迷》에서 다음과 같이 말했다.

　　　결구는 반드시 열어 두어 다함없는 뜻을 품게 해야 하며, 경으로써 정을 맺는 것이 가장 좋다. 예를 들어, 청진(주방언)의 "애간장 끊어 놓는 뜨락엔 주렴만이 버들 솜처럼 나부낀다."나 "덧문 닫아거니, 종소리 북소리 온 성에 퍼지네."와 같은 류가 그러하다. 혹은 정으로써 끝을 맺는 것도 역시 좋다. 종종 가벼우면서도 촉촉이 적셔준다. 예를 들어 청진의 "하늘이 사람 교화하니, 가랑비 내릴 적에 만남이 어떠할까?"나 "꿈 속에서 혼이 뭉쳐 님을 생각하네."와 같은 것들이 이 부류로, 의미가 없지만 이 또한 사 작가의 병폐이니, 배워서는 안 된다.

　　　結句須要放開, 含有余不盡之意, 以景結情最好. 如清眞之"斷腸院落, 一簾風絮", 又"掩重關, 遍城鐘鼓"之類是也. 或以情結尾, 亦好. 往往輕而露, 如清眞之"天便敎人, 霎時廝見何妨", 又云："万魂凝想鴛侶"之類, 便無意思, 亦是詞家病, 却不可學之.[17]

---

16) (송) 범희문範晞文,《대상야어对床夜語》, 딩푸바오丁福保 편집,《역대시화속편歷代詩話統編》 (베이징, 중화서국, 1983) 417 페이지.
17) (송) 심의부 저, 차이숭윈蔡嵩雲 전석箋釈,《악부지미전석樂府指迷箋釈》(베이징, 인민문학출판사, 1998) 56 페이지.

심의부는 "풍경으로 정감과 결합시킴"으로써 정감의 구상화(具象化)에 이르게 되고 정감을 드러내지 않으면서 여운을 남기고, 정경융합의 형상을 형성하는 것이 직접적으로 드러내는 비예술적 정감은 함축적 예술 정감의 필요조건으로 전환됨을 강조하였다.

명·청 두 시기는 "정경"논이 크게 발전하여 성숙해간 시기로, 정경교융에 대한 논술들이 매우 맞은데, 명대의 사진謝榛은 다음과 같이 말한다.

> 시 창작은 정감에 근본을 두고 있으니, 따로 떨어져 혼자서는 이루어질 수 없으며, 둘은 서로 위배되지 않는다. 경은 시의 매체이고, 정은 시의 태아이니, 이 둘이 합쳐서 시가 되는 것이다.
> 作詩本乎情景, 孤不自成, 兩不相背 景乃詩之媒, 情乃詩之胚, 合而爲詩.[18]

이어李漁의 정경론도 살펴볼만한 하다.

> 사의 가사를 채우는 것은 의리가 무궁하다. 내가 그 대강을 총괄해 보면 "정경"이 두 글자를 넘어서지 않는다. 경은 눈으로 본 것을 묘사하고, 정은 하고자 하는 말을 내뱉는 것이다. 정은 마음 속에서 생기고, 경은 이로써 바깥에서 얻는다. 이 둘을 떼어내는 것의 난이도는 하늘과 땅을 갈라놓는 것과 같다. .
> 塡詞義理無窮 予謂總其大綱, 則不出"情景"二字. 景書所睹, 情發欲言. 情自中生, 景由外得. 二者難易之分, 判如霄壤.[19]

---

18) (명) 사진, 《사명시화四溟詩話》 69 페이지.
19) (청) 이어 저, 란윈페이冉雲飛 교점, 아이수런艾舒仁 편선, 《이어 수필집》 21 페이지.

또 다음과 같이 말하기도 했다.

> 사를 짓는 재로는 정경 이 두 가지에 불과하다. 눈앞에 마주하고 풍경을 묘사하는 것이 아니라 마음 속의 것에 의거하여 정을 말하는 것이다. 말하여 정이 나오고 묘사하여 경이 분명하면 바로 좋은 사 작품이다.
>
> 作詞之料, 不過情景二字. 非對眼前寫景, 卽據心上說情. 說得情出, 寫得景明, 卽是好詞.[20]

또 이렇게 말하기도 했다.

> 사가 비록 정경 두 글자를 벗어나지 않지만 이 두 글자도 주객이 나뉜다. 정이 주가 되고 경은 객이다. 풍경을 말하는 것은 바로 정감을 말하는 것이지, 사물을 빌어 마음을 드러내는 것이 아니라 사람을 사물에 비유하는 것이다. 전제 작품에서 조금의 정감도 드러내지 않으면서도 사실을 구절구절이 정이고 글자 글자마다 정과 연결되어 있다. 풍경을 마주하고 사물을 읊조리는 말을 융통성 없이 하지 마라. 그러면 제자 때문에 오해가 생기니, 진솔하게 바깥으로 나가서 해야 한다.
>
> 詞雖不出情景兩字, 然二字亦分主客. 情爲主, 景是客, 說景卽是說情, 非借物遺懷, 卽將人喩物. 有全篇不露秋毫情意, 而實句句是情, 字字關情者. 切勿泥定卽景詠物之說, 爲題字所誤, 認眞做向外面去.[21]

---

20) 위의 책, 581 페이지.
21) 위의 책 582 페이지.

왕부지의 정경론은 명 청 정경론의 총화라고 할 수 있어서 특히 살펴 볼 가치가 있다.

> 정과 관계 된 것은 경인, 정과 더불어 서로 호박 한다. 정과 경은 비록 마음과 사물에 있는 차이로 나누어지지만, 경이 정을 낳고 정이 경을 낳으니, 슬프고 기쁜 감정, 영화와 초췌함의 헤아림이 서로 그 속에 숨겨져 있다.
> 關情者景, 自与情相爲珀芥也. 情景雖有在心在物之分, 而景生情, 情生景, 哀樂之触, 榮悴之迎, 互藏其宅.[22]

> 정과 경은 이름은 둘이지만 실재로는 분리시킬 수 없다. 시에 신통한 사람은 정과 경이 결합이 절묘하여 가장자리가 없다. 공교로운 시는 정 가운데 경을 나타내고 경속에 정을 내포 한다. 예를 들어, "장안의 한 조각 달"은 자연히 고독하고 그리움의 정이다. "뭇 관원들 속에서 그림자 고요하고"는 자연히 목적지에 도착한 것을 기뻐하는 감정을 노래한 것이다. 정 속에 경은 특히 곡절 있게 묘사하기가 어렵다. 예를 들어 "시편 옥 구슬 되어 붓 끝에서 생겨난다."는 구절은 재인이 붓과 먹으로 그려낸 작품을 마음으로 감상하는 풍경을 묘사한 것이다.
> 情景名爲二, 而實不可離. 神於詩者, 妙合無垠. 巧者則有情中景, 景中情, 如"長安一片月", 自然是孤栖億遠之情. "影靜千官裏", 自然是喜達行在之情. 情中景尤難曲寫, 如"詩成珠玉在揮毫", 寫出才人翰墨淋漓, 自心欣賞之景.[23]

---

22) (청) 왕부지 저, 이쯔夷之 교점, 《강재시화》 1권, 144 페이지.
23) 앞의 책, 150 페이지.

경물어를 짓지 못하는 데, 어찌 정감어라를 지을 수 있겠는가? 옛
사람들의 명 시구에는 경물어가 많다. 예를 들어, "높은 누대에
오르니 슬픈 바람 많아라."나 "나비 남쪽 뜰로 날아가네.", "연못에
봄풀 새로 돋아나네.", "정자 가 연 못에 나뭇잎 떨어지네.", "부용
꽃에 맺힌 이슬이 떨어지네." 등이 모두 그러하니, 정감이 그 속에
깃들어 있다. 풍경을 묘사하는 마음으로 정감을 말하니, 몸과
마음 속에서 단독으로 비유함이 미미묘하니, 마음을 가라앉혀서
끄집어낸다. 사태부(사안謝安)은 《모시》에서 "계책을 크게
하고 명령을 살펴 정하며, 아득한 계획을 장구히 하고 때에 따라
알린다."는 구절을 취하였는데, 이 여덟 글자들을 구슬처럼 하나로
꿰면 대신들이 나라를 다스리는 내면의 깊은 마음으로 차례를 써낸
것이다. 그러므로 "옛날에 내가 떠나 갈 때 수양버들 한껏 늘어져
있었는데, 오늘 내가 돌아오니 눈비가 흩날리네."라는 구절처럼
통달한 정감의 오묘함이 하나로 같다.

不能作景語, 又何能作情語邪? 古人絶唱句多景語, 如"高台多悲風",
"胡蝶飛南園", "池塘生春草", "亭皐木葉下", "芙蓉露下落", 皆是也,
而情寓其中矣. 以寫景之心理言情, 則身心中獨喩之微, 輕安拈出.
謝太傅於《毛詩》取"訏謨定命, 遠猶辰告", 以此八字如一串珠,
將大臣経營國事之心曲, 寫出次第. 故如"昔我往矣, 楊柳依依.
今我來思, 雨雪霏霏", 同一達情之妙.[24]

경 속에서 정이 생겨나고 정 속에서 경이 생겨난다. 그런 까닭에
'경은 정의 경이고, 정은 경의 정이다. 고달부는 그렇지 않았으니, 산

---

24) 앞의 책, 154 페이지.

속 은둔자의 술안주는 온통 고기이거나 온통 야채들뿐인 것과 같다.

景中生情，情中含景，故曰：景者情之景，情者景之情也．
高達夫則不然，如山家筵席，一葷一素．[25]

정과 경이 하나로 합쳐지니 절로 오묘한 시어를 얻게 된다. 경물에
대한 설명을 억지로 펼쳐내는 사람에게는 틀림없이 경물이 없다.
고금을 막론하고 사람들 중에 경물어에 능한 사람은 백에 한두
명에 불과하니, 이는 경물어가 어렵기 때문이고, 정감어는 더
어렵기 때문이다. "세상 사람들이 모두 죽이고자 하나, 나만이 그
재주를 아쉬워한다."는 구절은 정감어가 아니다. "재주 없어 현명한
군주에게 버림받고 병들어 옛 벗들과도 멀어지네."라는 구절은
더더욱 정감어가 아니다.

情景一合，自得妙語．撐開說景者，必無景也．

古今人能作景語者，百不一二，景語難，情語尤難．"世人皆欲殺，
吾意獨怜才"，非情語也．"不才明主棄，多病故人疏"，尤非情語．[26]

위의 설명들을 통해 왕부지는 정과 경의 문제에 있어서 몇 가지 핵심들을
지적하고 있다. 첫째는 시인이 토로해 내는 시정은 정감어와 경물어로 구성되어
진다는 것이다.

정감어와 경물어는 정감어 속에 풍경이 들어 있고, 경물어 속에 정감이 깃들어
있기 때문에 단독으로 시편이 될 수도 있다. 둘째는 참된 정감을 토로하기 위해서는
정감과 경물이 반드시 "서로 그 속에 숨겨져" 있어야 하며 "그 조화가 절묘하여

---

25) (청) 왕부지 저, 《당시평선唐詩評選》 권4, 잠삼岑參의 〈수춘위서교행정남전장이주부首春渭西郊
行呈藍田張二主簿〉 시에 대한 평어, 《선산고근체시평선삼종船山古近体詩評選三種》(선산학사,
1917.) 참고.
26) (청) 왕부지, 《명시평선明詩評選》 권5, 심명신沈明臣의 〈도협강渡峽江〉 시에 대한 평어, 《선산
고근체시평선삼종船山古近体詩評選三種》(선산학사, 1917.) 참고

가장자리가 없어야" 하며, "정은 경의 정이고, 정은 경의 정"이 되는 수준에 이르러야 한다는 것이다. 셋째는 경물어는 쓰기가 어렵지만 정감어는 더 쓰기가 어렵기 때문에 풍경을 묘사하는 심리로 정감을 말해야만 개개인의 내면 속 독특하고 미묘한 정감을 써낼 수 있다는 것이다. 넷째, 장황하게 풍경이나 정감을 늘어놓는 그런 "온통 고기이거나 온통 야채인 것"과 같은 기계적인 수법을 비판하고 있다. 다섯째, 직접적으로 토로하는 의론은 정감의 토로가 아니라고 지적하고 있다.

특히 높이 사야 할 점은 왕부지가 이러한 문제, 즉 '정이 있으면 경이 이었어야 하고, 경이 있으면 반드시 정이 있어야 하는 것인가?' 또 '정과 경이 영원히 형체와 그림자처럼 떨어질 수 없으며, 가장자리가 없는 절묘한 조화를 이룰 수 있는가?'하는 문제를 인식하고 있었다는 것이다. 왕부지는 시가에 대한 평가 결합하여 "정과 경의 만남"의 문제에 대해 탐구하였으며, 또한 이로써 서정 작품의 성패와 우열을 가지른 기준으로 삼고자 했다.

> 경으로 정과 만나고, 정으로써 경이 생겨나, 처음에는 서로
> 떨어지지 않으니, 오로지 뜻이 가는 바이다. 둘로 나뉘어 떨어지면,
> 정은 일어나지 못하게 되고, 경 또한 그 경이 아니게 된다.
> 景以情合, 情以景生, 初不相離, 唯意所適. 截分兩撅, 則情不足興,
> 而景非其景.[27]

왕부지는 여기에서 "정경"과 시의 "의(意)"와의 조화 문제를 제기하고 있는데, 만약 시가 표현하고자 하는 "의"가 조화를 이루지 못하면, 정과 경이 나뉘어 지게 되고, 그러면 "정은 일어나지 못하게 되고, 경 또한 그 경이 아니게 된다."는 말이다. 반대로 정과 경이 표현하고자 하는 "의"와 부합하게 되면 정과 경이 서로 취하고

---

27) (청) 왕부지 저, 이쯔 교점, 《강재시화》 권2, 151 페이지.

가지게 된다는 것이다. 왕부지가 말하는 "의"는 곧 서정 작품에서 표현하고자 하는 주요 내용으로, 정이든 경이든 모두 이 "의"와 서로 호응해야 하며, 그래야 정과 경의 결합이 의미 있게 된다는 것이다. 이는 매우 일리가 있는 주장임은 의심의 여지가 없다. 그러나 청대의 시인이자 시론가인 원매袁枚는 이와는 조금 다른 견해를 주장했다.

> 무릇 시를 지을 때 경물의 묘사는 쉬우나 정감의 토로는 어렵다.
> 왜 그러한가? 경물은 바깥에서 와 눈에 보이는 것이니 주의를
> 기울이면 얻을 수 있는 것이다. 그러나 정은 마음 속에서 나오는
> 것이니
> 凡作詩, 寫景易, 言情難, 何也? 景從外來, 目之所触, 留心便得.
> 情從心出, 非有一種芬芳悱惻之懷, 便不能哀感頑艷.[28]

이는 매우 통찰력이 있는 주장이다. 원매가 강조하고 있는 것은 정감을 토로하는 사람의 정감 체험의 깊이가 가장 중요하기 때문에 정감 체험의 깊이가 충분하지 못하면 내면 속에서는 "아름답고도 슬픈 감정[芬芳悱惻之懷]"이 생겨나지 않기 때문에 감동적인 느낌이 생겨나지 않으며, 그래서 경직적으로 경물에 대한 묘사만을 짜 맞추게 되기 때문에 이것은 아무런 의미가 없는 것이 되고 만다는 것이다.

이러한 문제는 다시 예술적 정감 생성의 메카니즘 문제로 되돌아가게 된다. 물론 우선은 "축분蓄憤", "울요鬱陶", "응심凝心", "응사凝思"의 과정이 필요하겠지만, 그러나 이러한 과정은 결코 근거 없는 탁상공론은 아니다. 속으로만 안절부절 하는 그런 모호하고 불안한 사색도 아니며, 또한 의지할 곳 없고 "객관적 대응물(objective

---

28) (청) 원매, 《수원시화隨園詩話》, 183 페이지.

correlative)"이 없는 공허함도 아니다. 예술적 정감의 생성은 적어도 서정성이 체험을 통해 획득되는 "아름답고도 슬픈 감정[芬芳悱惻之懷]"의 활약(정감의 활약)과 평소의 관찰로 얻고 또한 내면세계에 쌓아온 경물 이미지의 활약(경물 형상의 활약)이라는 이 두 가지가 양방향으로 상호 작용하는 과정이다. 이 두 종류의 활약으로 정과 경은 진정으로 서로 부대끼고, 서로 만나고 서로 취함이 이루어지게 되며, 마침내는 내면에 선명하고 감동적인 정경교융(情景交融)의 정경 형상이 만들어지게 된다.

이러한 정경 형상이 의탁하고 있는 정감이어야 비로소 예술적 정감이라 할 수 있는 것이다. 정경 형상에 의지한 정감이 없으면 그것은 다만 공허하기만 할 뿐 시적 정감이 아니다. 이런 의미에서 정경교융으로 만들어지게 되는 형상(영어의 'image-ry'와 거의 유사하다.)과 예술적 정감과의 관계는 전자는 후자의 매개체이자 핵심이라고 말할 수 있다. 이로써 우리는 예술적 정감 형성에 있어서 정경 형상이 얼마나 중요한 지를 판단할 수 있다. 예를 들어, 당대의 유장경劉長卿의 〈봉설숙부용산주인逢雪宿芙蓉山主人〉에서는 다음과 같이 노래하고 있다.

> 날은 저물고 창산은 멀기만 하고,
> 날씨는 추운데 초가집은 쓸쓸하기만 하다.
> 사립문 밖에선 개 짖는 소리 들려오니,
> 눈보라 치는 이 밤에 누군가 돌아오나 보다.
> 日暮蒼山遠, 天寒白屋貧. 柴門聞犬吠, 風雪夜歸人.

이 시의 정경 형상은 "창산", "백옥(초가집)", "사립문", "개 짖는 소리", "눈보라" "밤에 돌아오는 사람" 등으로, 시인의 가난하지만 스스로를 천시하지 않는, 적막하면서도 의기소침하지 않은 편안한 정감을 보여주고 있다. 만약 이러한 정경 형상들을 빼버리고 나면 이 시의 정감 매개체가 사라져버리기 때문에 쏟아내고 있는 정감 역시도 사라져버리고 만다. 심지어는 예술적 정감은 마음으로 느낄 수 있는 것일 뿐만 아니라 동시에 볼 수도 있는 정감이라고 말하기도 한다. 이로써 옛 사람들이 정경융합을 중시했던 것이 실제로는 예술적 정감의 형성을 중시했던 것임을 알 수 있다.

중국 서정론 중에서 정경 형상론은 엘리어트의 "객관적 대응물"설과 유사한 점들이 많다. 엘리어트는 〈햄릿과 그의 문제점〉("Hamlet and His Proble ms")이라는 글에서 "객관적 대응물(objective correlative)"이라는 범주를 제기하여 예술적 표현의 기본 원칙으로 삼았다. 엘리어트는 비개인적인 정감을 표현하는 과정은 "객관적 대응물"을 빌려 쓰는 것으로, "예술적 형식을 통해 정감을 표현하는 유일한 방법은 '객관적 대응물'을 찾는 것이다. 바꾸어 말하면 일련의 실재 사물이나 장면을 사용하여 일련의 사건들이 어떤 특정한 정감을 표현해 낸다는 말이다.

최종 형식을 만들어내기 위해서는 반드시 정감 경험의 외적 사실이 출현해야만 곧 바로 그러한 감정을 불러일으킬 수 있다."[29]고 말했다. 엘리어트의 말은 정감은 반드시 구체적 형상화가 이루어져야 하며, 실물과 장면을 마음 속 특정한 정감과 대응시키는 것이 정감의 토로라는 말이다. 바로 반드시 "경으로 정을 결합하고", "정은 경 중의 정이어야"만 정경 형상이 형성되고, 정은 비로소 의탁할 곳이 생기고, 그래야 문학적 "서정"이라고 불릴 수 있다는 것이다.

"정경"론에서 더 나아가게 되면 "의미와 경지의 혼연일체[意与境渾]"이다. 왕궈웨이王國維가 번지후樊志厚의 이름으로 쓴 《인간사을고서人間詞乙稿序》편에서 "문학의 일은 안으로는 작가가 자신의 뜻을 충분히 펼치고, 밖으로는 다른 사람들을 충분히 감동시키는 것으로, 작가의 의미와 작품의 경지 이 두 가지 일 따름이다. 최상의 문학 작품은 이 의미와 경지가 혼연일체가 되고, 그 다음은 경지가 뛰어나거나 작가의 뜻이 앞서는 작품이고, 그 가운데 어느 하나라도 빠지게

---

29) (영국) 엘리어트, 〈햄릿〉. 왕은중王恩衷 편역의 《햄릿 시학 문집》(홍콩, 중국국제문화출판사, 1989) 13 페이지 참고.

되면 문학이라고 말할 수가 없다.[文學之事, 其內足以攄己, 而外足以感人者, 意与境二者而已.上焉者意与境渾, 其次或以境勝, 或以意勝, 苟欠其一, 不足以言文學.]"라고 하였다. 이로써 중국 서정 이론의 가장 유명한 미학 범주인 '의경론'이 탄생하게 되었다.

3. "연사결채聯辭結采" — 예술적 정감 생성의 세 번째

"연사결채"가 중요한 이유는 글자나 어휘의 운용과 문장 구성은 예술적 정감 생성과 문학 서정의 실현에 있어서 작품 전체와 관계된 매우 중대한 일이다. 글자나 어휘, 구절, 편장이 없으면 예술적 정감은 어디에 기탁할 수 있을 것인가? 서정의 발로는 어떻게 체현할 수 있겠는가? 작가는 붓으로 사색하고 어휘로 울리고 웃긴다. 예술적 정감은 창작 과정에서 또는 창작 과정을 통해서만 완성될 수 있는 것이다.

예술적 정감은 반드시 밖으로 표출되어진 정감일 수밖에 없다. 정감, 즉 정경 형상을 갖춘 정감이 만약 문학가의 마음 속에서만 살아있는 것이라고 한다면 우리가 어떻게 그것이 예술적 정감이라고 판단할 수 있을 것이며, 또한 그것이 사람들의 마음을 움직일 수 있을 것이라고 판단할 수 있겠는가? 그렇기 때문에 예술적 정감은 구체적으로 형상화된 정감이어야 할 뿐만 아니라 형식화되고 객관화된 정감이어야 한다. 이러한 예술적 정감은 반드시 언어와 결부되어 있어야 하는 것이다. 언어를 통한 표현이 없으면 예술적 정감은 형태를 갖출 수 없고 결국에는 만들어지지 못하게 되는 것이다. 일찍이 제·량(齊·梁) 시기의 유협은 이 이치를 알고 있었다.

유협의《문심조룡·정채情采》편에서는 감정을 언어와 형식적 의미로 전환시키는 내용이 들어 있다. 어쩌면 바로 이러한 의미에서 유협은 "문채는 바탕에 기대야 함"을 강조하는 동시에 또한 "바탕은 문채를 필요로 한다."고 강조하였던 것인지도 모른다. 유협은 "호랑이와 표범에 무늬가 없다면 그 가죽은 개나 양의 것과 같을 것이다. 코뿔소에게도 가죽이 있기는 하나 붉은 칠을 해야 색채가 드러나니, 이는 바탕이 문채를 필요로 함이다.[虎豹無文, 則鞹同犬羊. 犀兕有皮, 而色資丹漆, 質待文也.]"라고 했다. 이 말은 자연의 만물 또한 문채를 필요로 하니, 정감을 드러내는 문학 작품은 인간의 창작물로써 문채를 필요로 함은 더 자연스러운 일이라고 설명하고 있다. 유협은 또 노자가 "아름다운 말은 믿을 수 없다.[美言不信]"라고 말하긴 했지만, 노자의 문장에 대해 "정교하고 오묘한 오천 글자는 그 아름다움을 버리지 않았다.[五千精妙, 則非棄美矣.]"라고 평가하였다. 그는 장자의 "분별의 재능으로 만물을 꾸민다.[辨雕万物]"는 말을 인용하여, 이것이 "화려한 수식"이라고 설명하였다. 또 한비자의 "변설은 화려함에 달려 있다[艶乎辨說]"는 말을 인용하여 이것이 "기려함"이라고 하면서, "기려함으로 말을 아름답게 꾸미고, 화려한 수식으로 조각하니, 문사의 변화가 이에 극에 달하게 되었다.[綺麗以艶說, 藻飾以辯雕, 文辭之変, 於斯極矣.]"라고 말했다 이 말들은 모두 "바탕은 문채를 필요로 한다"는 말에 대한 해석들이다.

유협은 또한 "뜻을 서술함을 근본으로 삼는다[述志爲本]"는 전제하에서 "언사를 잇고 문채를 다듬어야[聯辭結采]"한다고 했다. "연사결채"는 그가 주장했던 또 하나의 중요한 명제이다. 물론, 그는 "문채가 지나치고 언사가 괴팍해지는[采濫辭詭]" 것에 반대했다. 그것은 그렇게 되면 정(情)과 리(理)가 모두 가려지기 때문이었다. 주의해야 할 것은 유협에게 있어서 "언사"와 "문채"는 서로 구별되는 것이라는 점이다. "언사"는 모든 작품에 존재하는 것으로, 좋은 작품이든 나쁜 작품이든, 빼어난 작품이든 졸렬한 작품이든 모든 작품에 존재한다고 보았다. 그래서 유협은 "정감은 문장의 날실이고, 언사는 이치의 씨실이다.[情者文之経, 辭者理之緯]"고 했다. 날실이 발라야 씨실이 완성되며, 이것이 바로 "문장을 세우는(구성하는) 근본[立文之本源]"이라는 것이다.

이는 "문채" 또한 매우 중요하다는 말이다. 유협은 "참된 정감"을 강조하는 전제에서 "언사"에 "문채"가 있어야 한다고 주장했다. 유협의 마지막 결론은 "말은 문채로 인해 심원해진다[言以文遠]"는 것이었다. 이 말은 바로 정감은 형식화가 필요할 뿐만 아니라 문채화도 필요하고 중요하다는 말이다. 자연 경물에는 항상 문채가 있으니, 인간이 창작한 작품에 어떻게 문채가 없어서는 안 된다는 말이다. 유협이 보기에 "문채"의 의미는 그 장식성에 있는 것이 아니라 "정감과 이치를 이끌어내는[控引情理](〈문심조룡 장구章句〉)" 데 있기 때문에 정리로 하여금 예술의 길로 나아가게 해 주는 것이었다. 현대의 용어로 설명하자면 바로 아름다운 형식이 정감의 외현화(外顯化)와 객관화를 실현시켜 준다는 말이다. 바로 이러하기 때문에 유협은 〈정채〉편의 뒤에다 〈성률聲律〉과 〈장구章句〉, 〈여사麗辭〉, 〈비흥比興〉, 〈과식誇飾〉, 〈연자煉字〉 등의 많은 편장을 두고서 구체적으로 형식화의 문제를 다루고 있는 것이다. 당대의 시인 백거이는 〈여원구서〉에서 "사람의 마음을 감동시키는 것에는 감정보다 앞선 것이 없고, 말보다 먼저인 것이 없으며 소리보다 절실한 것이 없고, 의리보다 심오한 것이 없다. 시란 감정에 뿌리를 두고 말에서 싹틔우고 소리에서 꽃피우고 의미에서 열매를 맺는 것이다.[感人心者, 莫先乎情, 莫始乎言, 莫切乎聲, 莫深乎義. 詩者, 根情, 苗言, 華聲, 實義]"라고 했다. 의미는 정감이 먼저이고, 의미는 열매이지만, 정감과 의미는 반드시 말과 소리로 표현되어야 하며, 말고 소리가 없으면 정감과 의미가 아무리 중요하다하더라도 독자와 교감할 수가 없다는 말이다.

현대의 표현론에서는 언어의 표현을 매우 중요시 한다. 언어의 표현에는 예술적 정감도 포함되어 있다. 수잔 랭거는 "우수한 예술 작품이 표현해주는 풍부한 활력을 가진 감각과 정서는 형식 안에서 직접적으로 융합된다. 이것은 상징되는 것이 아니라 직접적으로 표현되어지는 것이다. 형식과 정감은 구조에 있어서 이처럼 일치하게 되며, 사람들이 부호와 부호의 표현 의미라고 여기는 것이 거의 대부분은 동일한 것이다. 예를 들면 바로 음악가 겸 심리학자가 '음악에서 듣는 것은 사실상은 정감 그 자체이다'라고 하는 것과 같은 말이다. 마찬가지로 우수한 회화나 조각, 건축, 그리고 서로 간에 도달한 형상과 색채와 선과 부피 등도 모두 정감 그 자체라고 보여 진다. 심지어는 그 가운데에서 생명력의 긴장과 이완을 느끼게 된다."[30]고 말한 바 있다.

예술적 정감이 그 어떤 생기나 활력을 가지고 있다고 하더라도 형식을 통해 표현될 때에만 비로소 진정한 예술적 정감이 될 수 있는 것이다. 예술적 정감과 그 형식은 구조적으로 완전히 일치하는 것이다. 크로체는 우리 모두에게는 수많은 "직감"(내면적 감수)을 가지고 있지만, 개념으로 개괄할 수 없고, 일종의 공개적 교류 형식으로 그것을 "표현"해 내야 하는 것이다. 우리들 마음 속에 존재하는 각종 정확하지 못한 감각은 "표현"되어질 때에만 비로소 우리가 분명하게 알 수 있는 것이 될 수 있다. 그러므로 "직감"과 "표현"은 서로 따로 떼어낼 수 없는 하나인 것이다. 표현은 표현 매개, 예를 들어 언어나 색채, 형태 등을 사용하는 것을 의미한다. 이러한 표현 매개를 통해서 우리 마음 속의 정감을 표현해 낼 때에만 우리는 진정으로 그것을 이해할 수 있다. 예술 창작의 상황도 이와 유사하다. H. G. 블로커도 "예술가는 색채와 말과 소리를 떠나서 자기가 말하고 싶은 것(혹은 표현하고자 하는 것)을 먼저 생각해 니고 나서 다시 어떤 물건이나 어떤 방식으로 생각해 낸 '개념'이나 '이미지'를 표현할 것인가를 고려하지 않는다. 그가 언어와 색채, 또는 영상 이미지를 사용하여 이러한 '개념'을 표현하게 될 때 비로소 모종의 심미적 개념—그것이 회화적인 것이든 시적인 것이든 아니면 영화적 개념이든 간에—이 형성되게 된다. 이러한 과정은 직관 혹은 표현 이론 속에서만 해석이 통용될 수 있다. 앞에서 설명했던 것과 같이 표현 매개를 떠나서 단독으로 존재할 수 있는 이미지나 개념은 있을 수 없다. 화가는 색채와 선과 형태를 이용해서 사고하고, 음악가는 항상 음표를 가지고 생각한다. 그들의 이러한 사고 활동은 창작 활동 과정에서 일어든 아니면 내면 속에서 일어나든 그것은 중요하지 않다.

---

30) (미국) 수잔 랭거 《예술이란 무엇인가?》, 24~25 페이지.

왜냐하면 어떤 상황이든 상관없이 개념이나 이미지는 모두 색채와 소리와 형태로 구성되어지기 때문이다.”[31]라고 했다. 이러한 설명은 사실과 완전히 부합한다.

옛날 중국에는 슬픔이나 기쁨이 마음에 있는 것은 그 즐거움 때문이 아니니, "어찌 소리가 사람들을 감동시키기 때문이겠는가, 사람의 마음 절로 공평하지 않기 때문이다.[豈是聲能感, 人心自不平.]”[32]라고 하는 말이 있다. 이 말은 분명 나름대로 일리가 있는 말이긴 하지만, 표현의 참 뜻에 부합하지는 않는다. 그 이유는 만약 당신에게 예술적 정감이 있다고 한다면, 당신은 틀림없이 때로는 언어를 이용하기도 하고 때로는 선이나 색깔, 소리를 이용하여 그것들을 표현해 내려고 노력할 것이기 때문이다. 당신에게 예술적 정감이 존재하는지 여부를 증명하는 방식은 바로 여러 종류의 매개물을 통해 표현해 낼 수 있느냐 없느냐로, 이것은 예술적 정감에 대한 당신의 분명한 인식을 필요로 하는 것이다.

마찬가지로 하나의 예술품이 표현하고 있는 정감(희, 노, 애, 락)은 그 선이나 색채, 소리, 낱말 등과 분리시키기가 어려운 것이다. 예술적 정감은 작가의 내면에 기생하는 것이 아니라 작품의 매개에 기탁한다. 예술적 정감은 단지 소리나 선, 형태, 색채 등의 요소로 구성된 물리적 구조 속에서만 예술적으로 체현될 수 있는 것이다. 서정 문학에 있어서는 주로 성운(聲韻)과 낱말의 운용을 통해서 체현되어지게 된다.

중국 고전 서정론은 성운과 낱말의 운용에 있어서 풍부한 유산을 남겼을 뿐만 아니라 분명한 민족적 특색을 가지고 있다.

---

31) (미국) H.G. 블로커, 《미학 신해석》 중국어판(선양沈陽, 랴오닝遼寧인민출판사, 1987), 168~169 페이지.
32) (당) 장구령張九齡, 〈청쟁聽箏〉, 《전당시全唐詩》(베이징, 중화서국, 1960) 제 2책, 592 페이지.

1) 성률(聲律)

성운의 운용에 있어서는 주로 글자의 사성(四聲)의 발현과 평측(平仄)의 규칙을 통해서 이루어진다. 일찍이 제 량 시기에 왕장원王長元, 사조謝朓, 심약沈約 등은 서로 다른 성조의 조합과 배합을 통해서 조화로운 질서를 만들어낼 수 있다고 인식했다. 심약은 《송서 · 사령운전론宋書 謝靈運伝論》에서 다음과 같이 말했다.

> 오색이 서로 두루 드러나고, 팔음이 서로 화음을 이루는 것은,
> 색채와 음률이 제각기 사물의 마땅함에 들어맞기 때문이다.
> 궁상각치우의 오음을 변화시키려면, 음의 높낮이를 서로
> 조절해야 한다. 만약 앞 구절에 평성이 있으면, 뒷 구절은
> 반드시 측성을 두어야 한다. 한 행 안에서 음과 운이 모두
> 달라야 하고, 두 구 안에서 소리의 맑고 탁함이 모두 달라야
> 하니, 이러한 오묘한 이치에 통달해야 비로소 문장을 논할
> 수 있다. 옛 선비들의 많은 작품들 중에 빼어나 대대로
> 사람들에게 읊조려지던 작품들, 예를 들어 조자건(조식)의
> 〈증정의왕찬시贈丁儀王粲詩〉 중의 '군대 따라 함곡을 건너고,
> 말 몰아 서경을 지난다.從軍渡函谷, 驅馬過西京.'는 구절,
> 왕중선(왕찬)의 시 〈칠애시七哀詩〉 중의 '남쪽의 파릉 언덕에 올라,
> 고개 돌려 장안을 바라본다.南登灞陵岸, 回首望長安'라는 구절,
> 손자형(손초)의 〈서정관촉송어양후작征西官屬送於陟陽候作〉
> 중의 '새벽 바람 갈래 길에 흩날리고, 이슬비 가을 풀들
> 적시네.晨風飄歧路, 零雨被秋草.'라는 구절, 왕정장의 시
> 〈잡시雜詩〉 중의 '삭풍은 가을 풀잎을 흔들고, 변방의 말
> 돌아가고픈 마음 간절하여라.朔風動秋草, 邊馬有歸心.'라는
> 구절들은 모두 가슴 속의 정감을 직접 거론한 것이지 다른 사람의

싯구나 역사적 사실에 의거한 작품들이 아니지만. 바로 음률과 곡조가 이전의 작품들 보다 뛰어나다. 이소를 지은 굴원 이후 여러 시대를 거치면서 비록 문체가 더욱 정묘해지기는 했지만, 음률의 오묘함은 오히려 목격되지 않았다.(이 두 구절은 《문선》과 조금 다르다. 문선에서는 '이소체 이후 여러 시대를 거치면서 비록 문체가 정묘해지기는 했지만 음률의 오묘함은 오히려 목격되지 않았다.'라고 되어 있다.) 빼어난 작품이나 절묘한 구절은 그 음운이 자연스럽게 이루어진 것으로, 모두가 우연히 이치에 부합하는 것으로, 의도적 생각으로 이를 수 있는 것이 아니다. 장형이나 채옹, 조식, 왕찬 등 이전에는 선각자가 없었고, 반악과 육기, 사령운, 안연년 등은 이것에서 더욱 멀다. 세상에 음운을 아는 사람은 이러한 작품들을 얻어 이 말이 틀리지 않음을 알게 될 것이다. 그렇지 않으면 후대의 명철한 사람을 기다려야 한다.

夫五色相宣, 八音協暢, 由乎玄黃律呂, 各適物宜, 欲使宮羽相変, 低昂互節, 若前有浮聲, 則後須切響. 一簡之內, 音韻盡殊. 兩句之中, 輕重悉異, 妙達此旨, 始可言文. 至於先士茂製, 諷高歷賞, 子建函京之作, 仲宣灞岸之篇, 子荊零雨之章, 正長朔風之句, 並直舉胸情, 非傍詩史, 正以音律調韻, 取高前式. 自騷人以來, 多歷年代, 雖文体稍精, 而此秘未睹.(按: 此二句与《文選》稍異, 文選爲: 自靈均以來, 多歷年代, 雖文体稍精, 而此秘未睹.) 至於高言妙句, 音韻天成, 皆暗与理合, 匪由思至. 張蔡曹王, 曾無先覺, 潘陸顏謝, 去之弥遠. 世之知音者, 有以得之, 此言非謬. 如曰不然, 請待來哲.

여기서는 음률에 맞는 "빼어난 작품이나 절묘한 구절"은 기본적으로 우연히 일치된 "자연스럽게 만들어진 음운"이어야 함을 강조하고 있다. 심약은 "한 행 안에서 음운이 모두 달라야 하고, 두 구절에서는 소리의 맑고 탁함이 모두 달라야 하며", "이러한 오묘한 이치를 통달해야만 시문을 논할 수 있다"고 말하고 있다. 또 심약은 "팔병八病"설을 주장하였는데, "평두平頭", "상미上尾", "봉요蜂腰", "학슬鶴膝", "대운大韻", "소운小韻", "방유傍紐", "정유正紐"[33)가 그것이다. "팔병"설은 시의 성률을 매우 세분화 해 놓은 것이지만, 한자의 사성(四聲)에 대한 심약의 발견은 중국 성운학 역사의 중대 사건이자 중국 서정 문학의 중대 사건으로, 후대 중국 문학의 발전에 있어서의 그 의미는 이루 헤아릴 수 없다. 사성과 평측(平仄)의 변화가 없었다면 당대의 율시(律詩)나 송대의 사(詞), 원대의 곡(曲) 등의 문학 형식의 출현과 번영을 상상할 수 없었을 것이다. 그러나 문학 서정론은 성운은 "관대함"과 "엄격함", "인위적"과 "자연스러움"의 문제에 있어서 줄곧 논쟁이 끊이지 않았다.

---

33) 역자 주 : "팔병"은 시의 여덟 가지 병통으로, 심약이 제창한 시의 음률 법칙으로 오언시에서 시의 율격 상 중요한 부분의 같은 성조의 중복을 피하는 것을 말한다.
1. 평두- 오언시의 첫 번째 글자와 여섯 번째 글자, 두 번째 글자와 일곱 번째 글자는 동성(같은 성조)이어서는 안 된다는 것.
2. 상미- 오언시의 다섯 번째 글자와 열 번째 글자는 동성이어서는 안 된다는 것.
3. 봉요- 오언시의 한 구에서 두 번째 글자와 다섯 번째 글자가 동성이어서는 안 됨. 이를 어길 경우, 양 끝은 굵고 중간은 가늘어 벌의 허리처럼 된다는 병폐.
4. 학슬- 오언시의 다섯 번째 글자와 열 번째 글자가 동성이어는 안 됨. 이를 어기면 양쪽은 가늘고 가운데가 굵어서 마치 학의 무릎처럼 되고 만다는 병폐.
5. 대운- 오언시에서 어떤 운자를 사용할 경우 앞의 두 구절에서 운자 이외의 아홉 글자 중에는 운각이 같은 부류인 글자를 사용해서는 안 된다는 것.
6. 소운- 오언시의 두 구절에서 본 운 이외에 아홉 글자 중에 운이 같은 글자를 두 글자 이상 써서는 안되는 것.
7. 방유- '대유(大紐)'라고도 하며, 오언시의 앞 두 구절의 열 글자 중에서 쌍성(双声)인 글자가 있으면 안 된다는 것. 예를 들어, 만약에 한 구절에서 '월(月)'자를 사용했을 경우, '어(魚)', '원(元)', '완(阮)', '원(愿)' 등의 글자는 사용할 수 없다는 말이다. 이유는 '어월(魚月)', '원월(元月)', '완월(阮月)', '원월(愿月)'이 쌍성자이기 때문이라는 것.
8. 정유- '소유(小紐)'라고도 하며, 하나의 보음(補音, 즉 성모)에 쌍성이 있으면, 성모(声母)가 같은 글자의 사성이 서로 이어지면 안 된다는 것으로, 예를 들어, '임(壬)', '임(衽)', '임(任)', '인(人)'은 같은 보 음으로 된 글자로, 한 구절에 이미 '임(壬)'자가 있을 경우, 다시 '임(衽)', '임(任)', '인(人)' 등의 글자 를 사용해서는 안 된다는 것.
《중국시학대사전中国詩学大辞典》(항저우杭州, 항저우교육출판사, 1999), 1185 페이지 참고.

유협은 문장이 성운을 강구해야 한다는 주장에 찬성했다. 그는 《문심조룡 성률聲律》 편에서 다음과 같이 말하고 있다.

무릇 음률의 시작은 사람의 목소리에서 근원한다. 목소리가 궁상의 오음에 부합하며, 이는 사람의 혈기에서 시작된다. 선왕들이 이에 기인하여 음악과 노래를 만들었다. 그러므로 악기가 사람의 목소리를 본뜬 것이지 목소리가 악기의 소리를 배운 것이 아님을 알 수 있다. 그러므로 말이란 문장의 관건이며, 신명(정신)의 핵심이니, 음률에 맞게 내뱉고 들이마시는 것은 입술에 달려 있다. 옛날 노래를 가르칠 때 먼저 법도를 따져 빠른 호흡은 궁에 맞추고 느린 호흡은 치에 맞추어 가르쳤다. 무릇 상과 치는 울림이 높고, 궁과 우는 소리가 낮아, 목구멍을 막고 혀를 세우는 차이에 따라, 그리고 입술을 여닫음과 치아의 부딪힘의 차이에 따라 높고 우렁찬 소리와 부드럽고 촉촉한 소리가 서로 정확하여 분명하게 나누어진다. 무릇 소리에는 날아오르는 소리와 가라앉는 소리가 있고, 울림에는 쌍성과 첩운이 있다. 두 쌍성 글자가 떨어지게 되면 매번 소리가 어지럽게 되고, 첩운이 구절에 뒤섞여 있으면 반드시 소리가 껄끄럽게 된다. 소리가 가라 앉으면 울림이 일어나지만 소리가 끊어지게 되고, 날아오르는 소리는 날아가서 돌아오지 않게 되니, 이 두 가지를 아우르면 우물의 도르래처럼 오르내림이 서로 어우러지게 되고, 물고기의 어긋난 비늘이 중간에서 만나는 것처럼 긴밀해지게 된다. 가다가 멈추고 오면서 이어지게 되면 병폐가 되어, 문장가의 말더듬이가 되는 것이다. 성률로써 예쁘거나 추함을 그려내는 것은 읊조림에 기탁하여 나타나고 그 맛은 자구에 흐르게 되며, 기력은 화운에서 다하게 된다. 다른 음이 서로 어우러지는 것을 일러 조화라고 하며, 같은 소리를 앞뒤로 서로 호응하게 하는 것을 일러 압운이라고 한다. 압운이 일정하면 여음이 쉽게 안배된다. 문체를 조화롭게 하는 것은 음조의 높낮이와 강약이 있어야 하기에 울림은 조화롭게 하기가 어려운 것이다.

夫音律所始, 本於人聲者也. 聲合宮商, 肇自血氣, 先王因之, 以制樂歌. 故知器寫人聲, 聲非學器者也. 故言語者, 文章鍵, 神明樞機, 吐納律呂, 唇吻而已. 古之教歌, 先揆以法, 使疾呼中宮, 徐呼中徵. 夫宮商響高, 徵羽聲下. 抗喉矯舌之差, 攢唇激齒之異, 廉肉相准, 皎然可分. 凡聲有飛沈, 響有双疊. 双聲隔字而每舛, 迭韻雜句而必暌. 沉則響發而斷, 飛則聲颺不還, 並轆轤交往, 逆鱗相比, 迕其際會, 則往蹇來連, 其爲疾病, 亦文家之吃也. 是以聲畫妍蚩, 寄在吟詠, 滋味流於字句, 氣力窮於和韻. 異音相從謂之和, 同聲相応謂之韻. 韻氣一定, 則余聲易遣. 和体抑揚, 故遺響難契.[34]

유협의 위 글에서는 심약의 "팔병"설을 언급하지 않았는데, 언뜻 보기에는 그가 운율을 지나치게 엄격하게 따지는 것에 동의하지 않았던 듯하다. 그러나 그는 심약의 "앞 구에 부성(평성)가 있으면 뒷 구절에는 절향(상성, 거성, 입성)이 있게 한다[前有浮聲, 後有切響.]"는 것에는 동의하였다. 그가 "소리에는 날아오르는 소리와 가라앉는 소리가 있다"고 말한 것은 심약과 같은 의미로, 이것이 바로 후대에 거론된 상대적 평측의 시 율격이다. 다른 하나는 쌍성첩운의 문제이다. 유협은 "화운和韻"을 부각시켜 제기하였다. 이른바 "화(和)"는 바로 "다른 음이 서로 어우러지는 것"으로, 바로 평측이 서로 적절하게 배합되는 것을 말한다. "운(韻)"은

---

34) (남조) 유협 저, 판원란 주, 《문심조룡주》, 552~553 페이지.

바로 압운으로, 한 수의 시 작품은 평측이 상대적이어야 하며 압운도 갖추어야만 성률에 있어서 성공적이 작품이라 할 수 있다. 유협이 활동하던 시대에는 격률시가 아직 완성되지 않았기 때문에 "화운"에 이르기는 매우 어려운 일이었다.

　유협과 거의 동시대에 활동했던 종영은 성운에 대해 비교적 관대했는데, 그는 성운을 지나치게 엄격하게 따지는 것이 시의 "참된 아름다움을 해치는 것[傷其眞美]"이라고 여겼다.

　　　작금에는 (시가) 이미 관현악기의 반주에 맞춰 노래 부르는 가사가 아니니, 어찌 성률을 취하겠는가! 제나라에 왕원장(왕융)이란 사람이 있어, 일찍이 "궁상은 천지와 함께 탄생하였으나, 옛날부터 사람들이 그것을 알지 못했는데, 다만 안연지만이 운율과 성조의 조화를 말하였으나, 기실은 크게 잘못된 것이었고, 오직 범화와 사장이 그것을 잘 알고 있었을 따름이다. 일찍이 '지음론'을 지으려 했으나 이루지 못했다."라고 하였다. 왕융이 처음으로 길을 열고 사조와 심약이 그 물결을 드높였다. 이 세 사람은 귀족 자제로, 어려서부터 작문과 변론의 재능을 갖추고 있었다. 그리하여 선비들이 사모하니 정교함과 엄밀함에 힘쓰고 세세함을 쌓아나가 서로 뛰어넘기 위해 경쟁하였다. 그리하여 문장에 구속되고 꺼리는 것이 많아져 그 참된 아름다움을 해치게 되었다.

　　　今旣不被管弦, 亦何取聲律耶? 齊有王元長者, 嘗謂余云 : "宮商与二儀俱生, 自古詞人不知之, 唯顔憲子乃云律呂音調, 而其實大謬. 唯見範曄,謝莊, 頗識之耳. 嘗用進知音論, 未就." 王長元創其首, 謝朓沈約揚其波, 三賢或貴公子孫, 幼有文辯. 於是士流景慕, 務爲精密, 襞積細微,

---

35) (남조) 종영 저, 천옌제陳延杰 주, 《시품주》 9페이지.

專相陵架. 故使文多拘忌, 傷其眞美.[35]

　종영은 운에 대한 관대함 혹은 운율의 자연스러움은 인위적인 힘으로 정감이 성률을 표현함에 있어서 정감을 구속하여 "참된 아름다움을 해치는" 결과를 초래해서는 안 된다고 주장했다. 이 이후에 정감 표현의 자유에 대한 성운의 속박은 시대를 가리지 않고서 사람들에게 제기되곤 했다. 당대에 이르러 율시가 형성되고 사(詞)의 체재가 출현하게 되었다. 당 송 시기 시나 사를 지을 때는 성운을 강구하는 것이 유행하게 되었다. 일반적으로 성운은 일부 서정적 작품(특히 서정시)에서 없어서는 안 될 중요한 자질로, 운율을 잃어버리게 되면 그 정취를 잃게 될 뿐만 아니라 서정의 생명력도 잃고 만다고 말한다. 성운을 거론하는 사람들이 가장 자주 인용하는 것은 《시경・소아 채미》 중의 "석아왕의, 양류의의. 금아래사, 우설비비.昔我往矣, 楊柳依依. 今我來思, 雨雪霏霏."라는 구절을 "이전에 내가 떠나갈 때에는 버들가지가 봄 바람 속에서 하늘거리더니, 지금 내가 돌아올 때에는 이미 큰 눈이 내리고 있네."라고 번역하는 함으로써 원시의 정취를 잃어버렸을 뿐만 아니라 원시의 예술적 생명력까지도 잃어버리고 말았다는 것이다. 고대 시인들은 종종 여러 방식으로 서정시의 운율을 강화했는데, 평측의 대응을 강구했을 뿐만 아니라 쌍성(双聲), 첩운(疊韻), 첩음(疊音), 상성(象聲:의성어) 등의 방법으로 조화로운 음조를 구성시켰다. 쌍성은 예를 들어, "전전반측輾轉反側"의 "전전"처럼 두 음절에 서로 같은 성모를 사용하는 것이다. 첩운은 "요소요이상양(聊逍遙以相羊:잠시 한가로이 노닐며 배회한다.)"는 구절에서 "소요"와 "상양"(압운은 일종의 특수한 첩운으로, 시구 마지막 글자가 서로 첩운이 되게 하는 것이다.)처럼 두 음절에 같은 운모나 유사한 운모를 연이어 사용하는 것을 말한다. 첩음은 하나의 음절을 중첩해서 사용하는 것으로, "양류의의"에서의 "의의"와 같은 것이다. 상성(의성어)는 자연스러운 소리를 모방하는 것으로, 두보의 시 〈등고登高〉의 "무변낙목소소하(無邊落木蕭蕭下:끝없이 나뭇잎 우수수 떨어지고)"에서의 "소소"가 그것이다. 특히 주목할 만한 것은 첩음자이다. "심심멱멱, 냉냉청청, 처처참참척척. 사난환환시후, 최난장식.尋尋覓覓, 冷冷清清,

淒淒慘慘戚戚. 乍暖還寒時候, 最難將息.-찾고 찾고 또 찾지만, 스산하고 쓸쓸하기만 할 뿐, 처량하고 비참하고 서러워라. 잠시 따뜻한 듯 하더니 다시 추워질 때가 몸 조리하기 가장 어려워라." "오동갱렴세우, 도황혼, 점점적적.梧桐更兼細雨, 到黃昏, 点点滴滴.-오동나무에 다시 가는 비 뿌리더니, 황혼녘 되어 똑똑똑 떨어지네." 이청조의 이 작품 〈성성만聲聲慢〉은 짧은 편폭으로 창조적으로 아홉 종류의 첩음을 연이어 사용하고, 또 계속하여 쌍성의 첩운을 운용하고 있다. 이를 통한 시인의 감정을 과장함으로써 언어가 가진 소리의 매력을 최고의 경지로 발휘함으로써 천고의 절창(絶唱)으로 꼽히고 있다.

《석림시화石林詩話》에서는 이 작품에 대해 "시에서 두글자씩 사용한 것이 매우 두드러진다. 칠언 오언 사이에서 다섯 자 세 자를 빼고나면 정신의 흥취는 두 글장에 오롯이 나타나 있으니, 방법이 정교하고 오묘하다.[詩下双字極强. 須使七言五言之間除去五字三字外, 精神興致全見於兩言, 方爲工妙.]"라고 하였다. 또한 두보의 "끝없이 나뭇잎 우수수 떨어지고, 끝없는 장강은 도도히 흘러간다.[無邊落木蕭蕭下, 不盡長江滾滾來.]"라는 구절을 예로 들어 "최고 경지"라고 설명했다. 사실 중국 고전시에서 이러한 시구들은 너무나도 많다.

> 아득한 저 멀리 돛단배 오는 모습 무겁고, 어둑어둑함 속에 새들
> 느리게 날아가네.
> 漠漠帆來重, 冥冥鳥去遲.
>
>   (위응물韋応物, 〈부득모우송이위賦得暮雨送李冑〉)[36]

> 세상사 막막하여 스스로 짐작키 어려워, 암담한 봄날 근심 속에
> 홀로 잠을 이루네.

---

36) (명) 왕사석王嗣奭 평어, (청) 수조오仇兆鰲 주, 《두시상주杜詩詳註》 제 6권, 1931 페이지 참고.

世事茫茫難自料, 春愁黯黯獨成眠.

(위응물韋応物, 〈기이담원석寄李儋元錫〉)³⁷⁾

나그네 문으로 들어서니 달빛 휘영청 밝은데, 어느 집 다듬이 소리에 바람도 쓸쓸하여라.

客子入門月皎皎, 誰家搗練風凄凄.

(두보杜甫, 〈모귀暮歸〉)³⁸⁾

바로 이처럼 언어의 교묘한 조합과 변화로 인해 서정 작품은 음악감이 풍부해져 사람들에게 음악적인 아름다움을 선사해 준다. 그러나 어쨌든 간에 일부 사람들은 성운에 대한 지나친 요구는 일종의 "시의 병폐[詩病]"라고 여기도 한다. 예를 들어, 엄우는 "화운은 시를 가장 해친다. 옛 사람들은 시를 주고받으면서 차운을 하지 않았으니, 이 풍습은 원진, 백거이, 피일휴, 육구몽에게서 성행하게 되었다. 본 왕조의 문사들은 이로써 빼어남을 다투니, 더디어는 반복하기를 여덟, 아홉 번이나 화운하기에 이르렀다.[和韻最害人詩. 古人酬唱不次韻, 此風始盛於元白皮陸. 本朝諸賢, 乃以此鬪工, 遂至往復有八九和者.]"³⁹⁾라고 했다. 이로써 화운에 대한 엄우의 불만을 잘 알 수 있다. 그러나 대다수의 사람들은 여전히 서정작품에 있어서는 화운이 필요할 뿐만 아니라 없어서는 안 된다고 여겼다. 금 대의 왕약허王若虛는 다른 사람의 말을 인용하여, "정후가 이르길, '시의 운은 대나무 숲의 바람, 시냇가의 돌, 버드나무 위의 꾀꼬리, 담장 아래의 메뚜기 같고 바람이 불면 풍경소리가 울리는 것처럼 저절로 소리가 나는 것이니 어찌 헤아리고 논하여 되는 것이겠는가!'라고 했다.[鄭厚云: '詩之有韻, 如風中之竹, 石間之泉, 柳上之鶯,

---

37) 앞의 책, 1920 페이지.
38) 앞의 책, 1915 페이지.
39) (송) 엄우 저, 궈샤오위郭紹虞 교석, 《창랑시화교석滄浪詩話校釈》, 178 페이지.

459

牆下之蛩, 風行鐸鳴, 自成音響, 豈容擬議.']"[40]라고 말했다.

어떤 견해가 더 합리적인 것일까? 원대의 양위정楊維楨은《초창율선서蕉囱律選序》에서 "시의 율격은 시인에게는 재앙이다. 내가 매번 최호의 〈황학〉이나 두보의〈야귀〉같은 작품들을 들어 시의 율격을 지을 때는 먼저 시의 기운을 짓고 나서 그 다음에 율격을 논했다. 최호나 두보의 작품은 비록 율격이 있지만, 그 율격에 얽매이지 않았다.[詩之律, 詩家之一厄也. 余每就律擧崔顥〈黃鶴〉, 少陵〈夜歸〉等篇, 先作其氣, 而後論其格. 崔杜之作, 雖律有而不爲律縛者.]"라고 했다. 서정 작품에 있어서 성률(운율)은 바위 틈을 흐르는 시냇물이나 버드나무 위의 꾀꼬리 울음 소리처럼 음악성과 미적 본질을 증가시켜주기는 하지만, 그러나 서정성은 여전히 정감의 자유로운 표현을 위주로 해야 하는 것이어서 성률로 인해서 그 정감이 희생되어서는 안 되는 것이다.

현대의 학술적 시각으로 볼 때, 시가와 성정 작품에서 성률(운율)에 대한 요구는 "족쇄를 차고서 춤을 추는 것"이라고 할 수 있다. 만약 "족쇄를 차고" 있는 상황에서도 여전히 자유롭게 춤을 출 수 있다면, 그것은 절대적으로 시인의 천재적인 재능이라고 할 수 있다. 원이뚜어聞一多는 다음과 같이 말한다.

만약 시에 격률이 필요하지 않다면 시를 짓는 것이 바둑이나 공놀이, 마작보다 쉽지 않을까? 어쩐지 요즘엔 신시들이 "비온 뒤 봄 죽순보다도 많이" 쏟아져 나온다. 어떤 사람들은 이런 말들을 듣고 싶어 하지 않을 것임을 나는 잘 안다. 그러나 Bliss-Perry 교수의 말은 더 고리타분하다. 그는 "자신들이 진짜로 격률에 속박 당했다고 인정하는 시인들은 아마도 거의 없을 것이다. 그들은

---

40) (금) 왕약허王若虛, 《호남시화溽南詩話》(베이징, 인민문학출판사, 1983), 12페이지.

흔쾌히 족쇄를 차고서 춤을 춘다. 게다가 다른 시인들의 족쇄를 차고서 말이다."라고 했다. 시가 능히 정감을 유발시킬 수 있는 이유는 완전히 그 리듬감 때문이다. 이 리듬감이 바로 격률이다. 셰익스피어의 시극에서 정서적 긴장이 고조될 때에는 운율이 있는 언어로 묘사를 하곤 한다. 이로써 볼 때 아마도 패기가 있는 작가일수록, 족쇄를 차고 추는 춤은 더 고통스러울수록 그 춤이 좋을 것이다. 춤을 추지 못하는 사람일수록 족쇄 탓을 할 것이고 시를 지을 줄 모르는 사람일수록 격률의 속박을 더욱 강하게 느낄 것이다.[41]

이것은 바로 시적 재능이 없는 많은 시인들에게는 성률(운율)이 확실히 속박이 된다고 하는 말이다. 그러나 재능이 뛰어나고 패기가 있는 시인들에게는 성률의 "족쇄"가 하나의 도전일 뿐이며, 이러한 도전은 오히려 유익한 것이다. 왜냐하면 그것이 시에 정감의 활력과 그 무엇과도 비교할 수 없는 아름다움을 선사해 주기 때문이다.

여기서는 또 중국의 옛 사람들이 성률의 아름다움 중국어 자체의 특징과 긴밀하게 연계시키고 있다는 점을 지적하고 있다. 린위탕林語堂의 말을 빌리면, 이러한 것들은 모두 "중국어의 단음절성에서 비롯된 것"이며, "중국 문학의 매개체(바로 중국어)의 측성은 중국 문학 발전의 특수성에 결정적인 역할을 했다. 중국어와 유럽의 언어를 비교해보면, 사람들은 중국인의 사유와 문학적 특성이 어느 정도 중국어의 단음절성에서 비롯된 것인지를 단음절성이 중국어 글쓰기의 특성을 결정하며, 중국어 글쓰기의 특성은 또한 문학 유산 계승의 연속성을 야기하고, 그리하여 심지어는 중국인의 사유의 보수성을 촉진시켰다."[42]는 것이다.

---

41) 원이뚜어, 〈시의 격률詩的格律〉, 《당시잡론·시의비평唐詩雜論·詩的批評》 (베이징, 삼련서점, 1999),163~165 페이지.
42) 린위탕林語堂, 《중국인中国人》, 항쩌우杭州, 쩌쟝浙江인민출판사, 1988.

그는 또 "중국어와 시가 사이에도 관련성이 있다. 중국어는 분명한 사성(四聲)을 가지고 있으며, 말미의 보음(자음)이 결여되어 있어서 읽으면 성조가 낭랑하고, 우렁차게 노래로 부를 수 있어서 사성이 없는 언어들과 비교할 수가 없다. 중국인의 귀는 잘 훈련되어 있어서 리듬감과 평측(平仄)의 교체를 변별해 낼 수 있다.

이러한 성조의 리듬감은 심지어 뛰어난 산문 작품 속에서 나타나 있는 이 점 역시도 바로 중국 산문의 '가창성'을 설명해 줄 수 있는 것이다."[43]라고 했다.

"이러한 극단적인 단음절성은 극도로 간결한 풍격을 만들어 냈으며, 이는 구어로는 모방하기가 어려운 것이다. 왜냐하면, 이해되지 못하는 위험을 감수해야 하기 때문이다. 그러나 그것은 오히려 중국 문학의 아름다움을 만들어 냈다. 그래서 우리는 한 행이 일곱 개 음절로 구성된 표준적인 시율을 가지게 되었으며, 각 행에는 영어의 무운시(無韻詩:Blank verse) 두 행의 내용을 포함하고 있으며, 이러한 효과는 영어나 그 어떤 구어도 상상하기 어려운 것이다. 시가든 산문이든 이러한 어휘의 간결성은 특별한 풍격을 만들어내게 되었다.

그 가운데 각각의 글자와 음절들은 모두 반복적으로 퇴고를 거치면서 가장 미묘한 어음학적 가치뿐만 아니라 무궁한 의미를 보여준다. 아무것에도 구속받지 않는 시인처럼 중국의 산문 작가들은 매 음절에 대해 매우 신경을 쓴다. 이러한 세련된 풍격의 능숙한 운용은 어휘 선택에 있어서의 최고 경지의 숙련을 의미한다. 우선 문학 전통에 있어서의 인기 있고 고상한 어휘들은 이후이 일종의 사회적 전통이 되었고, 마침내는 중국인의 심리적 습관으로 자리매김하게 되었다."[44]

린위탕의 "중국어의 단음절성"은 중국문학의 세련된 풍격을 만들었고, 중국 문학의 가장 미묘한 어음 가지를 보여주고 있다는 견해는 매우 높은 식견을 보여준다.

"옛 사람들의 고문에서부터 소리의 리듬감에 대해 매우 꼼꼼하게 따졌다. 주자는

---

43) 위의 책, 214 페이지.
44) 위의 책, 193~194 페이지.

'한퇴지(한유), 소명운(소순)은 글쓰기에 일생의 정력을 쏟아 모두 옛 사람들의 소리에서부터 배웠다.[韓退之,蘇明允作文, 敝一生之精力, 皆從古人聲響處學.]'고 하였으며, 한유 자신도 '기가 성하게 되면 말의 길고 짧음, 소리의 높고 낮음이 모두 알맞게 된다.[氣盛則言之短長, 聲之高下, 皆宜.]'고 했다. 청나라 때의 '동성파桐城派' 문장가들은 고문을 배울 때 낭송을 특히 중요시 하였는데, 그 의도는 소리의 리듬을 탐구하기 위함이었다. 유해봉劉海峯은 문장을 이야기하면서, '배우는 사람이 신기를 추구하여 음절을 얻고, 음절을 추구하여 자구를 얻으면 깨우침이 반은 넘는다.[學者求神氣而得之音節, 求音節而得之字句, 思過半矣.]'라고 했다. 요희전姚姬伝은 심지어 '문장의 정묘함은 자구와 말소리와 얼굴색을 벗어나지 않는다. 이것을 버리고 나면 탐색해 볼 만한 것이 없다.[文章之精妙不出字句聲色之間, 舍此便無可窺尋.]'라고 했다."[45]고 주광첸朱光潛은 말했다. 그는 "소리의 리듬은 과학 문장에서는 깊이 파고들어갈 필요가 없지만, 문학적 문장에서는 가장 중요한 요소 중의 하나"라고 주광첸은 보았다. 그 이유는 "문학은 정취를 표현해야하며, 정치는 대부분 소리의 리듬감을 통해서 표현되기 때문"[46]이라는 것이다.

주광첸은 또한 "소리의 리듬감"이 이렇게 중요한 이유는 바로 그것이 사람들에게 크나큰 심미적 감수를 안겨 주기 때문이라고 지적하였다. 그는 "문자의 음성적 리듬감을 깨닫는 것은 매우 흥미 있는 일이다.

보통 사람들은 구가 민감해야 한다고 여긴다. 왜냐하면 소리는 귀로 듣고서야 느낄 수 있기 때문이다. 내 개인적 경험으로는 귀도 중요하기는 하지만, 그러나 온 몸의 근육만은 못하다. 내가 음조가 낭랑하고 리듬감이 유창한 문장을 읽을 때면 온 몸의 근육이 마치 똑 같은 리듬으로 운동을 하는 것 같다. 근육이 긴장이 되거나

---

45) 주광첸朱光潛, 〈산문의 소리 리듬散文的声音節奏〉, 《문예잡담文芸雜談》 (허베이河北, 안후이安徽인민출판사,1981) 80 페이지.
46) 위의 책, 82 페이지.

느슨해지는 이 모든 것이 극도의 즐거운 느낌을 만들어 낸다. 만약 음조와 리듬감에 문제가 생기면 나의 온 몸 근육들은 불안해 안절부절 하게 되는 것이 마치 요리사가 솥 바닥을 긁는 소리를 듣는 것 같아진다. 내가 작문을 할 때, 만약 흥미가 생겨나면 근육들도 마치 음악을 연주하는 것 같고, 경마장에서나 작은 배를 타고 놀 때는 멈추고 싶어도 멈출 수가 없다.

만약 흥미가 일어나지 않으면 생각이 메말라 버리고, 이런 내적 근육의 리듬감도 존재하지 않게 되니, 아무리 쓰려고 노력을 해도 써낸 문장도 늘 삐걱 삐걱 거리는 것이 음을 맞추지 않는 기타 줄 같다. 나는 그래서 소리의 리듬감이 문장에서 가장 중요한 것이라고 굳게 믿고 있다."[47]라고 했다.

주광첸은 생리적 심리적 시각에서 서정 작품에서 성률이 가지는 의미를 매우 정확하게 설명했다. 이는 거의 모든 문학 애호가들의 공통적인 체험일 것이다.

현대 학자들의 관점에서 고대인들의 성률에 관한 여러 설명들을 되돌아보면, 우리는 심약이나 유협, 주희, 왕약허, 양유정 등과 같은 사람들의 견해에서부터 청대 동성파의 이론에 이르기까지 모두 매우 가치 있는 것이라고 말하지 않을 수 없다. 예를 들어, 유대괴劉大櫆는 "문장에서는 리듬감이 가장 중요하다. 예를 들어 관악기 현악기들이 뒤섞여 연주될 때에는 반드시 아름답고 오묘한 소리가 나오는 곳이 있게 마련이다. 근래 사람들의 문장을 논한 글 중에서 이른바 음절이란 것이 있음을 알지 못하는 사람은 자구를 말하면 틀림없이 하찮은 일이라고 웃을 것이다. 이러한 글은 고고한 것 같으나 사실은 황당한 것이다. 글을 지을 때 자구를 적절히 배치하지 못한다면 어찌 다시 문자가 있을 수 있겠는가?[文章最要節奏. 管之管弦繁奏中, 必有希聲窈渺處. 今人論文, 不知劉所謂音節者, 至語以字句, 則必笑以爲末事. 此論似高實謬. 作文若字句安頓不妙, 豈復有文字乎?]"[48]라고 했다.

---

47) 위의 책, 82 페이지.
48) (청) 유대괴, 《논문우기論文偶記》, 귀샤오위 주편, 《중국역대문론선中國歷代文論選》(상하이, 상하이고적출판사, 1979) 하권, 137~138 페이지.

우리는 그들의 이론이 형식주의라고 비난할 이유가 없다.

오히려 그 반대로 그들의 이론은 중국 고전 서정이론에서 매우 중요한 부분으로, 그 진실 된 요소에 대해서는 앞으로 더 심도 있는 발굴이 필요할 것이다.

2) 어휘

소리로 정감을 전달하는 동시에 또한 단어를 연결하고 문채를 다듬는 것도 필요하다. 어휘의 운용을 통하여 예술적 정감은 마침내 정형화되어 객관화를 실현하게 된다. 중국 고전 서정론에서는 어휘의 운용을 매우 주의하였으며, 그 방법도 각양각색이었다. 대채로 보면, 글자 더하기[加字], 글자 빼기[減字], 뒤집기[顚倒], "기괴함[怪怪奇奇]", 대구[對偶]와 언어 환경에 대한 조성 등의 변화가 있다. 글쓰기에서 적절한 글자나 어휘로 문장을 만드는 것은 예술적 정감 생성과 문학의 정감 서술에 있어서 작품 전체의 승패를 좌우하는 중요한 일이다. 만약 글자, 어휘, 구절, 편장이 없다면 예술적 정감은 어디에 의지해야 할 것인가? 감정의 토로는 또 어떻게 표현해 낼 것인가? 작가는 붓으로 생각하고 어휘로 울리고 웃긴다. 예술적 정감은 창작 과정에서, 또는 창작 과정을 통해서면 완성될 수 있는 것이다. 창작 전의 "울요[鬱陶]"나 "응심[凝心]", "침사[沈思]"도 물론 중요하고, 정경융합의 구상도 중요한 것이긴 하지만, 이러한 것들은 하나의 전제에 불과한, 또는 전제로서의 의미만을 가진다고 할 수 있다. 작가가 붓을 들지 않으면 정감은 단어로 바뀔 수 없고, 그러면 자신의 머리 속에 존재하고 살아 움직이는 것들은 단지 하나의 청사진이나 윤곽 준비에 불과할 뿐이며, 절박하게 말하고 싶은 욕망에 불과하다. 붓을 들고서 글자로 옮겨내는 과정을 통해서 한 줄 한 줄의 문자로 실현되어 질 때 비로소 자신이 구상하고 있던 예술적 정감이 오랫동안 사색하던 것처럼 표현되고 실현되어졌는지를 판단할 수 있는 것이다.

한 단락 한 단락의 문자는 다시 이후의 정감 표현을 북돋워주게 된다. 정감 표현에 실패한 문자들 역시도 실패를 만회할 방법을 생각하도록 유도해 줌으로써 자신의 마음 속에서 느끼고 생각했던 예술적 정감을 내포하고 있던 구상들이 표현될 수 있게 해 준다. 예술적 정감은 이러한 "단어의 실천"을 통해서 마지막으로 탄생되어지게 된다.

중국 고전 서정론은 이러한 어휘를 통한 실천의 작용에 대해 충분히 인식하고 있었다. 《역易》에서는 "천하의 움직임을 고무하는 것은 (괘에 덧붙인) 성현의 말씀에 있다.[鼓天下之動者存乎辭]"라고 하였다. 맹자는 "말이 가까우면서도 뜻이 심원한 것은 선한 말이다.[言近而旨遠者, 善言也.]"[49]라고 했다. 한 나라 때의 유향劉向은 "시에 이르길, '윗사람을 기쁘게 하는 말은 백성들을 안정시킨다.'라고 했으니, 무릇 말이란 사람에게 있어서 스스로를 소통시켜주는 것이다. 주부언은 '사람이면서 말이 없으면, 어찌 쓸 수가 있겠는가?'라고 했다. 옛날 자산은 자신의 말로 인해 조무가 공경하였다. 왕손만은 그 말일 분명하였기 때문에 초나라 장왕이 부끄러워하였다. 소진이 자신의 말을 행동으로 옮김으로써 육국이 안정되었다. 괴통은 말을 잘 하여 자신의 몸을 보전하였다. 무릇 말이란 임금을 높이고 자신을 중히 여기며 나라를 편안하게 하고 자신의 본성을 온전히 하는 것이다. 그런 까닭에 말하기를 훈련하지 않을 수 없으며, 유세를 잘해야만 하는 것이다.[詩云, '辭之繹矣 民之莫矣.' 夫辭者, 人之所以自通也. 主父偃曰: '人而無辭, 安所用之.' 昔子產脩其辭, 而趙武致其敬. 王孫滿明其言, 而楚莊以慚. 蘇秦行其說, 而六國以安. 蒯通陳說, 而身得以全. 夫辭者, 乃所以尊君重身安國全性者也. 故辭不可不修, 而說不可不善.]"[50]라고 하였다. 이러한 말들은 일반적인 말의 역할에 대한 개괄적 설명일 뿐이지만, 말의 이른바 "임금을 높이고 자신의 몸을 중히 여기며, 나라를 편안케 하고 본성을 온전하게 하는" 기능은 우리에게 깊은 인상을 심어주었다.

---

49) (전국) 맹가孟軻 저, (청) 초순焦循 주, 《맹자정의孟子正義》, 《제자집성》 제1책, 594 페이지.
50) (한) 유향, 《설원·선설説苑·善説》 (베이징, 중화서국, 1987) 권11, 267 페이지.

유협의 《문심조룡 장구章句》 편에서는 문학 창작과 문학적 정감의 토로에 있어서 낱말의 역할에 대해 직접적으로 거론하고 있다.

> 무릇 사람이 말을 세우는 것은 글자로 인해 구절이 만들어지고, 구절이 쌓이여 장이 완성되며, 장이 쌓여서 편이 이루어진다. 글 한편이 무늬가 밝은 까닭은 장에 결점이 없는 것이고, 장이 밝고 화려한 것은 구에 옥의 티가 없기 때문이다. 구가 맑고 영롱한 것은 글자가 망령되지 않기 때문이다. 뿌리가 떨처 일어나면 끝이 따르는 것처럼, 하나를 알게 되면 만물을 모두 알게 되는 것이다. 夫人之立言, 因字而生句, 積句而成章, 積章而成篇. 篇之彪炳, 章無疵也. 章之明靡, 句無玷也. 句之淸英, 字不妄也. 振本而末從, 知一而万畢也.[51]

유협은 여기에서 글자로 구절이 만들어지고, 구절이 쌓여서 장이 되며, 장이 쌓여서 한 편의 문장이 된다고 지적하고 있다. 글 한 편의 광채는 각 장들에 결함이 없기 때문이고, 각 장이 분명한 것은 각각의 구절들에 문제가 없기 때문이며, 각 구절들이 청신하고 힘이 있는 것은 각각의 글자들을 어지럽게 사용하지 않기 때문이라는 말이다.

뿌리가 튼실하면 가지도 튼실해지는 것처럼 하나를 온전히 하는 이치를 알게 되면 만사가 분명해진다는 것이다. 유협은 더 나아가 자구와 장절의 역할도 설명하고 있다.

> …… 그 표현하려는 정감과 이치를 끌어내려면, 보내고 맞이함이

---

51) (남조) 유협 저, 판원란 주, 《문심조룡》 570 페이지.

주제에 들어맞아야 한다. 예로 들면, 춤을 출 때 빙글빙글 도는
춤사위는 일정한 행렬과 나아가고 물러남의 위치가 일정해야 하고,
노래를 부를 때 그 소리가 부드럽고 세밀해야 하지만 그 높고 낮음,
길고 짧음의 리듬이 있어야 하는 것과 같다.

…… 其控引情理, 送迎際會, 譬舞容回環, 而有綴兆之位. 歌聲靡曼,
而有抗墜之節也.[52]

위의 내용은 매우 중요하다. 글자나 낱말, 장, 절의 역할이 "표현하려는 정감이나
이치를 끌어내는" 것으로, 때로는 "내보내고" 때로는 "맞이하며", 춤을 출 때
빙글빙글 돌면서 행렬과 위치를 일정하게 유지해나가고, 노래 소리가 하늘거리면서
높낮이가 다른 리듬감이 있어야 하는 것처럼 때로는 반대편에서 맴돌아야 한다고
설명하고 있다. 유협은 여기서 글자와 낱말과 구절과 장의 역할을 다채롭고 다양한
"정감과 이치를 끌어내는" 역할로 보고 있는데, 이는 매우 독특한 식견이라 할 수
있다. 문학이 서정은 강렬하고 집중적이고, 기세가 높을수록 좋은 것만은 아니며,
또한 평담하고 분산적이고 침체되어 있을수록 좋은 것도 아님을 잘 알고 있다.

낱말은 문학 서정에서 지나치게 격분되는 것을 완화시켜주고 지나치게 집중되는
것을 조절해주며, 지나치게 격앙되는 정감을 낮춰주는 역할을 하고 있는 것이다.
또한 지나치게 평범하고 지나치게 산만하고 지나치게 거친 정감을 끌어 올리고
조절하고 꾸며주는 역할을 하기도 한다. 이 또한 유협이 말한 이른바 "정감과
이치를 끌어내는" 것이다. 예술적 정감은 어휘를 통한 실천의 통제와 유도 아래서
이루어진다는 말이다.

중국 고전문학 서정론은 한자와 매우 밀접한 관계를 가지고 있다. 한자는
일종의 상형문자로써, 처음부터 일종의 시각적 부호였다. 한자에 있어서 상형이든

---

52) (남조) 유협 저, 판원란 주, 《문심조룡》 570 페이지.

지사든 아니면 회의나 형성, 전주, 가차 든 간에 그 공통적 특징은 형상적 인 시각성을 첫 번째로 꼽을 수 있다. 비록 순수한 상형문자(예를 들어, 월月이나 일日, 조鳥 등과 같은 글자)는 소수에 불과하지만, 지사나 회의 형성, 전주, 가차 등의 글자에도 부분적인 상형성이 들어 있다. 언어학자 마쉬룬馬敍倫은《설문해자 연구법說文解字硏究法》이란 책에서 "그 체계성으로 말하면, 지사나 회의는 상형문자에 속한다고 할 수 있다"고 했다. 병음문자의 특징은 병음 자체가 기타 지칭하는 사물과는 개념상의 판단 관계만 있을 뿐, 그 어떤 형상적 연계성은 없다. 그러므로 문자와 실물 간에 그 어떤 정보도 채워 넣을 수가 없는 것이다. 그러므로 병음문자는 사람들의 연상을 불러일으킴으로써 더 많은 정보를 얻게 해 주지 않는다. 이것은 명백한 사실이다. 그러나 한자는 다르다.

한자 자체가 직접적으로 유사한 사물을 지향하고 있다. 이는 형사(形似)일 수도 있고, 또는 신사(神似)일 수도 있으며, 또는 실물의 처지와 역사적 변천, 그리고 특정 시대 사람들의 생활 습관 등을 포함할 수도 있다. 어떤 의미에서는 한자 한 자 한 자가 바로 역사라고 할 수 있다. 이처럼 한자는 병음문자에 비해 사람들로 하여금 각종 연상을 불러일으킴으로써 많은 정보를 쏟아낸다. 이것이 한자의 특징이자 장점이다. 그러므로 옛 중국인들이 한자를 이용하여 서정을 표출하는 것은 병음문자와는 다른 특징을 가질 수밖에 없었으며, 심지어는 다른 문자가 가지고 있지 않는 우월성을 가지게 되었다고 할 수 있다. 특히 시각적 이미지에 있어서 한자가 쏟아내는 심미적 정보와 자유로운 구조는 무엇과도 비견할 수 없는 것이다.[53] 옛 중국인들이 한자의 특징을 운용하여 만들어낸 "시가어[詩家語-시인 특유의 언어-역자 주]"는 아주 많다. 예를 들어, 전치와 도치, 글자 빼기, 글자 삽입, 주어 생략, 동사 생략, 험자(險字)의 사용, 괴팍한 글자(怪字)의 사용 등이 그러하다.

여기서는 서정시 속의 "대구"의 운용과 언어 환경의 조성 이 두 가지에 대해서만

---

53) 쩡민鄭敏,〈한자와 읽기의 해체漢字与解构閱読〉참고.《구조-해체의 시각 : 언어·문화·평론結構——解构視覚:語言·文化·評論》(베이징, 칭화淸華대학출판사, 1998) 133 페이지.

논술하도록 하겠다.

대구의 운용은 중국 고전 문학 서정론에서 오랜 역사를 가지고 있는 동시에 또한 중대한 의미를 가지는 문제이다. 정감 표현에 있어서 대구의 역할은 역사적으로 증명되어 왔다. 이론적으로 가장 먼저 "대구"에 대해 정리하고 중요한 견해를 제기한 사람은 바로 유협이다. 유협은 《문심조룡 여사麗辭》 편에서 이 대구의 문제를 집중적으로 설명하고 있다. 대구는 어떻게 만들어진 것인가? 자연스럽게 형성된 것인가? 아니면 인위적으로 만들어낸 것인가? 이에 대해 유협은 다음과 같이 말한다.

> 조물주가 형체를 만들어 낼 때, 사지를 반드시 쌍을 이루게 하였으니, 이는 조화의 작용으로, 사물은 반드시 외톨이가 되지 않게 하는 것이다. 무릇 마음에서 글이 생겨 날 때에도 수백 번을 생각하여 위 아래가 서로 어울려 자연스럽게 대구를 이루게 된다.
> 造化賦形, 支体必双, 神理爲用, 事不孤立. 夫心生文辭, 運裁百慮, 高下相須, 自然成對.[54]

유협은 자연이 인간에게 형체를 부여할 때 팔 다리를 모두 쌍을 이루게 했으며, 자연의 작용은 모두 고립되지 않게 했다는 것이다. 인간이 글을 창작할 때도 마찬가지로 문장을 구상함에 다방면으로 고려하고 문장을 운용에 함에 있어서도 당연히 높고 낮음, 위 아래가 있게 해야 하기 때문에 자연스럽게 대구가 형성되었다는 것이다. 유협은 대구의 형성이 인위적인 것이 아니라 자연스럽게 만들어진 것이라고 보았다.

이는 나름대로 일리가 있다. 실제로 여기서 주요하게 말하는 것은 바로 한자의 자연스러운 역할이다. 한자는 규격을 갖춘 정방형의 글자이며, 그 글자의

---

54) (남조) 유협 저, 판원란 주, 《문심조룡주》 588 페이지.

배열이 매우 가지런하다. 우리가 당대에 만들어진 율시만 보더라도 매우 깊은 인상을 가지게 될 것이다. 그렇기 때문에 사람들이 중국어와 한자로 생각하면서 부지불식간에 "대구"의 "함정"에 빠져들게 되는 것이다.

유협은 《상서尚書》에 나와 있는 "자만하면 손해를 보고, 겸손하면 이익을 받는다.[滿招損, 謙受益]"의 댓구를 예로 들었다. 사람들은 오랫동안 이것처럼 쉽게 대칭되는 말과 글자를 사용하여 옴으로써 자신들도 모르는 사이에 "교만은 사람을 낙후하게 만들고 겸손은 사람을 발전하게 만든다."는 식의 대칭적 구절들을 내뱉곤 한다. 심지어 "문화대혁명" 때에는 구문화를 반대하는 "홍위병"들 조차도 불식간에 "동풍이 부니 전장의 북소리 울린다.[東風吹, 戰鼓擂.]"와 같은 대구를 소리치곤 하였다. 서정을 위주로 하는 문학에 있어서 대구의 운용은 매우 자연스럽다.

이른바 "시인들이 장을 짝짓고, 대부는 어구를 연결하여 짝을 지을 때 단구와 짝이 되는 대구를 적절하게 변화시키니, 힘들이지 않고서 배열이 되었다.[詩人偶章, 大夫聯辭, 奇偶適変, 不勞経營.]"[55] 는 것이다. 대구는 중국어와 한자의 발전과정 속에서 중국인들의 마음 속의 "문화무의식"으로 자리 잡게 되었다. 그런 의미에서 대구의 형성은 자연스러운 것이었다고 할 수 있다. 물론, 사람들이 대구의 풍부한 의미와 대구를 이루는 한자 배열의 아름다움을 보게 되면 자연히 의식적으로 대구를 운용함으로써 자신의 사상이나 감정을 더욱 잘 표현할 수도 있을 것이며, 이는 인위적인 것이다.

대구가 풍부한 사상이나 정감을 표현해 줄 뿐만 아니라 배열의 아름다움도 갖추고 있다고 한다면 그것을 더 많이 운용할수록 좋은 것이 아닐까? 당연히 그렇지 않다. 대구 역시도 남용해서는 안 된다. 정감을 표현할 때 어떻게 대구를 운용해야 가장 좋은 효과를 얻을 수 있을까? 이에 대해 유협은 〈여사〉 편에서 다음과 같이 말한다.

---

55) 위의 책 같은 페이지.

만약 일이 혹은 고립되어 짝이 없으면 이는 외발 짐승이 한 다리로 넘어지면서 절뚝거리며 가는 것과 같다. 만약 기세가 독창적이지 않고 문채에 독특함이 없으면 평범하기 그지없는 대구는 눈과 귀를 지루하게 한다. 그러므로 반드시 일치가 원만하고 사실이 면밀해야 한 쌍의 벽옥이 그 빛을 내는 것과 같게 된다. 단구와 대구를 번갈아 사용하기를 여러 패옥을 조절하는 것 같이 하면 비로소 귀해지게 되는 것이다. 이처럼 생각해 나가면 대구를 사용하는 이치가 자연스럽게 드러나게 될 것이다.

若夫事或孤立, 莫与相偶, 是夔之一足, 趻踔而行也. 若氣無奇類, 文乏異采, 碌碌麗辭, 則昏睡耳目. 必使理圓事密, 聯璧其章. 迭用奇偶, 節以雜佩, 乃其貴耳. 類此而思, 理斯見也.[56]

유협은 대구가 없으면 외발 짐승이 한 다리로만 걸어가는 것과 같아서 안 된다고 지적하고 있다. 그러나 문장의 기세가 없고 문채가 결여되면 평범한 대구를 사용하게 되기 때문에 지루해진다는 것이다. 반드시 대구의 이치가 원만하고 사실이 적절해야만 벽옥이 그 빛을 드러내는 것처럼 될 수 있다고 말하고 있다. 또 여러 패옥들을 조절하는 것처럼 단구와 대구를 번갈아 사용해야만 가장 좋은 효과를 거둘 수 있다고 말한다. 유협의 말은 대구와 단구가 교차되면서 사용되어야 대구의 문장이 가지런해지고 단구의 구절이 뒤엉켜 있으면서도 어지럽지 않게 되며, 그래야만 가지런하게 교차된 아름다움을 나타낼 수 있고 또한 최상의 효과를 얻을 수 있다는 뜻이다. 이러한 유협의 견해는 정확한 것이라고 할 수 있다. 훗날 당대에 만들어진 율시는 중간의 두 연이 대구를 이루고 앞과 뒤의 각 연은 대구를 이루지 않는 단구로 문자를 구성하게 되는데, 이렇게 함으로써 가지런하게

---

56) 위의 책 589 페이지.

교차되는 아름다움뿐만 아니라 정감의 표현에도 리듬감을 주게 되는 것이다.

그렇다면, 대구에는 어떤 유형들이 있을까? 그 난이도는 또 어떠할까? 이에 대해 유협은 〈여사〉 편에서 네 가지 유형을 도출해 내고 있다.

그러므로 대구의 형식에는 무릇 네 가지가 있다. 언어의 대구는 쉽고 사건의 대구는 어렵다. 반대 의미의 대구는 뛰어나고 같은 의미의 대구는 졸렬하다. 언어의 대구는 사례를 인용하지 않는 구를 나란히 짝 지우는 것이고, 사건의 대구는 사람이 경험한 일을 두 가지 열거하는 것이며, 반대 의미의 대구는 이치는 다르나 취지가 같은 것이고, 같은 의미의 대구는 사실은 다르나 그 의미가 같은 것이다. 사마상여의 〈상림부〉에서 "예의 정원에서 용모를 닦고 책의 밭에서 날아오른다."라고 했는데, 이것이 언대의 예이다. 송옥의 〈신여부〉에서는 "모장도 신녀 앞에선 옷소매로 얼굴을 가리면서 스스로 모범이 되지 못한다고 할 것이고, 서시도 얼굴을 가리며 스스로 아름답지 못하다고 할 것이다."라고 했으니, 이것은 사대의 예이다. 왕찬은 〈등루〉에서 "초나라 사람 종의는 진나라에 갇혔어도 초나라의 음악을 연주하고, 월나라 사람 장석은 초나라의 고관이 되어서도 월나라의 노래를 불렀다."고 했으니, 이는 반대의 예이다. 장재는 〈칠애〉 시에서 "한 고조는 고향의 분유사를 그리워했고, 광무제는 고향의 백수현을 그리워했다."고 한 것은 정대의 예이다. 무릇 대구로 가슴 속의 말을 풀어내기 때문에 언대가 비교적 쉽고, 한 사람의 학문을 드러내야 하기에 사대가 어려운 까닭이다. 그윽함과 드러남으로 같은 뜻을 나타내니 반대가 뛰어난 까닭이고, 두 구절이 같은 마음을 받드니 정대라 못한 까닭이다. 또 사대에도 각각 반대와 정대가 있으니, 종류에 따라 그 의미를 살펴보면 온갖 사안이 저절로 분명해 질 것이다.

故麗辭之體, 凡有四對 : 言對為易, 事對為難. 反對為優, 正對為劣. 言對者, 雙比空辭者也. 事對者, 并舉人驗者也. 反對者, 理殊趣合者也. 正對者, 事異義同者也. 長卿〈上林賦〉云 : "修容乎禮園, 翱翔乎書圃." 此言對之類也. 宋玉〈神女賦〉云 : "毛嬙鄣袂, 不足程式. 西施掩面, 比之無色." 此事對之類也. 仲宣〈登樓〉云 : "鐘儀幽而楚奏, 莊舃顯而越吟." 此反對之類也. 孟陽〈七哀〉云 : "漢祖想枌榆, 光武思白水." 此正對之類也. 凡偶辭胸臆, 言對所以為易也. 徵人之學, 事對所以為難也. 幽顯同志, 反對所以為優也. 并貴共心, 正對所以為劣也. 又以事對, 各有反正, 指類而求, 萬條自昭然矣. [57]

유협은 이전 사람들의 창작 상황에 근거하여 언대, 사대, 반대, 정대 이 네 가지 대구 유형들을 정리해 내면서, 그것들의 우열과 난이도를 설명하고 있다. 유협은 중국 고전 서정 문학의 대구에 대해 처음으로 정리했다는 점에서 매우 큰 공헌이라고 할 수 있다. 비록 그 가운데 일부 비유적인 설명들을 사용하고 있기는 하지만, 여기에 나타난 사상을 다음과 같이 이해할 수 있을 것이다.

첫째, 대구는 당시에 매우 중요한 것이었다는 점이다, 특히 위진 남북조 시기에 변려문이 유행하면서 유협 자신조차도 변려문으로 《문심조룡》을 썼기 때문에 대구의 운용 연구는 그들이 문학 언어를 얼마나 중요시 했는지를 보여주는 것이라 하겠다.

둘째, 대구의 운용은 남용해서는 안 되는 것으로, 대구의 행과 단구의 행을 번갈아 사용함으로써 대구와 산구가 일정하게 교차되는 미학적 수준에 도달하였다는 것이다.

셋째, 대구에는 많은 유형들이 있기 때문에 그것을 운용할 때 적절하게 선택해야

---

57) (남조) 유협 저, 관원란 주, 《문심조룡주》 588~589 페이지.

한다는 것이다. 당대에 이르러 율시가 형성되면서, 서정 문학에서 대구가 차지하는 지위는 더욱 중요해졌고, 그 활용도 더욱 풍부해졌다. 심지어는 대구가 없으면 율시 절구도 없고 당시(唐詩)도, 송사(宋詞)도 원곡(元曲)도 없으며, 그리하여 고전 서정 문학의 휘황찬란함도 없었을 것이라고까지 말할 수 있다. 당대 이후 대구의 운용은 서정문학에 있어서는 지극히 보편적인 일이 되었고, 그것을 정리하기는 했지만, 유협의 《문심조룡·여사》 편처럼 체계적이지는 못했다. 그러나 정리해낸 종류는 훨씬 많았다. 당대 상관의上官儀는 대구의 분류에 있어서 새로운 발전을 이루었는데, 그의 대구설은 송대 인종(仁宗) 때 인물인 이숙李淑이 편찬한 《시원유격詩苑類格》에 소개 되었으나, 이 책이 유실되면서 지금은 송대 위경지魏慶之가 편찬한 《시인옥설詩人玉屑》에 관련 설명만이 남아 있을 뿐이다.

당나라의 상관의는 시에는 여섯 종류의 대구가 있다고 했는데, 첫째는 정명대구라고 하는데, '하늘과 땅', '해와 달' 같은 것이 그것이다. 둘째는 동류 대구라고 하는데, '꽃과 잎사귀'이나 '풀과 새싹'이 그것이다. 셋째는 연주 대구라고 하며, '소소'이나 '혁혁' 등이 그것이다. 넷째는 쌍성 대구라고 하며, '황홰([huáng huái]:누런 홰나무)', '녹류([lü liu]:푸른 버드나무) 등이 그것이다 다섯째는 첩운 대구라고 하며, '방황[páng huang]'이나 '방광[fáng kuáng]' 등이 그것이다. 여섯째는 쌍의 대구라고 하는데, '춘수(봄날의 나무)'나 '추지(가을날의 연못)' 같은 것이 그것이다. 또 여덟 종류의 대구가 있다고 했으니, 첫째는 적명대구라고 하는데, '동남으로 가는 이에게 술을 보내고, 서북에서 오는 나그네 거문고로 맞이하네.'라는 구절이 그 예이다. 둘째는 이류 대구라고 하며, '바람은 연못가에 나무를 흔들고, 벌레들은 풀잎 위에 무늬를 수놓네.'이라는 구절이 그 예이다. 셋째는 쌍성 대구라고 하며, '가을 이슬에 국화 향기 그윽하고, 봄 바람에 난초 향기 아름다워라.'라는 구절이 그 예이다. 넷째는 첩운 대구라고 하며 '방탕함은 여러 사람들의 마음이나, 머뭇거림은 한 사람의 마음이라.'이란 구절이 그 예이다. 다섯째는 연면 대구라고 하며, '메마른 강 띠 같고, 초승달은 눈썹 같아라.'라는 구절이 그 예이다. 여섯째는 쌍의 대구이며, '달을 논하니 눈썹이 달을 속이고 꽃을 논하니 어여쁜 두 뺨 꽃 보다 낫네.'란 구절이 그 예이다. 일곱째는 회문 대구라고 하는데, '정이 새로움은 뜻을 얻음 때문이고 뜻을 얻으니 마침내 정이 새로워라.'라는 구절이 그 예이다. 여덟째는 격구 대구라고 하며, '서로 생각하다 다시 서로 기억한, 밤마다 눈물이 옷을 적신다. 허공에 탄식하다 또 눈물을 지어도 아침마다 내님은 돌아오질 않네.'라는 시구가 그 예이다.

唐上官儀曰: 詩有六對. 一曰正名對, 天地日月是也. 二曰同類對, 花葉草芽是也. 三曰連珠對, 蕭蕭赫赫是也. 四曰双聲對, 黃槐綠柳是也. 五曰疊韻對, 徬徨放曠是也. 六曰双擬對, 春樹秋池是也. 又曰: 詩有八對. 一曰的名對, 送酒東南去, 迎琴西北來是也. 二曰異類對, 風織池間樹, 虫穿草上文是也. 三曰双聲對, 秋露香佳菊, 春風馥麗蘭是也. 四曰疊韻對, 放蕩千般意, 遷延一介心是也. 五曰聯綿對, 殘河若帶, 初月如眉是也. 六曰双擬對, 議月眉欺月, 論花頰勝花是也. 七曰回文對, 情新因意得, 意得逐情新是也. 八曰隔句對, 相思復相憶, 夜夜淚沾衣, 空嘆復空泣, 朝朝君未歸是也.[58]

상관의의 여섯 대구와 여덟 대구를 합한 총 14개의 대구는 중간에 중복된, 예를 둘 모두에 쌍성 대구와 첩운 대구, 쌍의 대구가 있고 또 내용은 같은 데 명칭이

---

58) (송) 위경기魏慶之 저, 왕쭝원王仲聞 교감, 《시인옥설》, 165~166 페이지.

다른 것도 있어서 자세히 분석해 보면 실제로 상관의가 열거한 대구의 종류는 정명대구, 동류대구, 이류 대구, 연주 대구, 연면 대구, 회문 대구, 격구 대구, 쌍성 대구, 첩운 대구, 쌍의 대구의 열 종류이다. 그 밖에《문경비부론·동권·문이십구종대文鏡秘府論·東卷·文二十九種對》에서는 당대 원경元競, 최융崔融 등의 대구 유형에 대한 상세한 분류법이 소개되어 있다. 이에 대해서 여기서는 더 거론하지 않기로 하겠다.

현대의 학술적 시각에서 보면 대구는 당연이 언어 유희적 요소를 포함하고 있으며, 그 규칙이 너무나 융통성이 없어서 정감을 토로하는데 방해가 된다. 그러나 우리는 다음이 점들을 분명히 알아야 한다.

첫째, 옛 중국인들은 문학 언어를 매우 중시하였고, 또한 한자 한 글자 한 글자의 음과 어구를 정연하게 할 수 있다는 특징을 충분히 이용하여 정연함과 들쭉날쭉함 속에서 정감 토로의 유리함을 십분 발휘하였다. 현대 기호학에서 수사(修辭)의 역할을 매우 중시함으로써 일종의 어휘의 새로운 구조를 발견해 낸 것이 새로운 세계를 개척한 것이나 다름이 없으며, 정감을 전달하는 새로운 길을 개척한 것이나 다름이 없음을 우리는 알고 있다. 중국 고전 서정 문학에서 대구는 시인들이 "대구"라는 시각에서 세계를 관찰하고 생활을 체험할 수 있게 해 주었고, 또한 새로운 정감을 전달하게 해주었다. 대우는 중국어의 독특한 수사 방식으로써, 하나의 사유 패턴이 되었다. "청산靑山"이라고 하면 동시에 "녹수綠水"를 떠올리게 되고, "천상天上"이라고 하면 동시에 "인간 세상[人間]"을 떠올리며, "새벽[淸晨]"이라고 하면 동시에 "황혼黃昏"을 떠올린다.

또 "봄 누에가 죽다[春蚕到死]"고 하면 동시에 "촛불이 재가 되었다[蠟炬成灰]"는 구절을 연상시키게 되고, "푸른 바다의 밝은 달[滄海月明]"이라고 하면 동시에 "푸른 들판의 따사로운 햇살[藍田日暖]"를 떠올리며, "꾀꼬리 두 마리[兩個黃鸝]"라고 하면 동시에 "백로 무리[一行白鷺]"를 떠올린다. 이처럼 유사하거나 같은, 때로는 반대되는 생각이나 형상 개념이 동시에 뇌리에 스치게 된다. 오늘날과 같은 산문의 시대에 대우는 문화적 무의식으로써 여전해 우리의 머리 속에 뒤얽혀 있다. "돈이

만능은 아니지만, 돈이 없어서도 안 된다"는 말 역시도 대구라고 할 수 있다.

둘째, 더 중요한 한 가지는 서정적 문장에서 대구의 운용은 현재 말하는 "상호 텍스트성"과 장력을 만들어 준다는 점이다. 시에서 대구를 이루는 두 구절은 형식적으로는 같지만 그러나 글자나 어휘의 운용에 있어서는 같음 속에서 또 다른 것이다. 대구를 이루는 두 구절은 때로는 서로를 설명해주기도 하고 때로는 서로 보충해주기도 하며, 때로는 서로 반박하기도 하고 때로는 서로를 포용하기도 하고, 때로는 서로 구석하기도 하고 때로는 서로 확장시켜주기도 한다. 그리하여 표현되어지는 정감은 더욱 다양해지고 더욱 풍부해지며, 더욱 탄력적이 되어 독자로 하여금 더 많은 연상을, 더 풍부한 시적 정취를 느낄 수 있게 해 준다. 쩡민鄭敏은 "고전시의 대구는 일종의 극히 풍부한 수용력과 개척성의 시적 구조로 모순과 공존을 요구한다.

시구에서는 기둥이 지붕을 떠받치고 있는 것처럼, 생활 속에서 겉보기에는 모순은 현상과 시인의 복잡한 인생 경력을 시 속에 끌어들임으로써 시의 강도와 장력, 그리고 함의를 크게 증가시켜 준다. 천고에 회자되어 온 많은 명 시구들은 모두 대구를 만족시키는 상황 속에서 탄생된 것들이다. 만약 이러한 상반되면서도 어우러지는 대구가 없었다면 아래와 같은 절창들도 있을 수 없었을 것이다.

> 거센 바람 속 높은 하늘에 원숭이 슬픈 울음 울고
> 맑은 강가 하얀 모래 밭에서 새들 맴돌며 나네.
> 風急天高猿嘯哀, 渚清沙白鳥飛回. (강도의 대비)

> 끝없이 나뭇잎 우수수 떨어지고,
> 끝없는 장강은 도도히 흘러간다.
> 無邊落木蕭蕭下, 不盡長江滾滾來. (공간의 확장)

> 산 빛 홀연히 서쪽으로 떨어질 제

연못 위 달이 천천히 동쪽에서 솟아오르네.

山光忽西落, 池月漸東上.(속도감의 대비)

저녁 되어 푸른 산 오르니

산 위에 뜬 달이 사람을 따라 돌아오네.

暮從碧山上, 山月隨人歸. (고요함과 움직임의 대비)

시절 느껴 꽃을 보아도 눈물이 나고

이별의 한에 새들도 마음 놀래네.

感時花濺淚, 恨別鳥驚心.(사람과 사물 간의 몽롱함)

해는 저 산 너머로 지고

황하는 바다로 흘러가네.

白日依山盡, 黃河入海流. (고요함과 움직임의 대비)

해자엔 봄물 넘실대고 성에는 꽃들이 만발하였건만

자욱한 안개비에 마을의 모습은 흐릿흐릿.

半壕春水一城花, 煙雨暗千家. (명암의 대비)

이상의 시구들은 이루 다 헤아릴 수 없이 많은 명대구 중에서 임의로 골라낸 예들이다. 이러한 시구의 격률을 찾아 고전시사의 풍부한 심오함을 느껴보는 것은 21세기의 우리가 격률에 대해 가지고 있는 두려움과 심리적 장애를 해소하는 데 도움이 될 것이다."[59] 쩡민은 현대적 시각으로 대구의 현대적 가치, 특히 현대 서정 문학의 가치를 재조명하였다.

---

59) 쩡민, 〈중국 시가의 고전과 현대中国詩歌的古典与現代〉, 《시가와 철학은 이웃사촌 ― 구조-해체의 시론詩 歌与哲学史鄰居--結構-解構詩論》 324 페이지 참고.

셋째, 대구의 미학적 의미는 우선 시각적 정형미를 만들어냈다는 점이고, 그 다음으로는 그 간결성에 있다고 하겠다. 소수로 다수를 이기고, 읽기 쉽고 기억하기 쉽고 전파하기 쉽다는 것이다. 대우는 중국어 수사의 한 격식일 뿐이고 서정문학에 있어서도 형식적 요소에 불과하지만, 그 내용은 형식을 필요로 하는 동시에 형식 또한 내용을 확장시키고 개조시키고 지배하게 된다. 중국어의 감성 토로에 있어서의 그 중요성은 두말할 필요가 없는 것이다.

어휘의 운용에서 중국 문학 서정론은 언어 환경의 조성 문제에 매우 주의를 기울인다. 이전의 연구에서 일부 학자들은 자구의 "퇴고推敲"나 개별 자구의 경계 등에 지나치게 주의를 기울이면서 옛 중국인들의 문학 서정론의 전체적 언어 환경의 조성을 그다지 중시하지 않았다. 지적하고 싶은 것은 현대 중국어 문학의 교학에서도 글자나 단어, 구의 독립적 분석을 지나치게 중요시하여 작품을 갈기갈기 찢어 놓음으로써 전체 언어 환경에 대한 파악에 대해서는 힘을 쓰지 않았는데, 이는 중대한 손실이라고 하지 않을 수 없다.

중국 고전 문학의 서정론은 창작이든 감상이든 모두 어휘 운용의 언어 환경을 중요시한다. 그렇다면 옛 사람들의 서정의 언어 환경에 대한 중시는 어디에서 나타나고 있는가? "시안詩眼", "연자煉字", "시는 한 글자를 정교하게 다듬는다.[詩以一字爲工]" 등의 주장이나 시작 방법은 또 어떻게 이해를 해야 하는 것일까? 이제부터 이러한 문제들에 대한 해답을 찾아보도록 하자.

앞에서 우리는 당대 시인인 백거이가 〈여원구서〉라는 글에서 "시란 정감을 뿌리로 삼고 말을 싹으로 삼으며, 소리를 꽃으로 여기고 뜻을 열매로 여기는 것이다.[詩者, 根情, 苗言, 華聲, 實義.]"라고 하는 내용의 시에 대한 아주 재미있는 설명을 거론한 바 있다. 이 말은 시를 유기적인 생명체인 식물에 비유한 것이다.

시가 유기적인 생명체라고 한다면 그것은 어휘 구조로 이루어진 분리할 수 없는 완전체라는 말이다. 개별적인 어휘나 자구는 단지 전체 속에서만 의미를 가지게 되는 것이다. 중국 고전 문론에서는 서정의 언어 환경을 따지는 것은 , 그 언어 환경의 전체성은 작품의 "기운氣", "맥락脈", "기세勢", "정신神", "경지境" 등에서 나타나게 된다고 보는 것이다. 유협은 《문심조룡 · 장구章句》편에서 다음과 같이 말한다.

> 시인이 비교나 비유를 드는 시구를 살펴보면, 비록 문장을 끊어서 자의적으로 뜻을 취기는 하지만 장과 구는 편 속에 있는 것이어서 누에고치에서 실을 뽑아내는 것처럼 처음부터 끝까지 이어져 있어야 하고, 체제가 물고기의 비늘처럼 긴밀하게 연결되어 있어야 하는 것이다. 행을 시작하는 말은 편 중간의 의미의 먼저 보여주는 것이고, 붓을 거두는 마지막 말은 앞 구절의 뜻을 이어받는다. 그런 까닭에 문장의 밖의 형식을 비단처럼 아름답게 짜놓고서 안의 뜻을 혈관 속의 피처럼 쏟아 부어 놓으니, 꽃받침과 꽃의 봉우리가 서로를 머금는 것처럼 처음과 끝이 하나가 된다. 만약 말이 그 짝을 잃어버리게 되면 무리 속에서 벗이 없는 것과 같이 되고, 일들은 그 차례가 어그러지게 되면 객지를 떠돌며 불안에 떠는 것과 같이 되고 말 것이다. 그렇기 때문에 구절을 가릴 때에는 앞뒤가 뒤바뀌는 것을 피해야 하며, 장을 마름질 할 때에는 그 순서를 귀히 여겨야 한다. 이것은 진실로 정취가 지향해야 할 것이니, 운문이나 산문이 모두 마찬가지 이치다.
>
> 尋詩人擬喻, 雖斷章取義, 然章句在篇, 如繭之抽緖, 原始要終, 体必鱗次. 啓行之辭, 逆萌中篇之意. 絶筆之言, 追媵前句之旨. 故能外文綺交, 內義脈注, 跗萼相銜, 首尾一体. 若辭失其朋, 則羈旅而無友, 事乖其次, 則飄寓而不安. 是以搜句忌於顚倒, 裁章貴於順序, 斯固情趣之指歸, 文筆之同致也.[60]

---

60) (남조) 유협 저, 판원란 주, 《문심조룡주》, 570~571 페이지.

유협은 과거(예를 들어 춘추 시대)에는 시의 단장취의(斷章取義:시나 문장의 한 구절만 뽑아 그 의미만을 취함)가 비유를 위한 것이라고 보았다. 사실상 작품 한 편에서 장절과 구절이 차지하는 위치는 누에고치에서 실을 뽑는 것처럼 처음부터 끝까지 이어져야 하고, 체제에 있어서는 반드시 물고기의 비늘처럼 긴밀하게 이어져 있어야 하는 것이라는 말이다. 또 처음의 말에는 이미 중간의 의미들이 복선으로 들어 있고, 마지막의 말은 앞의 의미들과 호응을 이루어야 한다고 말하고 있다. 그래야만 문자가 비단의 아름다운 무늬처럼 잘 짜여 지고 의미가 혈관처럼 두루 관통하게 되며, 꽃 봉우리와 암 수술이 하나로 붙어 있는 것처럼 처음과 끝이 하나가 될 수 있다는 것이다.

만약에 구절이 고립되어 호응이 되지 않게 되면, 타지에서 고독하게 혼자 떠도는 나그네 신세가 되고, 서사(敍事)의 순서가 흐트러지게 되면 객지에서 불안에 떠는 나그네 신세가 되고 만다고 유협은 말한다. 그렇기 때문에 구절을 안배할 때에는 반드시 앞뒤가 뒤바뀌는 것을 피해야 하고 장절을 나눌 때에는 그 순서를 고려해야만 하는 것이다. 이것은 정감을 표현하기 위해 요구되어지는 것이기에 운문이든 산문이든 마찬가지라고 유협은 말하고 있다.

유협은 확실히 하나의 작품을 하나의 유기체로 보고 있다. 그는 글자 한 자 한 자와 매 구절과 장절의 분배에 있어서 그 적절한 위치를 고려해야 한다고 말한다. 또 처음 시작하는 말의 의미 아무렇게나 난잡하게 해서는 안 되며, 반드시 작품 중간의 의미에 대한 복선을 포함해야 하고, 마지막 끝맺는 말도 역시 아무렇게나 쓰는 것이 아니라 작품 첫머리의 내용과 서로 호응을 이루어야만 작품이 하나의 완전체의 모습을 갖출 수 있다고 말한다. 그렇다면 그 중간은 무엇으로 작품을 연결해 나가야 할까? 유협은 "정취의 지향"과 "내부적 의미의 관통"을 지적하였다.

그 뜻은 모든 글자와 단어, 장과 절의 안배가 이 정감을 둘러싸고 있어야 의미의 혈관이 작품 전체를 두루 관통할 수 있다는 말이다. 작품은 유기적 완전체이며, 작품에 대한 분석 역시도 반드시 그 맥락을 찾아 나가 "정취의 지향점"을 찾아내야 한다는 것이다. 그렇지 않으면 작품은 산산조각이 나고 만다는 것이다.

왕창령의 《시격詩格》에서는 "시에는 다섯 가지 운용 사례가 있다[詩有五用例]"고 말하고 있다.

시에는 다섯 가지 운용 사례가 있으니, 첫 번째는 글자의 운용이다. 사건 묘사의 운용은 글자의 운용만 못하다. 고시에 "가을 풀들 우거져 이미 푸르네."라고 했고, 곽박의 시에서는 "물고기 비늘 같은 물결이 일어난다."라고 했는데, "처萋"자와 "환渙"자가 바로 용자이다. 둘째는 형상의 운용으로, 글자의 운용은 형상의 운용만 못하니, 고시에서 "동쪽으로 성 높고도 길어, 굽이굽이 서로 이어져 있어라."라고 했으며, 사령운은 시에서 "얕은 물 돌 사이로 졸졸 흐르고, 산 너머로 지는 해 밝게 비추네."라고 했다. 셋째는 기운의 운용이며, 형상의 운용은 기운의 운용만 못하니, 유공간의 시에서는 "누가 서로 멀리 떨어져 있다고 했나, 저 서쪽으로 담장을 끼고 있을 뿐인데"라고 했다. 넷째는 기세의 운용으로, 기운의 운용은 기세의 운용만 못하니, 왕중선의 시에서는 "남쪽의 파릉 언덕에 올라, 고개 돌려 장안을 바라본다."라고 했다. 다섯째는 정신의 운용으로, 기세의 운용은 정신의 운용만 못하니, 고시에서는 "출렁이는 물결 사이에 두고, 지긋이 바라볼 뿐 말이 없다."고 했다.

詩有五用例. 一曰用字. 用事不如用字也. 古詩"秋草萋已綠", 郭景純詩"潛波渙鱗起", "萋""渙"二字, 用字也. 二曰用形. 用字不如用形也, 古詩"東城高且長, 逶迤自相屬." 謝靈運詩"石淺水潺湲, 日落山照曜." 三曰用氣. 用形不如用氣也, 劉公幹詩"誰謂相去遙, 隔彼西掖垣." 四曰用勢. 用氣不如用勢也, 王仲宣詩"南登灞陵岸, 回首望長安." 五曰用神. 用勢不如用神也, 古詩"盈盈一水間, 脈脈不得語."[61]

---

61) (당) 왕창령, 《시격》, 왕따펑王大鵬 등 편선 《중국 역대 시론선中国歷代詩論選》
(창사, 악록서사, 1985) 40 페이지

왕창령은 여기서 시가에서 정감을 토로하는 방법으로서의 "용자用字", "용형用形", "용기用氣", "용세用勢", 그리고 "용신用神" 다섯 가자 방법을 제기하고 있는데, 이는 상당히 의미 있는 것이다. 시가가 유기적인 완전체라는 것에 착안하고 있기 때문에 그가 추종했던 "정신"과 "기세"와 "기운"는 모두 전체에서 따로 떼어낼 수 없는 것들로, 시인이 이러한 것들을 제대로 파악하고서 어휘를 활용하여 묘사 할 때 시가의 전체적이고 유기적인 구조를 형성하는데 유리하다는 것이다. 왕창령의 견해에 따르면 "용신"은 어휘로 인물의 정신적 태도를 묘사하는 데 가장 좋은 것이다.

그 다음이 "용세"와 "용기"로, 이는 한유가 말한 "기가 성하게 되면 말의 길고 짧음, 소리의 높고 낮음이 모두 적절하게 된다.[氣盛則言之短長与聲之高下者皆宜]"는 관점과 일치하는 것이다. 이후에도 많은 문론가들이 시적 묘사에 있어서 "기세氣勢"의 중요성에 대해 언급하였다. 예를 들면, 청대의 이어李漁는 《규사관견窺詞管見》에서 작품을 쓸 때 "한 가지 기세로 말을 하듯 해야 한다[一氣如話]"는 관점을 제기하면서, "'일기여화' 네 글자는 옛 사람들이 시를 칭찬할 때 쓴 것이다. 내가 각종 문장을 말함에 이와 같이 않은 것이 하나도 없다. 이렇게 하면 좋은 문장이 되지만, 그렇지 않으면 아무리 좋더라도 또한 흩어진 금붙이요 깨어진 옥에 불과한 것이니, 이는 "하나의 기세"를 말하는 것이다. '말을 하듯이 한다'는 설은 사람들이 쉽게 이해하게 하는 것이니, 백거이의 묘론도 대략 이 두 글자에서 나온 것이다. 천고의 좋은 문장은 모두가 말을 하는 것과 같으니, '자', '야', '호' 등의 글자가 많다.

사를 짓는 작가는 마땅히 '일기여화' 네 글자를 금단으로 삼아야 한다. '일기'는 끊어짐을 적게 해주고, '여화'는 불분명한 폐단을 없애준다.['一氣如話'四字, 前輩以之贊詩. 予謂各種文詞, 無一不当如是. 如是卽爲好文詞, 不則好到絶頂處, 亦是散金碎玉. 此爲'一氣'而言也. '如話'之說, 卽謂使人易解, 是以白香山之妙論, 約爲二字之而出之者. 千古好文章總是說話, 祇多"者""也"之"乎"數字耳. 作詞之家, 当以'一氣如話'一語認爲四字金丹. '一氣'則少隔絶之痕, '如話'則無隱晦之弊.]"라고

하였다. 이어의 관점은 왕창령의 관점과 일치하고 있다. 물론 기와 세는 다른 것이긴 하지만 서로 연결되어 있기도 하기 때문에 사어(詞語)를 사용하여 인물이나 정경(情景)의 "기세氣勢"를 묘사하게 되면 끊김이 없게 되고 또한 시가의 전체성을 얻는데 유리하다는 것이다. 두보의 〈증위팔처사贈衛八處士〉를 보자.

세상살이 이별 후 서로 만나지 못하니, 돌고 도는 저 참별과 상별 같구나.

오늘 저녁은 또 어느 저녁이기에, 그대와 함께 촛불 밝히고 있았나.

젊은 시절 그 얼마나 되려나, 귀밑머리는 이미 새하얗구나.

옛 친구 찾으니 반은 이미 귀신 되었다는데, 놀란 마음 아프구나.

어찌 알았으리요? 이십년 만에 다시 그대 집 마루에 오를 줄을.

옛날 헤어질 적 그대 결혼도 하지 않았건만, 갑자기 아들딸들 줄을 섰구나.

웃으며 아버지의 친구 반기며, 어디서 오셨냐고 나에게 묻네.

대답도 체 하지 않았는데, 아이들 물리고 술상을 차려오네.

밤 비 맞으며 봄 부추 베고, 새로 지은 밥에 노란 수수를 섞었네.

한 번 만나기 어렵다고 주인장이 말하며, 한 번에 십 여 잔을 마신다.

열 잔 마셔도 취하지 않음은, 그대의 진실한 마음 감사하기 때문 이라.

　내일이면 높은 산이 가로막을 터이니, 세상사가 모두 막막하여라.

人生不相見, 動如參与商. 今夕復何夕, 共此灯燭光.

少壯能幾時, 鬢髮各已蒼. 訪旧半爲鬼, 驚呼熱中腸.

焉知二十載, 重上君子堂. 昔別君未婚, 兒女忽成行.

怡然敬父執, 問我來何方. 問答乃未已, 驅女羅酒漿.

夜雨翦春韭, 新炊間黃梁. 主称會面難, 一舉累十觴.

十觴亦不醉, 感子故意長. 明日隔山岳, 世事兩茫茫.

이 시는 오랫동안 만나지 못했던 두 친구가 오래 간만에 만난 상황을 그려내고 있다. 시에 쓰이고 있는 시어들을 살펴보면 너무나도 일상적인 용어들이어서 특별한 시어가 하나도 없어 보인다. 그러나 시 전체 속에는 두 사람의 깊은 우정이 시의 기세를 몰고 있어서 절절하고 생동적으로 감정의 격앙과 침울함을 오묘하게 표현해 내고 있어서 시의 전체적 느낌은 흠잡을 데가 없다. "용형", "용자"는 그 다음이다.

짚고 넘어가야 할 것은 중국 고전 문론에서 말하는 이른바 "시안詩眼"은 시 속에서 글자를 운용하는 방법으로, 반드시 사용하는 글자를 통해 정신적 면모와 기세를 표현해야만 전체 시구와 작품 전체를 감동으로 이끌 수 있고, 이러한 "시안"이야말로 의미를 가지게 된다는 점이다. 이른바 "시는 한 글자를 정교하게 다듬는다.[詩以一字爲工]"는 말은 특별한 한 글자를 고립적으로 사용하여 "다듬는다"는 것이 아니라 한 "글자"("시안")을 전체 구절과 작품 전체 속에서 놓고서 따져야 하는 것으로, 그 글자가 전체 시를 유기적 완전체로 만들어 줄 수 있는지를, 그리고 그 글자가 시 작품 전체의 경지를 끌어 올려 줄 수 있는 지를 살펴야 한다는 것이다. 그래야만 의미가 있다는 말이다. 송대의 위경지는 "시구에서는 한 글자를 정교하게 다듬어야 자연스럽게 참신하고 평범하지 않을 수 있다. 이는 영단 한 알과 같고, 그리고 쇠를 두드려 황금으로 만드는 것과 같은 것이다.

맹호연은 '옅은 구름에 은하수도 담박하고, 안개 비는 오동나무에 똑똑 떨어진다.'라고 했는데, 앞 구절의 정교함은 '담'자에 있고, 뒷 구절의 정교함은 '적'자에 있다. 이 두 글자가 아니면 어찌 천하의 명구가 될 수 있었겠는가![詩句以一字爲工，自然穎異不凡，如靈丹一粒，点鐵成金也．浩然云：'微雲澹河漢，疎雨滴梧桐'上句之工在一'澹'字，下句之工在一'滴'字，若非此兩字，亦焉得爲佳句也哉．]"라고 했다. "담"자와 "적"자는 맹호연의 이 시의 "시안"이라고 할 수 있다. 그러나 개별적으로 이 두 글자를 골라 내봐야 아무런 의미가 없는 것이다. 작품 전체 속에 들어 있을 때 비로소 그 생동적이고 생기발랄함이 살아나게 되며, 그리하여 시 전체의 정취를 북돋워주기 때문에 이 "시안"은 의미가 있게 되는 것이다.

청대의 유희재劉熙載는 《예개 · 사곡개芸槪 · 詞曲槪》편에서 "'사안'이라는 두 글자는 육보의 《사지》라는 책에 보인다. 사실 육보가 말한 '안'이란 것은 어떤 글자를 공교하다고 하고 어떤 구절을 기발하다고 하는 것에 불과했다. 내가 말하는 '안'은 신통한 빛이 모인 것이기에 전체를 관통하는 사안이 있고 여러 구절의 사안이 있지만, 앞뒤로 안광이 비추기를 기다리지 않음이 없다. 만약 장법을 버리고서 자구만을 오로지 추구한다면 기교만을 다투게 될 것이니 어찌 능히 흩어졌다 모이는 변화로 하나가 움직이면 일만이 따르도록 할 수 있겠는가.['詞眼'二字見陸補之《詞旨》, 其實輔之所謂眼者, 仍不過某字工, 某句警耳. 余謂眼乃神光所聚, 故有通体之眼, 有數句之眼, 前前後後無不待眼光照映. 若舍章法而專求字句, 縱爭奇巧, 豈能開闔変化, 一動万隨耶.]"[62]라고 하였다. 유희재의 말은 두 가지 점에서 가치가 있다.

첫째, 시안詩眼이나 사안詞眼은 모두 "신통한 빛이 모인" 것이어야 한다는 점이다. 이른바 "앞뒤로 안광이 비추기를 기다리지 않음이 없다."는 말은 비록 시안이나 사안이 제한적인 글자나 단어이기는 하지만 반드시 "신통한 빛"처럼 능히 작품 전체를 뒤덮고 있어야 하는 것이며, 고립적인 개별 자구의 기발함이 가장 중요한 것은 아니라는 말이다.

둘째, "장법을 버리고서 자구만을 추구"해서는 안 되며, 자구의 정련(精練)은 작품 전체의 편장의 안배 방법에 착안해서 이루어져야 한다는 것이다. 또한 "하나를 움직여 일만이 따르게 하는", 즉 개별 자구의 수정과 수식이 작품 전체를 이끌어 갈 수 있어야 한다는 것이다. 옛 사람들은 항상 "글자의 정련은 뜻을 정련하는 것만 못하다"라고 말하곤 했는데, 그것은 바로 "뜻"이 작품의 영혼이며, 작품의 성패를 좌우하기 때문에 "글자의 정련"은 "뜻의 정련"에서 고려해야 한다는 말인 것이다.

---

62) (청) 유희재, 《예개》, 천원허陳文和 교점, 《유희재집劉熙載集》 140 페이지 참고.

문학 서정에서 자구의 정련은 반드시 작품 전체의 언어 환경 속에서 이루어질 때에만 의미가 있는 것이며, 작품의 언어 환경을 떠나서 개별 자구의 기발함만을 추구하는 것은 아무런 의미가 없다는 것이다.

옛 선인들이 말하는 "체필린차体必鱗次:문장의 체제가 물고기의 비늘처럼 긴밀하게 연결되어 있어야 함", "내의맥주內義脈注:문장 내부의 뜻이 혈관처럼 서로 통하게 함", "수미일체首尾一体", "용신用神", "용세用勢", "용기用氣", "기성언의氣成言宜", "이의위주以意爲主", "일기여화一氣如話", "일동만수一動万隨" 등의 주장은 어휘 표현의 총체성 추구를 말하는 것이다. 이는 현대의 문학 구조주의가 구조의 체계성을 중시하는 것과 일맥상통하는 것으로, 옛날 사람들도 "그 어떤 체계의 개별 단위가 의미를 가지는 것은 그것들의 상호 관계에서 기인하는 것"[63]임을 잘 알고 있었다는 말이다. 말 한 구절 한 구절의 의미는 그것과 전체적 언어 환경의 관계에 의해 결정되어진다는 말로, 단지 옛 선조들은 현대적 용어 표현하지 않았을 뿐이다.

4. "고향[家園] 정서"와 "독창성[獨造]"
― 서정의 사회성과 개성

종영의 "비비悲悱"설은 위로는 굴원의 "발분서정發憤抒情"과 사마천의 "발분저서發憤著書" 사상을 이어받은 것이며, 아래로는 한유의 "불평즉명不平則鳴"설과 구양수의 "궁이후공窮而後工"설을 열어준 것으로, 중국 고전 문론사의 "슬픔의 미학[審悲]" 이론을

---

63) (영) 테리 이글턴(Terry Eagleton), 《20세기 서양 문학 이론》 117페이지.

만들어 냈다. 더 중요한 것은 이러한 "슬픔의 미학" 이론이 개인과 집안과 국가의 관계에까지 연결이 된다는 점이다. "가원정회"를 집중적으로 토로하는 것은 더욱 풍부한 사회적 내함을 가지고 있으며, 더욱 강한 사회성을 띠고 있는 것이다.

중국 고전문학 서정론의 특징은 토로된 정감이 사회성과 공통성, 공공성을 가지고 있어야 한다고 강조하고 있으며, 또한 독특한 개성도 가지고 있어야 한다고 강조한다.

1) "고향[家園]" 정서 ― 서정의 사회성

중국의 옛 선비들의 이상은 "수신修身, 제가齊家, 치국治國, 평천하平天下"로, 위로는 임금을 섬기고 아래로는 백성을 교화하는 것이었다. 이러한 정치적 이상은 문학 서정론에도 반영이 되었는데, 그것은 바로 "고향 정서"에 대한 강조였다. 《모시서毛詩序》에서 시는 "정에서 일어나 예의에서 머문다.[發乎情, 止乎礼義]"라고 했다. 예의란 무엇인가? 유가에서는 예의가 치국의 근본이라고 여긴다. 조비曹조는 《전론 · 논문典論 · 論文》에서 "무릇 문장이란 나라를 경영하는 대업이며, 불후의 성대한 사업이다. 사람의 수명은 때가 되면 다하게 되고 영예와 즐거움은 그 몸에서 그치게 되니, 이 둘은 반드시 일정한 기간이 있으니 문장의 다함없음만 못하다.[蓋文章者, 経國之大業, 不朽之盛事. 年壽有時而盡, 榮樂止乎其身, 二者必至之常期, 未若文章之無窮.]"라고 하였다. 그렇다면 "나라를 경영하는 대업"으로서의 문장은 구체적으로 문학 서정론에 있어서는 어떠한 정감을 토로하게 되는 것일까? 종영은 《시품서》에서 다음과 같이 말하고 있다.

봄바람과 새봄 새들의 지저귐, 가을의 둥근 달과 가을 매미소리,
여름의 뭉게구름과 한 여름의 소나기, 겨울의 차디찬 달과 혹한

등 사계절의 변화는 시인의 감정을 촉발 시킨다. 손님과 주인은 연회석상에서 시를 주고받음으로써 우정을 나누고, 무리를 떠나 먼 길을 떠날 때면 원망을 시에 기탁한다. 시 속에는 굴원이 버림받고 초 나라를 떠난 이야기와 왕소군이 흉노 왕에게 시집가며 한궁을 떠나야 했던 이야기, 또 들판에 버려진 해골과 쑥덤불처럼 떠도는 혼백들의 이야기, 창을 잡고 살기등등한 변방의 요새를 이야기가 들어 있다. 또 홑옷으로 추위에 떠는 나그네와 홀로 눈물마저 말라버린 여인의 이야기, 그리고 선비가 조정을 떠나 다시는 돌아오지 못하는 이야기, 미녀가 눈썹을 휘날리며 궁궐로 들어가 임금님의 총애를 받고 미모로 나라를 위태롭게 하는 이야기도 있다. 이처럼 갖가지 수많은 이야기들이 심령을 울리며 감동을 준다. 시를 지어 노래하지 않으면 어떻게 그 의미들을 펼쳐나가 수 있겠는가 긴 노래가 아니면 어찌 그 정감을 풀어낼 수 있겠는가? 그런 까닭에 공자가 "시는 무리와 어울리게 하고, 원망하게 할 수 있다"고 말을 한 것이다.

若乃春風鳥, 秋月秋蟬, 夏雲暑雨, 冬月祁寒, 斯四候之感諸詩者也. 嘉會寄詩以親, 離群託詩以怨, 至於楚臣去境, 漢妾辭宮, 或骨橫朔野, 或魂逐飛蓬. 或負戈外戍, 殺氣雄邊. 塞客衣單, 孀閨淚盡, 或士有解佩出朝, 一去忘返. 女有揚蛾入寵, 再盼傾國. 凡斯種種, 感蕩心靈. 非陳詩何以展其義, 非長歌何以騁其情? 故曰 : "《詩》可以群, 可以怨."」

종영의 이 말은 대표성을 띠고 있다. 그는 봄날의 바람이나 새 소리, 가을의 달빛이나 매미 소리, 그리고 여름의 구름과 소나기, 겨울의 달빛과 차가운 날씨 같은 사계절의 풍경들이 가장 쉽게 시인을 감동시키게 되기 때문에 시 속으로 들어가게 되었다고 보았다. 또 연회석상에서 시를 지어 친밀한 감정을 표현하고 이별과 만남에서 시로써 가슴속의 감정들을 기탁한다는 것이다. 종영은 ①굴원이 초나라를 떠날 때(개인과 집안과 국가와의 관계)나, ②한대의 왕소군王昭君이 흉노에게 시집을 가 한나라 궁궐을 떠나야 했을 때(개인과 국가와의 관계), ③북국의 황량한 들판에 널브러진 해골들과 떠도는 혼백들(개인과 국가의 관계), ④무기를 들고서 변방을 지키는 살기등등한 변방의 병사들(개인과 국가의 관계), ⑤변방에서 홑옷으로 추위를 견디는 나그네와 규중의 눈물도 말라버린 과부(개인과 가정과 국가의 관계), ⑥ 전원으로 돌아가 다시는 관직에 나가지 않음(개인과 가정과 국가의 관계), ⑦경국지색의 미소녀와 임금의 총애에 대한 갈망(개인과 가정의 관계) 등을 예로 들고 있다. 그러면서 '이러한 모든 것들은 사람의 마음을 감동시키는 이야기들로, 시로 쓰지 않으면 어떻게 그 사상 내용을 표현할 수 있을 것이며, 길게 노래하지 않으면 무엇으로 그런 감정들을 쏟아내겠는가!'라고 말하고 있다. 여기에는 두 가지 의미가 담겨 있다.

첫째는 시인이 자연과 사회와 감응할 때에만 비로소 시로 노래할 수 있다는 것이다. 이것이 바로 《시품·서》의 첫머리에서 말한 "기운이 만물을 움직이고 만물이 사람을 감화하니, 그런 까닭에 성정이 요동치게 되고 춤과 노래로 형상화 된다"는 것이며, 또한 이른바 "감물"설이다.

둘째는 모든 사물이 다 "시로 지어져 그 뜻을 펼치고", "긴 노래로 정감을 풀어 낼" 수 있는 것인 아니다. 사계절의 자연 풍경은 당연히 시에서 묘사할 수 있는 것이며, 사회적 불공평으로 인한 "원망"의 감정도, 만남의 친밀한 정감도, 그리고 그리운 님과 헤어져 지내야 하는 이별의 한도 묘사할 수는 있다. 그러나 더욱 가치 있는 것은 두 가지 감정을 묘사하고 있다는 점이다. 첫째는 풍요의 정감, 즉 "여인이 아리따운 미모로 궁궐에 들어가 임금의 총애를 얻고 나라를 망하게 기울게 한다."고 했을 때의 기쁨과 즐거움과 경사 등은 모두 인간의 상승욕에 속하는 감정들로, 이러한 감정의 외적 표출이 바로 시이고 노래인 것이다. 다른 하나는 상실의 감정으로, 이것은 종영이 제시한 일곱 가지 사례 중의 여섯 번째에 해당하는 것으로, 이른바 "초나라 신하인 굴원이 버림받아 초나라를 떠나고" "한 나라의 한소군이 흉노 왕에게 시집가면서 한의 궁궐을 떠나며", "북녘의 들판엔 해골들이 늘려 있고 혼백들이 떠돌며", "창을 들고서 살기등등한 변방의 요새를 지키는", "변방의 나그네 홑옷으로 추위를 견디고, 규중의 홀로된 과부는 눈물마저 말라버렸으며", "패옥 벗어 던지고 조정을 떠나니 다시는 돌아오지 못하는" 등등의 이야기가 불러일으키는 감정은 모두 "원망"의 감정으로, 이는 곧 사람에게 상실감에서 오는 감정이다. 풍요의 정감이든 상실의 감정이든 모두 사회적 정감이다.

종영의 시는 "원망할 수 있다"는 말에서 "원망"은 "위로 위정자를 원망하는[怨刺上政]" 그런 협의의 "원망"과는 다른 것이다. 종영은 더욱 폭넓은 사회적 시각에서 "원망"을 설명하고 있는 것이지, 풍자라는 정치적 시각에 국한된 것이 아니다. 그가 나열한 여섯 가지 사례는 사회생활 각 방면에서의 "원망"하는 감정을 모두 포괄하고 있는 것이다.

지적하고 싶은 점은 종영이 나열한 일곱 가지 사례 중 여섯 가지가 모두 "원망"이라는 점이다. 이러한 수치상의 비교는 그가 "원망[怨悱]"이나 "비애悲哀", "비장함[悲壯]", "비분강개[悲慨]" 등의 감정이 더욱 시에 적합하다고 보고 있었음을 설명해 주는 것이기도 하다. 예를 들어, 《고시古詩》에 대한 평가에서 "뜻이 슬프고도 심원하다.[意悲而遠]", "슬픔과 원망이 많다[多哀怨]"라고 했으며, 이릉의 시에 대해서는 "글자에 처량함과 슬픔이 많아서 원망하는 작품에 속한다.[文多凄愴, 怨者之流.]"라고 했고, 반희班姬에 대해서는 "원망이 깊고 문자가 기려하다[怨深文綺]"고 했으며, 좌사左思에 대해서는 "전아하되 원망스럽다[文典以怨]"고 평가했다. 이 밖에도 유사한 평가들은 많으나 여기서는 일일이 논하지 않겠다.

분명한 점은 육기는 원망의 감정이 더욱 사람들의 마음을 감동시키고, 더욱 사람들의 폐부를 찌르며, 더욱 시의 본질에 부합된다고 보았다는 점이다. 만약 이러한 해석이 가능하다고 한다면 우리는 더 나아가 종영은 자각적이었던 자각적이지 않았던 이미 시가의 비극적 쾌감의 문제를 제기하고 있다고 해석할 수 있을 것이다. 이 문제는 더욱 구체적으로 왜 "한소군이 한궁을 떠나는" 이런 비극이 사람들의 사랑을 받느냐는 것이다. 왜 "해골들의 들판에 널려 있고, 혼백이 쑥덤불을 헤매고 다니는" 비참한 장면이 사람들의 사랑을 받느냐는 것이다. 종영보다 조금 앞서서 서양의 성 아우구스티누스는 《참회록》에서 "고난과 고통을 받기를 원하는 사람은 아무도 없다. 그럼에도 사람들은 왜 비참한 장면을 보길 좋아하는 것인가?"라고 유사한 문제를 제기하고 있다. 이 문제에 대한 해답은 현대 심리학과 미학 발전 이후에 비로소 완성이 되었다고 할 수 있다.

그러나 종영의 《시품서》에서는 자각적이지는 않지만 "…… 시를 지어 노래하지 않으면 어떻게 그 의미들을 펼쳐나가 수 있겠는가 긴 노래가 아니면 어찌 그 정감을 풀어낼 수 있겠는가?"라고 함으로써 이미 부분적인 해답을 제시하고 있다. 종영은 "시"와 "긴 노래"를 통해서 사회나 인생 자체의 슬픔이나 괴로움과 같은 자연 상태의 것들을 예술적으로 감상할 수 있는 "고통"으로 승화시킬 수 있음을 이미 인식하고 있었다. 다시 말해서, 이른바 "시"나 "긴 노래"라는 이것은 예술적 형식화의 과정이라는 말이다. 원래의 "한소군이 흉노에게 시집을 가야해서 한나라의 궁궐을 떠나는" 슬픈 사건은 "긴 노래"를 통하여 이미 시로 전환되었고, 시적 의미를 가지게 되었다는 것이다. 이렇게 하여 원래의 사회적 생활을 떠나게 되었으며, 또는 심리적 "거리"가 생겨나게 된 것이다.

미국의 미학자인 죠지 산타야나(George Santayana)는 "예술에서 표현의 유쾌함과 제재의 공포는 뒤섞여진다. 그 결과 제재의 진실함은 우리를 슬프게 하지만 그러나 우리에게 기쁨을 전달해준다. 슬픔과 기쁨이 뒤섞여서 특별하고도 뼈에 사무치는 슬픔의 감정을 구성하게 된다."[64]고 말했다. 예를 들어, 근심은 생활

---

64) (미국) 죠지 산타야나(George Santayana), 《미감The Sense of Beauty》 (베이징, 중국사회과학출판사, 1982) 150 페이지

곳에서 사람들에게 번뇌만을 안겨줄 뿐이다. 그러나 이욱李煜의 "그대에게 묻노니, 얼마나 많은 근심이 있을 수 있는가? 마치 한 강의 봄물이 동쪽으로 흘러감과 같도다.[問君能有幾多愁? 恰似一江春水向東流.]"나 하주賀鑄의 "묻노니, 슬픔이 얼마나 되나? 시내가의 안개자욱 낀 풀만큼, 온 성안 바람에 흩날리는 버들 솜만큼, 매실 누렇게 익어갈 때 내리는 비만큼.[試問閑愁都幾許? 一川煙草, 滿城風絮, 梅子黃時雨.]", 또 이청조李淸照의 "아마 쌍계의 조각배로는 이 많은 시름 다 싣지도 못하리라.[祇恐双溪舴艋舟, 載不動, 許多愁.]"와 같은 구절들은 근심을 아름다움으로 승화시키고 있다. 그렇기 때문에 슬픔의 미학 역시도 쾌감을 주는 것이다. 종영이 "슬픔"의 정감을 묘사할 것을 제창했다는 것은 그가 확실히 이 문제를 인지하고 있었을 뿐만 아니라 그것을 드러냄으로써 이후의 문론 발전에 큰 영향을 끼쳤다고 할 수 있다.

당대의 한유는 《형담 창화집荊潭唱和集》에서 "무릇 평화로울 때의 소리는 담박하고 근심스런 생각에 빠져 있을 때의 소리는 아름답다. 기쁠 때의 시구는 정교하기 어렵고, 곤궁하고 괴로울 때의 시구는 좋아지기 쉽다.[夫和平之音淡薄, 而愁思之聲要眇. 奈歡愉之辭難工, 而窮苦之言易好也.]"라고 하였다. 한유는 〈송맹동야서送孟東野序〉에서도 "평정을 얻지 못하면 울림이 생겨난다.[不得其平則鳴]"는 관점을 제기하기도 했다. 송대의 구양수는 〈매성유시집서梅聖兪詩集序〉에서 "시는 곤궁해진 후에 정교해진다[詩窮而後工]"는 견해를 제시하기도 했다. 종영의 "슬픔[悲悱]"에 대한 주장은 위로는 굴원의 "발분서정發憤抒情"과 사마천의 "발분저서發憤著書"의 사상을 계승하는 한편, 아래로는 한유의 "불평즉명不平則鳴"설과 구양수의 "시궁후공詩窮後工"설의 선구가 되었다고 말할 수 있을 것이다. 더 중요한 것은 이러한 "슬픔의 미학" 이론이 개인과 국가의 관계와 연결되어 있다는 점이다. "가원" 정서에 대한 집중적 토로는 풍부한 사회적 함의를 가지고 있어서 더욱 강한 사회성을 띠고 있는 것이다.

사실도 이와 같아서, 우리가 이백이나 두보, 백거이, 소식, 신기질, 육유 등과 같은 대 시인들이 시 속에 쏟아놓은 정감들을 주의 깊게 살펴보면, 개인과 집안의 관계가 아니면 개인과 국가의 관계, 또는 개인과 집안과 국가와의 관계에서 일어나는 정감임을 알 수 있다. "가원" 정서는 중국 문학 서정론의 큰 특징 중의 하나라고 할 수 있다.

2) "독창성[獨造]" - 서정의 개성

중국 문학 서정론은 사회성과 공통성을 요구할 뿐만 아니라 개성도 요구된다. 혁신은 중국 서정 문학의 일관된 요소이다. 예를 들어, 일찍이 진(晋) 대의 육기는《문부文賦》에서 백대(百代)동안 풀지 못했던 문자를 수집하고, 천년동안 사용한 적이 없는 음운을 모아서, 그리고 이전 사람들의 진부하고 케케묵은 이야기들을 버림으로써 아침에 핀 꽃과 작별을 고하는 것처럼 이전에 전혀 사용한 적이 없는 의미를 창조해낼 것을 주장하였다. ("백년의 사용하지 않은 글을 거둬들이고, 천년의 버려진 운을 채용한다. 이미 시들어 떨어진 아침의 꽃을 버리고, 아직 피지 않은 저녁의 꽃을 피게 한다.[收百代之闕文, 采千載之遺韻. 謝朝華於已披, 啓夕秀之未振.]") 정감을 풀어내는 사람은 아침의 꽃은 이미 한번 피었기에 미련을 두지 말고 아직 피지 않은 새로운 꽃을 찾아야 한다는 말이다. 즉 자신의 개성에 따라 이전 사람들이 창작하지 않은 새로운 의미를 창조해내야 한다는 말이다. 물론 이러한 새로운 의미는 반드시 개성화된 것이어야 한다. 당대 한유는 〈답이익서答李翊書〉에서 "마음 속 생각을 끄집어내 손으로 글을 쓸 때는 오직 진부한 말을 제거하기만을 힘써야 하니, 이는 참으로 어렵도다.[当取於心而注於手也, 惟陳言之務去, 戛戛乎其難哉!]"라고 하면서 자기 마음 속의 다른 사람과는 다른 정감을 써 낼 때에는 그런 진부한 말들을 없애야 한다고 강조하였다. 이는 비록 어려운 일이긴 하지만 반드시 해야 하는 것이다.

여기서는 특별히 강기姜夔의 "독조獨造"설에 대해 소개하도록 하겠다. 강기는 남송 시대의 시인이자 사인(詞人)이다. 그는《백석도인시설白石道人詩說》을 지었는데, 이 책은 일반적인 시화와는 달리 책 속에 역대 작품들에 대한 평가나 잡다한 이야기들을 싣지 않고 시가 문제에 대한 자신의 깨달음만을 소개하고 있다. 《백석도인시설》에서 언급하고 있는 문제들은 다양하다. 예를 들어, 시의 기상이나 풍격, 배치, 사의(辭意), 체물(体物), 용사(用事), 정경(情景), 풍미(風味) 등의 측면에서 자신의 짧은 생각들을 이야기하고 있다. 그의 시학관련 주장들은 주로 세 가지 측면, 즉 "함축含蓄", "고묘高妙", "독조獨造"에 대한 중시로 정리될 수 있다. 이 중에서도 가장 의미 있는 것은 바로 "독조"에 대한 중시 이론이다. 《사고전서총목제요四庫全書總目提要》162권에서는 강기의 "학문은 대채로 정묘한 사색과 독특한 창작을 종지로 삼았다.[其學蓋以精思獨造爲宗.]"라고 했다. 확실히 그는 시학에서 "독조"설을 주장하여 당시에 유행하고 있던 "강서시파"와는 다른 모습을 보여주었을 뿐만 아니라 그의 주장은 특정 대상을 겨냥한 것이었다. 물론 개인적인 독창성을 추구하는 이론은 이전에도 있었다. 예를 들어 육기는 《문부》에서 "이미 시들어 떨어진 아침의 꽃을 버리고, 아직 피지 않은 저녁의 꽃을 피게 한다."라고 했고, 한유도 "오직 진부한 말을 없애는데 힘쓴다.", "옛 사람들의 시어는 모두 자신들만이 독창적으로 지어낸 것이다.[惟古於詞必己出]"라고 했다. 또 강기 보다 조금 이른 시기에 활동했던 양만리楊万里도 "작가는 제 각각이 자신만의 풍격을 이룬다[作家各自一風流]"라고 했다. 하지만 "독창성" 문제에 있어서 비교적 체계적인 논술들은 없었다.

더욱이 쉽지 않았던 것은 강기가 풍격에 대한 추구나 시가 유산에 대한 계승과 읊조림 대상과의 관계, 시인의 개성 표현이라는 세 가지 시각에서 비교적 체계적으로 자신의 "독조"설을 설명하고 있다는 점이다. 《백석도인시설》에서는 풍격에 대한 추구에서부터 "독조"를 풀이하고 있다.

> 일가의 말에는 자연히 일가의 풍격이 들어 있다. 음악의 24 곡조가 제각각 운과 소리가 있으니, 그것이 바로 돌아갈 곳이다. 그것을 모방하게 되면 말은 비록 비슷할지 모르나 운치가 없게 된다.

계림(신라)의 장사치들을 속일 수 있겠는가.

一家之語，自有一家之風味．如樂之二十四調，各有韻聲，

乃是歸宿處．模倣者語雖似之，韻亦無矣．雞林其可欺哉．[65]

　강기는 한 사람의 말에는 그 사람만의 풍격이 있다고 보았다. 이는 음악에
24곡조가 있고 각각의 곡조마다 서로 다른 격조가 있는 것처럼 시인들은 제각각
자신들만의 용어를 사용하기 때문에 그 풍격도 다르다는 말이다. 다시 말하면
자신만의 언어로 작품을 쓸 때 자신만의 독특한 풍격이 나오게 되는 것이기 때문에
굳이 다른 사람을 모방할 필요가 없다는 말이다. 다른 사람을 모방하게 되면 그
언어는 유사할지 모르지만 자신만의 풍격은 사라져 버리게 된다고 강기는 말한다.
독자들은 모두 "계림" ─ 머리 좋은 신라의 상인들 ─ 이어서 함부로 속일 수 없다는
말이다. 다른 사람을 모방하지 말고 자신만의 언어로 창작하는 것이 바로 자신만의
개성적인 풍격을 얻을 수 있는 유일한 길이라고 강기는 말하고 있다.

　강기는 또 옛 사람들(즉 문학적 유산)을 어떻게 해야 할 것인가와 묘사 대상의
문제에서 자신의 "독조"설을 논증해 나갔다. 자신의 〈시집자서詩集自敍〉에서
다음과 같이 말하고 있다.

　　작가는 옛 사람들과 같아지길 추구하는 것보다 옛 사람들과
　　다르기를 추구하는 것이 낫다. 옛 사람과 다르기를 추구하는
　　것은 옛 사람과 같기를 추구하지 않음으로써 같지 않을 수 없고,
　　옛 사람들과 다르기를 추구하지 않으면서 다르지 않을 수 없는
　　것만 못하다. 눈에 단지 옛 사람들의 시만이 보이게 되기 때문에
　　과거에는 옛 사람들과 같아지길 추구했고, 지금에 와서는 옛
　　사람들과 다르기를 추구하는 것이다. 옛 사람들의 시가 보이지

---

65) (송) 강기姜夔, 《백석시설白石詩說》 (베이징, 인민문학출판사, 1983) 26 페이지.

않는 수준에 이르게 되면 옛 사람들과 같아지길 추구하지 않으면서 같지 않을 수 없게 되고, 옛 사람들과 다르기를 추구하지 않으면서 다르지 않을 수 없게 된다. (시적 영감은) 올 때는 바람 같고, 그칠 때는 비 같으며, (표현 내용)은 인주에 찍힌 도장 같으며, (내용과 형식은)물이 그릇에 담겨있는 것 같으니, 소식이 말한 것처럼 그렇게 되지 않을 수 없게 되는 것이다.

作 者 求 与 古 人 合 ， 不 若 求 与 古 人 異 ． 求 与 古 人 異 ，
不 若 不 求 与 古 人 合 而 不 能 不 合 ， 不 求 与 古 人 異 而 不 能 不 異 ．
彼 惟 見 夫 詩 也 ， 故 向 也 求 与 古 人 合 ， 今 也 求 与 古 人 異 ．
及 其 無 見 乎 詩 也 已 　 故 不 求 与 古 人 合 而 不 能 不 合 ，
不 求 与 古 人 異 而 不 能 不 異 ． 其 來 如 風 ， 其 止 如 雨 ， 如 印 印 泥 ，
如 水 在 器. 其 蘇 子 所 謂 不 能 不 爲 者 乎! [66]

강기는 여기에서 옛 사람들과 같아지길 추구하는 것은 옛 사람들과의 차별성을 추구하는 것만 못한데, 그 이유는 "다름" 속에 독창성이 들어 있기 때문이라고 말하고 있다. 하지만 차별화를 위한 차별화나 시 창작을 목적으로 하는 창작활동은 부자연스러운 것이라고 말한다. 강기는 옛 사람들과의 차별화냐 아니면 합일이냐는 시각에서 시적 정감을 추구하는 것은 취할 것이 못된다고 보았다.

자신의 시선을 읊조리는 대상에 두고서 대상 고유의 면모에 따라 묘사해 나가야 "인주에 찍힌 도장 같고 그릇에 담긴 물" 같아지며, 창작 과정에서도 "바람처럼 왔다가 비처럼 그치게"되니, 가야 할 때 가고 멈추어야 할 때 멈추지 않을 수 없으며, 이러한 시인의 "독창성"은 대상에 대한 충실한 묘사"속에서 드러나게 된다는 것이다. 옛 시인들의 유산은 배우고 계승해야 하는 것이기는 하지만 자신의 피와

---

66) (송) 강기, 《백석시설》 24 페이지.

살로 바꾸어야 한다는 말이다. 그렇지 않으면 시를 지을 때 외재의 것을 고의로 끌어다가 "같게" 하거나 "다르게"하게 된다는 말이다. 이는 매우 깊이 있는 견해가 아닐 수 없다.

강기는 또 시인은 자신의 개성적 특징을 표현해야 한다고 하면서, 자신의 시는 자기 자신의 시이기 때문에 독창성은 바로 자신의 개성에 대한 표현이라고 강조했다. 〈시집자서〉에서는 다음과 같이 말한다.

> 나는 천암을 소상에서 알게 되었고, 동쪽으로 와서 성제와 석호를 알게 되어, 일찍이 이 일에 대해 논한 바가 있다. 여러 공들은 모두 나와 같다고 말한다. 어찌 그 같은 것만 보고서 같지 않음은 잊어버리는가? 같지 않음을 억누르고서 같다고 하는 것인가? 그렇지 않으면 어찌 그 같음이 이렇게 많을까? 나는 또 스스로 탄식하며, 나의 시는 나의 시일 뿐이다. 궁핍하게 재야에 거처하니 이로써 적막함을 시로 쓸 수는 있다. 반드시 작가가 되고 싶다면 이로써 시의 명성을 유인하는 것이 불가능한 것도 아니지만 감히 그렇게 하지 못한다.
>
> 余識千巖於瀟湘之上, 東來識誠齋石湖, 嘗試論玆事, 而諸公咸謂其与我合也. 豈見其合者, 而遺其不合者耶? 抑不合, 乃所以爲合耶? 不然, 何其合者衆也? 余又自嘆曰: 余之詩, 余之詩耳. 窮居而野處, 用是陶寫寂寞則可, 必欲其步武作者, 以釣能詩聲, 不惟不可, 亦不敢.[67]

소천암蕭千巖, 양성재楊誠齋, 범석호范石湖 등은 모두 당시의 사회적

---

67) 앞의 책, 26 페이지.

명사들이었고, 시단의 중요 인물들이었다. 통속적인 부류하면 이러한 유명 인사들이 자신의 생각에 동조한다는 것을 들으면 너무나 기뻐했을 것이다. 그러나 강기는 오히려 자기는 그들과 "같지" 안다고 말한다. 그는 모든 시인들은 자신의 개성이 있어서 "나의 시는 나의 시일 뿐"이라고 하였다. "나"는 바로 "자아"로, 자아의 개성은 서로 다르고 성격도 다르며, 처지도 다르기 때문에 만들어지는 시적 정감도 다르며, 써낸 시도 다를 수밖에 없다는 것이다. 시는 자아의 개성을 드러내 보여주는 것이다. 바로 그렇기 때문에 이러한 개성의 노출 속에서 시는 비로소 "독창"적이게 된다는 것이다. 이 밖에도 강기는 또 "무엇을 말할 것인가?"와 사유의 각도에서 "독창성"에 대한 구체적 의견을 제시하였다.

> 사람들이 말하기 쉬운 것은 나는 적게 말하고, 사람들이 말하기
> 어려운 것을 나는 쉽게 말하니, 이는 나 자신이 속되지 않았음이다.
> 시가 정교하지 못함은 단지 생각이 정묘하지 못하기 때문이다.
> 사색을 하지 않고 시를 지으면 비록 많다고 하더라도 무슨 소용이
> 있겠는가?
> 人所易言, 我寡言之. 人所難言, 我易言之, 自不俗. 詩之不工,
> 祇是不精思耳. 不思而作, 雖多亦奚爲?[68]

이러한 견해들은 모두 매우 날카로우면서도 시의 독창성에도 유익한 것들이다. 개괄해보면, 강기는 언어적 풍격, 대상에 대한 읊조림, 개성의 창조 등 여러 각도에서 시의 "독창성" 문제를 논하면서 "강서시파江西詩派"의 시풍에 대한 불만을, 일률적으로 모방하는 폐단에 대해 비판하였다는 점에서 매우 의미가 있다고 하겠다. 오늘날 보아도 그의 "독특한" 서정의 개성에 대한 강조는 매우 가치

---

68) (송) 강기, 《백석시설》, 28 페이지. 출판사, 1981) 710 페이지.

있는 시론이라고 할 수 있다.

　여기서는 명대 "공안파公安派"의 핵심 인물인 원 씨 형제 — 원종도袁宗道와 원굉도袁宏道, 그리고 원중도袁中道의 "성령性靈"설에 대해 살펴보도록 하겠다. 명대 서정문학이 마주해야 했던 가장 큰 문제는 바로 이른바 "문장은 반드시 진한의 문장을 따라야 하고 시는 반드시 성당의 시를 모범으로 해야 한다.[文必秦漢, 詩必盛唐]"고 했던 전　후 칠자의 "복고주의"였다. 원 씨 형제는 당시 이지李贄, 탕현조湯顯祖 등이 주장했던 "동심童心"설, "유정惟情"설 등의 사상적 영향을 받아 복고주의를 반대하며, "답습"의 풍조는 가장 전도가 없는 것이라고 비판했다. 당시 문단의 그 같은 "베끼기를 복고라고 하고 자구를 모방함에 억지로 끌어다 합치는데 힘쓰고, 눈 앞의 경치는 버려두고서 썩어 문드러진 말만을 주워 모으는[以剿襲爲復古, 句比字似, 務爲牽合, 棄目前之景, 摭腐濫之辭]"[69] 현상에 대해 극도의 불만을 가지고 있었다. 이에 원굉도는 "성령"설을 주장하게 되었다. 〈서소수시敍小修詩〉라는 글에서는 다음과 같이 말하고 있다.

> 나의 동생 중도는 어려서부터 시를 잘 지었는데, 대부분 잃어버리고 남은 것이 이것 밖이다. 대체로 홀로 성령을 토로함에 격식에 얽매이지 않았으며, 자신의 흉금에서 나온 것이 아니면 붓을 들려 하지 않았다. 때로는 정과 경이 만나 한 순간에 천 마디를 늘어놓으니, 강물이 동쪽으로 쏟아져 흘러가듯 사람의 혼을 빼앗기도 한다. 그 가운데는 빼어난 부분도 있고 결점이 있는 곳도 있다.
>
> 빼어난 부분은 스스로 더 말할 것도 없지만, 결점이 있는 부분 또한 모두 본색에서 나온 독창적인 말이다. 그래서 나는 결점이

---

69) (명) 원굉도, 《설도각집서雪涛閣集序》, 첸보청錢伯城 전교, 《원굉도집전주袁宏道集箋注》
　　(상하이, 상하이고적

있는 부분을 더 좋아한다. 이른바 빼어나다고 하는 것은 오히려
화려하게 꾸미고 답습함이 한이 되니, 근대 문인들의 습관을 완전히
벗어나지 못한 까닭이라고 여긴다.

弟小修詩, 散逸者多矣. 存者僅此耳大都獨抒性靈, 不拘格套,
非從自己胸臆流出, 不肯下筆. 有時情与境會, 頃刻千言,
如水東注, 令人奪魂. 其間有佳處, 亦有疵處, 佳處自不必言,
卽疵處亦多本色獨造語. 然予則極喜其疵處. 而所謂佳者,
尚不能不以粉飾蹈襲爲恨, 以爲未能盡脫近代文人氣習故也.[70]

여기에서 말하는 "성령"은 바로 개인의 진실 된 정감과 독창적인 영감을 말한다.
원굉도는 정감 토로에 있어서 가장 중요한 것이 바로 "독창적으로 성령을 토로하는
것"이므로, 정감은 "자신의 흉금에서 흘러 나와야지" 옛 사람들이나 다른 사람의
"상투적 격식"에 얽매이지 않아야 완전히 개성화될 수 있다고 보았다. 비록
"결점"이 있다고 하더라도 그 또한 "본색에서 나온 독창적 언어"이며 인간의 참된
"마음에서 나온" "참된 소리"인 것이다. 서정은 자신의 정감을 토로하는 것으로,
"그 견해가 자기 안에서 나오고 일찍이 고인에게 반쪽이라도 기대지 않았기
때문에 하늘을 떠받들고서 굳건히 서 있을 수 있다.[見從己出, 不曾依傍半個古人,
所以頂天立地.][71] 는 것이다. 물론 서정의 개성화로 인해 옛 사람들을 본받는 것을
반대하는 것은 아니다. 오히려 옛 사람들의 독창성을 본받아 "(당대를 법으로
삼는 사람들은) 어찌 격식과 자구를 더불어 말하는가? 한을 법으로 삼지 않고,
위를 법으로 삼지 않으며, 육조를 법으로 삼지 않는 마음을 법으로 삼을 따름이니,
이것이 참된 법이다.[豈謂其機格与字句哉? 法其不爲漢不爲魏不爲六朝之心而已,
是眞法者也.][72]라고 하였다. 다시 말해서 옛 사람들을 본받는 것 역시도 자신의 참된

---

70) (명) 원굉도 저, 첸보청錢伯城 전교전교箋校, 《원굉도집전주袁宏道集箋注》(상하이, 상하이고적출판
사, 1981) 187 페이지.
71) (명) 원굉도, 〈식장우어잠영후識張幼於箴銘後〉, 첸보청 전교, 《원굉도집 전주》 502 페이지.
72) (명) 원굉도, 〈서죽림집서敍竹林集〉, 첸보청 전교, 《원굉도집 전주》 700 페이지.

정감을 토로하는 독창적ㅇ니 정신이자 개성을 표현하는 정인이라는 것이다.

5. "평담平澹" — 서정의 민족성

"평담"은 담백하면서도 맛이 있는 것이다. 싱거워서 아무 맛이
없거나 평면이어서 깊이가 없는 것이 아니다. 오히려 반대이다.
"평담"은 "평이하고 담백하면서도 심오하고 아름다운[平澹邃美]"
평이하고 담백함 속에 심오함이 있고, 아름다우며, 풍부함이 있다는
말이다. 비록 평이하고 담백하지만 사람의 마음속 깊이 남게 된다.

중국 문학 서정론은 자신만의 독특한 민족적 특색을 가지고 있는가? 특히 서정
풍격에 있어서 독특하게 추구하는 것이 있는가? 서구의 서정 문학론은 종종
격정적인 감정의 토로를 보여주며 비극이든 희극이든 갈등을 강조한다. 뿐만
아니라 갈등 구조의 큰 기복에 몰두함으로써 농염한 서정적 풍격을 이룬다. 중국의
고전적 서정 풍격은 다양하다. 유협의 《문심조룡·체성体性》 편에서는 문학의
기본적 풍격을 전아典雅, 원오遠奧, 정약精約, 현부顯附, 번욕繁縟, 장려壯麗,
신기新奇, 경미輕靡의 여덟 가지로 개괄해 놓고 있다. 사공도의 《시품》에서는
웅혼雄渾, 충담沖澹, 섬농纖穠, 침저沈著, 고고高古, 전아典雅, 세련洗煉, 경건勁健,
기려綺麗, 자연自然, 함축含蓄, 호방豪放, 정신精神, 진밀縝密, 소야疏野, 청기淸奇,
위곡委曲, 실경實境, 비개悲慨, 형용形容, 초지超旨, 표일飄逸, 광달曠達, 유동流動
등의 24 가지로 개괄해 놓고 있다. 사공도의 문자 표현에는 사공도 개인의 "충담",
"자연", "함축" 등 몇 개 품격에 대한 각별한 애정이 나타나 있음을 볼 수 있다.

사실, 이러한 서정적 풍격에 대한 특별한 감정은 사공도 개인뿐만이 아니라 중국
민족 전체가 이러한 서정적 풍격을 각별히 추구해 왔다고 할 수 있다. "충담", "자연",

그리고 "함축"과 같은 몇 가지 서정 풍격은 송대에 이르러 새롭게 해석되게 되는데, 그것이 바로 매요신梅堯臣의 "평담平澹"과 소식의 "고담枯澹"이다. 우리는 옛 중국인들이 도가의 "자연", "무위", 그리고 "있음은 없음에서 생겨났다.[有生於無]", "천지는 큰 아름다움이 있으나 말을 하지 않는다.[天地有大美而不言]" 등과 같은 관념과 유가의 "중화"를 미로 여기는 사상, 그리고 "온유돈후"의 시교설 등을 수용하고 있음을 발견할 수 있다. 그리하여 문학 서정에 있어서 민족 전체적으로 자연스럽게 "평담"을 지극한 아름다움으로 여기는 풍격의 추구가 형성되었다고 할 수 있다.

매요신은 송대 시가의 "개산조사開山祖師"라고 할 수 있다. 매요신의 시학 사상은 기본적으로 유가적이다. 풍아(風雅)의 전통에 대한 제창, 풍자[美刺] 원칙의 주장은 그의 시학 사상의 핵심이라고 할 수 있다. 그러나 매요신은 문학 서정에 있어서는 오히려 "평담"을 주장하였다.

"평담"설은 그의 시학 사상에서 매우 가치 있는 부분으로, 어느 정도는 중화민족의 문학 서정 풍격에 대한 추구를 반영하고 있다고 할 수 있다. 매요신의 일련의 시와 서문에서 "충담"에 대해 언급하고 있다.

> 시를 짓는 데는 고금이 없으나 오로지 평담을 만들어내기가 어려워라.
> 몸에 비유하면 두 눈이 있는 것과 같으니, 그 단서 분명하게 볼 수 있네.
> 作詩無古今, 唯造平澹難. 譬身有兩目, 瞭然瞻視端.
>
> (〈독소불의학사시권讀邵不疑學士詩卷〉)[73]

---

73) (송) 매요신梅堯臣 저, 주동룬朱東潤 편년/교주, 《매요신집편년교주梅堯臣集編年校注》(상하이, 상하이고적 출판사, 1980) 845 페이지.

시란 본래 자연을 읊는 것이니, 큰 소리가 필요 없는 것.

자연의 이치 들어도 평담하니, 아침 저녁으로 도연명과 함께 했다.

詩本道自然, 不須大厥聲. 方聞理平澹, 昏曉在淵明.

(〈답중도소질견기答中道小疾見寄〉)[74]

차가운 저수지 그늘에 배 대니, 들판의 흥취 가을 억새풀 속으로 스미네.

읊조림에 성정도 편안해지니, 작은 욕심도 담박해지는구나.

泊舟寒潭陰, 野興入秋菼. 因吟適情性, 稍欲到平淡.

(〈의운화연상공依韻和宴相公〉)[75]

옛 음악처럼 평담을 중히 여기니, 들으면 좋은 거문고의 줄의 소리같게 된다.

重以平澹若古樂, 聽之疏越如朱弦.

(〈화기옹유제산사차기운和綺翁游齊山寺次其韻〉)[76]

만물의 이치에 순응하여 정감을 즐기는 시는 평이하고 담백하고 심오하고 아름다워, 읽는 사람으로 하여금 만사를 잊게 한다. 그 말은 고요하고 바름을 주로하지 풍자나 원망을 위주로 하지 않는다. 그런 연후에 시의 정취가 넓고 심오해지며, 기탁함이 시에 알맞게 되는 것이다.

其順物玩情爲之詩, 則平澹邃美, 讀之令人忘百事也. 其辭主乎靜正, 不主乎刺譏, 然後知趣尙博遠, 寄適於詩爾.

(〈임화정선생시집서林和靖先生詩集序〉)[77]

---

74) 앞의 책 293 페이지.
75) 앞의 책 368 페이지.
76) 앞의 책 115 페이지.
77) 앞의 책 1150 페이지.

이 밖에도 구양수도《육일시화六一詩話》에서 "한가로이 옛 일 이야기하는 것[以閑遠古談爲意]"[78]을 의미로 삼는다고 말하기도 했다.

"평담"설은 매요신이 처음으로 제기한 것은 아니다. 그 이전에 이미 시는 마땅히 "평담"해야 한다고 했던 사람들이 적지 않다. 예를 들면, 당대의 교연은 시에 대해 논하면서 "평담"의 시를 아름답다고 했는데, "느릿함으로 담백하고 맑음으로 삼는다[以緩慢而爲淡濘]"의 주장을 제기하기도 했다. 이른바 "담영淡濘"이란 바로 "평담"을 말하는 것이다. 사공도도 "평담"을 주장하면서, "왕유와 위응물의 시는 맑고 담백함이 극치에 이르러 풍격이 그 가운데 담겨 있으니, 어찌 따르고 받듦에 거리낌이 있겠는가![王右丞韋蘇州澄淡精致, 格在其中, 豈妨於遒擧哉?]"라고 했다. 매요신의 "평담"설은 바로 그들을 계승 발전시킨 것이라고 할 수 있다. 매요신은 첫째는 평담의 예술적 원칙이 "만물의 이치에 순응하여 정감을 즐기는[順物玩情]" 것이라고 보았다. 정밀하고 꼼꼼하게 사물을 관찰하고 자유로이 정감을 표출함으로써 자연스럽고 진실함에 이를 수 있다는 것이다. 둘째는 "평담"은 담백하면서도 맛이 있는 것을 말하는 것이지, 싱거워 아무 맛이 없다는 것이 아니며, 평평하여 깊이가 없다는 것이 아니다.

오히려 그 반대로 "평담"은 "평이하고 담백하면서도 심오하고 아름다운", 평이하고 담백함 속에 심오함과 아름다움이 깃들어 있으며, 평이하고 담백함 속에 해박함과 심오함이 있어서 쉽고 담담하면서도 잊을 수 없게 만든다는 것이다. 구양수의《육일시화》에서는 "시를 짓는 사람이 비록 뜻은 마음대로 한다하더라도, 말을 만드는 것은 역시 어렵다.

만일 뜻이 새롭고 시어가 공교하여, 이전 사람들이 말하지 않은 바를 얻는다면 매우 훌륭한 것이다. 그러므로 반드시 묘사하기 어려운 경치를 묘사함에 눈앞에 있는 것처럼 하고, 다함없는 뜻을 함축함에 글 밖에서 드러나게 해야 한다. 그런

---

78) (송) 구양수歐陽脩 저, 쩡 원鄭文 교점,《육일시화六一詩話》, 10 페이지

후에 지극히 지는 것이다.[詩家雖率易, 而造語亦難. 若意新語工, 得前人所未道, 斯爲善也. 必能狀難寫之景如在目前, 含不盡之意見於言外, 然後爲至矣.]"라고 한 매요신의 말을 인용하고 있는데, 이 말은 우리가 매요신의 "평담"설의 참된 함축적 의미를 이해하는데 도움을 준다. 여기에는 하나의 "역설"이 포함되어 있는 듯하다. 풍경과 사물을 묘사하고 정감을 토로하는 것은 "어려운" 것이지만, 노력을 들이고 담금질을 하여 "정교하게" 해야 하지만, 시가 완성된 후 독자들이 보게 되는 것은 "눈 앞에 펼쳐져 있는 것 같은" 자연스러움이지 인위적으로 빚어낸 흔적이 되면 안 된다는 것이다. "오른쪽 울타리 아래에서 국화 따다 홀연히 남쪽을 바라다본다.[采菊東籬下, 悠然見南山.]", "새장에 갇힌 세는 옛 숲을 그리워하고 연못의 물고기는 옛날에 노닐던 물을 생각한다.[羈鳥戀旧林, 池魚思故淵]", "남산에 콩을 심었더니, 풀이 무성하여 콩 싹이 성기다. 새벽에 일어나 김을 매고 달빛 아래 괭이매고 돌아온다.[種豆南山下, 草盛豆苗稀. 晨興理荒穢, 帶月荷鋤歸.]", "뭇 새들 의지할 곳 있음을 기뻐하듯이 나 또한 나의 오두막을 좋아한다.[衆鳥欣有托, 吾亦愛吾廬.]" 등과 같은 도연명의 시구들은 모두 "평담"의 걸작이라 할 수 있다. 매요신의 "평담"설은 풍부한 시적 함의를 가지고 있다. 그가 그렇게 "평담"을 주장했던 것 또한 아마도 당시 유행하던 화려하면서도 섬세한, "많은 전고의 사용"과 "알기 어려운 글자의 사용[語僻難曉]"이 많았던 "서곤체西崑体"에 대한 반발이었을 것이다. 그는 "평담"이라는 풍격으로 "서곤체"의 격조를 바꾸어 보고자 했을 것이다.

매요신 보다 노금 늦은 송대의 유명한 문학가인 소식은 "고담枯澹"을 문학 서정의 이상적 풍격으로 내세웠다. 소식은 많은 문장들에서 문학 서정의 문제를 거론하였다. 그는 시의 첫 번째 층차가 바로 어떤 정감이 일어난 바탕 위에서 "자연스러움[自然]"을 유지해 나가는 것이며, 더 나아가서는 "담박함[淡泊]"과 "고담"을 추구해 나가는 것이라고 생각했다.

시의 두 번째 층차는 비록 시인의 예술적 가공을 거쳤다 하더라도 시의 "천성적인" 운치를 지켜 나가는 것이라고 보았다. 그러나 이것만으로는 부족하기 때문에 시의 극치로 "고담"을 내세웠고, 이것이 바로 시의 세 번째 층차라고 했다.

그는 〈서황자사시집후書黃子思詩集後〉라는 글에서 종요鍾繇, 황희지王羲之 등의 서예에 대해 "흐트러짐이 없고 간결하면서도 심원하다.[蕭散簡遠]"고 평가했으며, 안진경과 유송권劉松權의 서예에 대해서는 "고금의 서법을 모아서 모두 발휘하였다.[集古今之法而盡發之]"라고 평가 한 후에 다음과 같이 말하고 있다.

시에 있어서도 역시 마찬가지이다. 소무와 이릉의 천성, 조식과 유정의 자득, 도연명과 사령운의 초연함은 모두 또한 시의 지극함이다. 이백과 두보가 절세의 빼어난 자태로 백대를 뛰어넘지만, 고금의 다른 다람들은 모두 사라졌다. 그러나 위진 이래로 세상을 풍미하던 고상한풍격도 사라지고 쇠락해 갔다.

이백과 두보 이후로 시인들은 계속 출현하였고, 중간에 심원한 풍격의 작품들도 있었지만, 그 재능이 뜻을 따르지 못했다. 오직 위응물과 유종원만이 질박함 속에서 섬세함과 농후함을 발휘하여 그 담박함의 지극한 맛에 기탁하였으니, 다른 나머지 사람들이 미칠 바가 아니었다. 당대 말기에 사공도가 험난한 전란 속에서도 고아한 시문으로 태평성세의 유풍을 이어 받았다. 시론에서 이르길, "매실의 맛은 시고 소금의 맛은 짜지만 음식에는 짠 소금과 시큼한 매실이 없어서는 안 되니, 그 아름다움은 짜고 신 맛 너머에 있는 것이다"라고 하였다. 사공도의 말을 믿을 만하니, 아름다움은 짜고 신 맛 너머에 있는 것이다.

至於詩亦然. 蘇(蘇軾),李(李陵)之天成, 曹(曹植),劉(劉楨)之自得, 陶(陶淵明), 謝(謝靈運)之超然, 蓋亦至矣. 而李太白,杜子美以英瑋絶世之姿, 凌跨百代, 古今詩人盡廢, 然魏晉以來高風絶塵, 亦少衰矣. 李,杜之後, 詩人継作, 雖間有遠韻, 而才不逮意. 獨韋応物,柳宗元發纖穠於簡古, 寄至味於淡泊, 非余子所及也. 唐末司空図崎嶇兵亂之間, 而詩文高雅,猶有承平之遺風．其論詩曰：“梅止於酸，塩止於鹹．
飲食不可無塩，梅，而其美常在鹹，酸之外．”信乎表聖之言，
美在鹹酸之外．[79]

　　위의 내용에서 소식은 "천성天成", "자득自得", "초연超然"을 내세우면서, 이것들이 문학 서정의 "지극함"이라고 보았다. "천성"은 시의 혼연일체의 경지로, 다른 조탁(彫琢)이 필요가 없다는 것이다. 이것은 매우 높은 경지로, 실제로 소식의 많은 시들이 이러한 경지를 보여주고 있기도 하다. "자득"은 퍼즐 맞추듯 짜맞추는 것이 아니라 자신의 내면적 체험에서 우러나오는 시적 경지를 말한다. "초연"은 공리주의적 이해 관계를 초월하여 완전히 심미의 세계로 들어감을 말한다.

　　이 "천성"과 "자득"과 "초연"은 사실 시의 높은 격조가 사신의 내면에서 획득되고, 공리적 득실에서 벗어나 심미 정신으로 자연스럽고 평담한 경지에 도달해야 함을 말해주는 것이다. 여기에서 비록 시인의 깊이 있는 예술적 가공을 거칠 수밖에 없지만, 그러나 여전히 인위적 조탁의 흔적은 보이지 않는다. 소식은 시가 이러한 경지에 도달하게 되면 "지극해진다"고 말한다. 이백과 두보가 이러한 경지에 도달했음은 말할 필요도 없거니와, 소무蘇武나 이릉李陵, 조식, 유정劉楨, 도연명, 사령운 등도 역시 이러한 경지에 이르렀으며, 그들은 모두 후대 문학 서정의 모범이 되었다는 것이다.

　　그렇다면 문학 서정은 더욱 더 발전해 나갈 수 있을까? 소식은 가능하다고 말한다. 그것이 바로 "간고"와 "담박"이며, 구체적으로 말하면, "질박함 속에서 섬세함과 농후함을 발휘하여 지극한 맛을 담박함에 기탁한다."는 것이다. 소식의 시가 이상은 표면적으로는 역설적인 것 같지만, 질박하지만 또 섬세하고 농후하고, 또 그 맛이 담백하면서도 지극하다는 말은 바로 이 역설의 해답이기도 하다.

---

79) (송) 소식 저, 콩판리孔凡礼 점교, 《소식문집蘇軾文集》 제5권, 2124~2125 페이지.

이러한 이상적 문학 서정의 전범이 바로 위응물과 유종원의 작품이라는 것이다. 〈평한유시評韓柳詩〉라는 글에서 소식은 "고담"설을 더욱 분명하게 제시하고 있다.

유종원의 시는 도연명보다 아랫니고 위응물보다는 위이다. 한유는
호방하고 기괴함이 지나치고, 온화함과 아름다움, 조   함과 깊이는
못미친다. 고담을 귀하게 여기는 것은 그 바깥은 메말랐지만
속은 기름진 것이 담박한 듯하면서도 내실은 아름답기 때문이다.
도연명과 유종원의 작품이 이러한 부류이다. 만약에 속과 겉이
모두 메말라 버리면 말할 만한 것이 없게 된다. 부처님이 말하길,
'사람들이 꿀을 먹으면 겉과 속 모두 단맛만을 느끼게 된다.'고
했으니, 사람들이 오미를 모두 맛보면 그 달고 쓴 맛을 구분할 수
있지만, 능히 그 속과 겉을 구별할 수 있는 사람은 백에 한두 명도
되지 않을 것이다.
柳子厚詩在陶淵明下, 韋蘇州上. 退之豪放奇險則過之,
而溫麗靖深不及也. 所貴乎枯澹者, 謂其外枯而中膏,
似澹而實美. 淵明, 子厚之流是也. 若中邊皆枯澹, 亦何足道.
仏云: 如人食蜜, 中邊皆甛. 人食五味, 知其甘苦者皆是,
能分別其中邊者百無一二也.[80]

여기서 소식은 도연명과 유종원을 극력 추종하고 있다. 그 이유는 그들의 시가 문학 서정론의 요구 조건인 "고담"에 이르렀다고 보았기 때문이었다. 그렇다면 "고담"은 어떤 형태의 서정인가? 소식은 도연명과 유종원의 시를 통해 "겉은 마르고 속은 기름져, 담박한 듯 하면서도 실재로는 아름답다"고 총평하고 있다.

---

80) 앞의 책 2110 페이지.

"겉은 말랐다"는 말은 시의 표면적 용어들의 평이하고 질박함을 말하는 것이고, "속은 기름지다"는 말은 시의 내적 의경이나 함의가 한없이 풍부하다는 말로, 보기에는 겉과 속이 다른 것 같지만, 시의 지극함에 있어서는 이러한 겉과 속(즉 "중변中邊")의 모순 통일이 "담박한 듯 하면서도 실재로는 아름다워야 한다는 문학 서정의 요구에 부합하는 것이라는 말이다.

　도연명과 유종원의 일부 시들은 확실히 이러한 경지에 도달했다고 할 수 있을 것이다. 소식은 만년에 도연명과 유종원 이 두 사람의 시집을 항상 곁에 두고서 "이우二友"라고 불렀다고 하니, 사진의 시적 이상과 밀접한 관계가 있음을 잘 알 수 있다. 각별히 지적하고 싶은 것은 소식이 편지 중에 이러한 "담박한 듯 하면서도 실재로는 아름다운" "고담"의 경계를 형성해 나가는 것을 오랜 기간 동안 단계적으로 추구해 나는 과정이라고 말하고 있다는 것이다.

> 무릇 문자란 어렸을 때에는 기상을 산처럼 우뚝 솟게 해야 하고 색채를 찬란하게 해야 하지만, 나이가 들어가고 성숙되어지면서 평이하고 담박함을 만들어야 하니, 사실은 평담이 아니라 찬란함의 극치이다.(〈여이랑질〉)
> 凡文子, 少小時, 須令氣象崢嶸, 色彩絢爛, 漸老漸熟乃造平淡, 其實不是平淡, 燦爛之極也.(〈与二郎侄〉)[81]

　여기서 소식은 젊은 시절에는 "우뚝 솟은 기상, 찬란한 색채"를 추구해야 하며, 이러한 "기상"과 "색채"는 가장 기본적인 것으로, 시의 내적 아름다움이 존재하는 것이라고 말하는 것이다. 처음부터 평담을 추구하게 된다면 평담은 말 그대로 평담, 즉 평이하고 담백하여 맛이 없는 것이 되어서 담백하면서도 맛이 있는 수준에 이를

---

81) (송) 소식 저, 공관리 점교, 《소식문집》 제 6권, 2523 페이지.

수 없다는 것이다. 그러므로 "우뚝 솟은" 기상과 "찬란한" 색채가 있어야 한다는 것이다.

하지만 나이가 들어서는 맹목적으로 "우뚝함"과 "찬란함"을 추구해서는 안 되며, 문자에 있어서 "평담"을 추구함으로써 점차 외적으로는 평이하고 담백하면서도 내적으로는 "기상이 우뚝 솟고, 색채가 찬란함"한, 그리하여 겉과 속이 모순적인 통일을 이루어 나가도록 해야 한다는 것이다. 이것이 소식이 추구하는 "고담"의 실체이다. 그러므로 "고담"은 "찬란함이 극치에 달한" 후에 다시 참됨으로 돌아가는 것이고, "대교약졸"이며, 대미불언(大美不言)이며, 담백하면서도 지극한 맛인 것이다. 독자의 시선에서 보면, "고담"의 미학은 "짜고 신 맛 너머"에 있다고 하겠다. 소식은 이러한 이상적 서정론을 제기하면서 도연명과 유종원, 위응물 등의 시가 일방적인 초탈이나 고상함, 또는 맑고 밝음이 아니라 "질박함 속에서 섬세하고 농후함을 발휘하고 담백함 속에 지극한 맛을 기탁"하고 있으며, 그 핵심은 바로 "우뚝 솟음"과 "찬란함"이라고 한 것은 이전에는 없었던 새로운 발전이라고 할 수 있다. 소식은 만년에 자신이 그렇데 좋아했던 도연명의 시에 대해 "겉은 질박한 듯하면서 속은 아름다우며, 겉은 여윈 듯하면서 속은 기름지니, 조식이나 유정, 포조, 사령운, 이백, 두보 등 모두가 미치지 못한다.[質而實綺, 癯而實腴, 自曹,劉,鮑,謝,李,杜諸人皆莫及也.]"로 했으니, 이 말은 자신의 "고담"설과 내용적으로 일치하는 것이다. 소식의 "고담"설은 매요신의 "평담"설을 기초로 더욱 발전시킨 것이라고 하겠다.

그렇다면 소식은 왜 "고담"을 문학 서정론의 이상으로 내세웠을까? 그것은 아마도 그의 일생과 관계가 있는 듯하다. 그는 빼어난 재주를 타고났지만 평생 불우하였고, 여러 차례 폄적을 당했다. 이러한 그의 삶은 도연명과, 그리고 자신이 추구했던 문학 서정의 취미와 함께 하나의 울림을 만들어내게 되었음으로 이해할 수 있을 것이다. 소식의 "고담"설은 철저하게 "무중생유無中生有", "대음희성大音稀聲", "대상무형大象無形"의 도가 철학과 유가의 "중화中和" 철학을 보여주고 있는 것으로, 이는 문학 서정론의 중국의 민족적 특징을 보여주는 것이라고 할 수 있다.

6. "부 비 흥賦比興" — 정감의 표현 방식

부, 비, 흥은 정감의 표현 방식에 있어서 서로 다르다. 그러나 이러한 구별은 언어적 자구 해석으로는 분명하게 설명하기가 어렵다. 시에서의 정감의 표출은 반드시 정감 표현의 시각에서만 설명할 수 있다. 문학에서 표출하고 있는 정감은 크게 세 가지로 나누어 진다. 첫째는 "정상"으로, "부"의 수법이 적합하고, 둘째는 비교적 명확한 확정적 정감으로, 선명하고 강렬한 특징을 가지고 있어서 "비"의 수법이 적합하다. 셋째는 비교적 몽롱하고 매우 미세한 정감으로, "흥"의 수법이 적합하다.

"부·비·흥"의 관념은 일찍이 춘추 시대부터 시작되어, 부단히 누적 되어 왔다. 먼저 《주역·대사大師》편에서는 "여섯 시를 가르치니, 풍이라 하고 부라 하고 비라 하고 흥이라 하고 아라 하고 송이라고 한다.[教六詩, 曰風, 曰賦, 曰比, 曰興, 曰雅, 曰頌.]"고 하였다. 《모시서》의 작가는 《주역》의 설명을 바탕으로 "시에는 육의가 있으니, 첫째는 풍이라 하고, 둘째는 부라고 하며, 셋째는 비라고 하고, 넷째는 흥이라 하며, 다섯째는 아라 하고 여섯째는 송이라 한다.[故詩有六義焉, 一曰風, 二曰賦, 三曰比, 四曰興, 五曰雅, 六曰頌.]"[82]이라고 하여 "시 육의[詩之六義]"설을 주장하였다. 이러한 내용으로 볼 때, 풍, 아, 송은 《시경》의 문체 분류를 가리키는 것이지만, 부, 비, 흥은 무엇을 말하는 것인지에 대해서는 설명을 하지 않고 있음을 알 수 있다.

공영달孔穎達은 《모시정의毛詩正義》에서 "부·비·흥은 시의 쓰임새이고, 풍 아 송은 시의 갖추어진 형식이다.[賦比興是詩之所用, 風雅頌是詩之成形.]"이라고

---

82) 장샤오캉張少康 편선, 《선진 양한 문론선先秦兩漢文論選》 (베이징, 인민문학출판사, 1996), 344 페이지.

하였는데, 그 의미는 앞의 것은 시의 작법(作法)이고, 뒤의 것은 시의 체재(体裁)라는 말이다. 일반적으로 '부'와 '비'에 대해서는 비교적 명확한 반면, '흥'에 대해서는 명확하지 않고 후대의 해석 또한 분분하여 지금까지도 정론(定論)이 없다. 부·비·흥의 "위치"에 있어서 많은 사람들은 부, 비, 흥이 서로 다른 세 종류의 서정 기법이라고 보기도 하는데, 이는 "흥이란 먼저 다른 사물을 말하여 노래하고자 하는 말을 불러일으키는 것이다. 부란 그 사물에 대해 펼쳐 진술하되 직접 말하는 것이다. 비란 저 사물로 이 사물을 비유하는 것이다.[興者, 先言他物以引起所詠之辭. 賦者, 敷陳其事而直言之也. 比者, 以彼物比此物也.]"[83] 라고 했던 송대의 주희의 해석을 따른 것이다. 일부 학자는 "흥"을 확대 해석하여 중국 전체 문학 서정론을 "흥론興論"이라고 부르기도 하고, 또는 문학의 형상사유론(形象思惟論)이라고 말하기도 한다.

우리는 부, 비, 흥이 시의 창작 방법, 즉 정감의 표현 방식이라고 했던 공영달의 견해로 돌아가서 살펴보고자 한다. "부비흥"이 표현 기교라고 하는 것은 너무 편협된 것이 아닐까 하는 생각이 들지도 모른다. 왜냐하면 정감의 전달 기교에는 이 세 가지만 있는 것이 아니라 매우 다양하기 때문이다. "부·비·흥"을 서정론 전체 혹은 형상 사유론이라고 하는 것은 그 의미를 지나치게 확대 해석하여 너무 많은 다른 관념들을 끌어들임으로써 그것이 무엇인지 명확하게 설명하는 데 어려움이 있다. 시가 정감의 세 가지 기본적인 표현 방식이라고 하는 것이 비교적 옛날 사람들의 본의에 부합하는 것이라고 우리는 생각한다.

그렇다면, 정감의 표현 방식으로서의 부, 비, 흥은 어떤 차이가 있는 것일까? 또 그것들 각각은 어떠한 특징들을 가지고 있을까?

일반적인 연구자들은 모두 앞에서 언급한 주희의 해석이 비교적 정확하므로 큰 문제가 없다고 보기도 한다. 그러나 사실은 그렇지 않다. 예를 들어, 주희가 "흥이란

---

83) (송) 주희朱熹, 《시집전詩集伝》 제1권, 3 페이지.

먼저 다른 사물을 말하여 노래하고자 하는 말을 불러일으키는 것이다"라고 했는데, 이는 틀린 것이다. "꾸룩 꾸룩 물수리 모래톱에서 울어대고, 요조숙녀는 군자의 좋은 배필이라.[關關雎鳩, 在河之洲. 窈窕淑女, 君子好逑.]"라고 하는 구절에서 앞의 구 구절이 "흥", 즉 "먼저 다른 사물을 말하는 것"이고, 뒤의 두 구절이 "노래하고자 하는 것을 불러일으키는 말"이라는 말이다. 문제는 앞의 구 구절이 "흥"구와 뒤의 "노래하고자 하는 말" 사이에 어관계가 있다는 것인가? 만약 관계가 있다면 또 어떤 관계가 있는 것인가? 만약 관계가 없다면, 또 그것은 무엇을 하기 위한 것인가? 게다가 흥과 비는 서로 정감을 표현함에 있어서 어떤 차이점이 있는 것인가? 왜 옛날 사람들은 모두 "비는 나타나 있고 흥은 감춰져 있다.[比顯興隱]"라고 했던 것일까? '흥'이 꼭 '부'나 '비'보다도 좋은 것일까? 등등의 문제들이 제기될 수 있다. 이것들이 우리가 살펴보아야 할 내용들이다.

부, 비, 흥은 정감의 표현 방식에 있어서 차이가 있기는 하지만, 이러한 차이는 언어적 자구 해석으로는 분명하게 설명하기가 어렵다. 시가의 정감 토로는 반드시 시가의 정감 표현의 시각에서만 설명 가능하다.

앞에서 설명하였듯이, 인간의 정감은 대상화나 형상화, 객관화하기 전까지는 종잡을 수 없는 불안정한 상태여서 "남전의 따사로운 햇살에 좋은 옥에서 피어오르는 아지랑이[藍田日暖, 良玉生煙.]"처럼 만질 수도 잡을 수도 없는 상태이다. 그렇기 때문에 반드시 "울요鬱陶", "축적蓄積", "응심凝心"의 과정을 통해 정경융합을 이루어야만 비로소 언어나 경치로 정감을 객관화할 수 있다.

그러므로 "부"는 "그 사물에 대해 펼쳐 진술하되 직접 말하는 것"이라는 말은 어떤 정감과 그 정감과 관련된 사물을 직접 진술하는 것으로, 바로 "정감을 직접 토로하는 것"이라는 말이다. "부"의 방법을 통해 표현된 정감은 바로 "정감 형상[情象]" 그 자체인 것이다.

예를 들어, 《시경·백혜伯兮》에서 "님이 동쪽으로 간 후, 내 머린 이리저리 흩날리는 쑥 덤불 같아라. 머리 기름이야 없을까 마는, 누굴 위해 단장할까?[自伯之東, 首如飛蓬. 豈無膏沐, 誰適爲容?]"라고 했다. 여기서 이 여인의 이미지니 심리 상태는 모두 님을 생각하는 감정을 직접적으로 말해주고 있는 것이다. 이 여인네는 사랑하는 님을 그리워하고 있는 것이다. 비록 "머리 기름"이 있기는 하지만 단정하게 빗질조차 하지 않는 심리 상태는 바로 님이 먼 곳으로 가서 돌아올 줄 모르는데 누굴 위해서 몸단장을 해야 할까를 고심하고 있는 것이다. 시인은 이러한 주인공의 정감을 직접적으로 외재적 이미지화하고 있는 것이다. 이것이 바로 "부"의 방법이다. 부는 정감을 가장 직접적으로 형상화시켜 표현하는 것이라고 말할 수 있는 것이다.

쉬푸관徐復觀은 "그것(《시경·백혜》편)이 시가 될 수 있는 까닭은 여기에서의 사물은 순수 객관적인, 죽어있는 차가운 사물이 아니라 읽으면 부드럽고 따뜻함을 느낄 수 있는, 마치 보이지 않는 생명력이 꿈틀거리고 있는 그런 사물인 것이다. 이것이 부의 진정한 본 모습이자 능력이다."[84]라고 했다. 매우 적절한 설명이다. 우리는 "부"를 "부 비 흥" 세 가지 표현 방법 중에서 가장 가치가 없는 것이라고 보아서는 절대로 안 된다. 사실, 부의 서정 방식은 제대로 잘 운용하기만 하면 빼어난 작품을 만들 수 있다. 〈백혜〉편이 《시경》에서 예술성이 가장 뛰어난 작품 중의 하나이다. 또 많은 사람들에게 회자되는 당대의 진자앙陳子昻의 "등유주대가登幽州台歌〉"에서는 "앞에는 옛 사람들 볼 수 없고, 뒤로는 장차 올 사람들 볼 수 없어라. 천지의 아득함 생각하노라니 홀로 슬픔에 잠겨 눈물짓는 다.[前不見古人, 後不見來者. 念天地之悠悠, 獨愴然而涕下.]"라고 했다. 지혜로운 어느 한 사람이 하늘과 땅을 향해 애통함을 호소한다. 이 찰라의 순간에 시간과 공간은 마치 얼어붙은 듯하고, 그의 비분강개는 크다란 울림으로 사람을 감동시킨다. 이 또한 부의 표현 방식을 통해 완성되고 있다.

---

84) 쉬푸관, 〈시의 비흥에 대한 해석 – 중국 시가 감상 기초 다시 다지기〉, 《중국문학논집》 (타이베이, 타이완학생서국, 1976) 97 페이지. 본 장절은 쉬푸관의 이 논문의 관점을 참고로 하고 있다. 그러나 쉬푸관이 말한 "흥"은 "정감에 대한 직감에서 비롯되며" "비"는 "감정의 반성에서 비롯된다."는 기본 관점에 대해서는 무작정 동의하지는 않는다. 왜냐하면 시의 정감은 "반성"을 거쳐야 하는 것이기 때문이다. "반성"이 바로 앞에서 우리가 이미 설명했던 "울요", "축적", "침사沈思", "응심"인 것이다.

만약 '부'가 정감의 직접적 이미지 표현이라고 한다면, '비'와 '홍'은 정감의 간접적 이미지 표현이라고 할 수 있다. 그렇다면 같은 간접적 이미지의 "비"와 "홍"은 또 어떠한 차이가 있는 것일까? 이에 대해서는 유협의 《문심조룡·비홍比興》편의 관점이 눈여겨 볼만하다.

> 그런 까닭에 비란 덧붙임이다. 홍은 일어남이다. 사물의 이치를 덧붙인다는 것은 유사한 것을 빗대어 사물을 설명하는 것이다. 정감을 불러일으킨다는 것은 은미한 것에 기대어 정감을 불러일으키고 이로써 뜻을 취하는 것이다. 정감을 불러일으키므로 홍체가 성립되고, 사물의 이치를 빗댐으로써 비의 예들이 생겨나는 것이다.
>
> 故比者, 附也. 興者, 起也. 附理者切類以指事. 起情者, 依微以擬議. 起情, 故興体以立. 附理, 故比例以生.[85]

유협은 여기에서 "부리附理", "기정起情"이 비와 홍의 차이라고 제시하고 이는 나름대로 일리가 있다.

그렇다면 무엇이 "부리"이고 "기정"인가? 우리는 문학 서정의 정감에는 크게 두 종류가 있는데, 그 첫 번째는 비교적 분명하게 확정할 수 있는 정감으로, 이러한 정감은 강렬하고 분명한 특징을 가지고 있다. 예를 들어 강렬한 사모의 감정이나 증오, 극단적인 분노나 슬픔으로, 그렇기 때문에 "야성野性"적인 경향을 가지고 있다. 이러한 종류의 정감은 "유사한 것을 빗대어 사물을 설명하는 것"(서로 다른 정감의 유사한 경향에 근거하여 사물을 빗대어 설명함)으로, "비"의 방법으로 정감을 토로하는 데 적합하다는 것이다. 또는 이러한 정감의 명확성과 확정성으로

---

85) (남조) 유협 저, 판원란 주, 《문심조룡주》 601 페이지.

인해 "비유"되는 "이 사물"과 비유하는 "저 사물" 사이에 "이지적인" 안배를 통하여, 즉 "작가의 창의적인 예술적 구상"을 거치고 "이성적 사유"를 통하여 "저 사물"과 "이 사물"이 연결되어진다고 말할 수 있을 것이다. 여기서 정감의 토로는 선택적이다.

"저 사물"(비유되는 사물)은 갑이 될수도 있고 을이 될 수도 있기 때문에 이지적인 선택의 과정을 거쳐야만 마지막에 "비"의 "정감 형상"이 생겨나게 된다는 말이다. 《시경·석서鼫鼠》편을 예로 들어보자. "큰 쥐야, 큰 쥐야, 내 기장 먹지마라. 삼 년이나 널 받들었거늘, 나를 돌보려 하지 않는구나. 너를 떠나가련다, 저 낙토로 가련다. 낙토여, 낙토여, 내가 살 곳이로다.[鼫鼠鼫鼠, 無食我黍. 三歲貫汝, 莫我肯顧. 逝將去汝, 適彼樂土. 樂土樂土, 爰得我所.]" 여기서는 하층민들의 약탈자에 대한 극단적인 분노를 표현하고 있기 때문에 '비'의 방법이 적합하다. 이 시에서는 약탈자를 끝없는 탐욕의 혐오스런 큰 쥐에 비유하고 있다. 약탈자의 추악함에 대한 묘사가 너무나도 생동적이지 않는가? 이러한 비유의 과정에서 작자는 비록 분노의 감정을 가지고 있기는 하지만, 그 가운데에 "이지"가 포함되어 있기 때문에 정감은 또렷하고도 분명하다. 원래는 약탈자를 승냥이나 늑대, 호랑이나 표범에 비유할 수도 있겠지만, 작가는 "독창적인 예술적 구상"의 이지적 선택을 거치면서 탐욕스러운 약탈자를 큰 쥐에 비유하는 것이 더욱 적절하다고 판단하게 되었을 것이다. 이것이 바로 "유사한 것을 빗대어 사물을 설명하는" 방식인 것이다.

문학 서정에서 또 다른 하나는 상대적으로 몽롱하고 아주 미세한 정감으로, 이것은 만질 수도, 잡을 수도 없는 것이며, 말로써 분명하게 설명하기도 어렵다. "설명해도 다 설명할 수 없는[可解而不可解]" 상태인 것이다.

이러한 상황에서는 종종 부지불식간에 "흥"의 방법을 운용하게 되는데, 이것이 이른바 "정감을 불러일으킴은 은미한 것에 기대어 정감을 불러일으키고 이로써 뜻을 취하는 것"이라는 말이다.

쉬푸관徐復觀은 "인류의 심령은, 정감이라는 측면에서 보면 그 정도를 알 수 없을 정도로 밀집된 자기장과 같다. 흥이 설명하는 사물은 바로 자기장에 발생하는 자성(磁性)과 같아서 빨아들일 수 있는 사물은 모두 빨아들이게 된다. 그렇기 때문에 흥의 사물과 시의 주제와의 관계는 비(比)처럼 이성적인 사고를 통하여 양자가 연결되는 것이 아니라, 이른바 '이성을 유혹하는 것[捻花惹草]'처럼 감정에 의해 직접적으로 연결되고 전염되는 것이다. 그렇기 때문에 이것으로 시의 분위기나 정서, 운치나 윤기를 만들게 되는 것이다."[86]

이 주장 역시도 사실과 부합하는 것이다. 시인의 정감은 몽롱하고 불확정적인 것이어서 확실한 방향성이 없고 비유가 명확하지 않다. 몽롱하고도 미미한 시인의 이러한 정감은 우연한 풍경을 통해서 일어나게 되며, 이러한 풍경은 시인의 눈 앞에 우연히 비치게 된 실재의 풍경일 수도 있고, 또 갑자기 마음 속에 떠오르는 풍경일 수 도 있다. 이러한 몽롱하고도 미미한 정감이 우연히 떠오르는 풍경과 서로 만나서 서로 끌어당기게 됨으로써 비정형적 정감은 정감 이미지로 굳어지게 되는 것이다. 이러한 정경융합에 의한 정감의 정형화 방식이 바로 "흥"인 것이다.

"흥" 류의 서정 작품에서 흥의 시구[興句]와 어우러지는 정감의 시구[情句]는 시적 의미 관계를 형성하게 된다. 그렇다면 이러한 흥 구에는 명확한 의미가 있는 것일까 없는 것일까? "흥을 불러일으킨다."에서 불러일으키는 내용은 무엇일까? 어느 연구자가 말한 것처럼 그냥 "운을 맞추는" 작용에 불과한 것일까? 주희의 설명은 모순적이다. 그는 한편으로는 "시의 흥은 근거가 전혀 없다.

후인들의 시에도 이와 같은 시체가 있다.[詩之興, 全無巴鼻. 後人詩猶有此体.]"고 하면서, "흥"은 다른 사물을 빌어다 끌어들인 것에 불과하다고 했다. 그러나 그는 다른 한편으로는 "비는 비록 잘 들어맞지만, 흥은 오히려 그 의미가 심원하다. [比雖是較切, 然興却意較深遠.]", "비의 의미는 잘 들어맞지만 얕고, 흥의 의미는 드넓고 그 맛은 오래간다.[比意雖切而却淺, 興意雖闊而味長.]"[87] 고 하였다. 흥의

---

86) 쉬푸관徐復觀, 〈시의 비흥에 대한 해석 - 중국 시가 감상 기초 다시 다지기釈詩的比興-重新奠定中国詩歌的 欣賞基础〉, 《중국문학논집中国文学論集》 100 페이지.

87) (송) 주희朱熹 저, 리징더黎靖德 편, 왕싱셴王星賢 점교, 《주자어류朱子語類》 (베이징, 중화서국, 1986) 2069~2070 페이지.

뜻은 멀지만 그 맛이 오래가며, 그 의미 심원하고 하면서, 왜 또 "시의 흥은 전혀 근거가 없는 것이다"라고 하여 흥구(興句)가 아무런 의미가 없는 것이라고 했을까? 이것은 분명히 상호 모순적이다. 주희는 자신의 개인적인 예술적 감각으로 흥의 뜻이 멀면서도 그 여운이 오래간다고 했는데, 이 말은 틀리지 않다. 그러나 그는 흥구가 어떤 작용을 하는 지에 대해서는 구체적으로 설명하지 않았다. 이 문제에 대해서는 쉬푸관이 분명하게 말하고 있다.

흥 구의 의미는 실재적이고 구체적인 개념을 나타내는 것이 아니라 "시적인 분위기나 정서, 운치, 윤기을 형성시켜주는 데"에 있다는 것이다. 예를 들어, 《시경 관저》 편에서 "꾸룩 꾸룩 물수리 모래톱에서 울어대고[關關雎鳩, 在河之洲]"라는 앞의 두 구절은 "요조숙녀는 군자의 좋은 배필이라.[窈窕淑女, 君子好逑.]"라는 뒤이 두 구절에 대한 "기흥"으로써 "분위기"와 "정서"를 띄워주는 역할 또는 "운치"와 "윤기"를 더해주는 역할을 하는 것이다.

"분위기", "정서", "운치", "윤기"는 서정 시가에 있어서 있거나 없어도 되는 것이 아닌, 매우 중요한 요소들이다. 이른바 "의미는 드넓고 그 맛이 오래간다"라는 말은 시의 전부와 마찬가지인 셈이다. 왕창령의 〈종군행從軍行〉(제 2수)를 살펴보자.

비파소리 춤 새로이 바뀌어도, 관산은 언제나 이별의 정 나누는 곳.
요란한 변방의 근심 끝없이 들려오고, 높이 뜬 가을 달은 만리장
성을 비추네.
琵琶起舞換新聲, 總是關山離別情. 繚亂邊愁聽不盡,
高高秋月照長城.

먼저 설명해야 할 것은 "흥"은 후대로 발전해 가면서 "흥구"를 꼭 앞에만 두는 것이 아니라 전체 시의 어느 위치에 둘 수 있었으며, 마지막 부분에 두기도 했다는 점이다.

이 시에서 흥 구는 넷째 구절인 "높이 뜬 가을 달은 만리장성을 비추네."라는

구절이다. 시 전체에서는 "변방의 근심"을 묘사하고 있는데, 앞의 세 구절에서 이미 그 뜻을 모두 표현해내고 있다. 여기에 마지막 구절을 더하면 느낌이 어떻게 달라질까? 만약 앞이 세 구절과 마지막 구절이 아무런 상관이 없다고 한다면 "높이 뜬 가을 달은 만리장성을 비추네."라는 구절을 읽고 난 후 한없는 처량함이나 쓸쓸함이 드는 것은 무슨 까닭일까? 또한 왜 변방을 지키는 장수들에 대한 경외감이 생겨나는 것일까? 만약 마지막의 "흥 구"가 앞의 구절들과 관계가 있다면, 그것은 또 어떤 관계일까? 이러한 것들을 명확하게 말하기는 쉽지 않다. 다만 마지막의 흥 구가 "근심스런 변방"의 분위기와 정서를 크게 증폭시켜주고 있다고는 할 수 있을 것이다. 더 나아가서 '왜 마지막의 흥 구가 이러한 변방의 근심스러운 분위기와 정서를 증폭시켜주는가?'라고 질문할 수 있을 것이다. "높이 뜬 가을 달은 만리장성을 비추네."라는 내용은 원래 객관적인 풍경에 대한 묘사로, 주관적인 "변방의 근심"이라는 정감에서 보면 이 둘은 이미 완전히 하나가 되어 있다.

전체 풍경은 "변방의 근심"에 의해 녹아내린다. 그리하여 유한한 가을 달과 장성은 모두 무한한 "변방의 근심" 속에 녹아들고, 무한한 "변방의 근심" 또한 가을 달과 장성 속에 스며든다. 이러한 융합은 몽롱하고 미미한 것으로, 그 흔적을 찾아볼 수 없는 것이다. 이러한 융합은 무슨 "시인의 독창적인 구상"이나 이러한 것이 아니다. 바로 일종의 "신이 내려준" 사물로, 약탈자를 큰 쥐에 비유하는, 양자 사이의 연결된 흔적을 찾아볼 수 있는 그런 것과는 다른 것이다. 바로 그렇기 때문에 종영은 《시품서》에서 "시에는 삼의가 있으니, 첫째는 흥이라 하고 둘째는 비라 하며 셋째는 부라 한다. 문장은 다하였으나 그 뜻은 남음이 있으니, 흥이다.

사물로 뜻을 비유하니, 비이다. 그 사물을 직접 서술하고 말에 기대어 사물을 묘사하니 부이다.[詩有三義焉, 一曰興, 二曰比, 三曰賦. 文已盡而意有餘, 興也. 因物喩志, 比也. 直書其事, 寓言寫物, 賦也.]"라고 했다. 과거 우리는 종영의 "흥"에 대한 해석이 독특하다고 생각했다. 종영은 "흥"이라는 글자의 의미에 근거하여 해석하지 않았기 때문에 조금은 동떨어진 듯한 해석이라고 생각했다. 사실 종영은 서정 문학의 감별사로서, "흥"의 예술적 효과라는 측면에서 "흥"을 해석했던 것이며,

예술적 정감의 시각에서 "흥을 해석했던 것이다. 문학의 문제는 문학의 시각에서 해결해야 하는 것이다. 단지 문자 언어의 시각에서는 명확하게 해석을 하지 못하는 경우가 생길수도 있는 것이다.

11세기에 푸지엔福建 출신의 과거 응시생 유영柳永은 진사과에 응시하기 위해 천리 길이나 되는 길을 걸어 베이징에 왔지만, 결국은 낙방을 하고 말다. 그리고 〈학충천鶴衝天〉이란 작품을 지었다.

과거 시험 합격자 알리는 방문에 뜻하지 않게 장원급제의 꿈 사라졌네. 밝은 이 시대 잠시 어진 현자 잊었으니, 어디로 갈까나? 청운의 기개 펼칠 기회 잃었다고, 어찌 한바탕 마음대로 놀아보지 못할까? 득실을 논하여 무엇 하겠는가? 재주 있는 사인은 본대 백의의 공경이요 재상이거늘.

안개꽃 자욱한 골목, 아련한 단청의 담장. 다행히 마음에 둔 내님 있어 찾아갈 수 있구나. 아리따운 내님 가까이 할 수 있으니, 풍류 즐기는 일, 내 평생의 즐거움이라. 청춘은 한 순간이거늘, 어찌 억지로 덧없는 이름 부여잡고서 술 마시고 노래하는 즐거움과 바꾸겠는가!

黃金榜上, 偶失龍頭望. 明代暫遺賢, 如何向? 未遂風雲便,
爭不恣狂蕩? 何須論得喪, 才子詞人, 自是白衣卿相.
煙花巷陌, 依約丹青屏障. 幸有意中人, 堪尋訪. 且恁偎紅翠, 風流事,
平生暢. 青春都一餉, 忍把浮名, 換了淺斟低唱.[88]

당시 송나라의 황제였던 인종은 이 작품을 읽고서 기분이 언짢아 "술이나 마시고 노래나 할 것이지, 어찌 덧없는 이름이 무슨 필요가 있는가? [且去淺斟低唱,

---

88) 탕꾸이짱唐圭璋 편 《전송사全宋詞》 (베이징, 중화서국, 1965) 제 1책, 51~52 페이지 참고.

何須浮名?"라는 논제를 적었다고 한다. 그 후 유영은 스스로를 "성지를 받들어 사를 짓는 유삼변[奉旨塡詞柳三変]"이라고 불렀다.

고대 중국은 서정문학의 대국으로 오늘날까지도 무수한 감동적인 아름다운 시편과 이루 말로 다 할 수 없는 문학 서정의 경험들을 남겨주었다. 그리고 이것들은 당시 선비들이 "백의의 재상"으로 자처했던 그 정신과 너무나 짧은 청춘을 예술에 바치고자하는 정신, 그리고 "애써 덧없는 이름을 부여잡으려고 술 마시고 노래하는 즐거움과 바꾸겠는가?"라고 했던 정신에 의지하고 있는 것이다.

고대 중국의 문학 서정론의 성과는 오늘날의 우리 세계에서 가지고 무한 가치의 문화유산이다. 이러한 유산이 고귀한 이유는 바로 고대 중국의 무수히 많은, 최고의 지혜를 갖춘 사람들이 자신의 생명과 바꾼 것이기 때문이다. 우리는 마땅히 이것을 소중히 아껴야 할 것이며, 또한 그 고귀한 경험들을 잘 정리해 나가야 할 것이다.

제**8**장

"격물格物" - "성격性格" - "한필閑筆"
—중국 고대 문학 서사론

제8장

"격물格物" - "성격性格" - "한필閑筆"
—중국 고대 문학 서사론

중국과 서양의 문학 전통은 확실히 다르다. 서양 문학의 원류는 호메로스의 서사시(epic)라고 할 수 있다. 18세기 말부터 시작하여 지금까지 서양 문학 이론가들은 "서사시"를 서사 문학의 시조로 본다. 이후에 중세기의 "로망스"(romance), 그리고 18세기와 19세기의 장편소설(novel)로 발전하여 대성황을 이루게 되면서 명확한 쇠사슬이 완성되었다. 즉 "역사시-로망스 장편소설"로 이어져오는 것이 주류 서사 체계라는 것이다.[1] 중국의 문학 발전은 이와는 완전히 다르다. 중국의 주류 문학은 "시삼백-초사-한부-한 악부-위 · 진 남북조 시-당대 율시-송 사-원 곡-명 · 청 소설"로 발전해 왔다. 비록 일찍이 위진 남북조 시기에 지괴소설(志怪小說)이 출현하였고, 당대에도 전기(伝奇), 송 · 원 시기에는 화본(話本) 소설이 있었지만 그 성과는 서정(抒情) 전통의 휘황찬란함에 묻혀버리고 말았다. 그러다가 명대와 청대 이 두 조대에 이르러서 시민계층이 일어나면서 사상적으로 해방되면서 문학적 취미에도 변화가 일어나게 되면서 문학적 서사의 성과로 장회소설(章回小說)과 문언소설(文言小說)이 사람들의 사랑을 받게 되었다.

---

1) (미국) 앤드류 플락스(Andrew Plaks), 《중국 서사학》 (베이징, 베이징대학출판사, 1998) 9 페이지.

오늘날 우리가 중국의 서사문학을 거론할 때 곧 바로 명 청 소설을 생각하게 되거나 좀 더 거슬러 올라가서 당대의 전기를 생각하게 되는 것은 중국에서는 당대 또는 더 늦은 시기에 와서 비로소 서사문학이 시작되었다고 여기기가 쉽다. 그러나 이것은 사실과는 다르다. 이에 우리는 '중국의 문학 서사는 어디에서 기원하고 있는가?'라는 질문을 던져 본다.

1. "서사는 역사학에서 나왔다."
– 중국 고대 문학 서사의 기원

청대의 장쉐청章學誠이 제기한 "고문은 반드시 서사를 추구하며, 서사는 실재로는 역사학에서 나왔다.[古文必推敍事, 敍事實出史學.]"의 주장은 역사적 서사뿐만 아니라 문학적 서사에도 마찬가지로 적용된다.

문제가 어디에 있는 지를 지적하기 위해 우선 "무엇이 서사인가? 무엇이 문학 서사인가? 중국의 문학 서사의 기원은 어디에 있는가?"라는 질문을 먼저 던진다.

중국 고대의 문학 서사는 소설의 발전으로 보면 우리는 습관적으로 "육조 지괴소설 당대 전기 송 원의 화본 명·청의 장회소설"로 정리한다. 그러나 중국 고대의 서사는 소설이 한 장르에만 국한된 것은 아니다. 기타 문체에서도 "서사"가 존재했었다. "서(敍)"자의 고전적 의미는 세 가지가 있다. "차례", "질서", 그리고 "진술하다"가 그것이다. 서사의 "서"자는 차례나 질서가 아니라 바로 "진술하다"라는 의미이다.

《국어·진어삼國語·晉語三》에는 "떠도는 말들을 기록하여 돌아올 것을 서술하였고, 백성들의 뜻을 반영하여 그의 귀국을 인도했다.[紀言以敍之,

述意以導之.]"라고 기록하고 있다. 왕희지의 〈난정집서蘭亭集序〉에는 "술 한 잔에 시 한 편 읊으니 그윽한 감정을 족히 펼칠 수 있다.[一觴一飮, 亦足以敍暢幽情.]"라고 했다. 물론 무엇이 머리이고 무엇이 허리이고 무엇이 꼬리인지, 중간에 어떤 "차례"의 변화가 있는지 처럼 "진술" 속에서는 "차례"도 고려되어야 한다. "사(事)"자는 사건을 말한다. 《시경·패풍·북문詩経·邶風·北門》에서는 "왕의 일 나에게 던져지고 정사는 더욱 늘어만 가네.[王事適我, 政事一埤益我.]"라고 했으며, 《예기·대학》에서는 "사물에는 본말이 있고 일에는 끝과 시작이 있다.[物有本末, 事有終始.]"라고 했다. 서사란 바로 사건 변화의 차례와 시작과 끝을 진술하는 것이다. 만약 이러한 시각에서 본다면, 중국의 서사는 고대부터 이미 존재했었다고 할 수 있다. 청대 장쉐청章學誠은 〈상주대사마논문上朱大司馬論文〉 편에서 "육경은 모두 역사서이고[六経皆史]", "고금을 막론하고 반드시 서사를 추종하였으니, 서사는 실은 역사학에서 나왔으며, 그 근원은 《춘추》의 '비사속사(사건을 비교하고 흩어진 기록을 모아 엮는 것)'에서 비롯되었다. 좌전과 사기, 반고, 진가의 학문적 연원은 한나라 때의 경사들로부터 받은 것이다.[古今必推敍事, 敍事實出史學, 其源本於《春秋》'比事屬辭', 左, 史, 班, 陳家學淵源, 甚於漢廷経師之授受.]"[2]라고 하였다.

중국 고대의 사학은 적어도 《춘추》로 거슬러 올라 갈 수 있다. 그 이후 예를 들어 전국 시기의 전적들 중 어느 하나도 서사적 요소가 없는 것이 있는가? 이러한 저서들 중에서 많든 적든 모두 역사적 내용이나 또는 "사건"들이 포함되어 있으니, "서술"(즉 "비사속사")가 필요할 수밖에 없었다. 예를 들어, 《좌전》, 《논어》, 《맹자》, 《장자》 등은 역사학, 윤리학, 또는 철학 저술들이지만 현재 중국 문학사에 편입되어 있는 것처럼 산문작품으로 볼 수도 있다. 미국 프린스턴 대학 교수 앤드류 플락스(Andrew Plaks)가 베이징대학에서 강연에서 "중국 서사 문학은 《상서》까지 거슬러 올라갈 수 있으며, 적어도 《좌전》에 이르러 큰 성황을

---

2) (청) 장쉐청章學誠 저, 창시우량倉修良 편, 《문사통의신편文史通義新編》
   (상하이, 상하이고적출판사, 1993) 637 페이지.

이루었다."라고 했다. 그는 "《좌전》의 서사 연구에 관해서 최근 20 여 년 동안 미국에서는 이미 많은 관심을 끌고 있다."[3]라고 말했다. 앤드류 플락스의 말 또한 따져볼 필요가 있겠지만, 중국의 "서사"가 매우 일찍부터 시작되었음은 논란의 여지가 없는 사실이다.

그러나 서사와 문학 서사는 다른 것이다. 그렇다면 이 둘은 어떻게 다른 것일까? 이 문제에 대한 해답을 찾아야만 중국의 문학 서사의 기원에 대한 논의를 이어나갈 수 있다.

우리는 일반적인 서사와 문학 서사는 이론에서부터 달라야 한다고 생각한다. 일반적인 서사의 요소로는 서술되는 "사건", 서술자와 서술 방식이 있다. 다시 말해서 우리가 앞에서 언급했듯이, "서사"는 서술자가 일정한 방식으로 사건의 변화 과정과 처음과 끝을 서술해 나가는 것이다. 이 과정에서 서술자는 반드시 객관적인 태도를 유지해야만 서술되는 사건의 진면목을 청중이나 독자에게 전달할 수 있다. 문학 서사와 일반 서사의 차이점에 대해 일부 학자들은 주요하게는 서술의 "어투"가 다르다고 여긴다. 앤드류 플락스는 우리가 서사문을 마주할 때 "적어도 두 종류의 서로 다른 목소리가 존재함을 느낄 수 있다.

하나는 서사 자체의 목소리이고 다른 하나는 서술자의 목소리로, 이른바 '서술자의 어투'라고 부르는 것이다. 서술자의 '어투'는 때로는 사건 자체보다 더 중요하기도 하다. 진수陳壽의《삼국지三國志》, 나관중羅貫中의《삼국연의三國演義》, 그리고 작가를 알 수 없는 《전상삼국지평화全相三國志評話》이 세 가지 모두 위, 촉, 오 삼국의 이야기를 서술하고 있다. 그러나 누구도 이 세 가지가 완전히 다른 책임을 부인하지 못할 것이다. 그 이유는 이 세 종류의 저서가 제각기 서로 다른 철학적 심도에서 서로 다른 예술성을 보여줌으로써 서로 다른 시대정신을 체현하고 있는 것이다. 그리고 또한 이 세 종류의 저술은 서로 다른 세 가지의 '서술자의 어투'를 가지고 있다. 진수는 사관의

---

3) (미국) 앤드류 플락스(Andrew Plaks), 《중국 서사학》 11 페이지.

어투를, 나관중은 문인 소설가의 어투를, 그리고 무명씨는 설서인(說書人)의 어투를 보여주고 있다."⁴⁾고 했다. 이러한 주장은 틀리지 않았다. 역사가의 서사는 역사가의 "어투"를, 문학가의 서사는 문학가의 "어투"를 사용한다. 그러나 우리는 "어투"의 뒤에는 더욱 심층의 무엇이 있다고 생각한다. 그것이 바로 서술자의 "정감" 이입의 차이이다.

일반적으로 역사가의 서술은 사건의 객관적인 면모를 유지하기 위해 주관성을 줄이게 된다. 그들은 자신의 감정을 최대한 통제하거나 심지어는 개인적 감정을 완전히 배제시킨다. 그러나 문학 서사에서는 서술자의 감정 이입이 분명한 지표가 된다. 감정적 색채를 띤 서사는 문학 서사이고, 감정적 색채가 없는 서사는 역사학의 서사라고 말할 수 있을 것이다. 시의적 정감은 문학 서사의 원동력일 뿐만 아니라 문학 서사의 융합 역량이자 평가 역량이기도 하다. 즉 문학 서사는 시종일관 서술자의 시적 정감이 관통하고 있다는 말이다. 시적 정감이 없으면 문학적 서사도 없는 것이다. 예를 들어, 사마천의 《사기》는 루쉰魯迅이 "역사가의 절창이자 운이 없는 이소[史家之絶唱, 無韻之離騷]"라고 칭송되었다. 《사기》는 역사 저서로, 독특한 역사학의 편성 체계를 갖추고 있으며 또한 상당한 정도의 객관성을 유지하고 있어서 역사학적 가치가 매우 크다. 그러나 《사기》는 위대한 서사문학 작품이기도 하다. 이러한 특징은 "기전紀伝"체라는 서술 어투에서 잘 나타나고 있을 뿐만 아니라 감정의 이입이라는 측면에서도 잘 나타나고 있다.

주지하다시피 사마천은 이릉李陵을 변호하다가 잔혹한 궁형(宮刑)을 받고서 일반인은 견디기조차 힘든 치욕을 견디면서 《사기》를 쓰기 시작하였기 때문에 자신의 내면의 울분이 글 속에 넘쳐나고 있다.

사마천은 〈보임안서報任安書〉에서 "이 때문에 창자가 하루에도 아홉 번이나 뒤집히고, 집에 있으면 멍하니 정신이 나간 듯 하고, 밖에 나가면 어디로 가야할지를 모를 지경이었다. 매번 이 치욕을 떠올릴 때 마다 등골에 땀이 흘러 옷을 다

---

4) 앞의 책, 14 페이지.

적시곤 했다.[是以腸一日而九回, 居則忽忽若有所亡, 出則不知所如往. 每念斯恥, 汗未嘗不發背沾衣也.]"고 자신의 심경을 토로하기도 했었다. 이러한 고통 속에서 그는 "치욕을 참고 구차하게 살아서 똥구덩이 감옥에 갇혀서도 오히려 사양하지 않은 것은 개인적인 생각을 다 표현하지 못하고서 비천하게 세상을 하직하게 되면 후대에 아름다운 문채의 글을 남기지 못할 것이 한스럽기 때문이다.[隱忍苟活, 函糞土中而不辭者, 恨私心有所不盡, 鄙沒世而文采不表於後也.]"라고 했다. 그래서 그는 "발분"하여 사기를 저술하였던 것이다. 바로 이러한 "발분"의 감정이 바로 그의 서사의 원동력이 되었던 것이다.

그리고 "가슴 속에 맺힌 바가 있었기" 때문에 굴원처럼 자신의 감정을 자신이 서술한 역사적 이야기 속에 투사하지 않고서 다른 사람의 입을 빌려 차마 말하지 못하고 가슴 속에 묻어두었던 말을 할 수 있었던 것이다. 그래서 그가 묘사한 인물들에 대해서는 완전히 순수한 객관적 묘사가 불가능했으며, 항상 감정적인 평가가 들어 있을 수밖에 없었던 것이다. 그는 〈굴원가생열전屈原賈生列伝〉에서 굴원에 대해 다음과 같이 평가하였다.

굴원은 임금이 간언을 듣는데 밝지 못하고, 아첨하는 무리들이 눈을 가려버리고, 바르지 못한 자들이 공명정대함을 해치고 정직한 신하가 받아들여지지 못함을 애통해 했다. 그리하여 근심과 깊은 사색으로 《이소》를 짓게 되었다. 《이소》는 근심을 만난다는 의미이다. 무릇 하늘은 사람의 시작이고 부모는 사람의 근본이다. 사람은 궁핍해지면 근본으로 되돌아보고 힘들고 괴롭고 피곤함이 극에 달하게 되면 하늘을 부르지 않는 사람이 없으며, 병이 들어 아프고 참담할 때에는 부모를 부르지 않는 사람이 없다. 굴원은 바른 도리를 곧게 행하여 충성과 지혜를 다하여 임금을 섬겼으나 참소하는 이의 이간질로 가히 궁핍함에 이르렀다고 할 수 있다. 믿음이 의심을 받고 충심이 비방을 받으니 어찌 원망하지 않을 수 있겠는가? 굴원의 《이소》는 대저 이러한 원망에서 생겨난 것이다. 《국풍》은 미색을 노래하나 음탕하지 않고, 《소아》는 원망하고 비방하나 어지럽지 않으니, 《이소》는 이 둘을 모두 갖추었다고 할 수 있다. 그 문장은 간략하고 말은 세세하며, 그 뜻은 고결하고, 그 행동은 청렴하였으며, 문장은 작은 것을 적었으나 그 뜻은 지극히 크고, 가까이 있는 것을 예로 들었으나 그 의미는 심원했다. 그 뜻이 고결하였기에 사물의 향기로움을 칭송했고, 그 행동이 청렴하였기에 죽어서도 더러워짐을 용납하지 않았다. 진흙 구덩이에 빠져도 매미가 허물을 벗듯이 더러움을 씻고, 세상 밖을 떠돌더라도 세상의 더러움에 물들지 않으니, 진흙탕 속에서도 깨끗하여 더러워지지 않았다. 이러한 뜻으로 미루어 볼 때 비록 해와 달과도 그 밝음을 다툴 만 했다.

屈平疾王聽之不聰也, 讒諂之蔽明也, 邪曲之害公也, 方正之不容也, 故憂愁幽思而作《離騷》. 《離騷》者, 猶離憂也. 夫天者, 人之始也. 父者, 人之本也. 人窮則反本, 故勞苦倦極, 未嘗不呼天也. 疾痛慘怛, 未嘗不呼父母也. 屈平正道直行, 竭忠盡智以事其君, 讒人間之, 可謂窮矣. 信而見疑, 忠而被謗, 能無怨乎? 屈平之作《離騷》, 蓋自怨生也. 《國風》好色而不淫, 《小雅》怨誹而不亂, 若《離騷》者, 可謂兼之矣. 其文約, 其辭微, 其志絜, 其行廉, 其稱文小而其指極大, 擧類邇而見義遠. 其志絜, 故其稱物芳. 其行廉, 故死而不容. 自疏濯淖汚泥之中, 蟬蛻於穢, 以浮游塵埃之外, 不獲世之滋垢, 皭然泥而不滓也. 推此志也, 雖与日月爭光可也.[5]

여기서 우리는 굴원의 목소리도 들을 수 있기도 하지만 서술자인 사마천 자신의

5) (한) 사마천, 《사기 굴원가생열전》, (베이징, 중화서국, 1959) 2482 페이지.

목소리도 더 많이 들을 수 있다. 사마천은 굴원과 그의 작품을 찬미하였는데, 이는 그 자신의 인생과 아무 상관이 없는 것이 아니었다. 굴원에 대한 감정적 공감대가 있었던 것이다. 그래서 우리는 서술인의 "어투" 배후에는 서술인의 감정이 숨어 있음을 알 수 있다. 바로 이런 의미에서 우리는 문학적 서사는 일반적인 서사와 비교하여 감정의 개입이 두드러진 특징이라고 할 수 있다. 문학 서사의 감정적 특징을 명확하게 하고 난 후에야 중국 문학 서사의 기원 문제를 설명할 수 있다.

《상서尙書》는 문구가 어렵고 까다로우며 읽기에도 부자연스러워 문학적 서사라고 말하기가 어렵다. 《춘추春秋》는 "끊어지고 문드러진 의미 없는 역사 기록[斷爛朝報]"으로 풍자되기 때문에 서사 문학의 시조의 반열에 들기가 어렵다. 《춘추》로 예를 들어보면, 비록 그 가운데에는 어휘의 운용이나 문장의 구성이 매우 유창하고 평이한 부분도 있고, 또 "좋고 나쁨을 담고 선과 악을 분별하는[寓褒貶, 別善惡]" 비판적인 정신이 포함되어 있기는 하지만, 더 많은 내용들은 이지(理智)에서 비롯된 결론들로, 정감적 요소들이 많지가 않다.

그에 비해 《좌전左伝》이나 《전국책戰國策》 등의 서사는 서술자의 분명한 정감적 색채를 가지고 있다. 예를 들어, 《좌전》의 〈여상절친呂相絶秦:여상이 진나라와 절교하다.〉이나 〈촉지무퇴진사燭之武退秦師:촉지무가 진나라 군사를 물리치다.〉, 〈장손간군납정臧孫諫君納鼎:장손이 임금에게 세발솥을 바칠 것을 간하다.〉, 〈희백간군관어僖伯諫君觀魚:희백이 임금에게 고기잡이를 구경하길 간하다.〉, 〈계찰관악季札觀樂:계찰이 주악 연주를 감상하다.〉, 〈왕손논정王孫論鼎:왕손이 세발솥에 대해 논하다.〉, 〈성복지전城濮之戰:성복 전투〉, 〈효지전殽之戰:효 전투〉, 〈필지전邲之戰:필 전투〉, 〈언릉지전鄢陵之戰:언릉 전투〉 등의 편장(篇章)은 매우 생동적인 묘사뿐만 아니라 짙은 감정적 색채고 가지고 있는데, 그 중에서도 "좋고 나쁨을 담고 선과 악을 변별함"에 있어서는 감정적 요소가 더욱 농후하다. 당대의 유지기劉知幾는 다음과 같이 말한다.

《좌전》의 서사는 군대의 출정을 서술하는 장면에서는 장부나 문서들이 가득쌓여 있고, 병사들이 요란스럽게 왔다 갔다 했으며, 무기와 군사들을 논함에 있어서는 무기들을 일목요연하게 구분하고 병사들은 군기가 엄준하고도 잘 정돈되어 있었다. 전투에서의 승리를 묘사할 때에는 노획품이나 포로 등을 모두 상세하게 적었으며, 패전하여 도망가는 장면은 바람에 풀들이 눕듯이 병사들이 쓰러지고 깃발이 넘어지는 장면이 눈앞에 펼쳐진다. 제후들의 맹세 장면에서는 강개에 가득 찬 목소리를 듣는 것 같고, 계략을 펼치는 장면에서는 서로가 서로를 속고 속이는 장면이 눈에 보이는 듯하다. 군주가 백성에게 베푸는 은혜를 말하면서는 봄날의 내리비치는 따사로운 햇살처럼 묘사하고, 군주의 위엄을 기록할 때에는 가을날의 서릿발처럼 차갑게 묘사했다. 나라가 흥성해 가는 과정은 흥미진진하게, 나라가 패망해 가는 과정은 처량하고 근심어린 마음으로 서술하였다. 때로는 간단한 편지글에 수식을 더하였고, 때로는 원래의 노래에 아름다운 구절을 더했다. 문장이 자유분방하면서도 독창적이고, 종횡무진하면서도 자신만의 개성을 체득하였다. 이러한 재주를 가진 사람의 글은 자연의 조화와 같아서 그 생각은 귀신에까지 이르고, 그 저술은 좀처럼 보기 힘든 것이어서 예나 지금이나 비할 데가 없는 것이다.

左氏之敍事也, 述行師則簿領盈視, 唬聒沸騰, 論備火, 則區分在目, 修飾峻整. 言勝捷則收獲都盡, 記奔敗則披靡橫前. 申盟誓則慷慨有余, 稱譎詐則欺誣可見. 談恩惠則煦如春日, 紀嚴切則凜若秋霜. 敍興邦則滋味無量, 陳亡國則凄涼可憫. 或腴辭潤簡牘, 或美句入詠歌. 跌宕而不羣, 縱橫而自得. 若斯才者, 殆將工侔造化, 思涉鬼神, 著述罕聞, 古今卓絕.[6]

---

6) (당) 유지기劉知幾, 《사통 잡설상史通 雜說上》, 푸치룽浦起龍 역, 《사통통역史通通譯》
(상하이, 상하이고적출판사, 1978) 451 페이지

사학자인 유지기는 오히려 문학 작품을 평가하는 어투로 《좌전》을 논평하면서, 《좌전》의 여러 제재에 대한 묘사의 유사성, 언어적 수사, 자유분방한 구조, 그리고 작자의 문학적 재능에 대해 극찬하였다. 유지기가 《좌전》의 서술에 대해 명확하고 농후한 감정을 가지고 있었다는 점은 특기할 만하다. 이에 따라 우리는 《좌전》이 중국의 첫 번째 문학 서사작품이라고 말할 수 있을 것이다.

《좌전》 이후에 또 한 편의 위대한 문학 서사작품이 출현하게 되는 데, 바로 "운율 없는 이소[無韻之離騷]"라고 일컬어지는 《사기史記》가 그것이다. 《사기》는 "발분發憤"의 저서로, 명나라 때의 소설 《수호전水滸伝》은 완전히 《사기》의 전통을 계승한 "발분"의 작품으로, 서술의 동기나 사건의 발전, 인물 운명의 변화 등에서 모두 짙은 감정적 연대를 가지고 있다. 이러한 점에 대해서는 명나라 후기의 사상가인 이지(李贄)의 〈중의수호전서忠義水滸伝敍〉에 매우 분명하게 서술되어 있다.

> 태사공이 말하길, "《설난》, 《고분》 등은 선현들이 발분하여 지은 것들이다."라고 했다. 이로써 보건데, 옛 성현들은 분하지 않으면 글을 짓지 않았다. 분함이 없이 글을 짓는 것은 날씨가 춥지 않은 데 몸이 떨리고, 병이 없는데 신음하는 것과 같으니, 글을 짓는 들 볼 것이 무엇이 있겠는가? 《수호전》은 발분하여 지은 것이다. 대저 송나라 황실이 망하고 나자 예절이 거꾸로 시행되었으니, 성현이 아래에 처하고 불초자가 위에 처하게 되었다. 점차 오랑캐가 위에 처하게 되고 중원이 아래에 처하게 되어, 일순간에 군자는 처마 밑의 제비나 까치 같은 신세가 되어 버리고, 선물을 바치는 예로 신하로 칭하고, 개나 양과 같은 사람들에게 마음에서 기꺼이 무릎을 꿇었다. 시내암과 나관중 두 분은 몸은 원나라의 통치 하에 있었지만 마음은 송 왕조에 가 있었으니, 비록 원의 통치 아래에서 살고 있었으나 실재는 송나라의 일을 분개하였던 것이다. 그런

까닭에 두 황제(송의 휘종과 흠종)가 북으로 끌려간 것을 분개하여 요 나라를 대파한 것에 대한 칭송으로 그 분함을 표출하였고, 남쪽으로 천도하여 구차하게 안녕을 구한 것에 분개하여 방납을 토벌함으로 그 분함을 표출하였다. 감히 묻건데, 분함을 쏟아낸 것은 누구인가? 전날 울부짖으며 모여들었던 수호전의 강자들이니, 충의라고 하지 않을 수 없다. 그런 까닭에 시내암과 나관중 두 분은《수호전》을 전하고 다시 충의라는 이름으로 전하고 있는 것이다.

太史公曰 : "《說難》,《孤憤》, 聖賢發憤之所作也." 由此觀之, 古之聖賢, 不憤則不作矣. 不憤而作, 譬如不寒而顫, 不病而呻吟也, 雖作何觀乎?《水滸伝》者, 發憤之作也. 蓋自宋室不竟, 冠履倒施, 大賢處下, 不肖處上. 馴致夷狄處上, 中原處下, 一時君相猶然處堂燕鵲, 納蔽称臣, 甘心屈膝於犬羊已矣. 施,羅二公身在元, 心在宋, 雖生元日, 實憤宋事. 是故憤二帝之北狩, 則称大破遼以洩其憤, 憤南渡之苟安, 則称滅方臘以洩其憤. 敢問洩憤者誰乎? 則前日嘯聚水滸之强人也, 欲不謂之忠義不可也. 是故施,羅二公伝《水滸》而復以忠義名其伝焉.[7]

《사기》와《수호전》은 모두 서사 속에 강렬한 감정적 관조를 가지고 있는 작품이다.《사기》는 대표적인 역사서이고,《수호전》은 명·청 소설의 대표작이다. 그것들 사이의 관계는 "감정을 끼고 있는 서사"로 연결되어 있다. 여기에서 중국 문학의 서사에 관한 기원의 문제에 대한 해결의 실마리가 보인다. 즉 청대의 장쉐청章學誠이 제기했던 "고문은 반드시 서사를 추구하고, 서사는 사실 사학에서 나왔다"라는 논점은 역사 서사에만 적합한 것이 아니라 문학 서사에도

---

7)《명용여당각수호전明容与堂刻水滸伝》(상하이, 상하이인민출판사, 1975) 제 4권 참고.

마찬가지로 적용될 수 있는 것이라는 점이다.

"오사" 시기 후스胡適, 루쉰魯迅, 쩡쩐뚜어鄭振鐸 등은 모두 중국 소설의 서사가 송 원의 민간 속문학(俗文學)에서 기원했다고 보았는데, 이러한 논점에는 나름의 특별한 배경이 있다. 그러나 실사구시적 관점에서 말하면 중국 문학의 서사는 사실상 역사학에서 기원했다고 할 수 있다. 1997년에 중국 학자 양이楊義가, 그리고 1998년에는 미국학자 앤드류 플락스(Andrew H. Plaks)가 각각 《중국 서사학》이라는 같은 이름의 책을 출판했는데, 이 책들에서는 모두 중국 문학의 서사가 고대 역사에서 기원하였다고 서술하면서 나름의 근거를 제시하였다. 앤드류의 논점은 다음과 같다.

> "중국의 기서문체(奇書文体)(명·청 시대의 장회 소설을 말함 저자 주)의 연원은 송 원의 민간 속문학이라기 보다는 더 거슬러 올라간 선진 시기의 역사 서적, 또한 이후의 '사고전서四庫全書'의 '사부史部'라고 해야 할 것이다. 주지하다시피, 전통적 서지학적 시각에서 보면, 경(経), 사(史), 자(子), 집(集)이 바로 중국의 전통적 서지학 체계이며, 또한 중국 전통 문화의 분류 강목을 대표하기도 한다. 경, 사, 자, 집 각 부에 모두 서사가 포함되어 있는데, 예를 들어 경서 중의 《상서》에 서사가 있고, 자부와 집부 속의 서사적 요소는 더욱 많은 것을 알 수 있다. 그러나 우리가 여기서 강조하고 싶은 것은 '사'부가 상당히 방대하고 또한 그 수많은 고적에서 무시할 수 없는 지위를 점하고 있다는 것이다. 이는 이십사사(二十四史)의 권질(卷帙)이 너무나 많고 방대할 뿐만 아니라 또한 기타 3부에도 '사'의 영향들이 적지 않음을 말하는 것이다. 예를 들어 《춘추》는 6경의 하나인 동시에 역사서이기도 하다. 나는 명·청의 기서문체가 일종의 16세기에 새로이 일어난 허구적 서사문체로, '사'의 전통(특히 야사[野史]와 외사[外史])이

특별히 농후하고 복잡한 것에 뿌리를 두고 있다고 생각한다. 그 이유는 여러 방면에 있다. 우선 명·청 장편 장회소설 중에서 많은 부분이 이른바 '연의'체 소설(historical no-vel)로, 그 주인공들은 역사상의 실존인물들이고 그 줄거리 또한 역사적 사실과 직간접적으로 부합한다는 점이다. 예를 들어《삼국연의三國演義》나《설악전전說岳全伝》, 그리고《동주열국지東周列國志》같은 작품들이 그러하다. 그 다음으로, 명 청 기서문체의 형식과 구조나 기교 또한 분명하게 '역사 문장'의 필법을 본받고 있다는 점이다. 그 속에는 '열전(列伝)'체(biographical form), 서술의 다중적 시각(multiple of narration), 그리고 서술의 모티브(narrative topoi and motifs) 등등은 중국에서 과거 서설을 '패사(稗史:일화나 사소한 이야깃거리를 적은 야사-역자 주)'로 일컬었던 것 또한 근거 없는 낭설이 아니며, 이 말이 바로 '역사 서술'(historical narrative)와 '허구 서술'(fictional narrative) 간의 밀접한 관계를 그대로 보여주는 것임을 알 수 있다."[8]

앤드류 플락스의 견해에 따르면, 서구 서사문학의 발전 과정은 매우 분명하다는 것이다. 바로 고대 로마 시대 호메로스의 역사시ー중세의 로망스ー18세기, 19세기의 장편소설로의 발전 과정이 그것이다. 중국은 중국의 "호메로스 역사시"가 없었기 때문에 중국의 문학 서사는 송·원 시기의 민간 속문학에서 찾아볼 수밖에 없을 것 같지만 사실은 그렇지 않다는 것이다.

그는 "중국 고대 문학에서 비록 역사시 문학 작품을 찾아보기는 쉽지 않지만, 그러나 역사시의 미학적 역할은 확실히 존재했었다. 역사서가 중국 문화에서 차지하고 있는 위치는 역사시의 기능과 유사하며, 비록 호메로스는 없었지만

---

8) (미국) 앤드류 플락스(Andrew H. Plaks), 《중국 서사학》 28~29 페이지.

중국 문학에는 사마천이란 인물이 있었다. 《사기》는 '만물을 형식 안에다 모두 담아籠万物於形內'냈을 뿐만 아니라 역사시 처럼 삼라만상을 포괄하는 거시 감각(sense of monumentality)을 갖추고 있어서 한 개인의 '열전'에 심취해 들어갈 뿐만 아니라 역사시의 영웅들에 대한 묘사를 생각나게 한다. 그렇기 때문에 고대 문화의 대집성을 집약적으로 보여주기에 손색이 없다. 심지어 중국 고대에 '역사시'는 없었지만 역사시의 '미학적 이상'은 있었다라고 말할 수 있는 것이다."[9] 라고 했다.

우리는 앤드류 플락스의 견해가 정확하다고 본다. 만약 앞에서 말했던 문학적 서사가 감정적 색채를 가지고 있어야 하고 감정적 관조가 있어야 한다는 내용을 보충하면 그가 말한 중국 역사시의 "미학적 이상"이라는 견해는 뜬 구름이 아니라 구체화될 수 있다. 확실히 장쉐청의 "서사가 역사학에서 나왔다"는 관점에서 보면 중국 문학서사는 대체로 선진과 한대의 역사문―당 송 전기―송 원 희곡―명 청 장회소설의 과정으로 발전해왔다.

중국 고대의 문학서사는 예술적 성과에 있어서 명 · 청 장회소설과 문언소설에 이르러 최고봉에 달하게 되었으며, 많은 저서들이 사상적으로, 그리고 예술적으로 높은 수준에 이르렀다고 할 수 있다. 예를 들어 조설근曹雪芹의 《홍루몽紅樓夢》은 중국 문학의 "성경聖経"으로까지 칭송되며 세계 유수의 문학서사 대작들과 어깨를 나란히 한다. 이에 상응하여 중국 고대의 문학 서사의 미학적 성과 또한 명 청 시대에 집중되어 있다. 그러나 중국 문학 서사의 연원을 거슬러 올라가보면 바로 선진과 양산 시기의 고대 역사 저술에서 기원하고 있다는 것이다.

---

9) (미국) 앤드류 플락스, 《중국 서사학》 28~29 페이지.

2. "격물格物"과 "동심動心"
― 서사문학 작가의 조건과 재능

이른바 "격물格物"은 인간의 감정과 사물의 이치의 전후 맥락, 즉 만물의 법칙을 탐구하는 것이다. 이른바 "물격物格"은 인간의 감정이나 사물 이치의 전후 맥락과 사물의 발전 법칙을 파악하는 것이다. 만약 "격물"이 대상 속으로 깊이 파고들어가는 것이라고 한다면, "동심"은 바로 자기 자신 속으로 들어가는 것이다. 작품을 쓰기 전에는 작가는 작가일 뿐이지만 작품의 서사로 들어간 이후엔 작가는 더 이상 작가가 아니다. 그는 자신의 신분을 "망각"하게 되고, "직접 마음이 움직여[親動心]" 자기 자신을 작품 속 인물과 동일시하게 된다.

명·청 양대에 걸쳐 많은 장회소설(章回小說)들이 출현하게 되었는데, 그 중 명대의 작품으로는 4대 "기서"로 일컬어지는 《삼국연의三國演義》, 《수호전水滸伝》, 《서유기西遊記》, 그리고 《금병매金瓶梅》와 기타 《동주열국지東周列國志》, 《양가장연의楊家將演義》, 《설당說唐》, 《정충전精忠伝》, 《영열전英烈伝》과 "삼언이박三言二拍" 등의 작품들이 있다. 청대에는 《홍루몽紅樓夢》, 《유림외사儒林外史》, 《요재지이聊齋志異》 등의 명작과 《성세인연전醒世姻緣伝》, 《열미초당필기閱微草堂筆記》, 《관장현영기官場現形記》, 《문명소사文明小史》, 《활지옥活地獄》 등의 작품이 출현하였다. 이처럼 많은 소설 작가들이 출현하였는데, 그 중에서 시내암施耐庵, 나관중羅貫中, 포송령蒲松齡, 오경재吳敬梓, 조설근曹雪芹 등과 명·청 양대의 희곡작가로 탕현조湯顯祖, 공상임孔尙任 등이 가장 유명하다. 그들은 모두 문학 서사의 대가들이다. 그렇다면 서사문학의 작가는 어떤 조건들을 갖추어야 하는 것일까? 이러한 견해는 현실적 의미가 있을까?

청대의 소설 평론가 김성탄金聖嘆은 《수호전서삼水滸传序三》에서 《수호전》의 작가 시내암에 대해 다음과 같이 말하고 있다.

> 수호전에는 108명의 인물이 등장하는데, 인물마다 각각의 개성이
> 있고, 각각의 기질을 가지고 있으며, 형상이 제각각이고 말투도
> 제각각이다. 무릇 한 사람의 손으로 수많은 장면을 그리게 되면
> 형제처럼 닮은 형상이 있게 마련이다. 한 사람의 입으로 수많은
> 소리를 내게 되면 소리가 작아지는 것은 어쩔 수 없는 일이기도
> 하다. 시내암은 일심으로 운용하여 108명에 대한 묘사가 절로
> 오묘함에 들었으니, 그것은 다름이 아니라 10년 동안 격물(사물의
> 이치에 대한 연구)하여 하루 아침에 물격(사물의 이치에 대한
> 파악)하였기 때문으로, 그렇기 때문에 한 붓으로 백만 천만 인물을
> 그려내는 것이 어렵지가 않은 것이다.
>
> 《水滸》所敍, 敍一百八人, 人有其性情, 人有其氣質, 人有其形狀,
> 人有其聲口. 夫以一手而畫數面, 則將有兄弟之形. 一口而吹數聲,
> 斯不免再映也. 施耐庵以一心所運, 而一百八人自入妙者, 無他,
> 十年格物而一朝物格, 斯以一筆而寫百千万人, 故不以爲難也.[10]

이른바 "격물"은 바로 인간의 감정과 사물 이치의 전후 맥락, 즉 사물의 법칙에 대한 탐구이다. 이른바 "물격"은 사람의 감정이나 사물 이치의 전후맥락과 사물의 발전 법칙에 대한 파악을 말한다. 《예기 · 대학礼記 · 大學》 편에서는 "앎에 이르는 것은 사물의 이치를 밝히는 데 있으며, 사물의 이치를 밝힌 후에야 알게 된다.[致知在格物, 物格而後知.]"라고 하였다. 김성탄은 시내암을 "10년 동안 격물하여 하루 아침에 물격(사물의 이치를 파악)하였다."고 칭송하였다. 즉

---

10) (청) 김성탄, 《수호전서삼水滸伝序三》, 차오팡런曹方人, 쩌우시산周錫山 표점,
《김성탄전집金聖嘆全集》(난징南京, 쟝수江蘇고적출판사, 1985) 제 1책, 10 페이지.

시내암이 생활에 대한 오랜 시간 동안의 관찰과 체험을 통해 삶을 훤히 알게 되었고 삶의 이치를 꿰뚫게 되었다는 말이다.

그래서 시내암 자신이 "음탕녀[淫婦]"도 "도둑[偸兒]"도 아니면서도 "음탕녀를 묘사할 때는 음탕녀가 되고, 도둑을 묘사할 때는 도둑이 되는[寫淫婦居然淫婦, 寫偸兒居然偸兒.]", 어떤 인물을 묘사하든지 그 인물의 삶에 녹아들어갔기 때문에 그 인물의 개성과 기질, 형상과 말투를 매우 생동적으로 묘사할 수 있었다는 것이다.

이처럼 김성탄은 문학서사의 대가는 우선적으로 삶에 대한 관찰과 체험에 뛰어나야 한다고 보았던 것이다. 시내암은 "격물군자[格物君子]"였기 때문에 자신의 《수호전》에서 인물의 내면세계에 다가 갈 수 있었고, 그렇기 때문에 108명의 인물의 성격을 생동적으로 묘사할 수 있었으며, 또한 108명 개개인의 삶에 내재된 발자취를 그려낼 수 있었다는 것이다. 김성탄은 또 "천하의 문장 중에 수호전보다 뛰어난 것이 없으며, 세상의 격물군자 중에서 시내암 선생보다 뛰어난 사람이 없다.[天下之文章, 無有出水滸右者. 天下之格物君子, 無有出施耐庵先生右者.]"[11] 장죽파張竹坡은 김성탄의 "십년격물十年格物"설에 대해 칭찬하였다. 그는 《금병매독법金甁梅讀法》에서 "《수호전》을 지은 사람은 틀림없이 많은 고난과 가난과 근심 속에서 세상의 고초를 하나하나 모두 경험하고 세상의 가장 밑바닥을 경험했기 때문에 여러 배역의 정신까지도 묘사할 수 있었던 것이다.[作《金甁梅》者, 必曾於患難窮愁, 人情事故, 一一経歷過, 入世最深, 方能爲衆脚色摹神也.]"라고 했다. 이른바 "하나 하나 모두 경험하고, 세상의 가장 밑바닥까지 경험했다"는 말은 바로 인생에 대한 뼈에 사무치는 이해와 인식을 가지고 있었음을 이르는 것이며, 이러한 인식이 있었기 때문에 삶 그 자체의 궤적을 정확하게 그려낼 수 있었다는 말이다.

《홍루몽》의 작가 조설근 역시도 작품 속 등장인물의 말을 빌리자면 "세상사에 대한 통찰이 모두 학문이고, 세상 인정에 대한 단련이 곧 문장이었다[世事洞

---

11) 위의 책, 10 페이지.

明皆學問, 人情練達則文章.]"라고 할 수 있다. 이 말 또한 인정과 세상 만물의 이치에 대한 깊은 이해가 서사문학 창작의 전제임을 강조하고 있는 것이다.

김성탄은 서사문학가는 장시간의 "격물"이 필요하다고 강조하는 동시에 또한 "징회격물澄懷格物"의 방법을 제시하였다.

격물에는 또한 방법이 있음을 그대는 알아야 한다. 격물의 방법은 충서로 문을 삼는다. 무엇을 충이라고 하는가? 세상의 인연에 따라 법이 생겨나니, 그런 까닭에 충은 배우지 않고서도 이를 수 있는 것이다. 세상사나 자연에 법이 없는 것이 불충이다. 불도 충이고 눈도 충인 까닭에 내가 보는 것이 다 충이다. 종(소리)도 충이고 귀도 충인 까닭에 들리는 소리 중 충이 아닌 것이 없다. 내가 충이면 다른 사람 또한 충이고 도적도 충이고 개나 쥐새끼도 충이다. 도적이나 개나 쥐새끼가 모두 충이라고 하는 이것이 이른바 서이다. 무릇 그러한 후에 격물할 수 있고, 그러한 후에 인간의 본성을 다할 수 있으며, 그리하여 교화하고 기름을 칭찬하고 하늘과 땅과 함께할 수 있는 것이다. (충서는 만물의 양을 재는 두곡이요) 인연생법은 세계를 마름질하는 칼과 자이다. 시내암은 왼손에는 두곡(충서)을 잡고 오른 손에는 칼과 자(인연생법)를 쥐고서 108명의 성정과 기질과 형상과 말투를 묘사해 나가니, 이는 그 발단을 시범적으로 보여주는 것과 같다. 그의 문장을 보면, 글자에는 자법이 있고, 구에는 구법이 있으며, 장에는 장법이 있고, 부에는 부법이 있으니, 또 무엇이 다르겠는가!

格物亦有法. 汝応知之. 格物之法, 以忠恕爲門. 何謂忠? 天下因緣生法, 故忠不必學而至於忠, 天下自然無法不忠. 火亦忠, 眼亦忠, 故吾之見忠. 鐘忠, 耳忠, 故聞無不忠. 吾既忠, 則人亦忠, 盜賊亦忠, 犬鼠亦忠. 盜賊犬鼠無不忠者, 所謂恕也. 夫然後物格,

夫然後能盡人之性, 而可以贊化育, 參天地.(忠恕, 量万物之斗斛也,)
因緣生法,裁世界之刀尺也.施耐庵左手握如是斗斛, 右手持如是刀尺,
而僅乃敘一百八人之性情,氣質,形狀,聲口者, 是猶小試其端也.
若其文章, 字有字法, 句有句法, 章有章法, 部有部法, 又何異哉！ [12]

　　"인연생법"은 불교 용어로, 결과가 만들어지는 직접적인 원인과 결과 간의 조건을
말한다. "인(因)"은 원인을 말하며, "연(緣)"은 조건이다. 작품 속 인물의 운명 등을
포함한 세상만사와 만물은 그러한 결과를 만들어내는 원인과 조건이 없는 것이
없다. 이러한 원인과 조건은 사물이 그렇게 운행될 수밖에 없는 필연적 관계를
구성하게 되는 것이다.

　　서사문학의 작가로서 인물의 운명이나 사물의 발전이 그렇게 될 수밖에 없는
원인과 조건, 그리고 그 필연적인 관계를 정확하게 간파하고 있다면, 이 세상의 그
어떤 인물이나 사물이든 그 생성과 발전과 끝을 완전히 파악할 수 있다. 그렇다면
김성탄이 여기서 반복해서 강조하고 있는 "충(忠)"과 "서(恕)"는 무엇을 의미하는
것일까? 이것은 김성탄이 공자의 "충서 하나로 모든 것을 꿰뚫는다[忠恕一貫之義]"는
시각에서 서사의 규칙을 사고하고 있는 것이다.

　　김성탄의 "충"은 바로 "사물의 본성을 다하고[盡物]", "자기의 본성을
다한다[盡己]"는 의미이다.

　　김성탄은 객관적인 세계에서의 일체의 사물은 모두 그 원인과 조건에 따라 그
본성을 드러내게 된다고 보았다. 예를 들어 세상의 모든 사람들은 이러저러한
성격과 운명을 가지고 있는데, 이것이 그 자신의 원인과 조건에 따라 만들어진
것이고, 외재적 사물의 본성은 자연스러운 것으로, 여기서 말하는 "사물의 본성을
다하는 것"이 바로 "충"의 함의 중의 하나라는 것이다. 동시에 그는 또 문학 서사의
작가는 그 원인과 조건에 따라 자신의 본성(개성)을 가지고 있어야 하며, 작가는

12) 앞의 책 10 페이지.

응당 자신의 본성에 따라 세상 모든 사물의 본성을 체인하고 영원히 자신의 순수한 마음을 유지해 나가면서 충심으로 자신이 느끼고 사색하고 생각하고 발견한 것을 보여주어야지, 자신과 타인을 속여서는 안 된다는 것이다. 이것이 바로 "자신을 다하는 것"이다.

만약 "자신의 본성을 다하게" 되면 능히 "(다른) 사람의 본성을 다 할 수 있게" 되고, 이것이 "충"의 또 다른 함의라는 말이다. 자신에게 충실하게 되면 틀림없이 (다른 사람에게) "관대"할 수 있다는 말이다. 다시 말해서 자신의 처지를 미루어 다른 사람을 헤아린다는 뜻으로, 자신은 음탕녀(淫婦)나 도적, 개나 쥐가 아니지만, 필요할 때는 또한 능히 음탕녀가 되고 도둑이 되고, 개나 쥐가 될 수도 있다는 말이다. 그렇기 때문에 "격물"에서부터 "물격"에 이르는 과정은 인물과 사물의 원인과 조건, 그리고 그 필연적 관계를 파악하는 과정이며, 동시에 또한 자신의 본성으로 미루어 세계의 모든 사물의 본성을 이해하는 과정인 것이다. 김성탄은 《수호전》 제55회 첫머리의 총평에서 자신의 "인연생법"에 대해 더욱 구체적으로 설명하고 있다.

> (불교) 경전에 이르길, "인과 연이 화합하니, 만법이 있게 된다."라고 했다. 자고로 음탕녀에게 찍어내기 식의 사내를 탐하는 법이란 없으며, 도둑에게 찍어내기 식의 도적질을 하는 법도 없고, 재자가인에게 찍어내기 식의 글 짓는 방법은 없다. 인연으로 법이 만들어지게 되니 일체가 모두 갖추어지게 되는 것이다. …… 시내암이 《수호전》을 지어 전한 것은 바로 인연으로 법이 생겨나 문자총지(다라니를 받아 지닌 힘으로 다라니 한 글자 속에서 지금까지 듣고 외운 바 경전의 말씀을 길이 잊지 않는 큰 지혜를 성취할 수 있다는 것역자 주)로 삼은 것이니 이는 인연법을 깊이 통달한 것이다. 무릇 인연법을 깊이 통달한 사람이니 어찌 음탕녀가 아니고 도둑이 아니며, 또한 다시 간웅이 아니고 호걸이

아니라면 무엇이겠는가? 호걸이나 간웅을 묘사할 때 그 문장은
인연을 따라 일어난 것이니, 이는 본래 시내암이 부여한 것이
아니다. 혹자가 "그렇다면 시내암은 어떤 사람입니까?"라고 묻기에
"재자가인으로 ……진정으로 격물치지에 능한 사람이다."라고
하였다.

《経》曰：“因緣和合，無法不有.” 自古淫婦無印板偸漢法，
偸兒無印板做賊法，才子亦無印板做文字法也，因緣生法，
一切具足 …… 而施耐庵做《水滸》一伝，直以因緣生法，
爲其文字總持，是深達因緣也. 夫深達因緣之人，
豈則惟非淫婦也，非偸兒也，亦復非奸雄也，非豪傑也，何也？
寫豪傑奸雄之時，其文亦隨因緣而起,則是耐庵固無与也. 或問曰：
然則耐庵何如人也?曰: 才子也 …… 眞能格物致知者也.[13]

　　김성탄은 문학서사 작품의 등장인물은 현실 속의 인간과 마찬가지로 매우
복잡하기 때문에 음탕녀나 도둑, 재자가인 등 일체의 사람들은 그 누구도
"찍어내기" 식이 아니라, 모든 사람들이 독특한 개성의 "그 사람"이라고 강조하고
있다. 왜냐하면, 따라야 할 통일된 "찍어내기" 방법이란 없을 뿐만 아니라 중요한
점은 모든 사람들이 그렇게 발전하게 된 "인(因:원인)"과 "연(緣:조건)"을 정확하게
파악해야 하기 때문에, 이른바 "인연법에 통달했다"는 말은 바로 "인과 연"의
결합으로 나타난 여러 현실 관계를 파악했다는 말이다.

　　서사문학가 만약 재자가인이라고 한다면, 마찬가지로 그의 "진정으로 격물치지할
수 있어야" 한다. 여기서 주의 깊게 살펴 볼 점은 김성탄은 인물 성격의 "인연"을
탐색하는 것은 현실 속의 각양각색의 인간에 대해 관찰하고 체험해야 할 뿐만
아니라 우선적으로 자기 관찰하고 성찰해야 하며, 자기 자신에게서 "인연법"을

---

13) (청) 김성탄 저, 차오팡런, 쩌우시산 표점, 《김성탄전집金聖嘆全集》(난징, 쟝수고적출판사, 1985)
　　제 2책, 314~315 페이지.

터득해야한다고 보고 있다는 점이다. 그는 《수호전》 제 55회 첫머리 총평에서
다음과 같이 말한다.

> 사람들은 또한 성인 아니면 성인을 알지 못한다고 말한다. 그런즉
> 호걸이 아니면 호걸을 알지 못하고, 간웅이 아니면 간웅을 알지
> 못하는 것이다. 시내암이 묘사하는 호걸은 확실한 호걸인 즉
> 시내암이 호걸임은 의심의 여지가 없다. 그런데 한 가지 이상한
> 점은 시내암이 묘사한 간웅 또한 확실한 간웅인 즉, 시내암이
> 간웅인 것 또한 의심의 여지가 없다는 것이다. 비록 그렇다
> 하더라도 나는 의심한다. 무릇 호걸은 반드시 간웅의 재주가
> 있어야 하며, 간웅도 반드시 호걸의 기개를 가지고 있어야 한다.
> 호걸로 간웅을 겸하고, 간웅으로 호걸을 겸하니, 이로써 시내암을
> 헤아린다면 이것을 이해할 수 있다.
> 人亦有言, 非聖人不知聖人. 然則非豪傑不知豪傑,
> 非奸雄不知奸雄也. 耐菴寫豪傑, 居然豪傑, 然則耐菴之爲豪傑,
> 可無疑也. 獨怪菴寫奸雄, 又居然奸雄, 則是耐菴之爲奸雄,
> 又無疑也. 雖然, 吾疑之矣. 夫豪傑必有奸雄之才,
> 奸雄必有豪傑之氣, 以豪傑兼奸雄, 以奸雄兼豪傑, 以擬耐菴,
> 容当有之.[14]

김성탄의 이 말은 작가는 어떻게 호걸을 성공적으로 묘사할 수 있으면서도 또
간웅도 성공적으로 묘사할 수 있느냐는 것이다. 이치로 보면 호걸과 간웅은 서로
상반된 성격으로, 작가가 호걸의 기개를 가지고 있다면 자연히 호걸의 형상을
성공적으로 만들어낼 수 있을 것이다. 그런데 어떻게 간웅의 형상도 만들어낼 수
있는 것일까? 이에 대한 김성탄의 분석 결과는 호걸과 영웅이 비록 서로 다른 두

---

14) (청) 김성탄 저, 차오팡런, 쩌우시산 표점, 《김성탄전집金聖嘆全集》(난징, 쟝수고적출판사, 1985)
    제 2책, 314 페이지.

부류의 인물이기는 하지만, 그들에게는 같거나 비슷한 요소들을 기지고 있다는 것이다. 이른바 "호걸에게는 간웅의 재주가 있고, 간웅에게는 호걸의 기개가 있다"는 것이다. 작가의 능력은 "호걸의 기개"를 손에 쥐고서 주무르고 발전시켜 "간웅의 기질"을 만들어내는 데 있다는 것이다. 이것이 바로 자기 자신에게서 인물 존재의 "인연"을 찾아 "격물"의 경지에 이르게 되는 것이라는 말이다.

서사문학 작가가 갖추어야 할 능력과 조건으로는 "격물" 이외에도 또한 "동심動心"이 필요하다. 만약 "격물"이 대상 속으로 파고들어가는 것이라고 한다면, "동심"은 자기 자신 속으로 들어가는 것이다. "동심"설은 김성탄이 《수호전》 제55회 총평에서 처음 제기한 것이다.

무릇 시내암이 음탕녀가 아니고 도둑이 아님은 너무나 분명하다. (그런데) 오늘 보니, 음탕녀를 묘사할 때는 오히려 음탕녀이고, 도둑을 묘사할 때는 오히려 도둑이다. 이는 또 어째서 그러한가? 아하, 난 알겠구나! 음탕녀가 아니면 확실히 음탕녀를 알 수가 없고, 도둑이 아니면 확실히 도둑을 알 수가 없음을. 시내암을 일러 도둑이 아니고 음탕녀가 아니라고 말하는 것은 당연히 수호전을 쓰기 전의 시내암이다. 무릇 아직은 아니기는 하지만 단지 시내암이 음탕녀가 아니라고 해서 저 음탕녀 또한 진짜 음탕녀가 아니고, 시암이 도둑이 아니라고 해서 저 도둑이 또한 진짜 도둑이 아니라고 하겠는가! 경전에 이르길, "욕심나는 것을 보지 않으면 마음은 어지럽지 않다."라고 하였다. 세상의 뭇 사람들 중에 왕의 백성이 아닌 사람이 없다. 대저 이미 마음이 움직여 음탕녀가 되고, 마음이 움직여 도둑이 되니, 어찌 오직 음탕녀나 도둑뿐이겠는가? 오직 시내암은 세치의 붓으로 한 폭의 종이 위에 실로 몸소 마음을 움직여 음탕녀가 되고 도둑이 되었으니, 이미 마음이 움직였기에 모두 같은 것이다. 또한 먹을 찍은 붓이 그려내는 것이 짝이 있는 사람의 불륜이 아니고 지붕 처마를 날아 넘고 벽 위를 걸어 다니는 경공술이 아님을 변별해야 하는 것이다.

若夫耐菴之非淫婦, 偸兒, 斷斷然也. 今觀其寫淫婦居然淫婦, 寫偸兒居然偸兒, 則又何也? 噫嘻, 吾知之矣! 非淫婦定不知淫婦, 非偸兒定不知偸兒也. 謂耐菴非淫婦非偸兒者, 此自是未臨文之耐菴耳. 夫当其未也, 則豈惟耐菴非淫婦, 卽彼淫婦亦實非淫婦. 豈惟耐菴非偸兒, 卽彼偸兒亦實非偸兒. 経曰: "不見可欲, 其心不亂." 群天下之族, 莫非王者之民也. 若夫既動心而爲淫婦, 既動心而爲偸兒, 則豈惟淫婦, 偸兒而已. 惟耐菴於三寸之筆, 一幅之紙之間, 實親動心而爲淫婦, 親動心而爲偸兒, 既已動心, 則均矣, 又安辯泚筆点墨之非人馬通姦, 泚筆点墨之非飛檐走壁耶.[15]

여기서 말하고 있는 "마음의 움직임"은 이미 일반적인 서사 작가가 갖추어야 할 조건이 아니다. 여기서는 천재적인 문학 서사자의 본능과 재능을 말하고 있는 것이다. 작품을 쓰기 전에는 작가는 작가일 뿐이다.

그러나 일단 서사 속으로 들어가고 난 후에는 작가는 더 이상 작가가 아니라는 것이다. 작가는 자신의 신분을 "잊고" "직접 마음이 움직이게" 되며, 그리하여 자신이 작품 속의 등장인물이 되고 등장인물의 욕망에 의해 지배되어진다. 음탕녀를 묘사할 때는 자신이 음탕녀가 되고, 도둑을 묘사할 때는 자신이 도둑이 되어, 마치 자기 자산도 "불륜을 저지르고", "담을 뛰어넘고 벽을 걸어 다니는 경공술"을 펼칠 수 있을 것 같다.

김성탄이 17세기에 제기했던 "동심"설은 독일의 유명한 학자 테오도르 립스(Theodor Lipps)가 제기했던 "감정 이입"설과 매우 유사하다. "감정 이입"의

---

15) 앞의 책 같은 페이지.

작용은 사실상 투사작용(projection)의 일종이다. 다시 말해서 "나"의 자각과 정감을 외부의 인물이나 사물에 투사시키는 것으로, 작가는 자신을 잊고서 묘사하는 인물이나 사물과 동일시되는 것이다. 예를 들어, 프랑스의 유명 작가인 귀스타브 플로베르(Gustave Flaubert)가 《보봐리 부인Madame Bovary》을 지을 당시 그의 친구에게 보낸 편지에서 "책을 쓸 때 완전히 자신을 잊어버리고 어떤 인물을 묘사하면 바로 그 사람과 같은 생활을 하곤 하는데, 이것은 매우 즐거운 일이다. 예를 들어 오늘 나는 동시에 남편이 되고 아내가 되기도 하고, 애인이 되고 정부가 되기도 하여 말을 타고 숲 속을 여행하였는데, 가을날 저녁 석양이 온 숲의 나뭇잎을 노랗게 물들였다. 나는 나 자신이 말이고 바람이고 그들 두 사람의 달콤한 밀어가 되고 그들의 사랑으로 가득 찬 눈길로 지긋이 바라보는 태양이 되기도 했다."[16] 라고 했다. 플로베르는 작품의 집필에 들어가게 되면 "직접 마음이 움직이기[親動心]" 때문에 "어떠한 인물을 창조하면 그 인물의 삶을 사는" 현상이 나타나게 된다는 것이다. 김성탄의 "동심動心"설은 또한 "역지사지[設身處地]"이라고도 불리는데, 바로 다른 사람(인물)의 처지가 되어서 그 인물의 영혼 깊숙이 파고들어감으로써 함께하는 운명 공동체가 된다는 말이다. 이는 문학 서사 주체성의 중요한 함의이다.

문학 서사이론은 크게 세 단계로 나누어 볼 수 있다.

첫 번째 단계는 자신이 묘사하고자 하는 인물과 사건에 대한 이해와 숙지를 강조하는 단계이다. 이러한 사유 배경에서의 창작은 그다지 성공적이지는 못하다. 창작을 할 때 작가는 작가일 뿐이고 인물은 인물일 뿐이다. 작가는 인물의 내면세계 속으로 들어가지 못하기 때문에 그 결과 인물 성격의 논리를 제대로 파악하기가 어려운 것이다.

두 번째 단계는 문학 서사자 자신의 생활 경험을 강조하는 단계로, 자신의 경험으로 인물을 체험하고 관찰하고 묘사해 내는 것이다. 이러한 사유 배경 아래에서의 창작은 작가가 창조한 인물 하나 하나가 모두 작가 자신이기 때문에

---

16) 《주광첸 미학 문학 논문 선집朱光潛美學文學論文選集》(창사長沙, 후난湖南인민출판사, 1980) 80
    페이지에서 인용.

"천편일률적 인물[千人一面]"의 오류가 나타나는 결과를 야기하게 된다.

세 번째 단계는 문학 서사자(敍事者)가 "마음을 움직여[動心]" "인물의 입장이 되어 되는[設身處地]" 단계로, 작품을 서술할 때 작가는 완전히 자신을 내려놓고서 인물의 내면세계로 몰입해 들어감으로써 "나"와 인물이 "동일시"되는 단계이다. 이렇게 함으로써 살아있는 인물을 창조하게 되는 것이다. 이로써 보건데, 문학 서정론에서의 정경융합이 성숙한 서정론인 것과 마찬가지로 김성탄의 "동심"설과 "역지사지"설은 문학 서사이론의 성숙한 형태임을 알 수 있다.

그러나 우리는 여전히 "격물"이 매우 중요하다고 본다. 삶을 제대로 이해하지 못하면 작품을 서술할 때 어떻게 "마음이 움직이겠는가?" 문학 서사의 조건과 능력은 "격물군자格物君子"와 "동심재자動心才子"가 하나로 통일되어야 하는 것이다.

3. "인정과 도리에 맞는 사건[事体情理]"과 "자연 그대로의 그림[天然図畵]"— 서사문학의 예술적 진실성

> 작품의 진실성은 고립적으로 보는 것이 아니라 전체의 내재적
> 연관성에서 보아야 한다. 바로 대관원 속에 농가가 있어 붉은 칠을
> 한 웅장하고 화려한 귀족의 정원 안에 농가가 자리 잡고 있는 것은
> 홀연히 고립되어 진실되지 못한 것이다.

중국이든 서양이든 문학 서사의 생명력과 매력은 예술적 진실성이다. 중국 고대문학 서사의 예술적 진실성 역시도 매우 높은 수준에 이르렀다. 그러나 우리는 문학 서사의 가장 큰 특징 중의 하나가 바로 허구(虛構)임을 알고 있다. 예를 들어 풍몽룡(馮夢龍)은 "사건은 거짓이나 그 이치는 참이다.[事贋而理眞]"라고 말했다. 이지는 "《수호전》의 문자는 원래 거짓된 것이지만 참된 정감을 그려냈기

때문에 그 시작과 끝을 하늘과 땅과 함께 한다.[《水滸伝》文字原是仮的, 祇爲他描寫得眞情出, 所以便可与天地相始終.]"[17]라고 했으며, 또 "세상의 문장은 흥취를 제일로 삼는다. 이미 흥취가 있다면 그 사건이 사실일 필요가 있는가? 또한 사건이 사실이라면 그 인물이 진짜일 필요가 있겠는가? 만약 하나 하나 따진다면 어찌 사람들의 웃음거리가 되지 않겠는가? [天下文章当以趣爲第一. 旣然趣了, 何必實有其事, 幷實其事, 幷實有其人? 若一一推究如何如何, 豈不令人笑殺?]"[18]라고 하였다. 풍몽룡이 말하는 "가짜[贋]"나 이지가 말하는 "거짓[仮]"은 모두 허구를 말하는 것이다. 만약 소설이 허구가 아니고 모두가 사실이라고 한다면 그것은 문학 서사가 아니고 소설이 아니다. 허구가 문학 서사의 관례임은 더 말할 필요도 없다. 문제는 문학 서사가 허구적인 것이라고 한다면, 그렇다면 문학 서사의 진실성을 어떻게 이해해야 할 것이냐, 중국의 고대 서사학은 어떤 가치 있는 견해들을 제공해 줄 수 있느냐는 문제이다. 이 문제에 있어서 《홍루몽》의 작가 조설근의 견해를 눈여겨 볼만 하다. 루쉰은 《홍루몽》을 다음과 같이 평가했다.

> 《紅樓夢》의 가치에 대해서 말하자면 중국의 소설 가운데 실로 보기 드문 것이라고 할 수 있다. 그 요점은 감히 사실적으로 묘사하였으며 결코 꺼리거나 은폐하려 하지 않은 데 있으니, 이전의 소설들이 좋은 사람은 완전히 좋게, 나쁜 사람은 완전히 나쁘게 묘사하는 것과는 크게 다르기에 작품 가운데 묘사된 인물들은 모두 실제로 존재하는 인물들이다. 요컨대 《紅樓夢》이 출현한 이래 전통적인 사상과 작법이 모두 타파되었다. ―그 문장의 아름다움과 독자들을 사로잡는 힘은 오히려 그 다음이다

---

17) (명) 이지李贄, 《수호전水滸伝》 제10회 회말평,
  《명용여당각수호전明容与堂刻水滸伝》 (상하이, 상하이인민출판사, 1975) 참고.
18) (명) 이지, 《수호전》 제53회 회말 총평, 《명용여당각수호전明容与堂刻水滸伝》 참고.

至 於 說 到 《 紅 樓 夢 》 的 価 値 ， 可 是 在 中 國 底 小
說 中 實 在 是 不 可 多 得 的． 其 要 点 在 敢 於 如 實 描 寫， 并 無 諱 飾，
和 從 前 的 小 說 敘 好 人 全 是 好， 懷 人 全 是 壞 的， 不 大 相 同，
所 以 其 中 所 敘 的 人 物， 都 是 眞 的 人 物． 總 之 自 有《紅 樓 夢》出 來 以 後，
伝 統 的 思 想 和 寫 法 都 打 破 了． ── 它 那 文 章 的 旖 旎 和 纏 綿，
倒 是 還 在 其 次 的 事．[19]

그렇다면 조설근은 어떻게 "감히 사실적으로 묘사하면서 꺼리거나 은폐하려 하지
않을 수" 있었을까? 조설근은 정말로 "사실 그대로 기술"했던 것일까? 조설근은
자신의 서사가 "가어촌이 말하는 것[仮語村言]"임과 동시에 "거짓을 참으로 여길
때 참은 또한 거짓이고, 없는 것을 있다고 여기면 있는 것은 없는 것이 되고
만다.[仮作眞時眞亦仮, 無爲有處有還無.]"고 말하고 있지만 사실 사람들이 "사실처럼
묘사"하면서도 "꺼리거나 은폐하지 않았다"고 느끼게 하는 이유는 그가 '바위'의
입을 통해 하는 말에 잘 나타나 있다.

제가 보기에 지금까지의 야사들은 모두 판에 박은 형식을 취하고
있으니, 내가 그런 고리타분한 형식에 기대지 않음이 오히려
새롭지 않겠습니까? 다만 사건이 인정과 도리에 맞으면 그만일
따름입니다. …… 작품 속 인물들의 이별과 만남, 슬픔과 즐거움,
그리고 흥망성쇠와 처지에 대해서는 그 흔적을 쫓아 감히 억지로
지어내지 않는다. 허투루 사람의 이목을 끌려다가는 오히려 그
진실됨을 잃게 된다.
我 想 歷 來 野 史 皆 蹈 一 轍， 莫 如 我 不 借 此 套 者 反 倒 新 奇 別 致，
不 過 祇 取 其 事 体 情 理 罷 了 …… 至 若 離 合 悲 歡 与 興 衰 際 遇，

---

19) 루쉰魯迅, 《중국소설의 역사적 변천中國小說的歷史変天》 (홍콩, 홍콩 삼련서점, 1598) 38 페이지.

則又追蹤躡跡, 不敢稍加穿鑿, 徒爲哄人之目而反失其眞伝者.[20]

사건을 사실 그대로 기록하는 것이 아니라 대담하게 예술적 허구를 이어나가지만, 그러나 "인정과 도리(이치)에 맞는 사건만을 취한다[取其事体情理]"라고 하는 이것이 바로 조설근 문학 서사의 "진실성"이다. 세간의 사물들은 그 내적 연관성을 가지고 있을 뿐만 아니라 하나의 사물에는 그 사물 자체의 운동 궤적을 가고 있어서, 다른 사물의 운동 궤적과는 다르니 이것이 바로 사물의 "이치"이다. 그렇기 때문에 예술적 진실성의 첫 번째 요구 사항은 바로 "합리성"이라고 할 수 있다.

합리적이지 않음은 바로 그 자취를 추적할 수 없는 억지스러움이라는 말이다. 조설근은 《홍루몽》에서 종종 다른 사람의 입을 빌어 이 "도리"를 설명하곤 한다. 예를 들어, 가모賈母의 "거짓말 까발리기[掰謊]"는 바로 과거의 서사 작품 줄거리가 "합리적"이지 못하여 진실성을 잃어버렸음을 지적하는 것이다.

가모는 "대대로 벼슬하는 대갓집 아가시라면 모두 글께나 읽고 사리를 알 것이니, 부인들조차도 책을 읽고 예의를 알 터인데, 하물며 나이 들어 은퇴하고 고향으로 돌아왔다면 그런 집안은 자연이 식솔도 적지 않을 것이요, 아가씨 시중을 드는 유모나 하녀도 적지 않을 터인데, 어찌 이런 책엔 그런 이야기를 적을 때마다 아가씨에게 하녀가 한 명밖에 없단 말이냐? 너희들도 생각해보렴. 그 사람들은 다 뭘하는 사람들이란 말이냐. 그러니 이 얘기는 앞뒤가 맞지 않느냐? [既說是世宦書香大家小姐都知書識理, 連夫人都知書識礼, 便是告老還家, 自然這樣大家人口不少, 奶母丫鬟伏侍小姐的人也不少, 怎麼這些書上, 凡有這樣的事, 就祇小姐和緊跟的一個丫鬟? 你們自想想, 那些人都是管什么的, 可是前言不答後語?]"라고 했다.

자기 자신이 대가문의 가장 큰 어른으로서 그런 대갓집의 규율들을 매우 잘 알고

---

20) (청) 조설근曹雪芹, 《홍루몽紅樓夢》 (베이징, 인민문학출판사, 1975) 경진본(庚辰本) 제1회

있었기 때문에 옛날의 평범한 사랑놀이 연극이나 소설에 등장하는 사랑 이야기의 패턴이 진실 되지 못하다고 비평하고 있는 것이며, 그 비평 기준이 바로 사건의 "합리성"인 것이다. 이는 사실상 조설근의 생각을 그대로 표현한 것이다.

그의 《홍루몽》은 어떤 의미에서 보면 또한 언정(言情) 소설이긴 하지만, 줄거리의 전개 양식에 있어서는 구 언정 소설 작품의 불합리한 격식들을 타파하고 생활 그 자체의 패턴으로 서술하고 있다.

조설근이 말하는 사건의 "합리성"에 대한 또 다른 해석은 바로 사물들 사이의 내적 연관성을 충분하게 파악해야 함을 말하는 것이라는 해석이다. "대관원에서 편액으로 가보옥의 재능을 시험하는[大觀園試才題對額]" 대목에서 가정賈政이 가보옥賈宝玉의 재능을 테스트하기 위해서 여러 식객들과 가보옥을 데리고 대관원으로 들어서면서 새로 지은 건물들의 편액의 대련을 제시하였다. 조설근은 다음과 같이 묘사하고 있다.

일행이 산모퉁이를 도니, 황토로 쌓은 낮은 담이 보일락 말락 이어져 있고, 담은 모두 볏짚으로 이영을 엮어 덮어 놓았다. 몇 백 그루의 살구나무는 마치 불타는 노을처럼 단풍이 들어 있고, 그 안쪽으로는 두 칸짜리 초가집이 자리하고 있고, 그 바깥으로는 뽕나무, 느티나무, 무궁화, 석류나무 등 각양각색의 나무들의 어린 새 가지들이 뻗쳐있고, 그 굴곡을 따라 두 줄로 푸른 울타리가 이어져 있다. 울타리 밖 언덕배기 아래에는 우물이 하나 있고, 그 옆에는 두레박이며 도르래가 있고, 그 아래쪽으로는 밭두둑이 나란한 밭이 있고, 밭에는 온갖 채소와 꽃들이 무성하게 자라고 있다. 가정은 웃으면서, "이곳은 그래도 이치에 맞군. 인공적으로 꾸며 만든 것이기는 하지만, 지금 이렇게 보니, 내가 귀농하고 싶은 마음을 꼬드기는 것 같군.……"
…… 轉過山懷中, 隱隱露出一帶黃泥筑就矮墻, 墙皆用稻莖掩護.

有几百株杏花, 如噴火蒸霞一般, 里面數楹茅屋. 外面卻是桑, 榆, 槿,
柘, 各色樹稚新條, 隨其曲折, 編就兩溜青籬, 籬外山坡之下有一土井,
旁有桔槹轆轤之屬, 下面分畦列畝, 佳蔬菜花, 漫然無際.
賈政笑道: "倒是此處有些道理. 固然系人力穿鑿, 此時一見,
未免勾引起我歸農之意……"[21]

따로 떼어서 보면 대관원 안의 이 같은 인위적인 농가는 바로 가정이 말한 것처럼
"이치에 맞는" 듯하다. 그러나 대관원이라는 화려하고 웅장한 기세의 정원에 이처럼
인위적인 농가를 배치해 놓는 것이 "합리"적이고 진실 된 것인가에 대해 가보옥과
가정은 논쟁을 벌이게 된다.

> 말을 하면서, 초당으로 들어서니, 안에는 종이 바른 창문과 나무
> 침상이 놓여 있어서 부귀의 기상이 씻은 듯이 사라졌다.
> 가정은 마음 속으로 흡족해 하면서, 오히려 보옥을 쳐다보며,
> "여기는 어떠냐?"고 물었다. 사람들은 그 질문을 듣고서, 황급히
> 보옥을 떠밀며 좋다고 말하라고 일렀다. 그러나 보옥은 사람들의
> 충고를 듣지 않고, "'유봉래의'보다는 훨씬 못한 거 같습니다."라고
> 대답했다. 그 말을 듣고서 가정은 "무지한 놈! 너는 화려한
> 고대광실이나 궁정 누각 밖에 모르고, 호화롭고 사치스러운 것만을
> 좋아하니, 맑고 그윽한 기상을 어찌 알겠느냐! 이것이 다 책을 읽지
> 않은 탓이다."라고 힐책했다. 보옥은 황급히, "아버님의 가르침이
> 지당하십니다.
> 그러나 옛 사람들은 항상 '천연'이란 두 글자를 말하곤 했는데, 그
> 뜻이 무엇인지 모르겠습니다."라고 했다. 여러 사람들은 보옥의

---

21) (청) 조설근, 《홍루몽》 (베이징, 인민문학출판사, 1982) 230~231 페이지.

외고집 심보을 알아채고는 그 미련함을 탓했다. 지금 '천연' 두 글자의 의미를 묻는 것을 보고서는 사람들이 "다른 것은 다 잘 알면서 어찌 '천연'이란 두 글자의 뜻도 모른단 말입니까? '천연'이란 사람의 힘으로 만든 것이 아니라 하늘이 만들어놓은 자연스러움을 말하는 것이잖아요."라고 황급히 말했다. 이에 보옥은 "그러니까 말입니다. 이곳에 농가를 두는 것은 분명 억지로 사람이 만들어 놓은 것입니다. 멀리로는 마을이 없고, 가까이로는 성곽도 없습니다. 뒤에 산을 등지고 있으나 산에는 산줄기가 없고, 앞에 물이 있으되 수원지가 없으며, 높은 곳에는 숨어있는 사찰의 탑도 없고, 아래로는 시장으로 통하는 다리도 없습니다. 홀로 고립되어 툭 튀어나와 있으니 썩 보기가 좋지 않다는 말입니다. 아까 지나온 곳은 자연의 이치와 기상을 가지로 있어서 비록 대나무를 심고 샘물을 끌어들였지만 또한 인위적인 느낌이 없었습니다.

옛 사람들이 '천연도화'라고 한 것은 바로 다름이 아니라 지세에 맞지 않게 억지로 터를 잡고 산이 아닌데 억지로 산을 만드는 것을 꺼린 것이니, 비록 아무리 정교하게 하여도 결국에는 서로 어울리지 않는 것입니다." 말이 채 끝나기도 전에 가정이 화를 내면서, "썩 꺼지거라."라고 소리를 질렀다.

…… 說著, 引人步入茆堂, 里面紙窗木榻, 富貴气象一洗皆盡. 賈政心中自是歡喜, 卻瞅宝玉道. "此處如何？" 衆人見問, 都忙悄悄的推宝玉, 教他說好. 宝玉不听人言, 便応聲道: "不及'有鳳來儀'多矣." 賈政听了道: "無知的蠢物! 你祇知朱樓畫棟, 惡賴富麗爲佳, 那里知道這清幽气象. 終是不讀書之過！" 宝玉忙答道: "老爺教訓的固是, 但古人常云'天然'二字, 不知何意？" 衆人見宝玉牛心, 都怪他呆痴不改. 今見問'天然'二字, 衆人忙道: "別的都明白, 爲何連'天然'不知？'天然'者,

天之自然而有, 非人力之所成也."宝玉道: "卻又來! 此處置一田庄,
分明見得人力穿鑿扭捏而成. 遠無鄰村, 近不負郭, 背山山無脈,
臨水水無源, 高無隱寺之塔, 下無通市之橋, 峭然孤出, 似非大觀.
爭似先處有自然之理, 得自然之气, 雖种竹引泉, 亦不傷於穿鑿,
古人云'天然図畫'四字, 正畏非其地而强爲地, 非其山而强爲山,
雖百般精而終不相宜." 未及說完, 賈政氣的喝命: "叉出去……" [22]

이 단락은 가보옥과 가정이 충돌하는 장면으로, 조설근이 이 단락을 통해 자신의
예술적 관점의 핵심을 보여주고 있는 것이어서 간과할 수 없는 대목이다. 조설근은
한 작품의 진실성은 고립적으로 보아서는 안 되며, 반드시 전체의 내적 연관성
속에서 파악해야 한다고 보았다. 바로 대관원 속에 이 같은 농가의 배치를 가보옥이
비판한 까닭은 고대광실 같은 화려한 귀족 정원에 농가를 두는 것은 느닷없이 툭
삐져나와 진실되지 못하다는 것이다.

진짜 농가는 "자연"스러워야 하며, 다른 사물들과 전체적으로 어우러져, 저
멀리로는 마을이 있고, 가까이로는 성곽이 있어야 하며, 등지고 있는 산은 산줄기가
이어져 있어야 하고, 앞의 물은 수원지가 있어야 하며, 저 높이로는 숲속에 숨겨진
사찰의 탑이 있어야 하고, 아래로는 시장으로 통하는 다리가 있어야 한다는 것이다.
이런 농가가 비로소 "자연 그대로의 그림[天然図畫]"이라는 것이다. 진실함은
전체와의 관계 속에 존재하는 것이라는 말이다. 하나의 사물을 고립적으로 보게
되면 그 자체가 아무리 그럴듯하게 비슷하다고 해도 그 참됨을 증명할 수가 없다.
이처럼 조설근은 참됨은 전체와의 연관 속에 있는 "천연도화"라는 명제를 제기하고
있는 것이다. 이 명제는 문학 서사에 있어서는 특히 중요한 것이다. 하나의 서사
작품에는 반드시 많은 등장인물들과 많은 사건들, 그리고 여러 다양한 환경들이
등장할 수밖에 없는데, 이러한 인물들 간, 사건 사이, 환경 사이의 관계, 그리고

---

22) 앞의 책 232~233 페이지.

인물과 사건의 관계, 인물과 환경, 사건과 환경의 관계는 모두 전체의 내적인 연관성을 가지고 있고, 진실성은 이 전체의 내적 연관성 속에 내재되어 있는 것이다. 이 전체적 연관성을 벗어나면 사건 자체의 "이치"를 잃어버리게 되고, 진실성을 잃어버리게 되는 것이다.

조설근은 진실성에 대해 말하면서 "인정과 도리에 맞는 사건과 등장인물"을 요구했다. 이것이 바로 진실성은 합리적이어야 할 뿐만 아니라 "인정에도 부합[合情]"해야 함을 말하는 것이다. "도리[理]"는 객관적 사물의 이치를 말하고, "인정[情]"은 개체의 주관적인 정감을 말한다. 예를 들어 앞에서 언급했던 문학 서사와 비문학 서사는 그 주요한 차이점이 정감을 가지고 있느냐의 여부에 있다고 했다. 마찬가지로 서사문학의 진실성과 일반적 역사적 진실성의 차이 역시도 진실된 정감이 있느냐 여부에 달려 있다는 것이다. 명·청 시대 사람들은 문학 서사에서 "인정(인간으로서의 감정)"이 진실하기만 하면 황당무계하거나 기괴한 묘사도 "진실"이 될 수 있다고 보았다. 명대의 희극 작가 탕현조湯顯祖는 〈목단정기제사牧丹亭記題辭〉에서 다음과 같이 말한다.

세상에서 정이 있는 여인네들 중에서 어찌 두여낭과 같은 사람이 있겠는가? 꿈 속에서 그 님을 만나 병이 들었고, 병이 들자 몸져눕더니, 마침내는 직접 자신의 그림을 그려 전하고는 죽고 말았다. 죽은 지 3년이 지나, 다시 어둠 속에서 꿈에 그리던 님을 찾아 다시 살아났다. 두여낭 같아야 비로소 정 많은 사람이라 할 수 있을 것이다.

그녀의 정은 부지불식간에 일어났다가 갈수록 깊어져, 살아서는 정을 위해 죽을 수 있고, 죽어서는 정 때문에 살아나기도 한다. 살아서 정을 위해 죽으려 하지 않고, 죽어서 다시 살아날 수 없는 것은 모두 지극한 정이 아니다. 꿈 속에서의 정이라고 어찌 진짜가 없겠는가! 세상에 꿈속의 님이 없기야 하겠는가? 반드시 베개를

같이 베고 한 이불에 누워야만 남녀가 친밀해지고, 관직에서
물러나야만 평안해질 수 있다고 하는 것은 모두 틀에 박힌 생각일
뿐이다.

天下女子有情寧有杜麗娘者乎？夢其人卽病，病卽弥連，
至手畫形容伝於世而後死. 死三年矣, 復能溟莫中求得其所夢者而生.
如麗娘者, 乃可謂之有情人耳. 情不知所起, 一往而深, 生者可以死,
死者可以生，生而不可与死，死而不可復生者，皆非情之至也.
夢中之情，何必非眞，天下豈少夢中之人耶？必因荐枕而成親,
待挂冠而爲密者, 皆爲形骸之論也.[23]

여기서 말하는 "감정"은 당연히 사람의 "지극한 정감", "진실된 감정"을 말한다.
"지극한 정감"과 "진실된 감정"이라면 문학 서사에서는 산 사람이 죽을 수도 있고,
죽은 사람이 다시 살아날 수도 있다는 것이다. 이것은 모두 진실 된 것임은 독자나
관중들이 모두 인정하는 바이다.

이러한 전통의 연원은 고대의 신화나 우언, 특히 초사의 〈이소離騷〉에까지
거슬러 올라가게 된다. 감정이 진실 되기만 하면 위로는 하늘과 아래로는 땅과
신령과 귀신 모두가 진실 된 것이다. 관한경關漢卿의 《두아원竇娥冤》에서 두아가
형벌을 받으면서 했던 세 가지 맹세가 하나 하나 실현이 될 때 그 어떤 독자도
그것이 진실이 아니라고 말하지 않는다.

그 이유는 바로 작가가 이 이야기의 줄거리에 진실된 감정과 지극한 정감을
쏟아 부어 놓았기 때문이다. 조설근의 《홍루몽》은 현실주의 소설로서, 이 작품에
등장하는 이별과 만남, 슬픔과 기쁨, 인간사의 홍망성쇠와 처우 등은 모두 그
자취를 추적할 수 있는, 억지로 견강부회해 놓은 것은 아니지만, 또한 일부 조금은
황당한 묘사들도 출현한다. 예를 들어 강주선자絳朱仙子가 눈물로 은혜를 갚는다는

---

23) (명) 탕현조湯顯祖, 《옥명당문지육 목단정기제사玉茗堂文之六 牧丹亭記題辭》, 쉬수어팡徐朔方
전교 《탕현조시문집湯顯祖詩文集》 (상하이, 상하이 고적출판사, 1982) 1093 페이지 참고.

이야기나 풍파도인瘋跛道人의 "호료가好了歌", 진사은甄士隱이란 이름에 대한 해석, 그리고 그 이후의 가출, 보옥의 목에 걸린 옥돌의 유래, 보옥이 꿈속에서 태허환경에서 노닐던 이야기 등은 모두 환상 같은 진실의 느낌을 준다. 가장 기괴한 것은 완전한 현실주의 묘사 속에 불가사의한 줄거리들을 삽입시켜놓고 있다는 것이다. 예를 들어, 제16회에서 진종秦鍾이 숨을 거두려는 순간에 저승사자들이 명부첩을 들고서 진종의 혼백을 잡아가려는 대목에서, 진종은 죽기 직전에 많은 근심걱정이 많아서 마침내는 부득불 저승사자들에게 사정하자, 저승사자들이 "당신은 글깨나 읽었다는 선비로 어찌 '염라왕이 삼경에 죽으라고 하면 그 아무도 오경까지 머무를 수 없다'는 속담도 모른단 말인가? 우리가 사는 이 저승의 세상에서는 위아래 할 것 없이 모두 공평무사(公平無私)해서 너희네 이승 세상처럼 사정을 봐주느니 어쩌니 그런 것이 없다.[虧你還是讀過書得人, 豈不知俗話說：'閻王叫你三更死, 誰敢留你五更', 我們陰間上下都是鐵面無私的, 不比你們陽間瞻情顧意, 有許多的關碍處.]"라고 하며 꾸짖는다. 이 같은 황당한 묘사에 대해 독자들은 비록 이런 상황이 진짜로 있을 수는 없지만, 작가가 이를 통해 사람들의 정감을 일깨우려한다는 점에 매우 진실하다고 생각하게 된다. 그래서 《홍루몽》의 평론가인 지연재脂硯齋는 제56회에서 가보옥이 기이한 꿈을 꾸면서 "가짜" 보옥을 만나는 장면의 평어에서 "꿈 속의 풍경은 아주 몽롱했지만, 오히려 아주 분명했으니, 요괴나 귀신도 작가의 붓끝을 막지는 못한다. 전체가 지극한 인정(정감)이요 지극한 도리에서 묘사되어 나왔다.[敍人夢境極迷離, 卻極分明, 牛鬼蛇神不犯筆端, 全從至情至理中寫出.]"라고 했다. 이는 바로 "지극한 인정(정감)과 지극한 도리"만 있으면 요괴나 귀신도 그 붓끝에서는 진실이 된다는 말이다. 지연재는 《홍루몽》의 평어에서 "필진畢眞", "인정에 부합하고 도리에 맞다.[合情合理]", "인정에 가깝고 도리에 가깝다.[近情近理]", "지극한 인정과 지극한 도리[至情至理]", "세상은 반드시 인정사에서 비롯된다.[天下必由情事]"라는 등의 말로 《홍루몽》의 서사 예술을 평가하면서, 조설근의 진실성이 바로 "인정(정감)과 도리에 맞는 사건(인물)만을 취한" 것임을 증명하였다.

어쨌든, 명과 청, 이 두 시대의 서사문학 평론가나 작가들은 서사 예술의 진실성에 대한 견해는 "인정(정감)과 도리에 부합해야 한다."는 간단하고 명료하면서도 정확하고 적절한 언어로 개괄해 볼 수 있다.

그들은 문학 서사의 허구와 진실을 대립적으로 보지 않았으며, 예술적 진실성과 역사적 진실성 등을 동등시하지도 않았다. 이른바 "작품의 사건이 진실이면 도리가 가짜일 수 없고, 사건이 가짜라 하더라도 도리는 진실해야 한다.[事眞而理不贋, 卽事贋而理亦眞]"(풍몽룡), "소설의 사건이나 등장인물이 반드시 진짜일 필요는 없지만, 인물과 사건에 대한 묘사는 반드시 진짜 같아야 한다.[未必然之文, 又必定然之事]"(김성탄), "사건은 진짜로 있는 일이 아니더라도 그 도리는 반드시 진짜로 있는 것이어야 한다.[事之所無, 理之必有]"(지연재)라고 하는 말들은 모두 문학 서사의 허구의 원리에 대해 긍정함과 동시에 형상은 허구라 하더라도 "지극한 인정과 지극한 도리"를 써내야만 문학 서사의 진실성을 획득할 수 있음을 설명해주는 것이다.

4. "같으면서도 같지않음을 구별한다.[同而不同處有辨]" — 서사문학 인물 성격의 창조

"같으면서도 같지 않음을 구별한다."는 말은 공통성과 개성 사이의 관계를 말하는 것으로 반드시 분명하게 구분해야 하는 것이다. 공통성을 개성으로 여기거나 개성을 공통성으로 여겨서는 안 되는 것이다.

중국 고전문학 서사의 가장 큰 성과는 수많은 인물들의 성격과 인물의 정형성 창조에 있음은 의심의 여지가 없다. 《삼국연의》의 유비, 관우, 장비, 제갈량,

조조, 주유 등과 《수호지》의 임충, 노지심, 이달, 무송, 오용, 원소칠 등, 그리고 《서유기》의 손오공, 저팔계, 삼장법사 등과 《홍루몽》의 가보옥, 임대옥, 설보채, 청문, 습인, 왕희봉, 가모, 유씨 유모, 가정 등, 이 모두가 중국인들에게는 너무나 익숙한 인물들이다. 뿐만 아니라 이 인물들의 성격은 사회적 인물의 "대명사"가 되어 지금까지 끊이지 않고 전해져 오고 있다. 왜 사람들은 소설의 줄거리와 구체적인 묘사는 잊어버렸으면서도 소석속의 독특한 성격을 가진 인물들은 기억하고 있는 것일까? 이것은 사람과 사람 사이에 존재하고 있는 최고의 존재이기 때문이며, 인물 성격은 소설 속에서 예술적 매력을 가장 많이 가지고 있는 내용이기 때문이다. 바로 이러한 이유로 중국 고전 소설에 대한 평가에서 인물 성격에 대한 문제가 가장 많았으며, 많은 인상 깊은 의견들이 제시되었다.

인물 성격의 창조는 문학 서사에서 어떤 위치를 차지하고 있는 것일까? 김성탄은 이 문제를 매우 중요하게 여겼으며, 〈독제오제자서법讀第五才子書法〉에서 이 문제에 대해 분명하게 대답하고 있다.

《수호전》에서 한 명의 등장인물이 나오면 분명히 한 편의 열전이 된다. 중간의 구체적인 사건들에 이르게 되면 다시 또 단락을 쫓아 절로 문자가 되는데, 두 세권이 한 편이 되는 곳도 있고, 대여섯 구절 한 편이 되는 곳도 있다. 다른 책들은 한 편만 보면 된다. 그러나 이 《수호전》은 홀로 아무리 보아도 지루하지가 않은 이유는 바로 등장인물 108명의 성격을 모두 너무나 생생하게 묘사하고 있기 때문이다.

《수호전》의 108명 등장인물의 성격은 108 종류이다. 만약 다른 책이라면 천 명의 인물을 묘사하고 있다 하더라도 그 성격은 한 종류나 마찬가지고, 두 사람을 묘사해도 마찬가지로 그 성격은 한 사람이나 똑같다.

《水滸伝》一個人出來，分明便是一篇列伝．至於中間事迹，又逐段自成文字, 亦有兩三卷成一篇者, 亦有五六句成一篇者.

別一部書, 看過一遍卽休. 獨有 《水滸伝》, 衹是看不厭,
無非爲把一百八箇人性格, 都寫出來.

《水滸伝》 寫一百八箇人性格, 眞是一百八樣. 若別一部書,
任他寫一千箇人. 也是一樣, 便衹寫得兩箇人, 也衹是一樣. [24)]

이러한 견해를 바탕으로 김성탄은 《수호전》의 주요 인물들에 대해서 다음과
같이 분석 평가 하였다.

> 일백 팔 명 중에서 무송을 상 중의 상으로 친다. 시천과 송강은 같은
> 부류의 인물로, 하 중의 하로 친다.
>
> 노달은 자연히 상중의 상에 속하는 인물로, 심지가 두텁고
> 성실하며, 체격이 장대하다고 묘사하고 있다.
>
> 이달은 상중의 상에 속하는 인물로, 천진난만하기 그지없게
> 묘사되었다.
>
> 오용은 틀림없이 상 중의 상에 속하는 인물로, 간교하기가 송강과
> 맞먹지만, 단지 송강보다는 마음씨가 바르다.
>
> 송강은 순수하게 술수를 이용하여 사람들을 끌어 모았으며, 오용은
> 군중의 힘을 내모는 법을 분명하게 알고 있어서 군사의 자격이
> 있었다. 화영은 자연히 상 중 상의 인물로, 우아하고 수려하게
> 묘사했다.
>
> 완소칠은 상 중 상의 인물로, 또 다른 기색으로 묘사했다. 108명의
> 인물 중 진정으로 통쾌한 첫 번째 인물인 셈이다. 마음도 통쾌하고
> 말재주도 통쾌하여 마주하면 옹졸함이나 추잡함이 모두 녹아

---

24) (청) 김성탄 저, 차오팡런曹方人, 쩌우시산周錫山 표점, 《김성탄 전집金聖嘆全集》 제 1책 18~19
페이지.

없어진다.

양지와 관승은 상 중 상의 인물이다. 양지는 양반집 도련님으로 묘사하고 있으며, 관승은 관운장(관우)이 변한 모습이다.

진명과 삭초는 상 중 중의 인물이다.

시진은 상 중 중의 인물이다. 후반부에서는 안 좋게 묘사하였다.

호연작은 오히려 힘써 묘사를 하고 있지만, 상 중 중의 인물이다.

노준의, 채진은 상 중 중의 인물이다. 노준의의 전기도 그래도 영웅적인 대부호로 묘사한 셈이지만, 결국에는 딱딱함을 면하진 못했다. 채진은 별다른 장점이 없다. 다만 손님 접대를 좋아하는 대목만 묘사되어 있다.

주동과 뢰횡 중에서는 주동에 대한 묘사가 좋다. 그러나 두 사람 모두 상 중 중의 인물이다.

양웅과 석수는 석수에 대한 묘사가 좋지만, 석수는 중 상, 양웅은 중 하의 인물이다.

공손승은 중 상의 인물로, 머릿 수를 채우는 인물에 불과하다.

이응은 중 상의 인물이지만, 체면상 정한 것으로, 온전한 묘사가 보이지 않는다.

완소이, 완소우, 장횡, 장순 등은 모두 중 상의 인물이다. 연청은 중 상, 유당, 서녕, 동평은 중 상의 인물이다. 대종은 중 하의 인물로, 신행 이외에는 취할 만한 것이 하나도 없다.

一百八人中, 定考武松上上. 時遷, 宋江是一流人, 定考下下.

魯達自然是上上人物, 寫得心地厚實, 体格闊大

李逵是上上人物, 寫得眞是一片天眞爛漫到底.

吳用定然是上上人物, 他奸猾便与宋江一般, 祇是比宋江卻心地端正.

宋江是純用術數去籠絡人, 吳用便明明白白驅策群力, 有軍師之体.

花榮自然是上上人物, 寫得恁地文秀.

阮小七是上上人物，寫得另是一樣氣色．一百八人中，

眞要算做第一個快人, 心快口快, 使人對之, 齷齪都銷盡.

楊志,關勝是上上人物.楊志寫來是旧家子弟,關勝寫來全是雲長变相.

秦明,索超是上中人物.

史進衹算上中人物,爲他後半寫得不好.

呼延灼卻是出力寫得來的,然衹是上中人物.

盧俊義，柴進衹是上中人物．盧俊義伝,

也算極力將英雄員外寫出來了，然終不免帶些呆氣

柴進無他長,衹有好客一節.

朱同与雷橫，是朱同寫得好. 然兩人都是上中人物.

楊雄与石秀,是石秀寫得好.然石秀便是中上人物, 楊雄竟是中下人物.

公孫勝便是中上人物,備員而已.

李応衹是中上人物,然也是体面上定得來,寫處全不見得.

阮小二,阮小五,張橫,張順，都是中上人物．燕靑是中上人物,

劉唐是中上人物,徐甯,董平是中上人物.

戴宗是中下人物,除卻神行. 一件不足取.[25]

위의 인용문은 모두 김성탄의 〈독제오제자서법讀第五才子書法〉의 내용이다. 위의 내용을 통해 우리는 다음과 같은 사실들을 알 수 있다.

첫째, 김성탄은 서사 작품 《수호전》의 등장인물의 성격은 작품의 핵심이라고 말하고 있다. 《水滸伝》을 읽을 때 독자들에게 가장 중요한 것은 바로 작가가 이 108명의 수호 영웅들의 성격을 어떻게 창조하고 있느냐는 것이다. 인물의 성격은 서사 작품에서 어떤 점에서 핵심적 역할을 하고 있는가? 이는 각각의 인물 성격들이 모두 많은 시대적 삶의 정보들을 이끌어 주기 때문이다.

---

25) (청) 김성탄 저, 챠오팡런, 쩌우시산 표점, 《김성탄 전집》 제 1책, 19~20 페이지.

이는 바로 프랑스 소설가 발쟈크가 "이러한 인물들은 그들이 살고 있는 시대의 오장육부에서 배태되어 나온 것으로, 전체 인류의 정감은 그들의 몸을 통해 진동하고 있으며, 그 속에는 종종 일련의 완전한 철학이 숨겨져 있기도 하다."[26]라고 했던 것과 마찬가지이다. 예를 들어 양산박에서 들고 일어난 영웅들은 모두 당시 억압받고 핍박받던 민중들의 역사, 그들이 양산박에 오를 수밖에 없었던 시대적 상황을 보여주는 것이다. 그렇기 때문에 그들에게서 시대의 그림자를 엿볼 수가 있다. 그러므로 인물의 성격 창조는 몇 몇 인물에 대한 묘사를 보여주는 것만이 아니라 인물 성격의 창조를 통해 우리에게 그 시대를 분명하게 보여주는 것이다.

둘째, 우수한 서사 작품의 미학적 힘의 크기는 인물 성격의 창조에 있음을 설명해 주고 있다. 사람들이 왜 《수호전》을 한번, 또 한번 읽어나가는 것일까? 그 이유는 《수호전》의 등장인물 108명이 모두 108 종류의 성격을 보여주고 있기 때문이다. 이 얼마나 기묘한 일인가!

셋째, 인물의 성격이 독자들을 도덕적으로 정화시키고 힘을 승화시킬 수 있음을 설명하고 있다. 완소칠과 같은 "통쾌한 사람"과 마주하게 되면, 자기 자신을 들여다보게 되며, 옹졸하고 추잡한 생각들이 모두 사라지게 된다는 것이다. 또 노지심이나 이달, 무송 등과 같은 겉으로는 거칠지만 속으로는 속은 착실하고 천진난만하고 용기있는 인물과 마주하게 되면, 세상 물정에 대해 천박하고 비겁한 자신의 성격을 생각하고 고치게 될 것이라는 말이다.

넷째, 소설의 예술적 성패는 얼마나 명확하고 풍부한 인물을 창조해 내느냐에 달려 있음을 설명하고 있다.

소설 속의 사람들의 마음을 사로잡는 자연 풍광에 대한 표현이나 많은 곡절과 색다른 줄거리, 그리고 전형적인 풍속이나 인정 세태에 대한 표현, 중간에 삽입되어 있는 빼어난 시가나 사부(詞賦) 같은 문학작품, 이 모든 것은 소설의 예술적 성공의 기준이 아니다. 살아있는 듯한 생동적인 인물의 성격만이 소설의 영혼이자 소설

---

26) (프랑스) 오노레 드 발쟈크, 《인간희극 서문》, 《서방문론선西方文論選》(상하이, 상하이역문출판사, 1979) 하권 168페이지 참고.

작품이 예술적으로 올라 설 수 있는 최고봉이라는 말이다.

소설의 인물 성격 창조가 이처럼 중요하다면, 인물 성격의 "뿌리"는 어디에 있는 것일까? 이는 이지와 김성탄이 매우 관심을 기울였던 문제였으며, 또한 이에 대해 심도 있는 해답을 제시하였다. 이지는 다음과 같이 말했다.

> 세상에 《수호전》 이란 책이 먼저 있었고, 그런 후 시내암 나관중이 붓을 빌려 뽑아낸 것이다. 만약 성이 무엇이고 이름이 누구누구라고 하면 그것은 근거가 없는 날조에 불과하나, 이로써 그 일을 실재하게 만들었다. 예를 들면 세상에는 먼저 음탕녀가 있고, 그런 연후에 양웅의 처, 무송의 형수가 실재하게 되었다. 세상에 먼저 뚜쟁이가 있고, 그런 연후에 왕파가 실재하게 되었다. 세상에 먼저 집안의 노복과 안방 마님의 간통이 있고, 그런 연후에 노준의의 부인 가 씨와 이고의 일이 있게 되었다. 관영, 차발, 동초, 설패, 부안, 육겸 같은 사람은, 감정의 상태가 사실에 가까워 웃고 말하는 것이 살아있는 듯하다. 세상에 먼저 이런 일이 없었다면, 문인으로 하여금 구년 동안 면벽을 하게 하고, 열 섬의 피를 토하게 한다 한들 또한 어찌 이에 이를 수 있었겠는가! 또 어찌 이에 이를 수 있겠는가! 이것이 《수호전》 이 천지와 시작과 끝을 같이하는 까닭이다. 갑옷을 입고서 싸움에 이르러 진법과 전술은 모두 잉여의 기술에 불과하니, 생동감은 여기에 있지 않다.
>
> 世上先有《水滸伝》一部, 然後施內庵, 羅貫中借筆拈出. 若夫姓某名某, 不過劈空捏造, 以實其事耳. 如世上先有淫婦人, 然後以楊雄之妻, 武松之嫂實之; 世上先有馬泊六, 然後以王婆實之; 世上先有家奴与主母通奸, 然後以盧俊義之賈氏, 李固實之. 若管營 若差撥 若董超 若薛覇 若富安 若陸謙, 情狀逼眞, 笑語欲活, 非世上先有是事, 卽令文人面壁九年, 嘔血十石, 亦何能至此哉!

亦何能至此哉! 此《水滸伝》之所以与天地相終始也与!
至於披挂戰鬪, 陣法兵機, 都剰技耳, 伝神處不在此也.[27]

이는 바로《수호전》의 인물 성격은 "뿌리"가 있고, 이 "뿌리"가 바로 사회생활(삶)이라는 것이다. 그래서 이지가 "세상에 먼저 그 일이 있지 않으면 문인으로 하여금 9년 동안 면벽을 하게하고 10 섬의 피를 토하게 한다 한들 어찌 이에 이를 수 있겠는가?"라고 말했던 것이다.

생활(삶)은 작품 속 인물 성격의 "뿌리"로, 작품에서의 인물 성격 창조는 바로 생활(삶)이라는 "뿌리"에서 뻗어 나온 가지이자 꽃인 것이다. 뿌리가 없으면 가지도 잎사귀도 꽃도 있을 수 없다. 물론, 뛰어난 서사 문학가는 생활(삶) 속의 인물을 그대로가 아니라 허구와 상상을 가미하거나 심지어는 더욱 대담한 허구와 상상으로 창조해 낸다. 그러나 서사 문학 중의 인물의 성격이 강인하든 허약하든, 용감하든 겁쟁이이든, 거칠든 교양 있든, 선량하든 사악하든, 성실하던 위선적이든, 천진하든 작위적이든, 솔직하든 교활하든, 충성스럽든 간사하든, 섬세하든 호방하든, 모든 성격들은 생활(삶) 속의 영감이나 암시에서 비롯된 것이다. 그렇기 때문에 김성탄은 "십년 격물十年格物"설을 주장했던 것이다. 뿌리가 깊어야 가지와 잎사귀가 무성해질 수 있고, 그래야 천지와 그 시작과 끝을 같이할 수 있으며, 영원한 예술적 매력을 얻을 수 있는 것이다.

인물 성격의 내적 함의는 무엇일까? 인물 성격의 전형성은 또 어떻게 표현될까? 이 문제에 있어서 명 청 양대의 서사문학 이론은 또 어떤 공헌을 하였을까?

당시 인물 성격의 체계적 이론은 아직 형성되지 않았기 때문에 인물 성격의 함의에 대해서도 단지 인물 분석을 결합하여 대체적인 틀만을 제시할 수밖에 없었다. 김성탄은《수호전》제 25회 총평에서 다음과 같이 말하고 있다.

앞에서 노달에 대해서는 이미 장부의 극치에 이르렀다고 썼다.

---

27) (명) 이지,《수호전 100회의 문자 우열水滸伝一百回文字優劣》,
《명용여당각수호전明容与堂刻水滸伝》(상하이, 상하이인민출판사, 1975) 참고.

임충에 대해 묘사하면서 뜻밖에도 또 장부의 극치라고 했다. 노달과 임충을 똑같이 묘사했으니, 이는 참으로 기괴한 일이다. 또 양지를 묘사하면서도 뜻밖에도 또 장부의 극치라고 했다. 이 세 장부는 각각의 포부가 있고 각자의 심지가 있으며 모습이 제각각 다르고 옷차림새도 제각각이다. 노달과 임충, 양지 이 세 명의 장부를 묘사한 이후로는 재주가 이에 이르게 되면 재주가 멈추고, 봄이 이에 이르게 되면 봄이 멈추니, 이에 홀연히 말고삐를 당겼다가 놓았다가 하고, 홀연히 화살을 쏘아 새를 쫓듯하니, 붓끝의 먹물이 소용돌이치다 느닷없이 무도두(무송) 한 사람을 그려낸다. 그 흉금은 또한 노달이나 임충이나 양지의 흉금과 같지는 않다. 그 심사 또한 노달과 임충과 양지의 심사와 같지 않으며, 그 겉모습과 옷차림새도 노달, 임충 양지의 겉모습이나 옷차림새와 같지 않았다.

前書寫魯達，已極丈夫之致矣．不意其又寫出林沖，又極丈夫之致也．寫魯達又寫出林沖，斯已大奇矣．不意其又寫出楊志，又極丈夫之致也．是三丈夫也者，各自有其胸襟，各自有其心地，各自有其形狀，各自有其裝束寫魯,林,楊三丈夫以來，技至此，技已止，觀至此，觀已止，乃忽然磬控，忽然縱送，便又騰筆涌墨，憑空撰出武都頭一個人來其胸襟則又非如魯,如林,如楊者之胸襟也，其心事則又非如魯,如林,如楊者之心事也,其形狀結束則又非如魯,如林,如楊者之形狀与如魯,如林,如楊者之結束也.[28]

여기에서는 4명의 대장부 노달과 임충과 양지와 미송에 대해 분석하고 있다. 김성탄은 이 네 명의 성격을 '흉금胸襟', '심지心地', '생김새[形狀]', '옷차림새[裝束]'네

---

28) 천시중陳曦鍾, 허우충이侯忠義, 루위찬魯玉川 집교, 《수호전 회평본水滸伝回平本》
(베이징, 베이징대학출판사, 1981) 상권 485 페이지.

가지로 구분하여 비교 설명하고 있다. 이것은 모두 고대부터 사용되던 용어들이긴 하지만, 또한 김성탄이 의도적으로 인물의 성격을 내적인 흉금과 심지와 외적인 생김새와 옷차림새로 나누어 놓은 것이며, 이는 또한 대체적으로 그 사람의 성격적 함의와도 잘 들어맞음을 알 수 있다. 특히 《수호전》에서 노달과 임충과 양지, 그리고 무송 등의 영웅 인물들에 대한 묘사가 불의를 보고서 다른 사람들을 도와주는 식우로, 기본적으로 유형화되어 있기는 하지만, 김성탄은 특별히 '흉금', '심지', '생김새', '옷차림새' 등으로 구분함으로써 인물들 각자의 성격적 특징을 더 부각시켰다는 점으로, 이는 개성화의 이론적 요소를 가지고 있는 것이라는 점이다.

인물 성격의 문제에 있어서 중국 고전문학의 서사 이론의 가장 중요한 발견은 바로 성격의 공통점과 개성 간의 관계에 대한 논술이라고 할 수 있다. 이지는 《수호전》 제 24회에서 반금련에 대한 작가의 묘사가 상당히 "생동감[伝神]"있음을 지적하면서, "음탕녀의 계보로 본다[当作淫婦譜看]"라는 비평 용어를 사용했다. 이른바 "보譜"는 "계보[譜繫]", "역대의 계보[歷譜]", "족보族譜", "가보[家譜]" 등의 의미로, 일종의 공동 관계를 나타내는 글자다. "음탕녀의 계보"란 바로 "음탕녀"의 공통적 특징의 계보를 말하며, 또한 음탕녀의 공통점과 대표성을 말하는 것이다. 가장 가치 있는 이지의 이론은 바로 "같으면서도 같지 않은 점을 구별한다.[同而不同處有辨]"는 견해이다.

> 노지심을 묘사함에 있어서는 천고에 마치 살아있는 듯하니,
> 진실로 전기 묘사의 묘수이다. 또한 《수호전》의 문자는 천고의
> 절묘함이니, 이는 온전히 같으면서도 서로 다른 점을 변별함에
> 있다. 예컨대 노지심이나 이규, 무송, 완소칠, 석수, 호연작, 유당
> 등과 같은 인물은 모두 성질이 급한 사람들로, 그 각각의 인물들을
> 묘사함에 있어서는 제각각의 기세가 있고, 제각각의 장면이 있고,
> 제각각의 방법이 있고, 제각각의 신분이 있었으며, 조그마한 차이도
> 없고, 반치도 뒤섞임이 없어서, 읽어 가면 저절로 구분이 되기

때문에 그 이름을 보지 않아도 한 번 사실을 보면, 누구 누구 인지를
알 수 있다.

描 寫 魯 智 深 , 千 古 若 活 . 眞 是 伝 神 寫 照 妙 手 .
且《水 滸 伝》文 字 妙 極 千 古 . 全 在 同 而 不 同 處 有 辨 .
如魯智深,李逵,武松,阮小七,石秀,呼然灼,劉唐等衆人, 都是急性的.
渠形容刻畫來各有派頭, 各有光景, 各有家數, 各有身分,
一毫不差, 半些不混, 讀去自有分辨, 不必見其姓名, 一睹事實,
就如某人某人也.[29]

"성질이 급하다"는 말은 이 몇몇 인물들의 "공통점"이지만, "제각각의 기세가
있고, 제각각의 장면이 있고, 제각각의 방법이 있고, 제가각의 신분이 있다"는
것은 이 인물들의 "다른" 점이고 개성을 말하는 것이다. "같으면서도 같지 않음을
구별한다."는 이 말의 의미는 바로 공통점과 개성의 관계를 말하는 것이니, 반드시
분명하게 구별해야 한다는 것이다. 즉 공통점을 개성으로 보아서는 안 되며, 또한
마찬가지로 개성을 공통점으로 보아서는 안 된다는 말이다. "같으면서도 같지
않음을 구별한다."는 것은 인물 성격의 개성과 공통점에 대한 최초의 언급으로
매우 중요하게 볼 가치가 있는 것이다. 이지가 처음으로 개척한 이 견해는 이후
김성탄 등 여러 사람들이 더욱 발전시켰다. 인물 성격의 공통점에 대해서 김성탄은
《수호전》 55회의 총평에서 다음과 같이 말하고 있다.

대저 당시 시내암의 재주에 대해 나는 줄곧 그 끝을 알 수가
없었다. 그가 돌연히 한 호걸에 대해 묘사하면 뜻밖에도 호걸이
되고, 갑자기 간웅을 못할 때면 또 뜻밖에도 간웅이 되었다. 심지어
돌연히 음탕녀로 묘사하면, 뜻밖에도 음탕녀가 되었다. 지금

---

29) (명) 이지, 《수호전》 제3회 말미 총평, 《명용여당각수호전》 참고.

여기에서는 도둑을 묘사하니, 또한 뜻밖에도 도둑이 되었다.

蓋耐庵▨時之才, 吾直無以知其際也. 其忽然寫一豪傑,
卽居然豪傑也. 其忽然寫一奸雄, 卽又居然奸雄也.
甚至忽然寫一淫婦, 卽居然淫婦. 今此篇寫一偸兒,
卽又居然偸兒也.[30]

김성탄은 어떻게 시내암이 묘사한 호걸과 간웅과 음탕녀와 도둑의 진위를 구별할 수 있었을까? 그것은 바로 그의 머리 속에 이미 호걸과 간웅과 음탕녀와 도둑의 공통점에 대한 인식이 들어 있었기 때문이었다. 그래서 그가 말하는 "호걸을 그리면 뜻밖에도 호걸이 되었다"라는 말은 바로 호걸 자체의 공통적 속성을 묘사해냈다는 말이다. 이는 등장 인물 성격의 공통점에 대한 인식이다. 그의 인물 성격의 개성에 대한 인식은 더 살펴볼 만하다.

《수호전》에서는 108명의 인물을 묘사하고 있는데, 인물마다 각자의 성정이 있고, 각자의 기질이 있으며, 겉모습이 제각각이고 목소리도 제각각이다.

《水滸》所敍, 敍一百八人, 人有其性情, 人有其氣質, 人有其形狀, 人有其聲口.[31]

《수호전》에서는 108명의 성격을 그려내고 있는데, 참으로 108 가지의 모양이다. 만약 따로 책을 한권 써서 그에게 1천명을 그려내라고 해도 마찬가지 일 것이다.

《水滸伝》寫一百八個人性格, 眞是一百八樣, 若別一部書,

---

30) (청) 김성탄 저, 차오팡런, 쩌우시산 표점, 《김성탄 전집》 제 2책, 314 페이지.
31) (청) 김성탄 저, 차오팡런, 쩌우시산 표점, 《김성탄 전집》 제 1책, 10 페이지.

573

任他寫一千個人, 也衹是一樣.[32]

　　위의 두 단락은 사람들에게 매우 잘 알려져 있는 내용이다. 실제로도 이 내용 속에는 인물 성격의 개성에 대한 김성탄의 주장이 잘 나타나 있다.《수호전》이 "108명의 인물을 묘사함에 정말로 108가지의 모양"인지는 분명하게 말하기 어렵지만, 김성탄은 인물 성격에 대한 묘사 중에 한 사람 한 사람이 한 가지씩의 성격을 가지고 있고, 서로 다른 인물들에는 서로 다른 개성이 나타나 있음을 보고, 이것이 인물 성격 창조의 핵심이라고 여겼던 것이다.

　　이는 매우 높은 식견이라 할 수 있다. 김성탄은 명나라 말기, 청나라 초기에 활동했던 이물로 만명(晩明) 시기 이지 등의 사상가의 영향을 받아 인간의 개성이 가지는 의미를 인지하고 있었다. 이지가 "모두가 공자의 시시비비로 옳고 그름의 기준으로 삼.[咸以孔子之是非爲是非]" 것을 반대하고, 일반적인 "견문[聞見]"이나 "도리道理"를 귀의처로 삼는 것을 반대하면서, 개개인의 "동심童心"을 유지하고, 개개인의 "처음 한 생각의 본래 마음[最初一念之本心]"을 유지할 것을 주장하면서, 인간 개성의 가치를 부각시켰다. 김성탄은 이러한 사상의 영향을 받아 서사 작품에서 인물 개성의 의미를 중시하면서 "모두가 똑같은 얼굴[千人一面]"을 한 인물 성격의 창작법을 반대하였다. 그는 《수호전》제2회의 평어에서 또 이렇게 말했다.

　　이번 회에서는 사진의 영웅담을 그리고 이어서 노달의 영웅담을 그렸다. 사진의 거친 성격을 묘사하고, 이어서 노달의 거친 성격을 묘가했다. 사진의 시원시원한 성격을 그리고, 이어서 노달의 시원시원함을 그렸다. 사진의 성실하고 올곧음을 그리고, 연이어 노달의 성실하고 올곧음을 그렸다. 작자는 특별히 이 위험한 기룽ㄹ 가면서 스스로의 필역을 과시했다. 독자 또한 곳곳에서

---

32) 위의 책, 19 페이지.

그가 두 사람으로 창작하고 한 사람으로 창작하지 않았음을 보아야
하니, 훌륭한 역사책의 고심을 저버려서는 안 될 것이다.

此回方寫過史進英雄, 接手便寫魯達英雄. 方寫過史進粗糙,
接手便寫魯達粗糙. 方寫過史進爽利, 接手便寫魯達爽利.
方寫過史進剴直, 接手便寫魯達剴直. 作者蓋特地走此險路,
以顯自家筆力, 讀者亦▓處處看他所以定是兩個人, 定不是一個人處,
毋負良史苦心也.[33]

사진과 노달에게는 많은 공통점이 있다. 예를 들어, 영웅적 기질, 거침, 시원
시원함, 성실하고 올곧음 등등의 성격은 매우 닮았다. 그러나 이러한 공통점
속에는 개성적 차이점도 가지고 있는데, 작가로서 이처럼 공통점 속에서 차이점을
그려내기란 쉬운 일이 아니므로, 확실히 위험을 감수하고 있는 것이다. 김성탄은
이 점을 알았기 때문에 한 사람이 아니라 두 사람이라고 말하고 있는 것이다. 그는
이처럼 시내암이 곳곳에서 인물의 개성에 유의하여 묘사하고 있음을 독자들에게
일깨워 준다. 명·청 두 시대의 서사문학 평론가들은 인물 성격의 개성화에 대해
모두 매우 중시하였다. 예를 들어, 청대의 이어李漁도 다음과 같이 말한다.

전사(곡의 가사를 쓰는 것)의 이치는 무궁하다. 어떤 사람을 말하면
그 사람을 닮아야 하고, 어떤 일을 의론하면 그 일에 부합해야 하며,
문장의 두서가 번잡하기로는 전사만한 것이 없다. 내가 그 대강을
총괄해 보건대, 정과 경 이 두 글자를 벗어나지 않는다. 경은 본
것을 적는 것이고 정은 하고자 하는 말을 뱉어 내는 것이다. 정은
가운데에서 생겨나고, 경은 밖에서 얻어진다. 이 두 가지의 어렵고
쉬움은 하늘과 땅만큼이나 차이가 크다. 정은 한 사람의 감정이니,
장삼을 말하면 장삼의 감정과 같아야 하니, 이사에게는 통용될 수

---

33) 앞의 책 65 페이지.

없다. 경은 여러 사람들이 함께 보는 풍경이니, 봄과 여름을 묘사할 땐 봄과 여름이어야 하며, 가을과 겨울과는 달라야 한다. 전사에 뛰어난 사람은 마땅히 쓰기 어려운 것을 써야지 쉬운 것을 쫓아서는 안 된다. 전기를 비평하는 사람은 매번 산천 유람이나 물놀이, 달 구경이나 꽃 구경 등의 곡을 만나게 되면 그 내용 중의 본 풍경을 묘사한 것만을 보고 사람의 감정은 언급하지 않으면, 아주 빼어난 부분이 있어도 절반 밖에 점수를 주지 않는다. 바람과 구름과 달빛과 이슬을 노래한 가사는 빼어난 사람이 많으니, 이 극에서 처음으로 있는 것이 아니다. 경물을 노래하는 데 뛰어난 사람은 그 오묘함이 경물로 인해 감정이 생겨나는 것에 있는 것이다. 예를 들면, 앞에서 언급한《비파 상월》의 네 곡조는 동일한 달빛이지만, 우 씨에게는 우 씨만의 달빛이 있고, 채백개에게는 채백개만의 달빛이 있으니, 말하고 있는 것은 달이지만 그 가운데 마음이 깃들어 있는 것이다.

우 씨가 말하는 달에서 한 구절이라도 채백개에게 옮길 수 있겠는가? 채백개가 말하고 있는 달 노래의 한 글자라도 우 씨에게 옮겨 놓을 수 있겠는가? 무릇 부부 두 사람의 말이라도 함부로 옮겨서 뒤섞어 써서는 안 되는 것이거늘 하물며 다른 사람은 이를 말이겠는가?

塡詞義理無窮, 說何人肖何人, 議某事切某事, 文章頭緖之最繁者, 莫若塡詞矣. 予謂總其大綱, 則不出情景二字. 景書所睹, 情發欲言. 情自中生, 景自外得. 二者難易之分判若霄壤. 以情乃一人之情, 說張三要象張三, 難通融於李四. 景乃衆人之景, 寫春夏盡是春夏, 止分別於秋冬. 善塡詞者, 当爲所難, 勿趨其易. 批点伝奇者, 每遇游山,玩水,賞月觀花等曲, 見其止書所見, 不及中情者, 有十分佳處, 祇好算得五分, 以風雲月露之詞, 工者盡多, 不從此劇始也. 善詠物者, 妙在卽景生情. 如前所云《琵琶 賞月》四曲, 同一月也,

牛氏有牛氏之月, 伯喈有伯喈之月. 所言者月, 所寓者心. 牛氏所說之月,

可移一句於伯喈? 伯喈所說之月, 可挪一字於牛氏乎? 夫妻二人之語,

猶不可挪移混用, 況他人乎?[34)]

　여기에서 이어가 말하고 있는 내용의 핵심은 희곡 서사 작품에서 묘사하고 있는
정감어(情感語)와 경물어(景物語)는 공허해서는 안 되며, 인물 성격의 개성에
따라서 처리해야 한다는 것에 있다. 정감은 한 사람의 정감이니, 장삼이란 인물을
말할 때는 그 장삼이라는 사람과 같아야 하고, 이를 이사라는 사람과 동일시해서는
안 된다는 말이다. 구체적인 상황에서는 경물어 조차도 개성화해야 하니, 우 씨와
채백개의 성격이 다르고 살아온 삶이 다르기 때문에 두 사람이 노래하는 달은 우
씨에게는 우 씨의 눈에 비친 달이고, 채백개에게는 채백개의 눈에 비친 달이어서
제각각 다를 수밖에 없는 것이다.
　이처럼 정감과 풍경에 대한 묘사는 인물의 개성적 색채를 가진 정감과 풍경
이어야 한다는 것이다. 또 청대의 장죽파張竹坡(본명은 도심道深 이다.)도 《금병매
독법金瓶梅讀法》에서 이렇게 말한다.

　　　문장을 짓는 것은 단지 정과 리 이 두 글자에 불과하다. 지금
　　　백 회에 달하는 장문 한편을 지으니, 이 역시 정과 리 두 글자일
　　　뿐이다. 한 사람의 마음 속에서 한 사람의 정리가 쏟아져 나오게
　　　되면, 그것이 곧 한 사람의 전기가 된다.
　　　비록 앞 뒤에 여러 사람의 이야기가 끼어있긴 하지만, 이 사람이
　　　한 번 입을 열면, 그것은 이 사람의 정리인 것이다. 그가 입을 열면
　　　곧바로 정리가 얻어지는 것이 아니라 그 사람의 정리를 탐구하여
　　　자연스럽게 입을 열게 하는 것이다. 때문에 수많은 사람을

---

34) (청) 이어李漁, 《한정우기 사곡부閑情偶寄 詞曲部》, 아이수런艾舒仁 편선, 란윈페이冉云飛
　　교점, 《이어 수필 전집李漁隨筆全集》 22 페이지.

묘사했어도 모두 마치 한 사람을 묘사한 것 같이 되었고 이렇게 방대해져 백회의 대작이 있게 되었다.

做文章不過"情理"二字. 今做一篇百回長文, 亦是情理二字. 於一個人心中討出一個人的情理, 則一個人的伝得矣. 雖前後夾雜衆人的話, 而此人一開口, 是此一人的情理. 非其開口便得情理, 由於討出這一人的情理, 方開口耳. 是故寫十百千人, 皆如寫一人, 而遂洋洋乎有此一百回大書也.[35]

장죽파가 여기서 말하고 있는 "정리情理"는 인물론과 결합하여 살펴보면 바로 인물의 성격을 말하는 것이다. 장죽파는 모든 사람의 성격은 다 다르며, 자기 자신만의 "정리"를 가지고 살아가가 때문에 모든 사람들이 자신의 입으로 하는 말이 바로 자신의 "정리"의 논리적 지배를 받아서 뱉어내는 것이라고 말한다. 서사문학에서 인물을 묘사할 때는 반드시 그 인물 성격의 정리 논리에 근거하여 그 인물의 언행을 묘사해야 한다는 것이다. 장죽파는 또 이렇게도 말한다.

《금병매》의 오묘함은 범필을 잘 이용하면서 범하지 않은데 있다. 예를 들어 응백작을 묘사하면서 사희대도 묘사했지만, 백작은 결국 백작이고 희대는 또한 희대일 뿐, 각자의 신분과 각자의 말투가 조금도 흐트러짐이 없었다. 또한 반금련을 묘사하면서 이병아도 묘사했으니, 범했다고 할 수 있다. 그러나 시작과 끝, 모으고 흩어짐에 있어서 그 말투나 행동이 각기 조금도 뒤섞이지 않았다. …… 모두 이 같으면서도 그 오묘함은 일부러 범하면서도 제각각 하나의 모양으로 절대로 서로 같지 않았다는 데 있다.

《金瓶梅》妙在善於用犯筆而不犯也. 如寫一伯爵, 更寫一希大,

35) (명) 난능소소생蘭陵笑笑生 저, (청) 장도심張道深 평, 《금병매金瓶梅》
    (지난齊南, 제노서사, 1987) 38 페이지

然畢竟伯爵是伯爵, 希大是希大, 各人的身分, 各人的談吐一糸不紊.

寫 一 金 蓮, 更 寫 一 瓶 兒, 可 謂 犯 矣, 然 又 始 終 聚 散,

其 言 語 擧 動 又 各 各 不 亂 一 糸. …… 諸 如 此 類, 皆 妙 在 特 特 犯 手,

却 又 各 各 一 款, 絶 不 相 同 也. [36]

여기서 장죽파는 또 다른 시각에서 인물 성격의 개성화의 중요성을 설명하고 있다. 이른바 "범필犯筆"이란 문장 기술 과정에서 중복하는 것을 말한다. 예를 들어 한 구절의 앞 뒤에서 같은 단어를 반복하는 것을 일러 "범필"이라고 한다. 여기서의 "범필"은 《금병매》에서 웅백작이나 사회대, 반금련이나 이병아와 같이 성격이 비슷하거나 똑같은 인물에 대한 묘사를 말한다. 사실 작가에게는 성격이 유사한 이 인물들을 따로 분리하여 그들(또는 그녀들)의 세세한 개성의 차이를 그려냄으로써 "범하지 않게[不犯]" 할 수 있는 능력을 가지고 있었다. 이른바 "범함으로써 범하지 않는다"는 말은 바로 같음 속에서 서로 다름을 그려낸다는 말이다. 즉, 공통점 가운데서 개성을 그려낸다는 말이다. 이것은 매우 어려운 일이다. 그래서 장죽파가 말하는 "범함으로써 범하지 않는다"는 이론적 개괄은 매우 정확하고 타당한 것이라 할 수 있다.

명 · 청 소설에서 묘사하고 있는 인물은 대개 영웅호걸이나 재자가인, 간웅, 산적, 하녀 등등이다. 명 청 서사 문학 이론가들은 인물 성격의 개성화 문제를 논하면서 영웅을 "신격화[神化]"해선 안 되고, 간웅이라고 해서 "간신배화[奸化]"해서는 안 되며, 재자가인을 묘사함에 있어서는 그들을 "미화"해서도 안 된다는 주장을 제기했다. 인물 성격의 개성화는 단순화가 아니라 인물의 성격을 최대한 풍부하게 그려내는 것이어야 한다는 것이다.

영웅에게도 항상 소심함은 있다. 김성탄은 《수호전》 "제 22회 머리말 총평"에서 다음과 같이 말한다.

---

36) 위의 책 38~39 페이지.

호랑이 때려잡는 한 편의 내용에서 사람은 신인이고 호랑이는 성난 호랑이인 것에 감탄한다. 자체로 이미 절묘하여 더 이상 말하기가 쉽지 않다. 이에 특별히 절묘한 것을 말해보면 다음과 같다. 사당 문에 붙은 방문을 읽은 후 몸을 돌려 돌아오려고 하는 것이 한 단락이고, 바람이 지나가고 호랑이가 나타났을 때 "아이쿠!"라고 소리를 지르며 푸른 돌 위에 털썩 주저 않는 대목이 한 단락이다. 호랑이가 처음으로 달려들며 공중에서 덮쳐 올 때 놀라 마셨던 술이 모두 식은땀으로 흘러 내렸다는 대목이 또 한 단락이다.

죽은 호랑이를 끌고 갈 궁리를 하면서도 힘이 다 빠져 손과 발에 맥이 풀려 들지도 못하는 대목이 또 한 단락이다. 푸른 돌에 앉아 쉬는 대복이 한 단락이고, 날이 어둑어둑 해지자 다른 호랑이가 또 나타날까 무서워 언덕배기를 내려가려 버둥거리는 대목이 또 한 단락이다. 언덕배기를 반도 못 내려가서 마른 풀숲 사이에서 호랑이 두 마리가 뛰쳐나오자 "아이쿠, 이번에는 끝장이구나!"라고 고함을 지르는 대목이 또 한 단락으로, 이 모두는 극도로 사람을 놀래키는 사건을 그린 것이지만 지극히 사람에게 친근한 필치를 사용하였다.

談打虎一篇而嘆人是神人, 虎是怒虎. 固已妙而不容說矣. 乃其尤妙者, 則又如: 讀廟門榜文後, 欲待轉身回來一段. 風過虎來時, 叫聲"阿呀", 翻下靑石來一段. 大虫第一撲, 從半空裡攛將下來時, 被那一驚, 酒都做冷汗出了一段. 尋思要拖死虎下去, 原來使盡氣力, 手脚都蘇軟了, 正提不動一段. 靑石上又坐半歇一段. 天色看看黑了, 惟恐再跳一隻出來, 且掙扎下岡子去一段. 下岡子走不到半路, 枯草叢中鑽出兩隻大虫, 叫聲"阿呀, 今番罷了"一段. 皆是寫極駭人之事, 卻盡用極近人之筆.[37]

---

37) 천시중陳曦鍾, 허우쭝이侯忠義, 루위촨魯玉川 편집 교주, 《수호전회평본水滸伝會評本》(베이징, 베이징대학출판사, 1981) 상권 415 페이지 참고.

김성탄의 이러한 분석은 확실히 그의 미학 사상의 깊이를 보여주는 대목으로, 이 같은 논지를 펼칠 수 있음은 가히 뛰어난 소설 평론가임에 손색이 없다. 김성탄은 우선 "무송이 호랑이를 때려잡다"라는 단락이 절묘한 문장이라고 감탄했다.

그리고 "사람은 신인이고 호랑이는 성난 호랑이"임에 감탄하면서 무송이 호랑이를 때려잡는 과정에서의 용감함과 호랑이의 용맹함을 모두 절묘하게 그려내고 있다. 그러나 김성탄은 "더욱 절묘한" 점은 이것이 아니라고 말한다.

그가 더욱 절묘하다고 여기는 부분은 바로 시내암이 무송을 피가 있고 살이 있는 살아있는 보통 사람으로 묘사하고 있다는 것이다. 원래는 다른 사람에게 속았지만, 사당 문 옆의 방문을 읽고 나서야 비로소 산에 진짜 호랑이가 있다는 사실을 알게 되고, 원래는 산을 내려가 위험을 피하려고 했지만, 또 사람들이 겁쟁이라고 비웃을까봐 어쩔 수 없이 두 눈을 딱 감고서 산으로 올라간다. 여기서 무송은 결코 "산에 호랑이가 있음을 알면서도 기어코 호랑이산으로 올라가는[明知山有虎, 偏向虎山行]" 그런 기백은 보이지 않는다. 진짜 호랑이가 나타나자 그는 "내가 네 놈을 기다리고 있었다."가 아니라 "아이쿠!"라는 비명을 지르고 푸른 돌 위로 주저앉고 만다. 호랑이가 첫 번째로 덮쳐 올 때, 그는 호랑이를 얕보는 것이 아니라 놀라서 마셨던 술이 모두 식은땀이 되어 흘러내리는 것 같았다. 호랑이를 때려잡은 후에는 다 쓰지 않고 남아 있는 힘이 있고, 호랑이도 때려잡았으니, 죽은 호랑이를 끌고 못 내려갈 것이 뭐냐는 식이 아니다. 그는 이미 온 힘을 다 써서 온몸에 힘이 풀려 늘어지고 죽은 호랑이를 끌 힘 조차도 없다.

언덕을 내려가려고 할 때 갑자기 다른 호랑이 두 마리를 발견했을 때도, '얼마든지 올 테면 와봐! 오늘은 호랑이나 실컷 때려잡아 보자.'는 식이 아니라, "이번에는 끝장이구나!"라고 느끼고 있다. 작자는 무송을 보통의 용사 정도로 묘사하고 있다. 무송은 용기와 용맹함을 가지고 있지만, 그 용기와 용맹함이란 것은 한계가 있기 마련이다. 그도 보통의 피와 살을 가진 한 사림이지 호랑이 잡는 기계가 아닌 것이다. 그가 아무리 힘이 세다 하도 그 힘은 다할 때가 있기 마련이며, 그도 무서울 때가 있기 마련이다.

김성탄은 작가의 이러한 묘사를 매우 잘 이해하고 있으며, 또한 이처럼 진실 된 묘사가 오히려 무송이 호랑이를 때려잡는 장면에 대한 묘사보다 "더욱 절묘하다"는 것이다. 그리고 마지막에는 이러한 묘사를 "극도로 사람을 놀래키는 사건을 그린 것이지만 지극히 사람에게 친근한 필치를 사용하였다"라고 개괄하였다. "사람을 놀래킨다"는 것은 일종의 "전설"과도 같은 것으로, 이른바 "의도적인 기묘한 것을 좋아하는[作意好奇]"(호응린)는, 즉 평범하지 않은 일과 평범하지 않은 사람의 전설적이기 그지없는 의외라는 것이다. 무송이 경양강景陽岡에서 호랑이를 만났고, 또 호랑이를 때려잡은 일은 바로 일종의 전설적 설정이 매우 강한 경력으로, 일반인에게서는 일어날 수가 없는 일인 것이다. "사람들에게 친근하다"는 말은 바로 보통의 평범한, 사실적이고 자주 볼 수 있다는 말이다.

"사람들에게 친근한" 필치로 "사람을 놀래키는" 일을 묘사함으로써 사람들의 호기심을 만족시켜 주면서도 사실감을 얻을 수 있으니, 호기심과 사실감을 하나로 통일시키고 있는 것이다.

여기서 강조하고 싶은 점은 중국 고대 서사 문학의 특징 중의 하나가 바로 줄거리의 전설적 설정이라는 점이다. 많은 우여곡절과 독특한 줄거리는 쇼킹하고 놀라운, 사람들의 이목을 끄는 일로, 하나의 파장이 사라지기 전에 다시 또 다른 파장이 일어나는 것처럼 기복이 많아 눈을 어디에 두어야 좋을지 모를 정도다. 그러나 뛰어난 서사 작가라면 이 같은 전설적 설정을 유지함과 동시에 "사람들에게 친근한" 필치를 갖추어야 의외의 사건일 일어나는 줄거리로 사람들이 짐작할 수 있는 효과를 얻을 수 있는 것이다. 이 점은 서사 미학에서 충분히 긍정되어야 할 점이다. 예를 들어, 김성탄이 말한 "사람을 놀래키는 일을 묘사하면서 사름들에게 친근한 필치를 사용하는" 방법이 바로 그 좋은 예라고 할 수 있다.

또 다른 예를 들어 보자. 《수호전》 제 41회에서는 송강宋江이 조능趙能, 조득趙得이 거느린 45명에게 쫓겨서 환도촌還道村에 이르러 오래된 사당에 숨어드는 장면을 그리고 있다. 조능 등이 사당을 수색했지만 찾아내지 못하고서 막 돌아가려 하는 찰나에 몇 명의 병사들이 "도두, 이리 와 보세요. 사당의 문에 손자국 두 개가 있어요."라고 소리친다. 김성탄은 이 대목에서 "얼마나 기묘한가! 정말로 뜻밖이면서도 오히려 정면으로 들고 나온다.[何等奇妙, 眞是天外飛來, 却是当面拾得.]"라고 비평했다. 김성탄은 제 54회에서 다시 "갑자기 기이한 문장을 삽입해 놓으니 사람들을 의아하게 만든다. 기이한 산봉우리에서 날아오는 듯하지만, 또한 눈 앞에서 펼쳐지는 풍경이다.[陡然揷出奇文, 令人出於以外, 猶如怪峰飛來, 然又是眼前景色.]"라고 평어를 달았다. 이 두 대목의 평어와 "극도로 사람을 놀래키는 사건을 그린 것이지만 지극히 사람에게 친근한 필치를 사용한다."는 것과 같은 맥락으로, 모두가 줄거리의 전설적 설정은 현실성과 밀접히 결합되어야 함을 강조하고 있는 것이다.

줄거리는 가능한 한 "하늘에서 날아오듯", "기이한 봉우리에서 날아오듯" 의외이지만 도한 "눈앞에서 주워들고" "눈앞에 펼쳐진 풍경" 같아야 한다는 것이다. 독자로 하여금 신기하면서도 일상적이고, 괴이하면서도 보통의 일이며, 불가사의하면서도 상상해 볼 수 있는 이야기라고 느끼게 해야 한다는 것이다. 우리가 오늘 살펴 본 이러한 소설들이 기괴하고 자극적이고 신비롭고 우여곡절로 가득차고, 심지어는 외설적인 자극으로 가득하다면 그것은 오히려 진실되지 못하여 "사람을 놀래킬" 뿐, "친근"하지는 못한 것이 되고 만다. 반면에 진실 되고 평이하고 느슨하고 일상적인 줄거리는 또 오히려 독특함과 놀라움, 사람의 이목을 끄는 내용이 부족하여 "친근"하기는 하지만 "사람을 깜짝 놀래키"지는 않는다. 그래서 김성탄이 제기한 "극도로 사람을 놀래키면서도 지극히 친근한 필치를 사용한다"라는 것은 매우 큰 가치가 있으며, 오늘날의 서사문학 창작에서도 여전히 시사하는 의미가 매우 크다고 할 수 있다.

간웅에 대해서는 완전히 "간신배화"할 필요는 없다. 《삼국연의》 제 26회에서 조조가 관운장을 포로로 붙잡는 내용이 나오는데, 여기서 관운장은 투항하지 않으므로 훗날의 화근을 없애기 위해서라도 응당 죽여야 하지만, 조조는 오히려 관운장을 죽이지 않고 살려둔다. 이에 대해 모종강毛宗崗은 다음과 같이 평가했다.

조조는 일생동안 간사하여 귀신같고 여우같아서, 우연히

정정당당하고 위엄 있고 푸른 하늘 같이 밝고 한 낮의 태양처럼
밝은 사람을 만나니 그 또한 주옥 앞에 있는 것 같아 자신의 더러운
형체가 부끄럽게 느껴져 결국에는 공경하고 사랑하지 않을 수
없어 차마 죽일 수가 없었다. 이는 조조의 인자함이 아니라 이로써
관운장을 포용하기 위한 것이었으니, 관운장의 의리가 조조의 귀를
탄복시킨 것이다. 비록 그렇다 하더라도 나는 관운장도 이상하고
조조도 이상하다. 호걸이 호걸을 탄복시키는 것은 기이한 일이
아니지만, 호걸이 간웅을 탄복시켰기 때문에 기이한 것이다.
호걸이 호걸을 공경하는 것은 기이할 것이 없지만, 간웅이 호걸을
공경하니 기이한 것이다. 무릇 호걸이면서 간웅을 탄복시킨 경우는
호걸 중에서도 몇이 되지 않는다. 간웅이면서도 호걸을 공경할 수
있는 사람은 간웅 중에서도 그리 많지 않다.

曹操一生奸詐，如鬼如蜮，忽然遇著堂堂正正，凜凜烈烈，
皎若靑天，明若白日之一人，亦自有珠玉在前，覺吾形穢之愧，
遂不覺愛之敬之，不忍殺之. 此非曹操之仁，有以容納關公，
乃關公之義，有以折服曹操之耳. 雖然，吾奇關公，亦奇曹操.
以豪杰折服豪杰不奇，以豪杰折服奸雄則奇，以豪杰敬愛豪杰不奇，
以奸雄敬愛豪杰則奇. 夫豪杰而折服奸雄，則是豪杰中又有數之豪杰.
奸雄而能敬愛豪杰，則是奸雄中有數之奸雄也.[38]

조조는 《삼국연의》에서 가장 잘 묘사되고 있는 인물임에는 의심의 여지가 없다.
가장 잘 묘사되고 있는 까닭은 바로 모종강이 말했듯이 작가가 그려놓은 조조의
성격의 복잡성 때문이다. 관우는 틀림없이 조조의 적수 중 하나로 포로로 붙잡힌 후
원래는 죽임을 당해야 한다. 그러나 조조는 관우에 대해 아끼는 마음이 있어서 차마

---

38) (명) 나관중羅貫中 저, (청) 모종강毛宗崗 평론, 《삼국연의三國演義》 (지난, 제노서사, 1991) 308
페이지.

죽이질 못한다.

여기서 우리는 조조가 확실히 "간웅 중에서 몇 몇 안 되는 간웅"이며, 그의 간사함이 일률적인 "간사함"이 아님을 알 수 있다. 정정당당한 적수 앞에서는 탄복하고 흠모하는 감정을 가지고 있었음을 알 수 있다. 모종강의 평론에서 이러한 점들을 지적하고 있다는 것은 매우 흥미로운 사실이다.

'미인이라고 모두가 아름다운 것은 아니다'라고 하는 이 또한 명·청 시기 서사문학 이론가들의 또 하나의 탁월한 견해라 할 수 있다.

지연재는 《홍루몽》제 20회에서 "진정한 미인이라면 못난 구석이 한 군데 있기 마련이다.[眞正美人方有一陋處]"고 주장하고 있다. 가보옥과 임대옥이 서로 대화를 나누고 있을 때 사상운이 와서 웃으며 "보옥 오빠, 대옥 언니, 두 사람은 매일같이 함께 있으면서, 내가 어쩌다가 이렇게 찾아왔는데, 한 번 쳐다도 안 봐요![二哥哥, 林姐姐, 你們天天一處頑, 我好容易來了, 也不理我一理兒.]라고 말하자, 임대옥이 웃으면서, "혀도 짧은 데 재잘대는 것은 좋아해서, '둘째[二]' 오빠라고도 부르지 못하고 '사랑하는[愛]' 오빠, '사랑하는' 오빠라고 잘도 재잘대네. 온 김에 쌍육 주사위놀이라도 해야겠는데, 그러면 '아이 좋아, 삼사오', '아이 좋아, 삼사오' 하면서 부산을 떨어 대겠지.[偏是咬舌子愛說話, 連個'二'哥哥也叫不出來, 祇是'愛'哥哥'愛'哥哥的. 回來趕圍棋兒, 又該你鬧'幺愛三四五'了.]]라고 말했다. 이 대목의 묘사에 대해 지연재는 다음과 같이 평론하였다.

> 우스꽝스럽게도 근자의 야사에서는 책장마다 온통 꽃이 부끄럽게
> 하고 달이 부끄러워 숨게 할 정도로 아름다운 여인네의 앵무새가
> 울고 제비가 지저귀는 소리들로 가득하면서도, 의외로 진정한
> 미인에게도 못난 구석이 있음을 알지 못한다. 예를 들어 양귀비의
> 통통함, 조비연의 여윔, 서시의 병 등은 다른 사람에게는 아름답지
> 못한 것이다. 오늘 사상운에게 '혀가 짧다'라는 두 글자를 사용하는
> 것을 보니, 이 무슨 술법이기에 이 두 글자를 감히 쓴다는 말인가!

단점을 보여줄 뿐만 아니라 더욱 아리따운 용모를 느끼게 해줌으로써 천진난만한 사상운을 지면에 그려냄으로써, 책을 덮고 눈을 감고 생각해 보면, 그녀의 "사랑스럽고"도 "불행"한 교태로운 목소리가 우리의 귀속에 들려올 것이다. 그런 후에는 온 책장을 메우고 있는 앵무새가 울고 제비가 지저귄다는 글자로 똥간을 메워도 되는 것이다.

可 笑 近 之 野 史 中 ， 滿 紙 羞 花 閉 月 ， 鶯 啼 燕 語 ，
殊 不 知 眞 正 美 人 方 有 一 陋 處 ， 如 太 眞 之 肥 ， 飛 燕 之 瘦 ，
西 子 之 病 ， 若 施 於 別 個 不 美 矣 ， 今 見 咬 舌 二 字 加 以 湘 雲 ，
是 何 大 法 手 眼 ， 敢 用 此 二 字 哉 ! 不 獨 見 陋 ， 且 更 覺 輕 俏 嬌 媚 ，
儼 然 一 嬌 憨 湘 雲 立 於 紙 上 , 掩 卷 合 目 思 之 , 其 "愛", "厄" 嬌 音 如 入 耳 內 ,
然 後 將 滿 紙 鶯 啼 燕 語 之 字 樣 , 塡 糞 窖 可 也.[39]

　　지연재의 "미인이라도 못난 구석이 한군데는 있다."라는 주장의 의미는 인물의 살아있는 생명력과 진실감을 강화시켜준다는 것이다. 왜냐하면 보통의 진실된 생활 속에서 미인에게도 아름답지 않은 구석이 있기 마련이고, 못생긴 사람에게도 한군데 예쁜 구석이 있기 마련이며, 좋은 사람에게도 안 좋은 점이 있고, 나쁜 사람이라고 해도 조그마한 장점은 있기 마련이기 때문이다.

　　또 용감한 사람이라도 겁을 먹을 때가 있고, 겁쟁이라도 용감할 때가 있기 마련이기 때문이다. 이것이야말로 생생하게 살아있는 진실된 삶인 것이다. 드니 디드로(Denis Diderot)는 어느 화가가 만약 자신이 그리는 미인을 이마에 조그마한 균열이 있거나 귀밑머리에 작은 반점이 있거나, 또는 아랫 입술에 잘 보이지 않는 상처가 있게 그린다면 그것인 "이 여인의 얼굴은 더 이상 비너스가 아니라 나의 어느

---

39) 《석두기石頭記》 경진본 제 20회 평어, 《지연재중평석두기脂硯齋重評石頭記》
　　 영인본(베이징, 인민문학출판사, 1995) 226 페이지 참고.

이웃의 초상화이기 때문이다."[40]라고 했다. 일단 이 미녀가 당신의 이웃집 여인의 초상화라고 한다면 당신은 이 여성에게서 진실함과 친절함을 느낄 수 있을 것이고, 당신의 머리 속에 생동감 있는 모습으로 떠오르게 될 것이다. 당신은 또 그녀에게서 또 다른 따뜻함과 사랑을, 그리고 우리의 삶 속에서 항상 보아온 것들을 느낄 수 있게 될 것이다. 그렇다면 이 미녀는 그 조그마한 결점으로 인해 우리를 실망시키는 것이 아니라 오히려 그 반대로 사상운의 짧은 혀처럼 "더욱 아리따움"을 느끼게 해 줄 것이다. 지연재는 그의 평어에서 여러 차례《홍루몽》의 풍부한 묘사와의 대조를 통해 "미우면 어느 한 구석이라도 밉지 않은 구석이 없고, 예쁘면 어느 하나라도 예쁘지 않은 곳이 없다.[惡則無往不惡, 美則無一不美]"라고 하는 현상에 대해 비판했다. 이러한 비판의 요지는 여전히 서사 작품의 인물 성격은 진실되고 풍부해야 함을 요구하는 것이다.

인물 성격 창조의 풍부성 문제에 있어서 청대의 비평가 합사옥哈斯玉의 《홍루몽》의 등장 인물에 대한 분석도 매우 빼어나다. 여기서는 지연재의 관점에 대한 보충 자료로 간략하게 소개하도록 하겠다. 합사옥은《〈신역 홍루몽〉 각 회 평어》 제21회 평어에서 다음과 같이 말하고 있다.

> 습인의 간사함은 밉상스럽기도 하고 귀엽기도 하다. 보채의
> 간사함은 귀엽기도 하고 밉상스럽기도 하다. 습인이 밉상스러운
> 점은 그녀가 네모난 다반을 사용하지 않고 꼭 연환다반을 사용하여
> 찻잔을 올려놓아 내놓으려고 하는 점이다. 귀여운 점은 설보채와
> 임대옥 두 사람에게 찻잔을 내놓으면서 "마시고 싶으신 분이
> 먼저 받으세요."라고 말한다는 점이다. 설배채의 귀여운 점은
> 조금도 사양하지 않고서 먼저 가져가 마신다는 점이다. 설보채의
> 밉상스러운 점은 입을 행구고 남겨놓은 반잔의 차를 대옥에게

---

40) (프랑스) 드니 니드로(Denis Diderot),《부르봉의 두 친구》(1770), 쉬밍롱許明龍 번역의 《니드로 미학논문선狄德羅美學論文選》(베이징, 인민문학출판사, 1984) 348~349 페이지 참고.

들이민다는 점이다. 단지 이 몇 줄의 문자만으로도 "조조가 허전에서 사슴을 쏘다"라는 이야기와 견줄만하다 하겠다.

襲人的奸詐, 既可憎又可愛, 宝釵的奸詐, 既可愛又可憎.
襲人可憎, 看她不用四方茶盤, 定要用連環茶盤可式放茶鐘端來.
可愛處則是在釵黛兩人中間之端一鐘茶, 說"那位喝時那位先接下."
宝釵的可愛處就在毫無不讓分, 先拿過來就喝, 可憎
處則是把漱口剩下的半鐘茶遞給黛玉, 僅祇這幾行文字,
便可同"許田射鹿"一章比美.[41]

또 38회의 평어에서는 다음과 같이 말하고 있다.

책 전체에서 많은 인물들은 그려내기가 쉽지만, 유독 설보채만은 그려내기가 가장 어렵다. 이 책을 읽으면 많은 인물들의 이야기가 쉽지만 유독 설보채의 이야기가 가장 어렵기 때문이다. 대체로 많은 다른 인물ㅇ은 모두 직설적으로 묘사하고 있어서, 좋은 것은 정말로 좋고 나쁜 것은 정말로 나쁘게 그려져 있다.

다만 설보채는 그렇게 묘사하지 않았다. 언뜻 보면 모든 것이 좋은 것 같지만 다시 한 번 보면 좋고 나쁨이 뒤섞여 있고, 도 다시 한 번 보면 좋은 점보다 나쁜 점이 더 많아 보이고, 반복해서 보면 모든 것이 나빠서 아예 좋은 점이라곤 없어 보인다. 또 다시 반복해서 보면 그녀의 모든 점이 나빠 좋은 점이라고는 하나도 없음을 보게 된다. 이것은 쉽지 않다. 모든 것이 다 나쁜 설보채를 모든 것이 다 좋은 것처럼 그려내는 것이 가장 어렵다. 그녀가 하는 말을 듣고 하는 행동을 보면 정말로 구구절절, 걸음걸음이 모두 너무나도 똑똑하고

---

41) 주이시엔朱一仙 편,《홍루몽자료휘편紅樓夢資料彙編》(톈진, 난카이대학출판사, 1985) 803 페이지 참고.

현명한 사람같아 보이지만, 결국에는 다른 사람이 손가락질하는 간사한 사람의 탈을 벗지 못한다. 이것은 또 무엇 때문일까? 역사가의 필법은 강목을 숨기느냐 드러내느냐는 것은 온전히 붓고 먹 밖에 있는 것이니, 이것 역시도 이와 같은 것이다.

全書許多人寫起來都容易, 唯獨宝釵寫起來最難. 因爲讀此書, 看那許多人的故事都容易, 唯獨看宝釵的故事最難. 大体上, 寫那許多人都用直筆, 好的眞好, 壞的眞壞. 祇有宝釵, 不是那樣寫的. 乍看. 全好, 再看好壞參半, 又再看好處不及壞處多, 反復看去, 全是壞, 壓根兒沒有什麼好. 一再反復, 看出她全壞, 一無好處, 這不容易, 把全壞的宝釵寫得全好便最難. 讀她的話語, 看她行徑, 眞是句句步步都像個極明智極賢淑的人, 卻終究不脫被人指爲最奸詐的人, 這又因什麼? 史臣筆法, 綱目藏否全在筆墨之外, 便是如此.[42]

윗 글의 내용에서 가장 흥미로운 점은 문학서사의 의미가 서사 작가에 의해 온전히 결정되는 것은 아니라는 점이다. 서사 텍스트가 일단 독자에게 읽혀지게 되면, 그 의미는 개방적이고 생성적인 것이 되어버리기 때문에 독자는 텍스트의 의미에 대해 재구성할 권리를 가지기 때문이다.

인물 성격의 의미 역시도 마찬가지이다. 여기서는 합사옥이 습인과 설보채의 성격에 대해 재구성하고 있는 것이다. 섭인이 간사한지 아닌지, 그가 내민 찻잔의 의미가 그의 간사함을 증명할 수 있는지 없는지, 이러한 것들은 비평가가 그녀에게 부여해주는 것이다. 마찬가지로 설보채의 성격을 읽어 나감에 모든 것이 좋다가 나쁜 점이 좋은 점보다 많다가 다시 모든 것이 나쁘게 보이는 이 과정은 하나의 의미가 끊임없이 재구성되어가는 과정인 것이다. 물론 습인이나 설보채의 성격의

---

42) 주이시엔 편 《홍루몽 자료휘편》 829~830 페이지 참고.

의미가 어떻게 독서과정에서 이렇게 재구성될 수 있는지는 《홍루몽》 텍스트의 잠재적 의미와 관련이 있지만, 작가의 "강목의 숨김 여부"가 온전히 "붓과 먹 밖"에 있는 것이다. 만약 작가가 "직설절 필법[直筆]"을 사용한다면, 습인이나 설보채의 성격에 이처럼 복잡하고 함축적인 의미를 부여해 줄 수 없을 것이며, 독자나 비평가도 이처럼 의미의 재구성을 진행해 나갈 수 없을 것이다.

5. "한필(閑筆)이라고 한가하진 않다."
— 문학서사 기능의 확대와 연장

문학 서사는 여행자가 여행을 떠나는 것과 마찬가지이다. 여행자가 목적지로 가는 길을 따라 걸어간다. 물론 그는 이 길을 벗어날 수 없기 때문에 "정필正筆"로 그려나가야 한다. 그러나 이 여행자는 또한 필연적으로 도중에 아름답거나 황량한 풍경 또는 예쁘거나 어수선한 경치들을 보게 될 것이고, 이 경치들을 감상하거나 감탄을 자아낼 것이다. 이러한 여행이야말로 진실되고 흥미진진한 여행이 될 것이다. 그러므로 또 반드시 "한필閑筆"을 운용해야만 한다. "정필"로는 주요 인물이나 사건을 서술하고, "한필"로는 이차적인 인물이나 사건, 심지어는 중요하지 않은 인물이나 사건을 서술한다. 이 두 가지 방법을 상호 보완적으로 운용함으로써 광범위하고도 진실된 서술 공간을 만들어 간다.

문학서사 작품에서 서술하는 내용은 당연히 인물의 성격과 이러한 인물들을 둘러싸고 일어나는 사건들이다.

그러나 서술 과정에서 다른 묘사가 끼어드느냐 끼어들지 않느냐는 중국 고대 서사학에서 주시하는 또 다른 중요한 문제이다. 예를 들어 서정 작품에서 "정감어"와 "경물어"를 나누는 것처럼 문학 서사작품에서도 "정필"(正筆: 또는 긴필緊筆이라고도 함)과 "한필"(閑筆: 또는 "한가한 이야기[閑話]", "한가한 필치[消閑之筆]"라고도 함)로 나눈다. 김성탄이나 장죽파, 모종강 등은 모두 서술의 템포를 조절하고 서술 공간을 확장시켜주며, 서술 시간을 연장시켜주는 등 여러 방면에서의 한필의 중요한 역할을 매우 중시하였다.

"한필"이 어떻게 "한가롭지 않을 수" 있는가?《수호전》의 "혈천원앙루血濺鴛鴦樓" 회차의 내용을 분석해보면, "정필"은 무송이 원앙루에 잠입하여 복수를 하고 장도감張都監의 전 가족을 몰살시키는 내용이다. "정필"과 "한필"은 다음과 같이 안배되어 있다.

정필	한필	효과
무송이 후원 담 밖 마원에서 문을 연다.	무송과 후조의 대화.무송이 "당신 나 알아?"라고 하자, 후조가 목소리를 듣고서 무송임을 알게 된다.	서술 템포가 빨랐다가 느려짐.
무송이 담을 뛰어넘어 긴박하게 사람을 찾는다.	무송이 주방에서 하녀 두 명이 탕의 육수를 부으면서 원망스럽게 "……"라고 투덜거리는 장면을 목격한다.	서술 템포가 빨랐다가 느려짐
무송이 황급히 건물로 올라가 장도감을 찾는다.	촛불이 서너 개만 켜져 있는 것이 보이고, 한 두 곳에서 달빛에 사람의 그림자가 비치고, 건물 위에서는 심지어 분명한	서술 템포가 아주 빨랐다가 아주 느려짐.

이상의 몇몇 곳의 묘사에 대해 김성탄은 "한창 다급할 때의 한가로운 필치[百忙中極閑之筆]"라는 말로 평가하면서, 작가의 "비상한 재주[非常之才]"를 표현해주는 것이라고 보았다. 여기서 "정필"은 무송이 장도감의 집에 들어가 사람을 죽이는 내용으로, 서술 템포가 매우 빠르고 매우 긴장된 분위기를 이루고 있어서 독자들로 하여금 숨도 크게 쉬지 못하게 한다.

그러나 작가는 또 무송이 사람을 죽이는 장면만을 묘사하는 것이 아니라 중간 중간에 장씨 집안의 일상적인 모습들을 삽입해 놓음으로써 서술의 리듬감은 느려지게 되고, 그 결과 서술의 리듬감이 빨랐다 느렸다 하면서 서술 공간을 확대시켜주고 무송이 살인하는 긴박한 분위기와 장도감 집안의 일상적인 한가로운 분위기의 대조를 이룸으로써 묘사는 더욱 현실감 있고 진실감 있게 되고, 독자들의 흥미를 자극하게 된다. 만약 무송이 계속해서 사람을 죽이는 장면들만을 묘사해 나가게 되면 소설의 서술의 리듬감은 계속해서 빠른 템포를 유지해 나가야 하기 때문에 소설적 재미가 없어지게 된다. 다시 모종강의 《삼국연의》 중 관우 "다섯 관문을 지나며 여섯 장수를 죽이는[過五關斬六將]" 대목에 대한 평론을 살펴보자.

> 관우의 행색이 매우 다급함에도 도중에 만난 사람들을 보면, 갑자기 한 소년을 만나고, 또 갑자기 한 노인을 만나고, 또 갑자기 강도를 만났다가 또 스님을 만났으니, 한 번 또 한 번 이어지니 전혀 적막하지 않았다. 이 같은 절묘한 일이 절로 있었기 때문에 이 같은 절묘한 문장이 만들어지게 된 것이다. 만약 관문 하나를 지날 때마다 장수 한명을 죽이고 다섯 관문을 줄곧 사람을 죽이면서 지나간다면 무슨 재미가 있겠는가?
>
> 關公行色匆匆, 途中所歷, 忽然遇一少年, 忽然遇一老人, 忽然遇一强盜, 忽然遇一和尚, 点綴生波, 殊不寂寞. 天然有此妙事,

助成有此妙文. 若但過一關殺一將, 五處關隘一味殺去, 有何意趣？[43]

　여기서 모종강은 작가가 "한필"을 이용하고 있음을 지적하지는 않았지만, 사실상은 "한필"을 계속해서 "정필"을 차단했다는 말이다. "정필"은 조조가 관우를 놓아주자, 관우가 두 형수를 보호하면서 위험을 헤쳐 나간다는 내용으로 본래는 몇 번의 필치면 지나갈 대목이다. 도중에 이렇게 많은 곡절을 만나게 되리라고 상상이나 했겠는가! 첫 번째로 두 형수가 "강도"들을 만났으나 요화廖化라는 노인의 도움으로 구출되고, 두 번째로는 호화胡華라는 어느 농가 주인을 만나 환대를 받게 되고, 그런 후 첫 번째 관문을 통과하게 된다.

　장수 공수孔秀를 죽이고, 두 번째 관문을 통과하고 맹탄孟坦과 한복韓福을 연이어 죽이고서 세 번째 관문을 통과한다. 네 번째로는 보정普淨이라는 스님을 만나 위험이 도사리고 있음을 알게 되고, 변희卞喜를 죽이고서 보정에게 감사의 인사를 하고 네 번째 관문도 통과하게 된다. 다섯 번째로는 호화의 아들인 호반胡班을 만나서 왕식王植과 진기秦琪를 죽이고 다섯 번째 관문을 통과한다. 소설에서는 곧이어 한 수의 시로 관우가 다섯 관문을 통과하면서 여섯 장수를 죽이게 되는 과정을 정리하였다. 본래 관우는 행색이 다급하였으므로 서술 템포가 배우 빨랐지만, "한필"이 삽입되면서 서술 템포를 크게 줄여주었다. 이러한 서술 템포의 변화는 변화를 위한 변화가 아니라 이러한 변화를 통해서 삼국시기의 전쟁 상황을 보여주고자 하는 것이며, 특히 관우의 영맹함과 인정미 넘치는 성격을 더욱 풍부하게 그려내기 위한 것이다. 이를 통해 문학서사에 정취가 더해지기 때문에 "한필이라도 한가롭지는 않다.[閑筆不閑]"라고 말하는 것이다.

　"한필"의 역할은 서술의 리듬감을 변화시켜주는 것뿐만이 아니다. 더 많은 경우는 바로 서술의 공간을 확대시켜주는 것이다. 장죽파는 《금병매독법》에서 이렇게 말한다.

---

43) (명) 나관중 저, (청) 모종강 평론, 《삼국연의》 318~319 페이지.

《금병매》에서는 매번 이야기 전개의 긴장이 극도로 고조될 때 다른 일이 끼어져 있다. 예를 들어, 금련을 아직 맞아들이지 않았을 때 먼저 옥루와 혼인을 끼워 넣고, 옥루를 맞아들일 때 서문대저의 혼인을 끼워 넣었다. 아들이 태어났을 때에는 오전은이 사채를 빌리는 내용을 끼워 넣었다. 관가가 위독할 때 사희대가 은을 빌리는 내용이 끼어 있고, 병아가 죽을 때에는 옥소가 금련의 세 가지 조건을 받아들이는 내용이 끼어 있고, 병아의 장례식 날짜를 잡을 때 육황태위 등의 일이 끼어 있다. 이는 모두 한창 분위기가 고조되었을 때 일부러 한가한 필치로 쓴 것이니 작자의 재기가 출중하지 않았다면 어떻게 쓸 수 있었겠는가?

《金瓶》每於極忙時，偏夾敘他事入內．如正未娶金蓮，先插娶孟玉樓，娶玉樓時，卽夾敘嫁大姐．生子時，卽夾敘吳典恩借債．官哥臨危時，乃有謝希大借銀．瓶兒死時，乃入玉簫受約．擇日出殯，乃有請六黃太尉等事．皆於百忙中，故作消閒之筆，非才富一石者何以能之？[44]

여기서는 "한창 다급할 때의 한가로운 필치"를 말하고 있는데, 그 역할은 바로 서술 공간을 확대시켜 줌으로써 서술하고 있는 생활상을 더욱 풍부하고 입체감 있게 만들어 준다는 것이다. 《금병매》의 작가가 만약 서문경의 "몰락—벼락부자—매음—승진—멸망"이라는 주선율을 따라서만 내용을 긴박하게 서술해 나간다면, 서술 공간은 매우 좁아지고 고립적으로 되어 서문경이라는 이 인물 성격의 사회적 배경이나 환경 등에 대한 서술을 전개해 나가기 어려울 것이다. 또한 생활 속에서 마땅히 있어야할 전체적 조명이 사라져 버려서 서문경이란 인물은 "뒤에 산을 등지고 있으나 산에는 산줄기가 없고, 앞에 물이 있으되 수원지가

---

44) (명) 난릉소소생 저, (청) 장도심 평론, 《금병매》 38 페이지.

없으며, 높은 곳에는 숨어있는 사찰의 탑도 없고, 아래로는 시장으로 통하는 다리도 없는[背山山無脈, 臨川川無源, 高無隱寺之塔, 下無通市之橋.]"《홍루몽》 속 대관원의 가짜 농가처럼 되어버리고 말 것이다. 문학 서사는 여행자가 여행을 떠나는 것과 마찬가지이다. 여행자가 목적지로 가는 길을 따라 걸어간다. 물론 그는 이 길을 벗어날 수 없기 때문에 "정필"로 그려나가야 한다. 그러나 이 여행자는 또한 필연적으로 도중에 아름답거나 황량한 풍경 또는 예쁘거나 어수선한 경치들을 보게 될 것이고, 이 경치들을 감상하거나 감탄을 자아낼 것이다. 이러한 여행이야말로 진실되고 흥미진진한 여행이 될 것이다. 그러므로 또 반드시 "한필"을 운용해야만 한다. "정필"로는 주요 인물이나 사건을 서술하고, "한필"로는 이차적인 인물이나 사건, 심지어는 중요하지 않은 인물이나 사건을 서술한다. 이 두 가지 방법을 상호 보완적으로 운용함으로써 광범위하고도 진실된 서술 공간을 만들어 간다.

"한필"의 또 다른 서술 기능은 바로 서술 시간의 연장이다. 장죽파는 《금병매》에서의 이병아의 병과 죽음에 대한 묘사에서도 "한필"이 운용되었다고 보았다. 이병아의 병이 깊어져 먼저 임 의관(医官)과 호 태의(太医)를 불러 치료를 했지만 아무 효과가 없었다. 하인 한도국이 산부인과 조 태의를 추천하고 교대호 또한 현문 앞에 살고 있는 하 노인을 추천하니, 서문경이 곧 바로 사람을 시켜 모셔오게 한다. 조 태의와 하 노인이 도착했다. 조 태의는 등장하자마자 자신이 황제 씨의 《소문素問》, 《난경難経》에서부터 《가감십삼방加減十三方》, 《천금도효양방千金都效良方》, 《수역양방壽域良方》, 《해상방海上方》에 이르기까지 "안 읽은 책이 없다"고 허풍을 떨어대며, 자신의 실력이 "약으로는 가슴 속의 활법을 쓰고, 맥으로는 손라갈의 현묘한 기운으로 육기사시를 밝히고 음양과 칠료팔리를 분간하고 관격의 부침을 정하고, 바람이 들거나 허하여 생기는 오한이 들고 열이 나는 증세는 한번 보면 틀림없고, 현, 홍, 지, 수의 맥상의 이치도 통달하지 않은 것이 없습니다.[藥用胸中活法, 脈明指下玄機, 六氣四時, 辨陰陽之標格. 七表八裏, 定關格之沈浮. 風虛寒熱之症狀, 一覽無余. 弦洪遲數之脈理, 莫不通曉.]"라고 자랑을 해 댔다. 그는 맥을 짚어본 후에 병의 근원을 분석하고는 마지막에 "감초, 감수와 강사에다 여로, 파두와 원화, 그리고 생강즙을 넣은 생 반하, 오두, 행인과 천마" [甘草甘邃与鋼砂, 藜蘆巴豆与芫花, 薑汁調着生半夏, 烏頭杏仁又天麻.]"를 묘방이라고 처방했다. 하 노인이 "이 약은 너무 독해서 먹으시면 안 됩니다.[這等藥恐怕太狠毒, 吃不得.]" 그러나 조태의는 "옛부터 독약은 입에는 쓰지만 병에는 이롭다고 했거늘 어째서 먹을 수 없다는 것인가요?[自古毒藥苦口利於病, 怎么吃不得?]"라고 하자, 서문경이 그가 엉뚱한 소리를 하는 것을 보고는 은자 두 냥을 주고는 보내버렸다. 하씨 노인이 "늙은이가 조금 전엔 차마 감히 말을 할 수가 없지만, 저 사람은 동문 밖의 조씨 성을 가진 사기꾼으로, 괜히 지팡이를 짚고 방울을 흔들면서 거리로 나와 지나가는 사람을 꼬득이는 그런 놈인데, 그가 어찌 진맥을 하고 병의 근원을 알겠습니까?[老拙適纔不敢說, 此人東門外趙搗鬼, 專一在街上賣丈搖鈴, 哄過往之人, 他哪里曉得什脈息病原.]"라고 했다. 장죽파는 이 대목에서 "만약 환자만을 말하면 필묵이 모두 더러워지겠지만, 의관만을 이야기 하자면 오히려 또 붓이 말라버릴 것이나, 그는 농간을 부리는 조태의를 중간에 끼워 넣어 환자 가족들을 혼란스럽게 하였다. 의사가 시끌벅적 떠들어 대니 일시에 상황이 그림을 보듯 뻔하니, 이를 빌려 기백이나 황제 씨 같은 무리(의관들)를 욕하려는 것이 아니다.[若止講病人, 便令筆墨皆穢, 止講医人, 卻又筆墨枯澀, 看他借用一搗鬼雜於其間, 便令病家眞是忙亂, 医人眞是嘈雜, 一時情景如畫, 非借此罵岐黃流也.]"[45) 중간에 조도귀의 이야기는 있어도 되고 없도 상관없으니 "한필"에 속한다. 이는 이 회차에서 "일시에 상황이 그림을 보듯 뻔한" 상황을 묘사함으로써 희극적 정취를 첨가하였으며 더 중요한 역할은 서술 시간을 연장시켜주었다는 것이다. 본래 이병아는 병위 위중하고 서문경 등은 조급해 하지만 환자에게 있어서 시간은 생명과 같은 것이다.

　그러나 중간에 이 "한필"을 끼워 넣은 후에는 서술 시간을 늘릴 수밖에 없고,

---

45) (명) 능란소소생 저, (청) 장도심 평론, 《금병매》 제 61회, 918 페이지.

이병아의 병세는 더욱 위중해지고 서문경과 이병아의 심리적 부담을 더욱 가중시키게 되며, 이는 서사에 있어서는 매우 큰 의미를 가진다.

비록 김성탄 등이 "한필"에 대해 명석한 개념 설명을 하진 않았지만, 그들이 분석한 사례들을 보면 "한필"의 함의를 짐작해 볼 수 있다. 이른바 "한필"이란 서사문학 작품에서 인물과 사건이라는 주요 실마리 이외에 삽입되어 있는 부분을 말하는 것으로, 그것의 주요 역할은 서술 템포를 조절하고 서술 공간을 확장시켜 주며, 서술 시간을 연장시켜 줌으로써 문학 서사의 내용을 더욱 풍성하게 해 준다. 이를 통해 서사의 정취를 더해 줄 뿐만 아니라 서사의 진실감과 시의성을 증대시켜 주기 때문에 "한필이라도 한가롭지 않다."고 말하는 것이다. 사실상, "한필"에는 작품 속의 의론이나 서정, 그리고 작품 속 인물의 이야기를 포함하여 보기에는 인정세태나 풍속, 습관등과는 동떨어진 묘사 등이 포함된다. "한필"은 서사 예술에서의 매우 중요한 방법으로써, 문할 서사가의 예술적 공력의 표현이다. 장죽파도 "천고의 패관이라도 이에 이를 수 없으니, 어쨌든 이 같은 한필은 배우기가 어려운 것이다.[千古稗官不能及之者, 總是此等閑筆難學也.]"[46]라고 했던 것도 일리가 있는 말이다.

6. "잡다하되 도를 넘지 않는다.[雜而不越]"
— 문학 서사의 기술 방법

구조의 기능은 작품으로 하여금 질서를 갖추게 하는 것이다. 한 작품의 완성은 구조에 의지하게 되는데, 마지막 붓을 놓기 전까지는 이야기는 미완이다. 작품의 마지막 모습도 드러내 보일 수 없다.

---

46) (명) 능란소소생 저, (청) 장도심 평론, 《금병매》 제 37회 회수 총평 참고.

"첫 번째도 구조"과 "마지막도 구조"라는 말은 중국 고대 서사
이론가들의 공통된 견해였다.

　중국 고전문학 서사 이론가들은 시종 문학의 서사 기술 방법을 중시해왔다.
김성탄은《수호전》제 11회 총평에서 "무릇 가슴 속에 비상한 재주를 가지고 있는
사람은 반드시 비상한 글재주가 있기 마련이고, 비상한 글재주가 있는 사람은 필시
비상한 힘을 갖고 있기 마련이다. 무릇 비상한 재주가 아니면 그 생각을 구상해낼
수 없고, 비상한 글재주가 아니면 그 재주를 붙잡을 수가 없으며, 비상한 힘이
아니면 또한 그 필력에 응할 수가 없다.[夫人胸中, 有非常之才者, 必有非常之筆.
有非常之筆者, 必有非常之力. 夫非非常之才, 無以構其思. 非非常之筆, 無以擒其才.
又非非常之力, 亦無以副其筆也.]"⁴⁷⁾라고 하였다. 여기서 김성탄은 세 개의 개념을
제시하고 있다. 그것은 바로 "재주"와 "붓"과 "힘"이 그것이다 .재주는 바로
서사 작가의 서술적 재능을 말한다. 붓이라 함은 서술 방법을 말하며, 여기에는
스토리의 구성이나 서술 기교 등도 포함되며, 이는 후천적으로 학습 가능한
것이다. 서사의 재능을 가진 사람이면 응당 자신의 재능을 발휘하기 위해 여러
가지 필법(표현 방법)을 배워야 한다. 힘은 자신의 재주로 하여금 붓을 사용하여
예술적 경지에 도달하게 함을 말한다. 김성탄은 서사 기술 방법의 "엄정함"을
중시하였다. 그는 "만약 진실로 내가 수호전을 읽는 방법으로 책을 읽으면 장생의
문장이 엄정하다 할 수 있고, 《사기》의 문장이 엄정하다 할 만하다. 단지 이
뿐이다. 대저 천하의 책들 가운데 명산에 숨겨두고서 후세에 전하고 싶은 빼어난
책들은 어느 하나 엄정하지 않은 것이 없다. 엄정하다 함은 글자에는 자법이
있고 구에는 구법이 있으며, 장에는 장법이 있고 부에는 부법이 있음을 말하는
것이다. [若誠以吾讀《水滸》之法讀之, 正可謂莊生之文精嚴, 《史記》之文精嚴.
不寧惟是而已. 蓋天下之書, 誠欲藏之名山, 伝之後人, 卽無有不精嚴者, 可謂之精嚴,

---

47) (명) 시내암 저, (청) 김성탄 평론, 《수호전》(지난, 제노서사, 1991) 232 페이지.

字有字法, 章有章法, 部有部法是也.]"[48]라고 했다. 구조 기술 방법의 엄정함은 김성탄의 문학작품 서술에 있어서의 총체적 요구 조건으로, 가히 구조 기술 방법을 얼마나 중요시했는지를 잘 알 수 있다. 《독제오재자서법讀第五才子書法》에서 그는 "《수호전》에는 많은 구조 기술 방법들이 있는데, 다른 책에는 없었던 것들이다.[《水滸伝》有許多文法, 非他書所曾有.]"라고 하면서 "도삽법倒揷法", "협서법夾敍法", "초사회선법草蛇灰線法", "대락묵발법大落墨發法", "면침니자법綿針泥刺法", "배면포분법背面鋪粉法", "농인법弄引法", "달미법獺尾法", "정범법正犯法", "약범법略犯法", "극불성법極不省法", "욕합고종법欲合故縱法", "횡운단산법橫雲斷山法", "난교속현법鸞膠續弦法" 등 14가지의 방법을 제시하였다. 모종강도 《독삼국지법讀三國志法》에서 서사의 기술 방법을 12가지로 개괄하였다. 이러한 것은 모두 매우 의미 있는 것들로, 앞으로 더욱 심도 있는 연구가 기대된다. 편복의 제한으로 인해 여기서는 중국 고전 서사학의 구조 기술 방법과 서술 시점 기술 방법, 그리고 서술시간 기술 방법에 대해서만 개략적으로 서술하기로 한다.

1) 서술의 구조

고전 중국어에서 "구조[結構]"라는 단어는 원래는 지붕과 기둥이 서로 교차되어 있는 뼈대를 말한다. 왕연수王延壽의 《노령광전부魯靈光殿賦》에서는 "그리하여 기둥과 지붕을 자세히 살펴보면 그 뼈대를 볼 수 있다.[於是詳査其棟宇, 觀其結構.]"고 했다. 이후에 문장의 구조(구성)라는 새로운 뜻이 파생되어 나왔다. 《후한서·반고전後漢書 班固伝》에서는 "문장을 구성하니 마침내 이로써 풍간했다.[結構文辭, 終以諷諫]"라고 했다. 현대의 학술적 시각에서 보면 이른바 구조라고 하는 것은 문장 서술에 있어서 여러 관계들을 연관시켜서 일정한 관계를

---

48) 위의 책, 12~13 페이지.

599

구성하고, 더 나아가서는 완전한 한 편의 문장의 틀을 완성한다는 의미이다. 한 편의 소설 작품에는 많은 사건들과 그 사건들 간의 관계가 출현하게 되는데, 이 관계를 예술적으로 결합시키는 것, 이것이 구조(구성)이다. 하나의 소설 작품에는 수많은 등장인물과 그 인물들 간의 관계가 출현하게 되는데, 이 관계를 예술적으로 연결시키는 것, 이것이 바로 구조(구성)이다. 한 장회(章回) 안에는 몇몇 인물과 사건과 그것들 간의 관계가 출현하게 되는데, 이러한 관계를 예술적으로 연결시키는 것, 이것 또한 구조(구성)이다. 중국의 문론가들은 매우 일찍부터 이 구조의 문제를 중시해 왔다. 유협의《문심조룡 · 부회附會》 편은 이 구조(구성)의 문제를 전문적으로 다루고 있다.

> 무엇을 일러 부회라고 하는가? 문장의 대의를 총괄하고 문장의 첫머리와 결말을 통솔하며, 보충하고 삭제할 것을 정하고 가장자리의 틈을 봉합하고, 한 편을 마무리하여 잡다하면서도 도를 넘지 않게 하는 것이다. 何謂附會? 謂總文理, 統首尾, 定与奪, 合涯際, 弥綸一篇, 使雜而不越者也.

> 대저 문장을 크게 살펴보면, 많은 나뭇가지나 강물의 지류와 같다. 강물의 지류를 정리하기 위해서는 그 발원지에 의지해야 하고, 나무의 가지를 정리하기 위해서는 그 줄기를 따라야 한다.
> 그러므로 문사에 의지하여 뜻을 모으기 위해서는 전체의 강령에 힘쓰고 만 갈래의 길을 하나의 목적지로 귀결시켜야 하고, 수백의 생각들을 하나로 일치시켜야 한다. 문장의 대의가 비록 번다하더라도 전도되어 어긋남이 없어야 하고 비록 여러 말들이 비록 많다 하여도 실타래가 얽혀있는 것 같은 혼란이 없어야 한다. 태양에 의지하여 가지가 나오고, 달빛을 따라 자취를 감추니, 글의 첫머리와 결말이 엄밀하고 겉과 속이 하나로 만든다. 이것이 부회의 방법이다.

凡大体文章, 類多枝派, 整派者依源, 理枝者循干. 是以附辭會義,

務總綱領, 驅万涂於同歸, 貞百慮於一致. 使衆理雖繁, 而無倒置之乖,

群言雖多, 而無棼糸之亂, 扶陽而出條, 順陰而藏跡, 首尾周蜜,

表裏一体, 此附會之術也.[49]

　여기서 유협이 말하고 있는 것은 서사 작품만을 위한 것이 아니다. 서사 작품도
여기에 포함될 뿐이다. 유협이 제기한 이 이론의 가치는 크게 두 가지로 들 수
있다. 첫째는 그가 작품의 구조에 있어서 해결해야 할 문제로 다음의 다섯 가지로
설명하고 있다는 점이다. ①"전체의 강령", 즉 "지류를 정리하기 위해선 물의
발원지에 의지해야 하고", "나무의 가지를 정리하기 위해서는 줄기에 의지해야"만
혼란을 피할 수 있다는 것이다. ②"글의 첫머리와 결말을 정하는 것", 즉 글의 서두와
중간 단락, 결말을 엄밀하게 관통시켜 나가야 한다는 것이다. ③"보충과 삭제 내용을
결정하는 것", 즉 "글의 재료"에서 어느 것을 취하고 어느 것을 버릴지를 정한다는
것이다. ④"틈을 봉합한다."는 말은 곧 구와 구, 절과 절 사이를 일정한 맥락으로
봉합해 나간다는 것이다. 서사작품에 있어서는 인물과 사건의 예술적 안배와 기타
서로 교차되고 대비되고 비추고 돋보이게 해 주는 등의 예술적 처리가 여기에
포함된다. ⑤겉과 속, 드러냄과 숨김의 적절하게 처리하는 것, 이 여섯 가지이다.
둘째는 그가 구성의 총괄 원칙을 제시하고 있다는 것이다. 그것은 바로 "잡다하되
도를 넘지 않는다"는 것이다. "잡다함[雜]"은 복잡하고 풍부하고 다양함을 말하며,
"도를 넘지 않는다.[不越]"는 말은 여러 많은 것들이 서로 침범하지 않고, 서로
간섭하지 않으며 서로 모순되지 않는다는 말이다. 현대의 용어로 말하면 다양성의
통일이라고 할 수 있을 것이다.

　유협이 제기하고 있는 구조의 측면과 "잡다하되 도를 넘지 않는다"는 구조의
원리는 명　청 서사문학 이론에 의해 계승되었으며, 게다가 구체적인 작품 분석과

---

49) (남조) 유협 저, 관원란 주, 《문심조룡 주》, 650~651 페이지

결합되면서 더욱 구체적인 관점들이 제시되었다.

우선, 서사 구조의 중요성이 충분히 강조되게 되었다. 하나의 작품이 어떤 모습이냐는 것은 작품의 구성에 의해 결정된다.

어떤 서사 작가가 하나의 제재를 얻은 후 구상 과정에서 제일 먼저 해야 할 일은 "구성"이다. 왜냐하면, 반드시 이야기를 어떻게 시작할 것이며, 중간에는 어떻게 발전시키고 전환시켜나갈 것인가, 그리고 어떻게 마무리를 지을 것인가가 마음 속에 그려져야 하기 때문이다 그런 후에 비로소 붓을 들 수 있는 것이다. 그렇지 않으면 작품은 제재들을 임의로 쌓아놓은 무더기가 되어 버릴 것이어서 작품은 아무런 질서감이 없게 될 것이다. 어떤 한 작품의 완성은 그 구조에 의지하게 된다.

마지막 붓을 놓기 전까지 이야기는 아직 미완이다. 작품의 마지막 모습도 드러내 보일 수 없다. "첫째도 구조", "마지막도 구조"라는 말은 서사 작가들의 공통된 견해가 되었다. 예를 들어, 이어李漁는 구조의 중요성을 매우 강조하였는데, 그의 《한정우기 사곡부閑情偶寄 詞曲部》에서는 제일 먼저 "구조 제일"을 맨 처음에 배정해 놓았다.

구조라는 두 글자에 대해서는 상음을 이끌고 우음을 새기는 음률보다 먼저이며 운을 택하고 종이에 적는 것의 시작이다. 예컨대 조물주가 형체를 부여하는 것과 같아, 정혈과 피가 처음 엉기고 모태가 아직 만들어지기 전에 먼저 완전한 형상을 만들고 피를 떨어트려 오관과 사지백해를 갖추게 된다. 만약 처음에 전체적인 국면이 형성되지 않고서 머리 정수리에서부터 발뒤꿈치까지 조금씩 조금씩 자라나게 되니, 한 사람의 몸에는 마땅히 무수하게 끊어졌다 이어진 흔적들이 있게 마련이고 혈기가 중간에 막히게 되는 것이다. 목수가 집을 지을 때 또한 마찬가지이다. 처음에는 기초를 평평하게 다지고 아직 뼈대를 세우지 않았을 때, 먼저 어디에 마루를 두고 문을 어느 방향으로

낼 것이며, 용마루는 어떤 나무를 쓸 것이며, 들보는 어떤 재목을 사용할 것인지를 반드시 전체적인 판을 일목요연하게 한 후에 비로소 도끼를 휘두를 수 있는 것이다. 만약 뼈대를 하나 만들고 난후 다시 뼈대를 만들어야 한다면, 먼저 것에 편한 것은 뒤에 것에 불편하기 때문에 반드시 고쳐서 다시 만들어야 하니, 완성되기도 전에 먼저 허물어야 한다. 옛 말에 '길 옆에다 집을 지으면 삼년이 지나도 다 못 짓는다.' 고 했으니, 몇 채의 집을 지을 목수와 물자가 있어도 집 한 채를 짓는 데는 쓸 것이 없는 것과. …… 일찍이 인기가 많은 작가가 지은 것을 읽은 적이 있는데, 심혈을 기울이고 애써 고심을 하고서도 애석하게도 음악에 맞추어 배우에 의해 공연되지는 못했음이 애석하니, 그것은 음을 살피고 율을 조화시키는 것이 어려운 것이 아니라, 구조 전체의 규모가 좋지 않았기 때문이었다.

至於結構二字, 則在引商刻羽之先, 拈韻抽毫之始, 如造物之賦形, 當其精血初凝, 胞胎未就, 先爲制定全形, 使点血而具五官百骸之勢. 倘先無成局, 而由頂及踵, 逐段滋生, 則人之一身, 當有無数断続之痕, 而血気爲之中阻矣. 工師之建宅亦然, 基址初平, 間架未立, 先籌何処建 厅, 何方開戶, 棟需何木, 梁用何材, 必俟成局了然, 始可揮斤運斧. 倘造成一架而後再籌一 架, 則便於前者不便於後, 勢必改而就之, 未成先毁, 猶之築舍道旁, 兼数宅之匠資, 不足供 一厅一堂之用矣. …… 嘗読時髦所撰, 惜其慘淡経営, 用心良苦, 而不得被管弦, 副優孟者, 非審音協律之難, 而結構全部規模之未善也.[50]

50) 청) 이어李漁, 《한정우기 사곡부閑情偶寄 詞曲部》, 아이수런艾舒仁 편선, 란윈페이冉云飛 교점, 《이어 수필 전집李漁隨筆全集》 9 페이지.

이어는 집짓기를 구조에 비유하였는데, 그 목적은 구조의 우선성을 강조하기 위한 것이었다. 우선 구조를 잘 안배하는 것은 미래의 작품을 위한 청사진을, 뼈대를, 외관을 부여해주는 것으로, 이로써 작품의 전체 구조를 최종적으로 실현시켜준다. 물론, 집짓기로 문학 서사의 창작성을 비유하는 것이 온전히 타당하다고는 할 수 없을 것이다. 왜냐하면, 문학 서사의 창작은 결국은 창조성이 매우 강한 정신노동이기 때문에 우연적 요소가 매우 많아서 창작과정에 예상치 못한 변수로 구조를 바꾸게 되는 상황이 종종 발생하게 된다. 그러나 어쨌든 구상 과정에서 전체의 틀을 만드는 것은 우선적으로 해야 할 일임에는 의심의 여지가 없다.

그 다음으로는 구조의 기본 원리는 유기적이고 완전한 통일이라고 보는 관점으로, 이는 유협이 말한 "잡다하되 도를 넘지 않는다."는 말과 완전히 일치한다고 하겠다.

뿐만 아니라 작품의 구조와 결합된 분석에서 더욱 구체적 설득력을 가지고 있다. 예를 들어, 김성탄의 《독제오재자서법讀第五才子書法》에서는 이렇게 말한다.

> 평범한 사람이 이 책을 읽으려면 반드시 시선을 멀리 두어야 할 것이다. 예를 들어, 《수호전》 70회에서는 한 눈으로 다 볼 수 있어서 2천 여 글자의 내용 단지 한 편의 문자들임을 알 수 있다. 중간에 많은 사건들이 있으니, 문자의 기승전결의 방법이다. 만약 길게 끌고서 보면 모두 볼 수가 없다. 《수호전》은 쉽게 붓을 댈 수가 없으니, 송강이 이름을 알리게 된 것은 70회에 와서 이니, 이로써 그가 마음 속으로 수십 수백 번을 헤아려 보았음을 알 수 있다. 만약 가볍게 붓을 댄다면 첫 회에서부터 송강을 그려야만 했을 것이고 그러면 문장은 "장식이 없는 장막의 처마"가 되어 버리고, 붙잡았다 놓아주고 하는 내용도 없었을 것이다.
>
> 凡人讀一部書, 須要把眼光放得長. 如《水滸伝》七十回,

只用一目俱下，便知其二千余紙，祇是一篇文字．中間許多事体，
便是文字起承轉合之法．若是拖長看去，卻都不見．
《水滸伝》不是輕易下筆，只看宋江出名，直在第十七回，
便知他胸中已算過百十來遍．若使輕易下筆，必要第一回就寫宋江，
文字便一直帳，無擒放．[51]

　　김성탄은 또《서유기》와 《삼국연의》의 구조에 대해서 불만을 표시하기도
하였다.

　　《삼국연의》는 인물과 사건 자체에 대한 설명이 너무 많아서
붓으로 끌고 갈 수가 없고 제대로 전달해 줄 수가 없다. 관부에서
노비들에게 말을 전할 때는 단지 소인배의 입으로 그 말을 대신하게
하니, 어찌 스스로 감히 사실에 한 글자라도 더하거나 뺄 수
있겠는가. 《서유기》 또한 너무나도 발붙일 곳이 없다. 다만 단락
단락을 쫓아가며 거짓말만 늘어놓는다. 예를 들어 섣달 그믐날
밤에 폭죽을 터뜨리면서 한 장면 한 장면이 지나갈 뿐, 중간 중간에
전체를 관통하는 일관성이 없어 이 단락을 읽을 때면 곳곳에서
멈춰버리게 된다.

　　《三國》人物事本說法太多了，筆下托不動，趂不伝，
分明如官府伝話奴才，　祇是把小人聲口替得這句出來，
其實何曾自敢添減一字．《西遊》又太無脚地了，祇是逐段捏捏撮撮，
譬如大年夜放煙火，一陣一陣過，中間全沒貫串，便使人讀之，
處處可住．[52]

　　위의 내용들을 종합해보면, 김성탄은 편견을 가지고 있었는 듯하다.

---

51) (청) 김성탄 저, 차오광런, 저우시산 표점, 《김성탄 전집》 제1책, 18 페이지.
52) 앞의 책, 17~18 페이지.

《서유기》와 《삼국연의》의 구조에 대한 비평은 그다지 설득력이 있어 보이지 않는다.(이후에 상세하게 설명하도록 하자.) 그러나 기본적인 의미는 구조의 유기적 전체성을 요구하는 것이다. 그는 시내암의 《수호전》의 구조에 대해 백 수십 번을 계산해보아도 조금도 임의성이 없이 전체적이고 유기적인 구조이기 때문에 문장을 수식하지 않고 직접적으로 서술하는 "무미건조함[直帳]"을 피할 수 있었으며, 중간에 기승전결이 있고, 붙잡고 놓아 주는 내용도 들어가게 되었다는 것이다.

이것은 당연히 단락을 쫓아가며 거짓말만을 늘어놓는 그런 문장이 아니고, 또한 섣달 그믐날 밤 폭죽을 쏘듯이 한 장면 한 장면이 아무 일관성이 없이 지나쳐 가버리는 묘사가 아니다. 그렇기 때문에 성기고 빽빽함, 숨고 드러남, 밝고 어두움, 느슨하고 긴박함, 이어지고 끊어짐, 앞면과 뒷면 등과 같은 여러 측면에서 엄정한 지략을 갖추고 있는 것이다.

그러나 김성탄은 여기서 한 가지 문제를 소홀히 했다. 그것은 제재는 구조의 근거로써, 서로 다른 제재는 서로 다른 전체 구조를 만들어낸다는 사실이다.

《수호전》은 한 명 한 명의 영웅들이 어쩔 수 없는 상황에서 양산박으로 모여듦으로써 거대한 농민반란의 형세가 만들어지는 과정을 그리고 있다. 전체 구조를 보면, 갑이란 인물이 어절 수 없이 양산박에 오르게 되고, 그 후에 을도, 병도, 정도 모두 어쩔 수 없이 양산박으로 쫓겨 가게 된다. 그러나 갑이나 을, 병, 정 등이 양산박으로 올라갔던 길은 서로 천차만별이니, "반복"되고 또 "반복"되는 구조이긴 하지만, 사실은 다양성의 통일 구조라고 할 수 있는 것이다. 만약 그림으로 그려본다면 아래처럼 그릴 수 있을 것이다.

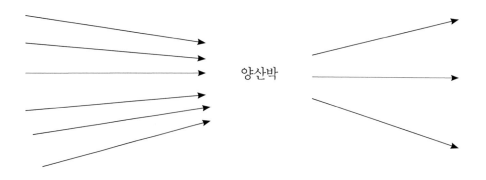

양산박을 가리키고 있는 화살표는 영웅들이 걸어간 서로 다른 길들을 의미하며, 양산박에서 밖으로 향하고 있는 화살표는 그들이 관부에 반항하여 일으켰던 투쟁들을 나타낸다. 그러나 《서유기》의 제재는 다르다. 당승(唐僧:삼장법사)과 세 명의 제자들이 서역으로 불경을 가지로 가면서 도중에 여러 어려움들을 극복하고 요괴들을 물리친다는 환타지적 이야기는 구조도 다를 수밖에 없다. 청대의 담의자澹漪子는 《서유증도서西遊証道書》 제 49회에서 이에 대해 다음과 같이 설명하고 있다.

당승이 경전을 가지러 서역으로 가게 된 인연은 모두 관음보살에 의해 야기된 것이니, 모든 고난은 응당 관음에게 물어야 함에는 의심의 여지가 없다. 전체 81번의 고난 중에서 관음보살과 관련된 곳은 일곱 군데로, 도움을 청했으나 직접 오지 않은 경우는 사오정을 제자로 받아들이는 장면이었다.

도움을 청하지 않았는데도 직접 나타난 경우는 금빛 털 사자를 만난 대목이다. 도움을 구하자 나타나고, 나타나서는 어려움을 해결 해 준곳은 응추간, 흑풍산, 오장관, 화운동, 통천하 등 다섯 곳이다. 이 다섯 곳의 작용은 각각 다른데, 그 중에서 가장 평이하고도 신기한 것은 통천하에서의 물고기 바구니만한 것이 없다.

지창도 하지 않고, 옷과 신발도 제대로 갖추지 않고서 서둘러 요괴를 잡고 당승을 구출함에 그 자취도 드러내지 않고 소리 소문도 없이, 칭송이 입에서 떨어지기도 전에 대왕은 완전히 바구니 속에 들어가 있었으니, 이 단락에서의 강물과 달빛의 자태는 천고에 참으로 빼어난 묘사이다. 이곳을 지나서 계속 나아가면 강물의 재앙이 장차 끝이 나고 더 이상은 보타산의 관음보살을 모셔 와야 하는 일은 없다. 어찌 식견 좁은 유학자들이 제대로 살피지도 않고 망령되이 이것을 《서유기》를 비판하면서, 《서유기》에는 특별한 수법이 많지 않아서 매번 사건이 급박한 부분에 이르면 오로지 남해 보타산의 관음보살을 청해 오는 방법을 사용한다고 말하곤 하는가! 아, 이 어찌 장님이 대야를 만지며 피리라고 생각하는 식견이 아니겠는가?

唐僧取経因縁, 皆由観音大士而起, 則凡一切磨難, 自当問之大士無疑矣. 乃総計八十一難中, 其与大士相関者不過七処, 有求者而不親来者, 収悟淨是也. 有不求而自至者, 金毛獅是也. 至於求而来, 来而親為解難者, 不過鷹愁澗,黒風山,五荘観, 火雲洞,通天洞五処耳. 五処作用各不同, 其中最平易而神奇者, 無如通天洞之漁籃. 彼梳妝可屏, 衣履可捐, 而亟亟以擒妖救僧也, 亦不露形跡, 不動声色, 頌字未脱於口, 而大王已宛然入其籃中, 此段水月豊標, 千古真堪写照. 過此以往, 江流水厄将終, 更無事労普陀之駕矣. 奈何陋儒不察, 妄以此為《西游》詬病, 曰《西游》無多伎倆, 毎到事急処, 惟有請南海菩薩一著耳. 噫, 豈非捫盤揣籥之見邪?

이 내용의 의미는 《서유기》 구조의 독특성을 설명하는 데 있다고 하겠다. 종교적 환타지적 색채를 띠고 있는 작품으로써, 그 구조의 출발점은 "관음보살"이고, 삼장법사 일행이 서역으로 불경을 가지러 가는 것도 관음보살에 의해 시작되었고, 도중에 만난 81번의 고난은 삼장법사와 그 제자들의 굳은 결심과 의지, 그리고 불요불굴의 정신을 시험하기 위한 것이었다.

그 중에서 일곱 번의 고난은 관음보살이 직접 나타나 도와주었기에 해결할 수 있었다. 이처럼 《서유기》의 구조는 필연적으로 고난을 극복하고 요괴들을 물리치는 반복적 과정을 따라 전개될 수밖에 없는 것이다. 이를 그림으로 그리면 다음과 같다.

그림에서 직선은 삼장법사 일행이 서역으로 가는 험난한 길을 의미하고,

타원형의 동그라미는 그들이 만났던 수많은 고난과 요괴들의 방해를 의미한다.

관음

이 같은 구조는 "단락을 따라 거짓말만 늘어놓거나 예를 들어 섣달 그믐날 밤에 폭죽을 터뜨리는 것처럼 한 장면 한 장면이 중간에 아무런 연관성이 없이 그냥 스쳐지나가는" 그런 구조가 아니다. 서역으로 불경을 가지러 가면서 만났던 여러 어려움과 위험들이 작품 전체를 관통하고 있음은 매우 분명하다.

또한 그 전체 구조 역시 반복적이다. 하지만 매번의 반복은 또 완전히 새로운 변화를 보여주기 때문에 매번의 상황이 모두 다르다. 만약 《수호전》이 개개의 영웅들이 서로 다른 길로 양산박에 올랐다고 한다며, 《서유기》는 요괴 하나 하나가 매번 다른 방식으로 삼장법사 일행을 방해한다. 추상적인 의미에서 보면, 이 두 소설의 구조는 모두 "반복 또 반복"의 구조로, 다양함 속에서의 통일이라는 요구조건을 충족시키고 있다. 한 작품의 구조를 고찰함에 있어서 그 제재를 벗어나게 되면, 형식적으로 그것이 전체성을 갖추고 있는지의 여부는 실재에 부합하는 결론을 얻을 수가 없다.

《삼국연의》의 구조 역시도 제재와 매우 밀접한 관계가 있다. 그런 점에서 《삼국연의》의 구조에 대한 김성탄의 비판도 부당한 것이다. 《삼국연의》는 역사 소설로써, 그 구조는 필연적으로 묘사하고 있는 역사 속의 주요 인물들의 경험과 그 상호관계의 제한을 받을 수밖에 없다. 예를 들어, 위나라 촉나라 오나라가 천하를 삼분한 사실은 소설이 필연적으로 삼국의 탄생과 발전 과정을 각각의 필요에 따라 보여줄 수밖에 없도록 제한했으며, 또한 특정한 시간과 공간에서 삼국이 서로 싸우도록 결정했다.

이러한 제재의 기본적 내용을 벗어나서 그 구조를 논하는 것은 아무런 의미가 없는 것이다. 《삼국연의》의 구조의 성공 여부는 어떤 사건을 "연결"시켜서 서술하느냐, 어떤 사건들을 "분리"해서 서술하느냐에 달려 있었으며, 이러한 점에서 《삼국연의》는 성공적이었다고 할 수 있다. 모종강은 《독삼국지법讀三國志法》에서 다음과 같이 말한다.

> 《삼국연의》는 구름이 산 허리를 비껴 자르고, 다리가 개울에 비스듬히 걸쳐 있는 듯한 절묘함이 있다. 문장에는 마땅히 이어야 할 곳도 있고, 마땅히 끊어야 할 곳도 있다. 예를 들어, 오관참장, 삼고초려, 칠금맹획 등의 문장의 절묘함은 연결하여 서술하였다는 점이다. 삼기주유, 육출기산, 구벌중원 등은 문장을 끊음으로써 절묘한 대목들이다. 무릇 문장이 짧은 것은 연결하여 서술하지 않으면 일관성을 잃게 되고, 긴 문장은 연결하여 서술하게 되면 지루함에 떨어질 수 있다. 그러므로 다른 사건을 그 중간에 끼워 넣어야 한다. 그런 후 문장의 기체가 복잡하면서도 변화무쌍해진다. 후세의 패관이라고 이러한 경지에 이른 사람은 드물 것이다.
>
> 《三国》一書, 有横雲断嶺, 横橋鎭渓之妙. 文有宜於連者, 有宜於断者. 如五関斬将, 三顧 茅廬, 七擒孟獲, 此文之妙於連者也. 如三気周瑜, 六出祁山, 九伐中原, 此文之妙於断者也. 蓋文之短者, 不連敍則不貫串. 文之長者, 連敍則懼其累墜. 故必敍別事以間之, 而後文勢乃 錯綜尽変. 後世稗官家鮮能及此.[53]

모종강의 분석은 매우 일리가 있다. 어떤 것은 연결해야 서술하고, 어떤 것은

---

53) (명) 나관중 저, (청) 모종강 평, 《삼국연의》, 17 페이지.

분리해서 서술해야 한다는 것이다. 연결하는 부문으로는 관우가 다섯 관문을 지나면서 여섯 장수를 죽이는 대목, 유비의 삼고초려, 제갈공명이 남만의 우두머리인 맹획을 일곱 번 잡아서 일곱 번 놓아둔 이야기 등은 이른바 "다리가 개울을 연결해주듯[橫橋鎖溪]", 자체로 하나의 단원을 이루면서 중간에는 다른 이야기들이 없이 분리되어 있어서 단 숨에 스토리를 전개해 나가는 느낌을 준다. 적벽대전 후 제갈공명과 주유의 지략 대결에서 주유가 져서 세 번이나 화를 참지 못하는 이야기, 제갈공명의 여섯 번에 걸친 북벌, 아홉 번의 중원 정벌 이야기는 이른바 "구름이 산허리를 비켜 자르는[橫雲斷嶺]" 수법으로, 이는 또 다른 경관이다. 이를 통해 자칫 지루함에 빠질 수 있는 상황을 모면했을 뿐만 아니라 엇갈리는 이야기들이 또 다른 재미를 부여해주고 있다. 《수호전》이나 《서유기》, 그리고 《삼국연의》는 모두 각각의 제재적 특징에서 출발하여 구조를 서로 다른 방식으로 처리하고 있다. 여기에는 어느 것이 뛰어나고 어느 것이 못하다는 우열이 없다. 모두가 "잡다하되 도를 넘지 않는다"(즉, 다양성의 통일)는 구조에 요구조건을 충족시키고 있다고 할 수 있다.

셋째는 부분적 구조 서술 방법의 다양화로, 이는 명·청 양대 문학 서사 이론가들이 가장 흥미진진하게 거론했던 것이기도 하다. 앞에서 이미 김성탄이 분석한 《수호전》의 14가지 서사 구조 기법을 소개한 바 있다.

모종강도 《삼국연의》에 대해 12가지 기법을 소개하였다. 지연재는 《홍루몽》에 대해 8가지 방법을 제시하였다.

> 《석두기》에서는 절법, 차법, 돌연법, 복선법, 가까이서 멀어지는 방법, 번잡한 것을 간략하게 고치는 방법, 무거운 것을 가볍게 어루만지는 방법, 겉으론 치면서 실재로는 호응하는 방법 등등을 사용하고 있다. 이 여러 방법들은 항상 사람들의 예상을 벗어나고 있으며, 또한 조금도 견강부회함이 보이지 않는다. 이른바 손길 닿는 대로 써내려갔음에도 맞지 않는 것이 없다.

《石頭記》用截法,岔法，突然法，伏線法,由近漸遠法，将繁
改簡法，重作輕抹法，虚敲 実応法種種. 諸法総在人意料之外，
且不曾見一糸牽強, 所謂信手拈来, 無不是是也.[54]

설명하고 넘어가야 할 것은, 이러한 국부적 구조 기법과 구체적인 묘사 방법은 경우에 따라선 분리해 내기가 매우 어렵다는 것이다. 그것은 국부적인 구조 기술 방법임과 동시에 구체적인 예술적 묘사와 매우 밀접히 관련되어 있기 때문이다. 예를 들어 합사보哈斯宝 는 《홍루몽》제 3회의 평어에서 "당겼다가 미는 방법[拉來推去之法]"을 제기하였다.

문장에는 끌어당기고 미는 방법이 있는데, 본 회(3회)에서 이미 사용되었다. 이른바 끌어당기고 미는 방법이란 어린 소녀가 나비를 잡으려고 하는 것에 비유할 수 있다. 한 소녀가 나비를 잡고 싶어서 화원에 들어갔는데, 나비가 하나도 보이지 않자, 한참을 기다렸다가 더디어 나비가 한 마리 날아오자 꽃 위에 앉으면 잡으려고 하는데, 나비는 높이 날았다가 낮게 날았다가 멀리 날아갔다가 가까이 날아왔다가 하면서 도무지 꽃 위에 내려앉으려 하지 않는다. 그러다 더디어 꽃 위에 내려앉자 황급히 잡으려 하지만, 의외로 저 멀리 날아 가버리고 만다. 한참을 실랑이한 끝에 더디어 나비를 잡고서는 힘이 다 빠졌지만, 너무 기뻐하고 만족해한다.

가보옥과 임대옥 두 사람의 인연을 위해 이 책을 펼쳤으니, 이 또한 나비를 잡으러 화원으로 들어가는 것과 무엇이 다르겠는가? 본 3회까지 읽어오는 과정이 또 나비가 날아오길 기다리는 것과 무엇이 다르겠는가? 영국부에 들어가서 이번에는 가보옥이 등장하는

---

54) 《지연재중평석두기脂硯齋重評石頭記》(베이징, 인민문학출판사, 1975) 제 27회 평어

것을 보고 싶지만, 생각 밖으로 또 가모에서부터 시작하여 형부인과 왕부인, 이완, 희봉, 영춘 세 자매, 그리고 가사와 가정만 등장하고 가보옥은 여전히 등장하지 않으니, 이 또한 나비가 꽃 위에 앉기만을 기다리고 있는 것과 무엇이 다르겠는가? 나비는 높이 날았다 낮게 날았다, 위 아래로 날아다니기만 할 분 도무지 꽃 위에 앉으려 하지 않는다. 인내심을 가지고 가보옥이 등장하여 가보옥과 임대옥이 서로 만나는 장면을 고대하고 있지만, 생각지도 못하게 가보옥은 몸을 돌려 가버리니, 이는 나비가 꽃 위에 앉길 인내하며 기다렸다가 더디어 황급히 나비를 잡으려 하지만 나비는 높이 날아 가버리고 마는 것과 또 무엇이 다를 것이 있겠는가? 독자로 하여금 조급하게 더 이상 기다리지 못하게 하다가, 더디어 다시 등장하니, 독자는 더 없이 기뻐 마음의 꽃이 활짝 피어나게 된다. 아, 작가의 붓은 신인가, 귀신인가? 왜 이다지도 섬세하고도 공교롭단 말인가?

作耍, 走進花園卻不見一蝶, 等了好久, 好不容易看見一隻蝴蝶飛来, 巴望它落在花上以便捉 住, 那蝶児卻忽高忽低, 忽遠忽近地飛舞, 就是不落到花上. 認住性子等到蝶児落在花児上, 慌忙去捉, 不料蝴蝶又高飛而去. 折騰好久纔捉住, 因為費尽了力気, 便分外高興, 心満意足. 為著宝黛二人的姻縁而展開此書, 又何異於為捉蝴蝶走進花園? 一直読至本回, 何異於等待 蝴蝶飛来? 進了栄国府, 想這次可要見到宝玉出場了, 不料 又從賈母説起, 謝了邢王二夫人, 李紈, 鳳姐, 迎春三姉妹, 還有賈赦, 賈政, 宝玉仍不出場, 這有何異於巴望蝶児落在花児 上? 蝴蝶偏偏忽高忽低, 時上時下地飛来飛去, 就是不落在花上. 忍性等到宝玉出場, 急著要 看宝黛相会, 不料宝玉卻転身而去, 這同忍性等到蝶落花上, 慌忙去捉, 不料蝶児高飛而去, 又有何異?

使読者急不可耐, 然後在出場, 纔能使他們高興非常, 心花怒放. 呵,
作者的筆是 神是鬼? 為何如此細膩工巧?[55]

합사보는 여기서 "당기고 미는 방법"이 장회 아래의 "절법節法"으로, 그것은 국부적 구조 서사 방법이라고 분석하고 있지만, 이는 또한 구체적인 예술적 묘사 방법이라고도 할 수 있다. 명·청 양대에 이러한 문장 기술 방법에 대해 특별히 관심을 기울였다는 사실은 당시 중국 문학 서사론이 이미 성숙한 단계로 접어들었음을 설명해 주는 것이다.

2) 서술 시점

서술 시점은 서사문학 작품에서 매우 중요한 문제이다. 서술 시점은 하나의 서술 작품에서 묘사된 생활 세계를 다루는 특별한 시각과 시야를 말한다. 어느 작가가 역사적 변화(예를 들어 삼국시대와 같은)나 한 가정의 흥망성쇠(예를 들어 《홍루몽》에서 보여준 영국부榮國府와 녕국부寧國府)를 다루려 한다면 그 당시의 역사나 그 집안의 원래 모습 그대로의 생활상을 원 생태적으로 독자들 앞에 펼쳐 보일 수는 없다. 작가는 다만 자신의 언어로 또는 어떤 인물의 언어로 바꾸어서 그것들을 하나의 선상의 인물이나 사건의 순서로 배열할 수밖에 없다.

동일한 풍경이나 동일한 인물, 동일한 사건에 대해 서로 다른 시점에서 서로 다른 모습을 보여줄 수 있으며, 심지어는 완전히 다른 모습을 보여줄 수도 있다는 사실을 우리는 잘 알고 있다.

예를 들어, 한 할아버지가 자신의 손자를 데리고서 베이징의 경산景山의 오룡정五龍亭 중에서 가장 높은 정자에 오른다고 할 때, 그들의 시선은 남쪽을

---

55) 합사보哈斯宝, 《〈신역 홍루몽〉 회차별 평어〈新譯紅樓夢〉回批》, 제 3회 평어, 주이시엔朱一玄 편, 《홍루몽 자료 휘편紅樓夢資料彙編》(톈진, 난카이대학출판사, 1985) 776 페이지 참고.

내려다보게 되면 그들 앞에 펼쳐진 장면은 고궁의 하나로 이어져 있는 금빛 찬란한 유리琉璃 기와지붕일 것이다. 만약 그들의 시선이 북쪽을 바라본다면, 그늘의 눈 앞에는 저 멀리의 고루鼓樓와 종루鍾樓, 그리고 그 주의의 새로운 건축물들이 펼쳐질 것이다. 만약 시선을 동쪽을 돌린다면 그들의 눈에는 베이징호텔[北京飯店]과 왕푸징王府井 상업지역의 빌딩, 더 멀리로는 국가무역센터빌딩 등이 들어오게 될 것이다. 시선을 다시 서쪽으로 돌리게 되면 그들의 눈앞에는 베이하이北海 공원의 호수와 흰색의 탑이 펼쳐질 것이다.

　더욱 중요한 것은 할아버지와 손자 이 두 사람이 모두 이러한 풍경을 보았다 하더라도 그들이 본 경치는 다를 수 있고, 생각하는 것도 다를 수 있다는 점이다. 할아버지는 아는 것도 많기 때문에 경치 속에서 보아내는 것도 더 많을 것이다. 어쩌면 할아버지는 이전에 황제가 어떻게 정사를 돌보았는지도 보게 될 지도 모른다. 손자는 비록 시력이 좋기는 하겠지만, 그가 읽어낼 수 있는 것은 한계가 있을 것이다. 게다가 그는 할아버지가 손가락으로 가리키면서 해 주는 이야기를 들어야할 것이다. 이것이 시점이 다름으로써 생겨날 수 있는 효과이다.

　작품을 서술해 나가는 과정에서 서로 다른 시점을 통해 보는 것들은 선형의 언어 문자로 서술해야 한다. 할아버지의 서술이냐 손자의 서술이냐, 아니면 는 할아버지와 손자의 교차된 서술이냐에 따라 그로 인해 일어나는 효과도 크게 달라진다. 일반적으로 사실 자체에는 서술 시점의 문제가 없다. 사실은 자연적 형태로 존재하기 때문이다. 그러나 문학적 서술로 전환되고 나면 서술 시점의 문제가 생겨나게 되는 것이다. 물론 작가는 영원히 "전지전능全知全能"하다. 만약에 서술 과정에서 이러한 "전지전능"이 취소되어지는 일이 일어난다면, 그것은 실제로는 작가의 "전지전능"의 "권리"가 취소된 것이 아니라 작가가 어떤 목적을 위해 행한 자기제한일 뿐이다. 서술 시점의 조정은 정보 발송을 통제하는 하나의 방법이라고 할 수 있다. 그렇다면 이러한 서술 시점의 조정과 통제는 어떤 의미가 있을까? 중국 고대의 문학 서사 이론가들은 이 문제를 인식하고 있었을까? 그들은 또 어떤 의미 있는 견해들을 제공해 주고 있을까?

서술 시점이란 개념은 19세기 미국 소설가인 제임스가 처음으로 제기한 것이다. 20세기 서구에서 유행했던 문학 서술학에서 "시점"은 핵심개념 중의 하나가 되었고, 더욱 복잡해졌다. 그러나 17세기에 살았던 김성탄은 비록 그가 "시점"이라는 이 개념을 사용하지는 않았지만, 일찍부터 수술 시점의 의미를 의식하고 있었다. 김성탄의 《수호전》 평론은 전체적으로 볼 때 송·원 시기 설서(說書)의 흔적을 가지고 있는데, 그것은 바로 일종의 "전지전능"형의 서술 시점으로, 작가는 모르는 것이 없다. 그러나 국부적인 묘사에 있어서는 이러한 서술 시점의 변화가 많다. 김성탄은 제 8회의 "노지심이 멧돼지 숲에서 한바탕 소동을 벌이는[魯智深大鬧野猪林]" 대목에서 이러한 서술 시점의 변화가 일어나고 있음을 발견하였다.

설패가 당시에 두 손으로 수화곤을 들면서 임충의 머리를 보고서 내리쳤다. 말을 할 때는 느리지만 이때는 매우 빨랐다. 설패가 막 수화곤을 집어들려고 하는 순간 다만 소나무 뒤 뭔가가 있는 것이 보였고, 우레와 같은 소리만 들리더니, 쇠로 만든 선장이 날아와 수화곤을 막고는 저 멀리 날려버렸다. 그리고는 "내가 오래전부터 저 숲에서 네놈이 하는 말을 듣고 있었다."라고 고함을 지르며 뚱뚱한 중 한명이 나타났다. 두 공인(동초와 설패)이 그 중을 보니, 검은 색 가사를 입고 작은 계도를 끼고서, 선장을 들고서 돌아가며 두 공인을 때렸다. 임충은 눈을 뜨고서 보고는 노지심임을 알았다.
話説薛霸当時双手挙起棍来, 望林沖脳袋上便劈下来. 説時遲, 那時快. 薛霸的棍恰挙起来, 祇見松樹背後雷鳴也似一声, 那条鉄禅杖飛将来, 把這水火棍一隔, 丢去九霄雲外, 跳出 一個胖大和尚来, 喝道: "灑家在林子裏聴你多時!" 両個公人看那和尚時, 穿一領皂布直裰, 挎一口戒刀, 提著禅杖, 輪起来打両個公人. 林沖方纔閃開眼看時, 認得是魯智深.

이 대목을 보면 서술 시점이 변하고 있다. "설패가 당시에 두 손으로 수화곤을 들면서 …" 라고 하는 대목은 서술자가 작가이고 시점도 작가의 시점이다. "단지 … 만 보였다"라는 대목 이후부터 임충은 이미 눈을 감고 죽기만을 기다리고 있으므로, 임충의 시점이 될 수 없고, 노지심도 먼저 고함을 질렀다고도 하지 않고 선장이 날아들었다고 했으니, 작가 시점도 아니다. 이는 "단지 … 만 보였다."라는 구절은 두 공인이 들은 것 것임에는 틀림없으니, 두 공인의 시선이다. 임충이 상황에 변고가 생겼음을 느끼고 "눈을 뜨고서 쳐다보고서" 노지심임을 알아차렸으니, 이는 임충이 본 것이다. 김성탄은 이 같은 시점의 전환을 분명하게 알아차리고는 이에 대해 다음과 같이 평론했다.

> 선장을 먼저 언급하고 중을 나중에 말한 것은 중은 보이지 않고 갑자기 수화곤이 날아갔다고 언급한 것은 선장은 이미 앞에 날아왔기 때문이다. 먼저 뚱뚱함을 말하고 그 후에 검은 색 가사를 말했으니 이는 깜짝 놀람 속에서 단지 뚱뚱한 모습만 모일 뿐 상세하게 누군지를 알아 볼 수 없었기 때문이다. 먼저 그 차림새를 묘사하고 나중에 이름을 말한 것은 공인들의 놀람이 조금 가라앉은 후에 그 차림새를 훑어보게 되었지만 아직 누군지는 알아보지 못한 채, 감히 물어보지도 못했기 때문이다. 대저 수법이 이와 같으니 실로 오직 사기의 사마천만이 이런 재주를 보였고, 수호전만이 그와 견줄 수 있다.
>
> 先言禅杖而後言和尚者, 并未見有和尚, 突然水火棍被隔去, 則一条禅杖早飛到面前也. 先 言胖大而後言皂布直裰者, 驚心駭目之中, 但見其為胖大, 未及詳為脚色也. 先写裝束而後出 姓名者, 公人驚駭稍定, 見其如此打扮, 確不認為何人, 而又不敢問也.

蓋如是手筆, 実惟史 遷有之, 而《水滸伝》乃独与之并駆也.[56]

이 대목의 평론에 "서술 시점"의 전환이 함축되어 있음은 이미 많은 저서들에서 지적한 바 있으며, 또 이에 대해 분석하기도 했다.[57] 김성탄은 전체 "장면"에서 어느 것이 먼저 언급되고 어떤 것이 나중에 설명되고 있는 지에서 출발하여 시점의 전환을 분석하고 있으며, 동시에 또한 이러한 시점의 전환이 단순하고 사소한 내용에 기복을 만들어내고 있음을 보여주고 있다. 그리고 이것이 《수호전》 작가의 뛰어난 솜씨라고 칭찬하고 있다. 여기에서 문제는 작가가 "전지전능"한 사람이라면, 그가 이러한 시점의 전환을 꾀한 진실 된 의미가 어디에 있느냐는 것이다. 이 문제는 지금까지 아무도 깊이 있게 캐묻질 않았다. 사실상 작가는 자신이 서술자일 때 가장 변하다. 그가 이렇게 서술자 시점에서 두 공인의 시점으로, 다시 임충의 시점으로 시점의 변화를 꾀한 것은 작가의 "자기 제한[自我限制]"을 통해서 서술 공간을 확대하고, 이로써 긴장감과 흥미를 유발하기 위한 것이다. 생각해보라. 만약 이 대목을 작가적 시점으로 묘사한다면 아마도 다음과 같이 서술될 것이다.

당시 설패가 두 손으로 수화곤을 들고서 임충의 머리를 향해 내려치려 하였다. 말을 할 때는 느렸지만 그 순간엔 매우 빨랐다. 설패가 수화곤을 집으려는 순간 노지심이 소나무 위에서 고함을 지르며 손에 들고 있던 철선장을 날려 설패의 수화곤을 막고 저 멀리 날려버렸다. 노지심은 "내가 이 숲에서 너희들의 말을 듣고 있은 지 오래다!"라고 고함을 지르자, 두 공인은 중을 보고서 놀라서 "너는 누구냐?"라고 물었다. 임충은 이 소리들을 듣고서 눈을 떠고 쳐다보고는 "당신은 내 친구 노지심이 아닌가!"라고 했다.

---

56) (명) 시내암 저, (청) 김성탄 평론, 《수호전》 183 페이지.
57) 이예랑葉朗의 《중국 소설미학》 (베이징대학출판사, 1982), 후야민胡亞敏의
   《서하학》 (화중사범대학출판사, 1994), 《양의문존楊義文存》 제 1권(인민출판사, 1998) 등 참고.

話說薛霸當時雙手舉起棍來，望林沖腦袋上便劈下來.
說時遲，那時快.薛霸的棍恰舉起來，魯智深從松樹上面大吼一聲，
他手中那條鐵禪杖飛將來，把薛霸這水火棍一隔，丟去九霄云外.
魯智深喝道：“灑家在林子裏聽你多時！”兩個公人看那和尚時不覺一驚，
問道“你是何人？”林沖聽聲音閃開眼看時，說：“這是我的朋友魯智深.”

이렇게 수정을 하고 난 후 작가의 "전지적" 시점으로 바뀌었고, 모든 것은 작가의 손아귀에 들어가게 된다. 그러나 독자 앞에 펼쳐진, 작품의 등장 인물 앞에 펼쳐진 내용들은 긴장감도 없고 흥미진진함도 사라져 버렸다. 당연히 문학 서사의 매력도 사라져 버렸다. 이로써 보건데, 서술 시점의 전환은 작가가 자기의 "전지전능한" 권한을 제한함으로써 묘사의 생동적인 예술성을 얻고자하는 것이다. 지적하고 싶은 점은 17세기의 중국에서 김성탄이란 인물이 이미 서술 시점 전환의 의미를 인식하고 있었다는 점이다. 김성탄은 120회 분량의 《수호전전水滸全伝》을 70회 분량으로 수정하였다. 이 수정 과정에서 서술 시선의 자각적 의식은 더욱 명확해졌다. 여기서 우리는 120회 분량의 《수호전전》과 70회 분량의 《제오재자서수호전第五才子書水滸伝》 중에서 송강이 염파석閻婆惜에게 되돌아가 휴대용 서류 주머니를 가져오는 대목을 비교해 보도록 하자. 120회 본에서는 다음과 같이 묘사되어 있다.

(염파석이) 건물 위에서 혼자말로 중얼거리고 있을 때 건물 아래에서 삐거덕 거리는 문 소리가 들려 왔다. 아내가 "누구요?"라고 묻자, 송강이 "나 올시다."라고 대답했다. 아내가 "내가 이르다고 했잖아요. 압사 나리께서 믿지 않고 가시더니, 너무 일러서 다시 돌아오셨군요. 이 누이랑 다시 한숨 주무시고 내일 아침에 가세요."라고 했다. 송강은 아무 대답도 하지 않았다. 단걸음에 건물 위로 뛰어 올라갔다.

(閻婆惜)正在楼上自言自語, 祇聴得楼下呀地門響. 婆子問道: "是誰?" 宋江道: "是我." 婆子道: "我説早哩, 押司卻不信要去, 原来早了又回来. 且再和姐姐睡一睡, 到天明去." 宋 江也不回話. 一逕奔上楼来.

김성탄의 70회본에서는 아래와 같이 묘사하고 있다.

(염파석이) 건물 위에서 혼자말로 중얼거리고 있을 때 건물 아래에서 삐거덕 거리는 문 소리가 들려 왔다. 침대 위에서 "누구요?"라고 묻자, 문 앞에서 "나 올시다."라고 대답했다. 침대 위에서 "내가 이르다고 했잖아요. 나기께서 믿지 않고 가시더니, 너무 일러서 다시 돌아오셨군요. 이 누이랑 다시 한숨 주무시고 내일 아침에 가세요."라고 했다. 이쪽에서도 아무 대답이 없었다. 한걸음에 건물 위로 올라오고 있었다.

(閻婆惜)正在楼上自言自語, 祇聴得楼下呀地門響. 床上問道: "是誰?" 門前道: "是我." 床上道: "我説早哩, 押司卻不信要去, 原来早了又回来. 且再和姐姐睡一睡, 到天明去." 這 邊也不回話. 一逕已上楼来.

이 두 단락을 비교해보면 "아내"를 "침대 위에서"로, "송강"을 "문앞에서", "이쪽에서"로 고친 것을 알 수 있다. 이렇게 수정함으로써 확실히 서술 시점이 바뀌었다. 120회본에서는 작가가 서술자로, "전지적" 작가 시점이지만, 70회 수정본에서는 염파석이라는 이 인물의 3인칭 시점이다. 문소리가 나고 문 앞의 사람이 대답을 하고, 이쪽에서는 대답이 없고, 사람이 건물 위로 올라오고, 이 모두가 염파석의 귀로 듣고 눈으로 본 것들이다. 독자의 시각에서 볼 때, 이러한 시점 전환의 의미는 어디에 있는 것일까?

첫째, 염파석은 송강이 돌아올 것을 이미 계산하고 있었다. 그래서 문 소리에 귀를 기울이고 있었던 것이다. 그녀가 문 소리에 귀를 기울이고 있었다는 점을 통해 그녀의 자신만만한 속내를 그려내고 있는 것이다.

둘째, "문 앞"의 사람이 누구냐에 따라 긴장감이 고조된다.

셋째, 원문에서 "단걸음에 건물 위로 뛰어 올라갔다.[一逕奔上樓來.]"를 "이미 한 걸음에 건물 위로 올라오고 있었다.[一逕已上樓來]"로 고침으로써 세세한 부분까지 신경을 썼다. 원문은 작가의 시점으로, 작가는 그가 휴대용 문서 주머니 안에 중요한 문서가 들어 있음을 알고 있었으므로, 매우 다급하게 묘사하여 "뛰어 올라갔다"라고 표현함으로써 송강의 급박한 심리를 그려낸 것이다. 김성탄의 수정본에서는 염파석의 시각이므로 염파석은 송강의 그러한 급박한 심리를 알 턱이 없고, 다만 송강이 올라오는지 안 오는지에만 관심이 쏠려 있었다. 그래서 평범한 "올라오다"라고 표현한 것이다.

넷째, "침대 위"라는 단어로 염파석을 대신하고, "문 앞"과 "이쪽"으로 송강을 대신함으로써 문자간의 연관성을 통일시켰다. 김성탄은 자신만만하게 "송강 쪽에서 오는 것이 아니라 염랑 쪽에서 듣는 것이니, 신묘한 필치이다.", "모두가 들은 것이니, 그림자 등불에 달빛이 새어나오는 절묘함이다"라고 평론하였다. 김성탄의 이러한 평론은 그가 확실히 서술 시점의 변화가 예술적 효과의 변화를 가져다줌을 자각적으로 의식하고 있었음을 설명해주는 것이라 하겠다.

오늘날의 관점에서 보면, 이러한 시점의 변화는 표면적으로는 작가의 "전지전능한" 권한이 빼앗기고 작가의 서술자로서의 권위가 사라져 서술·권한이 다른 사람에게 넘어가고 서술 시야가 축소된 것처럼 보이지만, 사실은 서술 공간이 확대된 것이다. 특히 염파석의 표정과 태도에 대한 묘사에 있어서 언어 문자적 기복을 통해 더욱 기묘한 예술적 효과를 거두는 것이다. 서술 시점의 실질은 서술자의 권한의 제한과 전이를 통하여 서술의 평면화와 단조로움을 피함으로써 인생의 새로운 시야를 개척해주고, 새로운 예술적 감각을 더해주며, 이로써 서술 작품의 매력을 한층 업그레이드 시켜주는 것임을 알 수 있다.

3) 서술 시간

서사문학은 시간의 예술이라고 할 정도로 시간은 서술 작품에서 매우 중요한 위치를 차지하고 있다. 서사는 영원히 시간을 벗어날 수 없기 때문이다. 할머니가 그녀의 손자에게 이야기를 들려줄 때 항상 "옛날 옛날에 … "라고 시작함으로서 시간을 이야기 시작의 지표로 삼고 있는 것이다. 또 이야기의 결말에서는 항상 "그 뒤에 그녀는 마침내… "라고 마무리 하는 것도 마찬가지로 시간개념을 끝으로 보고 있기 때문이다. 중국 고대 서사문학도 마찬가지로, 그 어떤 소설도 시간 개념이 존재하지 않은 것은 없다. 예를 들어, 《삼국연의》의 경우 그 시간적 시작과 끝에 대해 모종강은 매우 중요한 문제라고 인식하였다. 그래서 모종강은 《독삼국지법》에서 특별히 " 《삼국연의》 이 책은 문장이 가장 절묘하다. 삼국을 이야기하면서 삼국에서 시작하지 않는다. 삼국 시대는 그 시작점이 있으니, 한나라 황제에게서부터 시작된 것이다. 삼국을 이야기하면서 삼국에서 끝나지 않는다. 삼국 시대는 반드시 그 끝이 있기 마련이니, 진나라의 통일에서 끝이 나게 된다.[《三國》一書, 乃文章之最妙者. 敍三國不自三國始也. 三國必有所自始也, 則始之以漢帝. 敍三國不自三國終也, 三國必有所自終, 則終之以晉國.]"라고 지적하였다. 이처럼 시간은 서사문학의 기본적 특징 중의 하나가 아니라고 할 수 없다.

그러나 문학 서사작품에 있어서 그 시간은 이중적인 것이다. 첫 번째의 의미는 이야기의 원시적 시간으로, 예를 들어, A/B/C/D라는 네 개의 시간대가 있다고 했을 때, A는 이야기의 시작 시간이고 D는 이야기가 끝나는 시간이며, B/C는 이야기가 전개되고 이어져 가는 시간이다. 이야기의 시간은 일반적으로 그 이야기가 서술되지 않고 텍스트화 되지 않은 시간이다. 두 번째의 의미는 서술 시간을 말한다. 즉 이야기가 서술되기 시작하면 서술자는 원시적 이야기의 시간 순서에 변화를 주게 된다. 예를 들어 이야기가 서술되기 시작하면 그 시간 순서는 D/A/B/C 또는 B/A/C/D, C/A/B/D 등의 순서로 바뀌게 되는 것이다. 이야기의 중간 단계(즉 C혹은 D로 시작)에서 거꾸로 이야기의 발단으로 거슬러 올라가는 서술 순서는

19세기 서구 현실주의 작가들이 특히 추종했던 서술 시간이었다. 이로써 우리는 서술 작품은 이야기의 원시적 시간과 서술 시간이라는 이중적 시간 순서의 전환 시스템임을 알 수 있다. 게다가 한 서사 작품에 몇 개의 시간이 교차되어 있다고 한다면, 원시적 이야기 시간과 서술 시간 순서의 전환도 교차되거나 더 복잡하게 얽히기도 한다. 그러므로 현대 서술학에서 서술 시간은 연구의 중점 대상이다. 중국 고전 소설에서 서술 시간은 마찬가지로 매우 복잡하고 다양하다. 문제는 명·청 시기의 문학 서사 연구자들이 이 문제를 인식하고 있었느냐는 것이다.

   분명하게 말할 수 있는 것은 그들이 이 문제를 의식하고 있었을 뿐만 아니라 일부 연구도 진행되었다는 것이다. 예를 들어, 모종강은 《독삼국지법》에서 이야기의 원시적 시간과 서술 시간 간의 차이를 인식하였을 뿐만 아니라 서술 시간을 자유롭게 처리를 할 수 있다고 보았다.

   《삼국연의》이 책은 명주실로 비단을 메우고, 바늘을 옮겨가며 골고루 수를 놓는 절묘함을 가지고 있다. 무릇 사건을 서술하는 방법은 이 편에서 부족한 것을 저 편에서 메우고, 상권에서 많은 것을 하권에 고르게 나누어 앞 문장으로 하여금 질질 늘어지지 않게 할 뿐만 아니라 뒷 문장도 적막하지 않게 하는 것이다. 또한 앞의 일에 빠진 것이 없게 하고 뒤의 사실에 만 아니라 뒤의 사실도 빛이 나게 하는 것이다. 이것이 역사가의 절묘한 작품이다. 예를 들어 여포가 조표의 딸을 취한 것은 원래 서주를 차지하기 전이었지만, 여기서는 하비성에서 조조의 공격을 받을 때 그것을 서술하고 있다. 조조가 매실을 쳐다보며 갈증을 달랜 일은 원래 장수를 치는 날의 일이었으나, 청매실로 술을 담그는 장면에서 서술하고 있다. 관녕이 자리를 반으로 쪼갠 이야기는 원래 화흠이 출사하기 전의 일이나 여기서는 깨진 벽옥을 취한 후에 서술하고 있다. 오 씨 부인이 꿈에 달을 본 것은 원래 손책을 낳기 전의 일이나 여기서는 임종을

맞이하여 유언을 남길 때 이야기하고 있다. 무후가 황씨를 아내로
맞이한 것은 본래 삼고초려 이전의 일이나 여기서는 오히려 제갈첨이
죽음의 위기에 처한 장면에서 서술하고 있다. 이러한 경우들처럼
그 예는 손으로 다 꼽지도 못할 정도이다. 앞에서 서술하지 않고
남겨두었다가 뒤에 가서 이에 호응하게 하여 서술하고, 뒤에서 앞의
일들을 회상하여 호응케 함으로써 독자들이 읽을 때 진실로 한편의
이야기가 한 구절인 것처럼 느끼게 해 준다.

《三国》一書, 有添糸補綿 移針勻綉之妙. 凡敘事之法,
此篇所闕者補之於彼篇, 上卷所多 者勻於下卷, 不但使前文不沓拖,
而亦使後文不寂寞, 不但使前事無遺漏, 而又使後実增絢
染, 此史家妙品也. 如呂布娶曹豹之女, 本在未奪徐州之前,
卻於困下邳時敘之. 曹操望梅止 渴, 本在擊張侯之日,
卻於青梅煮酒時敘之. 管寧割席分坐, 本在華歆未仕之前, 卻於破壁取
後 時 敘 之 . 吳 夫 人 夢 月 , 本 在 將 生 孫 策 之 前 , 卻
於 臨 終 遺 命 時 敘 之 . 武 侯 求 黃 氏 為 配 , 本 在 未 出 草 蘆 之 前 ,
卻於諸葛瞻死難時敘之 °諸如此類, 亦指不勝屈, 前能留命以応後,
後能回 照以応前, 令人読之, 真一篇如一句.[58]

위에서 언급하고 있는 내용은 모두가 서술 시간과 원시적 이야기의 시간과의
관계이다. 어떤 것은 원래 이미 서술되긴 했지만, 상세하지 않아서 뒤에서
보충함으로써 전후가 적절히 호응하는 효과를 얻기도 한다. 어떤 경우는 앞에서
먼저 서술하고 뒤에서는 인물이 지난 일을 회상하는 방식을 취함으로써 돌이켜
음미하는 효과를 일으키기도 한다. 또 어떤 경우는 앞에서는 아예 서술하지
않았다가 뒤에서 다시 서술함으로써 이야기의 앞 뒤가 하나로 연결되면서

---

58) (명) 나관중 저, (청) 모종강 평론, 《삼국연의》 20 페이지.

정리(情理)가 맞아 들어가게 되기도 한다. 예를 들어, 일반 독자의 인상 속에는 제갈량은 가정생활을 제대로 영위하지 않았다고 느낄지도 모른다.

아내조차도 한 번도 등장하지 않는다. 책이 거의 끝나는 117회에서 제갈량의 아들인 제갈첨諸葛瞻이 전사하기 직전에 "원래 무후의 아들은 자가 사원이고 그 어머니는 황 씨로, 황승언의 여식이었다. 그 어머니는 생김새가 심히 추하였으나 재주가 뛰어나, 위로는 천문을 통달하고 아래로는 지리에 밝았다. 육도, 삼략과 같은 병서나 기문둔갑 등도 모르는 것이 없었다. 무후가 남양에 있을 때 황시의 현숙함을 듣고서 아내로 맞이하였다. 무후의 학문도 부인의 도움이 컸다.

무후가 죽은 후에 부인이 따라 죽으니, 임종 때 아들 첨에게 유훈을 남기길 오로지 중효에 힘쓰라고 하였다.[原來武侯之子諸葛瞻字思遠, 其母黃氏, 卽黃承彦之女也. 母貌甚陋, 而有奇才, 上通天文, 下察地理. 凡韜略遁甲諸書無所不曉. 武侯在南陽時, 聞其賢, 求以爲室. 武侯之學, 夫人多所贊助焉. 及武侯死後, 夫人尋逝, 臨終遺教, 惟以忠孝勉其子瞻.]"라고 보충 설명하였다. 모종강은 이에 대해 "무후 부인의 일은 전체 책의 스토리가 끝나갈 무렵에 보충한, 가히 절묘한 서사 작품이다.[武侯夫人事, 直至篇終補出, 敍事妙品.]"라고 평어를 달았다.

제갈량이 황 씨를 아내로 맞이한 일은 "삼고초려" 이전의 일이지만, 끝에 와서 제갈량과 황 씨가 세상을 떠난 후에야 비로소 보충 설명한 것이다. 이러한 시간 순서의 전도는 한편으로는 앞에서 주객이 전도되어 "삼고초려"의 분위기가 약해지는 것을 면하게 해 줌으로써 직설적이고 평범한 서사를 면하게 해 주었다. 다른 한편으로는 제갈량의 가정생활의 전경을 마지막에 보여줌으로써 사람들에게 "아 그랬구나!"라고 하는 느낌을 주게 되고, 비로소 제갈량의 지략이 그의 부인 황 씨의 노력이었음을 알게 해 준다. 그래서 모종강이 "서사의 묘품"이라고 칭찬했던 원인도 아마도 여기에 있었을 것이다.

중국 고대의 문학 서정론과 비교하여, 중국 고대의 문학 서사학은 그 발전이 비교적 많이 늦어져 명대 말기에 와서야 비로소 첫걸음을 떼게 되었다. 그러나 현대에 와서 서양에서 일어난 문학 서사학과 비교하면 여전히 매우 빠르다.

서사의 시점과 관련된 논점은 19세기 미국의 제임스에 의해 처음 제기되었다. 《수호전》에 평점을 달았던 이지李贄의 생졸연대는 1527년~1602년이다. "사건은 거짓이나 그 이치는 참이다.[事贋而理真]"라는 관점을 제기했던 풍몽룡馮夢龍의 생졸연대는 1574년~1646년이다. 모종강毛宗崗 평점 《삼국연의》의 권두에는 순치順治 갑신甲申 년에 쓴 "서문"이 실려 있는데, 순치 갑신년은 1644년이다. 《삼국연의》, 《수호전》, 그리고 《서유기》에 평점을 달았던, 명나라 만력(万曆) 시기에 생활했던 평론가 전희언錢希言은 대략 1624년 혹은 1625년에 세상을 떠났다. 《수호전》에 평점을 달고 또 수정했던 중국 고대 서사 이론을 성숙한 단계로 끌어올렸던 김성탄金聖嘆의 생졸연대는 1608?~1661?년이다. 《한정우기》라는 책을 통해 문학서사이론가 이어李漁의 생졸연대는 1611년~1680년이다. 《금병매》에 평점을 달았던 뛰어난 서사문학 평론가 장죽파張竹坡의 생졸연대는 1670년~1698년이다.

《금병매》에 평점을 단 지연재脂硯齋의 생졸연대는 정확하게 알려져 있지 않지만, 적어도 조설근과 동시대, 즉 18세기 중엽쯤일 것으로 추정된다. 이러한 사람들의 명단으로 보면, 중국의 문학 서사학은 늦어도 16세기 초에 시작되어, 17세기로 접어들면서 성숙되었음을 짐작해 볼 수 있다. 현재 우리가 찾아볼 수 있는 자료는 매우 많다.

그러나 이 자료들에 대한 정리와 연구는 아직 미비한 상태이다. 이처럼 값지고 귀한 민족의 문화유산에 우리는 더 많은 관심을 가져야 할 것이다. 일부 사람들이 서양의 현대 서사학에 심취해 있을 때 우리는 응당 김성탄이 당시에 심혈을 기울여 이루어 놓은, 중국의 민족적 특징을 잘 보여주는 문학 서사학을 잊어서는 안 될 것이다.

제9장

"의상意象" – "의경意境" – "전형典型"
― 중국 고전문학의 심미 이상론

제9장

"의상意象" - "의경意境" - "전형典型"
— 중국 고전문학의 심미 이상론

한 사람이 인간이 되는 것만으로는 부족하다. 반드시 영혼이 있는 사람이 되어야 한다. 문학 작품도 마찬가지이다. 단지 하나의 작품인 것만으로는 부족하다. 문학작품에는 반드시 영혼이 있어야 한다. 독일의 유명한 철학자 칸트는 "어떤 예술작품은 비록 감상력의 시각에서 아무 질책할 것이 없어 보이지만, 영혼이 없다. 어떤 시는 매우 아름답고 우아하게 쓰였지만 영혼이 없다.

어떤 서사작품은 묘사가 뛰어나고 줄거리가 질서정연하게 잘 정돈되어 있으나 영혼이 없다. 어떤 연설문은 내용적으로 매우 충실하고 미사여구의 수식도 매우 뛰어나지만 영혼이 없다. 일부 사람들의 말투는 풍취도 있고 흥미진진하여 귀기 솔깃하기도 하지만 영혼이 담겨있지 않다."[1] 라고 하였다. 그렇다면 무엇이 문학의 영혼일까? 문학의 이상, 또는 문학의 심미 이상이 바로 문학의 영혼이다. 영혼이 있으면 틀림없이 이상이 있기 마련이다. 영혼이 없으면 이상도 없다.

---

1) (독일) 칸트, 《판단력 비판》, 《서방문론선西方文論選》(상하이, 상하이역문출판사, 1979) 상권, 563 페이지.

1. 서양 문학이상론의 성광과 아쉬움

　문학의 이상이라는 문제에 있어서 서양의 문학 이론은 득과 실을
함께 가지고 있다. 그 "득"은 서양의 문학이론은 사실(寫實)형
문학의 이상으로써의 "전형"을 개괄해냄으로써 서양의 사실주의
문학의 발전에 큰 원동력을 제공해주었다는 점이다. 그 "실"은
서양의 문학에도 비록 서정주의 문학과 상징주의 문학이 있기는
하나, 중국처럼 "의경"으로 서정형 문학의 심미 이상을 개괄하고,
"의상"으로 상징주의 문학의 이상을 개괄해내지 못했다.
3차원적 문학 이상의 구조 속에서 그들은 다만 일차원만을
움켜쥐고서 나머지 2차원 3차원은 동양의 문론, 특히나 중국의
문론으로 보완해주길 기다리고 있다고 말할 수 있을 것이다.

　그렇다면 문학의 이상은 무엇인가? 서양에서는 문학의 이상이 바로
"전형典型"이라고 여긴다. 독일의 철학자 헤겔은 "성격은 바로 이상적 예술 표현의
진정한 중심이다."[2] 라고 함으로써, 전형(그는 직접 이상이라고 불렀다.)이 "예술적
아름다움의 이념 또는 이상"이며, 문학 이론은 전형과 같다고 했다. 러시아의
문학비평가인 벨린스키는 전형을 극단으로까지 몰고 갔는데, 그의 이론의 바탕이
바로 전형론이다. 그는 심지어 "전형화가 없으면 예술도 없다."[3]라고까지 했다.
　중국의 문학 이론계에서도 오랫동안 이 관념의 영향을 받아 전형을 문학 창작의
이상으로 여기며, 모든 문학작품을 "전형" 또는 "전형화"로 평가하기도 했다. 그
결과 문학 비평의 "발을 잘라 신발에 맞추는[削足適履]" 현상이 야기되기도 했다.
예를 들어, 어떤 사람은 두보의 〈춘망春望〉까지도 이 "전형"이라는 틀거리 속에

---

2) (독일) 헤겔, 《미학》, 《서방문론선》 하권, 294 페이지 참고.
3) 주광첸朱光潛의 《서방미학사西方美学史》 (베이징, 상무인서관, 1979) 하권, 695페이지에서 재인용.

집어넣어 해석함으로써 두보를 사실주의 소설가로 만들어버리기도 했다. 그다지 실용적이지 못한 이론적 도구로 대상을 마음대로 재단해버림으로써, 그 결과는 대상에 대한 합리적인 분석은 고사하고, 오히려 더욱 왜곡시키고 말았다.

사실 중국 고전문학의 보배인 《시경》이나 초사, 한부, 한대가 악부, 당시, 송사, 원곡 등의 대부분은 "전형화"라는 예술의 길을 걷지 않았다. 물론 전형이라는 이 기준으로 평가할 수도 없다. 사실 서양의 원시적 예술, 서정시, 현대파의 대부분의 작품들 또한 전형으로 분석하기에 부적합하다. 전형을 문학의 유일한 이상을 여겼던 것은 서양 문학이론의 크나큰 결함 중의 하나였다. 우리가 서양의 전형론으로 일체의 문학을 해석하게 되면 전형적인 교조주의의 오류에 빠지고 말 것이다.

문학은 인간의 심령 창조이다. 비록 문학의 옥토가 현실 생활에 있다 하더라도 현실 생활은 작가의 심령화를 거치지 않으면 절대로 문학작품이 될 수 없다. 인간의 심리적 기능은 단일적인 것이 아니다. 칸트의 말에 의하면 인간의 심리적 기능은 '지(知)', '정(情)', '의(意)'의 3차원 구조라고 한다. '지'는 인식과 지식 등을, '정'은 감정과 정서 등을, '의'는 관념과 이치, 의지 등을 말한다. 중국 고전 문론에서 작가의 심지(心智) 구조에 대한 논술 역시도 칸트의 이러한 견해를 논증해주고 있다. 감각이나 지각, 표상(表象), 기억, 연상, 상상, 정감, 이해 등과 같이 작가의 심리적 메커니즘은 매우 다양하다. 그러나 이러한 심리적 메커니즘의 활약으로 만들어진 사유 방식은 세 가지로 나누어 볼 수 있다.

첫째는 격물이다. "십년동안 사물의 이치를 연구하여 하루 아침에 사물의 이치를 깨닫는다.[十年格物一朝物格]"(김성탄)고 했으니, "격물"은 인식이고 "물격"은 인식의 결과로, 세계를 이해하고 세계를 파악하는 것을 말한다. 이는 칸트가 말했던 "지"에 해당하는 것이다. 두 번째는 정감의 발생이다. "정감은 사물로써 일어나고[情以物興]", "사물은 정감으로 바라본다.[物以情觀]"(유협)고 했다. "정감은 사물로써 일어난다"는 말은 정감이 "사물에 대한 감흥[感物]"에서 비롯되어진다는 말이고, "사물은 정감으로 바라본다."는 말은 작가가 시적 정감으로 주의의 사물을 바라봄으로써 정감적 태도, 하고 싶은 말을 통쾌하게 뱉어내는, 즉 정감을 격정적으로 쏟아내고자 하는 욕망이 만들어진다는 것이다.

이것은 칸트의 "정"에 해당하는 것이다. 세 번째는 의지이다. "말로는 뜻을 다 할 수 없어[言不盡意]", "상을 세워 뜻을 다한다[立像而盡意]"(《주역·계사》 편)라고 했다. 여기서의 "뜻[意]"은 일반적인 도리가 아니라 깊숙하고 그윽한 곳의 말로는 전할 수 없는 관념을 말한다. 주역의 《계사》 편은 문론은 아니지만, 사상적으로는 문론과 상통한다. 이는 칸트가 말한 "의"에 해당하는 것이다. 전체적으로 볼 때 문학은 일종의 심미 형태이기는 하지만, 자세하게 분석해 보면 우리는 문학에는 서로 다른 유형이 있음을 발견하게 된다. 적어도 우리는 문학을 상징주의 문학과 서정주의 문학, 그리고 사실주의 문학으로 나누어 볼 수 있다. 상징주의 문학은 인간의 심리적 기능 중에서의 "의"를 표현하고자 하는 문학 경향이고, 서정주의 문학은 인간의 심리 기증 중의 "정"을, 사실주의 문학은 인간의 심리 기능 중의 "지"를 표현하고자 하는 문학이다.

문학 유형의 삼차원적 구성과 인간의 심리 기능은 서로 대응하고 있다. 이것은 논리적으로 문학이 인간의 지와 정과 의라는 심리 기능을 전면적이고 충분하게 발휘하는 것임을 말해 준다. 혹자는 문학이 인간의 삼차원적 심지(心智)에 의해 촉진된 오색찬란한 꽃 봉우리라고 말하기도 한다. 물론 우리는 문학에 상징과 서정과 사실 이 세 종류의 형태만이 있다고 단언할 수는 없다. 상징이나 서정, 사실 등으로 확실하게 말할 수 없는 새로운 형태들이 시시때때로 출현하고 있기 때문이다. 그렇다 하더라도 우리는 문학의 기본적 형태가 바로 상징과 서정과 사실임을 인정하지 않을 수 없다.

서양 문학은 그 시작부터 "모방"의 길로 나아갔다. 그들이 보기에 문학은 바로 인식, 즉 사회적 지식의 하나였다. 사회생활에 대한 모방으로서의 문학은 문학의 주류가 되었다. 이처럼 서양에서 가장 이른 문학이론 저서인 아리스토텔레스의 《시학》에서 토론하고 있는 것이 바로 사살주의 문학의 "비극"으로, 그렇기 때문에 인물 성격에 대한 창조가 중심이었고, 인물 전형이 서양 문학의 이상이었다.

물론 호메로스가 창작한 트로이 전쟁과 오딧세이의 해상 모험을 그린 "역사시", 에우리피데스와 아이스킬로스의 비극, 보카치오의 《십일담》, 셰익스피어의 희극, 프랑스 극작가 몰리에르 등의 고전주의 작품, 세르반테스의 《돈키호테》, 괴테의 《파우스트》, 그리고 19세기에 대량으로 출현했던 현실주의르 비판했던 소설들 등등은 모두 모방으로, 그 문학적 이상은 모두 전형의 창조였다. 확실히 서양 문학은 수많은 독특한 인물 성격과 풍부한 전형을 창조해 냈으며, 사회 생활의 본질적 측면들을 반영함으로써 사회를 인식하는 거울 역할을 해 왔다. 전형 이론의 연구 방면에서는 아리스토텔레스에서부터 그 의미들을 밝히기 시작했다. 아리스토텔레스의 《시학》에서는 역사와 문학 "이 두가지의 차이점은 하나는 이미 발생한 사건을 서술하는 것이고, 다른 하나는 발생 가능한 사건을 묘사하는 것이다. 그렇기 때문에 시를 쓰는 이런 활동은 역사를 서술하는 것보다 더욱 철학적 의미가 풍부하며 더욱 엄숙한 대우를 받는 것이다.

　　왜냐하면 시에서 묘사한 사건은 보편성을 가지고 있지만, 역사는 개별적인 사건을 서술하기 때문이다."[4)]라고 했다. 그렇다면 무엇이 "보편성"인가? 아리스토텔레스는 "이른바 '보편적인 사건'이란 어떤 사람이 개연성의 법칙 또는 필연성의 법칙에 따라 하는 말과 행동을 말하는데, 시는 우선 이 목적을 추구해야 한다."[5)]고 했다. 그렇다면 무엇이 개별성인가? 아리스토텔레스는 "'개별적인 사건'에 대해서는 엘키비아데스(Alcibiades)가 한 일 혹은 그가 당했던 일이다."[6)]라고 했다. 여기서 말하는 엘키비아데스는 아테네의 정치가이자 장군이었다. 아리스토텔레스의 의미는 이른바 개별성은 사람의 공통된 속성에 속하지 않는, 엘키비아데스 개인의 속성에 속하는 것이라는 말이다.

　　이 개인의 속성은 다른 사람들과는 구별된다. 세상에서는 엘키비아데스는 이 한

4) (고대 그리스) 아리스토텔레스, 《시학》, 《서방문론선》 상권, 65 페이지 참고.
5) 위의 책 같은 페이지.
6) 위의 책 같은 페이지.

사람뿐이기 때문이다.

이로써 우리는 아리스토텔레스에게서 인식되었던 보편성은 개별성 속에 포함되어 있으며, 보편성은 개별성을 통해서 표현되어나오는 것임을 알 수 있다. 아리스토텔레스가 보여준 높은 수준에 기초하여 주광첸朱光潛 교수는 《서방미학사西方美學史》라는 책에서 "이는 바로 전형 인물의 심오한 의미이다."[7]라고 지적하기도 했다. 이후 전형 문제에 관해서는 여전히 많은 논쟁이 되고 있는데, "유형"론에서부터 "개성 특징"론에 이르기까지, 다시 개성과 공통성의 통일론으로의 과정들을 거쳐 왔다. 예를 들어, "유형"론 관념으로 전형을 해석하면 만약 미인을 그린다고 할 때 도시 전체의 다섯 미녀들을 골라 그녀들의 예쁘지 않은 부분은 제거하고 각자에게서 아름다운 부분만을 골라 한 사람에게 집중해 놓는다거나, 또 어떤 장사치를 묘사할 때 30명의 장사치들의 공통적 특징을 수집하여 장사치의 공통성에 부합하지 않는 것은 제거하고 한 사람에게 집중시켜 놓는다는 것이다.

17세기 프랑스의 시인이자 비평가였단 쟝 샤플랜(Jean Chapelain)은 전형이 바로 보편성이며, 보편성에 부합하지 않는 것들은 모두 제거해야 한다고 여기기도 했다. 그는 "예술이 요구하는 것은 사물의 보편성이다. 그것은 역사가 그 엄격한 법칙으로 인해 용납하지 않을 수 없는 특수한 단점과 비정상적인 것들을 이러한 사물들에서 제거해야 한다."[8]고 말했다. 유형화 이론은 창작의 공식화와 개념화를 초래했다. 그러나 괴테, 헤겔, 벨린스키(Vissarion Grigorievich Belinskii)에 이르러서는 서방의 전형론이 이미 충분히 성숙되면서, 개성과 공통성의 통일론이 우세해졌다.

예를 들어, "이상"(즉 정형)은 개별성을 통해 일반성을 표현한다는 헤겔의 논술이나, 전형에 관한 벨린스키기의 "익숙한 낯선 사람" 등의 논술은 이미 사실주의

---

7) "這正是典型人物的精微意義." 주광첸, 《서방미학사》 (베이징, 상무인서관, 1979) 상권, 74 페이지

8) (프랑스) 쟝 샤플랭, 〈희비극 '시드'에 관해 누군가가 제기한 의견에 대한 불란스 학원의 소감〉, 《고전문예이론총서》 (베이징, 인민문학출판사, 1963)(5), 105 페이지.

문학 이상의 전형을 심도 있고 충분하게 드러내 보인 것이라 하겠다. 서양의 작가나 문론가들은 문학(그들의 시선 속의 문학은 주로 사실주의 문학이다.)이 물론 일정한 역사 시기의 사회생활을 반영해야 함은 물론이고, 문학은 특정 역사시기의 사회생활을 거울처럼 비춰주어야 한다고 인식했다.

프랑스 작가 발쟈크는 자신의 《인간희극》 서문에서 "프랑스 사회는 역사가가 되어야 하며, 나는 단지 그의 서기가 될 뿐이다."[9]라고 선언하기까지 했다. 그러나 문학이 어떻게 해야 비로소 특정 역사 시기의 사회생활을 비춰낼 수 있을까? 발쟈크는 이에 대해 매우 분명하게 말하고 있다. 그는 자신이 프랑스 사회의 "서기"가 되어, "몇몇 같은 성질의 성격적 특징을 결합하여 전형적인 인물을 만들어" 내기만 "악습과 덕행의 목록을 제작하고 정욕의 주요 사실을 수집하여 성격을 묘사하고 사회에서의 주요 사건을 선택하여" "많은 역사가들이 잊었던 그런 역사, 바로 풍속사를 써낸다."[10]는 것이다. 서양의 문학이론은 사실주의 문학적 이상에 대해 "전형"이라는 범주를 개괄해 냈으며, 또한 심도 있는 탐색을 진행하여 독창적인 이론 성과를 얻었다. 이것이 서양 문학이론이 성공적이었던 부분이다. 서양 문학의 성과는 주로 일련의 전형적 인물을 창조해냈다는 것으로, 그들은 거울처럼 많은 시대의 역사적 면모를 비춰줌으로써 사람들에게 문학을 통한 사회 인식이 얼마나 큰 효과가 있는지를 보여주었다. 그렇기 때문에 중국에서 "5.4" 신문화 운동 이후 곧 바로 서양의 전형론 이론과 그 사상적 성과들을 받아들여 사실주의 문학에서 새로운 국면을 개척하였으며, 또한 '아Q'와 같은 일련의 전형적 인물들을 창조하여 새 시대의 역사적 면모를 반영하였다. 그리고 이는 성공적이었다.

모방론과 전형론은 서양에서 "2천여 년 동안이나 패권을 장악하여"(체르니셰프 스키의 말) 사실주의 문학의 발전에 큰 공헌을 하였다. 그러나 18세기 말과 19세기 초에 이르러 독일과 영국에서 낭만주의 사조가 일어나기 시작했고, 영국의

---

9) (프랑스) 발쟈크, 《인간희극 · 서문》, 《서방문론선》 하권 168 페이지.
10) (프랑스) 발쟈크, 《인간희극 · 서문》, 《서방문론선》 하권 168 페이지.

호반시인들의 시와 바이런(Byron), 셸리(Shelley)의 시가 크게 유행하기 시작하면서 서정주의 문학이 강렬한 세력을 이루었고, 이론적으로도 "모든 좋은 시는 다 강렬한 정감의 자연적인 표출이다", "모든 좋은 시의 공통점은 바로 인간의 정리에 부합한다는 것이다.", "시의 목적은 진리이며, 개별적 또는 부분적 진리가 아니라 보편적이고 효율적인 진리이다."[11] 등과 같은 이론적 개괄이 나타나게 되었다.

그러나 서정주의 문학의 심미적 이상은 사실주의 문학 이상처럼 새로운 이론적 개괄을 내놓지 못했다. 이것은 아마도 서양 문학의 뿌리가 인식론에 있었고, 그 주류가 사실주의였으며, 게다가 전통 또한 매우 깊었기 때문에 서정주의 문학은 주변부에 있었고, 그로 인해 이론에 대한 관심이 부족했기 때문일 것이다.

이것은 유감스러운 일이었다. 반대로 중국의 고대 사회를 살펴보면, 육조 시기부터 이미 "의경"설의 싹이 텄고, 당대에는 정식으로 "의경"설을 제기하였으며, 게다가 이론적 관심의 중심에서 십 몇 세기 동안에 걸친 탐색을 통해 서정주의 문학의 심미적 이상을 개괄해낼 수 있었다. 이것은 서양 문학이론과 중국의 문론이 비교되는 중요한 차이점 중의 하나이다.

서양의 문학은 19세기말 20세기 초에 이르러 이른바 "현대파" 문학의 천하로 발전했다. "현대파"는 매우 광대한 개념으로, 여기에는 현대적 서구의 각종 다양한 예술적 유파들이 포함된다. 그리고 여러 예술 유파들이 추구했던 것 또한 큰 차이점이 있었다. 예를 들어, 20세기 이후의 이른바 "의식의 흐름 류의 소설"이나 "상징파 시가", 그리고 "황당파 희극"은 각각 그 추구하는 내용이 달랐다. 그러나 그 중에서 성공적이었던 작품들은 모두 작품 속에 상징이 포함되어 있어서 대체로 "상징주의 문학"의 범주에 넣을 수 있다.

"현대파"의 문학 이론은 각종 "주의"를 표방하고 나섰는데, 그 명칭들이 다양하고 복잡했다. 그러나 상징주의 문학의 심미적 이상에 있어서 그들은 "이미지"와

---

11) (영국) 워즈워드, 〈 《서정 가요집(Lyrical Ballads)》 1800년판 서문〉, 《서방문론선》
    하권 6, 9, 13 페이지 참고.

"이미지즘"이라는 개념을 내세웠다. "이미지"는 일부 사람들에게는 상징주의의 문학적 이상이었던 셈이다.

"이미지즘"(Imagism)은 1912년~1917년에 영국에서 유행하기 시작하여 미국의 시가운동에서 크게 성행하게 되었고, 그 대표적 인물이 바로 에즈라 파운드(Ezra Pound)였다. 주지하다시피 파운드는 고대 중국과 일본 시가를 추종하던 서구 시인이기도 하다. 그는 일찍이 중국 고전 시가 선집인《선주집神州集》을 번역하기도 하였고, 일본의 하이쿠[俳句]에 대해서도 큰 관심을 보이기도 했다. 그는 "더 넓은 사막에 외로운 연기 곧게 피어오르고, 기나긴 강에 비친 석양은 둥글어라[大漠孤煙直, 長河落日圓.]"(왕유의 〈사지새상使至塞上〉)나 "달빛 아래 띠풀로 엮은 객점에서 닭 우는 소리, 널다리 서리 위엔 사람의 발자국 남아있네.[鷄聲茅店月, 人迹板橋霜.]"(온정균의 〈상산조행商山早行〉), "메마른 등나무 고목 위의 갈까마귀, 작은 다리 아래로 흐르는 물가이 인가 한 채. 서풍 불어오는 옛길엔 야윈 말 한 마리.

석양은 서산으로 기우는데, 천애의 애간장 끊은 한 사람.[枯藤老樹昏鴉, 小橋流水人家. 古道西風瘦馬, 夕陽西下. 斷腸人在天涯.]"(마치원馬致遠의 〈천정사 추사天淨沙　秋思〉) 등과 같은 중국 고전 시가가 단지 몇 글자의 거의 관련이 없어 보이는 이미지의 명사들을 사용하여 한 구절 또는 한 수의 생기발랄한 시가를 만들어 낸다는 사실에 경이로움을 표했다. 중국 고전시가에서 이처럼 접속사나 개사(전치사)가 생략된 문장구조는 파운드 등 서양 시인들에게 "이미지"를 사용하여 시의성을 드러내는 방법으로 비춰짐으로써 그들에 의해 시가의 이상으로 추종되었던 것이다. 파운드는 "만 권의 책을 쓰는 것 보다 일생동안 하나의 이미지를 그리는 것이 낫다."라고 하는 유명한 말을 남기기도 했다. 이 말은 '사람 키 높이만큼의 저서보다는 하나의 전형을 창조하는 것이 낫다'는 사실주의 문학 작가의 이상과 마찬가지의 심리 상태를 말하는 것이다.

이 말은 확실히 파운드와 많은 시인들이 이미지 창조를 시가의 이상으로 삼았음을 설명해 주고 있다. 그들은 시가 창작 과정에서 고의로 중국 고시들의 이른바 "이미지 병치" 혹은 "이미지 중첩"의 방식을 모방했다. 예를 들어, 파운드 본인은 널리 알려진 "이미지즘"의 시를 창작하였다.

> 지하철 역에서
> 군중 속에서 유령처럼 나타나는 이 얼굴들
> 젖은 검은 나뭇가지 위의 수많은 꽃잎들
> In a station of metro
> The apparition of these faces in the crowd
> Petals on a wet, black bough.

이 시에서, 그들이 보기에는 세 가지의 "이미지"가 있다. 지하철 역, 유령같은 군중들의 얼굴, 검은 색 가지위의 꽃잎들, 이 세 가지 이미지는 언뜻 보기에는 아무런 연관성이 없어 보이지만, 실제로는 더욱 복잡한 "이미지"군을 형성함으로써 시의성을 보여주는 것이다. "image"로 불리는 이러한 "이미지" 창조는 그들에 의해 상징주의의 문학적 이상으로 여겨졌던 것이다. 사실 영어의 "image"라는 이 단어는 "상像", "초상肖像", "형상形象", "영상影象", "의상意象", "그림자[影]", "사생寫生" 등의 많은 함의들을 가지고 있다. 영미의 "이미지즘"은 "경물의 형상"라는 의미에서 "image"라는 단어를 사용하였다. 그러나 중국의 "5.4" 신문화 운동 이후 백화로 쓴 신시(新詩)는 본래 중국의 것을 서양인이 찬미하고 운용한 후에 "이미지즘"이라는 이름으로 다시 역으로 현대의 중국으로 돌아온 것이다.

당시 번역되었던 명칭은 다양했는데, 메이광디梅光迪는 "imagism"을 "형상주의形象主義"라고 번역하였으며, 량스치우梁實秋는 "영상주의影象主義"로, 또 다른 많은 사람들은 "의상주의意象主義"로 번역하였다. 현재의 입장에서 보면, 메이광디나 량스치우 두 사람의 번역이 더 좋은 것 같기도 하다. 여기서 짚고 넘어가지 않을 수 없는 것은 당시 에즈라 파운드가 중국어에 그다지 능통하지 못했고, 그가 중국 고전 시사(詩詞)에서 배웠던 것이 "정경형상情景形象"의 운용에 불과했었다는 점이다. 그들은 중국 고전 서정시의 근본이 의경의 창조에 있음을 이해하지 못했을 뿐만 아니라 "정경형상"의 운용에 대해서도 단지 싯구나 문장의 문자의 표면적 의미만을 추구했을 뿐이어서 중국 고시의 번역에 대해서도 문제가 많았다. 예를 들어, 이백의 시구 "황폐한 성은 텅 비어 더 큰 사막[荒城空大漠]"를 "황량한 성루, 하늘, 광활한 사막[Desolate castle, the sky, the wide desert.]"으로 번역하였다.

파운드의 번역시와 '텅 빈 성곽의 황량함은 사막을 더욱 크고 황량하게 느끼게 한다.'는 원시의 의미는 차이가 매우 크다. 그들은 서로 다른 "정경 형상"의 "이탈"을 "매우 기묘한 시적 기교"라고 보거나 또는 시가의 이상이라고 보았다.[12] 여기서 설명해야 할 것은 에즈라 파운드의 중국 고전시가에 대한 오독에서 제기된 "이미지"가 20세기 초 영국의 "이미지즘" 시가 운동의 끝이 아니라는 점이다. 그 이후에도 서양의 시가에서 "이미지"론의 영향은 매우 컸으며, 오늘날의 서양 현대파 시가에서도 이른바 "이미지 병치"와 "이미지 중첩" 현상은 여전히 흔하게 볼 수가 있다.

현대의 서양 문학 이론 중에서 "이미지" 개념 또한 곳곳에서 흔하게 볼 수 있는데, 서양인들 자신들조차도 어찌된 영문인지를 모르기도 하고 또 매우 불만스러워 하기도 한다. 예를 들어 미국 코넬 대학교((Cornell University)의 M.H. 아브라함 교수가 편찬한 《간명 외국문학 사전》의 "의상(imagery)" 항에서 "의상(이미지)은 현대문학비평에서 자주 보이는, 또한 가장 모호한 용어이다."[13]라고 하고 있다. 중국 학자들도 불만이다. 러다이윈樂黛雲, 예랑葉朗, 니페이경倪培耕 주편의 《세계 시학 대사전》에서는 "의상이라는 이 용어는 동서양에서 모두 매우 혼란한 상태에 빠져 있는 용어이다.[意象這個術語在東西方極端混亂德情況]"[14]라고 설명하면서,

---

12) 자오이헝趙毅衡의 《이미지즘과 중국 고전시가意象派与中国古典詩歌》 참고, 《외국문학연구》 1979(4)에 게 재.
13) (미국) M.H. 아브라함, 《간명외국문학사전》 (창사, 후난인민문학출판사, 1987.) 150 페이지.
14) 러다이윈樂黛雲 등 주편, 《세계 시학 대사전世界詩学大辞典》 (선양, 춘풍문예출판사, 1993) 688 페이지.

의상이라는 이 단어가 "모호하여 정의하기 어렵다[模糊而難以 定義]"[15]고 하고 있다. 천량윈陳良運은 자신의 글에서 에즈라 파운드가 중국 고전시사의 의경(意境)의 미를 깨우치지 못했기 때문에 "단편적으로 중국 시사에서 좋은 구절만을 뽑아서 사용하는 것을 좋아했다."고 지적하였다.

  그는 만약 중국인들이 반대로 파운드의 오해를 경전으로 받든다면 이 어찌 잘못된 것으로 바른 것을 어지럽히는 것이 아니겠는가? 영미의 "이미지즘" 시가 운동은 중국 고전시가를 번역한 것으로, 그들은 중국 고전 시가 속에서 "신대륙"을 발견하고서 중국 고전 시가의 두드러진 특징과 오색찬란함과 다 헤아릴 수 없는 아름다움에 대해 추종하면서 세계 문학계에 중국 고전 문화의 우수성을 이해하게 해 준 점은 칭찬할만하다. 그러나 그들이 중국 고전시사를 이른바 "이미지 병치[意象並置]"로 개괄한 것은 그다지 정확한 것이 아니며, 여기서의 "의상"에 대한 오해는 바로잡지 않으면 안 된다는 것이 우리의 견해이다.

  현재 중국 시학계에서 에즈라 파운드의 "이미지"론을 준칙으로 받들면서 중국 자신의 "의상"설이 무엇인지를 잊어버린 것은 유감스럽고 슬픈 일이 아닐 수 없다. 미국 학자들조차 이 문제의 엄중함을 지적하고 있다. 예를 들어 미국 "신비평"파의 유명인물 윌리엄 윔젯 2세는 문학 작품 속의 image를 Verbal Icon(문자의 조각상, 즉 언어 이미지)으로 교체해야 한다고 주장하기도 했다. 왜냐하면, 파운드 등이 이해했던 image는 단지 단어가 표현하는 화면, 그리고 화면의 연결에 불과하기 때문이다. 그래서 일본어에서는 "사상파寫相派"라고 번역하는 데, 오히려 이것이 더 실제와 부합한다고 하겠다. 메이광디가 "형상"으로, 량스치우는 "영상"으로 번역한 것도 괜찮아 보인다. "달빛 아래 띠 풀로 엮은 객점에서 닭 우는 소리, 널다리 서리 위엔 사람의 발자국 남아있네."라는 구절은 물질적 단어가 만들어낸 여섯 개의 형상으로, 이 여섯 가지 형상 사이에는 비록 접속사가 없기는 하지만, 그것들

---

15) 위의 책, 717 페이지.

사이에는 파운드가 이해하는 그런 "이탈"이 아니다.

그것들 사이에는 매우 긴밀한 관계가 있음은 분명한 사실이다. 이러한 단어에 의해 야기되는 이미지는 확실히 "언어 이미지"이라는 용어로 표현하는 것이 더 좋아 보인다. "언어 이미지"는 일반적으로 시가라면 모두 존재하는 것으로, 예를 들어 "한낮의 해 산에 기대어 다하고, 황하는 바다를 향해 흘러가네.[白日依山盡, 黃河入海流.]"와 같은 이른바 "단일 형식의 언어 이미지"도 있고, 복합식 언어 이미지(비유적 언어 이미지와 상징적 언어 이미지)도 있는데, "가는 잎사귀 누가 마름질 해 놓았는지 모르겠구나.

이월의 봄 바람은 가위와도 같아라.[不知細葉誰裁出, 二月春風似剪刀.]"에서 "가위"로 "봄 바람"을 비유하고 있는 것은 비유적 언어 이미지이고, "뜰 가득 봄 기운 가둘 수 없었든지 붉은 살구나무 가지 살며시 담장을 넘네. [滿園春色關不住, 一枝紅杏出墻來.]"라는 구절에서의 "붉은 살구"는 "봄 기운"을 상징하는 상징형 언어 이미지이다. 언어 이미지는 일반 시가에서 항상 존재하는 것으로 언어 이미지가 아예 없게 되면 그 시는 추상적이고 공허한 소리에 불과하게 되어 시가 될 수 없다. 이로써 보건데, 파운드가 추종했던 "image"는 시적 요소일 뿐, 시적 이상은 아니며, 상징주의의 시적 이상은 더더욱 아니다. 이리하여 서양의 문학 이론에서 상징주의 문학의 심미 이상 역시도 정확한 이론적 개괄을 하고 있지 못한 셈이다.

문학적 이상이라는 문제에 있어서 사회 문화적 원인으로 서양 문학 이론에는 득도 있고 실도 있다. "득"은 서양의 문학 이론에서 "전형"을 사실주의 문학의 이상으로 개괄해 냄으로써 서양의 사실주의 문학 발전의 크나큰 원동력이 되었다는 점이다. 동시에 또한 세계의 사실주의 문학 발전에 큰 영향을 미쳤다. "실"은 서양 문학 이론에도 비록 서정주의 문학과 상징주의 문학이 있기는 했지만, 중국에서는 고대부터 "의경"으로 서정주의 문학의 심미적 이상을 개괄했던 것 같은 이론적 개괄이 서양 문학이론에서는 보이지 않는다는 점이다.

또 상징주의 문학의 이상의 경우, 그들은 "의상(image)"를 찾은 듯하지만, 사실상 image는 단지 일반적인 시가의 언어 이미지일 뿐, 고품격 형태의 심미적 이상이 아니다. 이처럼 상징주의 문학의 이상에 대한 그들의 개괄 또한 수포로 돌아가고 말았다. 삼차원적 문학 이상의 구조 속에서 그들은 다만 일차원만을 붙잡았을 뿐, 다른 두 차원에 대해서는 동양의 문론, 특히 중국의 문론을 통해 보충될 수 있기만을 기다리고 있다.

2. "의상意象" — 상징주의 문학의 이상

> 성인은 세상 만사와 세상 만물의 오묘한 이치를 인식하고서 하나의
> 형상을 만들어 그것을 비유하고 상징한다. 그렇다면 이 "상"은
> 일반적인 것과는 다르다. 왜냐하면 그것은 천하 만물의 관념과
> 지극한 이치를 드러내고 있기 때문이다. 이것은 인류 최초의
> "의상意象"에 대한 정의이다. 이 오래고 오래된 "의상"이 바로
> 상징주의 문학의 이상이다.

상징주의 문학의 이상으로서의 의상은 중화 문화에 속하는 것이다. 그러나 현재 "의상"이라는 이 단어에 대한 학계의 정의가 매우 혼란스럽기 때문에 우선 이에 대해 정리를 해 볼 필요가 있다. 구주짜오顧祖釗는 《다섯 종류의 의상을 논함論意象五種》[16]이라는 글에서 그 심도 있는 학술적 가치에 대해 정리하면서, 현재 "의상"에 대한 해석이 적어도 다섯 종류가 있다고 했는데, 바로 심리적 의상, 내면적 의상, 일반화된 의상, 관념적 의상, 지경(至境) 의상이 바로 그것들이다. 우리는 관념 의상과 지경 의상은 같은 것으로, 다만 철학적 개념에서 시학 개념으로

---

16) 구주짜오顧祖釗, 〈다섯 종류의 의상을 논함論意象五種〉, 《중국사회과학》, 1993(6)

바뀐 것에 불과하기 때문에 하나로 합쳐서 이해하도록 한다. 그러므로 의상에 대한 정의는 네 가지라고 볼 수 있다.

1) 심리적 이미지

이것은 심리학적 용어로, 중국에서는 일반적으로 "표상表象"으로 번역되는, 즉 지각을 기초로 형성된 감성적 이미지를 말한다. 예를 들어 고향은 이전에 우리에게 반복적으로 지각되었던 대상이기 때문에 우리의 마음 속에는 그 인상이 남아있게 되는데, 그것이 바로 일종의 "지각적 표상"인 것이다.

예를 들어 우리가 몇 년 이후에 고향의 모습을 회상하게 되면, 그것은 "기억의 표상"이다. 또 우리가 더 나아가 고향에 대한 "기억의 표상"을 근거로 새로운 표상을 만들어 내게 되면 그것은 바로 "상상의 표상"이 된다. 예를 들어 두보의 "저 달은 고향에서 밝게 비추겠지.[月是故鄕明]"라는 구절에서의 달빛이 바로 이 "상상의 표상"에 속하는 것이다. 어쨌든, "심리적 이미지"는 문학 창작을 전개해 나가는 기초로써 나름의 가치가 있기는 하지만, 상징주의 문학의 이상은 아니다.

2) 내면적 의상, "심상心象"

이것은 사람이 어떤 필요에 의해 자신의 내면 속에서 만들어내는 일종의 형상이다. 그러나 이 형상은 아직은 사람의 마음 속에 있을 뿐, 밖으로 표출되지는 않은 상태이다. 유협은 《문심조룡 신사》 편에서 제기한 "의상"이 바로 이 "심상"에 속한다.

문학적 사색을 갈고 닦음에 허정이 귀하니, 오장을 씻고 트이게

하고 정신을 씻어 깨끗이 해야 한다. 학식을 쌓아 지성의 보배를
저장하고, 이지를 움직여 재능을 풍부하게 하며, 경험을 연구하여
문사를 통용한다. 그런 후에 현묘한 도리의 주재를 이해하게 되고,
성률을 추구하여 글을 적는다. 독창적인 장인은 의상을 엿보고서
도끼를 움직인다. 이것이 대저 문사를 몰아가는 시작이고, 편장을
도모하는 큰 실마리이다.

陶鈞文思, 貴在虛靜, 疏瀹五藏, 澡雪精神. 積學以儲宝, 酌理以福才,
研閱以窮照, 馴致以繹詞. 然后使玄解之宰, 尋聲律而定墨. 獨照之匠,
窺意象而運斤. 此蓋馭文之首術, 謀篇之大端.[17]

여기서 말하는 "의상"은 작가의 예술적 구상 과정에서의 형상으로, 이것은 단지
일종의 작가의 의도가 숙성 과정에 있는 형상이다. 이른바 "의상을 엿보고서 도끼를
움직인다."는 말은 바로 자기 자신의 마음 속의 형상에 따라서 붓을 움직인다는
말이다. 어쨌든, 이것은 붓을 들기 전의 구상 과정에서의 형상이다.

칸트와 헤겔 모두 이러한 의미에서 "이미지[意象]"라는 단어를 사용하였다. 예를
들어, 칸트는 "이렇게 하여 천재는 이 같은 행복한 관계 속에 처하게 됨으로써
하나의 개념을 심미적 이미지로 전환시킬 수 있고, 심미적 이미지를 정확하게
표현해 낼 수 있는 것이다."[18]라고 했다. 또 헤겔은 "시인은 반드시 자신의 의상(즉,
구상)을 문자로 표현해 내고 언어로 전달해 낼 수 있어야 한다."[19]라고 했다. 칸트와
헤겔은 모두 유협의 "심상心象"의 의미에서 이미지(의상)를 이해하였던 것이다.
어떤 학자는 유협의 "의상"을 작품 속의 심미 현실이라고 보기도 하고, 또 어떤
학자들은 예술적 이상으로서의 심미적 이미지로 보기도 하는데, 이러한 것은
모두가 오독(誤讀)일 뿐만 아니라 유협이 말한 원래 의미와도 결코 부합하지 않는

---

17) (남조) 유협 저, 판원란 주석, 《문심조룡 주》, 493 페이지.
18) (독일) 칸트 《판단력 비판》, 《서방문론선》 상권, 565 페이지.
19) (독일) 헤겔, 《미학》 (베이징, 상무인서관, 1979) 제 3권 하책, 63 페이지.

것들이다. 물론 "심상"이 작가가 오랜 시간 동안의 예술적 사유와 내면적 고심으로 빚어낸 결과물이기 때문에 문학 창작에 있어서는 당연히 중요한 것이므로 "심상"에 대한 연구는 여전히 필요하다. 그러나 그것을 문학적 이상으로 오해하는 것은 적절치 않아 보인다.

3) 일반화된 의상

이것은 고대든 현재든 그다지 의미가 없는 이해이다. 이러한 이해는 의상과 예술적 형상을 동일시하는 것이다. 예를 들어 어떤 학자들은 의상은 정과 경의 통일이며, 내면세계와 외부세계의 통일로, 완전한 내면에는 감성 세계가 내포되어 있다라고 여긴다. 중국 학술계에서 비교적 큰 영향력을 가진 예랑 교수의 《중국미학사 대강》에서는 "심미적 의상은 '정'과 '경'이 직접적인 감흥 과정에서 서로 의기투합하여 승화되어진 산물이다."[20]라고 하였다 .정경융합은 중국 고대 시가와 기타 문학 작품의 "예술적 형상"이다.

모든 작품의 예술적 형상은 모두 정감과 경물의 통일, 주관 세계와 객관 세계의 통일로 이루어진다. 우리는 이미 "예술적 형상"이라는 이 함의가 명확한 단어를 가지고 있으면서 또 "의상"이라는 이 단어를 함께 혼용하고 있는데, 사실은 그럴 필요가 전혀 없다. 앞에서 언급했던 것과 같이 이런 의미에서의 "의상"(즉 일반화된 의상)은 통상적인 "예술적 형상"으로 환원되는 것이 더욱 적절하다 하겠다. 의상 개념의 일반화는 현재 학술계에 존재하고 있는 가장 큰 문제로, 이에 대해 정리를 하지 않는다면, "의상"과 관련된 문제의 혼란한 국면은 지속되어질 것이고, 또 많은

---

20) "審美意象是'情'与'景'在直接感興中相契合而升華德産物." 예랑, 《중국미학사대강》
　　(상하이, 상하이인문출판사, 1985) 472 페이지.

다른 문제들을 명확히 할 수 없을 것이다.

4) 관념 의상과 지경至境 의상

이것은 가장 오래된 것인 동시에 가장 의미 있는 정의로, 바로 상징주의 문학의 심미 이상이다. 정말로 많은 학자들이 이미 주장하고 있는 것처럼, 관념 의상 관념은 《주역·계사》에서 싹터 나온 것이다.[21]

> 공자께서 "책은 말을 다하지 못하고, 말은 뜻을 다하지
> 못한다."라고 하셨다. 이에 묻길, "그렇다면 성인의 뜻은 볼 수가
> 없는 것입니까?"라고 하니, 공자께서는 "성인께서는 상을 세워 그
> 뜻을 다하신다."라고 했다.
> 子曰: 書不盡言, 言不盡意. 然則聖人之意, 其不可見乎? 子曰:
> 聖人立象而盡意.[22]

여기서의 "뜻"는 분명히 추상적인 것이다. 그렇다면 이 성인의 "뜻"을 "볼" 수 있는 방법이 있을까? 있다. 그것은 바로 "상을 세워 뜻을 다한다."는 방법이다. 이로써 "상을 세움"의 목적이 바로 "뜻을 다하기" 위함임을 알 수 있다.

여기서는 아직은 "의상"이라는 용어가 아직은 출현하지 않고 있음을 알 수 있다. 그러나 "의상"의 초기형태가 이미 출현하였음은 분명하다. "의상"의 옛 의미는 "뜻을 나타내는 상"이다. 왜 이 "뜻"이 이처럼 표현하기 어려운 것일까? 《계사》에서는

---

21) 민저敏沢의 《중국 고전 의상론中国古典意象論》(《문예연구》 1983(3)에 게재)와 구주자오의
   《다섯 종류의 의상을 논함論意象五種》(《중국사회과학》 1993(6)에 게재) 참고.
22) 까오헝高亨, 《주역대전 금주周易大全今注》(지난, 제노서사, 1979) 권5, 541~542 페이지.

아래와 같은 기록도 보인다.

성인이 천하의 오묘함을 보고, 그 모습을 헤아려, 사물의 마땅함을
형상했으니, 그런 까닭에 상이라고 하는 것이다.
聖人有以見天下之賾, 而擬諸其形容, 象其物宜, 是故謂之象.[23]

공영달孔穎達은 《주역정의周易正義》에서 이 단락을 해석하면서 다음과 같이
말했다.

"성인이 천하의 오묘함을 본다"라는 말은, "색"은 그윽하고 깊어서
보기가 어려움으로, 성인은 신묘함이 있어서 천하의 깊고 그윽한
지극한 이치를 본다는 말이다. "그 모습을 헤아린다"는 말은 이
깊고 그윽하여 지극한 이치로 사물의 모습을 헤아린다는 말이다.
"사물의 마땅함을 형상화 한다"라는 말은 성인이 또 그 사물의
마땅한 바를 본받는다는 것이다.
"聖 人 有 以 見 天 下 之 賾"者 ,"賾"謂 幽 深 難 見 ,
聖人有其神妙而能見天下深賾之至理也. 而"擬諸其形容"者,
以 此 深 賾 至 理 , 擬 度 諸 物 形 容 也"象 其 物 宜"者,
聖人又法象其物之所宜.[24]

공영달의 해석을 통해, 《계사》에 기록된 내용의 의미는 더욱 분명해졌다.
"천하지색天下之賾"은 원래 성인만이 발견할 수 있는 그윽하고 심오하여 보기

23) 위의 책, 518 페이지.
24) (당) 공영달, 《주역정의》 (베이징, 중국서점, 1987) 하책, 권11

어려운 지극한 이치이며, "의제형용擬諸形容"은 형상을 창조하여 그 "지극한 이치"를 표현한 것이라는 말이다. 또 "상기물의象其物宜"에서의 "상"은 응당 비유, 상징의 방법으로 이해될 수 있다는 말이다.

"고위지상故謂之象"에서의 "상"은 형상을 말한다. 만약 이렇게 이해하는 것이 성립한다면, 《계사》에 기록된 내용은 바로 성인은 능히 세상만사와 세상 만물의 그윽하고 심오하여 보기 어려운 이치를 인식할 수 있고, 그래서 하나의 형상을 창조하여 그것을 비유하고 상징하였다는 의미이다. 그렇다면 이 "상"은 일반적인 상이 아니게 된다. 왜냐하면 그것은 천하 만물의 관념과 지극한 이치를 보여주기 때문이다. 이는 인류 최초의 "의상"에 대한 정의라고 할 수 있을 것이다. 여기서 말하는 "법상"의 "상"은 바로 그윽하고 심오하여 지극한 이치인 "의상"을 상징하는 것이다. 즉 "관념 의상" 혹은 "뜻을 표현하는 상[表意之象]"이라는 말이다.

그렇다면, 언제 "뜻의 상[意之象]"이 합성된 "의상"이란 단어를 사용하게 되었을까? 많은 학자들은 유협의 "의상을 살펴 도끼를 운용한다.[觀意象而運斤]"에서 "의상"이란 단어가 처음으로 출현하였다고 본다.[25] 사실은 그렇지 않다. 구주자오 교수는 여러 해 동안의 연구를 통해 중국에서 처음으로 "의상"이란 개념을 제기한 것은 한 나라 때의 왕충임을 밝혀냈다. 구주자오 교수는 자신의 일련의 저서들에서 왕충이 《논형·난룡論衡·亂龍》 편에서 이미 "의상"이라는 이 단어를 사용하였다고 주장했다.

> 대저 곰이나 큰 사슴의 형상을 그린 천을 이름하여 후라고 하며,
> 예는 의상을 귀하게 여기니, 그 뜻을 드러내기 위해 이 이름을 취한
> 것이다.

---

25) 예를 들어, 1993년 출판된 《세계 시학 대사전》에서는 "유협의 《문심조룡》이란 책에 이르러 마침내 처음으로 '의상'이라는 단어가 만들어졌다"고 하면서, 또한 "의상"이 "정경융합"의 산물이라고 설명하고 있다.

夫畵布爲熊麋之象, 名布爲侯, 礼貴意象, 示義取名也.[26]

　　구주자오는 "여기서의 '의상'은 '곰이나 큰 사슴의 형상'으로 00 후작의 위엄을 상징하는 상징적 의미의 그림을 가리킨다. 그 '뜻을 나타내기 위해 이름을 취하는' 목적으로 보건데, 이것은 이미 엄격한 의미에서의 상징적 의상이다."[27]라고 해석하였다. 왕충은 서기 27년~대략 서기 97년까지 살았던 인물이며, 유협은 서기 465년~대략 532년까지 살았다. 구주자오의 발견은 "의상"이란 단어의 출현을 400 여 년이나 앞당겼을 뿐만 아니라, 더욱 중요한 것은 왕충의 "의상"이 상징적 의상으로, 《주역·계사》의 사상과 일맥상통한다는 점으로, 이는 매우 큰 의미를 가지는 것이라 하겠다. 왕충은 《논형·난룡》 편에서 또 이렇게 말했다.

　　　　예의로는 종묘의 신주는 나무로 만들고, 길이가 1척 2촌으로
　　　　선조를 상징한다. 효자가 종묘에 들어가면 비록 진짜가 아닌 줄을
　　　　알지만 보여준 효성에 감동하여 상(위패)에 자신의 뜻(바램)을
　　　　세우는 것이다.
　　　　礼, 宗廟之主, 以木爲之, 長尺二寸, 以象先祖. 孝子入廟
　　　　雖知非眞, 示当感動, 立意於象.[28]

　　여기서는 종묘에서 모시는 조상의 위패는 길이 1척 2촌의 나무판으로 만드는데, 이 나무 위패가 조상을 상징하는 것이다. 후손들은 비록 이 위패가 진짜 조상이 아님을 알지만 위패를 보고서 감동을 나타내는 것은 바로 "상에 뜻을 세웠기" 때문이라는 것이다. 이것은 왕충이 이해하고 있던 "의상"이 상징적 의상이었으며,

---

26) (한) 왕충, 《논형·난룡》(상하이, 상하이고적출판사, 1990) 158 페이지.
27) 구주자오, 《다섯 종류의 의상을 논함》, 《중국사회과학》 1993(6)에 게재.
28) (한) 왕충, 《논형·난룡》, 158 페이지.

이는 〈계사〉에서 말하고 있는 《역》의 상과 일치하는 것으로, 모두 저것으로 이것을 대표하는, 다시 말해서 상징임을 설명해주는 것이다.

왕충은 〈계사〉에서 말하는 "의상"이 바로 중국에서 가장 오래된 "의상" 관념을 계승하고 있다고 말할 수 있다. 비록 이 시기의 "의상" 관념이 아직은 철학적 범주에 속하는 것으로, 아직은 문학적 심미 이상으로 완전히 전환되지는 않았지만, 중국 고대에는 문학과 역사와 철학이 하나였던 점을 고려하면, 문학과 역사와 철학이 같은 것이었다. 예를 들어 청대의 장쉐청章學誠은 "《주역》의 상은 비록 육예를 포괄하지만, 《시경》의 비흥과는 표리 관계이다.[《易》象雖包六蕓, 与《詩》之比興, 猶爲表裏.]"[29] "《주역》의 상은 시의 비흥과 통한다.[《易》象通於詩之比興.]"[30]라고 했다. 왕충이 말한 "의상"은 응당 "대문학大文學"의 이론적 개괄에 속하는 것으로 응당 일종의 "관념적 의상"이라고 말할 수 있다.

더욱 중요하게 보아야 할 점은 왕충이 제기한 "의상" 이전에 고대 중국인들은 자신들도 모르는 사이에 이미 "상징적 의상", "관념적 의상"에 따라 문학예술 작품을 창조하였으며, 또한 우수한 성과들을 거두었다는 점이다. 바로 중국의 고대 신화와 우언, 그리고 초사 중의 일부 작품들이 그것들이다. 헤겔은 " '상징'은 그 개념적으로나 아니면 역사적으로 출현했던 횟수로나 모두 예술의 시작이다."[31]라고 했다. 중국 고대의 문예사는 그의 주장을 증명해주고 있다. "의상"은 삼차원적 문학 이상에서 가장 일찍 제기되었던 관념이다. 그리고 중국에서는 일찍이 상고시대부터 휘황찬란한 상징 예술의 시대를 열었으며, 또한 많은 "관념적 의상"이 창작되었다. 예를 들어, 지금까지도 전해져 오고 있는 "용龍"이나 "봉황[鳳]" 이미지, 산시陝西 반파촌半坡村에서 출토된 사람 얼굴에 물고기 무늬가 있는 채색 토기나 또

---

29) (청) 장쉐청章学誠 저, 창시우량倉修良 편, 《문사통의신편·내편·역교하文史通義新編·內篇·易教下》, 8 페이지.
30) 앞의 책, 9페이지.
31) (독일) 헤겔, 《미학》 (베이징, 상무인서관, 1979) 제 2권, 9 페이지.

반고盤古, 여와女媧, 후예后羿, 정위精衛, 과부夸夫 등의 신화, 그리고 은상殷商 시기의 무게 875근의 사모무청동대방정司母戊靑桐大方鼎 등의 문물, 이러한 여러 흔적들은 중국 고대에 이미 상징주의 문학예술이 크게 발전했던 시대가 있었음을 분명하게 보여주고 있다. 예를 들어, "호가호위狐假虎威", "각주구검刻舟求劍", "삭족적리削足適履", "수주대토守株待兔", "우공이산愚公移山", "노군양조魯君養鳥" 등과 같은 많은 선진 시기의 우언은 고대 중국인들이 창조해낸 형상이다. 뒤를 이어 굴원이 창작한 초사의 일부 편장에서 "관념 의상"의 이상을 완전히 체현하고 있다.

예를 들어, 〈귤송橘頌〉에서는 "천지간에 아름다운 나무가 있으니, 귤이 우리 땅에 내려왔도다. 타고난 성품은 바뀌지 않으니, 따뜻한 남국에서 자라는구나. 뿌리 깊고 단단하여 옮겨심기 어려우니, 한결같은 뜻을 지녔음이라. 푸른 잎에 흰 꽃은, 어지러이 즐겁게 하며, 겹겹의 가지와 날카로운 가시를 가지고서, 둥근 과일이 맺혀 있도다. 푸르고 누런 열매 뒤섞여 달렸으니, 그 빛깔 찬란하여라. 선명한 겉 색에 새하얀 속은, 중한 일을 맡길 수 있을 것 같도다. 무성한 잎은 잘 가꾸어져서, 아름다워 밉지가 않구나.[后皇嘉樹, 橘徠服兮. 受命不遷, 生南國兮. 深固難徙, 更一志兮. 綠葉素榮, 紛其可喜兮. 曾枝剡棘, 圓果摶兮. 靑黃雜糅, 文章爛兮. 精色內白, 類任道兮. 紛縕宜修, 姱而不醜兮.]"라고 노래하고 있다.

앞의 내용은 〈귤송〉의 전반부이다. 여기서는 단지 귤을 묘사하고 있는데, 귤의 품성을, 남국에서자라 "타고난 성품 바뀌지 않는" 특징을, 그리고 "뿌리가 깊고 단단하여 옮겨심기 어려운" 성격을, 그리고 그 "겉은 선명하고 속은 하얀" 구조를 묘사하고 있다.

이것은 고결한 형상으로, 작가는 이 형상을 통해 자신의 품격, 즉 고향과 조국을 사랑하는 "타고난 성품은 바뀌지 않음"과 "뿌리 깊고 단단하여 옮기기 어려운" 정신 세계를 상징적으로 표현하고 있는 것이다은 더욱 상. 〈이소〉의 내용에는 상징이 더욱 많다. 왕충이 살았던 서기 1세기 경의 한 나라 때엔 이러한 원시 고대의 "상징 의상"을 더욱 많이 느낄 수 있었는지도 모르겠다. 그래서 그는 자신의 저서를 통해 이처럼 이론적 설명을 하고 있는 것은 아닐까? 그 이후 중국 문학은 서정 중심의 시대로 접어들었다.

특히, 육조 시대와 당, 송, 원대는 서정시가 문학의 주류로 자리 잡게 되었고, 오래된 상징 의상은 거의 잊혀지고 말았다. 비록 당, 송, 원대 시기에도 사람들이 "의상"이라는 용어를 사용하기는 했지만, 그것은 이미 예술적 형상의 의미에서 사용한 것이었다. 명·청 시기에 이르러서야 상징을 특징으로 하는 관념 의상이 다시 복원되기 시작했고, 마침내는 엽섭葉燮에서서 완전히 회복되었을 뿐만 아니라 시학 영역에서 담론되었다. 명대에 "의상"에 대해 논한 사람들은 적지 않았지만, 대부분은 일반화된 의상이었다. 그러나 왕정상王廷相은 〈여곽개부학사논시서与郭介夫學士論詩書〉에서 거론한 "의상"은 관념 의상에 근접한 것이었다.

> 시는 의상의 투명하고 밝음을 귀하게 여기지 사실의 끈적거림을 귀하게 여기지 않는다. 《삼백편》은 비와 흥이 뒤섞여 출현하니, 그 뜻이 말의 겉에 있고, 《이소》는 끌어다 비유하고 빌려서 논하니, 본래의 감정이 드러나지 않는다.
> 이 근본 뿌리를 감싸고서 겉모습만을 표현하니, 빼어난 재주로 오묘하게 묘사한 것이니, 이는 문인의 그윽한 조화이다. 예를 들어 두보의 〈북정〉, 한유의 〈남산〉, 노동의 〈월식〉 등의 사와 원진의 〈양성〉 시편은 어지럽게 펼쳐 번잡하게 서술하고 사건을 메움이 너무 사실적이고, 말은 지나치게 합당함을 추구하고, 정감은 표현되어 나와 사방으로 퍼져 버리게 된다. 이는 시인의 변체요 문단의 (정도가 아니라) 옆길이다. 오호, 말이 사실을 증명하면 그 맛이 적어지고, 감정이 직접적으로 표현되면 감동을 주기 어렵다. 그런 까닭에 의상을 드러내게 되면 사람들이 사색을 할 수 있게 해주고 곱씹어 되새길 수 있게 해주며, 사람들이 감동하여 그것들을 마음에 새기게 되니, 아득하고 심오함, 이것이 시의 대강이다.

詩貴意象透瑩．不貴事實粘著《三百篇》比興雜出，意在辭表，
《離騷》引喩借論，不露本情斯包韞本根，標現色相，鴻材之妙擬，
哲匠之冥造也．若夫子美《北征》之偏，昌黎《南山》之作，
玉川（盧同）《月蝕》之詞，微之（元積）《陽城》之什，漫鋪繁敘，
塡事委實，言多趁帖，情出輻射，此則詩人之変体，騷壇之旁軌
嗟乎，言徵實則寡余味，情直致而難動物也．故示以意象，使人思而咀之，
感而契之，邈哉深矣，此詩之大致也．

왕정상의 평론은 당시 다른 사람들의 평론과는 달랐다. 그는 두보나 한유,
원진 등과 같은 대작가들의 일부 작품들을 그다지 좋아하지 않았다. 그는 두보의
〈북정北征〉을 "어지럽게 펼쳐 번잡하게 서술하고, 사실 묘사가 너무 사실적"이기
때문에 "문단의 "이라고 하면서 그들을 시의 정종(正宗)이 아니라고 배척했다.
이러한 시인들에 대한 폄하가 공정한지 여부는 논란의 여지가 있지만, 그러나 그가
유독 좋아했던 것은 상징적 의미가 풍부한 시들로, 이러한 시들이야 말로 "시인의
그윽한 조화"이며, 또한 "의상을 보여줌"으로써 능히 "사람들이 사색하게 해 주고,
곱씹어 되새기게 해 준다."라고 하였다.

이른바 "시인의 그윽한 조화"라는 것은 바로 상징적 의미를 가진 시들, 철학적
의미를 가진 시들을 말한다. 상징적 의미 중에서 가장 좋은 것을 우리는 "지경
의상至境意象"이라고 할 수 있다. 이는 바로 상징주의 문학 최고의 심미 이상이다.

청대 장쉐청章學誠의 견해 역시도 주의해 볼 만 하다.

《장자》, 《열자》의 우언은 달팽이의 두 뿔(촉과 만)에 나라를
세울 만하고, 나뭇잎으로 덮어 놓은 죽은 사슴은 송사를 일으킬
만하다. 《이소》에서 토해낸 울분은 옥황상제가 있는 궁궐의 문을
향해 하늘 위 가장 높은 구천에까지 닿을 만하고, 귀신을 찾음에는
아래로 땅 속 가장 깊은 구지를 살필 만하다. 다른 이야기들, 예를

들어 합종 연횡의 유세가들의 이야기, 비겸술(상대를 높여 상대를
제압한다.)과 패합술(나아가서는 반드시 이긴다.)의 이야기, 연못이
말라서 다른 곳으로 옮겨가는 뱀과 호가호위(狐仮虎威)의 계략,
도경과 토우의 문답 등등, 이야기들이 갈수록 기묘하고 불가사의하다.
그러므로 사람의 마음을 구상하는 상은 길한 것도 있고 흉한
것도 있으니, 마땅히 천지와 자연의 상을 잘 살피고, 마음으로 잘
다스려야 한다. 이것이 《주역》의 가르침이 천하를 교화할 수 있는
까닭이다.……

《莊》,《列》之寓言也, 則觸蛮可以立國, 蕉鹿可以聽訟.
《離騷》之抒憤也, 則帝闕可上九天, 鬼情可察九地.
他若縱横馳說之士, 飛箝捭闔之流, 徙蛇引虎之營謀, 桃梗土偶之問答,
愈出愈奇, 不可思議.…… 故人心營構之象, 有吉有凶,
宜察天地自然之象, 而衷之以理, 此《易》教之所以範天下也……

사람 마음 속에서 구상되어 나온 상에는 수레 가득한 귀신을 보는
상이 있고, 금계가 하늘로 올라간 상이 있으니, 뜻이 이르면 불가한
것이 없다.

人心營構之象, 睽車之載鬼, 翰音之登天, 意之所至, 無不可也.[32]

장쉐청은 여기서 《주역》의 상(괘)를 논하고 있는 것 같지만, 오히려 "상이 시와
통한다.[象之通於詩也]", 《주역》의 상은 "시의 비흥과 표리가 되고[与詩之比興,
猶爲表裏]", "주역의 상은 시의 비흥과 통한다.[易象通於詩之比興]"라고 반복해서

---

32) (청) 장쉐청章學誠 저, 창시우량倉修良 편, 《문사통의신편·내편·역교하文史通義新編·內篇·易
    教下》, 8 페이지.

강조하고 있다. 그러므로 그가 말하고 있는 "사람의 마음으로 구상해낸 상" 역시도 시의 예술적 형상의 일종이라고 설명하고 있는 것이다. 장쉐청의 논술에는 세 가지 주의 깊게 봐야 할 점이 있다.

첫 번째는 그가 사람이 마음으로 구상해낸 상은 "뜻(마음)이 도달한" 결과로 생각의 산물이자, 관념 의상으로써, 상징적 특징을 가지고 있으며, 그 목적은 천지자연의 이치를 밝히기 위한 것이라고 보고 있다는 점이다. "인간의 마음이 구상해내는 상"은 사람들이 사실적으로 묘사하는 "천지자연의 상"과는 다르다는 것이다. 두 번째는 이러한 "인간의 마음으로 구상해낸 상"이 인간의 생각이나 관념의 산물이라고 한다면, 황당무계하거나 기괴할 수도 있다는 말이다.

이른바 "이야기가 갈수록 기묘해지고 불가사의하다"는 것이다. 세 번째는 그는 《장자》나 《열자》속의 우언들과 《이소》에서의 위로는 하늘의 가장 높은 구천으로 올라가고 아래로는 땅속 가장 깊은 구지까지 내려가는 문학 작품의 괴이한 형상은 바로 이러한 "관념 의상", 즉 "사람의 마음이 구상해낸 상"의 전범이라고 보고 있다는 점이다. 그가 제기한 "사람의 마음이 구상해낸 상"은 바로 왕충이 정의한 "관념 의상"이며, 상징주의 문학이 추구하는 이상적 목표이다.

청대의 문론가가 엽섭葉燮은 관념 의상을 지경 의상으로 끌어 올려 이해하였다. 그의 논술은 앞의 작품론에서 이미 설명한 바 있는데, 그는 "시의 지극함"이라는 관점을 강조했을 뿐, 관념 의상이라는 시각에서는 설명을 하지 않았으므로, 여기서 다시 설명하도록 하겠다.

> 시의 지극함은 그 오묘함이 끝없는 함축에 있으며, 미묘한 사색에 있다. 그 기탁함은 말로 할 수 있고 없음 사이에 있으며, 그 의향은 이해할 수 있고 이해 할 수 없음의 만남에 있다. 말은 이곳에 있고 뜻은 저곳에 있으니, 처음과 끝이 사라져 형상에서 멀어지고, 의론이 끊어져 사유가 다하게 되어 사람을 모호하고 황홀한 경지로 끌어들이기 때문에 지극해지는 것이다.

詩之至處, 妙在含蓄無垠, 思致微渺, 其寄托在可言不可言之間,
其指歸在可解不可解之會, 言在此而意在彼, 泯端倪而離形象,
絶議論而窮思維, 引人於冥漠恍惚之境, 所以爲至也.

말로 할 수 있는 이치는 누구나가 모두 말할 수 있으니, 어찌 시인에게
있는 말이겠는가? 증험할 수 있는 사건은 누구나 다 기술할 수
있으니, 어찌 시인에게 있는 기술이겠는가? 틀림없이 말로 할 수
없는 이치가 있고 기술할 수 없는 사건이 있으니, 묵묵히 의상의
겉모습(현상)을 체득하는 데서 그것을 만나게 되면, 이치와 사건은
사람 앞에서 찬란하지 않은 것이 없다.

可言之理, 人人能言之. 又安在詩人之言之. 可徵之事,
人人能述之, 又安在詩人之述之! 必有不可言之理, 不可述之事,
遇之於默會意象之表, 而理与事無不燦然於前者也.[33]

엽섭의 이 말은 그 함의가 매우 풍부하다. 관념 의상이라는 시각에서 보면,
다음의 네 가지 점을 지적할 수 있다. 첫째, 그는 다시 한번 "이치理"가 시가 죽은
원인이 아님을 긍정하고 있다는 점이다. 그는 시가 "이치의 길로 나아가서는 안
된다.[不涉理路]"고 생각하지 않았다. 시도 이치를 말할 수 있으며, 이것이 바로
관념과 철학, 의리(義理)가 시가 표현하는 내용 중의 하나가 될 수 있음을 설명해
주는 것이다. 그러나 그는 또 시에서 묘사하는 이치는 "사람들 누구나가 말할 수
있는 이치"가 아니며, "무한한 함축과 미묘한 사색"의 이치로, 일종의 "말로 할 수도
있고 말로 할 수 없는" "이해할 수 있으면서도 이해할 수 없는" 이치라고 말한다.

---

33) (청) 엽섭, 《원시·내편原詩·內篇》, 《청시화淸詩話》 하권, 584 페이지.

둘째, 그렇다면 이러한 그윽하고 심오한 "이치"를 시가에서는 어떻게 표현해야 하는 것일까? 엽섭은 이 문제를 해결하기 위해 "의상"을 찾아냈다. ("묵묵히 의상의 겉모습을 체득하는 데서 그것을 만나게 된다.") 이러한 "의상"은 사실적으로 묘사하는 형상이 아니며, 또 뜻(의미)가 말에도 있고 그 형상에도 있는 그런 것이 아니라, "말은 이것을 말하는 데, 뜻은 저것에 있는" 그런 형상을 말하는 것이다. 예를 들어, 조식曹植의 〈칠보시七步詩〉는 의미는 자기 형의 무정함을 비판하는 것이지만, 언어는 "콩깍지를 태워 콩을 삶다.[煮豆燃豆萁]"라고 말하고 있다.

이것은 일종의 상징으로, 이 사건을 말하면서 저 사건이나 도리를 암시하고 가리키는 수법이다.

다시 당대 시인인 주경여朱慶余의 〈근시상장적수부近試上張籍水部〉라는 작품을 살펴보자.

간밤에 신방 밝힌 붉은 촛불 꺼지고,
날 밝기 기다려 대청 앞에서 시부모님께 절 올리네.
화장 마치고 낮은 목소리로 지아비에게 묻길,
"그린 눈썹의 농도가 시류에 맞나요?"
洞房昨夜停紅燭, 待曉堂前拜舅姑. 妝罷低聲問夫婿,
畫眉深淺入時無?

이 시는 시인은 과거 시험에 참가하기 전에 자신의 스승인 시인 장적에게 써서 보여준 작품이다. 작가는 신부의 마음으로 과거 시험을 앞둔 자신의 불안한 심정을 표현하였다. 신부가 눈썹을 그리고 자신의 남편에게 묻는 내용이 바로 상징적 형상이다.

작가가 서술하고자 하는 것은 이 형상 그 자체가 아니라, 과거 시험을 앞두고 있는 자신의 감정인 것이다. 셋째, 의와 상이 마침내 조그마한 틈도 없이 긴밀하게 하나로 결합되게 되었다는 점이다. 그리하여 "처음과 끝이 사라져 형상에서 멀어지고,

의론이 끊어져 사유가 다하게 되는" 상황이 나타나게 된다는 것이다.

　물론 "처음과 끝"이나 "형상", "의론", 그리고 "사유"가 없다는 것이 아니라 이러한 전체적인 의상은 종종 처음과 끝, 형상, 의론, 사유를 초월하는 예술적 효과로 나타나게 됨을 말하고 있는 것이다. 처음과 끝을 초월함은 의상의 무한함을 말하는 것이고, 형상을 초월함은 형상이 필요 없다는 것이 아니라 말은 이것을 말하고 뜻은 저것에 있음을 말하는 것이며, 의론을 초월함은 의론으로 그것을 한정지을 수 없다는 말로, 이것은 의상의 다의성을 말하는 것이다. 사유를 초월함은 논리적인 추론을 할 수 없다는 말로, 이는 의상의 감성적 성질을 말하고 있는 것이다.

　이러한 모든 것들이 의상의 특징이다. 넷째, 만약 앞에서 언급한 이 세 가지 점에 모두 도달하게 되면, 그렇다면 이러한 의상은 바로 "지경至境" 의상이 되는 것이다.("사람을 모호하고 황홀한 경지로 끌어들이기 때문에 지극해지는 것이다.") 즉 관념 의상의 최고의 상태이자 이상적 상태가 된다는 말이다. 이러한 내용들을 통해 엽섭은 관념 의상의 특징과 그 지위에 대해 심도 있게 해석하고 있다. 이로써 중국 고대의 상징주의 문학의 심미 이상 ― 지경 의상 ―이 마침내 엽섭에 의해 완성되었다고 할 수 있다.

　아마도 어떤 사람들은 우리가 여기서 이야기 하고 있는 "관념 의상"이 오늘날에 어떤 의미가 있느냐고 물을지도 모른다. 우리는 그 의미가 매우 크다고 분명하게 말할 수 있다. 인류 문학예술의 발전 초기에 상징주의 문학예술은 휘황찬란한 발전을 보였다. 그 후 상징주의 문학예술은 점차 쇠락의 길을 걸어가는 반면에 서정주의와 사실주의 문학예술이 주류로 자리 잡게 되었다. 그러나 20세기 초반에 현대파가 일어나면서 상징주의 문학예술은 다시 한 번 사람들의 눈길을 사로잡게 되었다. 서양 문학 이론은 당연히 이에 대해 강렬하게 반응하였다.

　이것이 바로 "상징", "은유", "역설(패러독스)" 등의 관념의 유행이었다. 20세기 초 영미의 이미지즘 운동은 중국 고전에서 "의상"이라는 개념을 빌려간 것이었지만, 애석하게도 그들이 가져간 것은 현대파 문학과 서로 부합하는 "관념 의상"이 아니라 단지 정경이 어우러진 형상에 대한 운용 기교에 불과했다. 오늘날 우리가 중국의 오랜 관념 의상론을 다시 발견해 낸 것은 이를 통해 현재 갈수록 많아지고 있는 상징주의 문학을 해석하기 위한 것일 뿐만 아니라 또한 세계의 문학이론 중의 문학 이상론에 새로운 공간을 더해주기 위해서 이기도 하다.

3. "의경意境" — 서정주의 문학의 이상

　고대인의 논술과 오늘날의 연구를 근거로 이들을 상호 흡수하고 융합해 보면 의경은 인간 생명력에 의해 개척된, 인생 철학의 의미를 담고 있는, 정경이 한 데 어우러져 있고, 장력을 가지고 있는 시적 공간이라고 볼 수 있다. 이러한 시적 공간은 독자의 참여를 통해 창조되어지는 것이다. 그것은 서정주의 문학 작품의 심미적 이상이다. 이러한 관점에서 우리는 "생명력"이라는 시각에서 우리의 새로운 관점들을 제시하고자 한다.

　서정주의 문학은 인류 문학에서 매우 중요한 지위를 차지하고 있는데, 특힌 고대 중국에서는 서정시가 문학 세계의 가장 화려한 꽃 봉우리였다. 서정주의 문학의 심미적 이상은 무엇일까? 옛날 사람들은 "의경"이라는 범주를 제시하였다. 의경에 관해서는 이미 제 2장 "문학 범주론"에서 설명한 바가 있다.

　예를 들어, 우리는 "경境"이라는 한자의 글자적 의미에서 시작하여 인간의 정신적 경지가 최초로 노자와 장자의 "도의 체득[体道]"에 대한 추구에서 비롯되었음을 설명하였고, 불교의 의경 생성에 대한 작용을, 그리고 일반적인 인간의 정신적 경지에서 문학의 의경론으로 전환되었음도 설명하였다. 또 의경 관념의 맹아가 유협의 《문심조룡·은수隱秀》 편의 "숨김隱"에서 시작되었다고 설명하였다. 이러한 의경 이론의 후대의 발전에 대해서도 개략적인 소개를 하였다. 그러므로 이러한 내용들에 대해서는 여기서는 더 이상 설명할 필요가 없을 것이다.

현재 의경에 관해 설명하고 있는 논문들도 매우 많고, 또 여러 견해들도 어느 정도는 나름의 일리를 가지고 있지만, 한편으로는 무엇인가가 부족한 듯하다. 그러므로 여기서는 다음의 세 가지 문제를 중심으로 설명하고자 한다.

1. 의경의 개념이 언제 제기되었는가? 의미론의 시각에서 볼 때, 의경은 의意와 경境이라는 두 글자가 결합된 것인가? 아니면 '의미의 경지[意之境]'라는 뜻인가?

2. 현재까지 의경에 대한 해석은 몇 가지 설이 있는가? 각각의 설에는 어떤 장점과 어떤 부족한 점들이 있는가?

3. 서정주의 문학의 이상으로서의 의경은 도대체 몇 가지 층차, 또는 몇 가지 특징으로 나눌 수 있는가?

1) "의경"은 "뜻의 경지"를 말한다.

의경은 시작은 선진 시기 도가의 "도를 체득하는" 경지에서 비롯되었다. 그러나 명확하게 "의경"이라는 개념을 제기한 것은 당대의 왕창령王昌齡으로, 그의 《시격詩格》에서 제기한 "세 가지 경지[三境]"설이다. 그는 시에는 세 가지 경지가 있으니, 바로 "물경物境"과 "정경情境", 그리고 "의경意境"이라고 했다.

의경에 관한 많은 연구들 중에서 물경을 "물物"자와 "경境"자의 결합으로 보고, 정경 역시 "정情"자와 "경境"자의 결합으로 보며, 의경도 "의意"자와 "경境"자의 결합으로 본다. "의"는 주관적은 정감과 사고를, "경"자는 객관적인 경물을 말하며, "의경"은 바로 주객관의 결합으로, "의"와 "경" 이 둘의 병렬 구조이며, "의경의 미학적 특징은 의와 경 이 두 가지의 혼연일체, 구체적으로 말하면 그것이 주관과 객관의 빈틈없는 긴밀한 결합과 예술적 형상의 정경융합에 있다."고 보는 것이다.

　이러한 학설은 오랫동안 유행해 왔는데, 사람들은 이를 반박의 여지가 없는 의경에 대한 설명으로 받아들이고 있다. 사실상 이것은 단지 일반적인 예술 형상의 특징을 개괄한 것에 불과할 뿐, 의경의 특수한 함의에 철저하게 파고들어가지는 못했다고 하겠다.

　이는 아마도 송대 보문普聞의 《시론詩論》의 설명과 관련이 있는 듯하다. 그는 "세상의 시는 두 종류의 시구에 불과하다. 첫째는 의구이고, 둘째는 경구이다. 경구는 조탁하기가 쉽지만, 의구는 만들기가 어렵다. 경구는 사람들 누구나가 얻을 수 있으나, 오직 의구만은 그 오묘함을 얻을 수가 없으니, 대저 그 뜻을 알지 못하기 때문이다.[天下之詩, 漠出於兩句: 一曰意句, 二曰境句. 境句易琢, 意句難制. 境句人皆得之, 獨意句不得其妙者, 蓋不知其旨也.]"라고 했다. 이러한 설명은 "의"와 "경" 자를 지나칠 정도로 분명하게 나눔으로써 너무 기계적으로 해석하고 있어서 마치 "경"이 순수한 경물에 대한 묘사이고 "경"에는 정이 스며들어 있지 않은 것처럼 설명하고 있는데, 이는 분명 그다지 합당하지는 않다.

　하지만 이 영향으로 사람들은 의경을 의와 경의 병렬식 결합 구조로 보고 있는데, 이는 더더욱 부적절한 것이다. 당　송 시기 사람들이 "경"을 담론할 때, "경" 앞에다 일부 수식어를 붙이는 것이 아주 보편적이었다. 예를 들어 당대의 은반殷潘은 왕유의 시에 대해 "한 글자 한 구절이 모두 일상적인 경지에서 나온다.[一字一句, 皆出常境]"[34]고 하였다. 당대의 고중무高仲武는 "예를 들어 '저 멀리 물 위에 신선의 노 떠다니고, 차가운 별은 사신이 탄 수레 따르네.'라는 구절은 오언의 빼어난 경지이다.[如'遠水浮仙棹, 寒星伴使車', 此五言之佳境也.]"[35]라고 했고, 한유는

---

34) (청) 하문환何文煥 엮음, 《역대시화歷代詩話》(베이징, 중화서국, 1981) 79 페이지.
35) 위의 책, 255 페이지.

"문장도 빼어나고 그림도 오묘하여 각각 지극함에 이르러 기이한 경지가 황홀하게 여기에 옮겨져 있다.[文工畵妙各臻極, 異境恍惚移於斯.]"[36]라고 하였다. 이러한 내용들을 살펴보면, "상경常境"은 평상시의 경지를, "가경佳境"은 아름답고 묘한 경지를, 그리고 "이경異境"은 보통과는 다른 경지를 말하고 있는 것처럼, 의경이란 바로 "의미의 경지"를 말하고 있음을 설명해 준다.

위의 단어들은 대등한 결합 구조가 아니라 모두 수식 구조로 이루어진 단어들이다. 그렇기 때문에 의경은 의와 경의 결합이 아니며, 일반적인 주관과 객관의 통일만을 말하는 것이 아니다. 《설문》의 해석에 따르면, "경"은 원래 '시간적으로 멈춰 선 곳'의 의미에서 이후에 공간적으로 멈춰 선 곳의 의미로 파생되어 지금까지도 우리는 "변경邊境"이라는 이 개념을 사용해 오고 있다. 그러다가 다시 정신적으로 도달한 높은 수준이란 의미가 파생되어 나와, 소위 말하는 정신적 경지를 가리키게 되었다. 또 여기에서 예술적 경지의 의미가 파생되어 나왔고, 이것이 바로 의경이다. 의경이라는 단어의 의미에서 보면 의경은 곧 의미의 경지로, 그 뜻은 시적 정감의 경계가 무한히 연장되고 확장되는 예술적 효과를 말하는 것이다. 우리가 앞에서 먼저 단어의 결합 구조와 의미에서 "의경"의 함의를 규정한 이유는 의경을 일반적인 예술적 형상으로 보고 토론하지 않겠다는 목적을 위한 것이었다.

일반적 예술 형상은 주관과 객관의 통일, 마음과 사물의 통일, 정감과 경물의 통일을 말하는 것이겠지만, 의경은 단지 이러한 것들의 통일뿐만이 아니라 서정주의 문학의 심미 이상으로써의 독특한 심미적 함의를 가지고 있다는 것이다.

---

36) (당) 한유, 〈도원도桃源図〉, 《전당시全唐詩》 (베이징, 중화서국, 1960) 5, 3787 페이지.

2) 여섯 종류의 의경설

의경 관념이 제기된 지 이미 1천 여 년이 지났고, 이에 대한 논의도 1천 여년 동안 이어져 오고 있다. 사람들이 의경의 문제를 토론할 때는 아무런 근거 없이 주장하는 것이 아니라 역대의 관련 이론들 속에서 자양분을 섭취하고, 서로 다른 시각과 층차에서 설명을 하게 된다. 그렇다면 의경의 의미에 있어서 도대체 어떤 학설들이 있는가? 여기서는 크게 6 가지의 학설로 나누어 설명해 보도록 하겠다.

① 정경교융情景交融설

이 학설은 주로 명 청 양 대의 이론을 수용하여 형성된 주장이다. "정경교 융"설은 송대에 이미 제기되었으며, 명 청 시기에 시론(詩論), 사론(詞論), 화론(畵論), 희곡론에서 자주 등장하게 된다. 특히 명대의 사진謝榛과 청대의 왕부지王夫之, 그리고 그 이후의 이어李漁에 이르러서는 거의 모든 내용들이 언급되었다. "정경"론은 이들에게 이르러 완전히 성숙되었다고 말할 수 있다. "정경"론은 주로 시가 형상의 구성 요소를 설명할 때 많이 거론된다. 예를 들어, 사진은 "풍경은 시의 매개체이고 정감은 시의 태아이니, 이것이 합해져서 시가 완성된다.[景乃詩之媒, 情乃詩之胚, 合而成詩.]"[37]라고 했으며, 왕궈웨이도 "문학에는 두 가지 본질이 있으니, 하나는 경이고 하나는 정이다.[文學中有二原質焉: 曰景, 曰情]"[38]라고 했다. 여기서 거론하고 있는 것은 다만 시의 구성요소이다. 문학의 구성요소로는 많은 문론가들이 그것을 바꾸어 "의경"이라고 해석하면서, "정경교융"을 의경의 중요한 규칙으로 여긴다.

---

37) (명) 사진, 《사명시화四溟詩話》 69 페이지.
38) 왕궈웨이, 〈문학소언文學小言〉, 귀샤오우郭紹虞, 뤄건저羅根沢 주편, 《중국근대문론선中國近代 文論選》 (베이징, 인민문학출판사, 1959) 하책, 781 페이지.

청대 초기의 화가인 포안도布顔図는 《화학심법문답畵學心法問答》에서 의경이 바로 정경교융임을 명확하게 제시하였다. 그는 "필묵에서 정과 경 중 어느 것이 먼저인가? [筆墨情景何者爲先?]"라는 질문의 대답에서 "정경이란 경계이다.[情景者境界也.]"라고 말했다. 왕궈웨이도 〈송 원희곡고宋元戲曲考〉에서 "의경"의 개념을 명확하게 제시하면서, "정감 묘사는 사람의 마음과 오장에 스며들고, 풍경 묘사는 사람의 귀와 눈에 있으며, 사건의 서술은 그 입으로 뱉어내는 것과 같다.[寫情則沁人心脾, 寫景則在人耳目, 述事則如其口出.]"라고 했는데, 이것이 바로 "의경"이라는 것이다. 현 당대에 와서는 의경을 "정경교융"으로 해석하는 것이 하나의 유행하는 학술 관점이 되어 버렸다.

예를 들어 유명한 화가인 리커란李可染은 "산수화에서 가장 중요한 문제는 바로 '의경'으로, 의경은 산수의 영혼과도 같다." "무엇이 의경인가? 나는 의경이란 바로 경치와 정감의 결합이라고 생각한다. 풍경 묘사는 바로 정감 묘사이다. 산수화는 지리나 자연환경에 대한 설명이나 도해가 아니다. 말할 필요도 없이 그것은 당연히 자연 지리의 정확성을 포함할 것을 요구한다. 그러나 더 중요한 것은 인간의 자연에 대한 의식과 감정을 표현하는 것으로, 풍경은 정감을 낳으니, 풍경과 정감을 하나로 결합해야 한다."[39] 라고 했다.

이처럼 "정경교융"설로 의경을 해석하는 바업ㅂ은 1980년대까지 줄곧 이어졌다. 증주인曾祖蔭 교수가 80년대에 출판한 《중국 고대 미학 범주中國古代美學範疇》라는 책에서는 "의경의 미학적 특징은 의와 경 이 둘의 혼연일체에 있다. 구체적으로 설명하면, 그것은 주관과 객관의 빈틈없는 결합, 예술적 형상의 정경교융으로 표현되어진다는 것이다." [40] 우리는 이러한 관점을 어떻게 보아야 할 것인가? 의심의 여지가 업이, 서정적 작품의 의경은 당연히 작품 속의 풍경과 정감

39) 리커란, 〈산수화를 말하다漫談山水画〉, 《미술》 1959(5)에 게재.
40) 증주인曾祖蔭, 《중국 고대 미학 범주中国古代美学範疇》 (우한, 화중공학원출판사, 1986) 287 페이지.

묘사를 기초로 하기 때문에 특히나 "정경교융"은 의경 생성에 "실재"적인 토대가 된다. 그러므로 이러한 토대를 벗어나 "의경"을 논하는 것은 당연히 무책임하고 건거없는 논의이다. 그러나 의경이 바로 정경교융이라고 하거나 또는 정경교융과 동등한 것이라고 한다면, "정경"론이 생겨났음에도 왜 계속 "의경"론을 필요로 하는지에 대해 우리는 묻지 않을 수 없다. 똑 같은 물건을 일부러 두 가지 이름으로 불러야 할 필요가 있는 것일까? 만약 의경론에 "정경"론보다 더욱 풍부하고 심후한 심미적 내용이 담겨 있는 것이 아니라면 우리는 왜 의경론을 아직도 강조하고 있는 것일까? 특히나 사진, 왕부지, 이어 등이 이미 정경론을 성숙한 단계로까지 끌어올리고 난 후 의경론은 마치 이제 필요가 없어 보였다. 우리는 다만 "정경교융"이 예술 형상의 일반적 특징을 보여줄 뿐이라고 말할 수 있을 뿐이다. "정경교융"설은 다만 예술 형상적 측면에서 의경 생성의 초보적인 기초에 불과하며, "정경교융"으로 의경이 마땅히 가지고 있어야 할 미학적 삼의를 규정하려고 기도하는 것은 사실과는 너무나 거리가 멀다고 말하지 않을 수 없다.

② "시화일체詩畵一体"설

송·원 시기는 중국 산수화가 크게 발전한 시기이다. 화론(畵論)과 시론(詩論)의 결합 역시도 자주 나타나는 현상이었다. 이 시기에 출현한 관점 중의 하나가 바로 "시화일체"론이다. 예를 들어, 소식蘇軾은 "시와 그림은 본래 한 가지 이치이니, 바로 자연스러움과 청신함이다.[詩畵本一律, 天工与淸新]"[41]라고 분명하게 말하고 있다. 소식은 특별히 왕유의 시와 그림을 거론하면서, "유마힐(왕유)의 시를 음미해 보면, 시 속에 그림이 있는 듯하고, 유마힐의 그림을 보면, 그림 속에 시가 있는

---

41) (송) 소식, 〈서언릉왕주부소화절지書鄢陵王主簿所画折枝〉 두 수 중의 첫째 수, 펑잉리우馮応榴 집록, 《소식시집蘇軾詩集》 제5책, 152 페이지.

듯하다. 시에 이르길, '남전의 시내에서는 하얀 돌이 드러나고, 옥천엔 단풍도 드물다. 산길엔 원래 안개도 없건만 푸르른 하늘이 사람의 옷을 적신다.'라고 했다.[昧摩詰之詩, 詩中有畵, 觀摩詰之畵, 畵中有詩. 詩曰: '藍溪白石出, 玉川紅葉稀. 山路元無雨, 空翠濕人衣.']"42)라고 하였다. 이후에 이러한 "시는 무형의 그림이고, 그림은 유형의 시이다.[詩是無形畵, 畵是有形詩.]"라는 관점이 꼬리에 꼬리를 물고 나타났다. 산수화의 특징은 공간적인 여백, 원근법 등을 따지는 것이다. 이후 사람들은 시와 그림의 관계 이론을 통해 의경을 해석하였다. 예를 들어 청대의 달중광笪重光은 "하늘은 본래 그리기가 어려운데, 실제 풍경이 맑아지고 나면 하늘 풍경이 드러나게 된다. 정신은 그릴수가 없으나 경계가 진짜에 가깝게 되면 정신이 생겨나게 된다.

위치가 서로 어그러지게 되면 그린 그림들이 많이 군더더기처럼 되고 만다. 텅빔과 가득참이 서로 생겨나니 그림이 없는 곳도 모두 신묘한 경계가 된다.[空本難図, 實景淸而空景現. 神無可繪, 眞境逼而神境生. 位置相戾, 有畵處多屬贅疣. 虛實相生, 無畵處皆成妙境.]"43)라고 하였다. 이 말의 의미는 공간적으로 여백과 그림이 서로 어우러짐으로써 그림의 "유한성"이 "무한성"으로 확장되어지게 되고, 이것이 바로 의경이라는 말이다. 현 당대에서는 의경을 해석하면서 하나의 시각만으로 해석하는 사람은 많지 않다. 예를 들어, 종바이화宗白華 교수는 의경의 공간의식을 매우 중요시했던 학자였다.

중국인들은 유한함 속에서 무한함을 보기도 하고, 무한함에서 유한함으로 돌아가기도 한다. 당대의 시인 왕유의 유명한 시구에서는 "발길 물 끝나는 곳에 이르러, 앉아 구름 일어날 때 바라본다."라고 했고, 위장의 시에서는 "기러기 무리지어 하늘가로

---

42) (송) 소식, 〈서마힐남전연우도書摩詰藍田煙雨図〉, 콩판리孔凡礼 방점 및 주석 《소식문집蘇軾文集》 제 5책, 2209 페이지.
43) (청) 달중광, 〈화전画筌〉, 선즈층沈子丞 편, 《역대화론명저휘편歴代画論名著彙編》, 310 페이지

사라지니, 고독한 구름 한 점 고요함 속에서 생겨나네."라고 했으며, 저광희의 시구에서는 "석양에 높은 섬에 올라 홀연히 저 먼 산 바라본다. 산골짝 시내에는 푸르른 물 흐르고, 구름은 푸르른 그림자 데리고 돌아오네."라고 했다. 그리고 두보의 시구에서는 "물은 흘러가도 마음 다투지 않고, 구름 머무니 마음까지도 느려지네."라고 했으니, 이 모두가 이처럼 "눈길 갔다 돌아오면 마음 또한 토해내고, 정이 감은 보내주는 듯하고 흥이 돌아옴은 화답하는 것 같다"는 정신적 의취를 그려내고 있는 것이다.

中國人于有限中見到無限， 又于無限中回歸有限. 他的意趣不是一往不返, 而是回旋往復的. 唐代詩人王維的名句云: "行到水窮處, 坐看雲起時." 韋莊詩云: "去雁數行天際沒, 孤雲一点靜中生." 儲光羲的詩句云: "落日登高嶼, 悠然望遠山. 溪流碧水去, 雲帶淸陰還." 以及杜甫的詩句: "水流心不競, 雲在意俱遲."都是寫出這"目旣往還, 心亦吐納, 情往似贈, 興來如答"的精神意趣.[44]

종바이화가 말하고 있는 "의취"는 사실 그가 이해하고 있는 의경을 말하는 것이다. 왜냐하면, 위 글의 다음 단락에서 두보의 시구를 분석하면서 그는 "경계"라는 단어를 사용하고 있기 때문이다.

그가 중국화에서 출발하여 의경을 이해했던 것은 유한한 공간 속에서 무한성을 보았고, 또 무한한 공간 속에서 유한함을 보았기 때문이었다. 푸전웬蒲震元 교수는 〈'쏴쏴 흩날리는 낙엽, 온 집에 비바람 불어대네'—허실상생과 의경의 구성에 대한 시론蕭蕭數葉滿堂風雨—試論虛實相生与意境的構成〉이란 글에서 역시

---

44) 종바이화, 〈중국시화 속에 표현된 공간 의식中國詩畫中所表現的空間意識〉, 《미학산보美学散步》 (상하이, 상하이인민출판사, 1981) 95 페이지.

회화의 공간의식 전환의 시각에서 의경을 풀이했다. 그는 "의경의 형성은 여러 예술적 요소들의 허실상생(虛實相生)이라는 변증법에 바탕을 두고 있다. 이른바 의경은 특정한 예술적 형상(실)과 그것이 표현하고 있는 예술적 정취나 예술적 분위기, 그리고 그로 인해 촉발되는 풍부한 연상 이미지(허)의 총화인 것이다."[45] 허실상생은 분명히 회화에서 공간의식의 문제를 보여주는 것으로, 시의 의경에서 보면 "쏴쏴 흩날리는 낙엽"을 묘사하고 있지만, 그러나 그 효과는 오히려 "온 집 가득한 비바람"으로, 우한함 속에서 무한함에 도달하는 것이다. 탄더징譚德晶은 〈의경신론意境新論〉에서 의경에서의 공간 문제를 더욱 분명하게 제기했는데, 그는 송·원 시대 이후의 화론에서 출발하여 "의경은 당연히 개별적 의상으로 형성된 것이다.

그러나 모든 의상들이 의경을 만들어내는 것은 아니다. 의상 중에서 완전하고 연속적인 공간을 형성하는 의상만이 의경을 만들어내게 된다."[46]고 보았다. 예술적 공간에서 그는 전체적이고 연속된 공간만이 의경을 만들어 낼 수 있다고 강조하였다.

예술적 공간이라는 측면에서 허실상생의 이론으로 의경을 해석하는 것은 나름 효율적이라고 말할 수 있다. 이 시각을 통한 해석은 진일보 발전했다. 그러나 이 이론이 지나치게 단일할 경우엔 문제가 될 수 있다. 즉 허실상생의 문제는 또한 여러 예술 장르의 보편적 문제이자 여러 예술 장르 공통의 문제이기도 한데, 우리가 만약 서정 문학이 언어를 통해 정감을 토로한다는 이 특징에만 너무 집착하여 허실상생의 시각에서 의경을 해석하는 것도 억지스러울 수 있다는 것이다.

"전체적이고 연속적인 공간만이 의경의 기초가 될 수 있지만, 전체적이고 연속적인 공간이라고 해서 모두 의경이 있다고는 말할 수 없다. 이러한 공간성 이외에도 이러한 공간을 가득 메운 충만한 정서가 있어야 한다."[47]라고 한 탄더징의

45) 푸전웬, 〈'쏴쏴 흩날리는 낙엽, 온 집에 비바람 불어대네' —허실상생과 의경의 구성에 대한 시론蕭蕭数葉満堂風雨—試論虛実相生与意境的構成〉, 《문예연구》 1983(1)에 게재.
46) 탄더징, 〈의경신론意境新論〉, 《문예연구文芸研究》 1993(6)에 게재.
47) 위의 글.

말은 정확한 지적이다.

③ 의경은 "상 밖"에서 생겨난다는 설

당대의 시가는 특히 율시가 발전하여 최고봉을 이루었는데, 시인의 숫자나 시가의 성취면에서 모두 전무후무할 정도다. 당대 시론의 가장 중요한 성과 중의 하나는 바로 "의경"설을 제기했다는 점과 "상외象外"설을 발전시켰다는 점, 그리고 "의경"설과 "상외"설을 연결시켜 사고했다는 점이다. 즉 의경의 주요한 규칙이 바로 "상 너머의 상[象外之象]", "경치 너머의 경치[景外之景]", "현 너머의 소리[弦外之響]", "언어 밖의 의미[言外之意]"이며, 반대로 또 의경의 존재 여부로 "상외"를 규정함으로써 이 양자는 상호보완적 해석 관계이다. 유우석은 "의경은 상 너머에서 생겨난다.[境生於象外]"[48]라고 했다.

이 말은 "상외"설로 의경을 해석하는 최초의 가장 간결한 시도였다. 유우석은 의경에는 두 개의 층차가 있는데, 하나는 작가가 표현하고자 하는 시적 정취로, 이것이 바로 "경"이라고 보았다. 다른 하나는 언어의 상(언어 이미지), 즉 문자가 묘사하고 있는 형상으로, 유우석은 이것을 "상"이라고 보았다. 이 두 층차의 관계가 바로 "상 너머에 경이 생겨난다"는 것으로, "경"의 깊은 곳에 있어서 사람들이 볼 수 없는 것이기 때문에 언어의 상을 통해 묘사하게 되고, 언어의 상은 바깥의 표층에 있어서 추적할 수 있다는 말이다. 사공도司空図도 실경(實境)과 허경(虛境)의 연계 속에서 의경을 파악하였다. "실경"은 그의 《시품詩品》의 24품 중의 하나로, "맑은 시내 굽이 흐르고, 푸르른 소나무의 그늘 아래 한 나그네 나뭇짐 지고가고 한 나그네는 가야금 듣네. [淸澗之曲, 碧松之陰, 一客荷樵, 一客聽琴.]"라고 했으니, 참으로 "한 구절 한 마디가 모두 눈 앞에 펼쳐져 있는 듯[語語如在目前]"하다.

---

48) (당) 유우석, 〈동씨무릉집기董氏武陵集記〉, 우루위吳汝煜 선주, 《유우석선집劉禹錫選集》 (지난, 제노서사, 1989) 353 페이지

그렇다면, 허경은 무엇인가? 바로 사공도가 "어찌 쉽게 말로 할 수 있겠는가[豈容易可譚哉]"라고 했던, "시인의 풍경[詩家之景]", 즉 "남전 따사로운 날씨에 좋은 옥에서 아지랑이 피어오르니, 바라볼 수는 있어도 눈 앞에 가져다 놓을 수는 없는 것과 같다.[如藍田日暖, 良玉生煙, 可望而不可置於眉睫之前.]"고 한 "상 너머의 상, 풍경 너머의 풍경"[49]이 그것이다.

그는 의경은 바로 실경과 허경의 관계 속에서, 특히 "상 너머[象外]"에서 찾을 수 있다고 보았다. 현 당대 학자들에게 당(唐) 대의 "상외"설로 의경을 해석하는 것이 하나의 학문적 유행이 되기도 했다. 비교적 대표적인 인물이 바로 예랑葉朗 교수의 해석으로, 그는 "당대에 이르러 선종 사상의 영향 속에서 '의경' 이론이 탄생되었다. 무엇이 '의경'인가? 유우석은 '경은 상 너머에서 생겨난다'는 말로 유명하다. 이는 '의경'이라난 이 범주에 대한 가장 간단한 정의라고 할 수 있다. '경'은 시간과 공간적으로 유한한 '상'에 대한 초월이다. '경'도 당연히 '상'이긴 하지만, 그러나 그것은 시간과 공간적으로 모두 무한한 '상'으로 나아간다. 다시 말하면 중국 고대 예술가들이 항상 말하곤 하는 '상 너머의 상', '풍경 너머의 풍경'이다. '경'은 '상'과 '상 너머'의 허공과의 통일이다. 중국 고전 미학에서는 이러한 '상 너머의 상'—'경'이 있어야만 비로소 우주의 본체와 생명의 '도道'('기氣')를 체현할 수 있다고 보았던 것이다."[50]

의경은 당대에 탄생하였기 때문에 당대의 주요한 시학 관점인 "상외"설로 의경을 해석하는 것이 어쩌면 여러 학설 중에서 가장 충분한 이유가 될 수 있을지도 모른다. 그러나 '상외'설로 "의경"을 해석하는 것 역시도 문제는 있다. 핵심은 "상외지상"이 서정시 자체의 어떤 요소가 아니라 일종의 예술적 효과라는 것이다. 만약 일종의 예술적 효과라고 한다면, 그렇다면 독자의 독서와 수용을 벗어나게 되면 이른바 "상외지상"은 논의할 방법이 없어지고 만다는 것이다.

---

49) (당) 사공도, 〈여극포서与極浦書〉, 왕따펑王大鵬 등 편선의 《중국역대시화선中国歷代詩話選》(창사長沙, 악록서사, 1985) 100 페이지.

50) 예랑, 〈의경을 말하다說意境〉, 《가슴 속의 대나무胸中之竹》(허페이合肥, 안후이安徽교육출판사, 1998) 54~55 페이지.

우리는 다만 "상외지상"이 독자와 작가 간의 대화의 산물이로 말할 수 있을 뿐이기 때문에 만약 "상외"설로 의경을 해석하고자 한다면 독자 수용의 시각의 협조가 반드시 필요한 것이다.

④ "생기원출生氣遠出"설

우리가 제 2장의 범주론에서 말한 것처럼 "기"의 개념은 선진 시기 이래의 원시적 범주이다. 이후 사람들은 의경은 반드시 생기가 있어야 함을 알게 되었고, 그리하여 "기"론으로 "의경"을 해석하기 시작했다. 사공도는 《시품·정신詩品精神》 품에서 "생기가 멀리까지 뻗치니, 식은 재는 붙어 있을 데가 없다. 오묘한 조화 자연스러우니, 그 누가 더불어 하겠는가?[生氣遠出, 不著死灰. 妙造自然, 伊誰与裁?]"라고 하였다. 귀샤오우郭紹虞 교수는 《시품집해詩品集解》에서 "생기는 살아있는 기운이다. 생기발랄하고 생기로 충만해 있어서 정신이 종이 위에 표출된다. 생기가 있고 죽은 기운이 없으면 자연스러운 정신이다."라고 했다. 의경의 가장 중요한 특징이 비로 "기운생동氣韻生動"으로, 이것이 있어야 감동을 줄 수 있다. 그래서 종바이화는 채소석의 〈배석산방사拜石山房詞〉의 서문에 "시작하는 경계는 정이 이기고, 두 번째 경지는 기운이 이기며, 마지막 경지는 품격이 이긴다.[始境, 情勝也, 又境, 氣勝也, 終境, 格勝也.]"라고 다른 사람의 말을 인용한 것을 재인용하여 "'기'는 '생기가 멀리까지 뻗쳐 나가는' 생명력이다.['氣'是'生氣遠出'的生命.]"라고 했는데, 이 말의 의미는 의경의 중요한 조건 중의 하나가 바로 "생명력의 활력"[51]이라고 했다. "기"와 "생명력"의 시각에서의 의경 해석은 일부 논문에서 좋은 의견들을 제시하기도 했지만, 그러나 전체적인 의경 해석에서 보면 여전히 취약한 부분으로 더 심도 있는 논의가 필요하다. 물론,

---

51) 종바이화宗白華, 〈중국 예술 의경의 탄생中国芸術意境之誕生〉, 《미학산보美学散步》 (상하이, 상하이인민출판 사, 1981) 63~64 페이지.

단지 이러한 시각으로만 의경을 해석하는 것은 부분으로 전체를 판단해버리는 오류를 범할 수 있기 때문에 반드시 다른 시각과 보조를 맞추어야 한다.

⑤ 철학적 함의설

선진 시기의 "도道"론은 매우 큰 학술적 영향을 미쳤다. 도가의 "도"는 이후에 불교 및 선종과 결합하면서 더 큰 영향력을 발휘하였다. 문학 영역에서 제기된 "원도原道"의 주장 역시도 흔들리지 않는 깊은 뿌리를 가지고 있었다.

이렇게 하여 후대에는 또 "도"론으로 "의경"을 해석하게 되었고, 의경 속의 이른바 "상 너머", "뜻 너머"를 설명하려고 노력하였는데, 사실 이것은 일종의 형이상학적 의미였다. 송대의 엄우는 《창랑시화》에서 선(禪)으로 시를 논하면서, "시란 성정을 읊조리는 것이다. 성당의 여러 시인들은 오직 홍취에만 관심이 있었으니, 영양이 나무에 뿔을 걸면 그 자취를 찾을 수 없는 것과 같았다. 그런 까닭에 그 오묘함은 맑고 영롱하였고, 붙잡아 놓을 수 없는 것이다. 예를 들면, 하늘에 퍼지는 소리나 사물의 상에 비친 색깔, 물에 비친 달빛, 거울에 비친 형상과 같아서 말은 다함이 있으나 그 뜻은 다함이 없는 것이다.[詩者, 吟詠情性也. 盛唐諸人, 唯在興趣, 羚羊挂角, 無迹可求. 故其妙處, 透徹玲瓏, 不可湊泊, 如空中之音, 相中之色, 水中之月, 鏡中之像, 言有盡而意無窮.]"라고 했다. 이 말의 의미에도 역시 그가 "홍취興趣"설로 "의경"설을 해석할 때의 의미가 포함되어 있다. 이러한 시각에서 착안한 현 당대의 문학 이론은 그다지 많지는 않지만, 그 몇몇 중에서도 예량 교수의 주장은 주의해 볼 만 하다.

예량 교수는 "'의경'의 '의'는 일반적인 '의미'가 아니라 '도'의 체현이다. 이른바 '의경'이란 바로 감성적(형이하학적) 일상생활과 생명현상 속에서 직접적으로 그 어떤 형이상학적 의미를 드러내는 것이다. 이것이 '의경'이 일반적인 예술적 특징과 다른 점이다."라고 했다. 그는 "상 밖의 상이 내포하고 있는 삶이나 역사나 우주에 대한 함의는 바로 의경의 특수한 규정성이다."[52] 라고 보았다. 이러한 시각에서 의경을 설명하는 것은 의경이란 반드시 "말은 다함이 있으나 그 뜻은 다함이 없다"는 것이어야 함에 기초하고 있는 것이다. 그렇다면 이 무궁한 "뜻"은 무엇인가? 의경을 표현하고 있는 많은 시편 중에서 이 "뜻"은 종종 형이상학적인 철학적 함의로 나타난다. 그렇기 때문에 이러한 시각에서의 의경 해석은 합리적이라고 할 수 있다. 그러나 이러한 해석은 고립적으로 진행이 되어서는 안 된다. 반드시 다른 시각의 해석과 결합되어질 때 비로소 의경의 오묘함을 밝혀낼 수 있다.

⑥ 대화 교류설

선진 시기의 맹자는 처음으로 "이의역지以意逆志", 즉 "나의 마음으로 작가의 마음을 헤아린다"는 학설을 주장하였다. 한나라 때에 이르러서는 동중서가 "시에는 정확한 해석이 없다[詩無達詁]"는 학설을 주장하였고, 명나라 때의 종성鐘惺은 "시는 살아있는 사물이다.[詩爲活物]"라는 주장을 제기하였다.

또 청대 초기의 왕부지는 "작자는 하나의 생각으로 쓰지만 독자는 각각 자신의 정감에 따라 각자 이해한다.[作家以一致之思, 讀者各以其情而自得]"는 이론을 주장함으로써 중국 고대의 문학 수용론 관념은 성숙단계로 나아갔다. 이러한 관념들은 서양의 현대 수용미학과 결합되면서 의경 해석의 또 하나의 중요한 시각으로 부각되었다. 앞에서 언급했듯이, 일반 학자의 눈에는 의경의 가장 본질적인 규정성은 "상 너머의 상, 경치 너머의 경치", "말은 다함이 있으나 뜻은 다함이 없음"에 있는 "현외지음弦外之音", "미외지지味外之旨", "운외지치韻外之致"일 것이다. 그렇다면 "상 너머"에, "풍경 너머"에, "악기의 현 너머"에, "맛 너머"에, 그리고 "운치 너머"에 있는 것은 수용 주체 바깥에서

---

52) 예랑葉朗, 〈의경을 말하다説意境〉, 《가슴 속의 대나무胸中之竹》 55~57 페이지.

독립되어있는 문학 작품 자체가 가지고 있는 것인가? 아니면 수용 주체와의 대화와 교류 속에서 생겨나는 것일까? 이것은 확실히 중요한 문제이다. 이에 대해 어떤 학자는 역으로 문학 수용의 시각에서 의경의 특징을 탐색하기도 한다.

예를 들어, 타오동펑陶東風 교수는 "(작품의 존재 형태가 아니라) 문학 작품의 미감 효과로서의 의경은 작품과 수용자가 공동으로 창조해 나가는 것이며, 그 수용과정 또한 수용 과정에서만 비로소 생겨날 수 있는 것이다. 의경은 하나의 변수이지 정량(定量)이 아니다. 동일한 작품에서 서로 다른 수용 주체에게 보여지는 의경의 형태나 그 생성 방식, 실현 정도는 모두 천차만별이다."[53] 라고 했다. "문예 작품은 그 자체의 존재 방식으로 말하자면 부호—'인류 정감의 표현 형식' 혹은 '의미 있는 형식'—이 아닌 것이 없다. 그 자체는 '말은 다하여도 뜻은 다함이 없는', 그림을 그리지 않은 여백이 모두 묘경(妙境)인 효과를 만들어낼 수 없다.

이것이 바로 주체의 개입이 필요한 이유이다. 수용 주체의 개입이 없이는 '말'은 자동적으로 '말 너머의 의미[言外之意]'를 만들어 낼 수 없고, '상'도 '상 너머의 상[象外之象]'이 될 수 없다는 말이다. 문학 수용의 입장에서 의경의 특징을 고찰한다면 확실히 새로운 국면을 개척할 수 있을 것이고, 또한 그러한 견해는 매우 독특한 것이 될 수 있을 것이라고 말할 수 있을 것이다. 그러나 첫째로는 수용의 문제로, 의경의 생성을 언급할 때 전체 작품의 심미적 효과가 모두 문학의 수용에 달려있는 것만은 아니라는 것, 그리고 둘째로 수용론의 시각이 다른 시각들과 서로 협력하지 않으면, 의경의 특징을 제대로 드러낼 수 없다는 문제가 있다.

위에서 우리는 의경에 관한 여섯 종류의 해석에 대해 살펴보았다. 이 여섯 종류의 학설은 모두 나름의 근거를 가지고 있으며 나름대로 일리가 있기는 하지만, 그러나 또한 모두 의경의 심미적 본질을 완전히 파악할 수는 없다고 말할 수 있다.

---

53) 타오동펑, 《중국 고대 심리미학 육론》 (톈진, 백화문예출판사, 1990) 118 페이지.

이것은 서정주의 작품의 심미 이상으로서의 의경이 다차원적 구조임을 설명해 주는 것이기도 하다. 우리는 반드시 전면적이고 유동적인 시점으로 의경의 풍부한 함의에 접근해야만 한다.

　여기에서 지적하고 싶은 것은 위에서 언급한 의경에 관한 연구자들 역시도 하나의 시각만으로 파악하고 있는 것은 아니라는 사실이다. 예를 들어 종바이화 교수는 "의경은 단층적이고 평면적인 자연의 재현이 아니라 경계 층차의 창조적 구조이다. 직관적 느낌의 묘사에서부터, 살아있는 생명력의 전달, 그리고 가장 높은 영적 경지의 깨달음에 이르는 세 단계의 층차를 가지고 있다."[54] 고 말하고 있다. 여기에서는 세 가지 시각을 제시하고 있다. 현재의 의경 연구에서 이 관점이 가장 전반적이라고 할 수 있다. 예랑의 연구는 주로 "상외지상"과 "철학적 함의"라는 두 가지 관점을 지향하고 있으며, 푸쩐웬의 연구는 "정경교융", "상외지상", 그리고 "기운생동"의 세 가지 시각을 지향하고 있고, 타오동펑의 연구는 "상외지상"과 "수용 창조"라는 두 가지 시각을 견지하고 있다. 그들의 탐색은 이미 의경 연구를 한 단계 더 심화시켜 주었다.

3) 의경의 미학적 함의

　그렇다면, 우리는 의경의 미학적 함의를 어떻게 파악해야 할까? 여기서는 옛날 사람들의 논술과 오늘날의 학자들의 연구를 바탕으로 상호 수용하고 융합하여 의경이 인간의 생명력 개척이자, 인생의 철학적 의미가 깃들어 있으며, 정경교융이고, 장력이 있는 시적 공간이라고 본다. 이러한 시적 공간은 독자의 참여로 만들어지는 것이다. 그것은 서정주의 문학 작품의 심미 이상이다. 이러한 관점들 중에서 우리는 "생명력"이라는 시각에서 새로운 견해를 제기하고자 한다.

---

54) 종바이화, 〈중국 예술 경계의 탄생〉, 《미학산보》 63 페이지.

아래의 내용은 이 이론의 가설에 대한 분석이다.

① 의경은 반드시 정경교융의 산물이어야 한다.

서정주의 문학에는 실수적인 요소가 두 가지 있다. 그것은 바로 정감과 경물, 그리고 이 두 가지 요소의 융합이다. 정경교융은 의경 생성의 기초이다. 왕부지는 "정감과 경물은 이름은 둘이지만 사실은 떨어질 수 없다.

시에 있어서 정신은 그 오묘한 만남에 가장자리가 없다.[情,景名爲二, 而實不可離. 神於詩者, 妙合無垠.]"[55]라고 하였다. 왕부지의 이 말은 매우 적절한 표현으로, 그 의미는 시의 서정성을 극대화시킨다면 정감과 풍경의 오묘한 결합은 끝이 없어야 한다는 말이다. 여기서 문제를 하나 제기할 수 있다. 의경 연구에서 일부 논자들은 정경교융이 주관과 객관의 통일이라고 생각한다. 그들에게 있어서 정감은 주관적인 것이고, 경치는 객관적인 것처럼 보인다. 이러한 견해는 문제가 있는 것이다. 실제로 "정경교융"이라는 이 명제에서 정과 경은 모두 주관적인 것, 또는 모두다 "심리적 현실"이라고 할 수 있다. 왜냐하면 여기에서 말하고 있는 "경"은 이미 외재적 자연의 "경치"가 아니라 시인의 "정감으로 사물을 바라보는[物以情觀]" 과정을 거친 후의 "경"이기 때문에 이미 작가에 의해 구상화된 "마음 속의 대나무"인 것이다.

왕궈웨이는 《인간사화人間詞話》에서 "옛 사람들은 시를 논하면서 경물어와 정감어를 구별하였지만, 모든 경물어는 다 정감어임을 알지 못했다.[昔人論詞, 有景語情語之別, 不知一切景語皆情語.]"라고 했다. 이것이 왕궈웨이가 파악한 진실성에 대한 인식이다. "정경교융"은 예술적 형상을 구성한다. 이러한 바탕 위에서 비로소 의경의 유무를 논할 수 있다. 만약 정경교융을 벗어나 의경을 논하게 된다면, 곧 예술적 형상이라는 이 기초를 잃어버리게 된다.

---

55) (청) 왕부지 저, 이쯔夷之 주석 및 표점, 《강재시화薑齋詩話》 권2, 150 페이지.

정경교융에 있어서 정감 중심이든 풍경위주이든 간에 모두 다 정감의 표현을 둘러싸고서 묘사가 진행된다. 경우에 따라 묘사된 것이 경물일수도 있는데, 이 또한 정감화된 경물이지 객관적으로 외재하는 경물이 아니다. 정감의 응집과 흐름은 시인의 내면적 시점의 작용이다. 이른바 내면적 시점 역시도 정신적 시점이자 영혼적 시점이다. 즉 경물은 시인의 내면세계를 통하여 가공되고 변형된다. 물론 변형이 없을 수도 있지만, 하지만 모두다 시인의 감정으로 충만해 있다. 《만수시화漫叟詩畵》에서는 다음과 같은 내용이 소개되어 있다. 두보의 〈곡강대주曲江對酒〉라는 시에 원래는 "복사꽃은 버들꽃과 말을 하고자 하고, 꾀꼬리는 이따금 해오라기 따라 날아오른다.[桃花欲共楊花語, 黃鳥時兼白鳥飛.]"라는 두 구절이 있었는데, 이후에 마음에 들지 않아서 "복사꽃 버들꽃 쫓아 가녀리게 떨어지고, 꾀꼬리는 이따금 해오라기 따라 날아오른다.[桃花細逐楊花落, 黃鳥時兼白鳥飛.]"라고 고쳤다. 세 글자를 바꾸었을 뿐인데 의경에는 큰 변화가 일어나게 되었다는 것이다. 이 시는 두보가 좌습유左拾遺 벼슬에 임명되었을 때 지은 것으로, 두보는 당시의 황제가 나라를 제대로 다스리지 못함에 크게 실망하여 곡강을 마주하고 강변에 앉아서 홀로 술잔을 기울이는 일종의 어쩔 수 없는 적막감을 표현한 것이다. 그래서 시에서 "복사꽃이 버들 꽃과 함께 말 하고자 한다"라는 비교적 기쁜 듯한 분위기의 시구를 "복사꽃 버들 꽃 쫓아 가녀리게 떨어진다"는 조금은 의기소침한 분위기의 시구로 바꾼 것이다. 경물어는 모두 시인의 정감 색체가 묻어 있는 것이다.

② 의경의 시적 공간에는 반드시 장력이 있어야 한다.

경경교융이 있다고 해서 반드시 의경이 있는 것은 아니다. 여기에 또 광활하고 끝이 없는 시적 공간이 있는지 여부를, 의미심장함이 있는지 여부를 따져 보아야 한다. 그래서 유우석은 "경은 상 너머에서 생겨난다"고 말했고, 사공도도 "상 너머의 상, 풍경 너머의 풍경"을 강조하였으며, 왕궈웨이도 사인(詞人)이 의경에 힘을 쏟는다면 "언어 너머의 의미, 현 너머의 울림"을 추구해야 한다고 말했던 것이다. 다시 말하면 작가는 예술 형상 내부의 협의적인 공간이 아니라 형상 너머의 광활한 시적 공간에서 자신의 예술적 수단을 운용하여 시적 의미를 표현함으로써 시적 형상이 다의성(多義性)을 얻도록 해야 하고 독자들에게 의미의 여백을 남겨둠으로써 독자 스스로 그것을 메우게 해야 한다는 것이다. 예를 들어 보면, 맹교孟郊는 〈유자음游子吟〉에서 이렇게 노래하고 있다.

> 인자한 어머니의 손에는 실이, 떠도는 자식 몸에는 옷을
> 길 떠날 때 촘촘히 꿰매어 주시며, 돌아옴이 더딜까 걱정하시네.
> 누가 말했던가, 한 치 풀의 마음 봄날의 따로운 햇살로 보답하라고.
> 慈母手中線, 游子身上衣. 臨行密密縫, 意恐遲遲歸. 誰言寸草心,
> 報得三春暉.

이 시에서는 정감교융이 잘 일어나고 있다. 시 속의 "인자한 어머니"와 "실"과 "떠도는 자식"과 "옷", "꿰맴" 등은 모두 시인의 정감이 잘 스며들어 있다. 시의 내용도 감동적이다. 그러나 우리는 이 시에 의경이 있다고는 말하기 어렵다. 왜냐하면 이 작품의 시적 의미가 모두 "상 너머의 상", "풍경 너머의 풍경", "운치 너머의 운치", "현 너머의 울림"이 아니라 "상 안에" 있어서 시 바깥에서 상상을 펼칠 수 있는 공간이 부족하기 때문이며, 가까웠다가 멀어지고, 멀었다가 가까워지는, 빙빙 돌면서 반복되는 그런 시적 장력이 없기 때문이다. 그러므로 이 작품은 좋은 시이기는 하지만, 최고의 이상인 의경의 출현에는 이르지 못하고 있다고 할 수 있다. 다시 이백이 이별을 그린 시 한수를 살펴보자. 모두가 잘 아는 〈송맹호연지광릉送孟浩然之光陵〉이란 작품이다.

> 옛 벗 서쪽 황학루와 작별하고,
> 꽃 만발한 춘삼월에 양주로 내려가네.
> 저 멀리 외로운 돛단배 그림자 푸르른 하늘로 사라지고,

오직 하늘가로 흐르는 장강만 보이누나.

故人西辭黃鶴樓, 煙花三月下揚州. 孤帆遠影碧空盡,
唯見長江天際流.

이 시의 가장 두드러진 특징이 바로 "정경교융"이다. "황학루", "고독한 돛단배",
"푸른 하늘", "장강" 등 이 모든 것들은 순수한 경물이 아니라 정감이 깃든
경물이라고 할 수 있다. 그러나 이 시의 예술적 특징은 여기에 그치지 않는다. 이
시는 독자를 드넓은 상상의 공간으로 끌고 간다. 작가는 황학루 옆에 서서 떠나가는
벗을 저 멀리 바라다보고 있다.

작가의 시선은 천리 밖의 몽롱한 양주로 가 있다가 다시 눈앞의 장강으로
돌아오는가 싶다가 다시 고독한 돛단배를 쫓아가다 사람도 배도 보이지 않게 되고,
눈앞에는 마치 하늘로 흘러가는 듯한 장강만이 남는다. 여기서 보여주는 상상의
공간은 갈수록 넓어진다. 유한한 정경이 무한한 정경으로 확장된다. 원근과 허실의
반복 속에서 시인의 벗에 대한 무한한 감정과 석별의 정이 가득 찼다가 사방으로
흩어진다. 이것이 바로 "시적 공간"의 장력으로 이 시의 심원한 의경을 만들어
냄으로써 이 시를 송별시의 절창(絶唱)으로 만들어 주었던 것이다.

③ 의경은 반드시 인간의 생명력을 충분히 표현해야 한다.

우리는 이것이 의경의 중요한 특징 중의 하나라고 생각한다. 현재 누구나 다 중국
고대 의경설의 마지막 종결자는 왕궈웨이라고 인정한다. 왕궈웨이 자신 역시도
자신 있게 말한다. 《인간사회》에서는 "기질을 말하고 신운을 말하느니 차라리
경계를 말하는 것이 낫다. 경계는 뿌리이고 기질, 격률, 신운은 말단이다. 경계가
있으면 이 세 가지는 따라오기 마련이다.[言氣質, 言神韻, 不如言境界. 有境界, 本也.
氣質, 格律, 神韻, 末也. 有境界而三者隨之矣.]"라고 말한다. 또 "창랑(엄우)이 말한
'흥취', 완정(왕사진)이 말한 '신운'은 그 면목을 말한 것에 불과하다.

차라래 내가 '경계'라는 두 글자를 집어내 그 근본을 탐색하는 것만 못하다.[滄浪所謂'興趣', 阮亭所謂'神韻', 猶不過道其面目, 不若鄙人捻出'境界'二字爲探其本也.]라고도 했다. 왕궈웨이가 자신을 "경계"설을 처음 제시한 사람이라고 한 것이 과연 근거가 있는 것일까? "의경"이든 "경계"든 이전 모두 전대에 이미 제기되었던 것들이다. 하지만 왕궈웨이의 의미에서 보는 "경계"설은 이전의 "의경"설의 계승이자 발전이기 때문이다. 왕궈웨이는 확실히 이전 사람들의 주장을 기초로 하여 새로운 학설을 주장한 것이다. 우리가 살펴본 바에 따르면, 왕궈웨이의 《인간사화》에서는 아래의 내용들이 가장 중요하다고 할 수 있다.

사에서는 경계를 최상으로 여긴다. 경계가 있으면 절로 높은 품격이 이루어지고 절로 명구가 있게 된다. 오대와 북송의 사가 유독 절창인 까닭이 여기에 있다.
詞以境界爲最上. 有境界則自成高格, 自有名句.
五代北宋之詞所以獨絶者在此.

경은 경물만을 이르는 것이 아니다. 희노애락 역시 사람 마음 속의 경계이다. 그런 까닭에 참된 경물을 묘사하고 참된 감정을 묘사할 수 있으면 이를 일러 경계가 있다고 하고, 그렇지 못하면 경계가 없다고 하는 것이다.
境, 非獨謂景物也. 喜怒哀樂亦人心中之一境界. 故能寫眞景物,眞感情者, 謂之有境界, 否則謂之無境界.

"붉은 살구나무 가지 끝에 봄날의 뜻이 떠들썩하다."는 시구에서 "떠들썩할 뇨"자로 지음으로써 경계가 모두 나타나게 된다. "구름 뚫고 달이 고개 내미니 꽃들이 그림자를 희롱한다."라는 시구에서 "희롱할 농"자를 씀으로써 경계가 모두 드러나게 되었다.

"紅杏枝頭春意鬧", 著一"鬧"者而境界全出. "雲破月來花弄影",
著一"弄"字而境界全出矣.

니체가 말하길, "일체의 문학 가운데 나는 피눈물로 쓴 것을
좋아한다."라고 했는데, 후주의 사가 참으로 이른바 피눈물로 쓴
것이다.

尼采謂: "一切文學, 余愛以血書者." 後主之詞, 眞所謂以血書者也.

시인은 우주와 인생에 대해 모름지기 그 속으로 들어가야 하고, 또
모름지기 그 밖으로 나와야 한다. 그 속으로 들어감에 능히 그것을
그려낼 수 있고, 밖으로 나옴에 능히 그것을 볼 수 있다. 그 속에
들어감에 생기가 있게 되고, 그 밖으로 나옴에 높은 정취가 있게
된다.

詩人對宇宙人生, 須入乎其內, 又須出乎其外. 入乎其內, 故能寫之.
出乎其外, 故能觀之. 入乎其內, 故有生氣, 出乎其外, 故有高致.

시인에게는 반드시 외물을 경시하는 마음이 있어야만 바람이나
달을 노복처럼 부릴 수가 있다. 또 외물을 중시하는 마음도 있어야
하는데 그래야 능히 꽃이나 새와 근심과 즐거움을 함께할 수 있다.

詩人必有輕視外物之意, 故能以奴僕命風月. 又必有重視外物之意,
故能与花鳥共憂樂.

"예전엔 창기였다가 지금은 탕자의 아내가 되었네, 탕자 집나가
돌아오지 않으니, 텅 빈 침상 홀로 지키기 어려워라.", "어찌 준마
채찍질하여 먼저 요직 차지하지 않는가? 가난함 고수하며 불우하게
고생 길게 하지 말게나." (이 두 수는) 음탕함과 비속함이 심한

작품들이다. 그러나 음탕한 사, 비속한 사라고 보지 않은 것은 그 내용이 진솔하기 때문이다. 오대와 북송의 대 사인들 또한 그러하다. 음란한 사가 없다고 하는 것이 아니라 다만 그것을 읽은 사람은 단지 그 친근하고 애절함이 사람을 감동시키는 것만을 느낄 뿐이다. 비속한 사가 없다고 하는 것이 아니라, 다만 그 충만한 에너지를 느끼는 것이다. 음란한 사와 비속한 사의 병폐는 음란함과 비속함의 병폐가 아니라 그 허황된 언사의 병폐인 것이다.

"昔爲倡家女, 今爲蕩子婦. 蕩子行不歸, 空床難獨守.""何不策高足, 先據要路津, 無爲久貧賤, 轗軻長苦辛."可謂淫鄙之尤. 必無視爲淫詞鄙詞者, 以其眞也. 五代北宋大詞人亦然. 非無淫詞, 然讀之者但覺其親切動人. 非無鄙詞, 但覺其精力弥滿. 可之淫詞与鄙詞之病, 非淫与鄙之病, 而游詞之病也.[56]

위의 일곱 단락은 왕궈웨이의 "의경―경계"설에 있어서 가장 중요한 내용들이다. 위의 내용은 다음의 몇 가지 점에서 의미가 있다. ①시나 사는 "의경―경계"를 최상으로 여긴다는 말은 의경이 서정시의 이상임을 말하는 것이라고 이해할 수 있다. ②풍경 묘사든 정감 묘사든 모두 "참됨"이 있어야만 경계가 있게 된다는 것이다. ③이른바 "참됨"은 진실함의 "참됨"일 뿐만 아니라 생명력의 고양을 가리키는 것이다. 왜냐하면 그는 "모든 문학 중에서 나는 피눈물로 쓴 것을 좋아한다."라는 니체의 말을 믿었으며, 이는 독일 생명철학이 문학으로 표현된 것이라고 볼 수 있기 때문이다. ④시인에 대해 말하면, 생명력이 있는 사람만이 시를 지을 때 그 속으로 들어갔다가 또 밖으로 나올 수 있으며 그래야만 비로소 새와 꽃과

---

56) 이상은 왕궈웨이 저, 야오간밍姚淦銘, 왕옌王燕 편, 《왕궈웨이 문집王国維文集》 (베이징, 중국문사출판사, 1997) 제1권, 141, 142, 143, 145, 155~156, 157 페이지 참고.

근심과 즐거움을 나눌 수 있고, 그래야 생기가 있게 된다는 것이다. ⑤음란하고 비속한 사에 대해서는 "허황"되지 않으면 진지함과 감동을, 그리고 충만한 에너지를 느낄 수 있다고 말하고 있다. 왜냐하면 이 음란함과 비속함은 바로 인간의 생명력의 표현이기도 하기 때문이다.

만약 우리의 이해가 틀리지 않았다면, 왕궈웨이는 "의경"설의 최후 종결자로써 충만한 생명력을 "의경—경계"설의 핵심으로 보고 있는 것이다. 그가 말하는 생명력이라는 관념은 고대의 "기"에서 비롯된 것일 뿐만 아니라 독일 생명철학의 정신을 수용한 것으로, 중국과 서양의 "생명력"에 관한 사고를 하나로 합쳐서 만들어낸 것이라고 할 수 있다. 왕궈웨이가 생명력을 중시한 것은 살아있고 생명력으로 충만한 정경의 세계만이 의경이 있을 수 있다는, 그렇지 않으면 의경이 있을 수 없다는 의미이기도 하다.

바로 이 "생명력"에 대한 찬미를 기초로 왕궈웨이는 《인간사화》에서 이립李煜의 사가 의경이 빼어나다고 보았던 것이다. 이립의 후기 사들은 무병신음이나 재미가 아니라 "피로 쓴", 다시 말하면 자신의 생명을 다하여 쓴 작품들이기 때문에 생명력의 진동을 느낄 수가 있는 것이다.

이립은 남당의 후주(後主)로, 나라가 망한 후 3년 동안 "날마다 눈물로 얼굴을 씻는[此中日夕祇以淚洗面]" 포로 생활을 하면서 인간사의 고난을 모두 맛보았다. 생활의 변화는 그의 생명력을 자극했고, 그리하여 생명의 율동이 진동하는 사 작품을 써냈던 것이다. 그의 사 〈낭도사浪淘沙〉 한 수를 감상해 보자.

> 주렴 밖으론 주룩주룩 비가 내리고, 봄 기운도 이렇게 사그라져
> 가네. 얇은 이불 파고드는 새벽의 추위, 꿈 속에선 이내 몸
> 나그네인줄 잊고서 한바탕 기쁨을 만끽하네. 홀로 난간에 기대어
> 쳐다보지 않으리, 저 끝없는 강산을, 이별하긴 쉬워도 만나긴
> 어려워라. 흐르는 물에 떨어진 꽃잎 따라 봄날도 이렇게 흘러간다.
> 하늘 위에도 이 인간 세상에도.

簾外潺潺, 春意闌珊. 羅衾不耐五更寒, 夢裡不知身是客, 一晌貪歡.

獨自莫憑欄, 無限江山, 別時容易見時難. 流水落花春去也,

天上人間.

전반부에서는 꿈 속에서 "나그네(포로)"인 자신의 처지를 잊은 체 잠시나마 기쁨을 만끽한다고 서술하고 있다. 그러나 꿈에서 깨어나 비 소리를 듣고서 봄날은 또 그렇게 지나감을 알게 되고, 새벽녘의 싸늘함에 마음까지도 처량해지니, 더욱 견디기 힘이 든다. 후반부에서는 절대로 홀로 난간에 기대어 바라보지 말자고 말한다. 저 끝없는 강산이 가로막고 있어 자신의 고향은 이미 볼 수가 없고, 망국이전의 생활을 회상함에 지금의 포로생활과 비교하니, 천상과 인간 세상만큼이나 차이가 크다. 이 사에 의경이 있다고 하는 이유 중에서 가장 중요한 것은 이립의 완전히 달라진 자신의 삶에 대한 뼈에 사무치는 체험이 들어 있기 때문이다. 그것은 그가 자신의 생명을 대가로 한 것이다. 왕궈웨이는 《인간사화》에서 다음과 같은 예를 들었다.

"붉은 살구나무 가지 끝에 봄날의 뜻이 떠들썩하다."는 시구에서
"떠들썩할 뇨"자 한 글자를 씀으로써 경계가 모두 나타나게 된다.
"구름 뚫고 달이 고개 내미니 꽃들이 그림자를 희롱한다."라는
시구에서 "희롱할 농"자 한 글자를 씀으로써 경계가 모두 드러나게
되었다.
"紅杏枝頭春意鬧", 著一"鬧"者而境界全出. "雲破月來花弄影",
著一"弄"字而境界全出矣. [57]

57) 왕궈웨이 저, 야오간밍, 왕옌 편, 《왕궈웨이 문집》 제1권, 143 페이지.

왜 "뇨鬧"자를 씀으로써 경계가 완전히 드러났다고 한 것일까? 이것은 이 "뇨"자가 "살구나무 가지 끝"의 "봄 기운"과 하나로 연결되어 있기 때문일 뿐만 아니라 시인의 마음 속 정서와 흥취가 봄기운의 생기발랄함 속 특유의 편안함과 흡족함을 전해주기 때문이다. 봄날 따사로운 햇살 속에서 살구나무 가지 끝에서 돋아나는 생기가 넘치고 구속됨이 없는 새싹처럼. 이것은 생명이 활력을 찾은 결과이다. 만약 왕궈웨이가 "의경"설에 대해 어떤 공헌을 했다고 한다면 우리는 그것은 바로 그가 "의경-경계"설에 "생명력"이라는 이 중요한 관념을 불어넣은 것이라고 말할 수 있을 것이다. 이것은 이전 사람들이 미처 도달하지 못했던 점이다.

④ 의경은 반드시 인생의 의미를 드러내 보여야 한다.

의경은 경물에 대한 묘사를 통하여 시인의 살아있는 감정을 표현해야 할 뿐만 아니라 또한 "의미"를 표현해야 한다. 왕창령은 의경은 "또한 뜻에서 펼쳐져 마음 속에서 생각되어져야 그 참됨을 얻을 수 있다.[亦張之於意而思之於心, 則得其眞矣.]"고 했다. 여기서 가장 주의해야 할 점은 "참됨[眞]"과 "생각[思]"이라는 이 두 단어다. 다시 말해서 의경과 "참됨"과 "생각"은 매우 밀접한 관계를 맺고 있다는 것이다. 여기서 말하는 "진眞"자는 평소에 말하는 진실함의 진(眞) 자가 아니라 사실상은 장자가 말한 "하늘을 본받고 참됨을 귀하게 여긴다.[法天貴眞]"의 진(眞)자로, 이 진이 바로 "도"이다.

오늘날의 말로 표현하자면, 진리나 인생의 참 맛, 철학적 의미 등등으로 풀이할 수 있을 것이다. "사思"자 또한 일반적인 생각을 말하는 사(思)자를 가리키는 것이 아니라 일종의 직감 또는 직관으로, 시인이 사물과 마주하였을 때 순간적으로 떠오르는 생각(느낌)을 말한다. 만약 우리의 이해가 틀리지 않았다면 의경은 바로 인간 생명력의 직관에 의해 개척되어진 것이고 정경융합이며, 인생 철학을 포함하고 있는 광활한 시적 공간인 것이다.

다시 말해서 우리가 시 한 수에 의경이 있는지 없는지를 볼 때, 정경교융 이외에도 더 중요한 것은 정경교융 속에서 "의미" — 즉 인생의 참맛과 삶에 대한 철리, 영적 경지의 깨달음을 전달해 주고 있느냐 없느냐는 것이다. 앞에서 언급했던 종바이화 교수는 (의경의 층차에는) "직관적 느낌에서의 묘사에서부터 살아있는 생명력의 전달, 그리고 가장 높은 영적 경지의 깨달음에 이르는 세 단계가 있다."고 보았다. 종바이화 선생의 논점, 특히 그가 강조하고 있는 가장 높은 영적 경지의 깨달음은 왕창령이 말한 "참됨"에 대한 요구와 일치하는 것이다. 왕유의 많은 시들에는 의경이 잘 나타나 있는데, 그 중에서 〈임고대송여습유臨高台送黎拾遺〉라는 작품을 감상해 보자.

> 서로 배웅하고 높은 누대에 오르니, 시내와 들판은 아득하여 어디가
> 끝인지 알 수가 없네.
> 해 저물어 새들도 돌아가는데, 떠나가는 사람은 쉬어 가지도 않네.
> 相送臨高台, 川原杳何極. 日暮飛鳥還, 行人去不息.

시인은 높은 누대에 올라서 먼 길 떠나는 벗을 배웅하며 끝없는 시내와 벌판을 바라보면서 인생의 기나긴 여정을 생각한다.

시인은 갑자기 해가 저물어 하늘을 날던 새들도 둥지로 돌아오건만 사람들은 생존과 자신의 사업을 위해서 발걸음조차도 멈추지 않음을 깨닫게 된다. 이 시는 매우 담담하게 묘사하고 있지만 그 속에는 인생에 대한 깨달음이 깃들어 있어서 사람에게 영혼의 감동을 선사해 준다. 시적 공간은 매우 드넓기 때문에 우리는 많은 상상의 나래를 펼쳐 보일 수가 있다.

⑤ 의경은 독자의 개입으로 창조되어진다.

독자에게 있어서 서정적 텍스트는 단지 하나의 예술적 부호에 불과하고 하나의 틀, 하나의 청사진에 불과하며, 미정의 한 점, 일종의 잠재적 예술 현실에 불과하다.

그렇기 때문에 서정적 텍스트 속에 의경이 있는지 여부는 독자들의 텍스트 읽기와 수용 이전에는 확정할 수 없는 것이다. 이른바 "예술적 부호"니, "틀", "청사진", "미정의 점", "잠재적 예술 현실" 등은 단지 독자들을 초청하기 위해 보낸 "소환 구조"에 불과할 뿐이고, 독자의 텍스트 읽기와 수용 과정을 거친 후, 텍스트와 독자 간에 심리적 소통이 일어난 후에야 비로소 이 예술적 부호와 틀과 청산진과 미정의 점과 잠재적 예술 현실에 의미심장한 의경이 있는지 여부가 결정되는 것이다.

그러므로 의경의 형성은 양방향의 소통 과정으로, 텍스트의 구조가 독자에게 보낸 초청장, 독자가 초청장을 받고나 ㄴ후 텍스트에 대해 진행하는 해독의 과정, 그리고 텍스트와 독자 피차간의 정보 교환이 일어난 후에야 의경은 독자와 텍스트 사이에 무지개 다리를 연결시켜 줄 수 있는 것이다. 의경은 텍스 자체의 속성이 아니다. 그것은 단지 일종의 예술적 효과이다. "상외지상", "경외지경", "언외지의", "현외지음" 등등에서 앞의 "상"과 "경"과 "언"과 "현"은 아직 실현되지 않은 의미에서 말하는 것으로 단지 하나의 부호, 틀, 청사진, 미정의 점, 잠재에 불과하며, 단지 암시와 초청, 소환일 뿐이다. 뒤의 "상"과 "경"과 "의"와 "음"이야 말로 실현되어진 의경이며, 여기에서 독자의 역할은 매우 중요하다.

앞에서 우리는 온정균溫庭筠의 〈상산조행〉 중의 "달빛 아래 띠풀로 엮은 객점에서 닭 우는 소리, 널다리 서리 위엔 사람의 발자국 남아있네.[鷄聲茅店月, 人迹板橋霜]"라는 유명한 구절을 언급하였다. 여기에는 고도로 간략화 된 몇 개의 언어의 상이 있다. 바로 닭소리, 띠 풀 객점, 달빛, 사람의 발자국, 판교, 서리 등으로 접속사는 하나도 없고 또 그 어떤 감정의 토로도 찾아볼 수 없다. 여기에 과연 의경이 있을까? 마약 이렇게 간략화 되어 진 언어의 상으로 본다면 그것들은 단지 일종의 암시나 초청, 소환일 뿐, 분명히 의경은 없다. 이러한 언어의 상을 독자들 심리 속의 막에 비춰 준다면 이러한 언어의 상들은 하나로 연결되어 시 속의 다른 언어적 이미지들과도 하나가 되어 질 것이다.

그렇게 되면 들판에 흩어져 있던 무한한 고민들이 하나의 의경으로 탄생될 것이다. 여기서 독자의 해독일 일으키는 작용은 잠재된 의미들을 현실적 의경으로 변화시키는 것이다.

의경 탄생 과정에서의 독자의 역할에 대해 옛날 사람들은 일찍부터 인식하고 있었을 뿐만 아니라 그에 대해 설명하기도 하였다.

예를 들어, 송대의 매성유梅聖兪는 "반드시 묘사하기 어려운 풍경을 눈앞에 펼쳐져 있는 것처럼 그려낼 수 있고, 다하지 못한 뜻이 말 너머에 함축되어져야 하며, 그런 연후에 비로소 지극해지는 것이다.[必能狀難寫之境, 如在目前, 含不盡之意, 見於言外, 然後爲至矣.]"라고 했으며, 이어서 "작자는 마음 속에 얻고, 독자는 뜻으로 만나니, 대저 말로써 가리키고 펼쳐내기가 어려운 것이다.[作者得於心, 覽者會以意, 殆難指陳以言也.]"58)라고 하였다. 이 말의 의미는 이처럼 "눈앞에 펼쳐져 있는 듯하고" "말 너머에 보이는" 의경은 독자의 마음 속에 출현하는 것이라는 말이다. 또한 이러한 의경은 "가리키고 펼쳐" 낼 수 없기 때문에 독자는 단지 "뜻으로 만날" 수밖에 없다는 말이다. 또 송대의 사마광은 두보의 〈춘망春望〉을 읽고서 다음과 같이 말했다.

옛 사람들이 시를 지을 때에는 뜻이 말 너머에 있어서 사람이 생각하여 그것을 얻게 하는 것을 귀하게 여겼다. 그런 까닭에 말을 하는 사람은 죄가 없고, 듣는 사람은 족히 이로써 경계로 삼을 만했다. 지금의 시인들 중에서는 오직 두보만이 시인으로서의 요체를 얻었으니, 예를 들어 "나라 망하고 산하만 남아, 봄날 성에는 초목만 깊어졌다. 시절을 느낌에 꽃잎에 눈물짓고, 이별의 슬픔은 새 소리에도 놀란다."라고 했는데, 산하만 남아 있다는 말은 분명 다른 것은 없다는 말이다. 초목이 깊었다는 말은 분명 사람이 없다는 말이다. 꽃과 새는 평소에 즐겨 보는 사물이지만, 꽃을 보고도 눈물

---

58) (송) 구양수 저, 정원鄭文 교점, 《육일시화》 9~10 페이지.

짓고 새 소리를 듣고서도 슬퍼하니, 시절을 가히 알만하다.

古人爲詩, 貴於意在言外, 使人思而得之, 故言之者無罪,
聞之者足以戒也. 近世詩人, 唯杜子美最得詩人之体, 如:
"國破山河在, 城春草木深. 感時花濺淚, 恨別鳥驚心." 山河在,
明無余物矣. 草木深. 明無人矣. 花鳥平時可娛之物, 見之而泣,
聞之而悲, 則時可知矣.[59]

여기서의 "사람으로 하여금 생각하여 얻게 한다"에서 "사람"은 독자를 말하며,
"생각 한다"는 바로 독자의 해독 과정을 말한다. 사마광은 두보의 〈춘망〉을 읽을 때
"산하재", "초목심", "화조" 등에 대해 하나하나씩 해독하였고, 그렇게 함으로써 전체
시의 의경이 분명하게 드러나게 된 것이다. 명대의 사진謝榛은 이렇게 말한다.

무릇 시를 지을 때 생동적인 묘사는 쉽지 않다. 예를 들면, 아침에
길을 떠나면서 멀리 바라다보면 푸른 산의 아름다운 빛깔은
은은하니 참으로 사랑스럽다. 변화무쌍한 안개는 참으로 말로
형용하기 어렵다. 높은 산에 오르면 기이한 경관은 없고 다만
바위와 수십 그루의 나무들뿐이다. 멀리서 가까이서 보는 풍경이
서로 다르니, 오묘함은 모호함에 있음에 마치 빼어난 작가를 본
듯하다.

凡作詩不宜逼眞, 如朝行遠望, 靑山佳色, 隱然可愛, 其煙霞変幻,
難於名狀. 及登臨非復奇觀, 惟片石數樹而已. 遠近所見不同,
妙在含糊, 方見作手.[60]

---

59) (송) 사마광司馬光, 《온공속시화溫公續詩話》, (청) 하문환何文煥 편집, 《역대시화歷代詩話》 (베
    이징, 중화서국, 1982) 상책, 277~278 페이지.
60) (명) 사진, 《사명시화四溟詩話》, 74 페이지.

사진은 시를 쓰는 것에서부터 이야기를 시작하고 있지만, 핵심은 독자가 시를 읽을 때의 거리 문제를 논술하고 있다. 멀리서 바라볼 땐 아름다운 풍경이 거리가 너무 가까워지면 오히려 바위 몇 개와 나무들 뿐이라는 것이다. 마주하고 있는 풍경과 일정한 거리를 유지해야만 비로소 그 찬란하고 아름다운 의경을 감상할 수 있다는 말이다. 독자가 시를 읽을 때의 거리가 의경 탄생의 핵심이라는 말이다. 왕궈웨이는 《인간사화》에서 "격隔"과 "불격不隔"으로 의경을 논하기도 했다. 그는 "말마다 모두 눈앞에 펼쳐져 있으면 불격이다.[語語都在目前, 便是不隔]"라고 하였다. 여기서의 "불격"은 작가가 아니라 분명 독자를 가리켜 하는 말이다. 이른바 "모두가 눈앞에 펼쳐져 있다."는 말의 의미는 모두가 독자의 눈앞에 펼쳐져 있다는 것이다. 주광첸도 왕궈웨이의 "격"과 "불격"에 대해 풀이하면서 독자에게 관심을 기울였다는 사실은 주목할 만하다.

> 우리가 보기에 "격"과 "불격"의 차이는 정취와 의상의 관계에서
> 나타난다. 정취와 의상이 서로 찰싹 달라붙어 있으면 독자들이
> 의상을 볼 수 있으니, 불격이다. 의상이 모호하고 난잡하거나 텅
> 비어버리고, 정치가 엷거나 너무 거칠고 성기면 독자의 마음 속에
> 명료하고 인상 깊은 경계가 나타나게 할 수 없으니, 격이다.
> 依我們看, "隔"与"不隔"的分別就從情趣和意象的關系上見出.
> 情趣与意象恰相熨貼, 使人見到意象, 便是不隔.
> 意象模糊淩亂或空洞, 情趣淺薄或粗疏, 不能載讀
> 者心中出現明了深刻的境界, 便是隔.[61]

---

61) 주광첸, 〈시를 논함論詩〉, 《주광첸 미학문집朱光潛美学文集》 (상하이, 상하이문예출판사, 1982) 권2, 57 페이지.

주광첸의 이 말은 정취와 의상이 붙어 있느냐 떨어져 있느냐가 인상 깊은 의경을 생성시킬 수 있느냐 없느냐와 밀접한 관계가 있다는 말이다. 텍스트가 아니라 독자의 마음 속에 일어나는 반응을 보아야 한다는 것이다. 이처럼 의경 역시도 일종의 심미적 효과이기 때문에 반드시 독자가 참여하는 상황에서 만들어지게 된다는 것이다. 이러한 견해는 매우 인상 깊다.

어쨌든 중국 고대의 의경설은 서정주의 문학의 심미 이상으로써 일차원이 아니라 다차원적 조직이다. 인간의 생명력에 대한 고취는 의경 형성의 원동력이며, 정경교융은 그 밑바탕이다. 인생의 철학적 의미를 담고 있고 장력이 있는 시적 공간은 그 본질적 특징이다. 그러나 의경은 독자의 참여가 있어야만 만들어질 수 있는 것이다.

4. "전형典型" — 사실주의 문학의 이상

서양에서는 개성과 공통성, 개별성, 보편성 등과 같은 이런 개념들을 중심으로 논의가 일어났던 반면, 중국의 고전 문론은 전형 인물 창조를 중심으로 "전신사조伝神寫照"의 관념이 제기 되었다. 어떤 의미에서 보면, 전형 인물형상의 근본적인 특징은 바로 형신겸비形神兼備로, 독자로 하여금 살아있는 듯한 인물형상을 느끼도록 하는 것이다. 그러나 동시에 또 그 인물형상은 심각한 사회적 의미를 보여주어야 하기도 한다. 중국 고대의 "전신사조"설은 서양의 전형론을 보완해 준다.

여러 장르의 문학 작품들 중에서 사실주의 작품은 비교적 중요한 한 부류이다. 소설이나 극본 등은 기본적으로 사실주의 작품에 속한다. 중국 고전 소설을 거론하면, 곧바로 유비나 관우, 장비, 제갈량, 조조, 송강, 임충, 이달, 노지심, 가보옥, 임대옥, 설보채, 왕희봉 등의 생동적인 인물 형상들이 우리 눈 앞에 나타나는 듯하다.

문학작품에서 창조된 인물형상은 그 수를 이루 다 헤아릴 수 없지만 그 중에서 가장 성공적인 인물형상을 우리는 전형이라고 부른다. 어느 한 소설가나 극작가가 얼마나 뛰어난지는 그가 얼마나 많은 작품을 썼느냐는 것이 아니라 전형적인 인물을 얼마나 창조했는지가 기준이 된다. 그러므로 전형은 사실주의 문학의 심미 이상인 것이다.

우리가 본 장의 제 1절에서 말했듯이, 서양의 문학 이론에는 역사 문화적 배경과 문학의 발전 과정 등의 원인으로 인해 전형론이 비교적 크게 발전했다. 첫째, 전형론이 비교적 일찍부터 제기되었다는 점과 둘째로는 전형론이 헤겔이나 벨린스크 등에 의해 이미 성숙되어짐으로써 개성과 공통성, 보편성과 개별성 등이 상호 통일된 전형론 관점이 제기되었다는 점에서 더욱 그렇다. 그러나 헤겔이나 벨린스키 이후에 전형의 문제는 여전히 논쟁이 끊이지 않고 있으며, 중국과 서양 모두 마찬가지이다.

연이은 이견들이 출현하면서 일종의 관심거리가 되기도 했다. 문제가 어디에서 나타난 것일까? 문제는 바로 전형이 개성과 공통성의 통일, 보편성과 개별성의 통일이라는 것이 이론적으로 중대한 결함이라는 데 있었다. 철학적 입장에서 보면 전형은 개성과 공통성의 통일, 보편성과 개별성의 통일일 뿐만 아니라 사실상은 세계에서 우리가 느낄 수 있는 모든 사물(사람과 사물을 포함하여)은 모두 개성과 공통성의 통일이자 보편성과 개별성의 통일이다. 예를 들어, 싱가폴의 난양南洋 이공대학(Nanyang Technological University) 중화언어문학센터에 소재한 화예관華裔館 앞 도로변에 키가 아주 큰 종려나무가 있는데, 각각의 나무는 모두 저마다 "이것"이다. 다른 어떤 곳에서도 이 나무와 완전히 똑같은 종려나무를 찾을 수 없다. 이것이 이 종려나무 한 그루의 개성이다. 그러나 이 종려자무는 어쨌든 종려나무이고, 다른 남국의 종려나무들이 가지고 있는 보편적 성질을 가지고 있다.

이것이 공통성이다. 어떤 사람, 어떤 사물이라도 모두 개성과 공통성의 통일이며, 모두 개별성과 보편성의 통일이다.

그렇다면, 전형과 비전형의 차이점은 어디에 있는 것인가? 개별성과 일반성의 통일, 우연성과 규칙성의 통일은 단지 철학적 측면에서 전형과 비전형의 공통적 특성을 설명해 줄 수 있을 뿐, 미학으로서의 예술학적 시각에서는 전형의 특징을 설명해 줄 수 없다.

그렇다면 사실주의 문학에서 전형적인 인물이란 무엇인가? 철학적 관점에서 보면 전형은 하나의 역설이다. 한 측면에서는 개별적이고 독특하고 생동적이고 낯선 것이지만, 다른 측면에서 보면 전형은 또 일반적이고 보편적이고 본질적이고 잘 알고 있는 것이 된다. 그러므로 전형 인물은 모순체이며, 유기적으로 통일되어 있는, 생기로 충만해 있고 살아있는 한 인간이다. 러시아의 유명한 문학 평론가 벨린스키는 전형적인 인물이란 익숙한 이방인이라고 말한다. 이렇게 말하는 것도 일리는 있다. 전형 인물은 우리가 잘 알고 있는 사람이기 때문이다. 왜냐하면 전형 인물은 외래에서 온 손님이 아니다. 그는 종종 우리들 곁에 있는 보편적으로 존재하며, 매일 매일 만날 수 있는 사람이다. 《홍루몽》 속의 왕희봉王熙鳳을 예로 들어보자. 그녀는 세속적이고 약삭빠르며 아부도 잘한다. 그녀는 입으로는 달콤한 말을 하지만 심보는 그다지 좋은 편은 아닌, 면전에서 다르고 돌아서서 다른 사람이다. 다른 사람이 보는 데서는 매우 열정적이지만 보지 않는 곳에서는 냉정하다. 얼굴은 미소를 띠고 있지만, 다리는 다른 사람의 발을 걸어 넘어뜨린다. 그녀가 가모賈母 앞에서의 태도와 하녀들을 대하는 태도, 왕 부인을 대하는 태도와 작은 어머니 조 씨를 대하는 태도를 보면, 이러한 표현들이 우리가 흔히 볼 수 있는 것들이 아닌가? 심지어는 어떤 직장에서든 우리는 또 다른 왕희봉을 쉽게 볼 수 있다. 우리는 이 같은 류의 사람에 대해 너무나 잘 알고 있다. 그러나 전형 인물은 또 낯선 사람이기도 하다. 왜냐하면 그 사람은 또 독특한 그 사람이기 때문으로, 똑같은 다른 사람은 찾을 수가 없기 때문이다. 다시 왕희봉이란 인물을 보자. 그는 영국부榮國府에서만 생활하고 있는 대가집을 총 관리하는 살림꾼이다. 그녀의 독특한 출신과 경력은 그녀 특유의 희노애락을, 그녀 자신의 특별한 운명과 불우한 처지를 만들어 주었다. 세상에서 왕희봉은 단 한 사람뿐이다. 이러한 의미에서 그녀는 우리에겐 또 생소한 사람인 것이다.

　문제는 전형 인물의 모순된 이 양면성이 또 어떻게 한 사람에게서 통일이 될 수 있느냐는 것이다. 게다가 이러한 양면성의 통일이 어떻게 전혀 흔적도 없이 살아있는 듯한 인물을 통해 우리 앞에 펼쳐 보일 수 있느냐는 것이다.

　또 미학적인 관점에서 볼 때, 작가는 전형 인물을 창조할 때 도대체 무엇을 붙잡아야 하는가? 과거 어떤 사람은 전형 인물의 창조는 전체적 조합과 짜 맞추기, 즉 서로 다른 사람들의 특징을 종합하여 전형적인 성격으로 변형시키는 것이라고 말하기도 하였다. 예를 들어, 장사치를 전형 인물로 묘사하고자 한다면, 우선 많은 상인들의 특징을 관찰하고, 그런 다음에 이러한 상인의 공통적 특징을 종합하여 인물을 그려내게 되면 전형 인물을 창조하게 된다는 것이다.

　이러한 설명은 그다지 정확하지는 않다. 이러한 측면에서 중국 고전 문론에서 제기했던 "전신사조伝神寫照"설이 부분적인 해답이 될 수 있을 것이다.[62] 서양에서 개성과 공통성, 개별성, 보편성 등과 같은 개념을 중심으로 논쟁을 전개했던 것과 달리 중국의 고전 문론에서는 전형인물의 창조에 있어서 "전신사조"라는 관념을 제기하였다. 어떤 의미에서 보면, 전형 인물 형상의 기본적인 특징이 바로 형신겸비로, 독자로 하여금 살아있는 듯한 인물을 느낄 수 있게 하는 것이다. 그러나 동시에 그 인물에게서는 심각한 사회적 의미도 나타나야 한다. 옛날 사람들은 이러한 점을 인지하였기에 인물의 표리(表裏) 관계에 있어서 형체를 통해 정신을 전달하는[以形伝神], 형신겸비(形神兼備)의 관점을 제기했던 것이다. "형신"론은 매우 일찍부터 등장한다. 《순자 ·천론天論》편에서는 "형체가 갖추어져야 정신이

---

62) 중국 고전 문론에서는 "전형"이라는 이러한 개념을 제기하지는 않았다. 그러나 "전형" 문제와 관련된 견해는 아주 많았다. 바로 앞장 "문학 서사론"에서 우리는 이미 인물 성격의 창조 등과 관련된 문제들을 서술하면서, 바로 전형 문제와 관련해서도 설명을 하였으므로, 여기서는 다시 서술하지 않기 로 한다.

생겨난다.[形具而神生]"라고 했는데, 이는 형신의 문제에 대한 일반적인 정의이다. 한대의 유안劉安이 주재하여 편찬한 《회남자 설산淮南子 說山》 편에는 다음과 같이 적혀 있다.

> 서시의 얼굴을 그렸으나 아름답긴 하지만 즐거움이 없고, 맹분의 눈을 그렸으나 크기는 하지만 두려움이 없다. 그것은 군형(정신의 닮음)이 없기 때문이다.
> 畵西施之面, 美而不可悅. 規孟賁之目, 大而不可畏. 君形者亡焉.[63]

"군형"에 대해서는, 고유高誘의 주석에 의하면 "생기는 인간 외형의 으뜸이다. 사람의 형체를 그렸으되 생기가 없다는 것이다. 그래서 군형이 없다고 한 것이다.[生氣者, 人形之君. 規畵人形, 無有生氣, 故曰君形亡.]"라고 했다. 《회남자》에서 제기하고 있는 내용은 인물화를 그리는 것으로, 인물의 내면적 생기와 정신을 그려내지 못하면 그 인물은 죽은 것이나 다름없다는 말이다. 생기는 주재자이고 형체는 외형적 모습으로, 생기를 외형에 불어넣어야 인물이 비로소 살아있게 된다는 말이다. 한대의 사마천司馬遷은 사실주의 역사 문학 작가로서, "형신"에 대해 매우 적절하게 설명하기도 했다.

> 무릇 사람이 살아있게 하는 것은 정신이요, 사람의 정신이 기탁하는 것이 형체이다. 정신을 크게 쓰면 다하게 되고, 형태는 너무 힘이 들면 가려지게 된다. 형체와 정신이 분리되면 죽게 되고, 죽으면 다시 살아날 수 없으며, 한 번 떨어지면 다시는 붙을 수 없다. 그런 까닭에 성인이 이를 중히 여겼던 것이다. 이로써 보건데, 정신은

---

63) (한) 유안 등 저, 허닝何寧 집해, 《회남자 집석淮南子集釋》 (베이징, 중화서국, 1984) 하권 1139 페이지.
64) (한) 사마천, 《사기·태사공자서史記·太史公自序》 (베이징, 중화서국, 1959) 329 페이지.

생명의 근본이요, 형체는 생명의 도구이다.

凡人所生者神也, 所托者形也. 神大用則竭, 形大劳則蔽,

形神離則死. 死者不可复生, 離 者不可复反, 故聖人重之. 由是観之,

神者, 生之本也, 形者, 生之具也.[64]

비록 여기에서는 인간의 정신과 형체의 관계만을 논하고 있지만, 사마천이 제기한 형신은 떨어질 수 없다는 관점, 그리고 정신은 생명의 근본이고, 형체는 생명의 도구라는 관점은 인물 위주의 사실주의 문학 창작에 시사 하는 바가 크다.

위진 이후에 형신관계는 당시 현학(玄學)의 중요한 명제 중의 하나가 되었으며, 이에 대한 더욱 심도 있는 논의가 이루어졌다. 이 문제가 문학예술 영역으로 편입된 것은 고개지顧愷之가 제기한 그 유명한 "전신사조伝神寫照"설에서부터다. 남조 시기 유의경劉義慶의 《세설신어 · 교예世說新語 · 巧芸》 편에 다음과 같은 기록이 있다.

고장강(고개지)가 사람을 그리는데, 수 년이 지나도 눈동자를 찍지 않았다. 다른 사람이 그 연유를 물으니, 고개지가 대답하길, "사람의 사지는 예쁘고 추함은 본래 그 사람의 오묘한 점과는 상관이 없다. 정신을 전하여 그리는 것은 바로 눈에 있는 것이다.

顧長康畫人, 或數年不点目晴. 人間其故, 顧曰: "四体妍蚩, 本無關於妙處, 伝神寫照, 正在阿堵中."[65]

비록 고개지의 말이 너무 간략하긴 하지만, 그 이치는 매우 심오하다. 그의 말의 의미는 인물의 정신적 면모를 가장 잘 전해줄 수 있는 것은 사지 등의 형체가 아니라 바로 눈이라는 것이다.

---

65) (남조), 유의경, 《세설신어전주世說新語箋注》 (베이징, 중화서국, 1984) 하책, 388 페이지.

그가 인물화를 그리면서 수 년 동안 눈동자를 그리지 못했던 것도 눈은 제대로 그려야 했기 때문이었던 것이다. 그래서 그는 정신적 면모를 그려내는 것은 바로 "아도阿堵" 속에 있다고 했다. "아도"의 뜻은 "이것"이다. 고개지가 보이게 "이것"은 바로 인물의 눈이었다. 고개지의 "전신사조"설은 사실상 "특징"이라는 관념을 제기한 것이라고 할 수 있다. 그는 인물의 정신은 인체 전체에서 나타나는 것이 아니라는 말이다. 즉 신체의 모든 부분이 다 그 사람의 특징을 보여주는 것이 아니라 바로 사람의 "눈"은 영혼의 창으로, 가장 특징적인 부분이라는 것이다. 만약 인물의 정신을 그려내려면 그 사람의 특징을 집어내야 하는데, 예를 들면 바로 사람의 눈에 집중하여 묘사한다는 것이다. 물론, 고개지 역시도 기계적으로 사람의 눈만이 그 사람의 특징을 보여준다고 인정한 것은 아니다.

실제 상황의 차이에 따라 인물의 특징도 다른 부위에서 나타날 수 있다는 것이다. 그래서 《세설신어·교예》편에서는 또 "고개지가 배숙칙(배해裴楷)의 초상화를 그리면서 뺨에 터럭 세 가닥을 더 그려 넣었다. 다른 사람이 그 까닭을 물으니, 고개지가 대답하길, '배해는 외모가 준수할 뿐 아니라 학식까지 갖추고 있는데, 바로 여기에서 그 학식이 드러난다.'라고 하였다. 그림을 보던 사람이 살펴보니, 진실로 터럭 세 가닥이 더해지니 신명이 있어 보이고, 그것을 그리기 전보다 훨씬 뛰어났다.[顧長康畵裴叔則, 頰上益三毛. 人問其故, 顧曰: "裴楷儁朗有識具, 正此是其識具." 看畵者尋之, 定覺益三毛如有神明, 殊勝未安時.]"라고 적고 있다. 배숙칙을 그릴 때는 대상의 특징이 뺨에 나 있는 터럭 세 가닥으로 바뀐 것이다. 이러한 "특징적"인 터럭 세 가닥은 배숙칙의 빼어난 학식을 표현해준다는 것이다. 이러한 "전신사조"와 인물의 특징을 집중적으로 표현하는 사상은 후대에까지 줄곧 계승되었다. 송대의 소식에 이르러 이러한 사상은 더욱 발전하게 된다.

소식은 "신사神似"를 주장했던 작가로, "형체의 비슷함으로 그림을 논하는 것은 아이들에 가깝다.[論畵以形似, 見与兒童隣.]"라고 했던 유명한 그의 시구는 많은 사람들에게 전해져 많은 칭송을 받았다. 그는 〈서진회입전신書陳懷立伝神〉라는 글에서 고개지의 "전신사조"설을 언급하면서, 이를 더욱 발전시켰다.

정신을 전함의 어려움은 눈에 있다. 고개지가 말하길, "정신을 전하여 그리는 것은 모두 이것(눈)에 있다. 그 다음은 광대뼈와 뺨에 있다."라고 하였다. 내가 일찍이 등불 아래에서 나의 뺨 그림자를 비춰보면서 사람에게 그것을 벽에 그리도록 하였는데, 눈썹과 눈을 그리지 않아 보는 사람들은 모두 실소를 금치 못하면서 나임을 알아보았다. 눈과 뺨이 비슷하니 나머지는 닮지 않은 것이 없었다. …… 무릇 사람은 제각각의 의사가 있는 곳이 있으니, 어떤 사람은 눈썹과 눈에, 또 어떤 사람은 코와 입에 있기도 하다. 고개지가 말하길, "뺨에 터럭 세 가닥을 더하니 빼어남이 더욱 돋보이게 느껴졌다"라고 했는데, 이것이 이 사람의 의사가 수염과 뺨 사이에 있었던 것이다. 우맹이 손숙오를 배워 손바닥을 치며 담소를 나누니, 사람들이 죽은 사람이 다시 살아난 듯하다고 했다. 이것이 어찌 그 행동이나 형체가 모두 닮아서 이겠는가? 또한 그 의사가 있은 곳을 얻었기 때문일 따름이다.

伝神之難在於目. 顧虎頭云: "伝神寫照, 都在阿堵中. 其次在顴頰." 吾嘗於灯下顧見頰影, 使人就壁畫之, 不作眉目, 見者皆失笑, 知其爲吾也. 目与顴頰似, 余無不似者…… 凡人意思各有所在, 或在眉目, 或在鼻口. 虎頭云: "頰上加三毛, 覺精采殊勝." 則此人意思, 蓋在須頰間也. 優孟學孫叔敖, 抵掌談笑, 至使人謂死者復生. 此豈能擧体皆似耶? 亦得其意思所在而已.[66]

　소식이 고개지의 "전신사조"설을 더욱 발전시킨 점은 두 가지를 들 수가 있다. 첫째는 개인의 특징이 반드시 눈이나 코나 입에 있는 것이 아니라 사람에 따라서

---

66) (송) 소식 저, 콩관리 교점, 《소식문집》 제 5책, 2214 페이지.

서로 다른 곳에 있을 수 있음을 강조한 점이다. 둘째는 "의사소재意思所在"라고 하는 이 개념을 제기했다 점이다.

이른바 "의사소재"이란 바로 서로 다른 인물의 특징을 표현하는 것이다. 이처럼 소식의 "의사소재"은 현대의 "특징" 개념과 통하고 있다. 이것이 당시로 보면 일종의 이론적 개괄이라는 점에서 매우 의미가 있다. 명·청 이후 엽주葉晝, 김성탄金聖嘆 등의 소설 평론가들은 비록 구체적인 비평에서 계속 "전신사조"론을 사용하여 작품을 평가하였고, 일부는 비평이 매우 뛰어나긴 했지만, 이론적 개괄로써는 소식의 "의사소재"를 뛰어넘지는 못했다고 할 수 있다.

현대의 "특징" 개념은 독일 학자 히어트(Aloys Hirt)가 처음으로 제기한 것이다. 헤겔의 《미학》 제1권에서는 히어트를 "위대한 감상가"라고 극찬하면서 그의 논점을 소개했다. 히어트는 특징은 "본질을 구성하는 개별 지표"라고 했다. 이것은 바로 특징이 "개별 지표"이며, 중복될 수 없는 것이고, '이것'이고또한 살아 움직이는 것이라는 말이다. 이 "개별 지표"는 삶의 본질을 체현해주는 것이며, 비할 데 없이 심오하고 함의 또한 너무나 풍부한 것이다. 그러므로 이 특징이란 것이 하나의 교차점이자 집합점이며, 하나의 초점이라고 우리는 말할 수 있다. 현상적인 것과 본질적인 것이 여기서 교차하게 되며 개별적인 것과 일반적인 것이 여기서 모이게 된다는 것이다. 특징이라는 이 초점이 확실히 "의사 소재"처이며, 이를 통해 낯섦과 익숙함이, 생동감과 깊은 인상이 굴절되어진다.

전형의 창조에 대해서 특징의 파악이나 "의사 소재"는 개성을 보여주는 것일 뿐만 아니라 인상 깊은 사회적 내용을 보여줄 수 있다. 예를 들어, 《삼국연의》 의에서 조조曹操는 의심이 많고 간사하여 자기 아버지의 의형제인 여백사 일가족을 몰살시키고 "차라리 내가 천하의 사람들을 버릴지언정, 천하 사람들이 나를 버리게 하지는 않겠다.[寧敎我負天下人, 休敎天下人負我.]"라고 말했다. 이 짧은 한 마디 말이 바로 조조 성격의 "의사 소재"로, 조저의 성격을 적나라하게 보여주는 것이라고 할 수 있다. 우리는 《삼국연의》 중의 많은 이야기들을 잊혀 졌지만 조조가 말한 이 한 마디는 사람들에게 잊혀 지지 않을 것이다.

왜냐하면 그것은 너무나 특징적이고 너무나 인상 깊기 때문이다. 또 일부 인물의 활동 장면 또한 특징이 있는, "의사 소재"이기도 하다. 《사기》 중의 "홍문연鴻門宴"이나 《삼국연의》 중의 "청매자주논영웅靑梅煮酒論英雄:푸른 매실에 술을 익히며 영웅을 논하다", 《홍루몽》 중의 "방해연螃蟹宴:게 파티" 등등의 장면은 우리가 일상생활에서 텔레비전 드라마 속의 볼 수 있는 무료한 식사장면과는 다르다. 한편으로는 장면이 매우 생동적이면서도 다른 한편으로는 인상 깊고 함의 또한 매우 풍부하기 때문에 이러한 특징적인 장면들은 진정한 "의사"를 가지고 있어서 전형인물 창조에 특별한 역할을 하게 되는 것이다.

어쨌든, 중국 고전 문론 중의 "전신사조伝神寫照"설이나 "의사소재意思所在"설은 현대의 "특징"이라는 개념과 연결될 수 있다. 즉, 인물 표현의 "점정点睛" 수법과 인물의 "의사소재"는 한편으로는 인물을 아주 생동적이고 신선하고 흥미진진하게 하면서도 다른 한편으로는 또한 풍부한 함의와 깊이 있는 사상을 보여준다. 때문에 분명한 인성적 특징을 가지고 있으면서도 깊은 본질성을 가진 전형인물의 창조가 특히나 중요한 것이다. "화룡점정"의 수법을 파악하고, "의사 소재"를 파악하게 된다면, 인물의 특징을 파악할 수 있어서 전형성을 파악할 수 있게 된다.

전형의 창조는 많은 인물의 동작이나 심리의 짜 맞추기에 의지하는 것이 아니라 풍부한 특징적 생활에 대한 파악과 생기에 의지하며, "의사 소재"에 대한 발견에 의지하는 것이다. 우리는 전형인물은 특징적이고 미적 감각을 불러일으킬 수 있는 성격을 보여주어야 한다고 본다. 그런 의미에서 중국 고전 문론의 "전신사조"설은 서양의 전형론을 보완해줌으로써 독특한 의미를 보여준다고 하겠다.

《노자》에 이르길, "도는 하나를 낳고 하나는 둘을 낳으며, 둘은 셋을 낳고 셋은 만물을 낳는다.[道生一, 一生二, 二生三, 三生万物]"라고 했다. 또 《율서律書》에서는 "숫자는 일에서 시작하여 십에서 끝나며, 삼에서 완성된다.[數始成一, 終於十, 成於三.]"라고 했다. 《태현문太玄文》에서는 "첫 번째(《태현경》 각 수의 9찬 중 1, 4, 7번째 찬)는 시작이고 세 번째(3, 6, 9번째 찬)는 마지막이니, 두 번째(2, 5, 8번째 찬)는 그 중간이다.[諸一則始, 諸三則終, 二者得其中乎!]"라고 했다. 고대 그리스의 피타고라스 학파 또한 "일체의 일체는 모두 삼원(三元)에 의해 결정된다." "전체의 수는 끝점이 있고 중간점이 있고 시작점이 있으니, 이것이 숫자의 삼원인 것이다.", "우리가 2를 '쌍'이라고 하고 '온전하다'라고 하지 않는다. 3이라고 말해야 우리는 비로소 온전하다고 한다. 3이 규정하고 있는 것이 바로 전체인 것이다."[67]라고 했다. 중국과 서양을 막론하고 "3"은 완전수(完全數)이다. 인류가 관심을 가졌던 것은 바로 사물도 "숫자"의 이치와 마찬가지로 항상 하나가 셋으로 나뉜다는 점이었다. 인류의 지능 구조 역시 지혜와 정감과 의미처럼 하나에서 셋으로 나뉘어 진다. 인류 문학의 발전도 이에 대응하여 하나에서 셋으로 나뉘어 진다. 바로 상징주의, 서정주의, 사실주의가 그것이다.

인류 문학의 심미 이상 역시도 단일한 색조가 아니라 의상, 의경, 전형 이 셋으로 나뉘어 진다. 예술 형상은 하나이지만 의상과 의경과 전형은 예술 형상의 고급 형태로 셋으로 나뉜 것이다.

---

67) (독일) 헤겔의 《철학사 강연록》 (베이징, 상무인서관, 1981) 제 1권, 233 페이지에서 인용.

제10장

"전통" - "해석" - "새운 변화"
― 중국 문학이론의 통(通)과 변(変)

제10장

"전통" - "해석" - "새운 변화"
— 중국 문학이론의 통(通)과 변(変)

중국은 수천 년의 문화 전통을 가지고 있는 나라이다. 전통은 수천 년 동안의 세월에도 사라지지 않고 면면히 이어져 내려오고 있다. 특히 최근 백 년 동안 서구 열강의 침입하여 불태우고 약탈하고 중국을 멸망시키고 중국의 전통 문화를 말살하려고 했었고, 중국 내에서도 일부에서는 국가의 빈곤과 쇠락의 원인이 전통문화이기에 반드시 단절시켜야 한다고 생각하기도 했으며, 심지어는 "전반적인 서구화[全盤西化]"를 주장하기도 했다. 그러나 고난의 20세기가 지나가고 새로운 시대로 접어들면서 중국의 전통문화는 새로운 청춘 시대를 맞이하고 있다.

우리는 지금에 이르러 마침내 한 나라의 문화는 시대의 변화와 함께 변화해가는, 문화는 선명한 시대성을 가지고 있음을 인식하게 되었다. 그러나 문화가 시대에 따라 변화한다고 해서 전통을 버리는 것이 아니다.

오히려 그 반대로 전통은 풍부한 지하자원과 마찬가지로 우리가 새로운 문화를 건설해 나가기 위한 중요한 자원의 하나이다. 그렇다면 우리는 그 자원을 어떻게 개발해 나가야 할까? 옛 선조들이 남긴 유산을 활용하여 어떤 새로운 문화를 어떻게 만들어나가야 할까? 이것이 바로 본 장에서 토론해 볼 문제이다.

1. 단절되어서는 안 되는 전통

전통은 한 민족의 "삶의 자취"로써 영원히 사라지지 않는 것이다. 중국의 전통문화는 모든 중국인들의 피 속에 흐르고 있어서 떼어낼래야 떼어낼 수가 없는 것이다. 그리고 전통이라고 모두가 나쁜 것은 이 아니다. 그 중엔 많은 빼어나고 아름답고 매력적 요소들이 충만해 있기에 우리는 이러한 문화를 아끼고 사랑해야 한다. 우리는 문론 전통을 포함한 중국의 고대 문화 전통을 대상으로 그 속으로 스며들어가야 한다.

2천 여 년 동안 형성되어온 고전 문론에 대해 오늘을 살아가고 있는 문학 이론 연구자의 시각을 배제해서는 안 될 것이다. 그것을 역사 문화 전통으로 연구해나가고 그것에 필요한 역사적 지위를 부여해주는 것만으로는 부족하다. 단순하게 그것을 지워버리는 것은 더욱 안 될 말이다. 한 민족의 "삶의 자취"로서의 전통은 영원히 사라지지 않는 것임을 인식해야 한다. 그것은 "물질"적 측면을 체현하고 있을 뿐만 아니라 관념과 제도 속에 녹아 있으며, 무의식적 상태로 사람들의 마음 깊숙한 곳에 자리하고 있다. 중국의 문화 전통은 모든 중국인들의 피 속에 흐르고 있어서 떼어낼래야 떼어낼 수가 없는 것이다.

또한 전통이라고 모두 나쁜 것은 아니다. 그 속에는 많은 빼어나고 아름답고 매력적인 요소들이 충만해 있어서 우리는 이러한 문화 전통을 아끼고 사랑하지 않을 수 없다. 우리는 문론 전통의 정화를 포함한 중국 고대 전통문화의 정화를 하나의 대상으로 삼아 그 속으로 스며들어가 오늘날에도 의미가 있는 모든 것들에 대해 충분히 연구하고 나타내 보임으로써 오늘날 우리가 현대 문론을 확립하는데 중요한 자원과 참조로 삼아야 한다. 독일의 해석학 학자 한스 게오르크 가다머(Hans-Georg Gadamer)는 다음과 같이 말한다.

역사의 모든 변천 가운데 그것이 줄곧 적극적인 활동을 하고 있기는 하지만, 전통의 본질은 바로 보존(Bewahrung)이다. 그러나 보존은 일ㄴ종의 이상적인 활동일 뿐만 아니라 또한 그 변화를 알아채기 어렵고 눈에 띄지도 않는 이성적 활동이다. 바로 이러한 이유 때문에 새로운 것이나 계획되어진 것은 비로소 유일한 활동이자 행위로 표현되어진다. 그러나 이것은 허상일 뿐이다. 즉 혁명의 시대처럼 강렬한 삶의 변화가 요구되는 시대에는 누구나가 알고 있는 것보다 훨씬 오래된 것들이 이른바 모든 것을 개혁하는 분위 속에서 살아남게 되고 새로운 것들과 함께 새로운 가치를 만들게 된다.[1]

혁명의 시대나 사회적 혼란의 시대에 사람들은 항상 전통이 버려지게 된다고 여긴다. 사람들이 하는 모든 행위들이 반 전통이라고 여긴다. 그러나 사실 전통의 힘은 너무나 "완고"해서 방법을 바꾸고서 살아남게 된다. 우리는 스스로 전통을 멀리한다고 생각하지만, 사실은 항상 전통 속에서 있으면서도 느끼지 못할 뿐이다.

중국의 문화 전통은 왜 단절될 수 없는 것인가? 여기에는 전통에 대한 이해의 문제가 존재해 있다. 문호 전통은 죽은 것이 아니다. 그것은 "유전인자"의 삼투 방식으로 끊임없이 발전해가고 있는 것이다.

예를 들어, 우리가 말하는 유가의 전통은 공자 시대에 머물러 있는 것이 아니다. 유가는 거대한 "바구니"이고 역대의 유학자들은 모두 자신들이 키운 아름다운 꽃들을 이 바구니 속에 담게 된다. 한(漢) 대의 유학, 송대의 이학(理學), 청대의 소학(小學), 그리고 오늘날의 "신유학(新儒學)"에 이르기까지 모두 자신들의 신선한 성과들을 유가의 학술이라는 "바구니" 속에 담게 되는 것이다. 이러한 유가 학파는 영원히 마르지 않는 거대한 강처럼 끊임없이 흘러가고 있는 것이다.

---

1) (독일) 가다머, 《진리와 방법》 (상권)(상하이, 상하이역문출판사, 1999) 361페이지.

누군가가 그것을 단절시키고자 해도 그것은 불가능하다. 그것은 하나의 학파이기에 필연적으로 그 나름의 합리성을 가지고 있고, 이 합리성이 바로 생장점(生長点)이기 때문에 그것은 끊임없이 싹을 틔우고 새로운 것들을 만들어내는 것이다. 이것이 필연의 추세이다.

문학도 마찬가지이다. 중국의 문학 전통은 영원히 《시경》에만 머물러 있지 않고 끊임없이 발전하고 거대해지고 변이되어가고 있는 것이다. 청대의 학자 고염무顧炎武는 이렇게 말한다.

《시삼백》 편이 아래로 내려가 《초사》가 되지 않을 수 없었고, 《초사》가 아래로 내려가 한나라 위나라가 되지 않을 수 없었으며, 한나라 위나라가 아래로 내려가 육조가 되지 않을 수 없었고, 육조가 아래로 내려가 당이 되지 않을 수 없었으니, 이는 모두 시대의 대세였다. 한 시대의 문체에는 반드시 그에 맞는 한 시대의 글이 있으니, 이후에 시의 규격에 맞게 되었다. 시문이 시대에 따라 변함에는 어쩔 수 없이 변하는 것들이 있었다. 한 시대의 시문이 오랫동안 답습되면서 사람들마다 모두 이 시어들을 말하게 되는 것을 용납하지 않게 되었다. 오늘에 이르기까지 수 백 년 동안 옛 사람들의 진부한 말을 취하여 하나하나 모방해왔으니, 이를 시라고 할 수 있겠는가? 그런 까닭에 비슷하지 않으면 시가 되지 못하고 비슷하여도 자신의 시가 되지 못했다. 이백과 두보의 시만이 당대의 시인들보도 뛰어났던 까닭은 같지 않은 것도 아니고 같은 것도 아니기 때문이다. 이것을 아는 사람이어야 더불어 시를 논할 수가 있을 따름이다.

《三百篇》之不能不降而《楚辭》，《楚辭》之不能不降而漢魏，漢魏之不能不降而六朝，六朝之不能不降而唐也，勢也. 用一代之体，則必似一代之文，而後爲合格. 詩文之所以代変，有不得不変者. 一代之文沿襲已久, 不容人人皆道此語.
今且千數百年矣, 而猶取古人之陳言一一而摹仿之,
以是爲之, 可乎? 故不似則失其所以爲詩, 似則失其所以爲我.
李,杜之詩所以獨高於唐人者, 以其未嘗不似而未嘗似也, 知此者,
可与言詩也已矣.[2]

고염무는 문학이 시대와 함께 변화해 왔음을 강조하면서도 마지막에는 "같음[似]"과 "같지 않음[不似]"이라는 중요한 문제를 제기하고 있다. 전통으로서의 전대의 시는 기초가 되지만, 완전히 "같지 않게" 되면 중국시의 품격을 잃어버리게 될 것이다. 그러나 "너무 똑 같으면" 또 자신만의 독창성이 없어지기 때문에 문학의 발전은 전통 문학에 대한 "같음과 같지 않음"의 중간에서 진행되어야 한다는 것이다. 이는 매우 심오한 이치이다. 중국 고전 문론은 "오사" 신문화 혁명 이후에 현실주의, 낭만주의, 현대주의처럼 모든 용어들이 새롭게 바뀐 것 같지만, 사실은 그렇지만은 않다. 왕궈웨이는 중국 고전 문론을 대표하는 마지막 인물이라고 할 수 있다. 동시에 그는 또 중국 현대 문론의 시초이기도 하다.

왕궈웨이에게서는 쇼펜하우어나 니체의 생명철학이니, 칸트의 미학이니 하는 새로운 용어들도 보이는 동시에 "정경교융情景交融"이니 "현외지음弦外之音"과 같은 고전 용어들도 보인다. 왕궈웨이 문론의 공헌은 바로 "경계境界"설 주장과 이에 대한 설명으로, 이것도 반은 고전이고 반은 새로운 것으로 신구가 결합된 산물이다. 루쉰은 봉건문화를 반대했던 선봉으로써 그의 사상이나 주장을 보면 모든 것이 새로운 것처럼 보이지만, 자세히 들여다보면 그에게도 문화적 패러독스로 충만해 있음을 발견할 수 있다.

즉 그는 새로운 사상을 받아들여 중국 고전의 일부 내용들은 신랄하게 비판했지만, 동시에 또한 중국 고전의 우수한 전통에 대해서는 열렬히 사랑했다.

---

2) (청) 고염무顧炎武 저, 황여성黃汝成 집해(集解), 루안바오췬欒保群, 뤼종리呂宗力 교점(校点),
《일지록 시체대강日知錄 詩体代降》(스쟈 石家庄, 화산花山문예출판사)

그의 《중국 소설사략中國小說史略》과《한문학사 강요漢文學史强要》는 그의 중국 문학에 대한 심후한 내공을 보여주는 것이다. 왕궈웨이와 루쉰은 전통과의 "같음과 같지 않음"의 관계 속에서 자신의 학술 사상을 발전시켜 나갔던 것이다. 몇 십 년 뒤, 몇 백 년 뒤에 이들의 학술도 다시 전통의 일부분이 될 것이다.

실로 모든 사물들은 시대와 함께 변화된다. 그러나 만약 고대부터 누적되어 온 여러 유산들을 알지 못한다면 새로운 변화도 쉽지는 않다. 유협은 《문심조룡 통변通変》 편에서 다음과 같이 말한다.

> 초나라의 이소체는 주나라 사람들의 시경을 모범으로 삼았고, 한대의 부와 송은 《초사》의 영향을 받아 지은 것이다. 위나라의 작품은 한대의 문풍을 답습하였고, 진대의 작품은 위나라의 화려한 문채를 앙모하였다. 이러한 것을 대략 검토해보면, 황제와 당요시대의 작품은 순후하고 질박했고, 우순과 하의 작품은 질박하면서도 분명했으며, 상주의 작품은 화려하면서도 우아했고, 초와 한의 작품은 과장적이면서도 아름다웠으며, 위진의 작품은 천박하면서도 화려했고, 송 초기의 작품은 허황되면서도 신기했다. 이처럼 질박에서 시작하여 허황됨에 이르기까지, 시대가 가까워질수록 그 맛이 점점 더 엷어졌는데, 그것은 무엇 때문일까? 바로 새로운 것만을 추구한 나머지 옛 것을 소홀히 하여 문풍이 쇠미해졌기 때문이다.
>
> 暨楚之騷文, 矩式周人. 漢之賦頌, 影寫楚世. 魏之篇制, 顧慕漢風. 晉之辭章, 瞻望魏采. 推而論之, 則黃唐淳而質, 虞夏質而辨, 商周麗而雅, 楚漢侈而艷, 魏晉淺而綺, 宋初訛而新. 從質及訛, 弥近弥澹, 何則? 競今疏古, 風昧气衰也.[3]

---

3) (남조) 유협 저, 판원란 주, 《문심조룡주》 520 페이지.

문학발전사에 대한 유협의 설명은 조금은 고전에 치우쳐 있기는 하지만, 그는 문학 발전에 있어서는 "새것만을 다투고 옛 것을 소홀히"해서는 안 된다고 한 것은 옳은 말이다. 특히 그가 마지막에 "변해야 오래가고, (옛 것에) 정통하면 부족하지 않다.[変則可久, 通則不乏]"는 관점은 더욱 변증법적이다. 전통을 깔보는 작가는 세상을 깜짝 놀라게 할 만한 작품을 써낼 수가 없다. 그 이유는 바로 민족문화의 뿌리가 없기 때문이다.

더욱 중요한 것은 중국의 전통문화는 자기만의 독특하고 심오한 내용들을 가지고 있다는 것이다. 만약 중국 민족 스스로가 자신들의 것을 소중하게 여기지 않는다면 다름 사람들 역시도 소중하게 여기지 않게 된다. 이처럼 선조들이 창조한 고귀한 정신문화가 사라지는 것은 중국의 손실일 뿐만 아니라 인류 문명의 손실이기도 하다. 예를 들어 우리가 앞에서 언급했던 왕충王充에게서 정리해낸 "의상意象" 개념은 인류가 창조한 상징주의 문학을 설명하는데 아주 유용하고 가치가 있다.

이를 통해 과거의 작품들을 설명할 수 있을 뿐만 아니라 오늘날의 현대파 작품의 상징성도 해석할 수 있다. 우리가 이에 대해 정리를 하지 않았다면 이러한 개념이나 범주는 역사 속에 묻혀 잊혀지고 말았을 것이다. 또 "의경意境"은 중국 고전 문론의 핵심 개념으로 서정주의 작품 해석에 매우 효과적이며, 영미의 "신비평"주의의 아이러니나 은유, 패러독스 등의 개념에 비견될 수 있다.

이는 중국 민족의 독특하고 빼어난 정신문화 창조로, 우리가 그것을 소중히 하지 않는다면 그것은 옛 선조들의 창조를 헛되게 하는 것이다. 또 중국 문론의 미학론 중에는 "품격[品]"에 대한 개념이 있다. 중국인 쟝콩양蔣孔陽 교수와 일본 고베대학의 이와야마 사부로(岩山三郎)는 다음과 같은 대화를 나눈 적이 있다.

서양 사람들은 아름다움을 중시하는 반면, 중국 사람들은 품격을 중요시한다. 서양 사람들은 장미를 좋아하는데, 그 이유는 아름답기 때문이다. 반면 중국인들은 난초나 대나무를 좋아하는 데, 그 이유는 난초나 대나무가 아름답기 때문이 아니라 독특한 품격을 가지고 있기 때문이다. 난초나 대나무는 인격을 상징하며, 그 어떤 정신을 표현해주고 있기 때문이다. 이러한 품격을 중시하는 미학 사상은 중국인의 고귀한 정신적 가치에 대한 표현이다.

품격 중시 관념은 유·불·도 모두가 함께 제창하고 있다. 그렇기 때문에 품격 중시의 전통은 중국 민족의 문학, 예술 등 다방면을 포괄하고 있다. "품격"의 관념은 중화민족의 내면에 깊숙이 자리하고 있는 심미 심리라고 할 수 있다. 사람답기 위해서는 인품이 있어야 하고 문장이 문장답기 위해서는 문장으로서의 품격을 갖추어야 한다. "품격"은 바로 모든 일에 중국인이 도달해야할 일종의 경지의 지표인 것이다.

만약 이러한 "품격"을 잃어버리게 된다면, 예를 들어 대나무의 품격을 읽어내지 못하고서 장미의 아름다움만을 감탄한다면 그것은 중화민족의 민족성을 잃어버리는 것과 같은 것이다. 전통의 연속성이든 전통의 독특함이든 중국의 문화 전통은 중국 민족에게서 대대로 전승되는 토대이기 때문에 절대로 단절되어서는 안 되는 것이다. 물론 전통문화에도 봉건적이고 미신적이고 저속하고 경직된 것들도 있다. 그러나 이러한 것들조차도 우리는 마주해야만 한다. 이른바 '전통이 단절되어서는 안 된다'는 말이 이러한 것들을 지켜나가야 한다는 말은 아니다. 이러한 것들에 대해서는 비판하고 버릴 것은 버려야 한다. 그러나 버리기 전에 먼저 이러한 것들조차도 이해하고 알아야 한다. 알지도 못하고 이해하지도 못하는 상황에서는 전통의 수렁에 빠져서 헤어 나올 방법을 찾을 수 없기 때문이다.

2. 해석 — 전통의 계승과 혁신을 위한 반드시 거쳐야 할 길

해석은 근본적으로 텍스트의 장벽을 넘어설 수 없다. 텍스트와 해석자 간의 차이를 해소하기란 매우 어렵다. 해석은 일종의 대화이다. 텍스트는 텍스트의 정보를 가지고 있고, 해석자도 이미 기존에 형성된 "전 이해"를 가지고 있기 때문에 이러한 차이를 인정하는 조건에서만 교류하고 대화함으로써 새로운 의미의 세계를 펼쳐나갈 수 있는 것이다.

중국 문론 전통의 계승을 포함한 중화문화 전통을 계승하기 위해서는 전통문화에 대해 해석(설명, 주석) 등이 필요하다. 1996년 중국 문론계에서는 "중국 고전 문론의 현대적 전환" 문제가 제기되었다. 이러한 문제 제기는 매우 바람직하다. 그러나 어떻게 "전환"시켜야 한다는 것인가?(우리는 "전화轉化"라는 용어를 사용하는 것에 더욱 동의한다.) 여기에서 해야 할 주요 작업은 바로 중국의 문론 저작들에서 제기하고 있는 개념이나 관계에 대해 해석하는 것이다. 중국 민족의 역사는 매우 길다.

옛 사람들이 당시의 문제에 대해 당시의 상황에 근거하여 제기한 명제나 범주, 개념에 대해 오늘날의 우리로서는 이해하기가 쉽지 않다. 가장 먼저 직면하게 되는 문제는 바로 언어적 거리감이다. 고대 중국어로 표현하는 의미와 현대 중국어로 표현하는 의미의 차이는 매우 크다. 예를 들어, 당나라 왕창령王昌齡의 칠언절구 〈부용루송신점芙蓉樓送辛漸〉를 보자.

차가운 비 강물 따라 밤새 오 땅으로 흘러들고
새벽녘 벗을 떠나보내는 초 땅의 산들 외롭구나.
낙양의 친한 벗들이 묻거들랑,
얼음같이 깨끗한 마음 옥병에 간직하고 있다고 전해주오.
寒雨連江夜入吳,　平明送客楚山孤.　洛陽親友如相問,
一片冰心在玉壺.

현대에 출판된 어느 책에서 이 시를 현대 중국어로 번역하길, "차가운 비가 쏟아붓듯이 강물 밤새도록 쉼 없이 파도를 몰아친다. 잠시 진강변의 부용루 부근에 몸을 기탁하고서 이 차가운 가을비가 전해주는 스산함을 느낀다.

그 다음날 여명이 밝아올 즈음 부용루에서는 벗인 신점을 전송하는 연회가 열리고, 눈 앞에는 강변의 외로운 산봉우리만이 펼쳐져 있다. 벗인 신점이 헤어지면서 나에게 북쪽의 가족들에게 어떻게 소식을 전할지 묻기에, 나는 그에게 친구들이 나의 처지를 묻는 다면, '나의 품행과 절조 옥병 속의 얼음처럼 한 점의 티끌도 없이 깨끗하다오.'라고 말할 것이라고 했다."[4] 고시를 현대어로 번역하는 것도 일종의 해석이다.

원시와 번역문을 객관적으로 비교해 보면 높은 수준의 의경(意境)을 보여주는 시가 너절한 산문으로 바뀌어 버렸으며, 원시의 시의(詩意)와 시적 맛[詩味]이 완전히 사라져 버렸음을 우리는 쉽게 알아 볼 수 있다. 언어의 변화는 단순히 언어 자체의 변화뿐만 아니라 그 배후의 문화적 거리감도 포함한다. 원시의 "얼음같이 깨끗한 마음 옥병에 간직하고 있다[一片冰心在玉壺]"는 구절은 원래 고아하고 함축적인 비유로, "옥호"는 바로 얼음을 담은 옥으로 만든 병으로 고대에는 순결하고 깨끗함을 의미한다.

낙빈왕駱賓王의 〈상제주장사마계上齊州張司馬啓〉에서는 "계율과 우아한 자태 더하여 청허함 옥호에 비치네. 하늘 둘러보니 이슬이 응겨, 맑은 물에 심기 밝아라.[加以淸規玉擧, 湛虛照於玉壺. 玄覽露凝, 朗機心於水鏡.]"라고 했으며, 육유陸游도 〈월하삼교범호귀삼산月下三橋泛湖歸三山〉에서 "가로누운 산의 운해 아득히 펼쳐지고, 인간은 옥호 속에서 떠도는 구나.[山橫玉海蒼茫外, 人在玉壺縹緲中.]"라고 했다. "옥호"는 일종의 비유이자 상징이며 암시로, 한 사람의 높은 소양을 말하는 것이다. 그러나 현대 중국어로 번역을 한 후에는 원래의 문화적 의미가 사라질 뿐만 아니라 "나의 품행과 절조가 한 점 티가 없이 고결하니, 이것이 옥호 속의 깨끗한 얼음과 같다."라고 하는 번역은 오히려 자신을 뽐내는 듯한 의미로 비치니, 겸손함을 받들든 옛 사람들로서 어찌 이러한 어투로 친구들에게 소식을 전할 수 있겠는가? 게다가 "얼음같이 깨끗한 마음"은 또 번역하지 않고 그대로 사용하고 있다. 이렇게 말하는 것은 번역이 틀렸다는 것이 아니다.

---

4) 주지웅웬朱炯遠 주편, 《당시삼백수역주평唐詩三百首譯注評》(선양瀋陽, 랴오닝遼寧고적출판사, 1995) 96 페이지.

언어는 단순히 언어인 것만이 아니라 하나의 문화이기도 하다. 고대 중국어의 문화적 의미들은 현대 중국어로는 번역해 낼 수 없는 경우가 많다. 그 이유는 고대와 지금의 문화가 많이 변화되면서 그 만큼 거리가 생겼기 때문이다. 고전 문론의 해석에 있어서도 마찬가지이다.

중국 고대의 선비들은 전문 학술 용어를 사용하지 않은 것은 아니었지만, 그들은 종종 이러한 용어들을 피해서 매우 세세하고 몽롱한 단어들을 사용하여 그들이 추구하는 문화적 정서를 표현하였다. 예를 들어, 유협의 《문심조룡》은 아리스토텔레스의 《시학》에 비견되는 중국 문론 저서이지만, 유협은 변려문으로 서술하고 있어 어구가 미려하기도 하여 그 자체가 하나의 문학 창작이라 할 수 있다. 그러나 유협은 확실한 의미를 추구하지는 않은 듯하다. 예를 들면 예술 구상 과정에서의 심리활동을 유협은 "신사神思"라고 불렀는데, 현재에는 일반적으로 "예술적 상상력"으로 해석한다.

그러나 사실 유협의 "신사"와 현대 문학 이론의 "예술적 상상력"은 많은 다른 점이 있다. "신사"는 더욱 풍부한 의미를 담고 있지만 우리는 종종 이점을 잊곤 한다. 또 "풍골風骨"이라는 이 개념은 《문심조룡》에서 매우 중요한 개념이자 후대의 문학 창작에도 큰 영향을 미쳤다. 그러나 이에 대한 오늘날의 해석은 이견이 분분하여 10 여 가지의 이견이 존재할 뿐만 아니라, 장황한 설명들을 늘어놓고서도 분명하게 해석하지 못하고 있기도 하다.

이는 바로 고대와 현대의 문화적 차이에서 비롯된 것이다. 이것은 해석이 근본적으로 텍스트의 장벽을 넘을 수 없으며, 텍스트와 해석 사이의 차이를 극복하기가 매우 어렵다는 것을 설명해 주는 것이다. 해석은 하나의 대화일 뿐으로, 텍스트는 텍스트 자체의 정보를 가지고 있고, 해석자는 이미 만들어진 "선이해"를 자지고 있어서 이러한 차이를 인정하는 조건에서 대화하고 교류해 나가야 새로운 의미의 세계를 펼쳐 낼 수가 있는 것이다.

중국 고전 문론의 해석은 다음의 두 가지 경향을 극복해야만 한다.

첫 번째 경향은 바로 "원본으로 되돌아간다.[返回原本]"는 것이다.

"원본으로 되돌아간다"는 것은 어쩌면 단지 하나의 바램 일 뿐일지도 모른다. 옛날 사람들이 활동하던 당시의 장면은 다시 재현될 수는 없다. 또한 우리가 직접 체험할 수도 없다. 직접 목격할 수도, 체험할 수도 없는 장면을 해석자가 죽어있는 자료에 의지하여 "원본으로 돌아가는" 것은 매우 어려운 일일 수밖에 없다.

예를 들어 춘추 시대의 예의에 대해 《주례周礼》나 《의례儀礼》, 《예기礼記》 등의 일부 자료들만을 근거로 해서 현대인이 그 원형을 복원하는 것은 거의 불가능한 일이다. 또 유협의《문심조룡》의 "정세定勢" 편은 역대로 많은 이견이 있어왔는데, 유협이 말한 "세勢"의 의미를 진정으로 이해한다는 것도 매우 어려운 일이다. 그렇다 하더라도 우리는 우리가 "서론"에서 제기했던 "역사 우선의 원칙"에 따라 중국 고전 문론가들이 제기했던 관점들의 역사적 배경을 최대한 고찰하고, 그 논점들이 겨냥하고 있는 문제점들을 명확히 하며, 대상의 본질에 최대한 가깝게 해석해 나가야 한다. 즉 해석된 대상의 의미를 진실하게 이해하고, 해석된 대상의 풍부하고도 복잡한 함의를 진실하게 이해해야 한다는 것이다. 이 때 자신의 견해를 억지로 옛 사람들에게 더해서는 안 됨은 당연하다.

두 번째 경향은 바로 "지나친 해석[過度闡釋]"이다.

해석 방법은 "내가 육경에 주석을 단다.[我注六経]"는 것이나 "육경이 나를 주석한다.[六経注我]"는 이 두 가지 방법뿐이다. 이른바 "지나친 해석"이란 바로 "육경이 나를 주석하는" 과정에서 억지로 옛 사람들의 관점으로 자신의 관점을 증명하고자 하는, 심지어는 옛 사람들의 관점을 "현대화"하여 옛 사람들의 원문(原文)과 원래의 의미를 감안하지 않는 것을 말한다.

앞에서 언급했던 유협의 "풍골" 개념에 대해 일부 논자는 "내용과 형식"이라는 현대적 개념을 덧씌움으로써 유협의 원 의미에서 벗어나게 되기도 한다. 그러나 우리는 그럼에도 불구하고 고전 문론을 현대적으로 해석하지 않을 수 없다. 현대적으로 해석하지 않으면, 옛날 것을 살아나게 할 수 없고, 오늘날에 맞추어 활용할 수가 없다.

그렇기 때문에 어떻게 적절하게 해석할 것이냐 하는 것이 큰 문제이다.

해석은 단지 역사적 자료에서 출발해야 하며, 역사적 자료가 제공하는 사상에서 출발해야 한다. 번역 가능한 부분은 번역하고, 확장시켜야 할 부분은 확장시켜야 하며, 대응 가능한 부분은 대응시키고, 비교 가능한 부분은 비교해야 한다. 현대의 논리고 고대의 논리를 확대 해석해서는 안 된다. 문론에 있어서 우리는 또한 이 적절성을 준수해야 한다.

예를 들어, "의상意象"의 문제에 있어서 우리는 왕충王充이 제기했던 "의상"과 유협이 제기한 "의상"의 차이점에 대해 충분히 고찰해야 한다. 전자(왕충)은 "상징적 이미지"인 반면, 후자(유협)은 "심리적 이미지"를 말하는 것이다. 이들 사이의 차이점을 변별하지 않고서, 다만 글자적 의미에서 오늘날의 일반적인 "예술 형상"과의 억지 비교를 하거나 또는 "상징적 이미지"나 "심리적 이미지" 이외의 또 다른 창조적인 관념으로 이해해서는 안 된다. 여기서는 언어적 환경에 대한 고찰이 매우 중요하기 때문에 원래의 언어적 환경을 벗어나 고립적으로 임의의 해석을 해서는 절대로 안 된다.

해석은 또한 해석 대상에 대한 자신만의 독특하고 깊은 이해가 필요하다. 중국 고전 문론과 서구 문학 이론은 각각 자신들만의 독특한 문화적 품격을 가지고 있다. 일반적으로 서구의 문학 이론은 창작 실천의 결과를 총 정리한 것으로, 창작 경험의 승화라고 할 수 있다. 반면 중국의 고전 문론은 완전히 창작 실천을 총정리해 낸 것은 아니다. 중국은 고대부터 문학과 역사와 철학을 구분하지 않았다. 유교, 도교, 불교는 중국 고전 문론의 문화적 기초로, 유교, 불교, 도교의 철학이 먼저 있었고, 그 후에 문론으로 전화되었다. 유가와 도가와 불가의 이론은 모두 시의성(詩意性)을 가지고 있고, 풍부한 상상력을 가지고 있다.

이것이, 유·불·도 철학이 문론으로 전화되는 전제이다. 이러한 점에 대해서는 이미 제1장에서 충분히 설명하였다. 강조하고 싶은 것은 중국 문론의 생성은 종종 구체적인 창작 경험의 총결이 아니라 유가, 도가, 불가의 관점이 문론으로 전환된 것들이라는 점이다. "문이재도文以載道"에서 "도"는 바로 유가의 "도"를 말한다. "허정虛靜"의 창작 경지는 바로 도가에서 도를 체득하는 경지이다. "묘오妙悟"는 바로 불교의 용어가 문론 용어로 변화된 것이다. 중국 고전 문론의 이러한 독특성에 대해 해석을 할 때, 우리는 그 방법적인 독특성을 체현해내야만 한다. 혹자는 해석을 할 때 문론의 문화적 언어 환경이나 철학적 언어 환경을 더 많이 고려해야 한다고 말하기도 한다.

어쨌든, 중국 고전 문론의 해석에는 많은 어려움이 있다. 만약 옛 것을 오늘날에 활용한다는 목적에 도달하고자 한다면, 해석이외에는 별 다른 방법이 없다. 해석은 중국 고전 문론을 계승하고 혁신해 나가기 위해 반드시 나아가야 할 길이다.

3. 고금동서를 기초로 한 새로운 변화의 실현

"사용하지 않음의 쓰임새[不用之用]"와 "고전의 현대적 활용[古爲今用]"을 결합시킬 수 있다. 중국 현대 문학 이론 건설을 위한 자원으로는 네 가지 측면이 있는데, 바로 현재의 문학 창작 경험에 대한 총 정리, "오사" 이후 새로이 건립된 현대문학 이론, 중국 고전 문학 이론, 서구 문론에서 합리적인 요소가 그것이다. 이 네 가지 자원에 대해 창조적인 개조와 융합을 진행해 나간다면 중국 현대 문론의 새로운 형태를 건립해 나갈 수 있을 것이다. 그 중 중국 고전 문론은 민족 정신의 원전(原典)으로써 그 무엇으로도 대체할 수 없는 역할을 가지고 있다.

현재 중국 문론 연구 분야에 있어서 쟁론이 되고 있는 문제는 바로 '우리가 왜 고전 문론을 연구해야 하는가?'라는 것이다.

이에 대한 하나의 견해로는 고전 문론 연구는 조급한 성과나 눈앞의 이익만을 쫓아가서는 안 된다는 것으로, 중국 고전 문론은 중국의 고전 전통의 일부분이기 때문에 중국 고전 문론에 대한 연구가 중국 현대 문론 확립과 직접적으로 연계시킬 필요는 없다고 보는 것이다. 예를 들어, 뤄종치앙羅宗强 교수는 고전 문론 연구에 있어서의 "고전의 현대적 쓰임새[古爲今用]"를 비판하면서, "평상심으로 고전 문론 연구를 대하고, 역사적 진실을 추구하며 전통을 더 잘 이해하기를 바라면서 전통의 정화를 더욱 정확하게 흡수해 나가야 한다. 고전 문론에 대한 연구를 통하여 우리의 지식을 증대시키고 우리의 전통 문화적 소양을 향상시켜나가야 한다.

'쓰임새'에 조급해 해선 안 된다. 심후한 전통문화의 토대를 갖춤으로써 비로소 중국적 특색의 문학 이론을 건립할 수 있는 조건을 갖추게 된다. 어쩌면 이것이 바로 '사용하지 않음의 쓰임새[不用之用]'이고 더 유익한 것인지도 모른다."[5]

이러한 견해의 요지는 "쓰임새"를, 특히 "고전의 현대적 쓰임새"가 아니라 전통문화에 대한 소양 향상을 그 연구의 목표로 삼고 있다는 것이다. 중국 현대의 문학 이론 건립은 마땅히 현실의 문학 창작 경험과 교훈을 총괄하는 것에서부터 시작해야 할 것이다.

또 다른 견해로는 현재의 세계적 문학 이론 분야에서는 중국의 목소리를 들을 수가 없으며, 만약 우리가 중국의 옛 문론 전통에 대한 현대적 "담론의 전환[話語轉換]"을 진행하지 않는다면 문론에 있어서 다른 사람들과 교류할 "담론"이 없어지게 될 것이며, 그렇게 된다면 우리는 "실어증(失語症)"을 앓는 것이 될 것이라고 주장하는 것이다. 이러한 의견의 요지는 "쓰임새", 특히 "고전의 현대적 쓰임새"를 주장하는 것이다.

우리의 의견은 "사용하지 않음의 쓰임새"와 "고전의 현대적 쓰임새" 이 두 가지를 하나로 묶을 수 있다는 입장이다. 중국 현대 문학이론을 확립하기 위한 자원은 4가지가 있다. 현재의 문학 창작 경험의 총결, "오사" 이후 건립된 현대의 문학이론,

---

5) 뤄종치앙羅宗强, 〈고전 문론 연구의 기타 상식古文論硏究雜識〉, 《문예연구文芸硏究》, 1999(3).

중국 고전 문학이론(문론), 서구 문학 이론 중에서 합리적인 요소, 이 네 가지가 바로 그것이다. 이 네 가지 자원의 창조적으로 개조와 융합이 바로 중국 현대 문론의 새로운 형태를 확립하기 위해 반드시 나아가야 할 길이다. 물론 이것은 장기적이고 복잡한 정신 "프로젝트"로, 하루아침에 성공할 수 있는 것이 아니기에 조급한 성공이나 눈앞의 이익만을 추구해서는 안 되며, 또한 "고전의 현대적 쓰임새"를 배척해서도 안 된다.

이 복잡한 프로젝트에서 중국 고전 문론은 민족 정신의 원전(原典)으로, 특별한 역할을 하게 될 것이다. 중국 고전 문론은 당연히 전통문화에 대한 우리의 이해를 향상시키고 전통문화에 대한 소양을 강화시켜 줄 것이다. 동시에 중국 고전 문론의 개념이나 범주들은 우리의 해석을 통해 현대적 의미의 이론으로 전환될 것이다.

어쩌면 재해석된 고전 문론의 개념이나 범주는 이미 고전 문론의 완전한 "본래 모습"이 아닐지도 모른다. 그러나 그 기본 정신은 고전에서 뿜어져 나오는 새로운 목소일 것이다. 그것은 원래는 다른 언어 환경 속에서 있었지만 지금은 새로운 언어 환경으로 옮겨 왔기에 처음에는 어쩌면 불협화음을 낼지도 모른다. 그러나 끊임없는 적응 과정을 거치게 되면 옛날식 "무기"가 새로운 용도로 사용되는 것이 불가능한 것은 아니다. 특히 문학의 기본적 원리와 관련된 일부 내용들은 보편성을 가지고 있기 때문에 적절한 개조를 통해 완전히 오늘날의 용도에 맞게 활용할 수 있을 것이다.

이전 세대는 이미 우리를 위해 고금과 동서의 융합이라는 길을 열어 놓았다.

왕궈웨이(王國維: 1877~1927)가 처음으로 중국 현대 문론을 확립한, 처음으로 그 길을 개척한 학자임은 모두가 인정하는 바이다. 그는 신구 교체의 시대에 "경계境界"설, "유아지경有我之境"과 "무아지경無我之境" 설, "격隔"과 "불격不隔" 설, "조경造境"과 "사경寫境" 설, "출입出入" 설, "고아高雅" 설, "천재天才" 설 등을 제기함으로서, 고금과 동서의 접합점에서 독창적인 견해들을 제시하였다.

이 가운데에는 비록 익숙하지 않고 모순적인 부분이 있었다 하더라도, 왕궈웨이 이후에 사람들은 왜 그가 완성하지 못한 동서융합의 길로 나아가지 았았을까?

종바이화(宗白華:1897~1986)는 "오사" 문화운동의 세례 후에 여전히 중국 고전과 서구 정신의 결합에 집착하면서 중국 현대 미학과 현대 예술 이론에 큰 공헌을 했던 인물이다.

그가 비록 동서를 두루 통달하기는 했지만, 그의 이론적 체계는 중국 고전 시학과 미학에서 착상하여 동시에 고금과 동서를 결합시켜 나갔다. 예를 들어, 그의 의경 "층차層次"론은 고금과 동서를 모두 아우르고 있다는 점에서 시사하는 바가 매우 크다. 그는 〈중국 예술 의경의 탄생中國芸術意境之誕生〉이란 글에서 다음과 같이 말했다.

> 중국의 예술가들은 왜 순수 객관적인 기계적 묘사에 만족하지 못했는가? 그 이유는 예술 의경이 자연에 대한 단일 층차의 평면적인 재현이 아니라 경계의 심층적 창작 구상이기 때문이다. 직관적 감각 이미지의 모사(베끼기)에서부터, 활발한 생명력의 전달, 그리고 가장 높은 단계인 성령의 경지에 대한 일깨움에 이르는 세 단계로 나눌 수 있다. 채소석蔡小石은 〈배석산방사拜石山房詞〉의 서문에서 사(詞)에서의 이 세 경지를 빼어나게 형용하였다.

> "무릇 뜻은 굽힘으로서 기탁함이 뛰어나고, 격조는 아득함으로 깊이를 채운다. 처음 읽을 때에는 꽃이 만발한 봄날에 온갖 색깔들을 아름답게 드러내고, 쌓인 눈은 온 천지를 하얗게 뒤덮고, 노을은 온 하늘을 물들이니, 이것이 하나의 경계이다.(이것은 직관적 감각의 물상이다.) 다시 읽으면, 안개가 자욱하고, 서리가 회오리 바람에 하늘로 날아오르고, 준마가 언덕 아래를 내달리고, 물고기의 비늘이 물을 뚫고 올라옴을 노래하는 것들이 또 하나의

경계이다.(이것은 살아있는 생명력의 전달이다.) 다 읽고 난 후의 밝은 달이나 유유자적한 흰 구름, 큰 기러기의 비상, 빗방울처럼 떨어지는 낙엽 등은 어찌 그다지도 두드러지면서도 담박하고, 여유로우면서도 심원한지 알 수가 없다.(이것은 가장 높은 영혼의 경계에 서의 계시이다.) 강순이가 이에 대해 평하길, "시작하는 경계는 정이 이기고, 두 번째 경지는 기운이 이기며, 마지막 경지는 품격이 이긴다."라고 하였다.

"정"은 인상에 대한 심령의 직접적인 반응이며, "기"는 "생기가 멀리 뻗쳐 나오는" 생명력이며, "격"은 고상한 인격을 반사시켜 놓은 격조이다. 서양 예술에서의 인상주의나 사실주의는 첫 번째 경지에 해당한다. 낭만주의는 생명의 음악성에 대한 자유로운 표현에 치우쳤고, 고전주의는 조각상 같은 생명의 맑고 분명함에 대한 계시로 치우쳤으니, 모두 두 번째 경지에 해당한다고 하겠다. 상징주의나 표현주의, 후기 인상파는 그 취지가 세 번째 경지에 있었다.

中國芸術家何以不滿於純客觀的機械式的模寫? 因爲芸術意境不是一個單層的平面的自然的再現, 而是一個境界層深的創構. 從直觀感相的模寫, 活躍生命的伝達, 到最高靈境的啓示. 可以有三層次. 蔡小石在《拜石山房詞》序里形容詞裡面的這三境層極爲精妙: "夫意以曲而善托, 調以杳而弥深. 始讀之則万萼春深, 百色妖露, 積雪縞地, 余霞綺天, 一境也.(這是直觀感相的渲染) 再讀之則煙濤澒洞, 霜飆飛搖, 駿馬下坡, 詠鱗出水, 又一境也. (這是活躍生命的伝達) 卒讀之而皎皎明月, 仙仙白雲, 鴻雁高翔,

墜葉如雨, 不知其何以衝然而澹, 脩然而遠也. (這是最高靈境的啓示)
江順貽評之曰∶'始境, 情勝也.又境, 氣勝也.終境, 格勝也".
"情"是心靈對於印象的直接反映, "氣"是"生氣遠出"的生命,
"格"是映射著人格的高尙格調. 西洋芸術裡面的印象主義,寫實主義,
是相等於第一境層. 浪漫主義傾向於生命音樂性的奔放表現,
古典主義傾向於生命雕象式的淸明啓示, 都相当於第二境層.
至於象徵主義,表現主義,後期印象派, 它們的旨趣在於第三境層. [6]

　여기에서 인용하고 있는 내용은 조금 긴 듯하지만, 목적은 앞 세대 학자들이 고금과 동서 문화에 대한 파악을 전제로 하여 동양에서 서양에 이르기까지, 고대부터 현재까지, 고금 간의 상호 해석과 동서 간의 상호해석을 통해 현대 문론의 확립을 실현해 왔는지를 설명하기 위한 것이다. 종바이화가 걸었던 길은 모두가 바른 길이었다고 인정한다. 그렇다면 우리는 왜 그 길을 더 넓혀가지 못하고 있는가?

　주광첸(朱光潛:1897~1986)은 중국 현대 미학의 또 한 분의 대가이다. 그어 저서로는 《문예 심리학文芸心理學》, 《시론詩論》, 《미를 논함[談美]》, 그리고 《서양미학사[西方美學史]》 등이 있고, 《플라톤 문예 대화집[柏拉図文芸對話集]》, 크로체의 《미학원리》, 레싱의 《라오콘》, 헤겔의 《미학》 시리즈와 비코의 《신과학》 등을 번역 출판하기도 하였다. 종바이화가 고금과 동서의 대화 중에서 중국 고전에 대한 설명에 중점을 두었다고 한다면, 주광첸은 현대와 서구에 더 치중했기는 하지만, 역시 중국 고전과의 밀접한 관계를 강조하였다고 할 수 있을 것이다.

　미학에 있어서 주광첸의 공헌으로는 아름다움이란 주관과 객관의 통일이라는 이론을 제기하고, 이를 중심으로 다방면의 해석들을 전개해 나갔던 것을 들 수

---

6) 종바이화宗白華, 《미학과 의경美學与意境》 (베이징, 인민출판사, 1987) 214 페이지.

있다. 그는 크로체의 "직관"설을 "뜻을 씀에 분산되지 않으면 정신에 모이게 된다[用志不分, 乃凝於神]"는 장자의 주장과 연계시켜 "심미 경험"을 설명하였다. 그는 프로이트의 "심리적 거리"설을 설명하면서 중국 고전 《서상기》 중의 많은 묘사들을 예로 들었으며, 또한 어떻게 "심리적 거리의 모순"을 해결할 것인가에 대해 설명하면서도 불교의 "부즉불리不卽不離"설을 마지막 결론으로 제시하기도 했다.

그는 또 테오도어 립스 등의 "감정 이입"설을 설명하면서 "많은 봉우리 청고하니, 황혼녘에 비올 조짐이로다.[數峯淸苦, 商略黃昏雨]"와 같은 시구들을 예로 듦으로써 "자신으로 미루어 다른 사람을 헤아린다[推己及人]", "자신으로 미루어 만물을 헤아린다.[推己及物]"는 중국 고전 문론 사상을 부각시켰으며, 또한 《장자 추수秋水》편의 장자와 혜자惠子가 "물고기가 유유히 헤엄치는[儵魚出游]" 장면을 보면서 나누는 대화를 예로 들면서 심도 있는 논의를 전개했다. 주광첸의 이론 창조는 비록 서구적 관점에 경도되기는 했지만, 중국 고전 미학론과 문론을 중요한 "대화자"로 삼고 있다. 모든 사람들이 중국 현대 미학발전에 있어서의 주광첸의 공헌을 인정한다고 하면, 우리는 왜 주광첸의 주장들을 이어나지 않는가?

첸종수(錢鍾書:1910~1999) 역시도 세계적 영향력을 발휘했던 문론 대가였다. 그의 《관추편管錐編》, 《담예록談芸錄》, 《송시선주宋詩選注》 등의 저술은 고금과 동서에서 광범위한 자료들로 논증함으로써 세계적인 영향력을 갖추었다. 그는 매우 많은 문제들을 논의했을 뿐만 아니라 또한 깊이가 있었기 때문에 학계에서도 주목을 받았다.

그의 저서들에서는 동서 간의 상호 해석과 고금의 상호 보완적 사례들을 부지기수로 찾아볼 수 있다. 그는 일찍이 《담예록》에서 "동양이든 서양이든 심리는 똑 같으며, 남학이든 북학이든 학문을 하는 방법은 아직 나누어지지 않았다.[東海西海, 心理攸同, 南學北學, 道術未裂.]" 그러므로 그의 문론이나 시론 연구는 종(縱)으로는 고금을 아우르고 횡(橫)으로는 세계를 통찰함으로써 고금과 동서 공통의 "시심詩心"과 "문심文心"을 추구하고자 하는 것이었으며, 이로써 문학의 공통적 규율을 개괄하고자 하는 것이었다.

그는 시종일관 "인문과학의 각각의 대상들은 피차 서로 연결되어 있고 서로에게 녹아들어 있으므로 비단 국경을 뛰어넘고 시대를 연결해야 할 뿐만 아니라 서로 다른 학과를 하나로 꿰뚫어야 한다.[人文科學的各個對象彼此繫連, 交互滲透, 不但跨越國界, 銜接時代, 而且貫串不同學科.]"[7]고 여겼다. 그의 연구의 두드러진 특징은 바로 고금과 동서의 유사하거나 상통하는 자료들을 망라하여 비교하고 상호 증명함으로써 문학의 공통적 규율을 찾고자 했다는 점이다. 그는 "마음이 같음은 이치의 당연함을 근본으로 하며, 이치의 당연함은 사물의 본디 그러함을 근본으로 한다. 사물의 본디 그러함을 근본으로 하니, 또한 사물의 본디 그러함에 부하되는 것이다.[心之同然, 本乎理 之当然, 而理之当然, 本乎物之本然, 亦即合乎物之本然]"[8]라고 말했다. 학계에서 모두가 첸종수의 문론 확립을 위한 공헌을 추종한다면, 우리는 왜 그의 학문 정신을 본받아 현대를 살아가면서 문학의 공통적 규칙을 추구해 나가면 안 되는가?

현대의 학술적 시각에서 중국 고전 문론은 중화 민족의 정신의 일부분이기에 낡은 것을 버리고 새로운 것을 창조해나가고 새로운 의미들을 드러냄으로써 새로운 빛을 발산하게 해아 한다. 물론, 이것은 매우 어려운 "학술 프로젝트"여서 여기에 뜻을 같이하는 학계 동료들의 장기적인 공동의 노력이 필요하다.

---

7) 첸종수錢鍾書, 〈시가이원詩可以怨〉, 《문학평론》, 1981(1).
8) 첸종수, 《관추편》 (베이징, 중화서국, 1979) 50 페이지.

부록

참된 의미의 획득과 새로운 의미의 발산
― 중국 고전 문론 연구의 방법론에 대하여

　　중국 고전 문론 연구는 새로운 문제에 직면해 있다. 나는 줄곧 문론은 역사의 산물이기에 단순한 주석이나 고증, 그리고 순수한 논리 비판과 추론으로는 이미 문제들을 해결할 수 없다고 생각해 왔다. 단순한 주석과 고증은 물론 필요한 것이기는 하지만, 자료들의 진실성 문제를 해결하는 데만 머물러 있기 때문에 전체 이론의 참된 의미와 가치를 밝혀낼 수 없다. 순수한 논리 비판과 추론 역시도 필요한 것이다. 하지만 표면적이고 소소한 것들은 얻을 수 있을지 모르지만, 자칫하면 원래의 역사적 면모를 잃어버릴 수도 있다. 동일한 고전 문론 명제에 직면한 개개의 주장들은 근본적이고 참된 의미를 탐구해 나갈 수 없다.

　　고전 문론 연구의 목적은 한편으로는 최대한으로 참된 의미로 환원시키는 것으로, 옛 선인들이 도대체 무엇을 말하고 있는지, 어떤 명제들을 제기하고 있는지, 어떤 해답을 내놓고 있는지를 살펴보는 것이다. 이것은 이론을 원래의 역사 문화적 언어 환경 속에 돌려놓고서 파악하지 않으면 안 된다. 다른 한편으로는 참된 의미로의 환원을 기초로 새로운 의미를 찾아내는 것으로, 고전 문론이 오늘날에 어떻게 해석이 될 수 있는지, 또 어떤 의미와 가치를 가지고 있는지, 현대의 문학이론을 확립해 나가는데 어떤 도움이 되는지를 살피는 것이다. 이것은 이론에 대해 필요한 현대적 해석을 진행해 나가야만 하는 것이다.

1. 참된 의미의 획득 ― 역사 문화적 언어 환경의 고찰

역사주의 방법은 중국 고전 문론 연구에서 없어서는 안 되는 것이다.

역사 문화적 시각으로 연구대상에 관심을 쏟고, 연구 대상을 원래의 역사 문화적 언어 환경 속에 놓고서 파악하는 것이 고전 문론 연구에서의 역사주의 방법이고, 없어서는 안 될 방법이다. 우리는 중국 고전 문론을 고립적으로 연구해서는 안된다. 왜냐하면 그것은 광범위한 역사 문화의 산물이기 때문이다. 그 어떤 사물이라도 모두 "임시적 역사의 산물"(마르크스의 말)이며, 모두 특정한 역사 문화적 언어 환경 속에서 형성되고 성장하고 쇠락하게 되는 것이다. 중국 고전 문론은 일종의 이론으로써, 또한 "임시적 역사의 산물"이며, 특정 역사 시기에 출현한 것이다. 그렇다면 고전 문론 연구할 때의 여러 문제점에 있어서 "역사적 관련성"과 "문화적 관련성", 그리고 "사회적 관련성"을 충분히 고려해야 하는 것이다.

엥겔스는 헤겔의 "위대한 역사감"을 칭찬하면서, "그는 처음으로 역사 속에 발전이 있고, 내재적 연관성이 있음을 증명하고자 했던 사람"이라고 했다. 또 "현상론에서, 미학에서, 역사 철학에서, 곳곳에서 이러한 위대한 역사감이 관통하고 있으며, 재료는 도처가 역사적, 즉 특정한 역사적 연관성 속에 놓고서 처리한 것들이었다."라고 했다. 엥겔스의 관점은 일종의 역사주의적 관념과 방법을 표현하고 있는 것이다.[1] "역사 우선"주의는 고전 문론을 연구하는 기본 방법이다. 연구의 문제점을 원래의 역사 문화적 언어 환경 속에 놓고서 고찰할 때 비로소 연구 대상의 참된 의미를 밝힐 수 있는 것이다.

"역사적 배경"과 "역사 문화적 언어 환경"의 구별

이전의 문예 사회학 비평에서도 연구 대상의 "역사적 배경"을 제기한 적이 있다. 그러나 이 "역사적 배경"에 대한 묘사는 우리가 제창하는 "역사 문화적 언어 환경"의

---

1) 《전형적 마르크스주의 작가의 역사과학론馬克思主義経典作家論歷史科學》
   (베이징, 인민문학출판사, 1961), 215~216 페이지.

고찰과는 다른 것이다. "역사적 배경"은 단지 대상의 조대(朝代), 시기, 특정 역사의 개황, 역사적 사건의 발생과 발전 등에 대한 묘사로, 종종 특정한 연구 대상과의 관련성을 통한 고찰을 하지는 않기 때문에 특정 역사 시기에 만들어진 명제나 개념, 그리고 이론이 도대체 어떤 상황을 겨냥하여 일어난 것인지 분명하게 알 수가 없으며, 또한 아예 "특정한 역사적 연관성 속에 놓고 처리"하지 않은 채, 한 시대의 정치나 경제 등 "외부적" 상황만을 고려한다. 그렇기 때문에 이러한 문론의 진면목과 참된 의미를 밝히기가 어려운 것이다.

진정한 "역사 문화적 언어 환경"의 고찰은 문론이 만들어진 조대와 시기와 시대와 정치적 상황, 경제 생활 등을 파악해야 할 뿐만 아니라, 더 중요한 것은 문론이 탄생된 구체적 역사 문화적 상황 속으로 들어가서 문론 명제의 제기와 역사 시대와의 관련성을 충분히 밝혀내야 하며, 어떤 시대적 문화가 이러한 문론 명제의 탄생을 초래하였는지를 충분히 밝혀내야 한다는 것이다.

또한 문론 작가의 다양한 삶의 경험들과 그 시대 문화와의 역사적 관련성을 충분히 밝혀내야 하고, 텍스트와 비텍스트사이의 역사적 관련성을 충분히 밝혀내야 한다는 것이다. 그리하여 문학과 문론 자체의 "내적" 상황 속으로 들어갈 수 있게 되는 것이다. "언어 환경"은 "배경"과는 다르다. 그것은 역사 문화의 "외부적" 배경을 가리킬 뿐만 아니라, 또 구체적인 역사 문화적 분위기를 가리키며, 어떤 문론이 탄생하고 유행하게 된 개인의, 문화적인, 시대의 구체적 원인을 가리킨다.

특히 중요한 것은 그것과 역사적 추세와의 "내부적" 규칙성의 관련성이다. "역사적 관련성"은 그 핵심으로, 어떤 문론의 탄생과 유행은 절대로 우연이거나 고립적인 것이 아니다. 그것은 필연적으로 어떤 문학의 발전 혹은 문론의 발전 과정에서의 문제를 지향하고 있으며, 이러한 문제들을 해결하고자 노력하고 있다. 이러한 상황을 구체적이고 진실되게 드러냄으로써 "역사적 관련성"을 가지게 되고, 역사 문화적 언어 환경 속으로 들어가 고찰할 수 있는 것이다.

"역사 문화적 언어 환경" 속으로 들어가기의 어려움

"역사 문화적 언어 환경"의 연구는 확실히 쉽지가 않다. 물론 텍스트 속에 담고 있는 대략적인 의미들을 상세하게 읽어나가는 것이 어려운 것이 아니다. 어려움은 오늘날의 사람들이 옛 사람들의 역사 문화적 언어 환경 속으로 어떻게 들어갈 것이냐는 것이다. 진짜 역사는 이미 우리와는 거리가 멀어서 우리가 볼 수 있는 것은 단지 역사 텍스트와 일부 출토된 유물들에 불과하다. 문물들은 실로 우리에게 직관적인 인상을 주고 우리가 역사의 현장을 상상할 수 있게 해준다. 그러나 이 또한 상상일 뿐이다. 《상서尚書》나《좌전左传》,《공양전公羊传》,《곡양전穀梁传》,《국어國語》,《전국책戰國策》, 그리고《사기史記》와《한서漢書》를 포함한 "이십사사二十四史"와《자치통감資治通鑑》같은 역사 텍스트는 모두 사관의 붓끝에서 나온 것이고, 사관들이 직접 역사의 현장에 있었던 것은 아니며, 또한 그들이 기록한 역사의 인물들과도 직접적으로 교류를 했던 것은 아니었으며, 역사적 사건들에 그들이 직접 참여했던 것은 더더욱 아니었다.

역사의 변두리에 있었던 문론가들의 출신이나 그 근본에 대해서는 기록을 하지 않고 있거나 또는 단지 몇 마디로만 언급하고 있기 때문에 구체적인 상황을 제공하기는 어려우며, 문론과 역사와의 필연적인 관계 등등을 제시하기는 더더욱 어렵다. 이러한 역사서들은 종종 역사 발전의 전체적인 맥락을 읽어내기 어렵게 하기도 한다. 분명하게 읽어낼 수 있는 내용들은 허구로 짜 맞춘 완전한 이야기일 뿐이다.

이러한 상황에서 우리가 어떻게 역사의 현장 속으로 돌아가 역사적 진실을 얻고 최대한 역사의 본래 면목에 다가갈 수 있을 것인가? 결론부터 말하자면, 이러한 역사서들은 결국 역사가가 구성해낸 텍스트에 불과하다.

그렇기 때문에 서로 다른 시기의 서로 다른 입장에 있었던 사람들은 모두가 서로 다른 해석을 내놓게 되는 것이다. 또한 역사를 기록하는 사관들은 모두 자신의 입장과 가치판단을 가지고 있어서 동일한 역사 인물이나 역사적 사건에 대해서도 자신의 평가로 미화하거나 부정적으로 묘사하고 있어서 일치된 의견을 얻기가 어렵다.

그렇다면 독자로서의 우리들에게 도대체 누구의 평가가 더 믿을 만한 것일까? 우리는 과연 누구를 믿어야 하는 것일까? 누가 제공하는 "역사"가 더 진실에 가까운 것일까? 이것은 우리가 중국의 고전 문론을 연구함에 있어서 역사 문화의 언어 환경 속으로 진입해 들어가고자 노력할 때 부딪힐 수밖에 없는 문제이다.

"역사 문화적 언어 환경"으로 진입하기 위한 관건

우리가 역사의 현장으로 되돌아가서 참된 역사의 진실을 얻을 수 없다고 한다며, 우리가 어떤 문론가들이 제기했던 어떤 문론 명제의 역사 문화적 언어 환경으로 들어가기 위해서 역사 문화적 언어 환경을 만들어나가는 길을 걸어갈 수 밖에 없다. 어느 문론가 또는 문론 명제의 역사 문화적 언어 환경을 어떻게 새롭게 재구성해 나갈 것인가? 재구성의 관건은 어디에 있는 것일까? "재구성"의 의미는 역사의 기본적인 추세에 근거하여 역사의 큰 틀거리, 인물과 사건의 대략적인 위치, 심지어는 편견이 있었던 역사적 사건을 뒤집고서 역사적 자료라는 벽돌과 기와장 한 장 한 장씩 새롭게 조합하고 만들어나가야 함을 의미하며, 또 역사 정신에 근거하여 규칙성을 가진 역사 문화적 언어 환경을 정리해 나가는 것을 말한다. 이렇게 볼 때 역사 문화의 언어적 환경을 "재건"하는 핵심은 "발견"에 있다고 할 수 있다. 역사 텍스트가 역사의 진상을 완전하게 제시하는 것이 불가능함을 인지해야만 한다. 역사의 진상은 역사 속 인물과 사건의 원시적 상태를 말한다. 그것은 존재했었던 것이고, "실재"하는 것이다.

그러나 인물과 사건의 상태는 수없이 많은 변화를 겪었을 뿐만 아니라 또한 조금만 늦어도 사라져 버릴지도 모르는 상태에 놓여 있다.

그 원시성과 복잡성, 우연성, 그리고 일시성 등은 항상 제대로 파악할 수가 없다.

직접 현장에 있었던 사람이라고 하더라도 직접 목격하고 들었다 하더라도 완전히 파악하기는 어려운 것이다.

이처럼 역사 인물과 사건의 원시성, 복잡성, 우연성과 일시성, 혼돈은 그 어떤 인물에 대해서도 "실재"에서 "없음"으로 바꿔 버릴 수 있는 것이다. 이른바 역사 문화의 언어적 환경을 재구성하는 것은 바로 "무" 속에서 새롭게 "유"를 발견해 나가는 것이다. 원시성 속에서 현재성을 발견하고, 복잡성 속에서 일치성을 발견하고, 우연성 속에서 필연성을 발견하고, 일시성 속에서 규칙성을 발견해 나가는 것이다. 그러므로 역사 문화적 언어 환경은 오래된 옛날의 자질구레한 역사 이야기나 일화를 짜 맞추는 것이 아니다. 중요한 것은 역사 발전 또는 전환의 규칙을 발견해 나가는 것이다. 그 가운데에는 큰 규칙 속의 작은 규칙도 포함된다. 엥겔스는 역사를 어떻게 파악할 것인가를 논하면서 "전체로 말하면 역사 현상 영역 내에서는 마찬가지로 우연성이 지배하고 있다. 그러나 표면적으로 보기에는 우연성이 작용하고 있는 곳이라도 사실은 이러한 우연성 자체는 항상 내부에 감춰진 규칙성에 복종하고 있는 것이다.

모든 문제는 이러한 규칙을 발견해 나가는 것이다."[2]라고 하였다. 역사에 대한 엥겔스의 이러한 이해가 바로 우리가 말하고 있는 "역사 문화적 언어 환경"의 핵심이다. "역사 문화적 언어 환경"은 "역사의 내용을 역사에게 돌려주는 것"(엥겔스의 말)이고, 역사의 필연적 관계를 발견해 나가는 것이다.

중국의 고전 문론 연구와 관련하여, 이른바 역사 문화적 언어 환경으로 들어가서 고찰하는 것은 바로 역사 문화의 연관성 속에서, 즉 역사 문화 발전의 규칙 속에서 문론가와 문론 텍스트, 문론 명제, 문론 범주 등등을 이해하는 것이다. 중국 고대의 전통이 왜 "시언지詩言志"인가? 공자는 왜 《시詩》의 작용을 "홍 · 관 · 군 · 원 興觀群怨"으로 개괄했으며, 그 역사적 근거는 무엇인가? 왜 한대에 가장 전형적인 유가 문론인 《모시서毛詩序》가 출현하게 되었으며, 왜 "감정을

---

2) 《전형적 마르크스주의 작가의 역사과학론馬克思主義経典作家論歷史科學》 22 페이지 참고.

토로하고 예의에서 그친다.[發乎情, 止乎礼義]"라는 관점을 제기하였는가? 왜 조비에 이르러 "문장은 기를 위주로 한다[文以氣爲主]"라는 명제가 등장하게 되었는가? 왜 육기의 《문부》에서는 "시는 감정을 따라 우러나오는 것이기에 아름답다[詩緣情而綺靡]"라는 새로운 사상을 제기하였는가? 왜 양(梁) 나라 때의 유협은 "신사神思"를 문학 창작의 이상으로 삼았는가? 종영의 "맛으로 시를 논함[以味論詩]"는 어떤 역사적 근거를 가지고 있는가? 왜 당나라 때의 두보는 "지금 사람 박대하지 않고 옛 사람을 사랑하며, 맑고 아름다운 시구를 이웃으로 삼는다.[不薄今人愛古人, 淸新麗句比爲隣.]"라는 사상을 제기했는가? 한유의 "문이재도文以載道"는 어떤 역사 문화적 언어 환경 속에서 등장하게 되었는가? 당나라 말기의 역사 문화적 언어 환경 속에서 사공도는 왜 "경치 너머의 경치, 맛 너머의 맛[景外之景, 味外之味]"이라는 명제를 제기하였는가? 만약 우리가 이러한 문제들을 역사의 연관성 속, 즉 "역사 문화적 언어 환경" 속에 놓고서 고찰한다면, 중국 고전 문론의 참된 의미를 찾을 수 있을 것이다.

2. 새로운 의미의 발산 현대적 해석의 필요성과 가능성

중국의 고전 문론이 오늘날 우리가 확립하고자 하는 현대의 문학 이론에서 필요한 것인가 하는 것은 회피할 수 없는 문제이다. 물론 중국 현대 문학 이론의 확립은 주요하게는 중국 현 당대의 문학 활동의 실천을 총결하는 것이어야 한다. 하지만 중국 고전 문론의 정신을 계승하고 고전 문론의 새로운 의미를 탐색하여 발산시켜내는 것 또한 중요한 측면이다.

어떤 학자는 문론 연구는 학술을 위한 학술의 문제이여야 하지 쓸모의 문제를 거론할 필요는 없다고 주장하기도 한다. 그러나 본인의 생각은 연구를 진행할 때 가능한 한 객관적인 태도를 유지해 나가면서 진실과 참된 의미를 탐색해 나가야 한다고 본다. 왜냐하면 문론 연구는 당연히 학술적 문제로 돌아가야 하기 때문이다.

그러나 연구자가 진실과 참된 의미를 밝혀내는 것은 한 걸음 더 나아가 이 연구의 결과가 우리가 지금 새롭게 확립하고자 하는 현대 문론에 어떤 쓸모가 있는지의 문제까지 생각해야 하기 때문이다. 그러므로 "쓸모"의 문제 역시도 중국 고전 문론 연구 주제 중에서 당연히 의미가 있는 것이다. 1996년 문론계에서 제기되었던 고전 문론의 현대적 전환 명제는 바로 이 "쓸모"의 문제로, 당시에 제기되었던 문제들은 확실히 나름의 의미가 있었으며, 이점은 분명한 사실이다.

"쓸모"가 있어야 한다고 할 때, 우리는 바로 현대적 해석의 문제에 직면하게 된다. 이에 대해서 나는 표층에서부터 심층으로 나아가면서 고찰해 볼 수 있다고 생각한다.

표층적 측면에서 살펴볼 때, 중국 고전 문론의 일부 개념이나 범주는 심층적 해석을 통해서 이미 현대 문학 이론의 구성 성분이 되어 직접적으로 현대 문론 체계 속에 편입되기도 했다. 바꾸어 말하면 중국 현 당대의 문학 이론 속에는 이미 내적으로 적지 않은 고전 문론의 성분들이 포함되어 있다는 말이다.

주지하다시피, "사람(작가)를 알고 시대를 논함[知人論世]", "백성들과 함께 즐거워 함[与民同樂]", "어진 사람에게는 어진 것만 보이고 지혜로운 사람에게는 지혜로움만 보인다.[見仁見知]", "천인합일天人合一", "쓸모없음의 쓰임[無用之用]", "정신과 형체를 두루 갖춤[神形兼備]", "문인들이 서로 경시함[文人相輕]", "기운생동氣韻生動", "신여물유神与物游", "풍청골준風淸骨峻", "지음知音", "허정虛靜", "신운神韻", "함축含蓄", "자미滋味", "의경意境", "문체文体", "의상意象", "성격性格", "정경교융情景交融", "물아교융物我交融", "즉경회심卽景會心", "허실상생虛實相生", "풍경에 정감을 깃들게 한다.[寓情於景]", "사물에 기탁하여 뜻을 말한다.[托物言志]", "적음으로 많음을 개괄한다.[以少總多]", "하나로 열을 감당한다'[一以当十]", "多半於全", "운치 너머의 운치韻外之致", "언어 너머의 의미言外之意" "사색 없이 입으로 바로 뱉어냄[衝口而出]", "시작을 보고 끝을 이해함.[看頭悉尾]", "앞과 뒤의 호응[前呼後応]", "호응의 방법[呼応有法]",

"들쭉날쭉함 속에 정취가 있다.[錯落有致]", "서로 간의 성기고 빽빽함[疏密相間]", "서로 간의 짙고 옅음[濃淡相間]", "사고나 필치의 독특함[匠心獨運]", "밀랍을 씹는 맛(문장이나 말이 재미가 없음)[味同嚼蠟]", "감동적임[蕩氣回腸]", "앞에서 보듯이 목소리와 얼굴을 묘사하다(묘사가 생동적이다.)[繪聲繪色]", "세세한 곡절[委曲入微]", "열고 닫음이 자유롭다.[開合自如]", "사람의 마음과 오장을 편안하게 해 준다.[沁人心脾]", "사람의 안목을 넓혀준다.[豁人眼目]", "말은 다함이 있으나 뜻은 무궁하다.[言有盡而意無窮]", "지금 사람 박대하지 않고 옛 사람을 사랑한다.[不薄今人愛古人]"(당대 두보의 〈희위육절구 제5수戲爲六絶句 其五〉에서), "이때(악곡이 쉬는 부분)는 소리를 내지 않음이 소리를 내는 것보다 낫다.[此時無聲勝有聲]"(백거이의 〈비파행〉에서), "그대가 시를 배우려 한다면, 공부는 시 밖에 있도다.[汝果欲學詩, 功夫在詩外]"(남송 때 육유의 〈시자휼示子遹〉에서), "뜻을 씀이 십이라면 언어에는 삼을 써야 한다.[用意十分, 下語三分]"(남송 때 위경지魏慶之의 《시인옥설·함축·상의詩人玉屑·含蓄 尚意》에서) , "터럭 하나를 당겨 온 몸을 움직인다.[牽一髮而動全身]"(청대 공자진龔自珍의 시 〈자춘조추우유소감촉自春徂秋偶有所感觸〉), "적은 것이 많은 것을 이긴다.[以少少許勝多多許]", "작은 먼지 속에서 삼천 대천세계가 있고, 찰나의 순간에도 영원이 보인다.[微塵中有大千, 刹那見間終古]", "봄의 난초, 가을의 국화가 각자 일가를 이룬다.[春蘭秋菊, 各自成家]" 등등의 고전 문론 용어나 개념, 범주, 관점 등이 이미 현대 문학 이론 및 비평 용어로 사용되고 있다.

왜 이러한 현상이 출현하게 되었을까? 이것은 이러한 개념이나 범주, 그리고 관점들이 문학예술의 보편성을 가지고 있기 때문으로 언어 형태가 또한 현대 중국어와 가까워서 표층적 해석만을 통해서도 현대 문학 이론 및 비평의 구성요소가 될 수 있었기 때문이다.

심층적 측면에서 보면, 중국 고전 문론의 일부 이론들은 심도 있는 현대적 해석 또는 동서 간의 비교를 통하여 고전과 현대, 중국과 서양 문학 이론 간의 서로 상통하는 유사점들을 발견해 냄으로써 현대의 여러 이론들을 통해 합리적으로 설명해 낼 수가 있다.

　예를 들어, 중국 고전의 즐거워하되 음탕하지 않다는 "낙이불음樂而不淫"론은 서양의 "심미 절제"론과, 중국 고전의 "제물齊物"론은 서양의 "심미 공감"론과, 중국 고전의 "허정虛靜"론은 서양의 "심미적 거리" 이론과, 중국 고전의 아름다움과 착함은 음악을 바탕으로 한다는 "미선상악美善相樂"론은 서양의 "음악 교육"론과, 중국 고대의 시에는 정확한 해석이 없다는 "시무달고詩無達詁"론이나 시란 살아 있는 것이라는 "시위활물詩爲活物"론은 서양의 수용 미학론과, 중국의 사실을 과장한다는 "환증기실患增其實"설과 사건은 거짓이나 그 이치는 진실하다는 "사안이진事贗理眞"설은 서양의 진실론 학설과, 또 중국의 "발분저서發憤著書"설이나 "울요鬱陶"설은 서양의 "심사숙고"론이나 "재 체험"설과, 중국의 문기文氣론은 서양의 "생명력"과, 중국의 시인의 예술적 구상이나 창작은 시공간의 제한을 받지 않는다는 "정무팔극精騖八極"설과 "신사神思"론은 서양의 "상상"론과, 중국의 정감을 위해 글을 짓는다는 "위정조문爲情造文"론은 서양의 "표현"론과, 중국의 "직심直尋"설은 서양의 "직관"론과, 중국의 진부한 말은 쓰지 않도록 노력해야 한다는"진언무거陳言務去"론은 서양의 "심미 창조"론과, 중국의 "불평즉명不平則鳴"론은 서양의 "분노가 시인을 낳는다"는 주장과 중국의 "전미全美"론은 서양의 전체론과, 중국의 "항상 마땅히 가야 할 곳을 가고, 항상 멈추지 않으면 안 되는 곳에서 멈춘다.[常行於所当行, 常止於所不可不止]"는, 문학 창작에 있어서 써야 할 것은 분명하게 쓰고, 쓰지 말아야 할 것은 쓰지 말아야 한다는 이론이나 "묘오妙悟"론, "손으로 쓴 것을 믿고 입을 말한 것을 믿음에는 모두가 규칙이 있다.[信腕信口, 皆成律度]"는 주장은 서양의 "무의식"론과, 중국의 "동심童心"설은 서양의 "제2차 천진"설과 중국의 "괴기怪怪奇奇"론은 서양의 "낯설게 하기"와, 중국의 전기는 사실무근이라는 "전기무실伝奇無實"론은 서양의 허구론과, 중국의 "양강陽剛", "음유陰柔"론은 서양의 "장엄미"나 "우아미" 이론과 서로 상통하고 있다.

　이러한 중국 고전의 문론들은 언뜻 보기에는 서양의 이론들과 아무런 관련이 없어 보이지만, 우리가 심층적 이론으로 고찰해 보면 중국 고전 문론의 이론들이 서양의 현대적 이론들과 상통하고 있으며 비슷한 점이 많음을 어렵지 않게 발견할 수 있다. 중국의 이론이 서양의 이론과 "똑같다"고 말하는 것은 아니다. 완전히 똑같을 수는 없다.

왜냐하면 문론의 역사와 민족의 낙인은 지워버릴 수 없는 것이기 때문이다. 그러나 비슷함이나 서로 통하는 점은 가능한 것이다. 그렇다면 비슷하거나 서로 통하는 점이 있다고 한다면, 현대의, 서양의 문학 이론으로 중국의 고전 문론을 해석하는 것은 중국 고전 문론에 청춘의 활력과 새로운 의미를 더해 줌으로써 현대 문학 이론 확립에 좋은 자원이 될 수 있음은 충분히 가능한 일일 것이다.

중국 고전 문론의 현대적 해석이 어떻게 가능할까? 이 점에 대해서는 신 역사주의의 역사관이 시사하는 바가 크다. 신 역사주의는 텍스트는 역사성을 가지고 있으며, 역사는 텍스트성을 가지고 있다고 본다. 연구자는 응당 이에 대해 쌍방향의 관심을 기울여야 하는 것이다. "역사는 텍스트성을 가지고 있다"는 사실을 어떻게 이해해야 할까? 이것은 그 어떤 텍스트든 모두가 역사의 산물이며 역사의 제약을 받고, 역사의 품격을 가지고 있다는 말이다.

그렇기 때문에 그 어떤 텍스트든 모두 원래의 역사적 언어 환경 속에 되돌려 놓고서 고려해야만 비로소 텍스트의 본질을 드러낼 수 있다는 것이다. 이 점에 대해서 우리는 이미 앞 절에서 대략적으로 설명하였다. 그렇다면 "역사는 텍스트성을 가지고 있다"는 말은 어떻게 이해해야 할까? 이것은 그 글로 씌여진 그 어떤 역사(역사적 활동이나 역사 인물, 역사적 사건, 역사 작품, 문학작품, 이론 작품 등의 글쓰기를 포함하여)든지 오늘의 우리에게 있어서는 모두가 정확하지 않은 텍스트일 뿐이어서 우리는 항상 오늘의 관념으로 역사 텍스트를 이해하고 개조하고 구성함으로써 부단히 새로운 역사를 구성해낼 수밖에 없어서 역사 텍스트를 완전하게 복원시킬 수는 없다는 말이다.

이렇게 될 수밖에 없기 때문에 핵심적 원인은 인식주체로서의 인간과 인간이 사용하는 언어적 도구인 것이다. 인간은 구체적 역사의 산물로, 그 모든 특징은 다

특정한 역사 시기의 사회 문화적 요소에 의해 각인된 흔적을 가지고 있으며, 그렇기 때문에 인간은 영원히 역사를 초월할 수 없다. 언어도 마찬가지이다. 구조주의의 주장에 따르면, 언어는 기표(시니피앙)와 기의(시니피에)의 결합이며, 그렇기 때문에 언어의 단일적 지칭성은 너무나도 믿을 수가 없는 것이다.

역사성을 가진 인간이 지서성이 명확하지 않은 언어를 사용하여 역사 텍스트를 읽어나갈 때 어떤 상황이 발생할 수 있을까? 그의 눈 앞에 펼쳐진 역사는 결단코 역사의 본래의 진짜 상황이 아니라 단지 자기 자신의 관념에 따라 재구성된 역사일 것임은 분명히 말할 수 있다. 역사학자가 붓으로 그려낸 역사는 "일시성"을 가질 수밖에 없는 것이다. 오늘 언제 언제의 역사가 어떠어떠했다고 오늘 말하지만, 내일이 되면 또 그 역사는 어떻게 뒤집히고 다르게 말해질지 모른다.[3] 오늘날의 사람들에게 중국 고전 문론 역시도 텍스트의 하나에 불과하기 때문에 오늘날의 사람들은 현대적 관념으로 그것을 해석할 수 있으며, 이것은 가능성일 뿐만 아니라 또 그렇게 해야 하는 필연성이기도 하다. 중국학이 한 집안이고, 서양학이 한 집안으로, 이 두 집안이 평등한 관계에서 대화를 진행해 나가고 "상호 협조"해 나간다면 동서의 "화합化合"(왕궈웨이의 말)은 실현될 수 있을 것이다.

3. 사례 분석 : 이중 해석의 방법

중국 고전 문론에 대해 어떻게 "역사 문화적 언어 환경"과 "현대적 해석"을 진행해야 하는가? 구체적인 빙법은 어떠해야 하는가? 여기서 예를 들어 간단하게 이야기 해보도록 하겠다.

---

3) 이상의 내용은 《신역사주의와 문학비평新歷史主義与文學批評》(베이징, 베이징대학출판사, 1993)에 수록된 스티븐 그린블랏(Stephen Greenboatt), 하이든 화이트(Hayden White) 등의 논문 참고.

왕궈웨이는 만청(晚晴) 시기에 "경계"설을 제기하였는데, 이는 거의 모든 사람들이 입이 닳도록 이야기 했던 화제이다. 나는 이전에 비교적 유행하는 "경계"설의 여섯 종류의 해석에 대해 논한 적이 있다. 이러한 해석은 일반적으로 왕궈웨이의《인간사화》라는 이 책의 텍스트에 근거하여 제한한 것이다. 그 중에는 "정경교융情景交融"설도 있고, "시화일체詩畵一体"설도 있고, "경생상외境生象外"설, "생기원출生氣遠出"설, "철학적 함의[哲學意蘊]"설, "대화교류對話交流"설 등등이 있는데, 이러한 견해들이 맞는 것일까? 모두 단편적인 이치들이라고 말할 수는 있어도 틀렸다고는 말할 수 없다.

그러나 왕궈웨이의 "경계설"의 "참된 의미"를 얻었다고는 말하기 어렵다. 왜냐하면 이러한 견해들은 모두 왕궈웨이의 개별적인 설명들에서 추론해 낸 것들이기 때문에 그 "역사적 연관성"과 "문화적 연관성", 그리고 "사회적 연관성"을 찾아볼 수 없기 때문이다.

《인간사화》는 왕궈웨이의 전기 작품으로, 동서 융합의 산물이지만, 왕궈웨이가 생활했던 시대의 역사 문화적 산물이기도 하다. 《인간사화》는 1908년에 발표되었다. 이 때는 청나라는 이미 거의 멸망 단계에 이르렀을 때이며, 또한 중국이 제국주의 열강들의 능욕으로 망국의 위기에 놓여 있을 때였다. 이러한 시대에는 조금이라도 애국심이 있는 지식인이라면 모두 중국의 쇠락한 운명을 근심하면서 중국의 부흥을 위해 자신의 힘을 바치길 원했을 것이다. 문학 창작에 있어서도 당연히 시대적 요구를 반영하여 큰 목소리로 중국 국민들을 일깨워야 했다. 중국이 이미 가장 위험한 순간에 이르렀음을 인식하고 모두 한 마음 한 뜻으로 위기에 처한 중국을 구해내고자 노력해야 했다.

왕궈웨이와 동시대인인 양계초가 소설계 혁명, 시계 혁명을 고취했던 것도 일종의 구국(救國)의 표현이었다. 이러한 상황에서 왕궈웨이는 칸트와 쇼펜하우어, 니체 등에 대한 연구를 포함하여 철학과 문학에 대한 연구를 시작하게 되었고, 그 중 문학 연구의 대표작으로는《홍루몽 평론紅樓夢評論》,《인간사화人間詞話》, 그리고《송원희곡사宋元戱曲史》등이 있다.

《인간사화》의 탄생은 우연이 아니었다. 작가는 선명한 문제의식을 가지고 있었는데, 그것이 바로 청대의 사(詞)와 사학(詞學)에 나타난 형식주의 경향에 대한 극도의 불만으로, 자신의 저술을 통해 이러한 폐단을 보완하고자 했던 것이다. 당시 그가 처해 있던 시대를 깨달은 왕국ㅠ는 더 이상 형식적 기교 놀음에 빠져 있을 수 없었던 것이다. 시대는 피 눈물로 쓴 살아있는 진실한 문학을 원했던 것이다.

이러한 점에서 왕궈웨이의 청대 많은 사인(詞人)들이 "남송을 섬기고 북송을 멀리하는[祖南宋而桃北宋]" 것에 대한 불만에서부터 시작하도록 하겠다.

왕궈웨이는 "남송의 사인 중에 백석(강기)는 격조는 있으나 정감이 없고, 검남(육유)는 기상은 있으나 운치가 부족하다. 북송 사람들과 어깨를 나란히 할 수 있는 사람은 오직 유안(신기질) 뿐이다. 근자에 사람들이 남송을 숭상하고 북송을 멀리하는데, 이는 남송의 사는 따라 배우기가 쉬운 반면 북송의 사는 따라 배우기가 어렵기 때문이다. 남송을 배우고자 하는 사람은 신기질을 받을지 않고 강기나 몽창(오문영)을 섬겼으니, 강기나 오문영의 사는 따라 배울 수 있지만, 신기질의 사는 따라 배우기가 어렵기 때문이다.

신기질을 배우는 사람은 그이 거침과 해학만을 경솔하게 흉내 내니, 거침과 핵은 배우기 쉽지만 빼어난 곳은 배우기 어렵기 때문이다. 신기질의 빼어난 점은 성정이 있고 경계가 있음이다. 기상으로 논하면 또한 '흰 파도 가로지르고' '푸른 구름으로 뛰어 오르는" 기개가 있으니 어찌 후대의 소인배들이 모방할 수 있겠는가?[南宋詞人，白石有格而無情，劍南有氣而乏韻. 其堪与北宋人頡頏者，唯一幼安耳. 近人祖南宋而桃北宋，以南宋之詞可學，北宋不可學也. 學南宋者，不祖白石，則祖夢窗，以白石,夢窗可學，幼安不可學也. 學幼安者率祖其粗獷,滑稽，以其粗獷,滑稽處可學，佳處不可學也. 幼安之佳處，在有性情，有境界. 卽以氣象論，亦有'橫素波','干青雲'之槪，寧後世齪齪小生所可擬耶?]"4)라고 했다.

왕궈웨이는 또 "매계(사달조),몽창(오문영), 옥전(장염), 초창(주밀), 서록(진평윤)

4) 왕궈웨이 저, 포추仏雛 편집 및 주석, 《신 교정판〈인간사화〉新訂〈人間詞話〉》
 (상하이, 화동사범대학출판사, 1990) 95 페이지.

등의 사인들은 그 사 작품은 다르지만 모두 똑같이 천박하다. 비록 시대가 그렇게 하기도 했지만, 또한 재능의 한계가 있었음도 분명하다. 근래에 사람들이 주나라의 세 발 솥을 버리고 텅빈 조롱박을 귀하게 여기니 참으로 이해하기 어렵다.[梅溪, 夢窗, 玉田, 草窗, 西麓諸家, 詞雖不同, 然同失之膚淺. 雖時代使然, 亦才分有限也. 近人棄周鼎而宝康瓠, 實難索解.]"[5]라고 했다.

이로써 보건데 왕궈웨이가 "경계"설을 지표로 삼았던 것은 사실 청대 초기 절서파浙西派의 사풍을 매우 불만스러워 했음을 알 수 있다. 왜냐하면 절서파는 줄곧 음률이나 전고, 자구의 조탁 등을 따지는 남송의 형식주의 사풍(신기질 등은 제외)을 추종했기 때문에 자신의 문학 관념과는 맞지 않았던 것이다. 왕궈웨이는 이립의 사와 북송 시기의 여러 대가들의 사를 추종했으며, 남송에 대해서는 신기질의 사는 충분히 긍정했다. 그는 특별히 내세웠던 "경계"설은 사실은 시사의 참된 경물, 참된 정감 표현을 중시하고 시사 내용의 마땅히 있어야 할 생명력을 중시하는 데서 나온 것이며, 청대 큰 영향을 미치고 있던 절서파의 사풍을 겨냥한 것이었다.

정강의 변 이후 남송이 위기에 처하게 되면서 문학에서도 비분강개한 애국적 열정이 표현되어 나왔는데, 이것이 바로 신기질(자는 유안幼安)을 대표로하는 일부의 시인과 사인들, 그리고 그들의 작품 속에 표현된 격앙된 비분강개의 정감이다.

이것이 한 측면이라면, 다른 측면에서는 남송 조정이 강남에 자리를 잡은 후 진취적 사고를 버리고 강남의 풍족함에 안주하면서 조정의 상하 대신들은 적지 않은 부를 축적하게 되었고, 그리하여 정강의 변의 치욕은 잊은 채 달콤한 술과 가무에 취해 있었으니, 일부 시인과 사인들도 의기소침해지고 무감각해져서 중원 회복과 국가의 부흥에는 관심조차 없이 문을 닫아걸고 사의 기교에만 매달렸다.

왕궈웨이가 언급했던 강기(姜夔: 자는 백석白石)나 오문영(吳文英: 자는

---

5) 위의 책 96 페이지.

몽창夢窗) 등처럼 그들의 사풍은 형식주의에 치우쳐 있었고, 그들은 음률과 리듬 또는 자구의 조탁이나 전고를 이용한 영물만을 따졌기 때문에 그 내용은 대부분이 태평시기의 음주가무나 기녀들과의 사랑 이야기 등으로 매우 공허한 것이었다.

청대 강희 연간부터 건륭 연간까지 흥성했던 절서사파는 그 대표적 인물이 주이존朱彝尊으로, 그는 전사(塡詞) 뿐만 아니라 사론(詞論) 주장도 있어서 점차 그를 중심으로 절서사파가 형성되었다. 그는 《사종詞綜》의 요지 설명에서 "세상 사람들이 사를 논할 때면 반드시 북송을 칭송하지만, 사는 남송에 이르러 비로소 그 공교함이 다했고, 송대 말기에 이르러 비로소 그 변화가 다했으니, 그 중에서 강기가 가장 걸출했다.[世人言詞, 必稱北宋, 然詞至南宋始極其工, 至宋季而始極其变, 姜堯章氏最爲傑出.]"라고 하였다.

그는 또 〈자제사집自題詞集〉에서는 "진관을 스승을 삼지 않고 황정견도 스승으로 삼지 않는다. 전사는 비교적 장염에 가깝다.[不師秦七, 不師黃九, 倚新聲玉田差近.]" "사는 송원 이후 명대 300년간에는 특출난 사람이 없었다. 생소한 언어로 배척하고 매번 곡조도 맞지 않으면서도 새로운 곡조로 내달리니 사보와 어울리기 어려웠다.[夫詞自宋元以後, 明三百年無擅場者. 排之以硬語, 每与調乖, 竄之以新腔, 難与譜合.]"[6]라고 했다. 이러한 내용들을 통해 주이존을 대표로하는 절서사파는 사의 음률과 기교 등에 경도 되어 있어서 사의 내용을 그다지 중시하지 않았음을 알 수 있다.

왕궈웨이가 살았던 시대는 봉건사회의 끝자락으로, 나라를 위기에서 구하고 생존을 도모하는 것이 그 시대의 주제였다. 왕궈웨이는 전기에 나름대로의 포부를 가진 사회 엘리트로써 그의 사상은 이러한 시대적 요구와 동떨어질 수 없었다. 그는 물론 사회 변혁을 통해 민족 부흥을 도모하고자 했다.

문학 관념에 있어서는 비록 그가 예술도 중시하였지만, 내용을 더 중시하였다.

그는 "당시 사람들"의 시사 창작에 나타난 형식주의 경향을 용인할 수가 없었다.

---

6) (청) 주이존, 〈수촌금취서水村琴趣序〉, 《폭서정집曝書亭集》(건륭연간 간행본) 권42,

그러므로 그가 주장했던 "의경"설의 참된 의미는 그가 처해있던 당시의 구망도존(救亡図存)이라는 역사 문화적 언어 환경과 연결하여 고찰하지 않으면 안되는 것이다. 만약 우리의 이해가 틀리지 않았다면, 왕궈웨이의 경계설의 참된 의미는 첫째로는 진실의 추구이다. 그는 "경이란 경물만을 말하는 것이 아니다.

희노애락 또한 사람 마음 속의 한 경계이다. 그런 까닭에 참된 경물을 묘사하고 참된 감정을 묘사하는 작품에는 경계가 있다고 말하는 것이다.[境非獨謂景物也,, 喜怒哀樂亦人心中之一境界. 故能寫眞景物, 眞感情者, 謂之有境界.]"라고 했다.

이 말은 현재 사회가 이처럼 혼란스럽고 백성들의 생활이 이처럼 어렵다 하더라도 당신의 마음 속에 분노와 원망과 불만, 근심, 답답함, 원한과 바램 등등의 수많은 감정들이 쌓여 있다며, 문학적인 형식을 통하여 거짓이 아니라 진실 되게 목 놓아 소리치고 울고 뱉어내면 된다.

그러나 당신의 고함과 울음과 쏟아냄이 반드시 진실해야 하고 진지해야 한다는 것이다. "순수하고 진실한 마음"만 있으면 자신의 감정을 인류의 감정으로 전환 시킬 수 있다는 것이다. 이처럼 진실되고 진지한 고함과 울음, 쏟아냄은 슬픈 노래가 되어 예술적인 아름다움을 바뀌게 된다는 것이다. 왜냐하면 경계의 첫 번째 요소가 바로 진실됨을 추구하는 것이기 때문이다.

그래서 왕궈웨이는 심지어 "탕자 집 나가 돌아오지 않으니, 텅 빈 침상 홀로 지키기 어려워라.[蕩子行不歸, 空床難獨守.]", "어찌 준마 채찍질하여 먼저 요직 차지하지 않는가?[何不策高足, 先據要路津]" 등과 같은 시구를 "음탕하고 비속한 사"의 목록에 넣지 않았으며, 오히려 참되고 진지한 작품으로 보았던 것이다.

왕궈웨이 경계설의 두 번째 의미는 심오함의 추구이다. 그는 "니체가 '모든 문학 중에서 나는 피눈물로 쓴 것을 좋아한다.'라고 했는데 후주의 사는 진정으로 '피눈물로 쓴 것'이라고 할 수 있다.[尼采謂: "一切文學, 余愛以血書者." 後主之詞, 眞所謂以血書者也.]"라고 했다. 그는 심지어 이후주의 정감표현을 석가모니나 예수님과 비교하기까지 했다. 이른바 "피눈물로 쓴 것"이라는 말은 가벼운 "놀이"가 아니라 바로 뼈에 새겨진 침통하고 잊을 수 없는 감정의 표현이라는 말이다.

여기에서 왕궈웨이는 니체의 말을 인용함으로써 바로 자신의 "경계"설이 서양의 것으로 동양을 해석하는 동서 상호 해석임을 증명하고 있다. 왕궈웨이가 니체의 "피눈물로 쓴다"라는 말로 자신의 "경계"설을 해석했다면, 오늘날의 우리도 서양의 이론으로 고전 문론을 해석할 수 있지 않겠는가? 왕궈웨이가 고전에서부터 파고들어 현대로 나옴으로써 고전을 총결하고 또 현대의 "경계"설 신론을 확립함으로써 고금을 관통하고 동서를 융합하였으니, 이는 왕궈웨이가 우리에게 시범을 보인 것이다.

경계설의 역사 문화적 언어 환경에 대한 고찰과 현대적 해석은 그 내용이 매우 풍부하지만, 여기서는 단지 그 고찰과 해석의 "방법"에 대해서만 간단하게 논하였을 뿐, "경계"설의 참된 의미에 대해서는 상세하게 서술하지 않았다. 왕궈웨이의 "경계"설의 진실 추구와 깊이 추구에 대한 해석은 이전의 평가나 해석과는 다른 것이며, 나의 이전 해석과도 다르다.

그 이유는 바로 사용된 방법이 다르기 때문이다. 이로써 중국 고전 문론 연구의 방법론 문제는 우리의 연구가 돌파해 나가야 할 핵심임을 알 수 있다.

《문심조룡》의 "잡이불월雜而不越" 설

〈부회附會〉편은 《문심조룡》의 제 43편으로, 《문심조룡》제32편 〈용재熔裁〉편과 제 44편 〈총술總術〉편과 매우 밀접한 관계가 있다. 〈용재〉편은 문학 작품의 편집 문제를 논하고 있는데, 유협은 "본체를 규범화하는 것을 용이라고 하고, 들뜬 단어를 마름질 하는 것을 재라고 한다.[規範本体謂之熔, 剪裁浮詞謂之裁.]"라고 했다.

〈총술〉은 문장 기교의 필요성과 중요성에 대해 논하고 있는데, 그 가운데 "하나의 원칙에 근거하여 많은 다양한 변화을 총괄하고, 요점을 들어 번다한 현상을 다스린다[乘一總万, 擧要治繁]"는 사상을 제기하였다. 〈부회〉편에서는 작품을 배치와 구상의 예술적 구조에 대해 토론하고 있다. 물론 또한 본체의 규범화와 수식어의 편집 임무도 있다. 그 중에서 중심 사상은 하나의 원칙에 근거하여 다양한 변화를 총괄하고 요점을 들어 번다한 현상을 다스린다는 것으로, 작품이 전체적 특징을 가지게 한다는 것이다. 그렇기 때문에 이 세 편을 서로 연계하여 고찰해 보고자 한다.

1. 같음 속의 다름

〈부회〉 편에 대한 연구에 있어서 연구자들의 의견은 대체로 일치한다. 일반적으로 〈부회〉 편은 《문심조룡》에서 작품의 구조와 구상에 대해 전문적으로 논하고 있는 편장이다. "부회附會"란 바로 수사를 덧붙이고 뜻을 모은다는 "부사회의附辭會義"의 준말로, "부"는 "단어[辭]"에 대해 말하는 것으로, 즉 '단어에 수식을 덧붙인다'는 말이다. "회"는 "의미[義]"에 대해 말하는 것으로, '사물의 의미를 한데 모은다'는 말이다. "여러 말들이 비록 많다 하여도 실타래가 얽혀있는 것 같은 혼란이 없어야 한다.[群言雖多, 而無棼絲之亂.]"는 말은 "수사를 덧붙임"에 뛰어남을, "문장의 대의가 비록 번다하더라도 전도되어 어긋남이 없어야 한다.[衆理雖繁, 而無倒置之乖]"는 말은 "뜻을 모음"에 뛰어남을 말하는 것이다.

"부회"의 의미는 "수사"와 "의미"의 결합을 통해 어떻게 전체성을 만들어 갈 것인가 하는 문제로, 바로 "문장의 대의를 총괄하고[總文理]", "문장의 처음과 끝을 결정하는[定首尾]"의 방법을 말하는 것이다. 사실상 이것은 바로 작품의 예술적 구조의 문제를 말하는 것이다. 연구자들의 의견이 비록 대체적으로 일치하고 있기는 하지만, 각각의 해석에는 각자 나름대로의 중점이 있어서 강조하고 있는 핵심 또한 완전히 같지는 않다. 여기에서는 그 중 네 가지 견해를 예로 들어보도록 하겠다. 지쥔紀昀은 수미일관(首尾一貫)에 치중했다. 지쥔은 첫 번째 머리말 평어[尾批]에서 "부회라고 하는 것은 수미일관으로, 전체 작품이 서로 붙여서 하나로 합친다는 말로, 이후에 이른바 장법이라고 부르는 것이다.[附會者, 首尾一貫, 使通編相附而會於一, 則後來所謂章法也.]"라고 했다.

이와 관련된 지쥔의 평어는 세 곳이 더 있는데, 유협이 "붓을 놓고 글을 마무리하거나 한 장을 끊을 때[絶筆斷章]" 때의 요구 사항에 대해 언급하는 단락에서 지쥔은 가장 중요한 평어인 "이것은 마무리 또한 함부로 해서는 안 됨을 말한 것이다.

시인은 마지막 구절을 어렵게 여긴다라고 하는 말이 바로 이 뜻이다.[此言收束

亦不可苟. 詩家以結句爲難, 卽是此意.]"⁷⁾ 라고 비평했다. 지쿤의 핵심은 수미일관으로, 그 중에서도 특히 결미의 중요성을 강조하였음을 알 수 있다. 한 작품의 결미는 종종 작품의 유기적 전체성을 표현해주기도 한다.

황칸黃侃은 주제와 수사의 일관성을 중요시 하였다. 그는 "《진서 문연 좌사전》에 유규의 〈삼도부〉에서 '수사를 붙이고 뜻을 모음이 또한 정교하고 치밀하다.'라고 한 대목이 실려 있는데, 유협의 이편에도 '수사를 덧붙이고 뜻을 모은다'는 말이 있는데, 근본을 바로잡는다는 말이다. 그러나 부회의 설은 오래된 것이다. 이 문장을 음미해보면 〈용재〉, 〈장구〉두 편의 설과 상호보완적이다. 그러나 〈용재〉편은 단지 방법의 결정만을 말한 것으로, 방법을 결정한 후 어떻게 여러 어휘들을 연결시킬지에 대해서는 상세하게 말하지 않았다. 〈장구〉편은 의미에 맞게 장절을 안배하는 내용으로, 장절을 안배하고 난 후에는 어그러진 순서를 어떻게 바로잡을지에 대해서는 설명을 하고 있지 않다. 두 편에 모두 '수미원합', '수미일체'의 말이 있으며, 또 '강령소창', '내의맥주'의 논술이 있으니, 문장의 대의를 총괄하고 문장의 처음과 끝을 정하는 방법은 마땅히 전문적인 편장을 마련하여 거론해야 하니, 이 〈부회〉 편을 지은 이유이다.

부회란 주제와 수사를 일관되게 총괄한다는 말로 처음으로 수식과 윤색의 공적을 토론한 것이다.[《晉書 文苑 左司伝》載劉逵《三都賦》曰: '傅辭會義, 亦多精致.' 彦和此篇, 亦有附辭會義之言, 正本淵林, 然則附會之說旧矣. 循玩斯文, 与《熔裁》,《章句》二篇所說相備, 然《熔裁》篇但言定術, 至於定術以后, 用何道以聯屬衆辭, 則未暇晰言也. 《章句》篇至意安章, 至於安章以還, 用何理以斟量乖順, 亦未申說也. 二篇個有'首尾圓合', '首尾一体'之言, 又有'剛領昭暢', '內義脈注'之論, 而總文理定首尾之術, 必宜更有專篇言之, 此《附會》篇所以作也, 附會者, 總命意修辭爲一貫,

---

7) 황린黃霖 편저, 《문심조룡휘편文心雕龍彙評》(상하이, 상하이고적출판사, 2005) 140~141 페이지 참고.

而兼草創討論修飾潤色之功績者也.]"[8]라고 했다. 황칸은 주제와 수사는 일관성이 있어야 함을 강조하였다. 그래서 황칸은 특별히 "근원[源]"와 "줄기[幹]"의 중요성을 제기하면서 유협의 "갈래를 정리함은 근원에 의지하고, 가지를 정리함은 줄기를 따른다.[整派者依源, 理枝者循干]"는 원칙을 강조하였다.

리우용지劉永濟는 "전편의 한 가지 의미[全篇一意]"에 치중하였다. 그는 "부회 두 글자는 《한서 원앙전찬爰盎伝賛》의 '비록 잘 배우기를 좋아하지 않았지만, 끌어 붙이고 모으는 데는 뛰어났다.[雖不好學, 亦善附會]'에서 온 것으로, 장안의 《주》에서는 '덧붙이고 모음이 적절하기 때문이다.'라고 했다. 또 육규의 〈촉도오도부주서蜀都吳都賦注序〉에도 보이는데, 여기서는 '말의 뜻을 설명함이 매우 정교하고 세밀하다.'라고 했는데, 그 의미는 오늘날 이른바 주제를 구상하는 방법이란 뜻이다. 글을 짓는 방법은 백가지의 의미를 하나의 주제로 모아 문장을 온전하게 하고 수사를 다양하게 하는 것이다.

수사가 산만하여 서로 맞지 않으면 장절이 뒤집히게 되어 문장의 순서가 흐트러지게 된다. 뜻이 나뉘어 서로 모이지 않으면 주제가 불분명하게 되어 말의 원칙이 흐트러지게 된다.

무릇 백가지 의미로 한 가지 주제를 펼치고, 다양한 수사로 온전한 한 편을 만드는 것이다.[附會二字, 蓋出《漢書 爰盎伝賛》'雖不好學, 亦善附會', 張晏《注》曰: '因宜附著會合之.' 亦見劉逵《蜀都吳都賦注序》. 彼文曰: '傅會辭義, 抑多精緻.' 其義卽今所謂謀篇命意之法. 爲文之道, 百義而一意, 全篇而衆辭. 辭散不相附, 則章節顚倒, 而文失其序; 義紛而不相會, 則旨趣黯黮, 而言乖其則; 蓋百義所以申一意, 衆辭所以成全篇也.]"[9]라고 하였다. 리우용지가 강조하고 있는 것은 "백의일의"이다. 하나의 의미로 작품 전체를 관통하고 있어야 한다는 것이다. 이것이 바로 주제를 구상하는 근본적인 방법이라는 것이다.

여기서 한 가지 지적하고 싶은 것은 위 세 연구자나 그 밖의 일부 다른 학자들의

---

8) 황칸黃侃, 《문심조룡찰기文心雕龍札記》 (상하이, 화동사범대학출판사, 1996) 261 페이지.
9) 리우용지劉永濟, 《문심조룡교석文心雕龍校釋》 (타이페이, 타이완화정華正서국,1981) 164 페이지.

경우도 모두 유협의 〈부회〉 편의 "잡이불월"이라는 이 중요한 말에 그다지 주의를 기울이 않고 있다는 점이다. 이 "잡이불월"을 부각시켰던 것은 왕웬화王元化의 《〈문심조룡〉 창작론》이었다.

비록 이전 사람들이 이미 부회의 문제를 제기하였지만, '예술적 구상의 근본적인 임무가 도대체 무엇인가'에 대해서는 그들은 설명하지 않았다. 유협은 가장 먼저 이 문제에 대해 명확하게 분석했던 이론가였다. 〈부회〉 편에서 "무엇을 일러 부회라고 하는가? 문장의 대의를 총괄하고 문장의 첫머리와 결말을 통솔하며, 보충하고 삭제할 것을 정하고 가장자리의 틈을 봉합하고, 한 편을 마무리하여 잡다하면서도 도를 넘지 않게 하는 것이다."라고 하였다. 여기서 제기하고 있는 "잡다하되 도를 넘지 않는다."는 이 말은 바로 예술적 구상의 문제를 어떻게 처리할 것인가에 관한 개괄적 설명이다. "잡이불월"이란 구절은 《주역》에 나온다. 〈계사하〉 편에서는 "그 이름을 부름이 잡다하나 도를 넘지 않는다."라고 했다. 한강백의 주에서는 "갖추어진 만물이 급변하니, 그런 까닭에 이름하여 잡다하다고 한다. 각각이 그 차례를 얻으니, 서로 도를 넘지 않는 것이다."라고 하였다. 초순의 《역장구》에서도 "잡"은 "사물이 서로 뒤섞여 있음"을 말하며, "불역"이란 "그 도를 넘지 않음"을 말하는 것이라고 했다. 한백과 초순의 주석은 모두 이 구절이 《역》 괘의 만물의 변화의 이치를 설명하는 것이라고 하면서, 한편으로는 만사와 만물의 변화가 끊임이 없고, 다른 한편으로는 만사와 만물의 변화가 또 천존지비의 도를 넘어서지 않는다고 하였다. 유협은 이 구절을 문학 영역에서 예술적 구성의 문제에 적용하였으니, 확실히 〈계사하〉의 본래의 의미를 버린 것이다. 〈부회〉 편에 근거하여 보면, "잡"은 예술작품의 시각에서 말하는 것이고, "불월"은 예술작품의 전체의 일치성을 넘어서지 않음을 가리켜 이르는 말이다. "잡이불월"의 의미는 곧 예술 작품의 각각의 부분들은 반드시 일정한 목적에 맞추어서 하나로 일치되어야 한다는 말이다. 예술 작품의 각 부분과 세부 내용이 표면적으로는 천차만별인 것 같지만, 사실상 그것들은 모두 공통의 목적성에 녹아들어가 있는, 공통의 주제를 표현하기 위해 자연스럽게 하나의 전체로 결합되어 있는 것으로, 표면적으로 일치하지 않는 것 같은 각각의 부분, 각각의 세부내용들은 목적과 주제라는 측면에서 일치성을 보여준다. 예술 구성의 문제에 있어서 "잡이불월"이라는 이 명제는 우선 예술 작품이 단일성(유협은 이것을 "약"이라고 했다.)과 잡다함(유협은 이것을 "박"이라고 했다.)의 통일임을 설명하고 있다. 단일성의 측면에서 말하면, 예술 작품은 반드시 시작과 끝이 일관되어야 하고 표리(表裏)가 일치되어야 한다. 이러한 점에서 예술과 이론은 서로 유사한 점이 있다고 할 수 있다. 이론에서는 논리와 추리의 일관성이 요구된다. 모든 논점은 떨어질 수 없는 하나의 사슬이어서 고리 하나가 다음 고리에 연결되어 앞으로 발전해 가면서 기본적인 사상 원칙을 설명해 나간다. 예술도 마찬가지로 세부적 형상의 연관성이 요구된다. 모든 묘사들이 공통의 주제를 둘러싸고서 하나의 목표를 향해 달려가며, 주제를 벗어난 쓸데없는 불필요한 존재를 허용하지 않는다. 잡다함의 측면에서 말하면, 예술 작품은 반드시 복잡성과 변화성을 가지고 있어야 한다는 것이다. 풍부하고 다채로운 형식을 통하여 풍부하고 다채로운 의미들을 표현해야 한다는 것이다. 예술은 생동적이고 풍부한 표현을 통하여 예술 형식이 서로 다른 상황에서 서로 다르게 탄생된 다양한 변화를 보여줄 것을 요구한다. 유협은 "잡"이라는 이 글자를 사용하여 예술 작품의 다양성을 설명하고, 또한 〈전부〉 편을 그 방증으로 들었다. 〈전부〉 편에서는 "문장은 그 표현은 잡다하되 바탕이 있어야 하고, 색채는 다양하되 본색이 있어야 한다."라고 하였다. 역기서의 "잡"과 "유" 두 글자는 같은 의미로, 모두 다양함을 대표하는 의미이다. 유협이 "잡"을 긍정적인 의미에서 제기하기는 한 것으로, 단조로움과 빈약함, 고갈의 상대적인 의미로 사용하고 있음을 알 수 있다.

雖然前人已經提出了附會的問題, 可是芸術構思的根本任務究竟是什麼呢? 他們並未加以論述, 劉勰是首先對這個問題作了明確分析的理論家. 《附會篇》云:"何謂附會? 謂總文理, 統首尾, 定与奪, 合涯際, 弥綸一篇, 使雜而不越者也." 這裡所提出的"雜而不越"一語, 就是關於如何處理芸術結構問題的槪括說明. 案: "雜而不越"這句話見於《周易》.《繫辭下》曰:"其称名也, 雜而不越." 韓康伯《注》:"備物極変, 故其名雜也. 各得其序, 不相逾越." 焦循《易章句》也說,"雜"謂"物相雜","不越"謂"不逾其度".韓氏,焦氏 的註疏都認爲這句話是在說明《易》象万物変化之理,一方面万事万 物変動不居,另方面 万事万物的変化又都不能超出天尊地卑的限度. 劉勰把這句話用於文學領域以說明芸術結構問題, 顯然已捨去了《繫辭下》的本義.根 據《附會篇》來看,"雜"是指 芸術作品的部分而言,"不越"是指不 超出芸術作品的整体一致性而 言."雜而不越"的意思就是說芸術作品的各個部分必須適応一定目 的而配合一致. 儘管芸術作品的各部分,各細節在表面上千差万別, 彼此不同,可是實際上,它們都応該滲透著共同的目的性, 爲表現共同的內容主旨自然而然地結合爲一個整体, 使表面不一致的各部分, 各細節, 顯示了目的方面 和主旨方面的一致性……在芸術結構問題中,"雜而不越"的這個命題 首先在於說明芸術作品是單一(劉勰又称之爲"約")和雜多(劉勰又称之爲"博")的統一. 從單一的方面說, 芸術作品必須首尾一貫, 表里一致.
在這一点上, 芸術和理論有某些相似之處. 理論要求邏輯推理的一貫性,
使所有的論点聯接爲一條不能拆開的鏈鎖, 一環扣一環
地向前發展, 以說明某個基本思想原則. 芸術也同
樣要求形象細節的一貫性, 使所有的描寫囲繞著共同的主旨,
奔赴同一個目標, 而不允許越出題外的駢拇枝指存在 …
… 從雜多方面來說, 芸術作品必須具有複雜性和変化性,
通過豊富多彩的形式去表現豊富多彩的意蘊.
芸 術 要 求 有 生 動 , 豊 滿 的 表 現 , 以 顯 示 芸
術 形 象 在 不 同 情 況 下 可 能 産 生 的 多 種 変 化 ……
劉 勰 使 用 " 雜 " 這 個 字 來 表 明 芸 術 作 品 的 雜 多 性 ,
還可以舉《詮賦篇》爲証.《詮賦篇》說: "文雖雜而有質,
色雖揉而有本." 在這裡, "雜", "揉"二字同義, 都是代表雜多的意思. 顯然,
劉勰是把"雜"作爲肯定意義提出來的, 以与單調, 貧乏, 枯窘相對立.[10]

왕웬화의 설명은 유협의 생각고 부합하면서도 새로운 의미들로 충만해 있다. 특히 그는 유협이 예술적 구조 속에서의 일관성을 강조하고 있음을 지적함과 동시에 유협이 말한 "잡다함"에 대해서도 긍정하면서, "잡이불월"이 단일성과 다양성 간의 통일임을 긍정하였는데, 이는 매우 중요한 점이다. 왕웬화의 논술이 앞의 세 사람보다 빼어난 점이 바로 여기에 있다. 본문에서는 앞에서 언급한 네 사람의 해석을 바탕으로 좀 더 보충하고 진전시켜나가도록 하겠다.

---

10) 왕웬화王元化, 《문심조룡 창작론文心雕龍創作論》 (상하이, 상하이고적출판사, 1979), 2003~2006 페이지.

2. "잡이불월" 설의 미학적 함의

유협은 이 〈부회〉 편에서 "잡이불월"의 전체적 구조 원칙을 제기하고 있다. 예를 들어 왕웬화가 말했듯이 "잡"은 작품의 풍부성과 다양성과 충만함을 말하며, "불월"은 작품의 구조와 질서의 일치성과 일관성을 넘어서지 않음을 의미한다. 다시 말해서, "잡이불월"은 단일성과 다양성의 통일이며 일치성과 풍부성의 통일이며, 구조적 질서와 형상의 생동적 변화 간의 통일인 것이다. 유협의 "잡이불월"은 사실상 매우 흥미로운 역설을 제기하고 있는 것이다. 작품은 단편적이고 일치성이 강할수록 좋다고 하면서 또 작품은 복잡할수록, 풍부할수록 좋다고 말하고 있으니 역설이면서 모순적이다.

사실상 유협이 보기에는 많은 문장가들이 이 모순적인 역설을 제대로 처리하지 못하여 작품의 안배에 있어서 착오를 범하고 있다는 말이다.

다시 말하면 다양하면서도 지나치게 도를 넘어서게 되거나, 단조로우면서도 한계를 넘어서지 못한다는 말이다. 이른바 "다양하면서도 도를 넘어선다"는 말은 유협이 말한 "단서들을 통괄함에 주제를 잃게 되면, 말의 의미도 반드시 혼란스러워질 것.[統緒失宗, 辭味必亂]"이라는 말이다. 이른바 단조로우면서도 한계를 뛰어넘지 못하게 되면 바로 유협이 말한 "의미의 맥락이 흐르지 않아 문체가 메말라 버리는[義脈不流, 偏枯文体]" 상황이 된다는 것이다. 그렇다면 유협은 이러한 역설을 어떻게 극복하고 있으며, 어떤 원칙으로 문장이 "종지를 잃거나""메말라 버리는" 폐단을 극복할 수 있는 어떤 방법을 제시하고 있는가? 나는 유협이 적어도 다음과 같은 세 가지 원칙을 제시하고 있다고 본다.

1) 작품을 살아있는 형식으로 이해하는 "생명 형식" 원칙

유협은 좋은 문학 작품의 구상과 배치의 예술적 구조를 해결하기 위해서 우선 문학 작품을 하나의 살아있는 형식으로 이해하고 있다. 이러한 점은 왕웬화도 지적하기는 했지만, 이에 대한 구체적인 설명은 하지 않았다. 여기서는 좀더 구체적으로 설명하도록 하겠다. 유협은 〈부회〉 편에서 다음과 같이 말하고 있다.

> 무릇 어린 학동들이 문장을 배울 때는 마땅히 문체가 발라야 하며, 반드시 정감과 의지로 신명으로 삼고, 사건과 그 의미로 골격으로 삼고, 언어적 수사로 살과 살갗으로 삼으며, 궁상의 오음으로 소리로 삼아야 한다.
> 夫才童學文, 宜正体制, 必以情志爲神明, 事義爲骨髓, 辭采爲肌膚, 宮商爲聲氣.

여기서 말하고 있는 정지情志, 사의事義, 사채辭采, 궁상宮商은 문학 작품의 기본적 층차로, 이와 대응하고 있는 비유가 바로 "신명神明" "골수骨髓" "기부肌膚" "성기聲氣"이다. 그리고 이 모두는 인간 생명체의 한 부분들이다. 유협은 여기서 이러한 은유를 사용한 것은 결코 우연이 아니다.

그는 작품은 생명이 있는 인간과 마찬가지로 영혼도 있고, 골수도 있고 피부도 있고 소리도 있다고 보았던 것이다. 더 구체적으로 보면 정감과 의지는 영혼을, 사건과 그 의미는 골수로, 언어 수사는 피부로, 음률은 목소리로 비유하고 있다.

작품은 곧 바로 살아있는 형식으로, 이 생명은 신명과 골수와 피부와 소리의 유기적 조합이며 서로 밀접히 관련되어 있는, 하나라도 없어서는 안 되는 것들이다. 작품으로 볼 때, 정감과 의지나 사건과 그 의미, 언어와 수사, 음률 역시도 서로 밀접히 연결되어 있어서 어느 것 하나라도 없어서는 안 된다. 유기적 전체성은 생명의 근본적 특징이다. "잡이불월"은 이러한 유기적 전체성을 추구하는 것이다. 이른바 "문장의 이치를 총괄하고 문장의 시작과 끝을 통괄하며, 더하고 뺄 것을 정하고 끝자락을 봉합하여 한편의 문장으로 만든다."는 말은 모두 생명이 있은 유기적 전체성의 특징에서 출발할 것을 요구하고 있는 것이다.

유협이 인간의 생명체로 문학 작품을 비유한 것은 〈부회〉 편이 처음은 아니다. 그 중 비교적 두드러진 것은 〈변소辨騷〉 편의 〈이소離騷〉에 대한 묘사로, "뼈대를 세우고 살과 살갗을 붙이는 것을 보면, 비록 경서의 뜻을 녹여 취하였기는 하지만, 그만의 독창적인 빼어난 언어를 창조하였다.…… 그런 까닭에 그 기운은 능히 옛 작품들을 압도하고, 그 언어는 오늘날의 사람들에게도 적절하다. 놀라운 수사의 아름다운 표현은 가히 비견할 작품이 없다.[觀其骨鯁所樹, 肌膚所附, 雖取鎔経意, 亦自鑄偉詞. ……故能氣往轢古, 辭來切今. 驚采絶艶, 難和並能矣.]"라고 했다. 여기서 인간의 신체에 해당하는 단어인 "뼈" "피부" 등을 사용하여 작품을 형상화했을 뿐만 아니라 "놀라운 풍채와 절세의 아름다움"같은 여색을 표현하는 단어도 사용하고 있다. 또 〈체성体性〉 편의 마지막 "찬贊"에서도 "사위부근, 지실골수"라고 하여 작품의 "언어[辭]"를 사람의 살과 살갗에, 작품에서 표현하고 있는 "내용[志]"를 사람의 "골수"로 표현하였다. 또 〈풍골〉 편에서도 "그런 까닭에 말(언어)에는 뼈대가 있어야 하니, 마차 몸이 뼈에 의해 세워짐과 같고, 정감에는 풍이 포함되어 있어야 하니, 마치 형체에 기가 포함되어 있는 것과 같다.[故辭之待骨, 如体之樹骸; 情之含風, 猶形之包氣.]", "그러므로 작품을 구성함에 있어서는 생기가 충분히 유지되도록 힘써야 한다.[是以綴慮裁篇, 務盈守氣]"고 하였다. 여기서 사용되고 있는 "골골骨骨" "해해骸", "형형形", "기기氣"도 모두 인간 생명체의 일부분들이다. 특히 "기"는 쉬푸관徐復觀의 〈문심조룡의 문체론文心雕龍的文体觀〉의 설명에 따르면, "생명의 힘"을 가리킨다고 했다.

또한 대구 문제를 논하고 있는 〈여사麗辭〉 편에서도 "조물주가 형체를 만들 때 팔 다리는 반드시 쌍으로 만들었다.[造化賦形, 支体必双.]" "만약 같은 내용을 중복해서 표현하면 곧 대구의 군더더기이다.[若斯重出, 卽對句之駢枝也.]"라고 했고, 〈연자練字〉 편에서도 "무릇 문사 형상은 매듭으로 기록하던 방식을 바꾸었고, 새나 짐승 발자국을 변별하던 데서 문자가 만들어졌으니, 이것이 언어의 모습 자태와 용모이며 문장의 집이다.[夫文象列而結繩移, 鳥跡明而書契作, 斯乃言語之体貌, 而文章之宅字也.]"라고 했고, 〈전부詮賦〉 편에서도 "굴원이

〈이소〉를 창작함에 이르러 비로소 소리와 형상에 대한 묘사를 볼 수 있게 되었다.[及靈均唱騷, 始觀聲貌]"라고 했다.

이러한 예들은 모두 인체의 외형이나 겉모습, 목소리, 피부, 손가락, 골수, 뼈, 숨, 감정 등 안에서부터 바깥에 이르기까지의 거의 모든 신체부위에 걸쳐 있다. 이러한 예들은 바로 《문심조룡》의 저자인 유협이 자각적으로 문학 작품을 살아있는"생명 형식"으로 보았음을 설명해 주는 것이다.

유협의 "생명 형식" 관념의 형성은 여러 방면에서 그 원인을 찾을 수 있다. 어쩌면 유협이 양웅楊雄의 영향을 받았을 수도 있다. 양웅은 일찍이 문장을 여자의 아름다움에 비유하면서, "혹자가 '여자에게는 아름다움이 있는데 글에서 아름다움이 있습니까?'라고 물으니, 대답하길 '있습니다.'라고 하였다.[或曰, 女有色, 書亦有色乎, 曰有.]"[11]라고 했다.

양웅이 여기서 말하고 있는 "글[書]"는 곧 문학을 말한다. 유협은 아마도 양웅의 견해를 중시하여 본보기로 삼았을 수도 있다는 것이 그 첫 번째 이다. 또 동한 이후에 유행했던 인물 품평의 영향을 받았을 수도 있다. 인물 품평은 한대부터 시작하여 위진 육조 시기에 절정을 이루었다. 동한 시기의 인물 품평이 사람의 외모를 통해 그 사람의 도덕적 수양의 정도를 감상하는 데 치중했다면, 위진 시기의 인물 품평은 외모의 관찰을 통하여 그 인물의 재능을 알아보는 것을 중요시했고, 남북조 시기에 이르러서는 사대부들이 혼란한 사회 분위기 속에 처해 있음으로 해서 생명의 자유로움을 더욱 추구하게 되었고, 당시의 인물 품평 또한 그 영향을 받아서 인물의 내적인 우아한 자태나 정신적 풍모, 기개 등을 더욱 중요시 하였다.

예를 들어 《세설신어 · 품조品藻》 편에서는 "당시 사람들은 완사광에 대해 말하길 기개는 왕우군(왕희지)만 못하고 간결하게 빼어남은 유진장(유담)만 못하며, 화려한 아름다움은 왕중조(왕몽)만 못하고, 생각의 치밀함은 은연원(은호)만 못하지만, 그는 이런 사람들의 아름다움을 두루 가지고 있다.[時人道阮思曠:

<hr>

11) (한) 양웅楊雄, 《법언 오자法言 吾子》, 장샤오캉張少康, 루용린盧永璘 편선, 《선진양한문론선先秦兩漢文論選》 (베이징, 인민문학출판사, 1999) 459 페이지.

骨氣不及右軍, 簡秀不如眞長, 韶潤不如仲祖, 思致不如淵源, 而兼有諸人之美.]"라고 했다. 또 《진서·왕희지전晉書·王羲之伝》에서는 "당시 사람들은 왕희지의 초서를 의론하면서 강좌의 왕조에서는 아무도 따를 자가 없었다. 왕헌지의 필력은 그의 부친에게 못 미쳤지만, 우아한 흥취가 있었다.[時議者以爲羲之草隸, 江左中朝莫有及者. 獻之骨力遠不及父, 而頗有媚趣.]"라고 기록되어 있으며, 《세설신어·용지容止》에서는 "(손권은) 몸집이 크고 가슴에는 큰 기개를 품고 있으니 이러한 장점을 잘 지키고 쓴다면 많은 일들을 할 수 있을 것이다.[(孫權)形貌既偉, 雅懷有概, 保而用之, 可作諸許也.]"라고 했다.

또 《세설신어·경저輕詆》 편에서는 "옛날에 사람들이 한강백을 평가하면서 말하길, 팔뚝이 굵어서 풍채가 없다고 했다.[旧目韓康伯, 將肘無風骨.]"고 했고, 《세설신어·상예賞譽》 편에서는 "조사소는 겉모습이 날씬하고 성격이 통쾌하니 모두 표일하니 아마 세상에서 다시는 이 같은 사람을 만날 수 없을 것이다.[祖士少風領毛骨, 恐沒世不復見如此人.]"라고 했다. 이러한 예들은 단지 일부에 불과하다. 이러한 인물 품평의 사고는 문학 이론과 비평에도 이어졌다. 그리하여 문론에도 인간 생명체와 관련된 일부 용어들이 사용되게 되었고, 더 나아가 문학이론을 살아있는 사람으로 이해하게 되었던 것 역시 매우 자연스러운 일이었다. 유협의 《문심조룡》에서 문학을 생명 형식으로 이해하였던 것 역시도 당연한 것이었다. 이것이 두 번째 이다.

이 밖에 문학의 생명화 또한 당시의 "문학적 자각"과 밀접한 관계가 있다. 조비曹조의 《전론·논문典論·論文》에서 "문장은 기운을 위주로 한다.[文以氣爲主]"고 제기한 이후부터 문학은 인간의 개성적 특징과 밀접한 연관을 맺기 시작했다. 유협은 〈풍골〉 편에서 조비의 관점을 조금 고쳐서 인용하고 있는데, 이 또한 유협이 "기"를 매우 중시했음을 설명해 준다.

이 "기"는 여러 가지로 이해되어질수 있지만, "기"를 생명의 힘으로 이해하는 것이 가장 평이하고 적절하다고 하겠다. 이러한 이해를 바탕으로 하면 문학은 비로 인간 생명력의 표현인 것이다. 유협이 문학 자체를 생명체로 보았던 것 역시도 사리에 맞는 것이다. 이것이 그 세 번째 이다. 문학작품이 하나의 생명체이고 살아있는 것이라고 한다면, 모든 작가들이 작품을 구상할 때 생명체로서의 작품의 여러 특징들을 고려하지 않을 수 없다.

이처럼 유협은 "반드시 정감과 의지로 신명으로 삼고, 사건과 그 의미로 골격으로 삼고, 언어적 수사로 살과 살갗으로 삼으며, 궁상의 오음으로 소리로 삼아야 한다."는 것 이외에도 〈부회〉 편에서는 또 기타 일무 생명으로 문학을 은유하는 단어들을 자주 사용하였다. 예를 들어 "그림을 그리는 사람은 머리카락에만 주의를 하다가 얼굴 그리기를 소홀히 하게 된다.[畵者謹髮而易貌]"에서의 "머리카락[髮]"과 "얼굴[貌]", "만약 단서들을 통괄하면서 주제를 잃게 되면 말의 맛(의미)이 혼란스럽게 되고, 의미의 맥락이 흐르지 않고 막히게 되면 [若統緖失宗, 辭味必亂, 義脈不流]"에서의 "맛[味]"이나 "맥락[脈]", "만약 문장의 살결을 분명하게 인식하게 되면[夫能懸識腠理]"에서의 "살결[腠]", "언어를 적절히 배치하면 서로 다른 주제도 간과 쓸개처럼 딱 붙어 있게 된다.[善附者異旨如肝胆]"에서의 "간肝과 쓸개[胆]", "(글의) 머리에서는 빛을 발하다가 따르는 구절에서는 초췌해지면 [若首唱榮華, 而媵句憔悴]"에서의 "몸종[媵(몸종 잉:옛날에 시집갈 때 함께 데리고 가는 여자 종-역자 주)]"과 "초췌함[憔悴]" 등등이 그러하다. 〈부회〉 편에서는 거의 모든 인체 부위와 그 기능들을 가리키는 단어가 사용되고 있는데, 이는 확실히 유협의 문학 생명관과 밀접한 관계가 있음을 말해주는 것이다.

짚고 넘어가야 할 것은, 미국의 유명한 현대 미학가인 수잔 랭거의 《예술 문제》라는 책에서는 한 장절을 할애하여 "생명 형식"에 대해 논하고 있다는 것이다. 수잔 랭거는 "예술평론에서 광범위하게 사용되고 있는 일종의 은유는 바로 예술품을 '생명 형식'에 비유하는 것이다.

모든 예술가들은 우수한 예술 작품에서 '생명', '활력' 또는 '생기'를 읽어낼 수 있다. 그들이 그림 한 폭의 '정신'을 이야기 할 때는 그들 자신이 예술 창작을 할 때의 정신이 아니라 예술 작품 자체의 특징을 가리키는 것이다. 화가로서 그들에게 있어서 가장 중요한 임무는 바로 자신들의 그림에 '생명'을 불어넣는 것으로, '죽은'

작품은 성공하지 못한 작품이라고 느낀다.

물론 하나의 성공적인 작품에도 '죽어 있는 부분'이 있을 수 있다. 그러나 사람들이 한 폭의 그림이나 하나의 건축물, 또는 한 곡의 소나타를 '살아있는' 또는 '살아 있는 듯 생동적인' 생명체로 묘사할 때 그들이 가리키는 것은 또 과연 무엇이겠는가?"[12]라고 했다. 여기서 수잔 랭거는 유협과 마찬가지로 예술 작품 자체를 생명의 활력이 충만해 있는, 살아있는 것처럼 생동적인 생명 형식으로 이해하고 있을 뿐만 아니라 더 나아가 작품의 생명 형식이 도대체 무엇이냐는 문제까지 언급하고 있다. 물론 예술 작품의 생명 형식이 무엇인지를 설명하기 위해서는 하나의 생명체로서 어떤 특징들을 가지고 있는지를 분명히 해야 한다. 물론 생명체 자체의 형식과 예술의 생명 형식이 완전히 같은 것으로 보아서는 안 된다. 왜냐하면 예술 작품은 어쨌거나 허구의 작품이기 때문에 그 자체의 규칙성을 가지고 있기 때문이다.

수잔 랭거도 이 점은 분명히 알고 있었다. 그래서 그녀는 "우리가 비교하고자 하는 것은 이러한 요소들로 구성된 작품―표현적 형식 또는 예술품―의 특징이며, 이 두 종류의 특징들 사이의 상징적인 관계이다."[13]라고 했다. 수잘 랭거는 인류가 펼쳐 보일 수 있는 심층의 생명 형식의 기본적 특징을 ①능동성, ②불가침성, ③통일성, ④유기성, ⑤리듬감, ⑥성장 지속성, 이 여섯 가지로 개괄했다. 그리고 이러한 특징과 예술 작품의 생명적 특징을 하나하나 비교했다. 지면 관계상 하나 하나 열거할 수는 없지만, 여기서 생명의 유기성과 예술품의 유기성이라는 유협과 수잔 랭거가 모두 관심을 가졌던 문제에 대해서 비교해보도록 하자.

수장 랭거는 인간과 일체의 생명이 있는 사물은 모두 유기적이라고 보았다. 그는 "그것들이 가지고 있는 기본 특징은 바로 유기체 내부의 유기적 활동의 특징―끊임없이 소모하고 끊임없이 영양을 보충하는 과정을 진행하고 있다는 것이다. 이 유기체 내부는 하나하나의 세포들과 하나하나의 세포를 구성하는

---

12) (미국) 수잔 랭거, 《예술문제》 41페이지.
13) 위의 책 50 페이지.

미세한 조직 성분들은 모두 일종의 끊임없이 지속되는 사망과 재생 과정에 처해 있다. 그 통일된 전체도 일종의 순수한 기능적 전체일 뿐이다.

그러나 이 전체 내부의 기능적 결합은 말로 표현할 수 없는 복잡성과 긴밀성, 그리고 심오함을 가지고 있다."[14]고 말했다. 이 설명은 마치 유협이 〈부회〉 편에서 제기했던 "잡이불월"이라는 이 네 글자로 개괄해 볼 수 있다.

이와 상응하여, 예술 작품 중에서 수잔 랭거는 "항상 예술가와 비평가들에 의해 끊임없이 이야기되는 이 유기적 구조의 원리, 한 폭의 그림이나 한 수의 시는 진정한 생명적 기능을 하는 기관이 없다. 그러나 예술품의 구조는 모종의 유기성과 유사한 것이 있어서 그것의 표현방식이나 유기성의 표현 방식은 거의 같다. 예술가들이 일종의 허구적 사물을 창조할 때, 그 속의 각각의 요소들은 모두 다른 요소들과 밀접한 관계를 가지게 된다. 그러므로 예술가들은 하나의 작품을 수정 할 때면 동시에 몇 가지 방향에서의 변화를 읽어내야 한다."[15]고 했다. 수잔 랭거가 여기서 했던 비교는 마치 유협이 〈부회〉 편에서 제기했던 "잡이불월" 이 네 글자로 개괄되어진다. 게다가 여기서 말하고 있는 작품 속의 "하나하나의 성분은 모두 다른 성분들과 밀접한 관계를 가지게 되기" 때문에 수정하기가 매우 어렵다고 한 말은 유협이 〈부회〉 편에서 말한 "언어를 적절히 배치하면 서로 다른 주제도 간과 쓸개처럼 딱 붙어 있게 되고, 주제를 잘 못 모으게 되면 같은 음이라도 북쪽의 오랑캐와 남쪽의 월나라처럼 떨어지게 된다.

문장을 고치는 것이 문장을 만드는 것보다 어렵고 글자를 바꾸는 것이 구절을 바꾸는 것보다 어렵다. 이것은 이미 경험을 통해 증명된 것이다.[善附者異旨如肝胆, 拙會者同音如胡越. 改章難於造篇, 易字艱於代句, 此已然之驗]"라는 내용을 떠올리게 한다. 그러므로 우리는 수잔 랭거의 설명이 바로 유협의 논점을 발전시키고 확장시킨 것이라고 말할 수 있을 것이다.

---

14) 위의 책 44 페이지.
15) 앞의 책 52 페이지.

2) 전체 우선의 원칙

이것은 "잡이불월"에서 매우 중요한 규칙이다. 유협은 세부적인 기교가 아니라 문장의 전체성을 중요시하였다.

> 대저 그림을 그리는 사람이 머리카락에만 신경을 쓰면 얼굴 그리는 것을 소홀히 하게 되고, 활을 쏘는 사람이 작은 터럭만을 쳐다보고 있으면 큰 벽은 잊어버리게 된다. 너무 세세한 것만을 신경 쓰면 반드시 전체를 소홀히 하게 된다. 그런 까닭에 한 자의 곧음을 위해서는 한 치의 굽음에 얽매여서는 안 되며, 한 길의 곧음을 위해서는 한 자의 굽음에 얽매여서 안 되는 것이다. 부분적으로 뛰어난 기교를 버릴지언정 완벽한 아름다움의 공적을 배워야 하는 것이다. 이것이 작품 한편을 구성하는 총제적 요령이다.

> 夫畵者謹髮而易貌，射者儀毫而失牆，銳精細巧，必疏体統.
> 故宜詘寸以信尺，枉尺以直尋，棄偏善之巧，學具美之績,
> 此命篇之経略也.

의미는 그림을 그리는 사람이 머리카락 그리는 데만 신경을 쓰게 되면, 얼굴 그리기를 소홀히 하여 잘못 그리게 되고, 활을 쏘는 사람이 작은 터럭만을 보게 되면 전체를 막고 있는 벽을 보지 못하게 된다는 것이다. 즉 작은 것으로 인해 큰 것을 잃게 된다는 것이다.

그러므로 한 치가 굽었을 지라도 한 자의 곧음을 보장해야 하며, 한 자가 굽을지라도 한 길의 곧음을 지켜야 하며, 부분적인 세세한 기교를 버릴 지라도 전체적인 완전함을 추구하는 재주를 배워야 한다는 것이다.

이것이 바로 작품을 전체적으로 안배하는 요령이라고 말하고 있다. 여기서 유협은 실제로 전체는 부분을 제약하지만, 부분은 단지 전체 속의 부분에 불과하다는 이치를 말하고 있다. 치[寸]이나 자[尺], 그리고 길[尋] 중에서 어느 것이 중요하냐고 할 때 당연히 '길'로 '자'를 제약하고 '자'으로 '치'를 제약함으로써 어쨌든 간에 전체가 부분의 조화보다도 중요하다는 것이다. 한 치 한 치를 쌓아가더라도 전체적 요구를 고려하지 않는 것은 작품 구도의 이치에 부합하지 않는다는 것이다. 바꾸어 말하면 작품 전체로 볼 때, "치"은 "자" 속에서만 의미가 있는 것이고, "자"은 "길" 속에서만 의미를 가지게 되며, 부분은 전체 속에서만 의미가 있다는 말이다. 독립적인 한 "치"의 아름다움을 말할 수 없고, 이 한 "치"의 아름다움은 단지 '자' 속에서, '길' 속에서의 전체적 관계에서 비로소 그 아름다움을 드러낼 수 있다는 말이다. 그러므로 전체 우선의 원칙은 특히 중요한 것이다. 여기서 우리는 현대 이론을 떠올리게 된다. 전체가 부분의 합보다 크다는 사상은 현대 구조주의의 기본정신이기 때문이다. 서양에서 1960년대 이후 유행하기 시작한 구조조의의 기본 취지는 무엇인가? 바로 관계가 관계항보다 크다는 것이다. 전체의 구조 관계는 개별적 구조 단위보다 크며, 개별적 구조 단위는 전체 구조 속에 들어갈 때에만 비로소 의미가 있다는 것이다.

20세기 구조주의가 유행한 이후 전체가 부분의 합보다 크다는 명제는 이무 작품 분석에서도 활용되고 있다. 예를 들어 문학 구조주의의 권위자라고 할 수 있는 프랑스 학자 롤랑 바르트(Roland Barthes)는 《서사작품 분석 입문》에서 "전체가 부분의 합보다 크다"와 "관계는 관계항보다 크다"는 원칙 속에서 서사작품의 문장과 담론에 대해 분석하면서, "모두가 알고 있듯이, 언어학은 문장 연구까지이다. 언어학에서는 이것이 그것이 관여할 수 있는 가장 큰 단위라고 여긴다. 확실히 문장은 순서이지 순서의 배열은 아니다.

그러므로 단지 문장을 구성하는 단어의 총합에 불과한 것이라고는 할 수 없다."[16]라고 하였다. 이 말은 두 가지 층차의 의미를 담고 있다. 첫째, 언어학의

16) (프랑스) 롤랑 바르트, 《서사작품 구조 분석 입문》,
　　《미학 문예학 방법론美學文芸學方法論》 (베이징, 문화예술출판사, 1985) 하권 534 페이지 참고.

연구 단위는 문장까지로, 문장을 넘어서는 것은 수사학에서 할 일이라는 것이다. 둘째, 문장은 단지 순서일 뿐 순서의 배열이 아니기 때문에 문장이 문장을 구성하는 어휘의 총합이 아니라고 말할 수는 없다는 것이다.

이 두 번째 층차가 특히 중요한데, 저자는 우리에게 한 문장은 문장 속의 단어를 차례로 배열한 총화가 아니며, 문장의 구성은 단어와 단어 사이의 관계 속에 있다는 것이다. 그는 계속해서 "담론은 비록 독립적인 연구 객체이긴 하지만, 언어학에서 출발하여 연구해야 한다. 만약 우선 먼저 방대한 임무나 이루 다 셀 수도 없는 무수한 자료를 주고서 하나의 작업의 전제를 확정한다면, 그렇다면 가장 이지적인 방법은 문장과 담론 사이의 동원(同源) 관계를 가정하는 것이다."[17]라고 하였다. 이 말의 의미는 바로 문장과 반복되는 담론은 그 뿌리가 같은 관계이기 때문에 우리는 담론을 분석할 때 한 편의 담론을 큰 문장으로 보고 분석할 수 있다는 것이다.

혹자는 담론은 대문장이고 문장은 작은 담론이며, 그것들의 구조 관계는 유사하기 때문에 유사한 분석을 할 수 있다고 말하기도 한다. 그는 마지막에 언어의 "서술 층차"의 문장 분석을 강조하면서, "모두가 알고 있듯이, 언어학에서 하나의 문장은 여러 층차(어음학적 층차, 음소론적 층차, 어법학적 층차, 앞 뒤 문장 관계의 층차 등)의 서술을 진행할 수 있다.

이러한 층차들은 일종의 등급관계 속에 놓여 있다. 왜냐하면 비록 각각의 층차가 자기만의 단위와 관련 단위들을 가지고 있어서 우리에게 각각 단독적으로 그 서술을 진행하도록 강제로 요구하지만 각각의 층차들은 독자적으로 의미를 만들 수 없고, 어느 한 층차의 그 어떤 단위도 단지 높은 층차 속에서만 의미를 가지기 때문이다."[18]라고 했다. 여기서 말한 단위와 층차의 관계, 층차의 등급 등의 관념은 구조주의의 정신을 잘 보여주는 것이다. 이 말의 의미는 유협이 말한 "치"와 "자"와 "길" 사이의 관계와 매우 유사하다. "치"와 "자"와 "길"은 일종의 층차적 등급인 것이다. 우선 "치"은 작은 부분이고, 소단위 혹은 소단위 관계일 뿐이어서 의미를

---

17) 위의 책 535 페이지.
18) 위의 책 536 페이지.

만들어 낼 수 없다. 또는 전체 담론 체계(예를 들어 한 편의 시)의 의미를 만들어 낼 수 없다. "밤 비 맞으며 봄 부추를 벤다[夜雨剪春韭]"라는 하나의 문장이 있다면 이것은 "치"이다. 이 문장은 독자들에게 밤에 내리는 비 속에서 어떤 사람이 봄 부추를 베고 있음을 말해준다.

그러나 낮에 베지 않고 밤에 부추를 베고 있는 것일까? 왜 봄 부추를 베면서 다른 작물들은 수확하지 않는 것일까? 이것은 시의 한 구절일까? 아니면 산문의 한 구절일까? 우리는 알 수가 없다. 이 때 만약 한 층차를 올라가 보면, 즉 "치[寸]"에서 "자[尺]"로 올라가 보면 그 의미도 한 단계 나아가게 된다. 예를 들어 우리는 "밤 비 맞으며 봄 부추를 베고, 새로 지은 밥에 노란 수수를 섞었네.[夜雨剪春韭, 新炊間黃粱.]"라는 시구를 발견할 수 있다.

여기에는 "밤 비"와 "새로 지은 밥", "베다"와 "섞다", "봄 부추"와 "노란 수수"로 연결되는 대우(對偶) 관계가 있고, 평측(平仄) 관계가 있기 때문에 더욱 시 다운 느낌을 줄 뿐만 아니라 그 의미도 더욱 시적이다. 그러나 이 작은 담론(유협이 말한 "자[尺]")은 어느 큰 담론(유협이 말한 "길[尋]")에 들어가 있는 것일까? 시의 전체 담론은 도대체 무슨 의미일까? 의미는 여전히 불명확하다. 우리는 단지 "밤 비 맞으며 봄 부추를 베고, 새로 지은 밥에 노란 수수를 섞었네."라는 이 단계에서 다시 한 단계 올라가서 두보의 〈증위팔처사贈衛八處士〉라는 이 시의 전체 담론 속에 들어가게 되면 "자[尺]"의 단위에서의 "밤 비 맞으며 봄 부추를 베고, 새로 지은 밥에 노란 수수를 섞었네."라는 구절의 의미가 비로소 완전히 드러나게 된다.

세상살이 이별 후 서로 만나지 못하니, 돌고 도는 저 참별과 상별 같구나.
오늘 저녁은 또 어느 저녁이기에, 그대와 함께 촛불 밝히고 않았나.
젊은 시절 그 얼마나 되려나, 귀밑머리는 이미 새하얗구나.
옛 친구 찾으니 반은 이미 귀신 되었다는데, 놀란 마음 아프구나.
어찌 알았으리요? 이십년 만에 다시 그대 집 마루에 오를 줄을.

옛날 헤어질 적 그대 결혼도 하지 않았건만, 갑자기 아들딸들 줄을 섰구나.

웃으며 아버지의 친구 반기며, 어디서 오셨냐고 나에게 묻네.

대답도 체 하지 않았는데, 아이들 물리고 술상을 차려오네.

밤 비 맞으며 봄 부추 베고, 새로 지은 밥에 노란 수수를 섞었네.

한 번 만나기 어렵다고 주인장이 말하며, 한 번에 십 여 잔을 마신다.

열 잔 마셔도 취하지 않음은, 그대의 진실한 마음 감사하기 때문이라.

내일이면 높은 산이 가로막을 터이니, 세상사가 모두 막막하여라.

人生不相見, 動如參与商. 今夕復何夕, 共此灯燭光.

少壯能幾時, 鬢髮各已蒼. 訪旧半爲鬼, 驚呼熱中腸.

焉知二十載, 重上君子堂. 昔別君未婚, 兒女忽成行.

怡然敬父執, 問我來何方. 問答乃未已, 驅女羅酒漿.

夜雨翦春韭, 新炊間黃粱. 主稱會面難, 一擧累十觴.

十觴亦不醉, 感子故意長. 明日隔山岳, 世事兩茫茫.

원래 두보는 어느 날 저녁에 20 여 년 동안 헤어져 있던 친구인 위팔처사를 찾아가게 되고, 두 사람은 반가움을 나눌 때 위팔처사가 자신의 딸에게 "밤 비 속에서 봄 부추를 베어"오라고 시키고, 또 "노란 수수를 섞어서 새로 밥을 지으라고" 시켜 두보를 환대한다. 두보에 대한 위팔처사의 진실된 우정을 표현하고 있다. 이것은 바로 유협이 왜 "한 자의 곧음을 위해서는 한 치의 굽음에 얽매여서는 안 되며, 한 길의 곧음을 위해서는 한 자의 굽음에 얽매여서 안 되는 것이다.

부분적으로 뛰어난 기교를 버릴지언정 완벽한 아름다움의 공적을 배워야 하는 것이다."라고 했던 원인이며, 또한 유협이 "그림을 그리는 사람이 머리카락에만 신경을 쓰면 얼굴 그리는 것을 소홀히 하게 되고, 활을 쏘는 사람이 작은 터럭만을 처다보고 있으면 큰 벽은 잊어버리게 된다. 너무 세세한 것만을 신경 쓰면 반드시 전체를 소홀히 하게 된다."라는 결론을 얻을 수 있었던 이유이다. 동시에 또한 유협이 "머리부터 꼬리까지 통하게 함[制首以通尾]"(처음부터 끝까지 전체를 고려함)을 강조하고 "한 치 한 자를 이여서 덧붙임[尺接以寸附]"(하나 하나를 짜 맞춤)을 반대했던 이유이기도 하다. 이로써 유협은 비록 5세기의 인물이긴 하지만, 자신의 이론 실천 속에서 전체성 우선의 학설을 제기하였는데, 유협은 이미 천 년의 세월이 지난 뒤에 출현한 구조주의의 취지를 이미 얻고 있었음을 알 수 있다.

3) "근원에 의지하고 줄기를 따른다[依源循幹]"는 원칙

이것은 "잡이불월"의 또 다른 기본 원칙이다 유협은 〈부회〉 편에서 다음과 같이 말한다.

> 대저 문장을 크게 살펴보면, 많은 나뭇가지나 강물의 지류와 같다. 강물의 지류를 정리하기 위해서는 그 발원지에 의지해야 하고, 나무의 가지를 정리하기 위해서는 그 줄기를 따라야 한다. 그러므로 문사에 의지하여 뜻을 모으기 위해서는 전체의 강령에 힘쓰고 만 갈래의 길을 하나의 목적지로 귀결시켜야 하고, 수백의 생각들을 하나로 일치시켜야 한다. 문장의 대의가 비록 번다하더라도 전도되어 어긋남이 없어야 하고 비록 여러 말들이 비록 많다 하여도 실타래가 얽혀있는 것 같은 혼란이 없어야 한다.
>
> 凡大体文章, 類多枝派, 整派者依源, 理枝者循干. 是以附辭會義, 務總綱領, 驅万途於同歸, 貞百慮於一致. 使衆理雖繁, 而無倒置之乖; 群言雖多, 而無棼糸之亂.

무릇 문장의 변화에는 정해진 것이 없으니, 작가의 생각이 물위에 떠있는 듯하고 번잡하기 때문이다. 너무 간결하면 의미가 고립되고, 너무 박학하면 말이 중심을 벗어나게 될 것이다. 경솔하게 글을 쓰면 실수가 많게 되고, 머뭇거림은 글쓰기의 도적이다. 또한 재능이 서로 같지 않고, 생각이 서로 각각 다르니, 어떤 사람은 머리부터 꼬리까지 관통하도록 하고, 또 어떤 사람은 한 치 한 자씩 연결하여 덧붙여 나간다. 그러나 처음과 끝을 관통하여 글을 쓰는 사람은 적고 하나 나를 덧붙여 글을 쓰는 사람이 더 많다. 만약 단서들을 통괄함에 주제를 잃게 되면 말의 의미가 혼란스러워지게 되고, 의미의 맥락이 흐르지 않으면 문체가 메말라버리게 된다. 대저 문장의 살결을 분명하게 인식해야 하고 그런 연후에야 비로소 문장의 배치에 대한 조절이 절로 이루어지게 된다. 마치 아교가 나무를 붙이고 돌이 옥과 만나는 것과 같다. 이는 수레를 끄는 네 마리 말 서로 힘이 다르지만, 거문고의 여섯 현처럼 조화를 이루게 되면 나란히 수레를 끌고 나가니, 하나의 바퀴 축이 바퀴살들을 통솔하게 되는 것이다. 문장을 서술해나가는 것도 이와 유사함이 있다. 없애고 남김이 작가의 마음을 따르고 문장이 길고 짧음은 작가의 손에 달렸으니, 마차의 속도를 조절함이 고삐에 달려 있는 것이다.

夫文变無方, 意見浮雜, 約則義孤, 博則辭叛, 率故多尤, 需爲事賊. 且才分不同, 思緒各異, 或制首以通尾, 或尺接以寸附, 然通制者蓋寡, 接附者甚衆. 若統緒失宗, 辭味必亂, 義脈不流, 則偏枯文体. 夫能懸識腠理, 然後節文自會, 如膠之粘木, 石之合玉矣. 是以駟牡異力, 而六轡如琴; 並駕齊驅, 而一轂統輻. 馭文之法, 有似於此. 去留隨心, 修短在手, 齊其步驟, 總轡而已.

유협이 "근원에 의지하고 줄기를 따른다."는 원칙을 제기한 것은 목적이 있었으니, 바로 당시에 유행하고 있던 작품들이 어떤 것은 언어의 화려한 수사만을 추구함으로써 결과적으로 '단서들을 통괄함에 주제를 잃게 되면서 말의 의미가 혼란스러워'졌기 때문이었다. 또 어떤 작품들은 비록 "간결"하게 서술하고 있지만, 그 작품 안배와 구상이 적절치 못하여 "의미가 고립되는" 현상이 출현하기도 하였다.

번잡함의 경향("주제를 잃게 됨")이든 단순함의 경향("의미의 고립")이든 모두 일반적인 병폐들을 가지고 있으니, 그것이 바로 "의미의 맥락이 통하지 않게 되는 것"이었다. 문학 작품에 대한 유협의 이상은 "잡다하되 서로 도를 넘지 않는다"는, 즉 "풍부"하면서도 "간결"해야 하는, "풍부함"과 "간결함"의 통일을 통해 "하나의 원칙에 근거하여 많은 다양한 변화를 총괄하고, 요점을 들어 번다한 현상을 다스린다.[乘一總万, 擧要治繁]"(〈총술總術〉 편)는 목표를 달성하는 것이었다. 그렇다면 어떻게 해야 비로소 "잡다하되 도를 넘지 않는" 예술적 구조의 이상을 실현할 수 있을까? 유협은 "근원에 의지하고 줄기를 따른다[依源循幹]"는 원칙을 제기하였다.

유협의 "근원에 의지하고 줄기를 따른다."는 원칙은 전체적을 보면 "일치성"의 원칙, 즉 작품의 주제가 일치해야한다는 말이다. 그래서 "전체 강령(주제)를 총괄함에 힘써야[務總綱領]" 한다는 것이다. 작품의 "강령"은 무엇인가? 당연히 정감과 사상이라는 주제이다.

그러나 만약 작품 주제의 일치를 단조롭고 무미건조하고 빈약한 것으로 이해한다면 그것은 잘못된 것이다. 유협은 핵심이 "근원"과 "줄기"의 문제라고 보았다. 강물은 아무리 많은 지류들이 있다하더라도 하나의 근원이 있게 마련이다 나뭇가지가 아무리 무성하더라도 큰 줄기가 있기 마련인 것이다. 그러므로 작품의 지류가 무질서하고 가지가 엉켜있다면 "갈래를 정리함은 근원에 의지하고[整派者依源]" "가지를 정리함은 줄기를 따른다.[理枝者循干]"는 것이다. "많음"도 괜찮다. 다만 "하나"로 귀결되어야 한다. 비록 만 갈래의 길이라도 최후의 종착점은 한 갈래의 길이어야 한다는 것이다. 비록 많은 다양한 정감이나 사상이라도 마지막에는 하나의 방향으로 나아가야 한다는 것이다.

　"하나"와 "많음"은 보기에는 모순적인 것 같지만, 반드시 이 모순을 통일시켜야 한다. 유협은 "대저 문장의 살결을 분명하게 인식해야 하고 그런 연후에야 비로소 문장의 배치에 대한 조절이 절로 이루어지게 된다. 마치 아교가 나무를 붙이고 돌이 옥과 만나는 것과 같다. 이는 수레를 끄는 네 마리 말 서로 힘이 다르지만, 거문고의 여섯 현처럼 조화를 이루어야 한다."는 말로 그의 예술적 구조의 이상을 설명하고 있다.

3. "잡이불월"의 문화적 함의

　"잡이불월" 관념이 처음 등장하였을 때는 문학의 구조 관념이 아니었다. 왕웬화가 말했듯이, 그것은 《주역·계사하》편에서 나온 것이다. 그러나 〈부회〉 편의 "잡이불월"은 《역경》의 원래 의미가 아니었다. 그러나 내가 말하고 싶은 것은 〈부회〉 편의 "잡이불월" 사상은 그 문화적 함의에서 보면 중국 문화와 단절적 관계가 아니라는 점이다. 오히려 반대로 중화 문화의 근간에서 탄생된 것이라는 점이다. 유협은 마지막의 "찬贊"에서 이렇게 말한다.

> 작품 전편을 통일적으로 안배하기는 매우 쉽지 않으니, 정감 내용이
> 너무나 복잡하게 겹쳐져 있기 때문이다. 시작과 결말은 조리있게
> 분배되어 있어야 한다. 도리와 의미가 서로 부합해야 문장 속의
> 단서들이 절로 이어지게 된다. 그리하여 음악의 조화처럼 마음과
> 소리가 서로 능히 조화를 이루게 된다.
> 篇統間關, 情數稠疊. 原始要終, 疏條布葉. 道昧相附, 懸緖自接.
> 如樂之和, 心聲克協.

이 말의 의미는 작품의 많은 단서들의 통괄적 안배는 이렇게 어려운 이유는 바로 정감이 복잡함 때문이라는 것이다. 작품의 첫머리와 결말, 그리고 각 장절은 조금의 흐트러짐도 없이 조리 있게 짜여 져야 한다. 도리와 정감이 서로 적절하게 결합되어질 때 다른 부분들도 자연스럽게 연결되어질 수 있는 것이다. 이러한 목표에 도달하기 위해서는 반드시 음악처럼 정감과 언어가 서로 조화를 이루어야 한다. 유협은 마지막에 "화和"과 "협協" 이 두 글자를 사용함으로써 음악처럼 하나로 어우러짐을 강조하고 있다.

장따녠張岱年은 "화이부동和而不同"에 대해 해석하길, "화란 본래 노래로 부를 때의 서로 호응하여 화답하는 것을 말한다. 《설문》에서는 '화란 서로 응하는 것이다.'라고 하였는데, 이 의미에서 파생되어 다른 사물간의 상호 일치된 관계를 가리키게 되었다. 춘추 시대에는 이른바 '화동지변'이 있었다. 《국어 정어》에는 서주 말년 주나라의 태사 사백이 '조화가 실재로 만물을 생겨나게 하는 것이지, 같으면 이어나갈 수가 없다. 다른 것으로 다른 것을 고르게 하는 것을 조화라고 한다. 그런 까닭에 만물이 능히 풍요롭게 자라 그 곳으로 돌아가는 것이다. 만약 같음에 같음을 보태게 되면 다해서 버려지게 된다. 그러므로 선왕께서는 토와 금, 목, 수, 화를 섞어서 만물을 만드신 것이다.

이로써 다섯 가지 맛을 조화롭게 하여 입에 맞추었고, 사지를 튼튼하게 하여 몸을 지키게 하고 육률을 조화롭게 하여 귀를 밝게 하며, 칠체(눈, 코, 입, 귀의 일곱 구멍-역자 주)를 바르게 하여 마음을 부리고, 팔색(신체의 주요한 여덟 부위, 머리, 배, 다리, 팔, 귀, 입, 손-역자 주)를 바르게 하여 사람을 만들고, 아홉 장기(심장, 간, 폐, 비장, 콩팥, 위, 방광, 장, 쓸개-역자 주)를 튼튼하게 하여 순수한 덕을 바로 세우며, 열 개의 등급을 합하여 백관을 훈도하고 그리하여 선왕께서는 다른 성별을 왕후로 맞이하고 재물을 사방에서 구하고, 신하를 선발하여 간언하는 직책을 두니 많은 사물들을 바로 잡았다. 조화롭고 같아짐에 힘쓰니, 소리가 하나로 똑같으면 들을 것이 없고, 사물의 색깔이 하나이면 색깔을 말할 것이 없고, 맛이 하나이면 맛을 따질 필요가 없고, 사물이 하나 뿐 이면 따질 것이 없다.'라고 하였는데,

사백이 제기한 '조화'의 정의는 '다른 사물로 다른 사물을 고르게 하는 것'으로, 즉 다른 사물을 서로 섞어서 서로 균형을 맞춘다는 말이다. 다른 사물을 섞어서 서로 균형을 얻게 되므로 새로운 사물이 생겨나게 된다. 그런 까닭에 '조화가 능히 만물을 만든다'라고 하였던 것이다.

만약 같은 사물을 중복해서 더하게 되면, 원래의 사물이어서, 새로운 사물을 만들어낼 수 없다는 것이다. 그런 까닭에 '같으면 계속 이어나갈 수 없다'고 한 것이다. 사백의 '조화' 사상은 매우 깊이 있는 것으로, 지금까지도 그 지혜로운 빛을 발하고 있다.[和, 本指歌唱的相互応和.《說文》: '和, 相応也.' 引申而指不同事物相互一致的關係. 春秋時代, 有所謂和同之辯.《國語 齊語》記載西周末年周太史史伯云: '夫和實生物, 同則不継. 以他平他謂之和, 故能豊長而物歸之. 若以同裨同, 盡乃棄也. 故先王以土和金木水火雜已成百物. 是以和五味以調口, 剛四支以衛体, 和六律以聴耳, 正七体以役心, 平八索以成人, 建九紀以立純德, 合十數以立百体……於是先王聘後於異性, 求財於有方, 擇臣取諫工, 而講已多物. 務和同也. 聲一無聴, 物一無文, 味一無果, 物一不講.' 史伯提出的'和'的界説是: '以他平他謂之和', 即不同事物相互聚合而得其平衡. 不同事物相互聚合而得其平衡, 故能産生新事物, 故云'和實生物'; 仮如只是相同事物重複相加, 那就還是原來事物, 不可能産生新事物. 故云'同則不継'. 史伯有關和的思想是非常深刻的, 至今仍閃耀著聰明的光輝.]"[19]라고 했다.

유협의 "잡이불월" 사상의 문화적 함의는 바로 "화이부동" 사상에 있다고 말할 수 있다. 유협은 작품의 구조가 번잡함과 핵심, 다양함과 간결함, 원류와 지류, 근간과 지엽 등이 서로 분리될 때는 일률적으로 핵심이나 간결함, 원류, 근간 등을 선택하고 번잡함, 다양함, 지류와 지엽을 배척하지는 않는다고 했다. 유협은 "잡다함"과 "단일성"을 하나로 결합시켜 양자 간의 균형을 유지함으로써 조화에 도달하고자 노력하였다. 그래서 우리는 유협의 "잡이불월"설을 옛날 고대 "화이부동"의 문화적

---

19) 장따녠,《중국 고전철학 개념 범주 요론中國古典哲學槪念範疇要論》
　　(베이징, 중국사회과학출판사, 1989) 127~128 페이지.

사상이 작품의 예술적 구조 사상에 투사된 것이라고 할 수 있다. 유협의 사상 역시도 매우 깊이가 있는, 여전히 시적 지혜의 불빛을 반짝이고 있다고 할 수 있는 것이다.

(《문예연구》 2007년 제 1기에 게재.)

후기

중국 고대의 문학은 찬란한 빛을 발한다. 수많은 시인과 작가가 배출되었다. 이는 모두가 아는 사실이다. 그러나 중국 고대의 문학 이론은 체계적인 저서들이 부족하였다. 양나라 때의 유협이 쓴《문심조룡》이나 송나라 때 엄우가 쓴 《창랑시화滄浪詩話》, 청나라 때 엽섭의《원시原詩》등의 비교적 엄밀한 체계 이외에 대부분은 간략하게 언급만 하는 시문의 평점(評点), 서발, 단문, 서신 등으로 일반적으로는 모두 문인들이 빼어난 시나 산문을 읽었을 때의 즉흥적인 감상들이다. 비록 이러한 직감적 평점도 매우 뛰어났을 뿐만 아니라 또한 많은 독특한 견해들이 제기되기도 하였으며, 심지어는 이론적 역량을 갖춘 범주를 형성하기도 하였다. 그러나 짧음, 임의성, 산만함 등은 이처럼 체계성을 갖추지 못한 상황 줄곧 이어지다가 청대 말기 왕궈웨이의《홍루몽 평론》에 와서야 비로소 새로운 변화가 일기 시작했다. 그러나 중국 고전 문론을 연구하는 학자 중에서는 적지 않은 사람들은 모두 중국 고전 문론은 하나의 잠재적 체계라고 여긴다. 나 스스로도 여태까지 이러한 생각을 유지해 왔었다. 이미 세상을 떠난 나의 스승께서는 하나의 바램이 있으셨는데, 그것이 바로 중국 고전 문론의 관점과 용어만으로 된《문학개론》한권을 쓰는 것이었다. 그러나 애석하게도 스승님께서는 그 꿈을 이루지 못하고 황급히 떠나시고 말았다.

2000년 여름, 나는 싱가폴 난양이공대학 중화언어문화 센터의 초청으로 싱가폴로 날아가 "현대 학술적 시각 속의 중국 고전 문론"이라는 연구 과제를 시작하게 되었다.

당시 나는 중국 고전 문론 연구가 어느 정도 축적되어 있었기 때문에 중국 고전 문론에 대한 현대적 해석을 통하여 중국 고전 문론의 완전한 체계의 윤곽을 그려내는 것이 가능할 것이라고 생각했다. 나는 중국과 서양이 문학에 대한 인식 측면에서 문화가 다름으로 인해 아주 큰 차이가 있지만 또한 매우 유사하고 상통하는 점도 있음을 발견하게 되었다. 이를 위해 나는 내가 설계한 체계 안에서 중국과 서양을 비교하게 되었다. 나의 이러한 비교의 성공 여부는 독자들의 평가에 맡겨야겠지만 그러나 나는 마침내 여러 해 동안 생각해 오던 일을 하나 하게 되었고, 그것이 바로 마침내 중국 고전 문론의 잠재적 체계를 구체적이고 체계적인 가시 체계로 바꾸었다는 것이다.

이 책이 처음 베이징출판사에서 출판될 때에는 책 제목을 《현대학술 시야 속의 중국 고전 문론現代學術視野中的中國古代文論》으로 하여 동칭빙童慶炳, 씨에쓰야謝世涯, 궈수윈郭淑雲 세 사람이 서명하였다. 이번에 출간한 신판의 책 제목과 서명은 모두 변화가 있었는데 이에 대해서는 조금 설명을 해야 할 것 같다. 나는 당시에 싱가폴 난양이공대학의 연구 지원금을 받고 있었고, 명의상으로 나와 함께 난양대학의 씨에쓰야와 궈수윈 두 연구원이 공동으로 프로젝트를 맡고 있었다. 그러나 내가 원고의 제요를 넘긴 후 두 사람과 의논하지 않고서 나의 관점과 구상대로 한 장, 한 절을 써내려갔고, 완성된 장절은 궈수윈 연구원에게 읽어보게 했는데, 궈 연구원은 어쩌다 영문 번역 문제로 나와 의견을 나누긴 했지만, 원고에 대해서는 수정 의견 등을 제기하지 않았다. 씨에 교수는 항상 바빠서 책이 출판되기

전에는 나의 원고를 읽어보지도 못했다.

그러나 이 분들과의 우정과 이분들의 나에 대한 지지와 도움은 지금까지도 잊을 수 없다. 그러다 베이징출판사와의 계약 기간이 끝났기 때문에 나는 일부 내용을 수정하고 보충 한 후에 신판을 중국 인민대학출판사와 출판하게 되면서 책의 제목과 서명인을 고치게 된 것이다.

오랜 세월동안 문학의 기초 이론 연구를 이어 오면서, 중국 고전 문론의 연구에도 비록 많은 노력들을 하였지만, 그러나 항상 연구의 깊이나 힘이 부족함을 느낀다. 일부 문제에 대한 생각들은 또한 오랫동안 고전 문론을 연구해 온 다른 학자들과 완전히 같지는 않으므로 독자들의 지적과 비판을 바라는 바이다.

중국 인민대학 출판사에서 출판하게 된 "당대 중국 인문학 시리즈"는 학술적 안목이 매우 높다. 나의 책이 이 시리즈의 서목에 포함되게 된 것을 영광스럽게 생각한다. 편집 책임자로서 리우딩劉汀은 매우 진지하게 일을 해 주었다. 이에 나는 인민대학 출판사와 리우딩 편집에게 심심한 경의와 감사를 표하는 바이다.